JN237573

Kotler Keller

コトラー&ケラーの
マーケティング・マネジメント
基本編

Marketing Management

第3版

フィリップ・コトラー ＋ ケビン・レーン・ケラー 著
Philip Kotler　　Kevin Lane Keller

恩藏 直人 監修　月谷 真紀 訳

A
Framework
for
Marketing
Management

third edition

丸善出版

序文
PREFACE

　本書『コトラー&ケラーのマーケティング・マネジメント 基本編』(*A Framework for Marketing Management*) は、フィリップ・コトラーとケビン・レーン・ケラーによる最高のテキスト『マーケティング・マネジメント』第12版の簡易版である。簡潔にまとめた本書は、最新のマーケティング・マネジメントの理論と実際の信頼できる解説書を求めつつも、授業時間を事例研究やシミュレーションに多く充てるため、教科書はなるべく薄いほうが望ましいと考えている大学の先生方に重宝してもらえるであろう。前の版と同様、本書『コトラー&ケラーのマーケティング・マネジメント 基本編』第3版も企業、団体、個人がマーケティング戦略およびマーケティング・マネジメントを21世紀の市場に適合させる一助となるように作ってある。

第3版の特徴
新しいテーマ：ホリスティック・マーケティング
　この版で新しく登場する重要なテーマはホリスティック・マーケティングである。「ホリスティック・マーケティング」とは、今日のマーケティング環境の幅広さと相互依存性を意識したマーケティング・プログラム、プロセスおよび活動の開発、設計、実行と見なしていただいてよいだろう。ホリスティック・マーケティングはマーケティング上「すべてが重要」で、幅広い統合的な視野が時として必要になることを認識している。ホリスティック・マーケティングの要点は4つある。

- **インターナル・マーケティング**——組織内のすべての者、特にシニア・マネジメントが、適切なマーケティング原理を自分のものにするようにする。
- **統合型マーケティング**——多種多様な価値の創造、提供、伝達の手段が、最適な形で組み合わされ、使用されるようにする。
- **リレーションシップ・マーケティング**——顧客、チャネル・メンバー、その他のマーケティング・パートナーと実りある多面的な関係を持つ。
- **社会的責任マーケティング**——マーケティングの倫理、環境、法、社会への影響を理解する。

　これら4つの要点は全編にわたって織り込まれ、ところどころでは明確に取り上げられている。そしてもう2つ、本書に初登場するテーマが「マーケティング・パーソナライゼーション」

と「マーケティング・アカウンタビリティ」である。マーケティング・パーソナライゼーションとはマーケティングを個別の顧客により適合させようとする試みすべてを指し、マーケティング・アカウンタビリティとはマーケティング投資収益率を理解し社内に説得力ある説明をしなければならないことをいう。

構　成

『基本編』の今回の版では、モジュール方式の新しい構成で授業でより柔軟な使い方ができるよう、4部構成から7部構成とした。

- 第1部　マーケティング・マネジメントの理解
- 第2部　顧客との関係構築
- 第3部　強いブランドの確立
- 第4部　市場提供物の形成
- 第5部　価値の提供
- 第6部　価値の伝達
- 第7部　長期的成長の実現

謝　辞

　本書『コトラー&ケラーのマーケティング・マネジメント 基本編』ができたのは、前版および親本『マーケティング・マネジメント』第12版に協力してくださった多くの方々のおかげである。本書の編集と執筆に尽力してくれたマリアン・バーク・ウッドに心からの感謝を述べたい。またプレンティス・ホールの編集チームおよび制作チームにも多大な感謝を捧げる。校閲者としてこの新版の制作にご協力いただいた多くの方々にも御礼申し上げる。【訳注：エグゼクティブ・サマリーは日本語版では割愛しました。】

フィリップ・コトラー
インターナショナル・マーケティング・S・C・ジョンソン&
サン・ディスティンギッシュド・プロフェッサー
ノースウェスタン大学ケロッグ経営大学院
　　──イリノイ州エバンストンにて

ケビン・レーン・ケラー
E・B・オズボーン・マーケティング教授
ダートマス大学タック経営大学院
　　──ニューハンプシャー州ハノーバーにて

目次

序　文

―――― 第1部　マーケティング・マネジメントの理解 ――――

第1章　21世紀のマーケティングの定義　3

* アップルのマーケティング・マネジメント　3
* マーケティングの重要性　4
* マーケティングの範囲　5
  * マーケティングとは何か　5
  * 交換と取引　5
  * マーケティングの対象は何か　7
  * マーケターと市場　8
* 市場に対する企業の方針　9
  * 生産コンセプト　10
  * 製品コンセプト　10
  * 販売コンセプト　10
  * マーケティング・コンセプト　10
  * ホリスティック・マーケティング・コンセプト　11
  * 【マーケティング・スキル▶インターナル・マーケティング】　16
* 基本的なマーケティングのコンセプト、トレンド、タスク　17
  * 中核コンセプト　17
  * マーケティング・マネジメントの転換　21

第2章　マーケティング戦略とマーケティング計画の立案と実行 ── 27

- ＊スターバックスのマーケティング・マネジメント ── 27
- **マーケティングと顧客価値** …… 28
  - 価値提供プロセス　28
  - 価値連鎖　29
  - コア・コンピタンス　30
  - ホリスティック・マーケティング志向と顧客価値　31
- **企業の戦略計画および事業部の戦略計画** …… 32
  - 企業ミッションの明確化　33
  - 戦略事業単位（SBU）の設定　34
  - 成長機会の評価　35
  - 組織と組織文化　36
- **事業単位の戦略計画** …… 36
  - 事業のミッション　37
  - SWOT 分析　37
  - 目標設定　38
  - 戦略策定　39
  - プログラムの作成と実行　40
  - フィードバックとコントロール　40
  - 【マーケティング・スキル▶マネジングの実行】　41
- **マーケティング計画の性質と内容** …… 42
- **マーケティングの成果測定** …… 43
  - マーケティングの測定尺度　43
  - マーケティング計画の成果測定　44
  - 収益性分析の利用　45

第3章　市場、市場需要、マーケティング環境の理解 ── 49

- ＊ソニーのマーケティング・マネジメント ── 49
- **情報、インテリジェンス、リサーチでマーケティング意思決定を支援する** ‥ 50
  - 社内記録　50
  - マーケティング・インテリジェンス・システム　51
  - マーケティング・リサーチ・システム　51

売上予測と需要測定 58
 どの市場を測定対象とするか 58
 需要測定 59
 企業需要と売上予測 60
 現時点の需要を評価する 61
 将来の需要を評価する 62

マクロ環境のトレンドと要因 63
 【マーケティング・スキル▶トレンドを見極める】 64
 デモグラフィック環境 65
 経済環境 67
 社会−文化的環境 68
 自然環境 70
 技術的環境 71
 政治−法的環境 72

―――――― **第2部　顧客との関係構築** ――――――

第4章　顧客価値、顧客満足、顧客ロイヤルティの創造 ―― 79

 ＊キャタピラーのマーケティング・マネジメント ――――― 79
顧客価値と顧客満足の定義 80
 顧客の知覚価値 80
 総顧客満足 82
 満足度の測定 83
 製品品質とサービス品質 83
 【マーケティング・スキル▶顧客満足の測定】 84
顧客生涯価値の最大化 85
 顧客の収益性と競争優位 86
 顧客生涯価値の測定 87
 カスタマー・エクイティ 88
顧客リレーションシップの育成 89
 顧客の勧誘、維持、育成 90
 ロイヤルティの構築 92

顧客の離反の低減　93
　　　顧客との強力な絆の形成　94
　　　顧客データベースとデータベース・マーケティング　96

第5章　消費者市場の分析 ─────────────── 101

＊ナイキのマーケティング・マネジメント ───────── 101
消費者行動に影響を与えるのは何か ················· 102
　　　文化的要因　103
　　　社会的要因　103
　　　個人的要因　105
　　　鍵となる心理的プロセス　107
購買決定プロセス：5段階のモデル ················· 112
　　　問題認識　112
　　　情報探索　112
　　　代替品の評価　113
　　　購買決定　115
　　　購買後の行動　115
　　　【マーケティング・スキル▶失った顧客を取り戻す】　117

第6章　ビジネス市場の分析 ─────────────── 121

＊SAPのマーケティング・マネジメント ───────── 121
組織購買とは何か ······························· 122
　　　ビジネス市場と消費者市場　122
　　　公益機関市場および政府機関市場　122
　　　購買状況　125
　　　システム購買とシステム販売　125
企業購買プロセスの関係者 ······················· 126
　　　購買中枢　126
　　　購買中枢の影響　127
　　　【マーケティング・スキル▶異文化間マーケティング】　128
　　　購買中枢の標的化　129
購買プロセスの諸段階 ··························· 130
　　　問題認識　131
　　　総合的ニーズの明確化と製品仕様書　131

供給業者の探索　132
提案書の要請　132
供給業者の選択　133
発注手続き　134
パフォーマンスの検討　134
ビジネス・リレーションシップ：リスクと機会主義　134

第7章　市場セグメントとターゲットの明確化 ─ 139

＊ホールマークのマーケティング・マネジメント ─ 139
市場細分化のレベル ─ 140
セグメント・マーケティング　140
ニッチ・マーケティング　141
地域マーケティング　142
カスタマリゼーション　142
市場細分化のパターン　143
消費者市場とビジネス市場の細分化 ─ 144
消費者市場の細分化基準　144
ビジネス市場の細分化基準　151
標的市場の設定 ─ 153
効果的な細分化基準　153
市場セグメントの評価と選択　154
【マーケティング・スキル▶セグメントの評価】　156
ほかに考慮すべきこと　158

第3部　強いブランドの確立

第8章　ブランド・エクイティの創出 ─ 165

＊グーグルのマーケティング・マネジメント ─ 165
ブランド・エクイティとは何か ─ 166
ブランドの役割　166
ブランディングの範囲　167
ブランド・エクイティの定義　167

橋としてのブランド・エクイティ　168
ブランド・エクイティの確立　169
　　ブランド要素の選択　170
　　ホリスティック・マーケティング活動の設計　171
　　【マーケティング・スキル▶カルト・ブランドを構築する】　173
　　二次的連想の活用　174
ブランド・エクイティの測定　174
　　ブランド監査　175
　　ブランド追跡　176
　　ブランド価値評価　176
ブランド・エクイティの管理　177
　　ブランド強化　177
　　ブランド活性化　177
　　ブランド危機　178
ブランディング戦略の立案　179
　　ブランディングの決定：ブランド化すべきか、せざるべきか　179
　　ブランド拡張　182
　　ブランド・ポートフォリオ　184

第9章　ポジショニングの設定と競争への対処　189

＊ P&G のマーケティング・マネジメント　189
ポジショニング戦略の立案と伝達　190
　　競争準拠枠　190
　　類似点連想と相違点連想　191
　　カテゴリー・メンバーシップの確立　192
　　類似点連想と相違点連想の選択　193
　　類似点連想と相違点連想の創出　194
差別化戦略　195
　　製品による差別化　195
　　サービスによる差別化　196
　　スタッフによる差別化　197
　　チャネルによる差別化　197
　　イメージによる差別化　198
競争要因と競合他社　198

競合他社の特定　200
　　　競争と業界　200
　　　競争と市場　202
競合他社の分析 ……………………………………………………………… 203
　　　戦　略　203
　　　目　的　204
　　　強みと弱み　204
　　　競合他社を選択する　205
競争戦略 …………………………………………………………………… 205
　　　マーケット・リーダーの戦略　205
　　　その他の競争戦略　209
　　　マーケット・フォロワーの戦略　210
　　　【マーケティング・スキル▶ゲリラ・マーケティング】　211
　　　マーケット・ニッチャーの戦略　212
　　　顧客志向と競合他社志向のバランスをとる　212

第4部　市場提供物の形成

第10章　製品戦略の立案とライフサイクルを通じてのマーケティング ———— 219

　＊スタインウェイのマーケティング・マネジメント ———— 219
製品の特徴および分類 ……………………………………………………… 220
　　　製品レベル　220
　　　製品分類　221
製品間の結びつき …………………………………………………………… 222
　　　製品ラインの分析　223
　　　製品ラインの長さ　223
　　　ラインの最新化・フィーチャリング・絞り込み　224
パッケージング、ラベリング、保証（ワランティとギャランティ） ………… 224
　　　パッケージング　224
　　　ラベリング　225
　　　保証（ワランティとギャランティ）　226

新製品の管理 226
　新製品が失敗する理由、成功する理由　227
　新製品開発　227
　【マーケティング・スキル▶新製品のアイデアの発見】　229
消費者採用プロセス 235
　採用プロセスの諸段階　235
　採用プロセスに影響を与える要素　236
製品ライフサイクルを通じたマーケティング 237
　製品ライフサイクル　237
　マーケティング戦略：導入期と先発優位性　238
　マーケティング戦略：成長期　238
　マーケティング戦略：成熟期　239
　マーケティング戦略：衰退期　240
　製品ライフサイクルの概念に対する批判　240

第11章　サービスの設計とマネジメント　245

＊プログレッシブのマーケティング・マネジメント 245
サービスの性質 246
　サービス・ミックスのカテゴリー　246
　サービスの特性　248
サービス企業のマーケティング戦略 249
　変化する顧客リレーションシップ　250
　サービスのホリスティック・マーケティング　251
　サービスの差別化　253
　サービスのためのブランド戦略を展開する　253
サービス品質の管理 255
　顧客の期待　255
　サービス品質管理のベスト・プラクティス　257
製品サポート・サービスの管理 259
　【マーケティング・スキル▶サービス・リカバリー】　260
　顧客ニーズの特定と対応　259
　販売後のサービス戦略　261

第12章　価格設定戦略と価格プログラムの策定 ───── 265

- ＊ユニリーバのマーケティング・マネジメント ───── 265
- 価格設定の理解 ───── 266
  - 価格設定　266
  - 消費者心理と価格設定　267
- 価格設定 ───── 268
  - ステップ１：価格設定目的の選択　268
  - ステップ２：需要の判断　269
  - ステップ３：コストの評価　271
  - ステップ４：競合他社のコスト、価格、オファーの分析　273
  - ステップ５：価格設定方法の選択　273
  - ステップ６：最終価格の選択　278
  - 【マーケティング・スキル▶オンライン・オークションの計画立案】　279
- 価格適合 ───── 280
  - 地理的価格設定　281
  - 価格割引とアロウワンス　281
  - 販促型価格設定　282
  - 差別型価格設定　283
  - 製品ミックスの価格設定　284
- 価格変更の実施と反応 ───── 285
  - 値下げの実施　285
  - 値上げの実施　285
  - 価格変更への反応　286
  - 競合他社の価格変更への対応　286

───── 第５部　価値の提供 ─────

第13章　バリュー・ネットワークおよびチャネルの設計と管理 ───── 293

- ＊バンク・オブ・アメリカのマーケティング・マネジメント ───── 293
- マーケティング・チャネルとバリュー・ネットワーク ───── 294

チャネルの重要性　294
バリュー・ネットワーク　295

マーケティング・チャネルが果たす役割 296
チャネル機能とフロー　297
チャネルの段階数　298
サービス分野のチャネル　299

チャネル設計の決定 299
顧客が望むサービス水準の分析　300
目的の設定と制約　300
主なチャネル候補の決定　301
主要候補の評価　302

チャネル管理の意思決定 303
チャネル・メンバーの選択　303
チャネル・メンバーの教育　304
チャネル・メンバーの動機付け　304
チャネル・メンバーの評価　304
【マーケティング・スキル▶仲介業者の評価】　305
チャネル・アレンジメントの修正　306

チャネルの力学 307
垂直的マーケティング・システム　307
水平的マーケティング・システム　308
マルチチャネル・マーケティング・システム　308
コンフリクト、協調、競争　309
チャネル関係における法的・倫理的問題　311

電子商取引におけるマーケティングの実施 311
ピュア・クリック企業　312
ブリック・アンド・クリック企業　313

第14章　小売業、卸売業、ロジスティクスのマネジメント ── 317

＊トレーダー・ジョーズのマーケティング・マネジメント ── 317

小売業 318
小売業者の種類　318
小売業者のマーケティング意思決定　320
【マーケティング・スキル▶経験マーケティング】　323

小売業のトレンド　　324
プライベート・ブランド ──────────────────── 326
　　　ハウス・ブランド　　326
　　　プライベート・ブランドの脅威　　327
卸売業 ──────────────────────────── 327
　　　卸売業の成長とタイプ　　328
　　　卸売業者のマーケティング決定　　329
　　　卸売業のトレンド　　331
マーケット・ロジスティクス ─────────────────── 331
　　　統合型ロジスティクス・システム　　332
　　　マーケット・ロジスティクスの目的　　333
　　　マーケット・ロジスティクスの意思決定　　334
　　　マーケット・ロジスティクスにとっての教訓　　337

第6部　価値の伝達

第15章　統合型マーケティング・コミュニケーションの設計とマネジメント ─── 341

＊ BMWのマーケティング・マネジメント ─────────── 341
マーケティング・コミュニケーションの役割 ──────────── 342
　　　マーケティング・コミュニケーションとブランド・エクイティ　　342
　　　コミュニケーション・プロセス・モデル　　344
効果的なコミュニケーションの開発 ─────────────── 345
　　　標的視聴者の明確化　　346
　　　コミュニケーション目的の決定　　347
　　　コミュニケーションの設計　　347
　　　コミュニケーション・チャネルの選択　　349
　　　【マーケティング・スキル▶パーミション・マーケティング】　　352
　　　マーケティング・コミュニケーションの総予算の設定　　353
マーケティング・コミュニケーション・ミックスの決定 ────────── 354
　　　マーケティング・コミュニケーション・ミックスの特徴　　354
　　　マーケティング・コミュニケーション・ミックスの要素　　355

コミュニケーションの効果測定　356
　統合型マーケティング・コミュニケーションの管理　356
　　　媒体の連動　356
　　　IMC の実行　357

第16章　マス・コミュニケーションのマネジメント　361

　＊ヴァージン・グループのマーケティング・マネジメント　361
　広告プログラムの作成と管理　362
　　　広告目的の設定　362
　　　広告予算に関する意思決定　363
　　　広告キャンペーンの展開　364
　　　媒体選択と効果測定　365
　　　【マーケティング・スキル▶不況時の広告】　369
　販売促進　371
　　　販売促進の目的　371
　　　主要な意思決定　373
　イベントと経験　376
　　　イベントの目的　376
　　　イベントに関する主要な意思決定　377
　パブリック・リレーションズ　378
　　　マーケティング・パブリック・リレーションズ　379
　　　MPR における意思決定　379

第17章　人的コミュニケーションの管理　385

　＊キヤノン USA のマーケティング・マネジメント　385
　ダイレクト・マーケティング　386
　　　ダイレクト・マーケティングの利点　386
　　　ダイレクトメール　387
　　　カタログ・マーケティング　388
　　　テレマーケティング　389
　　　その他のダイレクト・レスポンス・マーケティング媒体　389
　インタラクティブ・マーケティング　390
　　　インタラクティブ・マーケティングの利点　390

魅力的なウェブサイトの設計　391
　　　オンライン広告とプロモーション　391
　　　Eマーケティングのガイドライン　392
セールス・フォースの組織設計 ……………………………………… 393
　　　セールス・フォースの目的と戦略　394
　　　セールス・フォースの組織　395
　　　【マーケティング・スキル▶メジャー・アカウント・マネジメント】　396
　　　セールス・フォースの規模　396
　　　セールス・フォースの報酬　397
セールス・フォースの管理 ……………………………………………… 398
　　　セールス・レップの募集と選定　398
　　　セールス・レップのトレーニングと監督　399
　　　セールス・レップの生産性　399
　　　セールス・レップの動機付け　400
　　　セールス・レップの評価　401
人的販売の原則 …………………………………………………………… 402
　　　交　　渉　402
　　　リレーションシップ・マーケティング　402

第7部　長期的成長の実現

第18章　グローバル経済におけるマーケティングの管理 ── 409

＊エイボンのマーケティング・マネジメント ──────────── 409
グローバル・マーケティングの管理 …………………………………… 410
　　　海外進出すべきかどうかの決断　411
　　　参入市場の決定　411
　　　市場参入方法の決定　412
　　　マーケティング・プログラムの決定　413
インターナル・マーケティング ………………………………………… 416
　　　マーケティング部門の組織化　416
　　　他部門との関係　419
マーケティング・プロセスの管理 ……………………………………… 420

評価とコントロール　**420**
　　　効率性コントロール　**421**
　　　戦略コントロール　**422**
　　　【マーケティング・スキル▶コーズリレーテッド・マーケティング】　**423**

用語解説　**427**
索　　引　**441**
監修者あとがき　**451**

第1部

マーケティング・マネジメントの理解

第1章

21世紀のマーケティングの定義

◆ 本章では、次の問題を取り上げる ◆

1. なぜマーケティングが重要なのか。
2. マーケティングの対象範囲はどこまでか。
3. 基本的なマーケティングのコンセプトとは何か。
4. マーケティング・マネジメントを成功させるために必要なタスクは何か。

アップルのマーケティング・マネジメント

　アップルがデジタル音楽プレイヤーのiPodを発売したとき、CEO（最高経営責任者）のスティーブ・ジョブズは、1979年に登場して音楽の聴き方に革命をもたらしたソニーの携帯型音楽プレイヤーを引き合いに出し「21世紀のウォークマン」と呼んだ。スタイリッシュなiPodはその予言を見事に実証してみせた。ソニー、サムスンら競合メーカーの激しい追い上げを尻目に、iPod製品はアメリカのデジタル音楽プレイヤー市場の60％以上を獲得した。そればかりか、いまやデジタル音楽プレイヤーの代名詞となったiPodは、このブランドをさらに広い顧客基盤に浸透させ長期的な利益を伸ばすという、アップルの野心的なマーケティング促進策の要としての戦略的な役割を担っている。
　iPodというブランドから顧客が連想するのはユーザーフレンドリーな機能性、革新的な技術、スマートなデザインであることをアップルのマーケターはよく承知している。そのため、iPodプレイヤー、マッキントッシュのデスクトップおよびノート型パソコン、さらにはオンラインのiTunesミュージックストアやタイガー・ソフトウェアにいたるまで、すべてのアップル製品はこのイメージを裏切らず、顧客がブランドに期待する経験を提供できるように作られている。iPodの大成功で他のアップル製品にも新たな注目が集まり、iPod以外のアップル製品を使ってみようとする顧客の増加に助けられ、市場シェアが急落していたマッキントッシュも復活しつつある。しかし、マーケティングの成功を測る指標が市場シェアだけではないことはCEOも知り抜いている。アップルのマーケティング・マネジャーは顧客リレーションシップの構築と株主利益の確保にこの勢いを活かせるだろうか[1]。

優れたマーケティングは偶然生まれるものではない。アップルの例が示すように、念入りな計画と実行のたまものである。マーケティング・プラクティスはほぼすべての業界において絶えず磨きをかけられ、革新をとげ、成功の確率を上げてきた。しかしマーケティングで抜きん出ることは稀有で至難のわざである。マーケティングは「技術」であると同時に「科学」でもある――マーケティングの定式化されている面と創造的な面とは常に対立関係にある。マーケティングの定式を学ぶほうが簡単である。本書の大部分はそこに充てられている。しかし真の創造性と情熱が多数の企業でどのように機能しているかについても紙幅を割くつもりである。本書は読者がマーケティングへの理解を深め、マーケティング上の意思決定を正しく行う能力を高める一助となろう。この章では、数々の重要なマーケティングのコンセプト、ツール、フレームワーク、諸問題を確認して、学習の基礎固めをする。

マーケティングの重要性

　経済的に成功するかどうかは往々にしてマーケティング能力に左右される。製品やサービスに企業が利益を上げられるだけの需要がなければ、ファイナンス、オペレーション、アカウンティングなどのビジネス機能はあまり問題にならない。最終損益の前にまず売上高がなくてはならない。今日、多くの企業はCMO（最高マーケティング責任者）という役職を作り、CEOやCFO（最高財務責任者）などと同等の地位を与えている。

　しかしマーケティングは一筋縄ではいかない。かつて繁栄を謳歌した数多くの企業のアキレス腱はマーケティングだった。シアーズ、リーバイス、GM、コダック、ゼロックスといった有名な大企業は、新たに力をつけた顧客や新しい競争相手に直面し、自社のビジネスモデルを再考せざるを得なかった。マイクロソフト、ウォルマート、インテル、ナイキのようなマーケット・リーダーでさえ、安閑としてはいられないのを自覚している。顧客と競争相手を注意深く観察し、価値提供を継続的に向上させることができていない企業こそ、最大のリスクを冒している。そのような企業は自社のビジネスについて短期的な売上本位の見方をしており、いずれは株主、従業員、供給業者、チャネル・パートナーを満足させられなくなる。

　巧みなマーケティングは、どこまで追求してもここで終わりということがなく、また多様な形をとるものだ。ボストン・ビール社の創業者ジム・コックは、サミュエル・アダムズのボトルを持ってバーからバーへ訪ね歩き、店に置いてほしいとバーテンダーを説得することから始めた。10年間、ダイレクト・セールスと一般大衆へのPR活動でビールを売ったのである。現在、ボストン・ビール社は地ビール市場のリーダーとなっているが、同社のマーケティング担当者はチョコレート・ボックやブラック・ラガーなど、他の地ビール醸造業者にはない多彩な商品で顧客を喜ばせる努力を続けている。「当社はサミュエル・アダムズのたゆみない革新に努め、既成概念の枠を超えて、ビールを飲む人々のビールへの期待に革命を起こすような新し

いアイデアを生み出し続ける」と創業者のコックは語っている[2]。

マーケティングの範囲

　マーケターになるためにはまず、マーケティングとは何か、どのように作用するのか、何がマーケティングの対象であり、誰がマーケティングを行うのかについて理解する必要がある。

❖マーケティングとは何か

　マーケティングとは人間や社会のニーズを見極めてそれに応えることである。マーケティングを最も短い言葉で定義すれば「ニーズに応えて利益を上げること」となろう。人々が欲しくてたまらないアイテムを見つけられずにいることに気づいて、オンライン・オークションの情報センターを立ち上げたイーベイや、人々が良質の家具を相当な低価格で求めていることに注目して組み立て式家具を作ったイケアは、マーケティングの才を発揮して個人や社会のニーズを利益の上がるビジネス機会に変えてみせた。

　アメリカ・マーケティング協会（AMA）は、次のように定義している。「マーケティングとは、顧客に向けて価値を創造、伝達、提供し、組織および組織をとりまくステークホルダーに有益となるよう顧客との関係性をマネジメントする組織の機能および一連のプロセスである」[3]。本書では**マーケティング・マネジメント**を「ターゲット市場を選択し、優れた顧客価値を創造し、提供し、伝達することによって、顧客を獲得し、維持し、育てていく技術および科学」と考える。

　マーケティングは「製品を売り込む技術」とされることが多かったが、マーケティングの最も重要な部分はセリングではない。マネジメント理論の第一人者であるピーター・ドラッカーは言う。「マーケティングの狙いはセリングを不要にすることだ。マーケティングの狙いは顧客を知りつくし、理解しつくして、製品やサービスが顧客にぴったりと合うものになり、ひとりでに売れるようにすることである。理想をいえば、マーケティングの成果は買う気になった顧客であるべきだ。そうなれば、あとは製品やサービスを用意するだけでよい」[4]。アップルがデジタル音楽プレイヤー iPod を世に出し、トヨタがレクサスを発売したときに注文が殺到したのは、マーケティングの下準備を徹底的にしたうえで「的確な」製品を設計したからなのである。

❖交換と取引

　交換とはマーケティングの中核となるコンセプトであり、求める製品を他者から手に入れ、お返しに何かを提供することである。交換の成立には、次の5つの条件が整わなければならな

い。

1．少なくとも2つのグループが存在する。
2．それぞれのグループが、他方にとって価値がありそうなものを持っている。
3．それぞれのグループが、コミュニケーションと受け渡しができる。
4．それぞれのグループが、自由に交換の申し入れを受け入れたり拒否したりできる。
5．それぞれのグループが、他方と取引することが適切で好ましいと信じている。

　通常は双方のグループにより良い状態をもたらすため、交換は価値創造のプロセスである。2つのグループが交渉する、すなわちお互いに合意できる条件に到達しようと試みるとき、2つのグループは交換に従事しているといえる。合意すれば取引が成立したことになる。**取引**とは、2つ以上のグループ間でなされる価値のやり取りであり、価値のある少なくとも2つのもの、合意できる条件、時間の合意、場所の合意が含まれる。例えばデルが顧客Xにテレビを売り、顧客Xがデルに400ドルを支払う。取引の当事者が交わした条件を裏づけ、遵守させるために法律制度がある。

　取引は譲渡とは違うことに注意されたい。**譲渡**では、AがBに何かを与えるがお返しに有形の物は何も受け取らない。贈り物、寄付金、慈善的寄贈はすべて譲渡である。しかし譲渡行為も交換のコンセプトを使って理解することができる。通常、譲渡者は贈り物の代わりに何かを受け取ることを期待する。感謝の念や受け取った人の行動の変化といったものである。基金調達団体は、礼状、寄付専門誌、イベントへの招待といったベネフィットを寄付者に提供する。マーケターはマーケティング・コンセプトを拡大し、取引行動だけではなく譲渡行為の研究も視野に入れている。

　きわめて広い意味で捉えると、マーケターは相手から何らかの行動反応を引き出そうとしているといえる。企業は購入を、選挙の候補者は票を、教会は信者を、社会運動の団体は信条への支持を求める。マーケティングとは、対象とする相手から望ましい反応を引き出すための活動なのである。

　交換を成功させるために、マーケターはそれぞれのグループが取引に何を期待しているのかを分析する。簡単な交換の状況は、2人の当事者、欲求、両者の間を行き来する提供物を使って説明することが可能だ。農耕機の世界的なリーダー企業であるジョンディアが、トラクター、コンバイン、種まき機および噴霧器を購入する際に典型的な大規模農場経営者が求めるベネフィットを調査するとしよう。そのベネフィットとは、高品質の機材、適正な価格、予定どおりの納品、信用条件、良い部品とサービスである。この欲求リストの項目は、どれも同じように重要だというわけではなく、購買者によっても変化する。ジョンディアがやるべき作業の1つは、さまざまな欲求の中から購買者にとって相対的に重要な欲求を見いだすことである。

　ジョンディアのほうにも欲求リストがある。ジョンディアが求めるのは適正な価格、予定どおりの入金、良いクチコミである。双方の欲求リストが十分に一致ないし重なれば、取引の基

盤は成立する。ジョンディアの仕事は、農場経営者が自社の機材を購入する動機付けとなるようなオファーを作成することだ。それに対して、農場経営者からカウンターオファーが出るかもしれない。この交渉のプロセスを経て互いに受け入れられる条件に達するか、あるいは取引をやめる意思決定がなされることになる。

❖マーケティングの対象は何か

　マーケティングに携わる人がマーケティングの対象として扱うものは10種類ある。財、サービス、経験、イベント、人、場所、資産、組織、情報、そしてアイデアである。

■**財**　ほとんどの国において、生産とマーケティング努力の大部分を構成するのは有形の財である。例えば、毎年、アメリカ合衆国の企業だけでも何十億もの生鮮食品、缶詰、袋詰め食品、冷凍食品などのさまざまな有形財を市場に送り出している。インターネットのおかげもあり、個人も財を効果的に売ることができる。

■**サービス**　経済が成長するにつれて、サービスの生産を中心とする活動が増えていく。今日のアメリカ経済は、サービスと財が7対3の割合になっている。サービスとは、航空会社、ホテル、レンタカー会社、理容師や美容師、修理工や整備工などの仕事に加えて、会計士やプログラマーなど企業の内外で働く専門家の仕事をいう。多くの市場提供物は財とサービスが混ざり合ってできている。例えばレストランでは料理とサービスの両方を提供している。

■**イベント**　マーケターは期間限定のイベントをプロモーションする。大規模なトレード・ショー、舞台芸術公演、企業の創立記念行事などである。オリンピックやワールドカップのような世界的なスポーツイベントは企業とファンの両方に向けて積極的にプロモーションされる。

■**経験**　財やサービスをうまく組み合わせると、経験を作り出して市場に送り出せる。ウォルト・ディズニー・ワールドのマジック・キングダムは経験価値マーケティングの典型で、客はおとぎの国、海賊船、幽霊屋敷を訪れることができる。カスタマイズした経験の市場もある。往年の名選手と野球がプレーできる数日間のキャンプなどである[5]。

■**人**　著名人のマーケティングが重要なビジネスになってきた。芸術家、音楽家、企業のCEO、医師、世間の注目を浴びる弁護士や投資家、シェフのような専門職の人々も、著名人マーケターの助けを借りている[6]。

■**場所**　市、州、地域、国全体が、旅行者や工場、企業の本社、新しい住人を誘致しようと激しく競い合っている[7]。ネバダ州ラスベガスは年間数百万ドルも費やして観光地や会議の開催地として売り込んでいる。「What happens in Vegas, stays in Vegas（ベガスで起きたことはベガスに留まる）」と謳った広告キャンペーンのおかげでラスベガスには年間3700万人が訪れている[8]。場所のマーケターには経済発展の専門家、不動産業者、商業銀行、地域の事業団体、広告会社やPRエージェントがいる。

■**資産** 資産とは、不動産（土地）や金融資産（株や債券）の所有権といった実体のない権利のことである。個人や組織は不動産業者や投資会社や銀行のマーケティングを通して資産の売り買いをしている。

■**組織** 強くて好ましくてユニークなイメージを、ターゲットとした人々の心に植えつけるため、組織は積極的に活動する。テスコは「ちりも積もれば山となる」というマーケティング・プログラムでイギリスのスーパーマーケット・チェーンのトップに躍り出た。大学、美術館、舞台芸術の団体、非営利組織もみなマーケティングを利用して世間に対する自らのイメージを良くし、観客や財源を獲得しようとしのぎを削っている。

■**情報** 学校や大学が行っていることは本質的にいえば情報を作り出し、価格をつけて保護者、学生、地域社会に流通させることである。雑誌や新聞、また百科事典やノンフィクションの書籍も情報を市場に出している。情報の生産、パッケージング、流通は社会の主力産業の1つなのである[9]。有形の製品を販売する企業でも、情報を利用して付加価値をつけようとする。例えばシーメンス・メディカル・システムズのCEOは「我々の製品は必ずしもレントゲンやMRIというわけではない。むしろ情報である。当社の事業は実はヘルスケア情報であり、最終製品は研究所の試験、病理学、薬品に関する情報の電子記録および音声入力情報なのである」と述べている[10]。

■**アイデア** どのような市場提供物にも、その基本となるアイデアがある。例えば、ソーシャル・マーケターは「友達なら飲酒運転させない」[11]、「頭を遊ばせておくのはもったいない」といったアイデアのプロモーションに余念がない。

❖マーケターと市場

　マーケターとは**見込み客**と呼ばれる他者からの反応（注目、購買、投票、寄付）を求めている人のことである。お互いが何かを売りたいと考えている場合は、両者をマーケターと呼ぶことができる。

　「**市場**」とは従来、購買者と販売者が財を交換するために集まった物理的な場所のことであった。経済学者は、住宅市場や穀物市場のように、市場とは特定の製品や製品群の取引をする買い手と売り手の集まりであるとしている。それに対して、マーケターはよく「市場」という言葉をさまざまな顧客の分類に使い、売り手が産業を構成するという見方をする。そしてニーズ市場（ダイエット食品を求める市場）、製品市場（靴の市場）、デモグラフィック市場（若者を対象にした市場）、地理的市場（フランスの市場）、あるいは別のタイプの市場として有権者市場、労働者市場、寄付者市場といった言い方をする。

　図1-1が示すように、売り手は財やサービス、コミュニケーション（広告、ダイレクトメール）を市場に送り、その見返りにお金や情報（態度、販売データ）を受け取る。内側の線は財やサービスとお金の交換を意味し、外側の線は情報の交換を表している。一般に、マーケターは消費者市場、ビジネス市場、グローバル市場、非営利市場、政府機関市場、またそれらが混

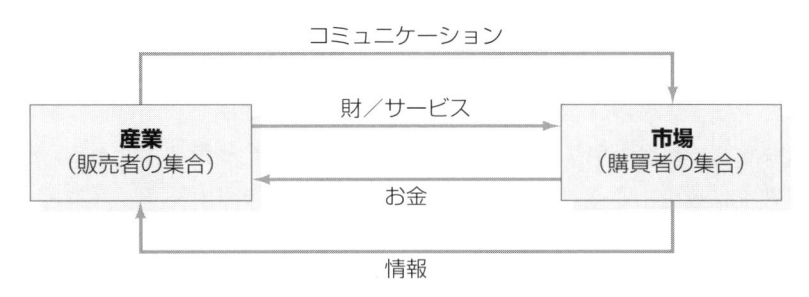

```
         コミュニケーション
     ┌─────────────────────────┐
     │    財／サービス          ↓
  ┌──────┐  ────────────→  ┌──────┐
  │ 産業 │                  │ 市場 │
  │(販売者│                  │(購買者│
  │の集合)│  ←────────────  │の集合)│
  └──────┘     お金          └──────┘
     ↑                          │
     └─────────────────────────┘
              情報
```

図1-1 簡単なマーケティング・システム

合した市場を対象とする。

　今日、「市場（マーケット・プレース）」と「市場スペース（マーケット・スペース）」は区別される。市場は物理的な場所のことであり、店に買い物に行く場合がそれに当たる。市場スペースはインターネットで買い物をする場合のように、デジタルな空間を指す[12]。モハン・ソーニーは「メタマーケット」のコンセプトを提唱した。メタマーケットとは、消費者の頭の中では互いに密接な関係があるが、多種多様な産業に散在する相互補完的な製品やサービスの集合体を意味する。

　自動車メタマーケットを構成するのは、自動車メーカー、新車や中古車のディーラー、金融会社、保険会社、整備業者、部品業者、サービス店、自動車雑誌、新聞の「車求む」という広告、インターネットの車に関するサイトである。車の購入者はこのメタマーケットのさまざまな部分と関わることになる。ここにメタメディアリーの登場するチャンスが生まれた。メタメディアリーは、物理的には一切接触を持たない各グループ間をスムーズに移動できるように購買者の手助けをしている。エドマンズがその良い例である（www.edmunds.com）。車の購入者は、このウェブサイトでさまざまな車の特徴と価格を知り、最も安い価格のディーラー、融資機関、付属品、安売りの中古車を探すことができるのだ。メタメディアリーは住宅所有者市場やウェディング市場といったメタマーケットでも活躍している[13]。

市場に対する企業の方針

　企業のマーケティング努力はどのような理念に基づいてなされるべきだろうか。企業、顧客、社会の利害のどこに重点を置けばよいのだろうか。3者の利害は衝突しがちなものである。企業がマーケティング活動を進める際に従うのは、5つの相容れないコンセプトである。その5つとは、生産コンセプト、製品コンセプト、販売コンセプト、マーケティング・コンセプト、ホリスティック・マーケティング・コンセプトである。

❖生産コンセプト

　生産コンセプトは、最も古いビジネス・コンセプトの1つである。生産コンセプトとは、どこでも手に入れられて価格が手ごろな製品を消費者は好むという考え方である。生産志向の経営者は、生産効率を高め、コストを下げ、大量に製品を流通させることに専念する。この考え方は開発途上国では理にかなっている。例えば中国では、PCメーカー最大手のレノボが自国の安価で豊富な労働力を武器にコストと価格を低く抑え、市場を支配している。市場を広げたいと考える企業も、この考え方を取り入れている[14]。

❖製品コンセプト

　製品コンセプトとは、品質や性能が最高であったり、革新的な特徴のある製品が消費者に好まれるという考え方である。このコンセプトに従う組織のマネジャーは、常に優秀な製品を作り改良していくことを重視する。しかし、製品に執着するあまり、「より良いネズミ取り」に例えられる過ちを犯す可能性もある。今よりも良いネズミ取りを作れば大ヒット商品になるだろうと考えてしまうのだ。適正な価格設定、流通、広告、販売をしなければ、新製品や改良された製品であっても成功するとは限らない。

❖販売コンセプト

　販売コンセプトとは、企業側が何もしないと消費者や企業は製品を買ってくれないものだという考え方である。そのため企業は、精力的な販売とプロモーション努力をしなければならない。販売コンセプトが端的に表れているのが、コカ・コーラ社の元マーケティング担当副社長、セルジオ・ジーマンの考え方である。すなわち、マーケティングの目的はより多くのものをより多くの人に、より頻繁に、より高く売り、より利益を上げることだ、というのである[15]。

　販売コンセプトは非探索財、すなわち保険、百科事典、墓地など、購買者がふだん買おうと思わない商品で最も積極的に実践されている。生産能力が過剰な場合に販売コンセプトを実践する企業も多い。市場が求める物を生産することよりも、自社が生産した製品を売ることが目的なのである。しかし、売り込み攻勢に頼ったマーケティングには大きなリスクが伴う。このようなマーケティングでは、製品を買わされた顧客がそれを気に入るだろうという前提に立っている。そしてたとえ気に入らなくても、返品したり、悪く言いふらしたり、消費者センターに苦情を持ち込んだりすることなく、再び製品を買うだろうとさえ考えている。

❖マーケティング・コンセプト

　マーケティング・コンセプトは1950年代半ばに生まれた[16]。ビジネスは製品志向の「作っ

て売る」方針から、顧客志向の「感じ取って応じる」方針に移行した。自社の製品にふさわしい顧客を見つけるのではなく、自社の顧客にふさわしい製品を見つけるのが仕事だ。マーケティング・コンセプトとは、選択した標的市場に対して競合他社よりも効果的に顧客価値を生みだし、供給し、コミュニケーションすることが企業目標を達成するための鍵となる、という考え方である。

　ハーバード大学のセオドア・レビットは、販売とマーケティングの違いを鋭く分析した。「販売は販売者のニーズに焦点を当てる。一方、マーケティングは購買者のニーズに焦点を当てる。販売では、製品をお金に換えるという販売者のニーズ充足に気を取られている。マーケティングでは製品はもとより、製品を製造し、供給し、最終的に消費されるまでのプロセスにかかわるものすべてを駆使して、顧客ニーズを満たそうという考え方を重視している」[17]。

　マーケティング・コンセプトを採用している企業が優れた成果を上げることに、何人かの学者は気づいている[18]。これはまず、顕在化した顧客ニーズを理解して対応する「受動型市場志向」を実践している企業に見られた。この場合は企業が低レベルのイノベーションしか開発していないという批判もある。ナーバーらは、高レベルのイノベーションは顧客の潜在的なニーズに注目してこそ可能だと論じている。ナーバーはこれを「能動型市場志向」と呼んでいる[19]。3MやHP、モトローラのような企業は「探査・学習」プロセスを通じて潜在的ニーズを調査したり推測したりすることを慣例化した。受動型市場志向と能動型市場志向の両方を実践する企業は、「総合型市場志向」を行っており、最も成功しやすい。

❖ホリスティック・マーケティング・コンセプト

　過去10年間に現れたさまざまな趨勢によって、新しいマーケティングおよびビジネスの実践が求められている。企業はこれまで行ってきたマーケティングの方法を変える新しいケイパビリティ（能力）を手にしている。企業はさらに従来のマーケティング・コンセプトを超えた、もっと全体的で包括的なアプローチをとらなければならない。

　ホリスティック・マーケティング・コンセプトは、マーケティングのプログラム、プロセス、活動それぞれの幅と相互依存性を認識したうえで、マーケティングのプログラム、プロセス、活動を開発し設計し実行することをいう。ホリスティック・マーケティングはマーケティングに関しては「すべてが重要」であり、幅広く統一感のある視点が時として必要だという認識に立っている。ホリスティック・マーケティングには、リレーションシップ・マーケティング、統合型マーケティング、インターナル・マーケティング、社会的責任マーケティングという4つの構成要素がある（図1-2参照）。したがって、ホリスティック・マーケティングは、マーケティング活動の範囲と複雑性を認識し融和させようとするアプローチである。

リレーションシップ・マーケティング

　リレーションシップ・マーケティングの狙いは、取引を開始し維持するために主要な関係者

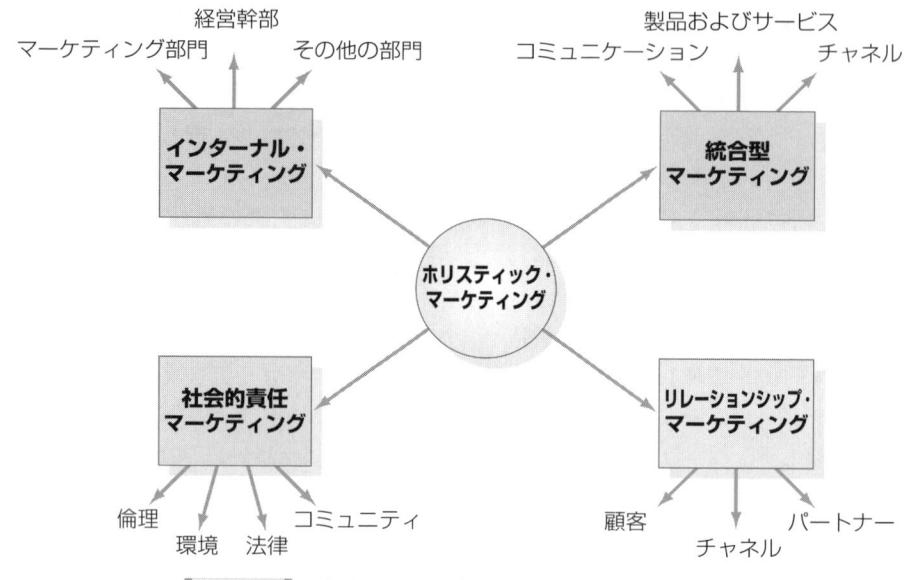

図1-2 ホリスティック・マーケティングの次元

（中心）ホリスティック・マーケティング

- インターナル・マーケティング：マーケティング部門、経営幹部、その他の部門
- 統合型マーケティング：製品およびサービス、コミュニケーション、チャネル
- 社会的責任マーケティング：倫理、環境、法律、コミュニティ
- リレーションシップ・マーケティング：顧客、チャネル、パートナー

　——顧客、供給業者、流通業者、その他のマーケティング・パートナー——と相互に満足のいく長期的な関係を築くことである[20]。リレーションシップ・マーケティングは関係者間に経済的、技術的、社会的な強い結びつきを作る。リレーションシップ・マーケティングでは適切な構成グループと適切な関係を育む。マーケティングの重要な構成員は顧客、従業員、マーケティング・パートナー（チャネル、供給業者、流通業者、ディーラー、代理店）、財務コミュニティのメンバー（株主、投資家、アナリスト）である。

　リレーションシップ・マーケティングの最終的な成果は、マーケティング・ネットワークという企業独自の資産を構築することである。**マーケティング・ネットワーク**は企業とそれを支えるステークホルダー（顧客、従業員、供給業者、流通業者、小売業者、広告会社、大学の研究者、その他）で構成されている。企業はステークホルダーとの間に相互に利益のあるビジネス関係を築いている。競争は企業間だけでなく、マーケティング・ネットワーク間で起こるようになってきており、より優れたネットワークを築き上げた企業が勝者となる。原理は簡単である。重要なステークホルダーとの間に効果的な関係のネットワークを構築すれば、利益はあとからついてくる[21]。

　強力なリレーションシップをつくり上げるためには、グループごとのケイパビリティと資源、そしてニーズ、目標、要望を理解しなければならない。今日では個別の顧客ごとに製品やサービスやメッセージをつくる企業が増えてきている。そうした企業は顧客それぞれの過去の取引、デモグラフィックス、サイコグラフィックス、媒体、流通の選好に関する情報を収集する。高い顧客ロイヤルティを作り上げ、顧客の生涯価値に力を注ぐことで、各顧客の支出にお

いてより大きなシェアを獲得し、利益ある成長を達成しようというのである。例えば、BMWでは買い手が350のバリエーション、500のオプション、90のボディー・カラー、170の選択項目を選んで自分だけのモデルをデザインすることができる。ヨーロッパで売れた車の8割、アメリカで売れた車の3割までが受注生産品であるという(22)。このように主要な構成員との間に豊かで多面的な関係を築けば、双方にとって互いに有益な取り決めをする基盤ができる。

統合型マーケティング

統合型マーケティングにおいてのマーケターの責務は、消費者に向けて価値を創造し、伝達し、提供する能力を最大化するようなマーケティング活動を考案し、マーケティング・プログラムを作成することである。マーケティング活動の形態は実にさまざまである。マーケティング活動は昔からマーケティング・ミックスという用語で説明されてきた。これは企業がマーケティング目的を追求するために使う一連のマーケティング・ツールと定義されている(23)。マッカーシーはそのツールを製品（Product）、価格（Price）、流通（Place）、プロモーション（Promotion）の4つに大きく分類し、マーケティングの「4つのP」と呼んだ（**図1-3**参照）(24)。

マーケティング・ミックスの意思決定は、取引チャネルだけでなく最終消費者にも影響を与えるためになされなくてはならない。**図1-4**は企業が製品、サービス、価格の提供物ミックスを準備し、広告、販売促進、イベントと経験、パブリック・リレーションズ、ダイレクト・マーケティング、人的販売のコミュニケーション・ミックスを活用して取引チャネルと標的顧客に到達する様子を示している。企業は短期間で価格、セールス・フォースの規模、広告費を変更できるが、新製品開発と流通チャネルの修正には長期間かかる。そのため、企業が短期的に行うマーケティング・ミックスの変更回数は、マーケティング・ミックス内の変数が示す数ほど多くはない。

4つのPは、買い手に影響を与えるために利用できるマーケティング・ツールを売り手の側から見たものである。買い手の側から見れば、それぞれのマーケティング・ツールは顧客ベネフィットを提供するために設計されている。ロバート・ラウターボーンは売り手の4つのPは顧客の4つのCに対応すると示唆している(25)。

4つのP	4つのC
製品（Product）	顧客ソリューション（Customer Solution）
価格（Price）	顧客コスト（Customer Cost）
流通（Place）	利便性（Convenience）
プロモーション（Promotion）	コミュニケーション（Communication）

勝者となる企業は、経済性と利便性において顧客ニーズに応え、効果的にコミュニケーションができる企業であろう。

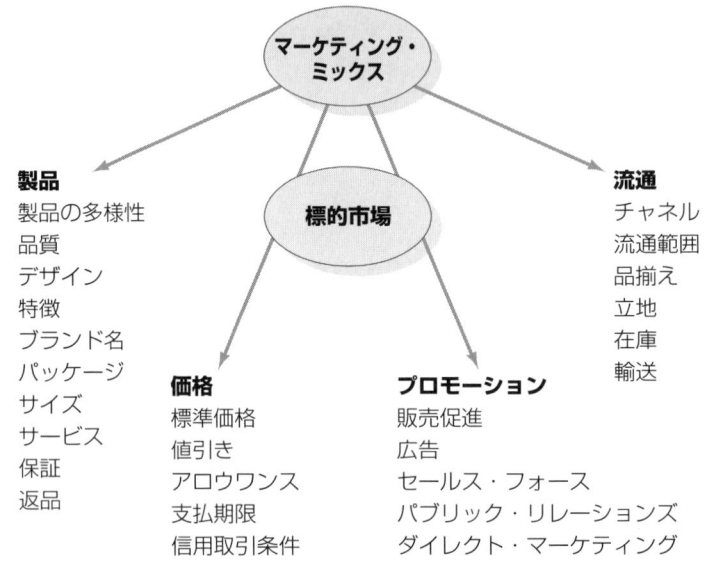

図1-3 マーケティング・ミックスを構成する4つのP

マーケティング・ミックス

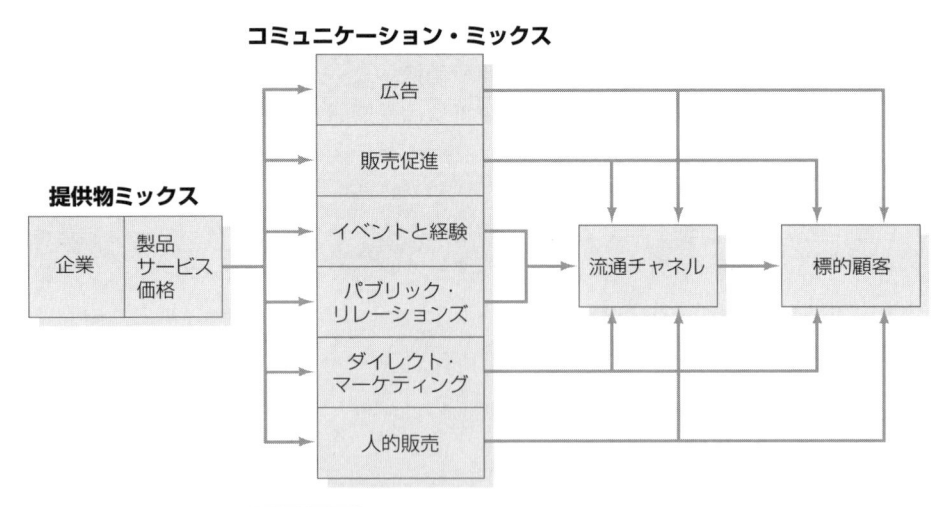

- **製品**
  - 製品の多様性
  - 品質
  - デザイン
  - 特徴
  - ブランド名
  - パッケージ
  - サイズ
  - サービス
  - 保証
  - 返品
- **標的市場**
- **価格**
  - 標準価格
  - 値引き
  - アロウワンス
  - 支払期限
  - 信用取引条件
- **プロモーション**
  - 販売促進
  - 広告
  - セールス・フォース
  - パブリック・リレーションズ
  - ダイレクト・マーケティング
- **流通**
  - チャネル
  - 流通範囲
  - 品揃え
  - 立地
  - 在庫
  - 輸送

図1-4 マーケティング・ミックス戦略

提供物ミックス: 企業 — 製品/サービス/価格

コミュニケーション・ミックス:
- 広告
- 販売促進
- イベントと経験
- パブリック・リレーションズ
- ダイレクト・マーケティング
- 人的販売

→ 流通チャネル → 標的顧客

統合型マーケティングの2つの主要テーマは、(1) 価値を伝達し提供するために多彩なマーケティング活動を利用することと、(2) すべてのマーケティング活動をうまく連携させてジョイント効果を最大化することである。言い換えれば、ある1つのマーケティング活動を設計し実行するにあたっては、他のすべての活動を念頭において行う。企業は需要管理、資源管理、

ネットワーク管理のための自社システムを統合しなければならない。

インターナル・マーケティング

　ホリスティック・マーケティングには「インターナル・マーケティング」も含まれるが、これは組織内のすべての人、特に経営幹部に、適切なマーケティング原理を理解させることである。インターナル・マーケティングの仕事は、顧客にうまく対応しようという意欲のある有能な社員を採用し、トレーニングし、動機付けをすることである。賢明なマーケターは社内向けのマーケティング活動も、社外向けのマーケティング活動と同等か、むしろそれ以上に重要なものだと認識している。社内スタッフにまだ提供する準備ができていないのに優れたサービスを約束するのはナンセンスである（「マーケティング・スキル▶インターナル・マーケティング」参照）。

　インターナル・マーケティングには2つの条件がある。1つは、セールス・フォース、広告、カスタマー・サービス、製品マネジメント、マーケティング・リサーチなどさまざまなマーケティング機能を担う部門が協力し合い、顧客の視点から連携しなければならない。第2に、他の部門もマーケティングに取り組み、「顧客のことを考える」必要がある。マーケティング思考が会社全体に行き渡っていなければならないのだ。ゼロックスではすべての職務記述書に、それぞれの仕事が顧客にどのような影響を及ぼすかという説明を入れている。ゼロックスの工場管理責任者は工場が清潔で能率的であれば、見学にやって来た潜在顧客へ製品を売る手助けになることを理解している。ゼロックスの経理担当者は、請求書の正確さと電話応対の早さが顧客の行動に影響するとわかっている。

社会的責任マーケティング

　ホリスティック・マーケティングは「社会的責任マーケティング」も含んでおり、広い視点での問題意識を持ち、マーケティング活動およびマーケティング・プログラムを倫理、環境、法、社会的文脈で理解する。マーケティングの因果関係は明らかに企業と消費者から社会全体にまで及ぶものである。社会的責任においては、マーケターは社会福祉に関連して自分たちの果たしている役割、果たしうる役割を慎重に考慮することが求められている。

　消費者の欲求を満たすことに優れた企業が、長期的視点から見て消費者や社会の最善の利益に尽くしているとは必ずしもいえないのではないか。例えばファストフード・チェーンは、美味しいが健康のためには良くない食べ物を提供している。こうした批判を受け、マクドナルドなどの企業はメニューにサラダなど健康的なアイテムを加え、発泡スチロール製のサンドイッチ容器を紙の包装紙とリサイクル材に変えるなど、環境に配慮した施策も取り始めた。マクドナルドは食肉供給業者に抗生物質の使用廃止まで指示した。抗生物質は人間にも投与されるが、家畜の成長を促進するためにも使われる。「人間が服用する薬品としての抗生物質の効果が下がってきていることを示す証拠を多数確認した。当社の対応を検討中だ」とマクドナルドの社会的責任担当シニア・ディレクターは言う[27]。

マーケティング・スキル ▶ インターナル・マーケティング

　マーケターのスキルとして最も価値が高いのは、人材を社内から選び出し、教育し、結集させて、顧客と円満で有益かつ長期的なリレーションシップを構築する手伝いを全社員が喜んでしたがるように仕向ける能力である。インターナル・マーケティングはまず、会社と自社製品と顧客に対してポジティブな姿勢を持つマネジャーや社員を選定することから始まる。次のステップとして、全スタッフを教育し、動機付け、裁量権を与えて、顧客に価値を提供するという役割を果たすに十分な知識とツールと権限を持たせる。社員のパフォーマンスの基準を定めたら、最後に社員の行動をモニタリングして良いパフォーマンスに報いる。そしてコミュニケーション、動機付け、フィードバックを継続し、このインターナル・マーケティングのサイクルを回していく。

　インターナル・マーケティングのスキルを育てるには計画と時間と根気が必要だ。コミュニケーションや動機付けの試みがすべて、全社員に効果を上げるとは限らない。広告や営業訪問がすべての顧客にうまく働きかけられるわけではないのと同じである。またインターナル・マーケティングがスローガンや一時的なブームのように受け止められたのでは威力を発揮しない。しかし成功すれば、インターナル・マーケティングは企業を業界トップの座に押し上げる原動力となりうる。

　例えば、インターナル・マーケティングはサウスウエスト航空の強さの鍵である。同社のトップマネジメントは採用と教育、社内コミュニケーション、社員の動機付けに多大な関心を払っている。CEOと社長は現場にまめに足を運び、社員の仕事ぶりに感謝したり、誕生日カードを送ったり、顧客の声を伝えたりしている。サウスウエストの社員は笑顔を絶やさず優れたサービスを提供し、献身的で、なかには苦しい時期に会社のコストを抑えるため無給で働く者もいた。サウスウエストのマネジャーたちはまさしく、インターナル・マーケティングという重要なスキルの習得と実践の良い手本なのである[26]。

　このような状況に対して、マーケティング・コンセプトの範囲を拡大する新しい言葉が必要となる。ここでは「ソサイエタル・マーケティング・コンセプト」と呼ぶことにしよう。「ソサイエタル・マーケティング・コンセプト」とは、企業の役割は標的市場のニーズ、欲求、利益を正しく判断し、消費者と社会の幸福を維持・向上させるやり方で、要望に沿う満足を競合他社よりも効果的かつ効率的に提供すること、という考え方である。ソサイエタル・マーケ

ティング・コンセプトに従えば、マーケターはマーケティングを実践する際に社会的かつ倫理的な配慮をしなければならない。マーケターは企業の利益、消費者の満足、公共の利益という、とかく衝突しがちな判断基準を調整しなければならない。

　ベン＆ジェリーズをはじめ多くの企業が、ソサイエタル・マーケティング・コンセプトの一形態である「コーズリレーテッド・マーケティング」を採用し実践したおかげで、目覚ましい売上と利益を達成した。プリングルとトンプソンはコーズリレーテッド・マーケティングを、「市場に対してイメージ、製品、サービスを提供する企業が、相互のベネフィットのために『社会的意義（コーズ）』によってリレーションシップやパートナーシップを構築する活動」と定義している[28]。企業はコーズリレーテッド・マーケティングを、自社の評判を高め、ブランドの認知度と顧客ロイヤルティを上げ、売上を伸ばし、マスコミに取り上げられる機会を増やすチャンスと見ている。こうした企業は、合理的かつ感情的ベネフィットを提供するだけではない、良き市民としての企業活動を顧客が次第に求めるようになる、と確信している。例えば、エイボンは企業として最大の乳がん治療運動の支援者で、1992年に最初のプログラムが始まって以来、3億5000万ドル以上の資金を生み出している。

基本的なマーケティングのコンセプト、トレンド、タスク

　マーケティングの機能を理解するためには、基本的なコンセプトとタスク、そして現在のトレンドを理解しておく必要がある。

❖中核コンセプト

　中核となる一連のコンセプトが、マーケティング・マネジメントとホリスティック・マーケティング志向の基盤を形成している。

ニーズ、欲求、需要

　マーケターは標的市場のニーズ、欲求、需要を理解しようと努めなければならない。「ニーズ」とは、人間の基本的要件である。人間は生きるために食料、空気、水、衣服、風雨を避ける場所を必要とする。レクリエーション、教育、娯楽のニーズも無視できない。こうしたニーズがそれを満たす特定の物に向けられると「欲求」になる。アメリカ人にとって食料はニーズだが、欲求はハンバーガー、フライドポテト、ソフトドリンクである。モーリシャスの人にとっても食料はニーズだが、欲求はマンゴー、米、レンズ豆、空豆である。欲求は人間が暮らしている社会によって決まる。「需要」は特定の製品に対する欲求で、支払い能力に後押しされる。メルセデス・ベンツを欲しいと思う人は多い。しかし実際に買うことができて買おうとする人はわずかである。企業は製品を欲しいと思う人だけでなく、買う気があってしかも実際

に買うことのできる人がどのくらい存在するかを判断しなければならない。

こうして区別してみれば、「マーケターがニーズを作る」「マーケターは欲しくもないものを人々に買わせる」というよく耳にする批判の正体も明らかになる。マーケターがニーズを作り出すのではない。ニーズはマーケターより先に存在するのである。マーケターは他の社会的要素とともに、欲求に影響を与えるにすぎない。マーケターは、メルセデス・ベンツを持てば社会的地位を高められるというニーズが満たされるとの考え方をプロモーションするかもしれないが、社会的地位というニーズを生み出してはいないのである。

顧客のニーズや欲求を理解することは必ずしも簡単ではない。ニーズがあってもそれをはっきり自覚していない顧客もいる。あるいはそのニーズを顧客が具体的に表現できない場合もあれば、顧客の言葉の意味をうまく汲み取らなければならない場合もある。「安い車」が欲しいという顧客について考えてみよう。ニーズは5つのタイプに分けることができる。

1. 明言されたニーズ（顧客は安い車を望んでいる）
2. 真のニーズ（顧客は購入費ではなく維持費の安い車を望んでいる）
3. 明言されないニーズ（顧客はディーラーからの良いサービスを期待している）
4. 喜びのニーズ（顧客はディーラーがカーナビシステムをつけてくれることを望んでいる）
5. 隠れたニーズ（顧客は友人に良い買い物をしたと思われたい）

明言されたニーズに応えるだけでも、顧客を納得させることはできるだろう。だがカーペンターが述べたように、「もはや顧客が望むものを提供するだけでは十分ではない。優位を獲得するためには、企業は顧客が何を望んでいるかを自覚する手助けをしなければならない」[29]。かつて「顧客ニーズに応える」とは、顧客ニーズを研究してそのニーズに平均的に沿った製品を作ることだった。しかし今日では、企業は顧客一人ひとりのニーズに個別に応えている。デルは、各人がコンピュータに望む特徴をカスタマイズできる製品プラットフォームを提供している。これは「作って売る」方針から、顧客志向の「感じ取って応じる」方針への移行である。

標的市場、ポジショニング、細分化

マーケターが市場のすべての人を満足させることはまずできない。誰もが同じシリアル、ホテルの部屋、自動車、大学、映画を気に入るわけではない。そのためマーケターは、購買者のデモグラフィックスやサイコグラフィックス、行動の違いを検討することで、さまざまな製品やサービス・ミックスを好んだり求めたりする購買者グループを把握し、それぞれの特徴を分析する。次にどのセグメントが最高の機会をもたらすかを判断する。これが「標的市場」である。標的市場が選択されると、企業は「市場提供物」を開発する。提供物は、何らかの中心的なベネフィットをもたらすものとして標的購買者の心に「ポジショニング」される。例えばボルボは、安全性にこだわる購買者を標的市場にして車を開発している。そのため同社では、自社の車を市場で最も安全な車としてポジショニングしている。企業は最善を尽くして慎重に標

的市場を選び、それに合わせたマーケティング・プログラムを準備するのである。

提供物とブランド

　企業は価値提案、すなわち顧客のニーズを満足させるために提供する一連のベネフィットを提案することによって、ニーズに対応している。形のない価値提案は製品、サービス、情報、経験が組み合わさった「提供物」として形を与えられる。「ブランド」とは、よく知られた製造業者の提供物をいう。例えばマクドナルドのブランド名を聞けば、たちまちいろいろな連想が頭に浮かぶ。ハンバーガー、楽しい、子供たち、ファストフード、便利、「M」の字をかたどった黄色いアーチのロゴなど。こうした連想がブランド・イメージを作り上げるのである。あらゆる企業が、ブランド力すなわち強くて、好ましくて、ユニークなブランド・イメージを築こうと努力している。

価値と満足

　標的購買者に価値と満足を提供することができれば、その提供物は成功したといえる。購買者は、最も価値がありそうなものはどれかという基準で数ある提供物の中から選択をする。「価値」とは知覚された有形および無形のベネフィットと顧客にかかるコストを表す。価値は主として「顧客価値の三本柱」と呼ばれる品質、サービス、価格の組み合わせと見なされる。価値は品質とサービスが上がれば高くなり、価格が上がれば低くなる。もちろん、他の要素も重要な役割を果たしている。

　価値はマーケティング・コンセプトの中心である。マーケティングは顧客価値を特定し、創造し、伝達し、提供し、モニタリングすることだともいえる。「満足」とは自分の期待に対して製品の知覚されたパフォーマンス（あるいは結果）がどうであったかを比較評価したものである。パフォーマンスが期待ほどでなければ顧客は不満を持つ。パフォーマンスが期待どおりであれば顧客は満足する。パフォーマンスが期待を上回れば、顧客はおおいに満足し、喜ぶ。

マーケティング・チャネル

　標的市場に到達するため、マーケターは3種類のマーケティング・チャネルを利用する。「コミュニケーション・チャネル」は、標的購買者にメッセージを送ったり購買者からメッセージを受け取ったりするために使われ、新聞、雑誌、ラジオ、テレビ、手紙、電話、屋外広告、ポスター、チラシ、CD、オーディオテープ、インターネットがこれに相当する。このほかにもコミュニケーションは、顔の表情、服装、小売店の雰囲気、その他多くの媒体によっても行われる。マーケターは、広告などの一般的なモノローグ・チャネルを補うために、徐々に電子メールやフリーダイヤル電話といったダイアログ・チャネルを加えるようになっている。

　マーケターは「流通チャネル」を使って、購買者や使用者に製品の実物やサービスを見せたり、販売したり、配達したりする。流通チャネルには流通業者、卸売業者、小売業者、代理業者がある。マーケターは「サービス・チャネル」も利用して、潜在購買者との取引を行う。取

引を促進するサービス・チャネルには問屋、運輸会社、銀行、保険会社が含まれる。提供物にとって最高のチャネル・ミックスを選択するために、コミュニケーション、流通、サービスの各チャネルをどう組み合わせるかがマーケターの課題である。

サプライ・チェーン

　マーケティング・チャネルがマーケターと標的購買者を結びつけるものであるとすれば、サプライ・チェーンは、原材料から構成部品、さらに完成品までをつなぐ、より長いチャネルを意味する。例えば婦人用ハンドバッグのサプライ・チェーンは、皮革から始まり、なめし作業、裁断作業、縫製、そして製品を顧客へ届けるマーケティング・チャネルへと続く。サプライ・チェーンとは価値提供システムなのである。各企業は、サプライ・チェーンから生じる総価値のうち一部の利益を得るにすぎない。企業が競合企業を買収したり、チェーンの川上部門（生産）か川下部門（販売）に移行したりする場合、その狙いはサプライ・チェーンが生む価値から得る利益の割合を増やすことである。

競　　争

　競争には、購買者の比較検討の対象になりうる実在の、あるいは潜在的な競合提供物や代替品すべてが含まれる。アメリカの自動車会社が鉄の買い付けを計画しているとしよう。いくつかのレベルの競争が考えられる。自動車メーカーは、U.S. スチールや他のアメリカ国内の一貫生産の製鉄所から買うこともできるし、中国のアンガン・スチールのような海外の製鉄所から買ってもよい。ニューコアのような小規模製鉄所から購入することもできる。あるいは車の重量を軽くするために一部にアルミニウム（アルコアから購入）を使うことも、バンパー用に鉄ではなく加工プラスチック（GE プラスチックスから購入）を採用することもできる。一貫生産の鉄鋼会社だけを競争相手と考えるようでは、U.S. スチールの競合の捉え方は狭すぎるといわざるを得ない。長い目で見ればU.S. スチールは、直接のライバルである鉄鋼メーカーよりもむしろ、代替品によって損害を被ることになろう。U.S. スチールは鉄に代わる材料を作るか、鉄が優れた性能を発揮できる用途に専念するかを検討する必要もある。

マーケティング環境

　競争は、マーケターが仕事をする環境における要因の1つにすぎない。マーケティング環境にはタスク環境とブロード環境がある。
　「タスク環境」には、提供物を製造し、流通させ、プロモーションを行うことに関わる直接的な当事者が含まれる。主な当事者は企業、供給業者、流通業者、ディーラー、標的顧客である。供給業者には原材料供給業者とサービス供給業者がある。サービス供給業者とは、マーケティング・リサーチ機関、広告会社、銀行や保険会社、運輸会社や通信会社などである。流通業者とディーラーには代理業者、ブローカー、製造業者のセールス・レップなど、顧客の獲得や顧客への製品販売を支援する業者が含まれる。

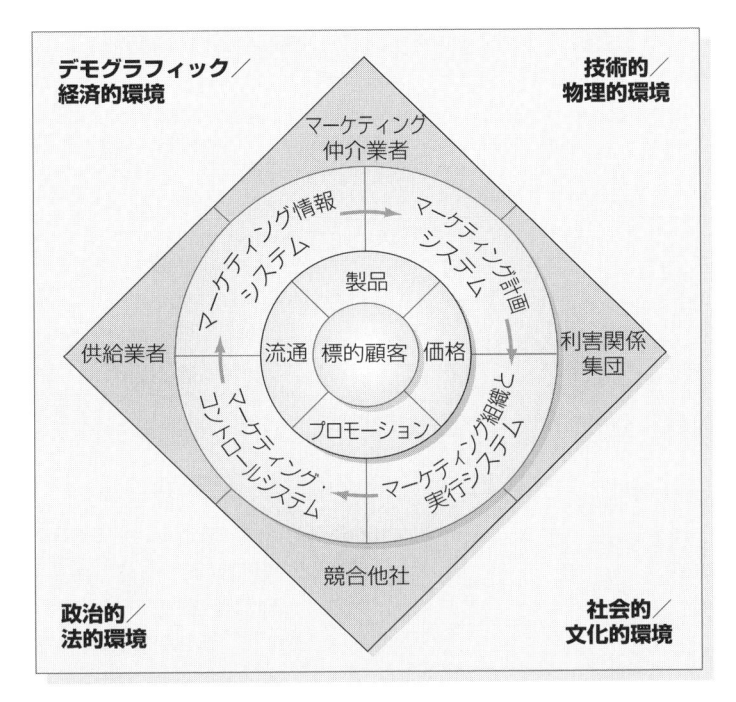

図1-5 企業のマーケティング戦略に影響を及ぼす諸要因

「ブロード環境」には6つの要素がある。デモグラフィック環境、経済的環境、物理的環境、技術的環境、政治-法的環境、社会-文化的環境である。こうした環境は、タスク環境の当事者に大きな影響力を持つ。市場関係者はこのような環境の中でのトレンドや最新の情勢に十分な注意を払い、マーケティング戦略をタイムリーに修正しなければならない。

マーケティング計画

マーケティング計画プロセスは、マーケティング機会の分析、標的市場の選択、マーケティング戦略の設計、マーケティング・プログラムの開発、マーケティング努力の管理という段階を踏む。**図1-5**はマーケティング・プロセスをおおまかにまとめ、企業のマーケティング戦略に影響を及ぼす要因を示したものである。

❖マーケティング・マネジメントの転換

マーケターが方針、コンセプト、ツール（**表1-1**）を根本から再考するにつれ、マーケティング・マネジメントは変遷していく。今日の競争の激しい環境において成功するのは、市場と市場スペースの転換に応じてみずから変化し続けることのできる企業であろう。

表1-1 マーケティング・マネジメントの転換

From	To
マーケティングはマーケティング部門の仕事である。	全従業員が顧客に影響力を持っており、顧客を自社の繁栄の源とみなす
製品単位別の組織	顧客セグメント別の組織
内製主義	他社のほうが得意であり安くできる活動はアウトソースし、コアの活動を保持
多数の供給業者の利用	少数の供給業者とのパートナーシップで価値を提供
既存の市場ポジションへの依存	前に進み新しいマーケティング優位性の発見へ
有形資産の重視	ブランド、顧客基盤、従業員、流通業者および供給業者との関係、知的資本の価値の認識
広告によるブランド構築	パフォーマンスと統合型コミュニケーションによるブランド構築
店舗や販売員を通じた顧客の誘引	オンラインによる製品の提供
すべての人に売る	精選した標的市場でのナンバーワン企業を目指す
収益性の高い取引の重視	顧客の生涯価値の重視
市場シェア獲得の重視	顧客シェア構築の重視
ローカル	グローバルとローカルの両立
財務スコアカードの重視	マーケティング・スコアカードの重視
株主重視	ステークホルダー重視

　こうした重要な転換を背景に、マーケティング・マネジャーは次のタスクを行わなければならない。

■**マーケティング戦略とマーケティング計画の構築**　最初のタスクは、市場での経験とコア・コンピタンスに基づいて長期的な機会の可能性を発見することである。そのプロセスについては第2章で詳しく述べる。
■**マーケティングのための情報収集**　社内外の現状を理解するために、マーケティング環境をつぶさに観察し、マーケティング・リサーチを実施して購買者の欲求と行動、現在の市場規模と潜在的な市場規模を評価する。第3章で市場、市場需要、マーケティング環境を取り上げる。第5章と第6章で消費者市場とビジネス市場の分析について検討する。
■**顧客との関係構築**　選択した標的市場向けの価値を創造し、消費者や企業顧客との間に有益かつ長期的な強いリレーションシップを築くための最善の方法を考えなければならない。これについては第4章で論じる。次に主要な市場セグメントを特定し、各セグメントを評価し、自社が最も成功できる市場セグメントをターゲットにする。第7章で細分化と標的化を取り上げる。
■**強いブランドの確立**　自社ブランドの強みと弱み、顧客がブランドから連想するもの、ブラ

ンド・エクイティの評価と管理の方法も知っておかなくてはならない。これについては第8章で取り上げる。ブランドは他から隔絶した存在ではありえないので、競争への対処、またそれだけでなく適切なポジショニングの構築と伝達もマーケターの仕事である。第9章でその方法を解説する。

■**市場提供物の形成**　マーケティング計画の中心にあるのが製品である。これには品質、デザイン、特徴、パッケージが含まれる。製品戦略については第10章を参照されたい。製品の一部として、サービスの設計も行うことになるだろう（第11章）。さらに価格も重要な要素である（第12章）。

■**価値の提供**　小売業者、卸売業者、物流企業などのマーケティング協力者を見つけ、彼らと契約し、連携して、市場提供物の価値を標的市場に届ける方法も決定しなければならない。バリュー・ネットワークとチャネルについては第13章で検討する。小売業、卸売業、ロジスティクスについては第14章で取り上げる。

■**価値の伝達**　市場提供物という形で形成した価値を、標的市場にマーケティング・コミュニケーション活動によって伝達する必要もある。マーケティング・コミュニケーション活動とは、消費者に対して、自社ブランドについて情報提供し、説得し、思い出してもらおうとする手段のことである。統合型マーケティング・コミュニケーションの設計とマネジメントについては第15章で論じる。第16章では広告や販売促進などのマス・コミュニケーションについて、第17章ではダイレクト・マーケティングや人的販売などの人的コミュニケーションを取り上げる。

■**長期的成長の実現**　自社の製品とブランドを長期的な視点から見て、いかに収益性を成長させていくかを考えなければならない。絶えず変化するグローバルな機会と課題も戦略に盛り込む必要がある。さらに、マーケティング計画を実行できるマーケティング組織を構築しなければならない。詳しくは第18章で述べる。

参考文献

1. Jim Dalrymple, "Apple's Uphill Climb," *MacWorld*, June 2005, pp. 16+；Nick Wingfield, "But Will Apple See a Boost?," *Wall Street Journal*, April 28, 2005, pp. B1+；Randall Stross, "How the iPod Ran Circles Around the Walkman," *New York Times*, March 13, 2005, sec. 3, p. 5.
2. "The Boston Beer Company," *Beverage Industry*, January 2005, p. 19；Sam Hill and Glenn Rifkin, *Radical Marketing* (New York：HarperBusiness, 1999)；Gerry Khermouch, "Keeping the Froth on Sam Adams," *BusinessWeek*, September 1, 2003, pp. 54-56.
3. American Marketing Association, 2004.
4. Peter Drucker, *Management：Tasks, Responsibilities, Practices* (New York：Harper and Row, 1973), pp. 64-65. 邦訳：『マネジメント：基本と原則』（P・F・ドラッカー著、上田惇生編訳、ダイヤモンド社、2001年）
5. Philip Kotler, "Dream Vacations：The Booming Market for Designed Experiences," *The Futurist* (October 1984)：7-13；B. Joseph Pine II and James Gilmore, *The Experience Economy* (Boston：Harvard Business School Press, 1999)；Bernd Schmitt, *Experience Marketing* (New York：Free Press, 1999)；Mark Hyman,

"The Family That Fields Together," *BusinessWeek*, February 9, 2004, p. 92.
6. Irving J. Rein, Philip Kotler, and Martin Stoller, *High Visibility* (Chicago：NTC Publishers, 1998)；H. Lee Murphy, "New Salton Recipe：Celeb Chefs," *Crain's Chicago Business*, April 4, 2005, p. 4.
7. Philip Kotler, Irving J. Rein, and Donald Haider, *Marketing Places：Attracting Investment, Industry, and Tourism to Cities, States, and Nations* (New York：Free Press, 1993). 邦訳：『地域のマーケティング』(P・コトラー、D・H・ハイダー、I・レイン著、前田正子、千野博、井関俊幸訳、東洋経済新報社、1996 年)；Philip Kotler, Christer Asplund, Irving Rein, and Donald H. Haider, *Marketing Places in Europe：Attracting Investment, Industry and Tourism to Cities, States and Nations* (London：Financial Times Prentice-Hall, 1999)；*Marketing Places Europe* (London：Financial Times Prentice-Hall, 1999).
8. Connie Lewis, "Bullish Figures Not All Fun, Games for Hoteliers," *San Diego Business Journal*, January 24, 2005, pp. 3+.
9. Carl Shapiro and Hal R. Varian, "Versioning：The Smart Way to Sell Information," *Harvard Business Review* (November-December 1998)：106-114.
10. John R. Brandt, "Dare to Be Different," *Chief Executive*, May 2003, pp. 34-38.
11. Paige Albiniak, "A Sober Success Story," *Broadcasting & Cable*, March 28, 2005, p. 60.
12. Jeffrey Rayport and John Sviokla, "Managing in the Marketspace," *Harvard Business Review* (November-December 1994)：141-150. 同じ著者による以下も参照のこと。"Exploring the Virtual Value Chain," *Harvard Business Review* (November-December 1995)：75-85.
13. Mohan Sawhney, *Seven Steps to Nirvana* (New York：McGraw-Hill, 2001).
14. Gerry Khermouch, "Breaking into the Name Game," *BusinessWeek*, April 7, 2003, p. 54；"China's Challenge," *Marketing Week*, October 2, 2003, pp. 22-24.
15. Bruce I. Newman, ed., *Handbook of Political Marketing* (Thousand Oaks, CA：Sage Publications, 1999)；and Bruce I. Newman, *The Mass Marketing of Politics* (Thousand Oaks, CA：Sage Publications, 1999).
16. John B. McKitterick, "What Is the Marketing Management Concept?" in Frank M. Bass ed., *The Frontiers of Marketing Thought and Action* (Chicago：American Marketing Association, 1957), pp. 71-82；Fred J. Borch, "The Marketing Philosophy as a Way of Business Life," *The Marketing Concept：Its Meaning to Management* (Marketing series, no. 99) (New York：American Management Association, 1957), pp. 3-5；Robert J. Keith, "The Marketing Revolution," *Journal of Marketing* (January 1960)：35-38.
17. Theodore Levitt, "Marketing Myopia," *Harvard Business Review* (July-August 1960), p. 50.
18. Ajay K. Kohli and Bernard J. Jaworski, "Market Orientation：The Construct, Research Propositions, and Managerial Implications," *Journal of Marketing* (April 1990)：1-18；John C. Narver and Stanley F. Slater, "The Effect of a Market Orientation on Business Profitability," *Journal of Marketing* (October 1990)：20-35；Stanley F. Slater and John C. Narver, "Market Orientation, Customer Value, and Superior Performance," *Business Horizons* (March-April 1994), pp. 22-28；A. Pelham and D. Wilson, "A Longitudinal Study of the Impact of Market Structure, Firm Structure, Strategy and Market Orientation Culture on Dimensions of Business Performance," *Journal of the Academy of Marketing Science* 24, no. 1 (1996)：27-43；Rohit Deshpande and John U. Farley, "Measuring Market Orientation：Generalization and Synthesis," *Journal of Market-Focused Management* 2 (1998)：213-232.
19. John C. Narver, Stanley F. Slater, and Douglas L. MacLachlan, "Total Market Orientation, Business Performance, and Innovation," Working Paper Series, Journal of Marketing Science Institute, Report No. 00-116, 2000, pp. 1-20. 以下も参照されたい。Ken Matsuno and John T. Mentzer, "The Effects of Strategy Type on the Market Orientation-Performance Relationship," *Journal on Marketing* (October 2000)：1-16.
20. Evert Gummesson, *Total Relationship Marketing* (Boston：Butterworth-Heinemann, 1999)；Regis McKenna, *Relationship Marketing* (Reading, MA：Addison-Wesley 1991). 邦訳『ザ・マーケティング：「顧客の時代」の成功戦略』(レジス・マッケンナ著、三菱商事株式会社情報産業グループ訳、ダイヤモンド社、1992 年)；Martin Christopher, Adrian Payne, and David Ballantyne, *Relationship Marketing：Bringing Quality, Customer Service, and Marketing Together* (Oxford, U.K.：Butterworth-Heinemann, 1991).
21. James C. Anderson, Hakan Hakansson, and Jan Johanson, "Dyadic Business Relationships within a Business Network Context," *Journal of Marketing* (October 15, 1994)：1-15.
22. Laura Mazur, "Personal Touch is Now Crucial to Growing Profits," *Marketing*, November 27, 2003, p. 18.

23. Neil H. Borden, "The Concept of the Marketing Mix," *Journal of Advertising Research* 4 (June): 2-7. もう一つの枠組みについては以下を参照されたい。George S. Day, "The Capabilities of Market-Driven Organizations," *Journal of Marketing* 58, no. 4 (October 1994): 37-52.
24. E. Jerome McCarthy, *Basic Marketing : A Managerial Approach*, 12th ed. (Homewood, IL : Irwin, 1996). ほか2つの分類にも注目されたい。フレイはマーケティング意思決定の変数はすべて2つの要素に分類できると提唱した。すなわち提供物（製品、パッケージング、ブランド、価格、サービス）と手法およびツール（流通チャネル、人的販売、広告、販売促進、パブリシティ）である。以下を参照のこと。Albert W. Frey, *Advertising*, 3rd, ed. (New York : Ronald Press, 1961), p. 30. レイザーとケリーは3要素の分類を提唱した。すなわち財とサービスのミックス、流通ミックス、コミュニケーション・ミックスである。以下を参照されたい。William Lazer and Eugene J. Kelly, *Managerial Marketing : Perspectives and Viewpoints*, rev. ed. (Homewood, IL : Irwin, 1962), p. 413. 邦訳：『マネジリアル・マーケティング』（ユージン・J・ケリー、ウィリアム・レイザー編、片岡一郎ほか訳、丸善、1969年）
25. Robert Lauterborn, "New Marketing Litany : 4P's Passé ; C-Words Take Over," *Advertising Age*, October 1, 1990, p. 26.
26. Barney Gimbel, "Southwest's New Flight Plan," *Fortune*, May 16, 2005, pp. 93+ ; Jane Lewis, "The Leaders Who Changed HR," *Personnel Today*, January 22, 2002, pp. 2+ ; Kim Clark, "Nothing But the Plane Truth," *U.S. News & World Report*, December 31, 2001, p. 58.
27. "McDonald's Corp.'s Poultry Suppliers in the United States and Europe Have Ceased Using Human Antibiotics as Growth Promoters in Chickens, the Company Said," *Nation's Restaurant News Daily NewsFax*, January 14, 2005, p.1 ; William Greider, "Victory at McDonald's," *The Nation*, August 18, 2003.
28. Hamish Pringle and Marjorie Thompson, *Brand Soul : How Cause-Related Marketing Builds Brands* (New York : John Wiley & Sons, 1999) ; Richard Earle, *The Art of Cause Marketing* (Lincolnwood, IL : NTC, 2000).
29. カーペンターとの私的な会話。

第 2 章
マーケティング戦略と
マーケティング計画の立案と実行

◆ 本章では、次の問題を取り上げる ◆

1. マーケティングは顧客価値にどのような影響を与えるのか。
2. 戦略計画は組織内の各レベルでどのように実行されるのか。
3. マーケティング計画の内容はどのようなものか。
4. 経営陣はマーケティング成果をどのように測定するのか。

スターバックスのマーケティング・マネジメント

　ハワード・シュルツは1980年代初めにイタリアを訪れ、エスプレッソ・バーにいたく感動した。彼がシアトルに戻ったとき持ち帰ったマーケティング構想は、やがてスターバックスを50億ドルビジネスに変貌させることになる。現在スターバックスの会長を務めるシュルツは、「コーヒーハウス文化」をアメリカに移植する契機に目をつけたのだ。それは注文に応じて淹れたグルメコーヒーを、くつろいだカフェの雰囲気の中で提供するというものだった。コーヒー愛好者の反響は絶大で、1軒の店にすぎなかったスターバックスは20年後には35ヶ国9000店舗近くにまで拡大を果たした。

　その20年の間に、スターバックスはさまざまな新製品やサービスを導入して顧客価値を創出し提供してきた。時には特定の分野に専門性を持つ他企業との提携も行った。例えば、甘くて冷たいフラペチーノの大ヒットを受け、スターバックスはペプシコーラと提携してこの商品をボトル飲料としてスーパーマーケットで販売するようになった。またジムビーム社とも提携し、スターバックス・コーヒーリキュールを開発し売り出した。顧客の利便性を考慮し、ラテやエスプレッソの支払いを早く簡単にできるスターバックス・カードも考案している。さらにタゾ・ティーを買収して飲料の種類を増やした。今ではスターバックスの店舗で音楽CDを購入したり、ネットサーフィンをしたり、スターバックスDuetto Visaカードを申し込みしたりすることができる。発展途上国の小規模コーヒー農家の支援などの社会的責任活動も重視している。あるスターバックスの幹部が「企業の社会的責任は企業価値を高める」と述べているが、これはまさに顧客や供給業者をはじめとしたステークホルダーが

聞きたいと思うメッセージである(1)。

スターバックスはマーケティング・マネジメント・プロセスの主要な構成要素が、マーケティング活動の指針となる洞察力と創造性に富んだ戦略と計画を作成することであるのをよくわかっている。適切なマーケティング戦略を長期にわたって立てていくには、規律と柔軟性を両立させなければならない。企業は戦略に従わなくてはならないが、一方でスターバックスが行ってきたように絶えず新しい改善方法を探すべきなのである(2)。この章ではまず、マーケティングが顧客価値にどのように影響を与えるかを詳細に検討する。次に全社レベル、事業部レベル、さらに事業単位レベルでの戦略計画について論じる。マーケティング計画に盛り込むべき情報を概説し、マーケティングの成果の評価方法についても取り上げる。

マーケティングと顧客価値

マーケティングとは顧客のニーズと欲求を満足させることである。利益を出しながら顧客価値を提供することが企業にとって課題となる。買い手が賢くなり選択肢も豊富になった非常に競争の厳しい経済において勝者となれる唯一の方法は、価値提供プロセスを絶妙に調整して優れた価値を選択し、提供し、伝達することである。

❖ 価値提供プロセス

マーケティングに対する従来の観点は、企業が何かを作り、それを売るというものである（図2-1(a)）。この観点では、マーケティングが価値提供プロセスの後半で行われることになる。つまり、企業は何を作るべきかを知っており、市場は企業が利益を得るのに足る数量を求めているということを前提としている。従来型の観点をとる企業が成功する確率は、モノ不足が著しく、消費者が品質、特徴、スタイルにうるさくない経済において最も高い。例えば発展途上国の基本的な生活必需品の市場がこれにあたる。

しかし人々が豊富な選択肢を持つ経済においては、「マス市場」が実際にはたくさんのミクロ市場に分裂しており、それぞれが独自の欲求、知覚、選好、購買基準を有している。そのため、競争に勝ち抜くつもりなら、的を絞った標的市場向けの提供物を設計し、提供しなければならない。この考え方は、事業プロセスの新しい観点の核心をなす。新しい観点では、マーケティングを計画立案プロセスのはじめに位置づけている。このような企業は製造と販売に重きを置くのではなく、自らを価値提供プロセスの一部と考えている。

図2-1(b)は価値の創造と提供のシークエンスを示す。第1段階は「価値の選択」であり、これは製品ができる以前にマーケティングが行うべき「宿題」である。マーケティング担当者は市場を細分化し、適切な標的市場を選択し、製品価値のポジショニングを開発しなければな

(a) 伝統的な物理的プロセス・シークエンス

製品の製造：製品の設計／資材調達／製造
製品の販売：価格設定／販売／広告・プロモーション／流通／サービス

(b) 価値創造と価値提供シークエンス

価値の選択：顧客の細分化／市場の選択・集中／価値ポジショニング
価値の提供：製品開発／サービス開発／価格設定／資材調達・製造／流通・サービス
価値の伝達：セールス・フォース／販売促進／広告

戦略的マーケティング ／ 戦術的マーケティング

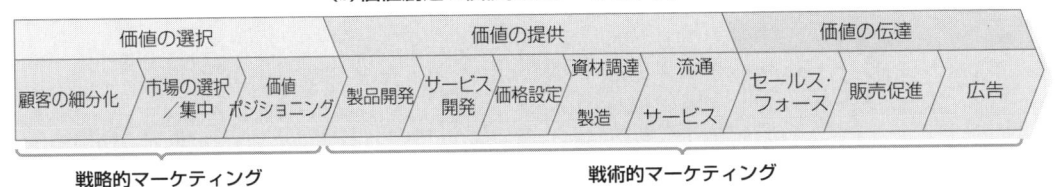

図2-1　価値提供プロセスの2つの観点

出典：Michael J. Lanning and Edward G. Michaels, "A Business Is a Value Delivery System," McKinsey Staff Paper no.41, June 1988. Copyright©McKinsey & Co.,Inc.

らない。「細分化（Segmentation）、標的化（Targeting）、ポジショニング（Positioning）（STP）」のセットが戦略的マーケティングの要である。価値を選択したら、第2段階は「価値の提供」である。製品の特徴、価格、流通について具体的に決定しなければならない。第3段階は「価値の伝達」である。ここではセールス・フォース、販売促進、広告などのコミュニケーション・ツールを使って製品の告知とプロモーションを行う。価値の選択、提供、伝達の各段階にコストが絡んでくる。

❖価値連鎖

　ハーバード大学のマイケル・ポーターは、より大きな顧客価値を創出する方法を見つけるツールとして**価値連鎖**を提唱している[3]。このモデルによれば、企業は、製品を設計、生産、販売、配達、支援するために行う活動の統合体である。価値連鎖では、特定のビジネスにおいて価値とコストを生み出し、戦略上重要となる9つの活動を定めている。これら9つの価値創造活動は、5つの基本活動と4つの支援活動で構成される（**図2-2**）。

　企業の仕事は、個々の価値創造活動のコストと成果を検討し、これを改善する方法を見出すことである。企業は競合他社のコストと成果を「ベンチマーク」として評価し、自社のコストと成果を比較しなくてはならない。さらに世界のトップ企業の「一流の」プラクティスも研究すべきである[4]。企業の成功は、個々の部門がそれぞれの仕事をどれだけうまく実行したかだけではなく、さまざまな部門の活動がどれだけうまく連携して「コア・ビジネス・プロセス」を実行できたかにかかっている。質の高い顧客サービスの提供をよりスムーズにマネジメントするためには、次の5つのコア・ビジネス・プロセスをマネジメントする必要がある[5]。

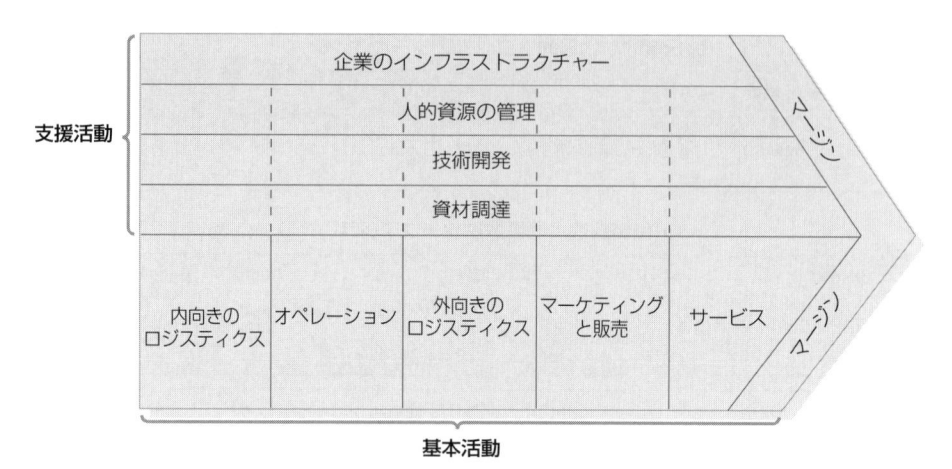

```
                  企業のインフラストラクチャー
                                                    マ
        支援活動    人的資源の管理                      ー
                                                    ジ
                  技術開発                            ン

                  資材調達
                                                    マ
         内向きの   オペレー   外向きの   マーケティング  サービス    ー
         ロジスティクス  ション   ロジスティクス  と販売                ジ
                                                    ン

                           基本活動
```

図 2-2 一般的な価値連鎖

出典：フリープレスとサイモン＆シュスターの許可を得て、以下の文献より掲載。*Competitive Advantage : Creating and Sustaining Superior Performance*. Copyright 1985 by Michael E. Porter.

■**市場探知プロセス** 市場情報の収集と社内伝達、および情報に基づく実行に関わるすべての活動。
■**新しい提供物の具体化プロセス** 迅速にかつ予算内で、高品質な提供物を、研究、開発、市場導入することに関わるすべての活動。
■**顧客獲得プロセス** 標的市場の定義と新規顧客の調査に関わるすべての活動。
■**顧客リレーションシップ・マネジメント・プロセス** 個々の顧客の理解、リレーションシップの構築、提供物の提案に関わるすべての活動。
■**注文処理マネジメント・プロセス** 受注、注文確認、納期どおりの出荷、集金に関わるすべての活動。

　成功している企業は、独自のオペレーションの枠を越えて、供給業者、流通業者、顧客によって作られる価値連鎖の中に、競争優位を探す。今日、多くの企業が特定の供給業者や流通業者とパートナーを組み、優れた**価値提供ネットワーク**（**サプライ・チェーン**とも呼ばれる）を形成している[6]。

❖コア・コンピタンス

　業務プロセスを実行するには、労働力、原材料、機械、情報、エネルギーといった資源がなくてはならない。今まで、企業は自社の事業に関わる資源のほとんどを所有し、コントロールしてきたが、状況は変わりつつある。今日の企業の多くは、重要度が低く、社外からより高品

質あるいはより低価格で入手できる資源を、アウトソーシングするようになった。アウトソーシングの対象となる資源としては、清掃、景観管理、船舶・飛行機・車両などの管理が多い。情報技術の管理さえもアウトソーシングの対象となる。

　成功の鍵は、ビジネスの根本を形成する、コア資源とコア・コンピタンスを所有し、育てることである。例えば、ナイキは自社でスニーカーを製造しない。なぜなら、アジアの製造業者のほうがその仕事により強みを持っているからである。しかしナイキは、自社の２つのコア・コンピタンスである、スニーカーのデザインとマーチャンダイジングにおける卓越性を育てつづけている。**コア・コンピタンス**には以下の３つの特徴がある。(1) 顧客ベネフィットの知覚に大きく貢献し競争優位の源となる。(2) 応用範囲が幅広く、多様な市場に通用する。(3) 競争相手が模倣しにくい[7]。

　固有のケイパビリティを持つ企業にも競争優位がある。コア・コンピタンスが特殊な技術部門や生産部門の専門家の領域として考えられるのに対して、「固有のケイパビリティ」はもっと広い業務プロセスにおける優秀さを指すことが多い。競争優位はつきつめれば、コア・コンピタンスと固有のケイパビリティを相互にしっかりと連動させた「活動体系」にいかにうまく落とし込めるかにかかっている。サウスウエスト航空、デル、イケアのような企業が競合他社に模倣されにくいのは、これらの企業の活動体系は真似できないからである。

❖ホリスティック・マーケティング志向と顧客価値

　ホリスティック・マーケティング志向を持つと、顧客価値を獲得するプロセスへの洞察ができるようになる。ホリスティック・マーケティングの１つの概念は「重要なステークホルダーとの間に長期的で相互に満足できるリレーションシップを築き、ともに繁栄することを目的に、価値を探求し、創造し、提供する活動を統合する」というものである[8]。この考え方に従えば、ホリスティック・マーケティングの成功は、高いレベルの製品品質とサービスとスピードを提供する優れた価値連鎖をマネジメントすることにある。**図2-3**のホリスティック・マーケティングの枠組みは、関係者間（顧客、企業、協力者）の相互作用と価値に基づいた活動（価値探求、価値創造、価値提供）が顧客価値の創造、維持、再生にどのように寄与するかを示している。

　ホリスティック・マーケティングの枠組みは、３つの重要なマネジメントの疑問に取り組むように設計されている。

1. **価値探求：企業はどうすれば新しい価値の機会を見出せるのか。** これには顧客の「認知空間」（参加、安定、自由、変化へのニーズといった実在するニーズと潜在的なニーズおよび特徴）、企業の「コンピタンス空間」（幅と深さで説明できる）、協力者の「資源空間」（企業が市場機会を利用し価値創造に寄与するために結ぶパートナーシップ）を理解しなければならない。

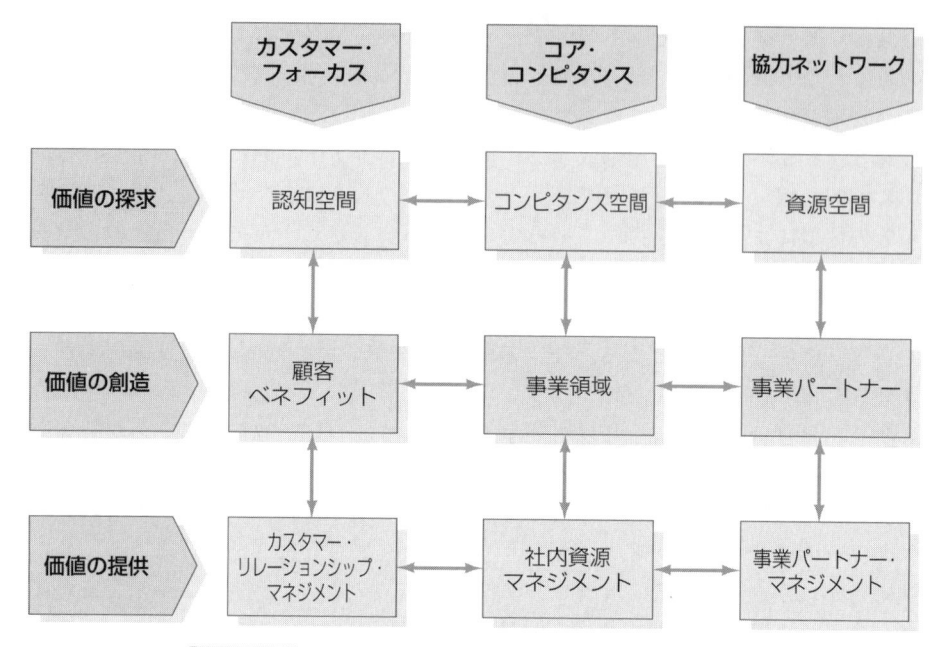

```
                カスタマー・        コア・           協力ネットワーク
                フォーカス         コンピタンス

価値の探求    →   認知空間    ←→   コンピタンス空間  ←→   資源空間
                    ↕                ↕                ↕
価値の創造    →   顧客          ←→   事業領域     ←→   事業パートナー
                ベネフィット
                    ↕                ↕                ↕
価値の提供    →   カスタマー・    ←→   社内資源      ←→   事業パートナー・
                リレーションシップ・      マネジメント        マネジメント
                マネジメント
```

図 2-3　ホリスティック・マーケティングの枠組み

出典：P. Kotler, D.C. Jain and S. Maesincee, "Formulating a Market Renewal Strategy," in *Marketing Moves* (Part 1), Fig. 1-1 (Boston：Harvard Business School Press, 2002), p. 29.

2．**価値創造**：企業はどうすればより有望な新しい価値提供物を効率よく創造できるのか。
マーケターは、顧客の視点から新しい顧客ベネフィットを見つけ出し、コア・コンピタンスを活用し、協力者と効果的なパートナーシップを結ばなければならない。

3．**価値提供**：企業は自社のケイパビリティとインフラストラクチャーをどのように使えば、新しい価値提供物をより効率よく提供できるのか。企業は顧客を理解し適切に対応することで、顧客リレーションシップ・マネジメントを適切に実行できなければならない。効果的な対応ができるかどうかは「社内資源マネジメント」と「事業パートナーシップ・マネジメント」にかかっている。

企業の戦略計画および事業部の戦略計画

　企業は顧客価値の選択、創造、提供、伝達を戦略計画に基づいて行う。戦略計画は4つの組織レベル──企業レベル、事業部レベル、事業単位レベル、製品レベル──で立案する。企業本部の仕事は、全社を導くために企業戦略計画を策定することである。つまりどの事業を立ち上げ、どの事業をやめるか、各事業部にどれだけの資源を配分するかを決定する。各事業部

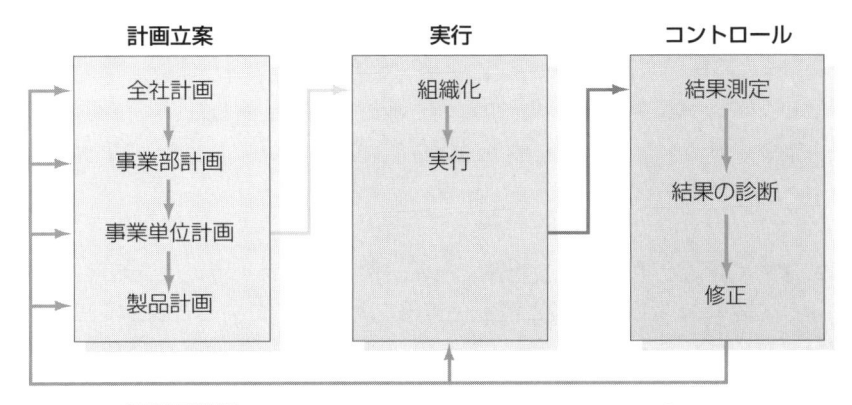

```
            計画立案          実行         コントロール
          ┌─────────┐  ┌─────────┐  ┌─────────┐
          │ 全社計画  │  │ 組織化   │  │ 結果測定 │
          │   ↓     │→ │   ↓     │→ │   ↓     │
          │ 事業部計画│  │  実行   │  │ 結果の診断│
          │   ↓     │  │         │  │   ↓     │
          │事業単位計画│  │         │  │  修正   │
          │   ↓     │  │         │  │         │
          │ 製品計画  │  │         │  │         │
          └─────────┘  └─────────┘  └─────────┘
```

| 図2-4 | 戦略計画立案、実行、コントロール・プロセス

は、部内の各事業単位への資金の割り当てを含めた計画を策定する。各事業単位は、将来的に利益を生み出せるようにするための戦略計画を策定する。事業単位内の各製品レベル（製品ライン、ブランド）は、製品市場での目的を達成するためのマーケティング計画を策定する。これらの計画が各レベルで実行されると、経営陣が実績を観察し、必要に応じて修正措置をとる。戦略計画の立案、実行、コントロールの全体的なサイクルが図2-4に示されている。

　企業本部は4つの計画立案を行わなければならない。すなわち企業ミッションの明確化、戦略事業単位（SBU）の設定、各SBUへの資源配分、成長機会の評価である。

❖企業ミッションの明確化

　組織というものは何かを達成するために存在する。車を作ったり、金を貸したり、宿を提供したり、といったことである。組織の具体的なミッションや目的は通常、事業が始まった時点では明確である。時が経つにつれミッションは変わる場合もある。新しい機会に乗じたり、新しい市場条件に対応したりするためだ。アマゾン・ドットコムは世界最大のオンライン書店であることから、世界最大のオンライン・ストアになることへと自社のミッションを変えた。

　企業ミッションを定義するためには、ピーター・ドラッカーの定番の質問に答えなければならない[9]。何が自分たちの事業なのか。顧客は誰なのか。顧客にとっての価値は何なのか。自分たちの事業はこれからどうなるのか。自分たちの事業はどうあるべきなのか。成功企業は、絶えずこうした問いに取り組み、徹底的に考え抜き、答えを出している。

　組織は**ミッション・ステートメント**を作って、マネジャー、従業員、（また多くの場合）顧客と共有している。明確でよく考え抜かれたミッション・ステートメントがあれば、従業員は目的、方向性、機会について共通の意識を持つことができる。ミッション・ステートメントによって、勤務地の分散している従業員が、それぞれ独立して働きながらも組織目標の実現に向けて力を合わせるように導かれる。例えばインターネット検索技術の会社、グーグルは「世界

中の情報を整理し、世界中の人がアクセスできて使えるようにする」と自社のミッションを掲げている。

　良いミッション・ステートメントは、限られた数の目標に的を絞り、企業の主要な理念と価値を強調し、企業が対象とする主要な競争領域を明確にしている。競争領域とは次のようなものである。

■**産業領域**　企業が対象とする産業の範囲である。例えば、デュポンは生産財市場を対象としているのに対し、ダウは生産財市場と消費財市場を対象にしている。3Mは利益が出るなら、ほとんどの産業にでも参入する。

■**製品およびアプリケーション領域**　企業が提供する製品とアプリケーションの領域である。セント・ジュード・メディカルは「世界中の医師に、心臓血管治療のための高品質製品を提供する」ことを目指している。

■**コンピタンス領域**　企業が熟達し最大限に活用できる技術力やコア・コンピタンスの範囲である。日本のNECはコンピュータ、通信、部品においてコア・コンピタンスを築き上げた。同社のノートパソコン、テレビ、携帯電話の生産はこれらのコンピタンスに支えられている。

■**市場セグメント領域**　企業が対象とする市場や顧客のタイプである。例えばポルシェは高級車だけを製造し、ガーバーは主にベビー市場を対象としている。

■**垂直的領域**　原材料から最終製品や流通までの中で、企業が参加するチャネル・レベルの数である。極端な例として、広範な垂直的領域を持つ企業がある。逆に、垂直統合をほとんど、あるいはまったくせず、設計、製造、販売、物流などすべての機能をアウトソーシングしている企業もある[10]。

■**地理的領域**　企業が対象としている地域や国の範囲である。特定の都市や国の中だけで事業を行う企業もあれば、ユニリーバやキャタピラーのように、世界中のほぼすべての国を対象としている多国籍企業もある。

　ミッション・ステートメントは経済状況が変わるたびに変更すべきではない。しかし、ミッションが真実性を失ったり、最も望ましい方向を示すものではなくなったりした場合には、変更しなければならない[11]。

❖戦略事業単位（SBU）の設定

　事業は3つの次元で定義することができる。それは、顧客グループ、顧客ニーズ、技術である[12]。例えば、自社の事業をテレビ局向けの白熱灯照明システムの設計と定義している企業があるとすれば、顧客グループはテレビ局であり、顧客ニーズは照明、技術は白熱灯照明である。製品よりも市場に基づいた定義のほうが優れているというレビットの主張[13]に照らし合わせれば、この3つの次元は事業をモノを生産するプロセスとしてではなく、顧客を満足させ

るプロセスとして説明している。製品の寿命ははかないが、基本的なニーズや顧客グループは消えてなくなるものではない。輸送はニーズである。馬車、自動車、鉄道、航空路線、トラックはそのニーズに応える製品である。

大企業は通常、それぞれが独自の戦略を必要とするような、まったく種類の異なる事業を行っている。**戦略事業単位（SBU）** には3つの特徴がある。(1) 企業の他の部分とは独立して計画を立案できる、単一の事業または関連事業の集合である。(2) 独自の競争相手を持つ。(3) 戦略計画と利益成果に責任を持つとともに、利益に影響を与える要因の多くをコントロールしているマネジャーがいる。

企業のSBUを明確化する目的は、独立した戦略を策定し、事業ポートフォリオ全体に適切な資金の割り振りができるようにすることにある。経営幹部は、自社の事業ポートフォリオには通常、多くの「将来の有力事業」とともに「かつての有力事業」があることを知っている。だが、印象のみで判断してはいけない。そこで、潜在的な収益力によって事業を分類するための分析ツールが必要である[14]。

❖ 成長機会の評価

成長機会の評価とは、新規事業の計画と古い事業の合理化ないし廃止のことである。売上と利益を増やすための方法には、集中的成長、統合的成長、多角的成長がある。

■**集中的成長**　アンゾフは新しい集中的成長機会を発見するのに有効なフレームワークとして製品／市場拡大グリッドを提案した[15]。企業はまず、現在の顧客に対し、今までよりも多く買ってもらうよう働きかけたり、競合他社の顧客を引きつけたり、利用したことのない人に自社製品の購入を説得したりすることで、既存市場において既存製品で市場シェアを伸ばせるかどうかを考える（市場浸透戦略）。次に、既存製品のために新たな市場を発見したり、開拓できるかどうかを検討する（市場開拓戦略）。それから、既存市場向けに新製品を開発できるかどうかを検討する（製品開発戦略）。その後、新市場向けの新製品を開発できるかどうかも検討する（多角化戦略）。

■**統合的成長**　後方統合（供給業者の買収）、前方統合（流通業者の買収）、水平統合（競合他社の買収）によって成長が達成できることも多い。これらによっても望ましい成果が上がらない場合には、多角的成長を考えなければならない。

■**多角的成長**　多角的成長は既存事業以外に有望な機会が存在する場合に有効である。多角化には3つのタイプがある。第1は、既存の製品ラインと技術的あるいはマーケティング的なシナジーをもたらす新製品を追求することである。その新製品は、これまでと違う顧客グループにアピールする場合もある（同心円的多角化戦略）。第2に、既存製品と技術的に関連がなくても、既存顧客にアピールするような新製品を追求することである（水平的多角化戦略）。第3に、既存の技術、製品、市場とは関係のない新規事業を追求することである（コングロマ

リット的多角化戦略）。

　もちろん、企業は新規事業を開拓するだけでなく、必要な資源を解放し、コストを削減するため、くたびれた古い事業に注意深く手を入れたり、収穫したり、撤退したりすることも必要となる。弱い事業は収益に見合わないほどの経営的配慮を必要とする。マネジャーは、資産を減らし続けている事業を救うためにエネルギーや資源を浪費することなく、企業を成長させる機会に集中しなければならない。

❖組織と組織文化

　戦略計画は組織のコンテクストの中で行われる。企業の**組織**は、内部の構造、企業理念、企業文化から構成されるが、いずれも変化の激しいビジネス環境の中で機能しなくなる可能性がある。**企業文化**は「組織を特徴づける共通の経験、歴史、信念、行動様式」と定義されてきた。企業文化は生命を持ったもののように育ち、CEOの個性や習慣がそのまま従業員に伝わることもある。コンピュータ業界の巨人マイクロソフトがその良い例である。数十億ドル企業となった今も、マイクロソフトは創立者ビル・ゲイツが確立した攻撃的な文化を失っていない。圧倒的な競争心あふれる企業文化が、同社の成功と何かと批判されがちなコンピュータ業界における独占をもたらした最大の要因かもしれない[16]。

　成功を目指す企業は、新しい戦略立案方法を取り入れる必要があるだろう。従来は、経営幹部が戦略を練り上げ、下位の担当者に回していた。これに対してゲイリー・ハメルは、戦略についての創造性に富んだアイデアは社内のいたるところにあると述べている[17]。経営幹部は、これまで戦略を立案する際に無視されがちだった3つのグループに積極的に新規のアイデアを求めるべきである。すなわち、若い頭でものを考える社員、本社から遠く離れた部門で働く社員、その業界に入ったばかりの社員である。

　さまざまな将来像を見極め、選択するという姿勢で戦略は策定されるべきである。ロイヤル・ダッチシェル・グループは、他社に先駆けてシナリオ分析を取り入れた。**シナリオ分析**とは、市場を動かす要因についてさまざまな仮説を立て、不確定要素も考慮しながら、会社の将来像を描き出すことである。マネジャーは、「我々はどのように対処するのか」をシナリオごとに考え抜かなくてはならない。そして、最も可能性の高いシナリオを採用し、シナリオの妥当性が確認できる指標に目を光らせなくてはならない[18]。

事業単位の戦略計画

　事業単位の戦略計画プロセスは、**図2-5**に示されている8つのステップからなる。それぞれのステップを以下に検討してみよう。

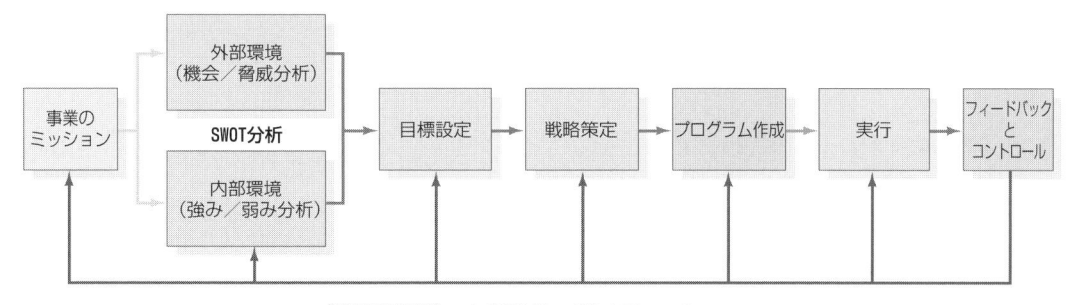

図 2-5 事業単位の戦略計画プロセス

❖ 事業のミッション

各事業単位は、広範な企業ミッションの中で具体的なミッションを定めなければならない。テレビ局向け照明機器の製造会社であれば、ミッションを「当社は大手テレビ局をターゲットとし、最先端で最も信頼性の高いスタジオ照明システムとなる技術を提供して、顧客から選ばれる売り手となることを目指す」と定義するだろう。

❖ SWOT 分析

企業の強み、弱み、機会、脅威の全体的な評価を「SWOT 分析」という。これは外部環境および内部環境を分析することである。

外部環境（機会／脅威）分析

事業単位は、自分の利益獲得能力に影響を与える主要な「マクロ環境要因」(デモグラフィック‐経済的、技術的、政治‐法的、社会‐文化的) および「ミクロ環境要因」(顧客、競合他社、流通業者、供給業者) を観察しなければならない。それを受け、経営者はそれぞれのトレンドや変化に関連するマーケティング機会と脅威を見極めなければならない。

マーケティング機会とは、企業がそのニーズを満たして利益を上げられる可能性の高い購買者のニーズと関心が存在している分野のことである。市場機会の源泉は大きく分けて3つある[19]。1つ目は、不足しているものを供給すること。2つ目は、既存の製品ないしサービスを新しい方法や優れた方法で供給すること。それには、消費者に提案を求める方法（「問題検出法」）、消費者にその製品やサービスの理想的な形を想像してもらう方法（「理想法」）、消費者に製品の入手から利用し廃棄するまでの段階を図にしてもらう方法（「消費連鎖法」）がある。3つ目は、まったく新しい製品やサービスを供給することである。

次に、**市場機会分析（MOA）**を使い、当該機会の魅力度と成功確率を判断することができる。以下の5つの設問に答えていく。

1. 機会の中にあるベネフィットは、定められた標的市場に説得力をもって伝えられるか。
2. 標的市場を特定し、コスト効果の高いメディアと取引チャネルを通じて到達することができるか。
3. 顧客ベネフィットの提供に必要となるケイパビリティと資源を所有または利用できる状態にあるか。
4. 現在の、あるいは潜在的な競争相手よりもうまくベネフィットを提供できるか。
5. 財務上の利益率は、投資基準を満たしているか。

環境上の脅威とは、不利なトレンドや変化によって引き起こされる難局のことであり、防衛的マーケティング活動がなされなければ、売上や利益の低下をもたらす。脅威は、深刻度と発生確率によって分類すべきである。小さな脅威は無視してよい。深刻度の高い脅威は注意深く観察する必要がある。重大な脅威には、必要になった際にとるべき行動を詳細に取り決めたコンティンジェンシー・プラン（不測の事態への対応策）の策定が必要である。

内部環境（強み／弱み）分析

魅力的な機会を発見することと、その機会を活用できるかどうかは別である。各事業はマーケティング、ファイナンス、製造、組織のケイパビリティの内部的な強みと弱みを評価する必要がある。もちろん、すべての弱みを修正する必要があるわけではないし、すべての強みについて満足してよいわけでもない。大きな問題は、その事業が強みを保有している機会にとどまるべきか、それとも何らかの強みを買収したり開発したりして、より良い機会を検討すべきかどうか、ということである。

チームワーク不足のために事業がうまくいかない場合もある。このため、内部環境監査の一環として、部門間の協力関係を評価することがきわめて重要である。例えばハネウェルでは毎年、各部門に自部門および関連部門の強みと弱みを評価させている。各部門は、ある部門にとっては供給業者であり、他の部門にとっては顧客であるという考えがあるからだ。もしある部門に「社内顧客」が損害を被るような弱みがあれば、ハネウェルはそれを修正しようとする。

❖目標設定

SWOT分析を行ったら、次に計画対象期間の具体的な目標を設定することができる。この段階を**目標設定**と呼ぶ。マネジャーは「目標」という言葉を、規模と時間が規定された具体的な目的を指すのに用いる。効果を発揮するために、目標は（1）（最も重要なものから最も重要でないものまで）階層的に配列されなければならない。これにより、事業は広い目的から、特定の部門や個人にとっての具体的な目的へと移行させることが可能となる。(2) できるかぎり数値で表されなければならない。(3) 現実的でなければならない。(4) 一貫性がなければなら

ない。ほかにトレードオフとなる重要な項目として、短期的利益と長期的成長、既存市場の深耕と新市場の開拓、利益目標と非利益目標、高成長と低リスクがある。このようなトレードオフの目標を選択するにあたっては、異なるマーケティング戦略が必要となる。

❖戦略策定

　目標は事業単位が達成したいことを示しているが、**戦略**とは、目標を達成するためのゲーム・プランである。事業戦略には必ず「マーケティング戦略」とそれに適合する「技術戦略」、「資源戦略」がある。マイケル・ポーターは戦略思考にとっての良い出発点となる3つの基本戦略を提案している。それは、全体的コスト・リーダーシップ、差別化、集中である[20]。

■**全体的コスト・リーダーシップ**　この戦略では、製造コスト、流通コストの低減に努めて、競合他社より低い価格を設定できるようにし、大きな市場シェアの獲得を狙う。企業は、技術、購買、製造、物流に秀でていなければならないが、マーケティングにはそれほど優れている必要はない。この戦略の問題点は、さらに低いコストの企業が出現し、コスト・リーダーシップに将来のすべてを預けていた企業にダメージを与えることである。
■**差別化**　この戦略では、市場の大部分に評価されている重要な顧客ベネフィット分野で優れた成果を上げることに集中する。企業は、狙った差別化に寄与する強みを育てることになる。
■**集中**　この戦略では、狭い市場セグメントに絞り込んで集中する。企業はそのセグメントを熟知し、標的セグメント内でコスト・リーダーシップか差別化を追求する。

　同一の標的市場に向かって同様の戦略を展開する企業は、**戦略グループ**を形成する。最もうまく戦略を遂行した企業が最大の利益を得て、明確な戦略を持たずすべての戦略分野でうまくやろうとする企業の業績は最も悪い。ポーターはオペレーションの効率と戦略は別のものだとしている[21]。
　経営の有効性を保ちたければ、戦略的パートナーが必要だということにも企業は気づき始めている。IBM、フィリップス、シーメンスといった巨大企業でさえ、国内企業あるいは多国籍企業と提携を結び、ケイパビリティや資源の補強とテコ入れを図らなければ、国内でも世界でもリーダーシップをとれないということがしばしば起きている。マーケティング提携には、製品またはサービス提携（ライセンス供与あるいは共同の製品販売）、プロモーション提携（相互補完的な提供物のプロモーション）、ロジスティクス提携（相互補完的な製品の提供または流通）、価格コラボレーション（提供物をバンドリングし値引きを行う）がある。企業は提携をサポートする組織構造を構築し、パートナーシップを形成し運営する能力を自社のコア・スキルと見なすようになっている（これを**パートナー・リレーションシップ・マネジメント（PRM）**という）[22]。

❖プログラムの作成と実行

　事業単位は基本戦略を構築したら、次に詳細な支援プログラムを作成しなければならない。技術でリーダーの地位を獲得しようと決めたら、研究開発部門を強化し、技術情報を収集し、最先端の製品を開発し、専門知識を有するセールス・フォースを養成し、自社の技術的リーダーシップを標的市場に伝達しなければならない。

　次に、マーケティング担当者はコストの見積りを出さなければならない。ここでは、トレード・ショーに参加することに意味があるのか、売上コンテストは採算がとれるのか、販売員を1人増員することは収益につながるのか、といった問題が生じる。各マーケティング・プログラムがコストに見合うだけの成果を出せるかどうか判断するため、活動基準原価計算（ABC）会計を適用する必要がある[23]。

　マーケティング戦略が優れていても、実行がお粗末では台なしである。マッキンゼーによれば、戦略はマネジメントの優れた企業が示す7つの要素（7S）の1つにすぎない[24]。戦略（Strategy）、構造（Structure）、システム（Systems）は、成功のための「ハードウェア」と考えられる。スタイル（Style）（従業員の考え方と行動様式）、スキル（Skills）（戦略を実行するための）、スタッフ（Staff）（十分な訓練を受け、適した仕事を任されている優れた人材）、共有された価値観（Shared Values）（従業員の行動の道標となる価値観）は「ソフトウェア」である。こうしたソフト要素を有していれば、企業が戦略実行に成功する可能性は高くなる（この重要なプロセスの準備と扱いの方法については「マーケティング・スキル▶マネジングの実行」を参照）[25]。

❖フィードバックとコントロール

　企業は戦略を実行する際、その結果を追跡し、新たな変化を観察しなければならない。環境要因には、何年にもわたって安定しているものもあれば、予期できる形でゆっくりと変化していくものもある。また急速に、予期できない形で大きく変化する要因もある。しかし1つだけ確かなのは、市場は変化する、ということだ。そして市場が変化すれば、企業は実行、プログラム、戦略、目的さえも見直して、修正しなければならない。

　市場環境は企業の7Sよりも早く変化するため、環境と企業の戦略的適合性が薄れてくるのは避けられない。そのため、企業は効率性を維持しているにもかかわらず、有効性を失うことがある。ピーター・ドラッカーは「物事を適切に進める（効率性）」よりも「正しいことを行う（有効性）」のほうが重要であると指摘している。最も成功している企業は、そのどちらにおいても優れている。いったん組織が環境変化に対応できなくなると、失ったポジションを取り戻すのは難しくなるので要注意である。ロータス・ディベロップメント社の末路を考えて欲しい。同社のロータス1-2-3はかつて世界で第1位のソフトウェアだったが、今ではデスクトップ用ソフト市場における同社のシェアは大きく低下し、アナリストは数字を追うことさえして

マーケティング・スキル ▶ マネジングの実行

　創造的な実行によって、優れたマーケティング戦略から大きな利益を上げることができる。マネジメントの実行には、細部に行き届いた注意を払うこと、卓越した対人スキル、柔軟性、切迫感を要する。マーケターは第1に、プログラムを分解してそれを構成している活動に落とし込み、必要な資源とそれぞれにかかるコストを特定し、各活動の所要期間と担当者を見積り、プログラムの目的達成までの進捗度を測る指標を設定しなければならない。第2に、計画立案のプロセスでは、たとえわずかでも実行に関わる部門のマネジャーとメンバーの支援や熱意を得る方法を考え出さなければならない。そうすることによってより多くの人を巻き込んで、実行にまつわる潜在的な問題点やチャンスを探してもらえるだけでなく、より多くの創造力を投入し、重要なプログラムの評判を広めてもらうことができる。

　第3に、資材の納入遅れなど予想外の展開に対応する選択肢を想定しておくだけの柔軟性もなければならない。最後に、すべてのプログラムのすべての段階に日々、切迫感を植えつけなければならない。会社が目的を達成するためにはそのプログラムの実行が不可欠であり、すぐに取りかかってしかるべきものだということを、マーケターは言葉と行動で伝えるべきである。ある調査では、新製品を店頭に並べるまでの時間をスピードアップすれば、食品小売業者の売上と利益は大幅に増加するという。この事実は、購買決定の実行が早まることを意味している。

　20世紀フォックスホーム・エンターテインメントのマネジャーが、DVDで発売した映画のマーケティング戦略の実行を成功させるために行っていることを見てみよう。彼らは発売前に、そのDVDに最もふさわしいマーケティング活動を決定し、広告、オンラインゲーム、無料サンプルなどのプロモーションの詳細なスケジュールを作成する。発売日は季節的な購買パターンに合わせ、同じ時期に出る別の話題性の高いDVDの発売日とぶつからないように選ばれる。また、小売業者と密に連携をとって、最も重要な発売直後の数日間は新作を目立つ場所にディスプレイしてもらう。20世紀フォックスはDVDを出すたびに、売上を軌道に乗せるため幹部が主要な店舗を訪れてディスプレイをチェックし、問題点を見つけ、すぐに修正する。同社のマネジング実行スキルは功を奏し、『ふわっとアルバート』のDVDは発売初日に全体の35%を売り上げた。これは通常の約2倍の早さだった[26]。

いない。

マーケティング計画の性質と内容

　製品マネジャーは上位レベルで決められた計画の範囲内で、個々の製品、製品ライン、ブランド、チャネル、ないし顧客グループを対象としたマーケティング計画を立案する。各製品レベル（製品ライン、ブランド）において、目標を達成するためのマーケティング計画を策定しなければならない。**マーケティング計画**とは、マーケターが市場を研究した結果を要約し、企業がマーケティング目的に到達するための計画を記した文書である[27]。マーケティング計画には戦略レベル（標的市場と提供する価値提案を設定する）と戦術レベル（マーケティング・プログラムと計画対象期間の資金配分を具体的に述べる）がある[28]。通常のマーケティング計画には次のような基本項目が入っている。

■**エグゼクティブ・サマリーと目次**　マーケティング計画は、計画の主要目標と提言の簡潔な要約で始めなければならない。その次に目次を示す。
■**状況分析**　この項では、売上、コスト、利益、市場、競合他社、マクロ環境要因に関連する背景データを示す。市場をどのように定義するか、市場の規模はどれくらいか、市場が成長する早さはどれくらいか。自社が直面している重要課題は何か。これらの情報はすべて、SWOT分析の実施に利用される。
■**マーケティング戦略**　この項では、製品マネジャーがミッションおよびマーケティング上の目的と財務上の目的を明らかにする。また、市場提供物が満足させようとしている標的市場とニーズも定義し、製品ラインの競争上のポジショニングを確定し、計画したプログラムの説明をする。これらはすべて、計画の実行が効果を上げるために会社が適切なサポートをできるよう、社内の他部門から情報を得て行わなければならない。
■**財務的見通し**　この項には、売上予測（月別および製品別）、経費予測（細かいカテゴリーに分割したマーケティング・コスト）、損益分析（固定費と1点当たりの平均的な変動費を相殺するには、何点売れなくてはならないかを示す）を盛り込む。
■**コントロール**　マーケティング計画の最後の項では、計画の実行をモニタリングし調整するためのコントロール方法を述べる。通常、目標と予算を各月または四半期ごとに明記し、経営陣がその期間の成果を見直して必要に応じ修正措置がとれるようにする。（価格戦争のような）特定の環境の変化に対応するために経営陣が取るべき手段を記した、コンティンジェンシー・プラン（不測の事態への対応策）を入れることもある。

　マーケティング計画の立案方法や計画書の内容は、企業ごとに異なる。マーケティング計画はたいてい1年間を対象とするが、計画書の長さはさまざまである。計画に非常に忠実に従う

企業もあれば、ざっくりした行動の指針程度に考える企業もある。マーケティング幹部がよく挙げるマーケティング計画の欠点は、現実性の欠如、不十分な競合分析、短期的な視野である。

マーケティングの成果測定

　マーケティング計画が当初設定したマーケティング目的と財務目的を達成しているかどうかはどうすればわかるのだろうか。最近、マーケターは経営幹部からマーケティング投資のアカウンタビリティを課され、支出が正当であるかどうか問われるようになってきている[29]。最近のアクセンチュアの調査によると、マーケティング担当役員の70％は、マーケティングの投資に対してどういった成果があったのか把握していない、と答えている[30]。また、別の調査によれば、経営幹部の63％は自社のマーケティング成果測定システムに不満があるといい、マーケティング・プログラムの実施前と実施後に効果の見積りを報告してほしいと考えている[31]。そのため、次の項で述べるように、マーケティングの測定尺度を使って成果測定をし、マーケティング計画の実績や収益性の分析を行っているマネジャーが増えている。

❖マーケティングの測定尺度

　マーケティング測定尺度とは、企業がマーケティング成果を定量化、比較、解釈するときに使うさまざまな基準のことで、ブランド・マネジャーがマーケティング・プログラムを策定するときや、経営幹部が予算配分を決めるときに活用する。マーケターがマーケティング活動の数字的な貢献度を推定することができれば、マーケティング投資の価値を経営幹部によりうまく説明できる[32]。

　マーケティング測定尺度の多くは、態度や行動など顧客レベルの問題を測るものだ。一方、市場シェアや相対価格プレミアム、収益性といった、ブランド・レベルの問題を測るものもある[33]。また社内の状態を測る尺度もある。その一例として、オンライン小売業のアマゾン・ドットコムは、注文1回当たりの顧客との平均コンタクト回数、1回のコンタクトの平均時間、電子メールと電話のコンタクト回数比、電子メール・電話それぞれの総コストをチェックしている。合計すると、アマゾンの顧客サービスと流通部門の責任者は、担当部門に関係する図表を1週間に300枚ほども見ている[34]。

　社内・社外の測定で関連する項目については、結果を「マーケティング・ダッシュボード」にまとめて、そこで分析する。マーケティング・ダッシュボードを利用するにあたって、企業は、業績を反映するとともに市場の変化を早期に警告してくれる市場ベース・スコアカードを2種類準備するとよい。その1つ、**顧客パフォーマンス・スコアカード**は、毎年の業績を、平均的顧客数に対する新規顧客の割合、標的市場顧客のうちブランドを認知していたり想起した

りする顧客の割合などの顧客中心の尺度で記録したものである。2つ目の尺度は、**ステークホルダー・パフォーマンス・スコアカード**である。企業は、業績に重大な利害と多大な影響力を持つ、さまざまな関係者の満足度を調査する必要がある。関係者とは、従業員、供給業者、銀行、流通業者、小売業者、株主を指す。各尺度には基準を設け、結果が許容範囲を逸脱したり、ステークホルダーの不満の度合いが高まったときは、対策を講じるべきである[35]。

❖マーケティング計画の成果測定

　マーケティング計画の成果測定の方法には、売上分析、市場シェア分析、売上高マーケティング費比率分析、財務分析の4つがある。**売上分析**とは、売上目標に照らして売上実績を測定し、評価することである。**売上差異分析**は、売上目標と実績のギャップが生じるに至ったさまざまな要因を比較する分析である。**ミクロ売上分析**は、売上目標を達成できなかった個々の製品や地域などの要因を見ていくものである。

　しかし、売上分析だけでは、競合他社と比べて自社がどの程度の実績を上げているのかは明らかにならない。それを把握するため、経営陣は市場シェアを調査する必要がある。市場シェアを測定する尺度は3つある。**全体市場シェア**とは、自社の売上が市場全体の売上に占める比率のことである。**対象市場シェア**とは、対象市場において自社の売上が占めている比率のことである。**対象市場**は、自社の製品を購入する能力と意思のある消費者によって構成される。対象市場における市場シェアは、全体市場での市場シェアよりも常に大きくなる。対象市場で100％を占めていても、全体市場では比較的小さなシェアしか占めていないことも起こりうる。**相対的市場シェア**とは、最大の競合他社との比較で算出した比率である。このシェアが100％を超えていれば、当該市場のリーダーということである。相対的市場シェアがきっかり100％の企業は、その市場で首位を争っていることになる。相対的市場シェアの上昇は、その企業が先頭を行く競合他社に追いつこうとしていることを意味する。

　「売上高マーケティング費比率」を検討すれば、売上目標達成のために支出を増やしすぎていないかどうかがわかる。ある企業では、この比率は30％であり、5つの売上高費用比率から構成されている。すなわち、セールス・フォース人件費比率（15％）、広告費比率（5％）、販売促進費比率（6％）、マーケティング・リサーチ費比率（1％）、販売管理費比率（3％）である。これらの比率の変動が通常の範囲を逸脱していれば調査すべきであり、潜在的な問題を早期に把握するためには、たとえ変動幅の限度内に収まっていても、連続的な動きを常に監視しておかねばならない。

　売上高費用比率の分析は、企業がどこでどのように利益を上げているのか、という全体的な財務分析の枠組みの中で行われるべきである。例えば、企業は財務分析によって、自社の「純資産利益率」に影響を与える諸要因を明らかにする[36]。**図2−6**に示すように、この比率は「総資産利益率」と「財務レバレッジ」の積である。したがって純資産利益率を改善するためには、総資産に対する純利益の比率を高めるか、純資産に対する総資産の比率を高めなければならな

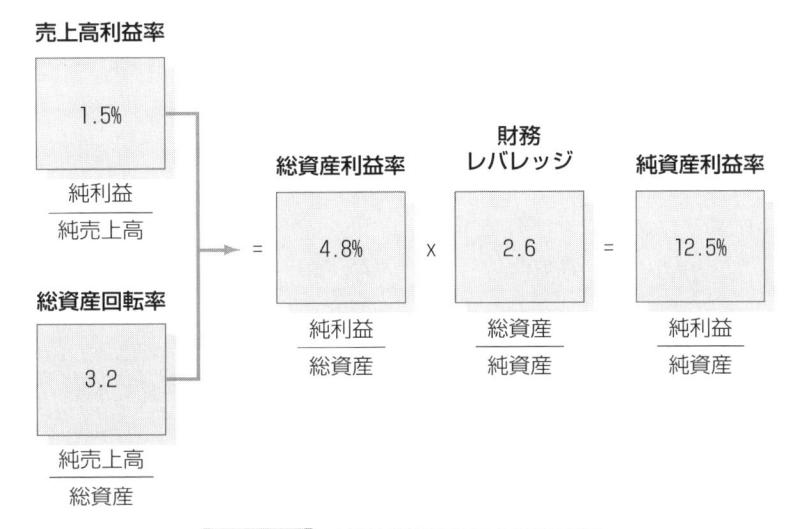

```
売上高利益率
  1.5%
  純利益
  ─────
  純売上高                総資産利益率          財務            純資産利益率
                                           レバレッジ
                     =    4.8%      ×     2.6      =    12.5%
総資産回転率
  3.2                     純利益              総資産              純利益
  純売上高                 ─────             ─────             ─────
  ─────                   総資産              純資産              純資産
  総資産
```

図 2-6　純資産利益率の財務モデル

い。企業は資産の構成（例えば現金、売掛金、在庫、工場設備、備品）を分析し、資産管理を改善できるかどうかを検討すべきである。総資産利益率は、「売上高利益率」と「総資産回転率」の積である。総資産利益率を改善するための方法としては、(1) 売上高の増加ないしはコスト削減による売上高利益率の向上、(2) 売上高の増加、あるいは現段階において売上の負担になる資産（在庫、売掛金など）の削減による総資産回転率の向上、の２つがある[37]。

❖収益性分析の利用

　企業は製品、地域、顧客グループ、セグメント、流通チャネル、注文量別に収益性を測定することにより、どれを拡張すべきか、縮小すべきか、あるいは割愛すべきかを決定できる。まず、各マーケティング職能（広告、配送など）別の経費を明確化し、各マーケティング要素（チャネルのタイプ別、製品別など）への職能別経費を配分する。次に、マーケティング要素別の損益計算書を作成する。最後に、各マーケティング要素の相対的な収益性を改善するために修正措置が必要かどうかを決定する。

　企業各社は、さまざまな活動の真の収益性を数量的に把握するため、マーケティング収益性分析や、その応用である活動基準原価（ABC）会計を採用することに関心を示すようになっている[38]。これによりマネジャーは、収益性を改善するために、さまざまな活動を実行するうえで必要とされる資源を削減したり、資源の生産性を上げたり、より低価格で獲得する方法を検討したりすることができる。あるいは、多大な資源を消費する製品の価格を上げることもあるだろう。また ABC の導入によって、経営陣は人件費と資材の標準原価のみを用いて全原価の配分を考えるのではなく、個々の製品や顧客などの要素を支える実際原価の把握へ注意を

向けるようになる。

　マーケティング・アカウンタビリティが発生すると、さまざまなマーケティング投資の効果をより正確に判断できるようにもなる。「マーケティング・ミックス・モデル」では、小売店のスキャナー・データから会社全体の出荷データ、価格、媒体、プロモーション費までさまざまなデータを分析し、特定のマーケティング活動の効果がより詳細に把握される。そしてさらに深く理解するためには、多変量解析を用いて、各マーケティング要素がブランドの売上や市場シェアといったマーケティング成果にどのように影響したかを詳しく調べればよい(39)。

参考文献

1. Stanley C. Plog, "Starbucks：More Than a Cup of Coffee," *Cornell Hotel & Restaurant Administration Quarterly*, May 2005, pp. 284＋；Bruce Finley, "Starbucks Executive Reflects on Corporate Social Responsibility," *Denver Post*, April 12, 2002, (www.denverpost.com)；Howard Schultz, *Pour Your Heart Into It* (New York：Hyperion, 1997).
2. H. Hammonds, "Michael Porter's Big Ideas," *Fast Company*, March 2001, pp. 150-154.
3. Michael E. Porter, *Competitive Advantage：Creating and Sustaining Superior Performance* (New York：The Free Press, 1985). 邦訳：『競争優位の戦略：いかに高業績を持続させるか』（マイケル・E・ポーター著、土岐坤、中辻萬治、小野寺武夫訳、ダイヤモンド社、1985 年）
4. Robert Hiebeler, Thomas B. Kelly, and Charles Ketteman, *Best Practices：Building Your Business with Customer-Focused Solutions* (New York：Simon and Schuster, 1998). 邦訳：『ベスト・プラクティス：成功企業に学ぶ顧客戦略』（ロバート・ヒーブラー、トーマス・B・ケリー、チャールズ・ケッテマン著、高遠裕子訳、TBSブリタニカ、1999 年）
5. Michael Hammer and James Champy；*Reengineering the Corporation：A Manifesto for Business Revolution* (New York：Harper Business, 1993). 邦訳：『リエンジニアリング革命：企業を根本から変える業務革新』（M・ハマー、J・チャンピー著、野中郁次郎監訳、日本経済新聞社、1993 年）
6. Myron Magnet, "The New Golden Rule of Business," *Fortune*, November 28, 1994, pp. 60-64.
7. C. K. Prahalad and Gary Hamel, "The Core Competence of the Corporation," *Harvard Business Review* (May-June 1990)：79-91.
8. *Pew Internet and American Life Project Survey*, November-December 2000.
9. Peter Drucker, *Management：Tasks, Responsibilities and Practices* (New York：Harper & Row, 1973), ch. 7. 邦訳：『マネジメント：基本と原則』（P・F・ドラッカー著、上田惇生編訳、ダイヤモンド社、2001 年）
10. "The Hollow Corporation," *BusinessWeek*, March 3, 1986, pp. 57-59. William H. Davidow and Michael S. Malone, *The Virtual Corporation* (New York：HarperBusiness, 1992).
11. 詳しくは、以下を参照されたい。Laura Nash, "Mission Statements － Mirrors and Windows," *Harvard Business Review* (March-April 1988)：155-156.
12. Derek Abell, *Defining the Business：The Starting Point of Strategic Planning* (Upper Saddle River, NJ：Prentice Hall, 1980), ch. 3.
13. Theodore Levitt, "Marketing Myopia," *Harvard Business Review* (July-August 1960)：45-56.
14. Tilman Kemmler, Monika Kubicová, Robert Musslewhite, and Rodney Prezeau, "E-Performance II － The Good, the Bad, and the Merely Average," an exclusive to mckinseyquarterly.com, 2001.
15. 同じマトリクスに改良製品と改良市場を加えると、9つのセルに拡大することができる。以下を参照されたい。S. J. Johnson and Conrad Jones, "How to Organize for New Products," *Harvard Business Review* (May-June 1957)：49-62.
16. "Business：Microsoft's Contradiction," *The Economist* (January 31, 1998)：65-67；Andrew J. Glass, "Microsoft Pushes Forward, Playing to Win the Market," *Atlanta Constitution*, June 24, 1998, p. D12；Ron

マーケティング戦略とマーケティング計画の立案と実行 ◆ 第2章

Chernow, "The Burden of Being a Misunderstood Monopolist," *BusinessWeek* (November 22, 1999)：42.
17. E. Jerome McCarthy, *Basic Marketing：A Managerial Approach*, 12th ed. (Homewood, IL：Irwin, 1996).
18. Paul J. H. Shoemaker, "Scenario Planning：A Tool for Strategic Thinking," *Sloan Management Review* (Winter 1995)：25-40.
19. Philip Kotler, *Kotler on Marketing* (New York：Free Press, 1999). 邦訳：『コトラーの戦略的マーケティング：いかに市場を創造し、攻略し、支配するか』(フィリップ・コトラー著、木村達也訳、ダイヤモンド社、2000年)
20. Michael E. Porter, *Competitive Strategy：Techniques for Analyzing Industries and Competitors* (New York：The Free Press, 1980), ch. 2. 邦訳：『競争の戦略』(M・E・ポーター著、土岐坤、中辻萬治、服部照夫訳、ダイヤモンド社、1995年)
21. Michael E. Porter, "What Is Strategy ?" *Harvard Business Review* (November-December 1996)：61-78.
22. 戦略的提携については、以下が参考になる。Peter Lorange and Johan Roos, *Strategic Alliances：Formation, Implementation and Evolution* (Cambridge, MA：Blackwell, 1992)；Jordan D. Lewis, *Partnerships for Profit：Structuring and Managing Strategic Alliances* (New York：The Free Press, 1990). 邦訳：『アライアンス戦略：連携による企業成長の実現』(ジョルダン・D・ルイス著、中村元一、山下達哉、JSMSアライアンス研究会訳、ダイヤモンド社、1993年)；John R. Harbison and Peter Pekar Jr., *Smart Alliances：A Practical Guide to Repeatable Success* (San Francisco：Jossey-Bass, 1998). 邦訳：『アライアンススキル：合従連衡の成功要件』(ジョン・R・ハービソン、ピーター・ピカー・Jr. 著、日本ブーズ・アレン・アンド・ハミルトン訳、ピアソン・エデュケーション、1999年)；*Harvard Business Review on Strategic Alliances* (Cambridge, MA：Harvard Business School Press, 2002).
23. Robin Cooper and Robert S. Kaplan, "Profit Priorities from Activity-Based Costing," *Harvard Business Review* (May-June 1991)：130-135.
24. Thomas J. Peters and Robert H. Waterman Jr., *In Search of Excellence：Lessons from America's Best-Run Companies* (New York：Harper and Row, 1982), pp. 9-12. 邦訳：『エクセレント・カンパニー』(トム・ピーターズ、ロバート・ウォータマン著、大前研一訳、英治出版、2003年)。同じ枠組みが以下にも使われている。Richard Tanner Pascale and Anthony G. Athos, *The Art of Japanese Management：Applications for American Executives* (New York：Simon & Schuster, 1981).
25. Terrence E. Deal and Allan A. Kennedy, *Corporate Cultures：The Rites and Rituals of Corporate Life* (Reading, MA：Addison-Wesley, 1982)；"Corporate Culture," *BusinessWeek*, October 27, 1980, pp. 148-160；Stanley M. Davis, *Managing Corporate Culture* (Cambridge, MA：Ballinger, 1984)；John P. Kotter and James L. Heskett, *Corporate Culture and Performance* (New York：Free Press, 1992). 邦訳：『企業文化が高業績を生む：競争を勝ち抜く「先見のリーダーシップ」：207社の実証研究』(J・P・コッター、J・L・ヘスケット著、梅津祐良訳、ダイヤモンド社、1994年)
26. Miles Hanson, "Fresh Ideas Are Nothing Without Implementation," *Marketing*, March 21, 2002, p. 1；"In-Store Implementation Key," *Frozen Food Age*, October 2000, p. 22；Elaine Dutka, "Coming Soon to a Store Near You：Fox Executives," *Los Angeles Times*, April 19, 2005, p. E1.
27. Marian Burk Wood, *The Marketing Plan：A Handbook*, 2nd ed. (Upper Saddle River, NJ：Prentice Hall, 2005).
28. Donald R. Lehmann and Russell S. Winer, *Product Management*, 3rd ed. (Boston：McGraw-Hill/Irwin, 2001).
29. John McManus, "Stumbling into Intelligence," *American Demographics* (April 2004)：22-25.
30. John Gaffney, "The Buzz Must Go On," *Business 2.0*, February 2002, pp. 49-50.
31. Tim Ambler, *Marketing and the Bottom Line：The New Metrics of Corporate Wealth* (London：FT Prentice Hall, 2000).
32. Bob Donath, "Employ Marketing Metrics with a Track Record," *Marketing News*, September 15, 2003, p.12.
33. Kusum L. Ailawadi, Donald R. Lehmann, and Scott A. Neslin, "Revenue Premium as an Outcome Measure of Brand Equity," *Journal of Marketing* 67 (October, 2003)：1-17.
34. Fred Vogelstein, "Mighty Amazon," *Fortune*, May 26, 2003, pp. 60-74.
35. Robert S. Kaplan and David P. Norton, *The Balanced Scorecard* (Boston：Harvard Business School Press, 1996). 邦訳：『バランス・スコアカード：新しい経営指標による企業変革』(ロバート・S・キャプラン、デビッ

ド・P・ノートン著、吉川武男訳、生産性出版、1997年）

36. もうひとつの選択肢をとるなら、企業は株主価値に影響する要因に重点を置く必要がある。マーケティング計画の目標は株主価値を増やすことである。株主価値とは、企業の現在の活動によって将来得られるであろう収入の現在価値である。収益率分析は通常、1年のみの成果に焦点をしぼる。以下の文献を参照されたい。Alfred Rapport, *Creating Shareholder Value*, rev. ed. (New York：The Free Press, 1997).

37. 財務分析について詳しくは、以下の文献を参照されたい。Peter L. Mullins, *Measuring Customer and Product Line Profitability* (Washington, DC：Distribution Research and Education Foundation, 1984).

38. Robin Cooper and Robert S. Kaplan, "Profit Priorities from Activity-Based Costing," *Harvard Business Review*（May-June 1991）：130-135.

39. Jack Neff, "P ＆ G, Clorox Rediscover Modeling," *Advertising Age*, March 29, 2004, p. 10.

第3章
市場、市場需要、マーケティング環境の理解

◆ 本章では、次の問題を取り上げる ◆

1. 現代のマーケティング情報システムの構成要素は何か。
2. インテリジェンス・システムとマーケティング・リサーチをどのように利用してマーケティング意思決定を向上させることができるか。
3. どうすれば需要を正確に測定、予測できるのか。
4. マクロ環境の重要な変化は何か。

ソニーのマーケティング・マネジメント

　ソニーではプレイステーション・ポータブル（PSP）のような新製品を発売する前、エンジニアやデザイナーが試作品も作らないうちに、マーケティング・マネジャーが市場機会と脅威を念入りに検討する。PSPゲーム機を開発したときには、ビデオゲームで育って自由に使えるお金も多い少年や若い男性が、競合である任天堂のゲームボーイとDSの最大のターゲットであることがわかっていた。アメリカのビデオゲーム機市場の規模は推定10億ドル。ソニーはすでに8200万台以上のプレイステーションを販売し、世界のゲーム機市場を支配していた。調査を通じてソニーのマーケターは、新しいポータブルゲーム機は消費者のさまざまなニーズに応え、技術融合の新しい波に乗り、「携帯型のエンターテインメントはゲームだけではなくなる」ものにしなければならないと認識していた。そこでソニーはPSPにはビデオゲームだけでなくデジタル画像の保存とディスプレイ、音楽のダウンロードと再生、動画の再生も楽しめる機能をつけることにした。

　PSPのアメリカでの発売には1億ドル近いプロモーション予算がつけられた。テレビCM、バスや地下鉄のポスターなどの広告が需要を刺激し、発売初日と2日目だけで50万台が売れた。しかしソニーのマーケターがPSPキャンペーンの効果を測るうえでの指標としたのは、売上とブランド認知だけではない。ソニーは年間を通し、8000の映画館のスクリーン上で予告編の一部として30秒コマーシャルを流してきた。これも調査によって効果があることが実証されている。最近のヒット製品はすぐに飽きられてしまうため、ソニー

のマーケターは次のビッグチャンスの手がかりを探してマーケティング環境の観察を怠らない[1]。

　　場の変化を見出し解釈する作業の中心になるのは、マーケターである。社内にはさまざまな部門があるが、マーケターはどこよりもしっかりとトレンドと機会を追求し、ソニーのマーケターのように新製品の可能性や新しい市場に敏感でなければならない。この章ではまず情報を収集し、トレンドを見極め、マーケティング意思決定に役立つリサーチを実施するためのプロセスとシステムについて考察する。それから、企業、市場、競合他社に影響を与える可能性のある重要なマクロ環境を検討していく。

▍情報、インテリジェンス、リサーチでマーケティング意思決定を支援する

　マーケティング・マネジャーが顧客のニーズ、欲求、選好、消費パターンの変化を理解し追跡するには、情報が継続的に流れる仕組みが必要である。**マーケティング情報システム（MIS）** とは、マーケティング意思決定者に必要な情報を正確かつタイムリーに収集、選別、分析、評価、分配するための人員、装置、手順のことである。MIS は、社内記録、マーケティング・インテリジェンス活動、マーケティング・リサーチを活用して作られる。

❖社内記録

　マーケティング・マネジャーにとっては、注文、売上、価格、コスト、在庫レベル、売掛金、買掛金などに関する社内の報告書が頼りとなる。こうした情報の分析が、重要な機会や問題点の発見につながるのである。

　社内記録システムの中核は受注－請求サイクルである。セールス・レップ、ディーラー、顧客が企業に発注をかける。販売部門は送り状を用意して、そのコピーを各部門に送る。在庫切れの製品はバックオーダー（繰り越し注文）となる。製品が出荷されると積荷書類や請求書類が発行され、各書類は関連部門に回される。企業は、これらのステップを迅速かつ正確に行う必要がある。顧客は製品を期日どおりに確実に届けてくれる企業を好むからである。

　多くの企業では、技術の力で受注－請求サイクルのスピード、正確さ、効率を向上させるだけでなく、マーケティング・マネジャーに今現在の販売状況についてタイムリーで正確な報告を与えている。例えばウォルマートでは、5100 店舗の各店に何の品目が配送され、店内のどの棚に並べられ、製品ごとに何点売れたかが毎日わかるようになっている。売上データは P＆G など大手供給業者にも渡しているので、供給業者が必要に応じてすばやく補充ストックを店舗に出荷することができる[2]。

　今日ではどの企業も、情報をいくつかのデータベース——顧客データベース、製品データ

ベース、販売員データベースなど——にまとめ、各データベースを組み合わせて利用している。例えば顧客データベースには、すべての顧客の名前、住所、購買歴、場合によってはデモグラフィックスやサイコグラフィックス（行動、関心、考え方など）が入っている。企業はこうしたデータを保管して、意思決定者がマーケティング・プログラムの計画、標的設定、追跡がしやすいようにしておく。さらに、統計的手法に詳しいアナリストにデータを「マイニング」させ、これまで注意を向けていなかった顧客セグメントや最近の顧客のトレンドといった、有益な情報に対する新たな知見を得ることができる。例えば、ウェルズ・ファーゴ銀行は1000万人に及ぶ個人客の取引をすべて追跡し、分析できるようにしている。同社ではこの取引データを、顧客に提供してもらった個人情報と結びつけ、顧客のライフイベントに合わせた個別の提案を考え出している。その結果、顧客1人当たりに販売した商品の数は、業界平均が2.2であるのに対し、ウェルズ・ファーゴは4となっている[3]。

❖マーケティング・インテリジェンス・システム

社内記録システムは「結果データ」を提供するが、マーケティング・インテリジェンス・システムは「今現在起こりつつある変化のデータ」を提供してくれる。**マーケティング・インテリジェンス・システム**とは、マーケティング環境で起こっている状況について、日々の情報を得るためにマネジャーが利用する手順と情報源のことである。マーケティング・マネジャーは書籍、新聞、業界の刊行物を読んだり、顧客、供給業者、流通業者と話をしたり、インターネットの情報源をチェックしたり、社内の他部門のマネジャーと会ったりして、マーケティング・インテリジェンスを収集する。マーケティング・インテリジェンスの質を向上させるには、いくつかのステップがある（**表3-1参照**）。

スタッフがマーケティング・インテリジェンスを収集し、関連のある出来事を要約して社内のニュース掲示板、イントラネット、その他の方法で情報を配信している企業もある。これによりマーケティング・マネジャーは最新の市場状況に触れ、マーケティング意思決定やマーケティング・プログラムへの影響を判断することができる。

❖マーケティング・リサーチ・システム

マーケティング・マネジャーは特定の問題や機会について、市場調査、製品選好テスト、地域別売上予測、広告効果測定などの正式なマーケティング調査分析を依頼することが多い。本書では**マーケティング・リサーチ**とは、企業が直面する特定の市場状況に関するデータと調査結果の体系的なデザイン、収集、分析、報告であると考える。

企業がマーケティング・リサーチを実施する方法はたくさんある。大企業のほとんどはマーケティング・リサーチ部門を有している。P＆Gには、コンシューマー・アンド・マーケット・ナレッジ（CMK）という巨大なマーケット・リサーチ部門がある。CMKの専門チームはブラ

表3-1　マーケティング・インテリジェンスの質の向上

活　動	例
セールス・フォースを訓練・動機付けして、他の方法では見逃してしまうような新しい状況の展開を見つけ、報告させる。	セールス・レップに、製品の画期的な使い方をしている顧客を観察して新製品の可能性を探らせる。
流通業者や小売業者などの仲介業者を動機付けして、重要なインテリジェンスを伝えさせる。	ミステリー・ショッパー【訳注：客を装った調査団】を使ってサービス上の問題を発見し、プロセスの見直しや従業員の再研修で対応する。
社内ネットワークで倫理的・法的に問題のない方法でデータを収集する。	競合他社の動向について新しい情報を提供した従業員に報奨を与える。
顧客諮問委員会を設立する。	代表的な顧客や上得意客、あるいは率直な意見を述べる顧客や見識の高い顧客を入れ、製品についてのフィードバックをもらう。
政府のデータを活用する。	アメリカの国勢調査のデータから、デモグラフィック・グループ、人口の変動、地域間の移動、家族構成の変化について知る。
自社で収集するよりも低コストで外部の業者から情報を買う。	インフォメーション・リソーシズからスーパーマーケットのスキャナー・データを購入する。ニールセンからテレビ視聴者データを購入する。MRCAインフォメーション・サービスから消費者パネルデータを購入する。
オンラインによる顧客フィードバック・システムを利用して、競合情報を収集する。	イーピニオンズ・ドットコムのようなウェブサイトで消費者評価をチェックし、競合他社の製品の強みと弱みを知る。

ンド・トラッキングなど従来型で基本的なリサーチ法と、経験に基づく消費者とのコンタクトや知識統合など最先端の調査手法を活用している。専門チームは、こうしたあらゆる情報源から得られたマーケット・インサイトを関連づけ、長期的計画（製品ポートフォリオの完成のためにはどのような企業買収がベストか、など）の策定や、日々の業務的な選択（どの製品化からスタートするか、など）を支援している。

　通常、企業は売上の1％から2％をマーケティング・リサーチ予算に充てるが、予算の大部分は外注サービスに使われる。マーケティング・リサーチ会社は3つのカテゴリーに分類される。ニールセン・メディア・リサーチのようなシンジケーテッド・サービス・リサーチ会社は、消費者と業界に関する情報を収集し販売する。カスタム・マーケティング・リサーチ会社は調査を企画し、調査結果を報告する。専門マーケティング・リサーチ会社はフィールド・インタビューなど専門化した調査サービスを提供する。

　中小企業であればマーケティング・リサーチ会社のサービスを利用したり、低コストで創造性を活かした調査を行ったりすることができる。例えば、学生や教授と契約して、プロジェクトの立案・実行をしてもらったり、インターネットを利用したり、競合他社を訪問してもよい。都会派ファッションのネットショップを自称するカーループは街頭活動用の人員を3000人集め、新しいトレンドを探したりカーループ・ブランドのプロモーションを行ったりさせて

いる[4]。

　効果的なマーケティング・リサーチは**図3-1**のように6段階で構成されている。以下の状況を踏まえて、各段階について説明していこう。アメリカン航空（AA）が乗客への新しいサービス方法を検討しているとする。特にファーストクラスの乗客を対象としたサービスを開発したい。ファーストクラス利用者の多くはビジネス客だが、彼らが購入する高額チケットで空輸費用の大部分がまかなわれるのだ。アイデアの例は（1）ウェブサイトや電子メールへのアクセスのみに利用を制限したインターネット接続を提供する、（2）衛星テレビを24チャンネル用意する、（3）CDを50タイトル揃えたオーディオ・システムを完備し、乗客が各自で音楽や映画のプレイリストを作って楽しめるようにする、といったものだ。そこでマーケティング・リサーチ・マネジャーが、ファーストクラスの乗客はこうしたサービス（特にインターネット接続）をどう評価し、追加サービス料金をいくらなら払いそうかを調査することになった。ある見積もりでは、ファーストクラスの乗客が機内インターネット・サービスにサービス料を25ドル払えば、今後10年間で700億ドルの利益が見込めるとされている。インターネット接続の実現には1機当たり9万ドルかかる[5]。

第1段階：問題、意思決定の選択肢、調査目的の明確化

　マーケティング・リサーチャーに依頼する際、問題の定義を広範囲にしすぎても、狭めすぎてもいけない。AAのマーケティング・マネジャーとマーケティング・リサーチャーは問題を次のように定義した。「機内インターネット・サービスは、他の有望な投資を犠牲にしてコストをかけるだけの価値があるだろうか。それに見合うだけ顧客の選好を増大させ利益をもたらすだろうか」。マネジャーとマーケティング・リサーチャーは以下の具体的な調査目的を決定する。（1）どのタイプのファーストクラス客がいちばん、機内インターネット・サービスを利用しそうか、（2）料金ランクを複数設定したら、インターネット・サービスを利用するファーストクラスの乗客はランクごとにそれぞれ何人いるだろうか、（3）新しいサービスを目当てにAAを利用する新規のファーストクラス客は何人いるだろうか、（4）新サービスによって、AAの長期的な好感度はどれくらいアップするだろうか、（5）ファーストクラスの乗客にとってインターネット・サービスは、娯楽サービスの充実などに比べてどれくらい重要だろうか。

　すべてのリサーチ・プロジェクトが、これほど具体的になるわけではない。探索型リサーチは、問題の本質を明らかにして、実現可能なソリューションや新しいアイデアの提案を目的としている。記述型リサーチは、25ドルの機内インターネット・サービスを利用

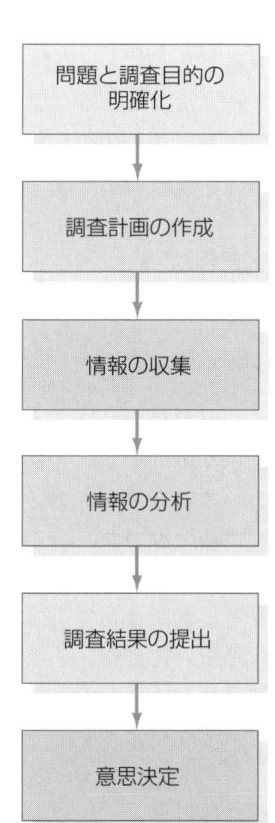

図3-1 マーケティング・リサーチ・プロセス

（フロー図：問題と調査目的の明確化 → 調査計画の作成 → 情報の収集 → 情報の分析 → 調査結果の提出 → 意思決定）

するファーストクラス客が何人いるかといったような一定の数量の把握を目的としている。因果型リサーチであれば、原因と結果の検証を目的としている。

第2段階：調査計画の策定

　マーケティング・リサーチの第2段階では、必要な情報を集めるための最も効率的な計画の策定が求められる。調査計画を立案するには、データの情報源、調査手法、調査手段、サンプリング計画、コンタクト方法を決めなければならない。

データ情報源

　リサーチャーは二次データ、一次データのいずれか、または両方を収集することができる。「二次データ」とは別の目的のために収集されており、すでにどこかに存在する情報のことである。「一次データ」とは特定の目的またはリサーチ・プロジェクトのために新規に収集される情報のことである。

　リサーチャーは通常、二次データを調べることから着手する。コストのかかる一次データを収集しなくても、問題の一部ないし全体が解決できるかどうかを確かめるのである。調査のスタート地点となる二次データには、低コストでいつでも手に入るという利点がある。だが、必要なデータが存在しないか、時代遅れ、不正確、不完全、あるいは信頼できないものである場合、リサーチャーは一次データを収集しなければならない。

調査手法

　一次データの収集方法には、観察調査、フォーカス・グループ調査、サーベイ調査、行動データ、実験調査の5つがある。

■**観察調査**　鮮度の高いデータは、対象となる人と環境を観察することによって収集できる。AAのリサーチャーの場合は、航空会社各社についての旅行者の評判を聞くためにファーストクラス客専用ラウンジに足を運んでもいいし、競合他社の飛行機に乗って、機内サービスを観察するのも一つの手である。

■**フォーカス・グループ調査**　フォーカス・グループとは、デモグラフィックスやサイコグラフィックスなど特定の条件に基づいて慎重に選ばれた6～10人のグループのことであり、指定場所に集まり、リサーチ専門の司会者にアシストされながらさまざまな関心事について数時間にわたって討論する。AAのリサーチの場合、司会者はまず「ファーストクラスの旅について、どう思いますか」などといった一般的な質問から始めるだろう。その後、航空会社各社についてや、インターネット・アクセスをはじめとするサービスについてどう思うか、という質問に移っていく。

■**サーベイ調査**　サーベイを利用することによって、人々の知識、信念、選好、満足度を知り、総人口の中でこれらがどの程度の割合を占めているのかを測定できる。AAのリサーチャーは

自社独自の質問を用意したり、多目的用サーベイに必要な質問を追加したり、既存の消費者パネルに質問調査をしたりすることができる。ショッピング・モールで街頭調査をしてもよい。

■**行動データ**　顧客は、店のスキャニング・データ、カタログやインターネットからの購買記録、顧客データベースに購買行動の跡を残していく。これらデータを分析すれば多くのことがわかる。顧客が実際に行った買い物は、彼らの本当の選好を反映しており、多くの場合、マーケット・リサーチャーに提供する意見よりも信頼性が高い。調査では、人々が人気のあるブランドを好むと回答しているにもかかわらず、データを見ると実際には他のブランドを買っていることがある。AAが乗客のチケット購買記録を分析すれば、有用な情報がたくさん得られるはずである。

■**実験調査**　最も科学的な裏づけのある調査は実験調査である。実験調査の目的は、観察された結果についてさまざまな解釈を排除して、特定の因果関係を見いだすことにある。AAが、国際定期便の1機に、インターネット・アクセスを導入するとしよう。このとき、ある週のサービス料は25ドルで、翌週は15ドルにする。ファーストクラスの乗客数が毎週一定で、実験期間でも変化がないとしたうえで、サービス利用者数が大きく異なれば、それは料金の違いと関連性があるといえる。

調査手段

一次データの収集にあたって、マーケティング・リサーチャーには、調査手段として3つの主要な選択肢がある。質問票と質的調査と機械装置である。質問票は、一連の質問を回答者に答えさせるというものである。柔軟性があるため、一次データを集める際に最もよく使われる。質問票は大々的に使用する前に、細心の注意を払って作成し、テストし、修正されなければならない。質問票には選択回答式と自由回答式がある。選択回答式では、可能性のある回答すべてが提示されており、解釈・要約がしやすくなっている。自由回答式では、回答者が自分の言葉で答える。自由回答式は、特定の考えを持っている人の数を測定する調査よりも、人々の考えそのものを明らかにする探索型調査にとりわけ有用である。

消費者の考えを知るのに質的な方法を好むマーケターもいる。消費者の行動は、サーベイ調査の回答とは必ずしも一致しないからだ。「質的調査の技法」はあまり形式化されていないため、さまざまな反応が得られる。また、他の方法では捉えにくい消費者の意識を確認できる創造的な手法でもある。例えば、デザイン・ファームのIDEOは、顧客の経験を把握するためにさまざまなテクニックを使っている。その1つは追跡といい、製品を使ったり、買い物をしたりしている人を観察するというものである。行動マッピングは、病院の待合室など1つの空間に集まる人々を、2、3日にわたって写真に撮り続けるテクニックである。写真記録というテクニックでは、製品の利用や印象について、消費者に写真日記をつけてもらう[6]。

マーケティング・リサーチで機械装置が使われる場合もある。検流計は、ある広告または写真を見せられたときに生じる関心や感情の強さを測定する。アイ・カメラは、視線がまずどこにとまるか、どれくらい長く視線を留めるかなど、被験者の目の動きを調査する[7]。

「サンプリング計画」 調査の手法と手段を決めたら、マーケティング・リサーチャーはサンプリング計画を立案しなければならない。計画では次の3点が決定される。

1. **サンプリング単位：調査対象は誰か。** マーケティング・リサーチャーは、サンプルにする標的母集団を規定しなければならない。AAの調査の場合、サンプリング単位になるのは、ファーストクラスのビジネス利用客だけか、同じくファーストクラスのバケーション旅行者だけか、それとも両方だろうか。サンプリング単位を決定したら、標的母集団の全員が一定の確率でサンプル対象となるよう、サンプリング枠を設定しなければならない。
2. **サンプル・サイズ：調査対象は何人にすべきか。** 小さいサンプルより大きいサンプルを使ったほうが、信頼性の高い結果を得られる。とはいえ、適切な手順で抽出すれば、母集団の1％以下のサンプルでも十分な信頼性を得ることができる。
3. **サンプリング手順：回答者をどのように選択すべきか。** 代表的なサンプルを得るには、母集団からの確率サンプルを抽出しなければならない。確率による抽出法を使うと、サンプリング誤差に対する信頼限界を計算できる。確率による抽出法では費用や時間がかさみすぎる場合、サンプリング誤差は計算できないものの、確率によらない抽出法を用いることがある。

「コンタクト方法」 サンプリング計画が決定したら、マーケティング・リサーチャーは被験者とのコンタクトの取り方を決めなければならない。コンタクト方法には、郵送質問票、電話インタビュー、対面インタビュー、オンライン・インタビューがある。それぞれの方法の長所と短所を**表3-2**にまとめた。

第3段階：情報の収集

　マーケティング・リサーチのデータ収集段階は通常、最もコストがかかり、間違いが生じやすい。サーベイ調査の場合、生じる問題は大きなもので4つある。回答者が留守であれば、再びコンタクトを取るか回答者を替える必要が出てくる。そのほか協力を拒まれることもあるし、偏りのある回答をする者、正直に答えない者もいる。またインタビュアーが偏見を持っていたり、無責任であったりすることもある。適切な回答者を得ることは非常に重要なポイントである。

　例えばメディアマーク・リサーチは、アメリカ人2万6000人に自宅でインタビューを行い、日々使っているメディア、製品、ブランド、スポーツや政治などに対する態度を調査している。最近まで英語を話さないヒスパニック系住民は調査から外すことが多かったが、現在ではバイリンガルの特別調査チームを設置し、ヒスパニック系の回答者が英語でもスペイン語でも調査に応じられるようになっている。相手の言語や文化適応度に関係なく、すべての人に同じ質問をして、より均一なインタビュー・データベースを作るようにもしている[8]。

表3-2　マーケティング・リサーチのコンタクト方法

コンタクト方法	長　所	短　所
郵送質問票	対面インタビューに応じてくれない人や、インタビュアーによって回答にバイアスがかかってしまったり、意見が変わってしまう可能性のある人々に到達できる。	回答率は低く、返送が遅いのが普通である。
電話インタビュー	情報を短期間で集められ、回答者が質問を理解できなければ、質問の意図を明確にすることができる。回答率が郵送質問票より高い。	インタビュー時間を短くしなければならず、あまり個人的な内容にはできない。電話で生活が乱されることを消費者が嫌うようになっているのと、「電話お断りリスト（National Do Not Call Registry）」登録のため、電話インタビューは難しくなってきている。
対面インタビュー	より多くの質問を投げかけることができ、回答者の服装やボディ・ランゲージなど補足的な情報も記録できる。	最も費用がかかる方法である。他の方法よりもプランニングと監督が必要である。インタビュアーによってバイアスがかかってしまったり意見が変えられてしまう場合がある。
オンライン・インタビュー	ウェブサイトに質問票を掲載する、バナーを設ける、チャットルームのスポンサーになる、その他の方法を使って、迅速かつ簡単に対象者を募り調査することができる。低コストでさまざまなことができる。回答者はオンラインでのほうが正直に答える傾向が高い。	サンプル数が少なく偏りが生じる可能性がある。また、オンライン調査は技術上の問題が生じやすい。

第4段階：情報の分析

　マーケティング・リサーチ・プロセスの第4段階は、収集したデータから結果を抽出することである。リサーチャーはデータを集計して、度数分布を作成する。主要な変数について、平均値や分散が計算される。リサーチャーは、さらに発見できることはないかと期待して、高度な統計的手法や決定モデルも適用するだろう。

第5段階：調査結果の報告

　この最終段階で、リサーチャーは関係者に調査結果を報告する。リサーチャーは、経営者が下さなければならない主要なマーケティング意思決定に関連する調査結果を提出しなければならない。例えばAAの場合、重要な調査結果は次のようなものになる。機内インターネット・サービスを利用する一番の理由は、ネット・サーフィンで暇つぶしをするためと、メールのやり取りをすることである。料金は旅行者のクレジットカードに課金され、会社で清算する。25ドルで機内インターネット・サービスを利用するのは、ファーストクラス客の10人に5人ほ

どである。これが15ドルになると6人になる。したがって、25ドル（25ドル×5人＝125ドル）のほうが15ドル（15ドル×6人＝90ドル）よりも大きな利益を生む。つまり25ドルにすれば、AAには1フライト当たり125ドルが入ってくることになるが、これが1年間365日続くとすると、年間4万5625ドルの収入になる（125ドル×365日）。よって、9万ドルの投資なら、収支が合うまでに約2年かかる計算になる。また、機内インターネット・サービスの提供は、AAが革新的で進歩的な航空会社であるというイメージを強化し、新しい乗客と既存顧客の好感を獲得することになる。

第6段階：意思決定

リサーチを依頼したマネジャーは、調査結果の根拠をしっかり検討する必要がある。結果に確信が持てなければ、機内インターネット・サービスの導入は見送られる可能性もある。当初からサービス開始に気持ちが傾いていれば、調査結果はその気持ちを後押しするものとなる。場合によっては、さらに調査を重ねることになるかもしれない。決断するのは彼ら自身であるが、リサーチによって問題の洞察が得られるはずである[9]。

売上予測と需要測定

マーケティング・リサーチを行う大きな理由の1つは、市場機会を特定することである。リサーチが完了したら、企業は各市場機会の大きさ、成長性、利益可能性を評価し予測しなければならない。売上予測は需要の見積りを元に立てられ、財務部門では投資と運用に必要な現金を調達するために利用される。製造部門では生産キャパシティと生産レベルを確立するために利用される。購買部門では資材を適量購入するために、人事部門では必要な数の人員を雇用するために利用される。まず、測定の対象となる市場を決定する。

❖ どの市場を測定対象とするか

市場の大きさは、特定の製品やサービスに対して存在しているであろう買い手の数で決まる。**潜在市場**とは、ある製品やサービスに対し、十分なレベルの関心を持っている消費者の集合であるが、消費者の関心だけでは市場があるとはいえない。潜在的な消費者には十分な収入がなくてはならず、提供される製品にアクセスできなくてはならない。**有効市場**とは、関心、収入、特定の製品またはサービスへのアクセスを備えた消費者の集合である。**標的市場**とは、「有資格有効市場」（特定の製品またはサービスへの関心、収入、アクセス、資格がある消費者の集合）の中で企業が追求すると決めた部分のことである。**浸透市場**とは、当該企業の製品を購入している消費者の集合である。

このような市場の定義は市場計画に役立つツールである。もし企業が現在の売上に満足して

いない場合、標的市場から引きつける買い手の割合を増やしてもよいし、潜在的な買い手の資格を下げることもできるし、別の地域に販売網を広げたり、価格を下げたりして、有効市場を拡大することも可能である。あるいは消費者のイメージを変える戦略も考えられる。ディスカウント小売業であるターゲット・ストアがウォルマートやKマートとの熾烈な競争に直面したとき、同社は一流中央紙の日曜版で一風変わった広告キャンペーンを展開した。百貨店風のしゃれた広告にターゲットのトレードマークである紅白の標的をあしらった商品を着用したり使用しているモデルを登場させたのである。この広告キャンペーンのおかげでターゲット・ストアは「高級」量販店という評判を獲得し、裕福な消費者を引きつけることによって急速に店舗展開していった[10]。

❖需要測定

　自社の市場を定義したら、次は市場需要の見積りである。製品の**市場需要**とは、特定のマーケティング・プログラムのもとで、特定のマーケティング環境において、特定の時期に、特定の地理的エリアで、特定の顧客グループが購入する製品の総数量をさす。市場需要とは、決まった数量というより、むしろ一定条件の関数のことである。このため、市場需要は「市場需要関数」と呼ばれる場合もある。

　図3-2(a)は、全体的な市場需要が基本条件に依存している様子を示している。横軸は、一定期間における業界のマーケティング費を表している。縦軸は結果として生じる需要の水準を表している。曲線は業界のマーケティング費の各水準に対応した、市場需要の推定値を示している。マーケティング費をまったく投じなくても、ある程度の基本売上（「市場最小値」と呼ばれ、図中では Q_1）は発生するだろう。業界のマーケティング費の水準が高いほど、高い需要が生み出される。需要の伸びは当初、増加の一途をたどるが後に減少し、マーケティング費が一定水準を超えると需要は伸び悩む。ここが「市場潜在力」と呼ばれる市場需要の上限である（図中の Q_2）。

　「拡大市場」の全体的なサイズは、業界のマーケティング費の水準に大きく左右される。**図3-2(a)**で言えば、Q_1 と Q_2 の差が比較的大きい場合をいう。「非拡大市場」——マーケティング費の水準にあまり大きな影響を受けない——においては、Q_1 と Q_2 の差が比較的小さい。非拡大市場で販売をする組織は、市場規模（当該製品クラスに対する「一次需要」）を受け入れて、**市場シェア**を伸ばすことに努力を向けなくてはならない（自社製品に対する選択的需要）。

　市場需要曲線は、現時点において想定できる業界のマーケティング努力に関連した、現時点での市場需要の予測を表すものである。実際に発生する業界のマーケティング費は1水準しかない。この水準に対応する市場需要は**市場予測**と呼ばれている。市場予測が示すのは期待される市場需要であり、最大の市場需要ではない。

　市場潜在力とは、一定条件下にあるマーケティング環境において、業界のマーケティング費が無限に近づいたとき、市場需要に見られる限界のことである。「一定条件下にあるマーケ

図3-2 市場需要関数

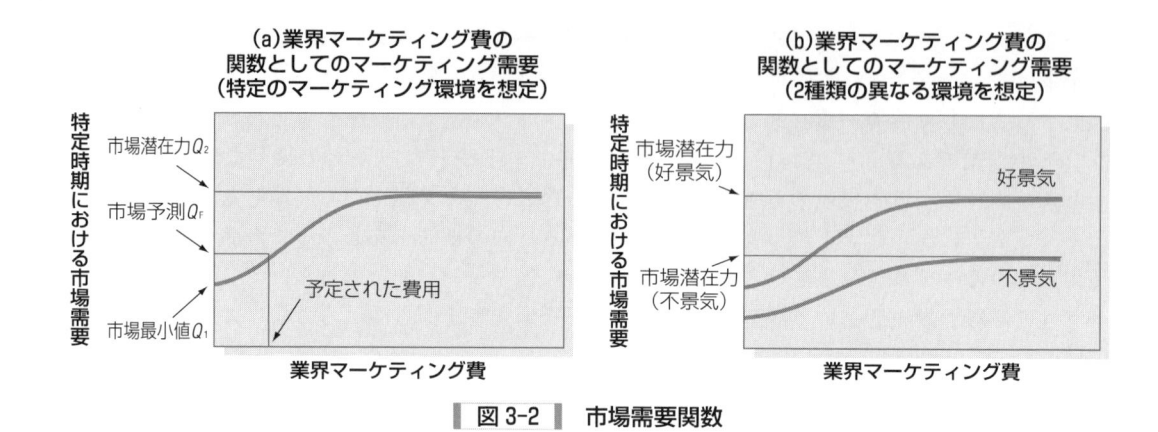

(a) 業界マーケティング費の関数としてのマーケティング需要（特定のマーケティング環境を想定）
- 市場潜在力 Q_2
- 市場予測 Q_F
- 市場最小値 Q_1
- 予定された費用

(b) 業界マーケティング費の関数としてのマーケティング需要（2種類の異なる環境を想定）
- 市場潜在力（好景気）
- 市場潜在力（不景気）
- 好景気
- 不景気

ティング環境」という言葉には重要な意味がある。**図3-2(b)**に示すように、好景気のときのほうが、不況時よりも市場潜在力は高い。企業は市場需要関数の位置を変えることができない。これはマーケティング環境によって決まる。しかし、企業はマーケティング費の額を決定することにより、関数上の自社の位置に影響を及ぼしているのである。

❖企業需要と売上予測

企業需要とは、企業がある特定期間に実施したマーケティング努力に応じて見込まれる市場需要シェアのことである。企業の市場需要シェアは、自社の製品、サービス、価格、コミュニケーションなどが、競合他社のそれと比較して、市場にどう捉えられているかによって決まる。もし、他の要素が競合他社とまったく同じなら、企業の市場シェアは競合他社と比較した場合のマーケティング支出の規模と効果に左右されるだろう。マーケティング・モデルの構築者は、企業のマーケティング費、マーケティング・ミックス、マーケティング効果に売上がどれほど影響されるかを測定するための売上反応関数を開発している[11]。

企業需要がわかったら、次に期待される売上高を生み出すためのマーケティング努力の水準を決定する。**企業の売上予測**とは、選択したマーケティング計画と想定上のマーケティング環境に基づいて期待される企業の売上水準のことである。企業の売上予測は**図3-2**のように、売上を縦軸として、マーケティング努力を横軸として表される。売上予測は想定上のマーケティング支出計画の結果であることに注目されたい。

販売割当とは、製品ライン、企業の部門、セールス・レップに与えられた販売目標のことである。これは主に、販売努力を明確にし、刺激するための管理手法である。一般に、販売割当はセールス・フォースの努力を拡大するために、売上推定値よりやや高めに設定される。**売上予算**とは、売上高を控えめに見積もったものであり、主として現時点での購買、生産、キャッシュ・フローに関する決定を下すために利用される。売上予算は、過剰なリスクを回避するた

めに売上予測とニーズを考慮して立てられ、一般に売上予測よりやや低めに設定される。

企業の売上潜在力とは、企業のマーケティング努力が競合他社のそれと比較して増加する場合に、企業需要が近づく売上の上限のことである。ほとんどの場合、たとえ企業が大幅にマーケティング費を増やしたとしても、売上潜在力は市場潜在力よりも小さい。その理由は、各社が他社の勧誘努力にあまり心を動かされない、強いロイヤルティを持つ買い手を有しているからである。

❖現時点の需要を評価する

現時点の市場需要を評価するにあたって、マーケティング担当役員は、総市場潜在力、地域市場潜在力、総業界売上と市場シェアを評価したいと考えている。

総市場潜在力

総市場潜在力とは、特定水準の業界マーケティング努力と特定の環境条件のもとで、特定の期間に業界内の全企業が得られる最大売上高のことである。総市場潜在力を評価する一般的な方法は、潜在的な買い手の人数に1人当たりの平均購入数量を掛け、さらに価格を掛けるというものである。1億人が毎年本を買い、1人が平均して年間3冊購入し、1冊の本の平均価格が20ドルだとしたら、総市場潜在力は60億ドルになる（1億×3×20ドル）。

最も見積もりが難しいのは、特定の製品または市場における買い手の数である。一般には、国家の総人口から始めるのがよく、次に、明らかに本を買わないグループを排除する。さらに、調査して関心またはお金がないため買わないグループを排除する。こうして残った潜在的買い手の見込み客プールを、総市場潜在力の計算に使う。

地域市場潜在力

企業は最高のテリトリーを選択し、テリトリーごとに最適なマーケティング予算をどう割り当てるかという問題を抱えている。そこで、都市、州、国ごとの市場潜在力を評価する必要が出てくる。生産財マーケターは主として市場積上法を、消費財マーケターは複数要素指数法を利用している。

市場積上法では、各地域の潜在的な買い手をすべて特定し、彼らの潜在的購買量を評価する。全潜在的買い手のリストと、一人ひとりが何を購入するかについての優れた見積りがあれば、正確な結果が出せる。しかし、こうしたデータを収集するのが難しいこともある。地域市場潜在力を効率的に測る方法は、アメリカ、カナダ、メキシコの産業セクターを6桁のコードで分類し、統計データを比較できるようになっている「新北米産業分類システム（NAICS）」を利用することである[12]。例えば、旋盤製造業者がNAICSを使う場合は、まず旋盤を必要としそうな製造業者の製品を表すNAICSの6桁コードを調べなければならない。それから、使われる旋盤の数を評価するための適切な基数（顧客である産業の売上高など）を決定する。顧

客である産業の売上高に対応した旋盤の保有率を見積もれば、市場潜在力を算出することができる。

消費財マーケターも地域市場潜在力を評価するが、消費財企業の顧客をリストにするには数が多すぎるため、単純指数法がよく使われている。例えば、医薬品販売会社が、医薬品の市場潜在力は人口に直接関係があると仮定したとする。バージニア州の人口が全米人口の2.28％だとしたら、バージニア州は販売される全医薬品の2.28％の市場になると想定できる。しかし実際には、医薬品の売上は別の要素にも影響される。そこで、各要素に特定のウエイト（加重値）を課した、複数要素指数を作成するのが理にかなっている。数字は各変数に関連づけたウエイトを表している。例えば、バージニア州がアメリカの個人可処分所得の2.00％、アメリカ小売業者の売上の1.96％、全米人口の2.28％を占め、ウエイトはそれぞれ、0.5、0.3、0.2だとすると、バージニア州の医薬品の購買力指数は

$$0.5 \times (2.00) + 0.3 \times (1.96) + 0.2 \times (2.28) = 2.04$$

となる。

全体的な市場潜在力と地域潜在力を評価する以外に、企業は当該市場の実際の業界売上を知る必要がある。これは、競合他社を特定し、彼らの売上を評価するということである。一部の情報は業界団体やマーケティング・リサーチ会社から得られるかもしれないが、個々の競合他社についてまでは知ることができない。生産財マーケターは、業界売上と市場シェアを評価するのに消費財マーケターよりも苦労している。

❖将来の需要を評価する

予測とは、買い手がある一定条件のもとでどのような行動をとるかを予想する技術である。製品とサービスの将来の予測は簡単にはできない。将来の予測ができる製品は、その絶対レベルやトレンドがかなり安定していて競争がまるでないか（公益事業）、安定しているか（純粋寡占）である。ほとんどの市場では、総需要と企業需要が安定していない。優れた予測が、企業の成功を左右する重要な要素となる。需要が不安定なほど、予測の正確性は重要になり、その手順はより複雑になる。

企業は一般に、売上予測を作成するにあたって、3段階の手順を踏む。まずマクロ経済予測を立てたあと、業界予測をし、その後に企業の売上予測をする。マクロ経済予測では、インフレ、失業、利率、消費者支出、企業投資、財政支出、総輸出高などの変数の見積りを出す。その結果、国民総生産の予測が出て、これを他の環境指標と併せて業界売上を予測する。企業は、一定の市場シェアを獲得すると想定し、自社の売上予測を引き出す。売上予測の方法は**表3−3**に示されている。

表 3-3　売上予測の方法

予測法	説　明	用　途
購買者の意向調査	消費者または企業を対象に、購買確率、将来における個人の財政状態、経済が今後どうなるかの見通しを調査する。	業務用製品、耐久消費財、綿密な計画を要する製品、新製品の需要を見積もる。
セールス・フォースの意見	セールス・レップに既存顧客と見込み客が製品をどれだけ購入するかを見積らせる。	製品、テリトリー、顧客、セールス・レップごとの細かい予測見積りを出す。
専門家の意見	ディーラー、流通業者、供給業者、コンサルタント、業界団体などの専門家から予測を入手する。経済予測会社から購入することもできる。	知識豊富で優れた洞察を提供してくれる専門家から見積りを収集する。
過去の売上分析	時系列分析、指数スムージング、統計的需要分析、エコノメトリック分析を用いて過去の売上を分析する。	過去の需要の分析をもとに将来の需要を推定する。
市場テスト法	直接市場テストを実施して顧客の反応を理解し、将来の売上を見積もる。	新製品の売上や、新しい地域での売上をよりうまく予測する。

マクロ環境のトレンドと要因

　マクロ環境のトレンドを見極めることで、多くの機会が見つかることがある。**トレンド**とは、ある程度の勢いがあり持続的な事象の方向性もしくは連続性のことである。それに対して、**ファッド**は「予測がつかず短命で、社会的、経済的、政治的な重要性がない」ものである[13]。大きなトレンドに逆らうよりもその流れに乗ったほうが、新製品やマーケティング・プログラムが成功する可能性は高い。そのため、マーケターはトレンド発見スキルを開発しなければならない（「マーケティング・スキル▶トレンドを見極める」参照）。しかし、新しい市場機会を見つけてもそれが必ず成功するという保証はない。

　企業とその供給業者、マーケティング仲介業者、顧客、競合他社、一般大衆、これらすべてが、機会を形成したり脅威を生み出す趨勢やトレンドというマクロ環境の中で作用している。世界情勢が急速に変化していく中で、企業はデモグラフィック、経済、社会－文化、自然環境、技術、政治－法律という6つの大きな要因、すなわち「コントロールできないもの」を観察して対応しなければならない。これらの要因については別々に説明するが、マーケターはこの6つの要因の相互作用に注意を払わなくてはならない。なぜなら、これらは新たな機会にも脅威にもつながるためである。例えば、人口の増加（デモグラフィック要因）は資源の枯渇と汚染（自然環境要因）につながり、消費者はいっそうの法規制（政治－法的要因）を求めることになる。法律によって制約が加われば、技術的なソリューションや製品（技術的要因）が出てくる。もしそれが手ごろな価格（経済的要因）で手に入るものであれば、人々の態度や行動を変えていく可能性がある（社会－文化的要因）。

マーケティング・スキル ▶ トレンドを見極める

　未来学者は世界の大部分は長期間変わらないと主張する。この持続性が中断されるとき、新たに起こった変化はしばらく持ちこたえる可能性がある。そこでマーケターは、変化を危険な脅威ではなく利益を生む機会に変えるため、タイミングを逃さず行動に移せるように、トレンドを見極めるスキルを磨く必要がある。第1に育てるべきは「拡散ビジョン"splatter vision"」、つまり特定の一要素に注目せず環境全体を見る能力である。特定の競合他社や顧客にだけ目を向ける癖のついたマーケターは、まったく新しい業界から現れた競争相手や新しい顧客ニーズの兆しを見逃してしまうだろう。また、マーケターは売上や業界見通しに基づいた未来予測のメンタルモデルを活用して、偏差を把握し説明できるようにしておくべきである。これは例外を見つけるだけでなく、その原因と結果を分析してタイムリーなマーケティング意思決定ができるようにするということである。

　変化の絶えない技術業界では、専門家が5つの手法を組み合わせてより正確な未来図を作成している。5つの手法とは、未来を過去の延長として見る、サイクルとパターンを探す、顧客や他のステークホルダーの行動を分析する、技術や社会に関わる出来事の進展を観察する、これら4つの手法の相互作用から潜在的なトレンドを見つけ出す、である。マーケターの課題の最後は、トレンドの本質を理解し、それがマクロ環境とミクロ環境、とりわけ顧客、業界関係者、企業とその製品やサービスにどう影響しそうかを判断することである。

　例えば、オフィス家具メーカーのハーマンミラー社は1人の社員にフルタイムでネットサーフィンをさせ、ビジネス界、デザイン、小売、その他のテーマで最新情報を収集させ、経営陣に毎日電子メールで要約を報告させている。さらに社長はミシガンの本社とニューヨーク支社を行き来する際、デジタルカメラで新しいデザイン・トレンドの発見に役立ちそうな画像を撮影している。このトレンド発見力のおかげで、同社は中小企業やホームオフィス向け家具の市場にいち早く参入した。また、小売業者や美術館がニーズの変化に従ってフロアスペースを再配置できるよう、手早く簡単に動かせるパーティションや展示台のような、新しい製品カテゴリーに進出する機会も見出した[14]。

❖デモグラフィック環境

　マーケターは「人口」のトレンドを観察する。市場を作り上げているのは人間だからである。マーケターがとりわけ関心を向けるのは、都市別、地域別、国別の人口の規模と成長率、年齢分布と民族的な混合度、教育水準、家族形態、地域の特徴と変化である。

世界的な人口増加

　世界人口は現在63億人を超えており、2025年までには79億人を超えるとされている[15]。人口の増加は2つの理由から問題をはらんでいる。第1に、これだけ多数の人間の生活を支えるのに必要な資源（燃料、食料、鉱物）は有限であり、いずれ枯渇する可能性がある。第2に、人口増加は最も貧しい地域において著しい。先進国では0.6％の増加率にとどまっているのに対し、発展途上地域の人口は世界人口の76％を占め、毎年2％ずつ増え続けている。こういった地域では子供たちに食べ物を与え、衣服を着せ、教育を受けさせ、そのうえ生活水準も上げるなどということはほとんど不可能に近い。

　世界人口の増加は、企業にとって重要な意味を持っている。人口増加が即、市場の拡大を意味するわけではない。十分な購買力という前提が必要である。それでも市場を注意深く分析すれば、大きな機会を手にすることができる。例えば中国政府は、1家族が持てる子供は1人までに制限している。そこで、特に玩具マーケターが、「小皇帝」と呼ばれる子供たちを両親、祖父母、曾祖父母、叔父叔母が甘やかしているのに目をつけた。このトレンドに後押しされ、アメリカのマテルやハスブロは、デンマークのレゴ、イタリアのキッコ、地元中国の数千社の玩具メーカーとの競争にもかかわらず、中国でのマーケティングで利益を上げている[16]。

人口における年齢構成

　人口の高齢化は世界的な傾向であるが、国によって人口における年齢構成はさまざまである[17]。人口は6つの年代グループに分けることができる。就学前、小学生、ティーンエイジャー、25～40歳の若年層、40～65歳の中年層、65歳以上の老年層である。人口の最も多い層がマーケティング環境を形成する。アメリカでは、1946～1964年に生まれた7800万人にのぼる「ベビーブーム世代」が、市場を構成する最も強力な要因の1つとなっている。ベビーブーム世代はテレビCMを見て育ったので、1965～1976年の間に生まれた4500万人のジェネレーションXよりも、マーケターにとっては取り込みやすい。ジェネレーションXは、大々的な広告を用いて売り込むようなハードセル商法に対して冷笑的である[18]。マウンテン・デューは、ジェネレーションXやジェネレーションY【訳注：1977～1994年に生まれた世代。第2次ベビーブーム世代とも呼ばれる】を引きつけているエクストリーム・スポーツを取り込んだプロモーションを行い、ブランドのシェアをソフトドリンク分野で4位に伸ばした[19]。

エスニック市場

　国によって民族や人種の構成も異なっている。アメリカは以前、「人種のるつぼ」と呼ばれていたが、今では独自の民族性、居住地区、文化を守る種々の民族グループが集まった「サラダボウル」社会と呼ばれている。アメリカ国民の中で多数派を占めるのは、白人、アフリカ系アメリカ人、ラテン系アメリカ人（メキシコ系、プエルトリコ系、キューバ系）、アジア系アメリカ人（中国系、フィリピン系、日系、インド系、韓国系）である。さらに、外国籍の人々は2500万人（総人口の9％以上にあたる）にのぼる。

　民族グループにはそれぞれ、特定の欲求と購買習慣があるので、マーケターはそれを理解する必要がある。パシフィケア・ヘルス・システムズ社は、300万人いる保険契約者の20％がヒスパニック系だとわかると、「ラティーノ・ヘルス・ソリューション」という新しい保険部門を立ち上げた。この部門では、スペイン語で保険商品を販売したり、顧客にスペイン語が話せる医師を紹介したりしている[20]。とはいえ、マーケターは民族グループを一般化しすぎないよう気をつけなくてはならない。どの民族グループの中にもさまざまな消費者がいるからだ。

教育によるグループ分け

　社会を構成する人々は5つの学歴グループに分類される。非識字者、高校中退、高卒、大卒、大学院卒である。日本では人口の99％が読み書きできるのに対し、アメリカでは人口の最大15％は文字を読めない。しかし、アメリカは大学教育を受けた一般市民がおよそ36％と、世界でも最も高い率を誇る国の1つでもある。この教育レベルの高さが、質の高い本、雑誌、旅行への需要を支えている。

家族形態

　アメリカでは、8世帯に1軒は「異なる」、つまり「非伝統的」な家庭である。その中には、一人暮らし、同棲（同性カップルもある）、片親家庭、子供のいない夫婦、すでに子供が独立した夫婦といった家庭がある。離婚や別居、非婚、晩婚、子供を持たないことを選択する人々も増えている。これらの家庭にはそれぞれ特有のニーズや購買習慣がある。例えば、独身者、別居者、配偶者と死別した人、離婚者が求めているのは、小さなアパートメント、小型の家電や家具、小分けパックの食品である。

　マーケターは今まで以上に非伝統的な家庭の特殊ニーズを考慮しなければならない。非伝統的な家庭は、伝統的な家庭よりも急速に増えているからだ。ゲイを自覚する人と平均的なアメリカ人を人数で比較すると、専門的職業に携わるゲイの数は10倍以上にのぼり、別荘を持っているゲイは2倍近くになる。またノートパソコンを持っているゲイは平均的アメリカ人の8倍、個人で株式保有しているゲイは2倍である[21]。アブソルート・ウォッカ、アメリカン・エキスプレス、イケア、P＆G、スバルといった企業はすでに、この市場だけでなく、非伝統的な家庭の市場全般に秘められた可能性に目をつけている。

人口の地理的移動

現代は国から国へ、あるいは国内で人々が大移動する時代である。人々が地方から都市へ移り、都市から郊外に移るという場合にも人口の移動が起こる。アメリカでは1990年代に「地方への回帰」と呼ばれる現象が起き、非都市部に都会から脱出してきた大勢の人々が流れ込んだが、現在は都市部の出生率が上がり死亡率が下がり、移民が急増しているため、都市部の市場が再び急速に拡大している[22]。

商品とサービスの選好には住む場所によって差がある。例えば、1995年から2000年の間に1回でも引っ越した人は、5歳以上の国民のほぼ2人に1人（1億2000万人）だという。その多くは、中西部や北東部の州からサンベルト地帯の州に移動している[23]。その結果、防寒着や暖房器具の需要が減る一方で、エアコンの需要は増えている。さらに、郊外の人口増や、通勤を嫌う傾向が、増え続けるSOHO（スモール・オフィス－ホーム・オフィス）セグメントを標的にした企業の追い風になっている。4000万人近いアメリカ人が、コンピュータや携帯電話、インターネット・アクセス、FAXといった便利な電子機器の助けを借りて自宅で働いている。キンコーズとその親会社であるフェデックスをはじめ、多くの企業がこのトレンドから利益を上げている。

❖経済環境

市場には人間だけでなく、購買力も必要である。経済における有効な購買力は、現在の所得、貯蓄、負債、信用度に左右される。マーケターは消費者の購買力に影響を及ぼすトレンドに注目していなければならない。こうしたトレンドはビジネスに大きな影響を及ぼすからだ。これは特に、高所得者層と価格に敏感な消費者をターゲットにした商品を扱う企業にあてはまる。

所得分布

国によって、産業構造と所得の水準や分布は大きく異なる。まず産業構造は4つのタイプに分けられる。「自給経済」：マーケターにはほとんどビジネスの機会がない。「原材料輸出経済」：コンゴ民主共和国（銅）やサウジアラビア（石油）などといった、道具や備品、あるいは富裕層向けの贅沢品の好市場となる国。「発展途上経済」：インド、フィリピンなど、新たな富裕者層と増えつつある中産階級が新しいタイプの商品を求めている国。「先進国経済」：あらゆる種類の商品にとって最高の市場である。

マーケターは、国を所得分布パターンに従って5つに分類している。(1) 非常に低所得、(2) 大半が低所得、(3) 非常に低所得と非常に高所得、(4) 低・中・高所得、(5) 大半が中程度の所得。1973年から1999年の間に、所得分布の上層5％にある世帯の所得は65％増えたが、全体の5分の1を占める中流層の所得は11％増にすぎなかった。これにより、アメリカの市場

は二極化することになった。高価な商品が買える富裕層とそうでない労働者層である。労働者層は金の使い方に慎重になり、買い物はディスカウント・ストアで済ませ、安いストア・ブランドを選ぶようになっている。二極化の変化にいちばん影響を受けているのが、中間の価格で商品を販売する従来型の小売業者だ。このトレンドに対応して、2つのまったく異なる市場それぞれに合った製品を作り、広告コミュニケーションを展開する企業だけが成功できる[24]。例えばGAPは、高級品市場向けにはバナナ・リパブリック、中間市場向けにGAP、そして低価格市場向けにオールド・ネイビーをポジショニングして利益を上げてきた[25]。

貯蓄、負債、信用度

　消費者の支出額は、貯蓄、負債、信用度に影響される。例えば、アメリカの消費者は収入に対して借金の割合が高く、このことが住宅購入や高額商品の消費拡大の足を引っ張っている。アメリカではクレジット（信用買い）が利用されやすいが、低所得層はかなり高い利息を支払っている。最近ではインターネットのおかげでこの利率も抑えられるようになってきた。多くの金融サービス会社が消費者向け事業で競い合っており、レンディングツリー・ドットコムのようなウェブサイト上でローンを申し込むことができる[26]。

アウトソーシングと自由貿易

　経済の分野では、製造業やサービス業の海外移転が重要性を増しつつある。アウトソーシングは、多くの企業が競争上、不可欠だと考えているが、国内労働者の多くにとっては失業の原因にもなる。海外アウトソーシングのコスト節減効果は絶大である。人件費を20～70％削減しても同等の品質が見込めるのだ。だが、雇用主が短期的利益を手にし、仕事を奪われた国内の被雇用者が痛みを経験したその後には、暗い長期的見通しが待っている。特にプログラミングの仕事を海外に出してしまうと、将来的にはアメリカの技術的優位が危うくなる。例えばムンバイには、インターネットの高速回線も世界水準の大学も、ベンチャー・キャピタル産業も存在している。つまり、次なる技術の大革新を起こすのに必要な条件はすべて揃っているのである[27]。

❖社会‒文化的環境

　人の信念、価値観、規範は、社会によって作られる。人々はほとんど無意識のうちに、自分自身、他人、組織、社会、自然、宇宙との関係を決定する世界観を得ている。そのほか、マーケターに役立つ文化的な特徴としては、核となる文化的価値への固執、サブカルチャーの存在、時代とともに変化する価値観といったものが挙げられる。

■**自分自身に対する見方**　自己の喜びにどれだけ重きを置くかは、人によってさまざまである。今日のアメリカの消費者は、以前よりも保守的な行動や野心を持つようになっている。レ

ジャー活動として最近人気が高いのは、ウォーキング、ガーデニング、水泳、写真、サイクリングである[28]。

■**他人に対する見方**　人々はホームレスや犯罪など社会的問題に関心を持っている。その一方で、他人との長続きする関係を求めている。このようなトレンドは、スポーツクラブのような人と人との直接のつながりを促す製品やサービスの市場や、家庭用テレビゲームのように孤立している人の孤独感を解消する製品やサービスの市場が成長する前兆である。

■**組織に対する見方**　企業、政府機関、労働組合などの組織に対する態度も人によって異なる。ダウンサイジングや、エンロン、ワールドコムで起きたような不正会計事件の影響で、組織への忠誠心は全体的に弱まりつつある[29]。企業には、正直であること、良い企業市民になることを通じて、消費者と従業員の信頼を取り戻す新たな道が求められている。

■**社会に対する見方**　社会に対する態度も人によって違う。その態度は、次のように分けられる。社会を守る人々、社会を動かす人々、社会から受け取る人々、社会変革を望む人々、深い何かを求める人々、社会から逃れようとする人々[30]。消費パターンは、社会への態度を反映することが多い。例えば社会変革を求める人々は倹約家で、燃費のいい車に乗る。

■**自然に対する見方**　自然に対する態度も人それぞれである。長期的な流れとして、人間は科学技術によって自然への支配を強めてきた。しかし時代が進んで、人間は自然の脆さと資源の有限性に気づくようになった。このところキャンプ、ハイキング、ボートなどアウトドア活動に関心を持つ人が増えたため、企業もテント用品や自然を訪ねるパッケージ・ツアーなどの商品とサービスを揃えてそれに応えている。

■**宇宙に対する見方**　宇宙の起源と宇宙における人間の位置付けも、人によって考え方が異なる。アメリカ人のほとんどは一神教信者だが、宗教的な信仰と習慣は年々変わってきている。

核となる文化的価値への固執

特定の社会に生きる人々は、いくつもの「中核信念」と中核価値を有しており、それは持続する傾向がある。核となる信念や価値は親から子へと伝えられ、主な社会機関——学校、教会、職場、政府——によって強化される。「派生的信念」と派生的価値は変化に対してより柔軟性がある。マーケティングによって派生的価値は変えられるが、中核価値を変えるのは不可能に近い。例えば、非営利団体の「飲酒運転に反対する母の会（MADD）」は酒の販売を止めさせようとはしない。それよりも、皆で飲む日には運転手を決めて、その人だけは飲まないというアイデアを推奨する。また、この団体は合法的な飲酒年齢を上げるよう働きかけている。

サブカルチャーの存在

どの社会にも、特殊な生活経験や環境に起因する独特の価値を共有する**サブカルチャー（下位文化）** が存在する。サブカルチャーを構成する人々は同一の信念、選好、行動を共有する。異なる欲求と消費行動を示すサブカルチャーのグループから、マーケターは特定のサブカルチャーを標的とすることができる。例えば、マーケターが特に好むのはティーンエイジャーで

あるが、それは彼らが、ファッション、音楽、娯楽、態度などにおけるトレンドセッターだからである。またマーケターは、顧客を10代のときに引きつけておけば、その後ずっと良い顧客になってくれることも知っている。売上の15%をティーンエイジャーに負っているフリトレー社は、ポテトチップスなどのスナック菓子を食べる大人が増えていると指摘する。「わが社が10代のころから彼らを取り込んできたからでしょう」とフリトレー社のマーケティング・ディレクターは述べている[31]。

時代とともに変化する派生的価値

核となる価値は揺るぎなく存続するが、文化的な変動は起こり、新たなマーケティングの機会と脅威をもたらす。1960年代にロックミュージックとミュージシャンが若者たちの髪型や服装に多大な影響を与えたように、今日の若者たちも新しいヒーローや流行に影響されている。U2のボノ、バスケットボールのスター選手レブロン・ジェームズ、スケートボードのトニー・ホークなどがその例である。

❖ 自然環境

自然環境の悪化には世界中の関心が集まっている。世界の多くの都市で、大気汚染と水質汚染は危険な段階に達している。西ヨーロッパの「緑の党」は、産業がもたらす環境破壊を減らすための具体的な取り組みを政府に求めて精力的に活動している。しかし、自然環境保護のために新たに制定された法律は、特定の産業に深刻な影響を与えている。鉄鋼産業は、汚染を減らすための設備と環境に優しい燃料を導入するために、多額の投資を強いられた。自動車産業は車に高価な排気制御システムを搭載しなければならなくなった。全般的に、マーケターは、自然環境における4つのトレンドに関わる機会と脅威を意識しなければならない。そのトレンドとは、原材料の欠乏、エネルギー・コストの上昇、公害の拡大、政府の役割の変化である。

原材料の欠乏

地球の資源には、無限にあるもの、有限で再生可能なもの、有限で再生不可能なものがある。水や空気のような「無限にある資源」が今では問題になりつつある。「有限で再生可能な資源」とは、森林や食料などであり、賢く使わなければならない。例えば、林業関係の企業には森林の再植林が求められている。「有限で再生不可能な資源」とは、石油などで、これらは枯渇する日が近づいており、深刻な問題となっている。こうした枯渇しつつある資源を必要とする製品のメーカーは、大幅なコスト増に直面している。研究開発に携わる企業にとっては、代替物を開発する絶好の機会となっている。

エネルギー・コストの上昇

有限で再生不可能な資源の1つである石油の供給は、価格の上昇に伴い世界経済にとって深

刻な問題となってきており、太陽光、原子力、風力など代替エネルギーの研究が始まっている。また企業はエネルギー効率に優れた製品も開発しており、例えばトヨタのプリウスという車は電気モーターでガソリン・エンジンの燃費を高める仕組みになっている。

公害の拡大

産業活動によって、自然環境が必然的にダメージを受けることもある。海洋の危険な水銀レベル、散乱する空きビンやパッケージのことを考えてみるとよい。汚染を抑制する製品・サービスの巨大な市場が作られ、ここからさらに発展して、生産とパッケージのあり方について、従来に代わる方法も研究されてきた。例えば3Mはポリューション・プリベンション・ペイズ・プログラムで公害の防止とコスト削減を果たした。アルバータ州にあるダウのエチレン工場は、エネルギーの40％と廃水の97％の削減に成功している[32]。

政府の役割の変化

政府の美しい環境への関心と、それを推進する努力は国によって異なる。ドイツ政府は、国内の環境団体が強く働きかけていることと、旧東ドイツの環境があまりにも荒廃しているせいもあって、環境の質を向上させることに積極的だ。貧しい国々の大半は、資金が足りず、政治的な意志にも欠けているため、公害に対してほとんど手を打っていない。より豊かな国々にとって、貧しい国の環境汚染対策を助けることは自らのためにもなるが、今日では豊かな国でさえそれだけの資金は持っていない。

❖技術的環境

人々の生活を形成する要因の中で、最も劇的な力を有するのは科学技術である。新しい科学技術は画期的製品を生み出す一方で、「創造的破壊」の要因にもなる。自動車は鉄道産業に、テレビは新聞業界にそれぞれ打撃を与えた。既存産業の多くは、新しい技術に移行しようとせず、それに抵抗するか無視をして、結局は衰退の道をたどった。技術の進歩は散発的に起こる場合もある。例えば、鉄道産業は盛んな投資活動を生み出したが、その投資が疲弊しきったころになってようやく自動車産業が現れた。大きな技術革新のはざまで、経済は時として停滞してしまう。そこで小さな技術革新がその隙間を埋める。マーケターは次のような技術のトレンドを観察しなければならない。変化のペース、技術革新の機会、研究開発予算の変化、規制の増加である。

加速する技術変化

ビデオ・レコーダーなど、今日では一般的になっている製品も、多くは数十年前には存在しなかった。新しいアイデアの創出から製品化までの時間は急速に短縮されている。そして製品の登場からその生産量がピークに達するまでの時間もかなり短くなってきている。こうした技

術の変化が市場とニーズを変えつつある。例えば、技術のおかげでオフィスまで通勤せずに自宅で仕事ができる「テレコミュート」が可能になると、自動車による大気汚染が減り、一家団らんの時間が増え、家庭を中心とした買い物や娯楽の機会を生み出すかもしれない。

技術革新の限りない機会

今日の科学者は、バイオテクノロジーやロボット工学など、製品と生産プロセスに革命を起こすような新技術に取り組んでいる。技術的課題だけでなく、手の届く範囲の価格で作るという商業的な課題にも革新が求められている。企業はすでに「バーチャル・リアリティ」を実用化している。これはコンピュータで構築した三次元の世界を音と映像と触覚で体験できる技術である。バーチャル・リアリティはすでに新型自動車のデザイン、キッチンのレイアウトなどで消費者の反応を集めるために使われている。

研究開発費の変化

アメリカの研究開発費は世界でトップであるが、このところは基礎研究よりも開発領域に充てられる額が増えてきており、今後もアメリカが基礎科学のリーダーであり続けられるかという懸念が高まっている。多くの企業は、競合他社の製品を模倣し、特徴とスタイルのわずかな改良に資金を費やしている。デュポンやファイザーなど基礎的な研究をする企業でさえ、大幅な前進には臆病になっている。大きな躍進を目指す研究は、1社ではなく数社共同で行われる傾向にある。

科学技術の変化に対する規制の増加

製品が複雑になるにつれて、安全性の保証が求められるようになった。その結果、危険性をはらむ製品を調査したり禁止したりする政府機関の権限が拡大した。アメリカでは、食品医薬品局（FDA）の許可がなければ新薬を販売することができない。安全性と健康に関する規制は、食品、自動車、衣料、家電製品、建築などの分野でも強まっている。新製品の提案、開発、発売に際して、マーケターはこれらの規制に気をつけなければならない。

❖政治 – 法的環境

マーケティングの意思決定は、政治 – 法的環境の変化に大きな影響を受ける。この環境を構成するのは、法律と政府機関と圧力団体であり、それらはさまざまな組織や個人に影響を与え、その活動を制限する。だが時として、法律が新たなビジネス機会を生むこともある。例えば、リサイクルを義務づける法律ができたことで、リサイクル材料から新しい製品を作る企業が多数誕生した。政治 – 法的環境に関しては、ビジネスを規制する法律と、特定領域に関心を持つグループという2つのトレンドが中心になる。

ビジネスを規制する法律の増加

　ビジネス関連の法律には3つの大きな目的がある。それは、企業を不公正な競争から守ること、消費者を不公正なビジネスから守ること、行き過ぎたビジネス行為から公益を守ること、である。ビジネスに影響を与える法律は、年々増加している。欧州委員会は、競争、製品基準、製造物責任、商業取引に関する新しい法律を施行した。アメリカには、競争、製品の安全性と責任、公正取引、パッケージや表示を対象とする法律がある[33]。

　規制がもたらすコストはどの時点で規制による恩恵を上回るのだろうか。新たな法律はそれぞれ正当な根拠を持っているが、意図に反して業界の活力を失わせたり、経済成長の足枷となることもある。企業は事業法についての生きた知識、法律を検討する手順、マーケティング・マネジャーの指針となる倫理基準を持っていなければならない。

特定領域に関心を持つグループの成長

　特定領域に関心を持つグループは、この数十年間でその数も力も増大してきた。政治活動委員会（PACs）は政府の役人と企業に対して、消費者、女性、高齢者、マイノリティ、同性愛者の権利をもっと大切にするよう圧力をかけている。多くの企業は、これらの団体や問題に対応するため、社会問題や消費者問題を扱う部署を設立した。企業に影響を与える重要な要因は**消費者保護運動**――販売者との関係において購買者の権利と力を強化しようとする市民と政府の組織的な活動――である。消費者保護運動はローンの真の利率コストや製品の真のベネフィットを知る権利など、多くの権利を勝ち取ってきた。しかし新しい法律と増えつつある圧力団体によって、制約も厳しくなっており、個々のマーケティング活動は公的な領域へ移ってきている。

参考文献

1. "Sony Says PSP Sells More Than a Half Million Units in Its First 2 Days," *Wireless News*, April 10, 2005, www.10meters.com；Nick Wingfield, "Games for Grown-Ups," *Wall Street Journal*, March 17, 2005, pp. B1+；John Teresko, "ASIA：Yesterday's Fast Followers Today's Global Leaders," *Industry Week*, February 2004, pp. 22-28；Gregory Solman, "Sony's Got Game on Movie, TV Screen," *Adweek*, November 26, 2003, p. NA.
2. "Real-World RFID," *InformationWeek*, May 25, 2005, www.informationweek.com.
3. Mara Der Hovanesian, "Wells Fargo," *BusinessWeek*, November 24, 2004, p. 96.
4. Emily Sweeney, "Karmaloop Shapes Urban Fashion by Spotting Trends Where They Start," *Boston Globe*, July 8, 2004, p. D3.
5. 機内インターネット・サービスにまつわる背景事情については、以下を参照されたい。"In-Flight Dogfight," *Business 2.0*, January 9, 2001, pp. 84-91；John Blau, "In-Flight Internet Service Ready for Takeoff," *IDG News Service*, June 14, 2002；"Boeing In-Flight Internet Plan Goes Airborne," *The Associated Press*, April 18, 2004.
6. Bruce Nussbaum, "The Power of Design," *BusinessWeek*, May 17, 2004, pp. 86-94.

7. Elizabeth Roger D. Blackwell, James S. Hensel, Michael B. Phillips, and Brian Sternthal, *Laboratory Equipment for Marketing Research* (Dubuque, IA：Kendall/Hunt, 1970)；Wally Wood, "The Race to Replace Memory," *Marketing and Media Decisions* (July 1986)：166-167. また以下の文献も参照されたい。Gerald Zaltman, "Rethinking Market Research：Putting People Back In," *Journal of Marketing Research* 34, no. 4 (November 1997)：424-437；Andy Raskin, "A Face Any Business Can Trust," *Business 2.0*, December 2003, pp. 58-60；Louise Witt, "Inside Intent," *American Demographics* (March 2004)：34-39.
8. Witt, "Inside Intent," pp. 34-39.
9. Kevin J. Clancy and Peter C. Krieg, *Counterintuitive Marketing：How Great Results Come from Uncommon Sense* (New York：The Free Press, 2000).
10. Barbara Thau, "Target Has Home, Expansion in Its Sights," *HFN*, May 23, 2005, p. 4；Janet Moore and Ann Merrill, "Target Market," *Minneapolis-St. Paul Star Tribune*, July 27, 2001；"Hitting the Bulls-Eye：Target Sets Its Sights on East Coast Expansion," *Newsweek*, October 11, 1999.
11. さらに詳しい議論についてはGary L. Lilien, Philip Kotler, and K. Sridhar Moorthy, *Marketing Models* (Upper Saddle River, NJ：Prentice Hall, 1992) を参照されたい。
12. <http：//www.naics.com> and <http：//www.census.gov/epcd/naics02>.
13. Gerald Celente, *Trend Tracking* (New York：Warner Books, 1991).
14. "Herman Miller Sees Growth in Technology," *Associated Press*, June 7, 2005, www.forbes.com；Riza Cruz, "This Design Exec Manages 31 People Spread Over Two States," *Business 2.0*, April 2002, p. 115；Cynthia G. Wagner, "Top 10 Reasons to Watch Trends," *The Futurist*, March-April 2002, pp. 68 +；Wayne Burkan, "Developing Your Wide-Angle Vision," *The Futurist*, March 1998, pp. 35 +；Edward Cornish, "How We Can Anticipate Future Events," *The Futurist*, July 2001, pp. 26 +；"Techniques for Forecasting," *The Futurist*, March 2001, p. 56.
15. Donald G. McNeil Jr., "Demographic 'Bomb' May Only Go 'Pop！'," *New York Times*, August 29, 2004, sec. 4, p. 1；"World Population Profile：1998 — Highlights," *U.S. Census Bureau*, March 18, 1999, www.census.gov/ipc/www/wp98001.html.
16. Kathy Chen, "China Sees Growth in Toy Market," *Wall Street Journal*, December 2, 2003, p. B4；Sally D. Goll, "Marketing：China's (Only) Children Get the Royal Treatment," *Wall Street Journal*, February 8, 1995, p. B1.
17. Sebastian Moffett, "Senior Moment：Fast-Aging Japan Keeps Its Elders on the Job Longer," *Wall Street Journal*, June 15, 2005, pp. A1 +.
18. "Further Along the X-Axis," *American Demographics*, May 2004, pp. 21-24.
19. John Rodwan Jr., "Seeking Growth：Convenience Store Volume Increases to 12 Percent," *National Petroleum News*, May 2005, p. 19；"Top-10 U.S. Soft Drink Companies and Brands for 2000," *Beverage Digest*, February 15, 2001.
20. Brian Grow, "Hispanic Nation," *BusinessWeek*, March 15, 2004, pp. 58-70.
21. Laura Koss-Feder, "Out and About," *Marketing News*, May 25, 1998, pp. 1, 20.
22. "Rural Population and Migration：Overview," Economic Research Service, U.S. Department of Agriculture.
23. Christopher Reynolds, "Magnetic South," *Forecast*, September 2003, p. 6.
24. David Leonhardt, "Two-Tier Marketing," *BusinessWeek*, March 17, 1997, pp. 82-90；Robert H. Franc, "Yes the Rich Get Richer, but There's More to the Story," *Columbia Journalism Review*, November 1, 2000.
25. Louise Lee, "The Gap has Reason to Dance Again," *BusinessWeek*, April 19, 2004, p. 42.
26. Anthony Garritano, "Eyeing LendingTree Deal's Implications," *Origination News*, October 2004, p. 50.
27. Stephen Baker and Manjeet Kripalani, "Software：Will Outsourcing Hurt America's Supremacy？" *BusinessWeek*, March 1, 2004, pp. 84-94；Jennifer Reingold, "Into Thin Air," *Fast Company*, April 2004, pp. 76-82.
28. "Where Does the Time Go？" *American Demographics*, April 2002, p. 56.
29. Pamela Paul, "Corporate Responsibility," *American Demographics* (May 2002)：pp. 24-25.
30. Arnold Mitchell of the Stanford Research Institute, private publication.
31. Laura Zinn, "Teens：Here Comes the Biggest Wave Yet," *BusinessWeek*, April 11, 1994, pp. 76-86.
32. Françoise L. Simon, "Marketing Green Products in the Triad," *The Columbia Journal of World Business*

(Fall and Winter 1992)：268-285；Jacquelyn A. Ottman, *Green Marketing : Responding to Environmental Consumer Demands* (Lincolnwood, IL：NTC Business Books, 1993)；Ajay Menon and Anil Menon, "Enviropreneurial Marketing Strategy：The Emergence of Corporate Environmentalism as Market Strategy," *Journal of Marketing* (January 1997)：51-67；Michael Rothschild, "Carrots, Sticks, and Promises：A Conceptual Framework for the Management of Public Health and Social Issue Behaviors," *Journal of Marketing* (October 1999)：29-37.

33. 以下の文献を参照されたい。Dorothy Cohen, *Legal Issues on Marketing Decision Making* (Cincinnati：South-Western, 1995).

第2部

顧客との関係構築

第4章
顧客価値、顧客満足、顧客ロイヤルティの創造

◆ 本章では、次の問題を取り上げる ◆

1. どうすれば顧客価値、顧客満足、顧客ロイヤルティを提供できるだろうか。
2. 顧客生涯価値とは何か。
3. 顧客リレーションシップを強めるにはどうすればよいか。
4. データベース・マーケティングとは何か。なぜそれが重要なのか。

キャタピラーのマーケティング・マネジメント

　世界最大規模のあるメーカーは、世界で最も顧客志向に徹した企業の1つでもある。年間売上300億ドルを超えるキャタピラーは、昔から顧客の声に耳を傾けてきた。同社は高速道路建設などインフラ建設用機械から農業機械まで、世界各国の企業や政府に幅広い製品とサービスを提供している。キャタピラーは顧客が目的を達成するのに役立つ価値を創造し提供することによって、満足したロイヤルティの高い顧客ベースを構築したのである。
　先ごろ新しいトラクターを開発した際、キャタピラーはニーズ、購買基準、求められているベネフィットを知るために数百の農家を対象に調査を実施した。また顧客や、農家とディーラーで構成した諮問委員会から意見を集めた。同社は試作品の実地試験を行い、製品の特徴が生産性を高めたいという顧客の目標達成にどのように役立つかを研究した。この製品の広告では、キャタピラーのマーケターは「農家の声から生まれたデザイン」という価値を伝えた。同社は将来を見据え、GPS、低燃費エンジン・バッテリーなど、顧客の求める先進的な特徴を備えた製品を増やしている。さらには、バリューチェーン・アクセラレーター・プログラムによって、供給業者から工場に納入される資材や部品の流れを調整し、タイムリーでコスト効果の高い製品とサービスを求める顧客の期待に応えている[1]。

　今日の企業は、かつてない厳しい競争に直面している。しかし、製品と販売を中心とする理念からマーケティング中心の理念へと転換すれば、競争を勝ち抜ける可能性は高まる。そして、より良いマーケティング志向の基本となるのが、強固な顧客リレーションシップだ。

キャタピラーのような成功しているマーケターは、顧客と真につながり、その過程で、顧客に情報を提供し、顧客と絆を結び、さらには顧客へエネルギーを与えてさえいる。本章では、顧客を獲得し、競合他社に勝つ方法を論じる。その答えは、顧客の期待に応え、さらにそれを上回る仕事を長期にわたって利益を出すやり方で行うことにある。

顧客価値と顧客満足の定義

　顧客はかつてないほど知識と情報を手にしている。企業の主張することに偽りがないかどうかを確かめ、より良い代替品を見つけるためのツールを持っている[2]。では顧客はどのように、最終的な決定を下すのだろうか。顧客は、限られた範囲の探索コストと知識、機動力、収入で、最大の価値を得ようとするものだ。そして、どのオファーが最大の知覚価値を提供するかを見積もり、それに従って行動する（**図4-1**）。オファーが期待に沿ったものであるかどうかが、顧客満足に影響を与え、その製品を再び購入するかどうかを左右する。

❖顧客の知覚価値

　顧客の知覚価値（CPV）とは、提供物と知覚される代替品の全ベネフィットおよび全コストを見込み客が評価した際の差である。**総顧客価値**とは、特定の市場提供物に対して顧客が期待する経済的、機能的、心理的ベネフィットを総合し、金銭的価値として知覚されるものをいう。**総顧客コスト**とは、特定の市場提供物を評価し、入手し、使用し、廃棄する過程において顧客が見積もったコストを総合したものである。

　具体例を示そう。大手建設会社の購入担当者が、キャタピラーかコマツからのトラクター購入を検討しているとする。彼は両社のトラクターを評価し、信頼性、耐久性、性能、転売時の知覚価値に基づいて、キャタピラーの製品のほうが高い製品価値があると判断した。また、キャタピラーの人員のほうが知識が豊富であり、メンテナンスなどより良いサービスを提供するだろうと考えた。さらに、企業イメージもキャタピラーのほうが高かった。購入担当者は、製品、サービス、人員、イメージという4つの判断材料から得た価値を総合し、キャタピラーのほうがより大きな顧客価値をもたらすと判断した。

　購入担当者は取引に要する総コストもキャタピラーとコマツとで比較する。総顧客コストには、金銭的コストだけでなく購入担

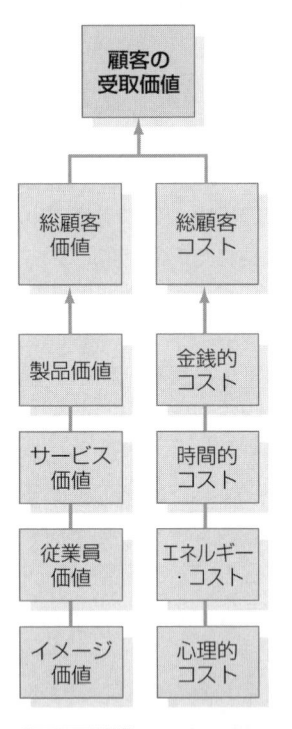

図4-1 顧客の受取価値の決定要素

当者の時間、エネルギー、心理的コストも含まれている。購入担当者は、キャタピラーの総顧客コストと総顧客価値を比較し、コマツの総顧客コストと総顧客価値を比較する。最終的に、購入担当者は最も高い価値を提供すると知覚した会社から購入するのである。

　この意思決定の理論を利用して、キャタピラーが担当者へのトラクターの販売を成功させる方法を考えてみよう。キャタピラーがオファーの価値を高める方法は3通りある。第1に、製品、サービス、人員、イメージのすべてあるいはいずれかのベネフィットを高めることにより、総顧客価値を増大させる。第2に、時間、エネルギー、心理的コストを減らすことで、購入担当者の非金銭的コストを下げる。第3に、金銭的コスト自体を下げる、という方法である。販売契約を勝ち取りたければ、キャタピラーはコマツを上回る顧客の知覚価値を提示しなければならない[3]。

　このプロセスはあまりに合理的すぎるというマーケターもいるかもしれない。購入担当者は必ずしも提供価値が最も高いオファーを選ぶとは限らないからだ。仮に、購入担当者がコマツのトラクターを選ぶとしよう。この選択は、どう説明できるだろうか。次に3つの可能性を示そう。

1. **購入担当者が、提供価値に関係なく、最も低い価格の製品を買うように指示されている場合**　販売契約を勝ち取るためには、キャタピラーは購入担当者の上司に対して、価格だけを根拠に購入すると長期的に見れば損失となることを説得する必要がある。
2. **コマツのトラクターのほうが運転費用はかさむということに、購入担当者の退職まで企業が気づかない場合**　販売契約を勝ち取るためには、キャタピラーは、顧客企業の担当者以外の人物に、キャタピラー製品のほうが大きな顧客価値を提供できることを説得する必要がある。
3. **購入担当者が、コマツの販売員と長年にわたって親しい場合**　この場合、キャタピラーは、コマツのトラクターは燃費が悪く頻繁に修理が必要なので、現場の運転作業員が不満を訴えるだろう、と購入担当者に示す必要がある。

　顧客の知覚価値は、多くの状況に適用できる便利な枠組みであり、示唆することも多い。例えば次のようなことである。第1に、売り手は自分のオファーが買い手の目にどう映っているかを知るために、競合他社と比較しての総顧客価値と総顧客コストを査定しなければならない。第2に、顧客の知覚価値において劣勢にある売り手には、2つの選択肢がある。総顧客価値を増大させるか、もしくは総顧客コストを減少させるかである[4]。

　消費者は、特定のブランド、店、企業に対してさまざまなレベルのロイヤルティを持っている。オリバァーは**ロイヤルティ**を「他の製品サービスへのスイッチを引き起こす可能性のある状況的影響やマーケティング努力が存在するにもかかわらず、将来もまた当該製品サービスを再購入や再利用しようとする強力なコミットメント」と定義した[5]。強力な顧客ロイヤルティを生み出す鍵は、高い顧客価値を提供することである。マイケル・ラニングは、企業は特定の市場セグメントを狙った競争力ある優れた価値提案を設計しなければならず、それを支えるの

は優れた価値提供システムである、と述べている[6]。**価値提供システム**には、顧客が提供物を入手し使用する過程での経験すべてが含まれる。

価値提案とは、企業が提供を約束するベネフィットの集合であり、提供物のコア・ポジショニング以外のものも含まれる。例えば、ボルボのコア・ポジショニングは「安全性」だが、買い手に約束されているのは単なる安全な車以上のものである。他のベネフィットには、耐久性、良質のサービス、長期保証期間などがある。基本的に、価値提案とは、企業の市場提供物およびその企業とのリレーションシップから結果として顧客が得るであろう経験を述べたものである。ブランドは、顧客が期待できる総合的な経験についての約束を体現したものでなければならない。その約束が守られるかどうかは、企業が価値提供システムを管理する能力にかかっている。

❖総顧客満足

購入後に買い手が満足を覚えるかどうかは、売り手がどれだけ買い手の期待に応えるかによる。第1章で述べたように、**満足**とは、買い手の期待に対して製品の知覚パフォーマンス（または結果）がどれほどであったかによって得られる、個人の喜びまたは失望の感情のことである。パフォーマンスが期待を下回れば、顧客は不満を覚える。パフォーマンスが期待どおりであれば、顧客は満足する。パフォーマンスが期待を上回れば、顧客の満足度と喜びは大きくなる[7]。

顧客は過去の購入経験、友人や同僚の意見、マーケターや競合他社から得た情報や保証をもとに期待を形成する。マーケターが大きすぎる期待を抱かせれば、買い手が失望する可能性は高くなる。しかし、期待が小さすぎれば、十分な数の買い手を引きつけられない（実際に買った者は満足するだろうが）。現在、最も成功している企業のいくつかは、期待を高めるとともに、それに見合うパフォーマンスを提供している。例えば、ジェットブルー航空は、格安航空会社に対する顧客の期待を引き上げた。最新のエアバス・ジェット機、心地良い本皮張りの座席、座席の背についている衛星テレビ、無料のワイヤレス・インターネット接続によって、ジェットブルー航空は多数の利用客を引きつけて利益を上げた。同社のこうした方針を真似て、低価格で高サービスを提供しようという航空会社はあとを絶たない[8]。

顧客志向の企業は、高い顧客満足の創造を追求するが、それが究極の目標ではない。もし企業が、価格の引き下げやサービスの向上によって顧客満足を増加させたのでは、結果として利益が低下してしまう。顧客満足の増大以外の方法（製造工程の改良など）でも企業は利益率を上げることができるだろう。また企業は、従業員やディーラー、供給業者、株主といった、多くのステークホルダーを抱えている。顧客満足を増加させるための支出を増やせば、これら「パートナー」たちの満足を増やすための資金を転用することになりかねない。したがって企業は、顧客以外のステークホルダーが納得できる水準の満足を提供することを前提に、経営資源全体の枠の中で、高水準の顧客満足提供に努めるべきである。

❖満足度の測定

　企業は、顧客満足度を定期的に測定すべきである。なぜなら、きわめて満足している顧客はより長くロイヤルティを持ち続けるし、企業の新製品発売や既存製品のアップグレード時には、より多く購入するからだ。また、企業や製品について好意的な噂を流すし、競合他社にはそれほど目を向けない。さらに、価格にはあまりこだわらず、製品やサービスについて企業にアイデアを提供し、取引が定型化しているため新規顧客に比べてコストがかからないからである。しかし、顧客満足と顧客ロイヤルティの関係は比例するわけではない。

　顧客満足が、5段階で評価されるとしよう。顧客満足が最も低い場合（レベル1）、顧客はその企業を見捨て、悪い噂を流すこともある。レベル2〜4では、顧客は基本的に満足しているが、もっと良い提供物が現れれば競合他社へ簡単にスイッチしてしまう。レベル5では、かなり高い可能性で製品を再購入し、企業について好意的な噂を流したりもする。満足度や喜びが大きいと、合理性に基づいた選好だけでなく、ブランドや企業に対する感情的なつながりが生まれる。ゼロックスのある経営幹部は「完全に満足しきった」顧客は、「とても満足している」顧客に比べてその後の18ヶ月間でゼロックス製品を再購入する確率が6倍も高いという事実を見い出した[9]。

　顧客が企業のパフォーマンスのある1要素——例えば納品——について評価する際、企業側が注意すべきなのは、良い納品の定義は顧客によって異なることだ。早期納品、期日どおりの納品、などさまざまである。また、「とても満足」した顧客が2人いても、その理由はそれぞれに異なる場合があることも知っておく必要がある。片方は、ほぼどんな場合でも簡単に満足する顧客で、他方は、普段は簡単に満足しないのに今回はめずらしく満足しているのかもしれない[10]（「マーケティング・スキル▶顧客満足の測定」で満足度の測定を取り上げる）。

❖製品品質とサービス品質

　満足度は製品品質とサービス品質にも左右される。では、品質とは何か。「用途にかなっていること」「要求に一致していること」「変動性がなく安定していること」など、多くの専門家が定義づけをしている[12]。ここでは、米国品質管理協会（ASQC）の顧客を中心にした定義に従おう。**品質**（またはグレード）とは、明示的あるいは暗示的なニーズを満たす能力のある製品（またはサービス）の特徴や特性を総合したものである[13]。売り手の製品やサービスが顧客の期待に応える、あるいは期待を上回るとき、売り手は品質を提供したということができる。重要なのは、「適合」品質と「性能」品質を区別することである。レクサス車はヒュンダイ車より高い性能品質（グレード）を提供している——レクサス車のほうが乗り心地がスムーズで、速く走り、耐久性がある。しかし、レクサス車もヒュンダイ車も、すべての製品がそれぞれに保証された品質を提供するなら、同等の適合品質を提供していると言える。

　トータル・クオリティは、価値創造と顧客満足の鍵である。マーケティングがマーケターだ

マーケティング・スキル ▶ 顧客満足の測定

　顧客を満足させれば反復購買が生まれ、強固な収益性基盤ができるという形で見返りがあることは、数々の調査で実証されている。そのため、マーケターには顧客満足を測るスキルが不可欠である。このスキルには、マーケティング・リサーチの実務知識とともに、顧客の不満を察する感性が求められる。まずは顧客満足に具体的に関わる目標の定義から入ろう。問題を特定することが目的なのか、特に強い満足要因となる製品やサービスの要素を見つけ出すことが目的なのか、あるいはロイヤルティの高い顧客の不満を引き出すことが目的なのか。これが、重要データを収集するためのリサーチ・デザインを絞り込むのに役立つ。

　現在、マーケターは協力を促すための顧客の行動と態度に関する知識を蓄積している。肝心なのは、顧客に協力を促す要因だけでなく、協力を思いとどまらせる要因をも理解することである。例えば北米のボルボはディーラーから、車の購買者が「根掘り葉掘り聞かれる調査にうんざりしている」と聞き、顧客満足調査の質問項目を33から20に減らして、インターネット、電話、手紙での回答を顧客に呼びかけた。マーケターはリサーチの結果を社内に伝達して、良い結果にスポットライトを当て、悪い結果には対処し、顧客を満足させる新たな方策を計画すべきである。そして、顧客調査を継続するか、ないしは定期的にリサーチを繰り返すことで、満足の傾向を追跡し、さまざまな変更の効果が判断できる。

　ミシシッピ州に本社を置き178店舗を展開するレストランチェーン、マカリスターズ・デリはレシートに顧客満足度調査への協力の呼びかけを印刷している。顧客が電話をかけて5分間の自動音声のアンケートに答えると、次回利用時に3ドルの値引きが受けられる。マカリスターズ・デリにとっては、各店舗のサービス、料理の質、雰囲気についてタイムリーで具体的なフィードバックが受けられるというメリットがある。CEOのフィル・フリードマンはこのリサーチをもとに行った変更が、チェーンの業績を確実に変えたと語る。「顧客満足＝ロイヤルティ＝勘定書なのです」[11]。

けの仕事でないように、トータル・クオリティもまた社員全員の仕事である。品質志向の企業のマーケティング・マネジャーには、2つの責務がある。1つは、優れたトータル・クオリティによって企業が勝ち抜くための戦略と方針の立案に加わること。もう1つは、高品質の製品とともに、高品質のマーケティングを提供することである。マーケティング・リサーチ、セール

ス・トレーニング、広告、顧客サービスをはじめとした個々のマーケティング活動を、高い水準で実行しなくてはならない。

　顧客満足を最大化するために、トータル・クオリティ・マネジメントという原理を採用している企業もある。**トータル・クオリティ・マネジメント（TQM）**とは、組織内のあらゆるプロセス、製品、サービスの品質を常に向上させ続けるための全社的な取り組みである。製品品質とサービス品質、顧客満足、そして企業の収益性という三者は、緊密に関わり合っている。高水準の品質は高水準の顧客満足を生み、それが高価格と（しばしば）低コストを支える。ある研究によれば、相対的な製品品質と企業の収益性との間には高い相関関係がある[14]。

　高品質の製品、高品質のサービスとは何かを企業が明確化し、それを標的顧客に提供するうえでマーケターが果たす役割は6つある。第1に、顧客のニーズと要求を正確に把握しなければならない。第2に、顧客の期待を製品の設計者に的確に伝えなくてはならない。第3に、顧客の注文を正確に処理し、納期を守らなくてはならない。第4に、製品の使用について、適切な説明、トレーニング、技術支援を顧客に提供しなくてはならない。第5に、販売後も顧客と接触を保ち、顧客満足の獲得と維持を確実にしなくてはならない。第6に、顧客から製品とサービスの改良に関する意見を収集し、それを社内の適切な部門に伝えなくてはならない。マーケターがこれらすべてを実行したとき、トータル・クオリティ・マネジメント、顧客満足、ひいては顧客と企業の収益性へ多大に貢献することになるのである。

顧客生涯価値の最大化

　つまるところマーケティングとは、収益性の高い顧客を引きつけ維持する技術だといえる。アメリカン・エキスプレスの経営幹部によれば、最高の顧客は他の客に比べ、小売業で16倍、飲食業で13倍、航空業で12倍、ホテル業で5倍の額を使うという[15]。しかしどの企業も一部の顧客で損を被っている。有名な20対80の法則は、上位20％の顧客が企業全体の収益の80％を生み出すというものである。シャーデンは、これを20対80対30の法則に変更すべきだという。つまり、上位20％の顧客が企業全体の収益の80％を生み出し、その収益の半分は下位30％の利益性のない顧客へのサービスで失われているというのである。そこには、不良顧客を「手放せ」ば、企業の収益を上げられるという意味が隠されている[16]。

　もっとも、大口顧客が必ずしも最大の利益を生むとは限らない。大口顧客はサービスへの要求が高く、最も大きな割引を受けている。また、小口顧客は定価どおりに支払い、最小限のサービスしか受けないが、彼らとの取引に要するコストが企業の収益性を低下させている。売上額が中程度の顧客は良質のサービスを受け、ほぼ定価で支払っており、収益性が最も高い場合が多い。この事実は、多くの大企業が、中規模の顧客向け市場に移り始めた理由を裏づけるものである。例えば、大手の航空小荷物輸送業者は、中小規模の国際便利用者を無視するのは得策でないと認識を改めつつある。小規模顧客向けプログラムでは、集荷箱を網の目のように

配置することで、客先で集荷する書類や小包に対して大きな割引の提供を可能にした。ユナイテッド・パーセル・サービス（UPS）は、集荷箱の配置を増やしたほか、輸出業者を対象に海外出荷の要点を指導するセミナーを開催している[17]。

❖顧客の収益性と競争優位

　では、どうすれば顧客の収益性を生み出せるのか。**収益性の高い顧客**とは、ある期間を通じて収益の流れを生み出す個人、世帯、企業のことで、その収益は、企業が当該顧客を引きつけ、販売し、サービスを提供する一連の流れにおいて生じるコストを十分上回るものである。ここで大事なのは、特定の取引から生まれる収益ではなく、生涯にわたる収益とコストの流れに重点が置かれている点である。

　多くの企業では顧客満足度を測定しているが、個々の顧客の収益性を測定している企業はほとんどない。例えば、銀行では測定の実行が難しいという。顧客が利用する銀行サービスはさまざまで、各取引は別々の部署で記録されるからである。しかし、顧客の取引をリンクさせることに成功した銀行では、顧客基盤に収益性のない顧客があまりにも多数いることを知り、衝撃を受けている。なかには、顧客の45％以上において損失を出している銀行もあるという。収益性のない顧客に対処する方法は2つしかない。料金を上げるか、サービスサポートを縮小するかである[18]。

　収益性の分析に役立つモデルを**図4-2**に示した[19]。横軸は顧客、縦軸は製品である。各欄の記号は、製品を顧客に販売したときの収益性を表している。顧客1は非常に収益性が高い。利益の高い製品を3つ購入しているからである。顧客2は利益の高い製品1つと利益の出ない製品1つを購入しており、その収益性はプラスマイナスが混ざっている。顧客3は損失をもた

		顧客			
		C_1	C_2	C_3	
製品	P_1	＋	＋	＋	利益の高い製品
	P_2	＋			利益のある製品
	P_3		－	－	損失をもたらす製品
	P_4	＋		－	利益と損失が混在している製品
		高利益をもたらす顧客	利益と損失が混在している顧客	損失をもたらす顧客	

図4-2　顧客と製品の収益性分析

らす顧客である。利益の高い製品1つと利益の出ない製品2つを購入しているためだ。企業は顧客2と顧客3にどう対応すればよいだろうか。2つの方法がある。(1) 収益性の低い製品を値上げするか、販売をやめる。あるいは、(2) 顧客2と顧客3に利益の高い製品を販売する努力をする。こうした顧客に対しては、競合他社へ乗り換えるように促したほうが企業にとってはよい。

顧客の収益性の分析（CPA）には、活動基準原価計算（Activity Based Costing：ABC）と呼ばれる計算ツールを使うのがよい。企業は、顧客から得る総収益を見積もり、総コスト（生産と流通のコスト、顧客と接触するためのコスト、顧客サービスに注ぎ込まれる企業の資源を含む）を差し引く。これにより、収益性の高低によって顧客を分類することができる。プラチナ顧客（最も収益性が高い）、ゴールド顧客（収益性がある）、アイアン（鉄）顧客（収益性は低いが魅力がある）、レッド（鉛）顧客（収益性も魅力もない）という分類である。企業は、アイアン（鉄）顧客がゴールド顧客に、ゴールド顧客がプラチナ顧客に昇格するよう努力しなければならない。一方で、レッド（鉛）顧客を手放すか、あるいは値上げやサービス・コスト削減によって収益性を上げなければならない。

企業は絶対的な価値を高めるだけでなく、コストを許容範囲に抑えたうえで、競合他社に対する相対的な価値を高めることが必要である。**競争優位**とは、競合他社が模倣できない、あるいは模倣しようとしない方法を実践する能力である。マイケル・ポーターは、企業は持続的な競争優位を構築するべきだと主張した[20]。持続を望む企業は、新たな優位性の創出を継続的に行っていく必要がある。さらに、どんな競争優位も、顧客からは「顧客優位」と認識されなければならない。例えば、ある企業が競合他社より先に納品できるとしても、顧客が速さに価値を置かないなら、それは顧客優位にはなりえない。

❖顧客生涯価値の測定

どのような場合に長期的な顧客の収益性が最大化するのかは、顧客生涯価値という概念で捉えることができる。**顧客生涯価値（CLV）**とは、顧客の生涯にわたる購買活動に期待できる将来の利益の流れを、現在価値で表すものである。顧客を引きつけ、販売し、サービスを提供するのに要すると考えられるコストを、期待収益から差し引く必要がある。その際には適切な割引率を適用する（例えば、資本とリスクへの態度というコストに応じて10～20%）。さまざまな製品やサービスに対して多種多様なCLVが見積もられている。例えばGMの見積もりでは、生涯顧客1人当たりに平均27万6000ドルの価値がある。この金額が、顧客を満足させ、次の購買に結びつけることの重要性を如実に示している[21]。

CLVの見積もり方の例として、ある企業が、新規顧客獲得のコストを分析しているとする。

■営業訪問にかかる平均コスト（給与、コミッション、手当、経費を含む）：300ドル
■平均的な見込み客を顧客へ転換するのに必要な営業訪問の平均回数：4回

■新規顧客を引きつけるためのコスト：1200ドル

　これは低く見積もった数字である。なぜなら、プロモーションのコストは省いているし、実際には、すべての見込み客のうち顧客に転換できるのはごく一部にすぎないからだ。今度は、その企業が平均的な顧客生涯価値を次のように見積もるとしよう。

■顧客から1年間に得る収益：500ドル
■顧客がロイヤルティを保つ平均年数：20年
■企業の売上高利益率：10％
■顧客生涯価値：1000ドル

　この企業は、新規顧客を引きつけるのに、当該顧客の価値以上のコストをかけていることになる。もっと少ない訪問回数で顧客と成約する、営業訪問にかかるコストを減らす、新規顧客の購入額の増加を促す、顧客をより長期間維持する、あるいは利益の大きな製品を売る、といったことができなければ、この企業の行く手に待つのは破産である。もちろん、平均的顧客の見積もりに加え、顧客一人ひとりのCLVを見積もり、それぞれにどれだけ投資すべきか決定する必要がある。

❖カスタマー・エクイティ

　顧客リレーションシップ・マネジメント（CRM）の目的は、高いカスタマー・エクイティを生み出すことである。**カスタマー・エクイティ**は、企業の全顧客における割引後の生涯価値の総額である[22]。もちろん、顧客がロイヤルティを増すほど、カスタマー・エクイティが上昇する。ラスト、ザイタムル、レモンは、カスタマー・エクイティを、バリュー・エクイティ、ブランド・エクイティ、リレーションシップ・エクイティという3つのドライバーに分類している[23]。こうした定義づけは、「バリュー・マネジメント」、「ブランド・マネジメント」、「リレーションシップ・マネジメント」を顧客志向の視点で統合したものである。

　■**バリュー・エクイティ**とは、コストと比較してベネフィットをどれほど感じるかに基づき、提供物の有用性を顧客が客観的に評価したものである。バリュー・エクイティのサブドライバーとしては、品質、価格、利便性がある。各産業は、バリュー・エクイティを改善するプログラムを考案するために、各サブドライバーに内在する特定の要因を明確にする必要がある。航空会社の品質は座席の幅で決まると考える乗客もいれば、ホテルの品質は客室の広さにあると考える客もいる。製品が差別化されており、複雑で、評価の必要性があるとき、バリュー・エクイティは、カスタマー・エクイティに最大の貢献をしている。バリュー・エクイティは、とりわけ生産財市場において、カスタマー・エクイティの決定的要因となる。

■**ブランド・エクイティ**とは、ブランドについての顧客の主観的かつ無形の評価で、客観的な知覚価値を超えたものである。ブランド・エクイティのサブドライバーは、顧客のブランド認知、ブランドに対する顧客の態度、そして、ブランド倫理に対する顧客の認識である。企業は、広告、パブリック・リレーションズ、その他コミュニケーション・ツールを使ってこうしたサブドライバーに影響を与える。ブランド・エクイティがカスタマー・エクイティの他のドライバーよりも重要となるのは、製品にあまり差がなく、感情的インパクトのほうが大きい場合である。ブランド・エクイティについては、第8章で詳細に検討する。

■**リレーションシップ・エクイティ**とは、顧客がブランドの客観的および主観的な評価を超えて、当該ブランドに固執する傾向のことである。リレーションシップ・エクイティのサブドライバーには、ロイヤルティ・プログラム、特別待遇プログラム、コミュニティ形成プログラム、知識構築プログラムなどがある。リレーションシップ・エクイティはとりわけ、個人的なリレーションシップが大きな意味を持つ場合や、顧客が習慣や惰性で供給業者と付き合いつづけている傾向がある場合に重要である。

　ブラットバーグ、ゲッツ、トーマスはカスタマー・エクイティに別の定義を与えている。カスタマー・エクイティは、獲得、維持、追加販売という3つの要素によって推進される、というものだ[24]。獲得は、見込み客の数、見込み客の獲得可能性、そして、見込み客1人当たりの獲得費用に影響を受ける。維持は、維持率と維持費用のレベルに影響を受ける。追加支出は、追加販売の効率、既存顧客への追加販売活動の数、新しいオファーに対するレスポンス率の関数である。これらが3要素にいかに影響を与えるかでマーケティング活動を評価することができる。

顧客リレーションシップの育成

　多くの企業は、**顧客リレーションシップ・マネジメント（CRM）**を通じて、顧客との絆をより強くしたいと考えている。これは、個々の顧客についての詳細情報を管理し、顧客ロイヤルティを最大化するためにすべての顧客の「タッチポイント」を入念に管理するプロセスのことである。「顧客タッチポイント」とは、実際の使用はもちろん、人的コミュニケーションやマス・コミュニケーション、たまたま目にすることまで含み、顧客がブランドや製品に出会うすべての機会を指す。ホテルならば、タッチポイントは、予約、チェックインとチェックアウト、FSP（会員制プログラム）、ルームサービス、ビジネスサービス、スポーツジム、クリーニングサービス、レストランなどである。例えば、パーソナル・タッチを重視しているフォーシーズンズでは、スタッフは常にゲストを名前で呼び、洗練されたビジネス旅行客のニーズに配慮している。同チェーンのホテルは、高級レストランやスパなど、ホテル施設のうち少なくとも1つは地域で最高水準のものを売りにしている[25]。

CRMを採用すれば、個人情報を効果的に使い、卓越した顧客サービスをリアルタイムに提供することができる。価値ある顧客一人ひとりについての知識をベースに、企業は市場提供物やサービス、プログラム、メッセージ、媒体をカスタマイズできる。CRMが重要なのは、企業の収益性の主な要素が企業の顧客基盤の価値を総合したものだからである[26]。

ペパーズとロジャーズは、ワン・トゥ・ワン・マーケティングのための4段階の枠組みを次のように説明している。これは、CRMマーケティングにも適用できる[27]。

■**見込み客と顧客を特定する。** すべての人を追ってはいけない。すべてのチャネルと顧客タッチポイントから得られる情報を利用して、充実した顧客データベースを構築・維持・マイニングする。
■**（1）顧客のニーズと（2）自社にとっての顧客価値という観点から顧客を分類する。** 最も価値の高い顧客に注ぐ努力の比重を高くする。顧客生涯価値を計算し、購買、マージン・レベル、紹介から生まれる将来的利益の総額から各顧客へのサービスにかかるコストを差し引いた、現在価値を見積もる。
■**一人ひとりのニーズについての知識を向上させ、さらに強力なリレーションシップを構築するために、顧客と交流する。** 企業のコンタクトセンターやウェブサイトを通じ、顧客と企業の相互交流を促進する。
■**各顧客に向けて製品、サービス、メッセージをカスタマイズする。** カスタマイズした提供物を考案し、パーソナライズした方法でそれを伝える。

表4-1に、顧客基盤の価値を上昇させるために企業が実行できる戦略を挙げた。

❖顧客の勧誘、維持、育成

顧客は以前よりも賢く、価格に敏感で、要求が厳しく、しかも寛容でなくなっている。そして、より多くの競合他社から同等以上のオファーを受けている。ジェフリー・ギトマーによれば、顧客に満足を与えるのは必ずしも難しくないという。難しいのは、顧客を喜ばせ、ロイヤル・カスタマーにすることである[28]。

利益と売上を伸ばそうとする企業は、膨大な時間と資源を使って新規顧客を探さなくてはならない。成約見込み先リストを作成するため、企業は広告、ダイレクトメール、テレマーケティング、トレード・ショーなどの手法を使って、新規の見込み客と接触する。このような活動から、可能性のある顧客のリストができる。「可能性のある顧客」とは、企業の製品やサービスの購入に関心を持っていそうだが、購入手段や真の購入意図は持たない人々あるいは組織のことである。次の仕事は、実際に面談したり、経済状態を調査したりすることによって、可能性のある顧客のうち誰が本当に優良な「見込み客」——購買するだけの動機、能力、機会を備えた顧客——なのかを特定することである。その後、販売員を送り込む。

表 4-1　顧客基盤の価値を上昇させるには

戦略	例
1. 顧客の離反を減らす。	テネシー州のプライム・トラスト銀行は顧客の収益性の分析を使って最も良い顧客を特定し、その顧客にプライム・トラストと取引を続けたいと思わせるよう、非常にパーソナライズしたサービスを提供している (i)。
2. 顧客リレーションシップの寿命を延ばす。	顧客と企業との関わりが深まれば、顧客はより長く留まるものである。ダイレクトメール会社のインスタント・ウェブ・カンパニーは、毎月、企業顧客の目的とプログラムをまとめている。これにより、従業員は顧客の事業への理解を深め、価値を創造したり顧客とのリレーションシップを強化したりするための新しいアイデアを出すことができる (ii)。
3. 各顧客の成長可能性を高める。	クロスセリング、アップセリング、シェア・オブ・ウォレットを使う (iii)。ハーレーダビッドソンの主要事業はオートバイであるが、同社のブランドは衣料、携帯電話、コロンなど他の多数の製品にもつけられている。こうしたハーレー・ブランドの商品は、年間売上総額のうち2億ドル以上を占めている。
4. 収益性の低い顧客の収益性を高める。もしくは縁を切る。	収益性のない顧客に、より多く買わせるか、特定の機能やサービスの提供を控えるか、あるいは、料金設定を高くする。フィデリティ投信では、収益性の高いミューチュアルファンドの顧客が電話をすると、収益性の低い顧客よりも早く対応してもらえる。収益性の低い顧客は電話の対応を長時間待たされ、早くサービスを受けたければ、フィデリティのウェブサイトにアクセスする。ウェブサイトでならはるかに低いコストでサービスを提供できる (iv)。

出典：(i) Janet Bigham Bernstal, "Riding Herd on Attrition," *ABA Bank Marketing*, May 2005, pp. 12+. (ii) Katherine O'Brien, "Differentiation Begins with Customer Knowledge," *American Printer*, July 2003, p. 8. (iii) Alan W. H. Grant and Leonard A. Schlesinger, "Realize Your Customer's Full Profit Potential," *Harvard Busines Review* (September-October 1995): 59-72. (iv) Larry Seldem and Geoffrey Colvin, "Turn Unprofitable Customers into Profitable — or Former," *American Banker*, July 18, 2003, p. 7.

顧客の入れ替わり率の高さ――顧客の離反率の高さ――に苦しんでいる企業はあまりにも多い。穴のあいたバケツに水を注ぎ続けるようなものだ。例えば、携帯電話事業者は、毎年25％の加入者を失っており、そのために20億～40億ドルの損失を出している。新規顧客の獲得も非常に重要ではあるが、既存顧客とのリレーションシップの維持や構築にも力を注ぐ必要がある。顧客維持を強化するには、主に2つの方法がある。1つは、他社へのスイッチを防ぐべく、高い障壁を設けることである。初期投資コストが高い、探索コストが高い、あるいはロイヤル・カスタマー向けの割引特典を失うといった場合、顧客は他の供給業者にスイッチしにくくなる。しかしもっと得策といえるのは、顧客満足度を高めることである。この場合、競合他社がさらに安い価格や勧誘材料を提示しても、顧客のスイッチを引き起こすことは困難だ。

顧客の苦情を記録することで、顧客満足度を把握しようとする企業もある。しかし、不満を感じている顧客の96％は何も言わずに買うのをやめてしまう[29]。企業がとりうる最善の策は、顧客が苦情を訴えやすいシステムをつくることである。顧客の意見を聞くためのアンケート、

フリーダイヤルの設置、ウェブサイト、電子メールアドレスなどは、すぐに双方向のコミュニケーションがとれる。3Mによれば、製品改良に結びついたアイデアの3分の2以上は、顧客の苦情に耳を傾けた結果得られたものだという。

聞くだけでなく、苦情を迅速かつ建設的に処理しなければならない。アルブレヒトとゼムケによれば、「苦情を申し立てた顧客のうち54〜70％は、不満が解決されれば再び当該企業と取引を行う。その確率は、苦情がすぐに解決されたと感じた顧客の場合では、95％という驚くべき数字になる。企業に不満を訴え、それが満足のいく形で解決された場合、顧客は企業の対応のよさを平均5人に話す」[30]。

顧客を満足させ維持することの重要性に気づく企業が増えてきている。新規顧客獲得には、既存顧客を満足させ維持するのに要するコストの5倍もかかる可能性がある。平均的な企業は毎年10％の顧客を失っている。業種によって異なるが、顧客の離反率を5％減らせれば、利益は25〜85％増加する。また、顧客の利益率は、維持されている顧客の生涯を通じて増える傾向にある[31]。

図4-3は、顧客を育てるプロセスを示したものである。出発点は、製品やサービスを購入する可能性のあるすべての人である（「可能性のある顧客」）。ここから、企業は吟味して「見込み客」になりうる可能性の最も高い層を選び出す。ゆくゆくは「初めての顧客」に、そして「リピート客」に、さらには「クライアント」——企業がよく知り尽くしたきわめて特別な扱いをする人々——にと移行していくことを期待する。次の課題は、クライアントを「メンバー」にすることである。そのために、加入した顧客に一連の特典を提供するメンバーシップ・プログラムを実施する。その先は「信奉者」で、彼らは他の人々に、企業とその製品やサービスを熱心に薦めてくれる。究極の課題は、信奉者を「パートナー」に転換することである。

❖ロイヤルティの構築

コストが利益を上回らないようにするには、ロイヤルティ構築のために企業はいくら投資するべきだろうか。まず、顧客リレーションシップ構築における5つの投資段階を明確にする必要があ

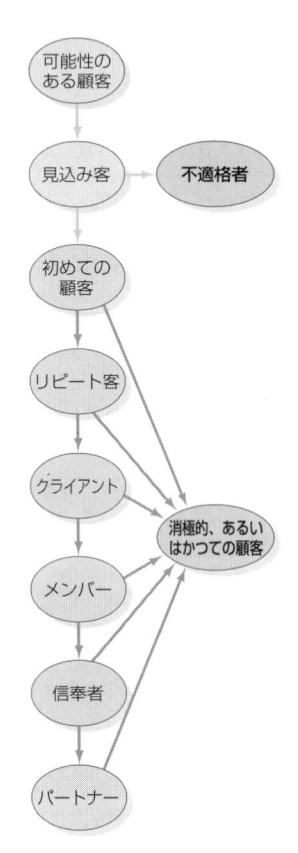

図4-3
顧客開発プロセス

出典：以下の文献を参照されたい。ジル・グリフィン著『顧客はなぜ、あなたの会社を見限るのか：最高の得意客を育てるカスタマー・ロイヤルティ戦略』（青木幸弘監修、竹田純子訳、実務教育出版、1999年）。また、以下の文献も参照されたい。Murray Raphel and Neil Raphel, *Up the Loyalty Ladder Turning Sometime Customers into Full-Time Advocates of Your Business* (New York：HarperBusiness, 1995)．

顧客価値、顧客満足、顧客ロイヤルティの創造 ◆ 第4章　93

	高いマージン	中程度のマージン	低いマージン
多い	責任型	受身型	基本型または受身型
中程度	積極型	責任型	受身型
少ない	パートナーシップ	積極型	責任型

（左軸：顧客と流通業者の数）

図4-4　リレーションシップ・マーケティングのレベル

る。

1. **基本型マーケティング**　販売員は製品を売るだけである。
2. **受身型マーケティング**　販売員は製品を売り、疑問や意見や苦情があれば連絡するよう顧客に促す。
3. **責任型マーケティング**　販売員は、販売後しばらくしてから顧客に連絡を入れ、製品が顧客の期待に沿うものだったかどうか確かめる。さらに、製品やサービスの改良すべき点や、不満を感じた点について尋ねる。
4. **積極型マーケティング**　販売員は顧客にたびたび連絡をとり、改良された製品の使い方や新製品の提案をする。
5. **パートナーシップ・マーケティング**　顧客のパフォーマンスを向上させるため、継続的に協力する。

　市場に顧客が多く、単品当たりの利益マージンが小さい場合、ほとんどの企業は基本型マーケティングのみを行う。ワールプールは、洗濯機の購入者一人ひとりに電話をかけてお礼をいうことはしない。代わりに、ホットラインか電子メールによる受付窓口を設けるだろう。市場に顧客が少なくマージンが高い場合、多くの売り手はパートナーシップ・マーケティングへと向かう。例えばボーイング社は、ジェット機の設計にあたってアメリカン航空と緊密に連携し、その要求を十分に満たしている。**図4-4**にあるように、リレーションシップ・マーケティングのレベルは、顧客の数と利益マージンのレベルに左右される。

❖顧客の離反の低減

　離反率を下げるための主要なステップは5段階に分けられる。第1に、顧客維持率の定義を明確にし、それを測定する必要がある。雑誌であれば、購読契約の更新率が維持率の良い目安となるだろう。大学ならば、初年度から2年目への在籍率やクラスの卒業率が考えられる。第

2に、顧客減少の原因を明らかにし、その中で改善できるものを判別しなければならない。フォーラム・コーポレーションは、主要企業14社について、転出や倒産以外の理由で離反した顧客を分析した。その結果、取引先を変えた理由は、顧客の15％が「より良い製品を見つけたから」、別の15％が「もっと安い製品を見つけたから」、そして残りの70％が「供給業者から満足なサービスを得られなかったから」だということがわかった。不十分なサービス、質の悪い製品、高い価格を理由に去っていく顧客への対処法はたくさんあるはずだ[32]。

第3に、顧客を失った場合の逸失利益の程度を見積もらなくてはならない。顧客1人当たりの逸失利益は、その**顧客の生涯価値**に等しい。つまり、顧客が離反しなければ自社が得たであろう利益の流れを現在の価値で見積もったものである。これは、先に説明したいくつかの計算方法で求めることができる。第4に、離反率を下げるためのコストを計算する必要がある。コストが逸失利益を下回る限り、企業はその額を離反率の引き下げに使うべきだろう。第5に、顧客の声を聞くことに勝るものはない。トラクターのジョンディアのメーカー、ディア・アンド・カンパニーでは、引退した従業員を使い、離反者と顧客を対象としたインタビューを実施している。顧客の声を聞くことにより、ディア社は一部の製品分野では年間98％近い顧客維持率を誇っている[33]。

❖顧客との強力な絆の形成

顧客との強力な絆を形成するには、3つのリテンション構築アプローチがあるとベリーとパラスラマンは述べている。それは、金銭的ベネフィットの付与、社会的ベネフィットの付与、構造的結びつきの付与である[34]。

金銭的ベネフィットの付与

企業が顧客との結びつきを強めるのに役立つ金銭的ベネフィットは、フリクエンシー・プログラムと、クラブ・マーケティング・プログラムの2つである。**フリクエンシー・プログラム（FPs）** とは、購入回数が多かったり購入額が大きかったりする顧客に特典を与える仕組みである[35]。フリクエンシー・マーケティングは、企業の顧客全体のうち20％が取引全体の80％を占めるという事実が判明したことから生まれた。

アメリカン航空は、FPsを先駆的に取り入れた企業で、1980年代初めに、マイレージを貯めた顧客に無料サービスの提供を始めた。次にFPsを取り入れたのはホテルで、頻繁に利用する客が、貯めたポイント数に従って部屋のアップグレードを受けたり無料で利用できるようにした。その後、レンタカー会社がFPsを取り入れた。続いてクレジットカード会社が、カードの利用レベルに応じたポイントやリベートの提供を開始した。現在ではほとんどのスーパーマーケット・チェーンがプライス・クラブ・カードを提供している。これは、メンバーの顧客が特定商品の割引を受けられるというカードである[36]。通常、最初にFPsを取り入れた企業が最も大きな利益を上げる。競合他社が同じサービスを始めると、FPsはこれを提供するすべ

ての企業にとって財政上の重荷となる可能性がある。

　会員制クラブ・プログラムを作っている企業も多い。この会員制クラブには、製品やサービスを購入した人なら誰でも入会できるものと、類縁団体や少額の会費を払う人に限定するものがある。誰でも入会できるクラブは、データベース作りや競合他社の顧客を奪うのに適している。一方、会員を限定したクラブは、長期的なロイヤルティを築くのに強力な手段となる。会費や資格条件があると、当該企業の製品に一時的な興味しかない人は入会しないだろう。こうした会員制クラブは、取引高の大半を占める重要な顧客を引きつけ維持する。

社会的ベネフィットの付与

　企業の従業員は、顧客リレーションシップを個別化、パーソナライズすることで、顧客との社会的な絆を強固にするべく努力している。つまり、思慮深い企業ならば、顧客をクライアントに転換する。ドネリー、ベリー、トンプソンは、その違いを次のように述べている。「企業にとって、顧客は名前のない存在だが、クライアントは企業が必ず名前を知っている客である。顧客は不特定多数の一部として、あるいは大きなセグメントの一部としてサービスを受けるが、クライアントは個人単位でサービスを受ける。顧客は、その場に居合わせた従業員からサービスを受けるが、クライアントはプロフェッショナルな専属担当者からサービスを受ける」[37]。

構造的結びつきの付与

　企業が顧客に、注文、給与、在庫などの管理に役立つ特別な装置やコンピュータ・リンクを提供する場合がある。大手薬品卸売業者のマケッソン・コーポレーションが良い例である。同社は、個人経営の薬局の在庫、発注プロセス、棚スペースの管理を支援するため、電子設備に何百万ドルも投資した。マーケターの狙いは、顧客による自社ブランドの「再購入傾向」を引き上げることであるべきだ。次に挙げるのは、顧客との構造的結びつきを作り上げるためのワンダーマンの提案である[38]。

1. **長期的な契約を結ぶ。**　新聞を契約購読すれば、毎日買いに行く手間が省ける。20年返済の住宅ローンを利用すれば、毎年融資を受けなおす必要がない。
2. **継続購入する顧客には、低価格で販売する。**　歯磨き粉や洗剤、ビールの特定ブランドを定期的に購入することに同意した顧客には、低価格を提示する。
3. **製品を長期的サービスに転換する。**　ダイムラー・クライスラーは、ショッピングにはステーション・ワゴン、週末にはコンバーチブルといったように、TPOに合わせていろいろな車をリースできるシステムを商品化することで、自動車ではなく「安心な移動」を販売した。

❖顧客データベースとデータベース・マーケティング

マーケターは、顧客を知る必要がある。そして、顧客を知るためには、企業は情報を集め、データベースに保存し、データベース・マーケティングを行う必要がある。**顧客データベース**とは、個々の顧客や見込み客に関する多彩なデータを系統的にまとめたものである。このデータは最新の情報で、利用が可能であり、成約見込み先リストの作成と適格審査、製品ないしサービスの販売、顧客リレーションシップ維持といったマーケティング目的に活用される。**データベース・マーケティング**とは、顧客との接触や取引、そして顧客リレーションシップの構築を目的として、顧客データベースやその他のデータベース（製品、供給業者、再販売業者に関するもの）を構築し、メンテナンスし、活用するプロセスをいう。

顧客データベースは、単に氏名、住所、電話番号を記載した「顧客メーリング・リスト」よりはるかに多くの情報を含むものである。顧客データベースは、消費者の過去の購買履歴、デモグラフィックス（年齢、収入、家族構成、生年月日）、サイコグラフィックス（活動、関心、考え）、メディアグラフィックス（選好する媒体）、その他有益な情報を含んでいるのが理想的である。**ビジネス・データベース**には、企業顧客の過去の購買履歴（量、価格、利益）、購買者チームの名簿（および年齢、生年月日、趣味、好きな食べ物）、現在の契約状況、顧客のビジネスにおいて自社が占めている推定シェア、競合他社、顧客への販売とサービスにおける競争上の強みと弱みの評価、関連する購買慣習、パターン、方針を含めるべきである。

図4-5は、顧客のビジネスにおけるシェアを選択的に拡大していく方法を示している。これは、企業が顧客を深く理解していることを前提にしたものである。

データ・ウェアハウスとデータマイニング

抜け目のない企業なら、どの部門であれ顧客が購買、サービス連絡の要望、オンラインでの問い合わせ、あるいは、メール・イン・リベート【訳注：商品を購入した証拠（レシートや外箱のバーコードなど）と、住所・氏名などの個人情報、商品名やシリアルナンバーなどの商品情報をフォームに記入して送付すると、小切手が送られてくる仕組み】用のカードなどで自社と接触すれば、その情報を手に入れる。企業はその情報を**データ・ウェアハウス**に保存し、分析して、個々の顧客のニーズや反応を推定する。これにより、企業のサービス担当者やテレマーケターは、顧客リレーションシップの全体像をベースにして、顧客からの問い合わせに対応できる。**データマイニング**[39]を通じ、マーケティング統計学者は大量のデータから、個人、トレンド、セグメントについての有効な情報を取り出せる。データマイニングとは、クラスター分析、自動交互作用検出、予測モデリング、ニューラル・ネットワーキングといった高度な統計技術および数学技術を使うことである[40]。

一般に、企業によるデータベース利用法は5つある。(1) 大量のレスポンスを分類して最も有望な見込み客を特定する。(2) 販売、クロスセリング、アップセリングのために、特定のオファーに向いた特定の顧客を見つけ出す。(3) 顧客の選好を覚えておき、適切なインセンティ

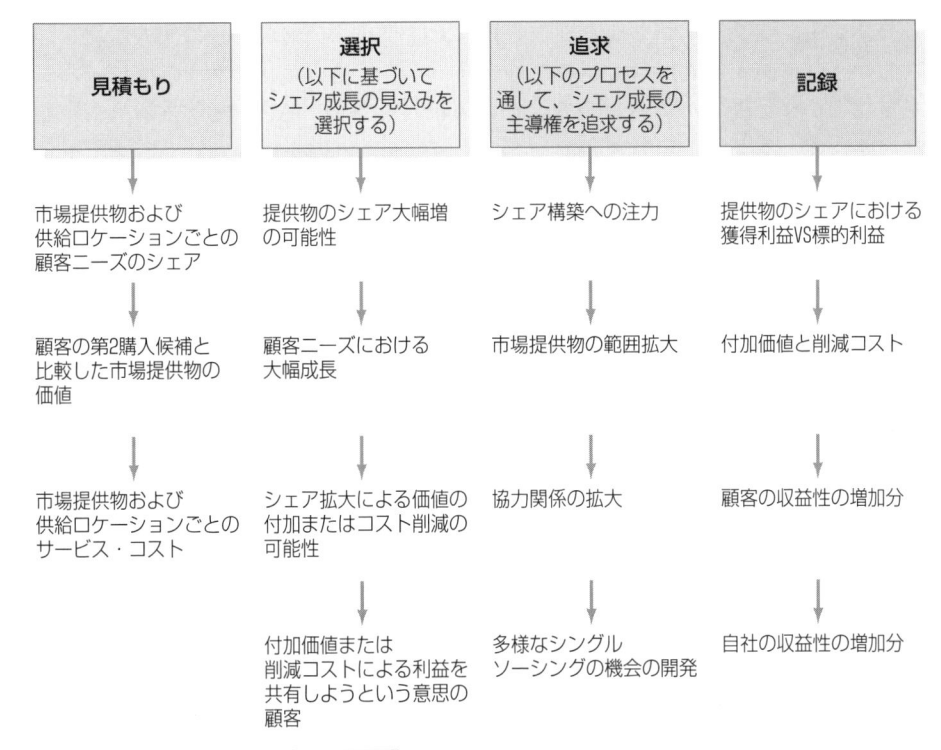

顧客価値、顧客満足、顧客ロイヤルティの創造 ◆ 第4章

```
┌─────────┐    ┌─────────┐    ┌─────────┐    ┌─────────┐
│ 見積もり │    │   選択   │    │   追求   │    │   記録   │
│          │    │(以下に基 │    │(以下のプ │    │          │
│          │    │づいてシェ│    │ロセスを通│    │          │
│          │    │ア成長の見│    │して、シェ│    │          │
│          │    │込みを選択│    │ア成長の主│    │          │
│          │    │する)    │    │導権を追求│    │          │
│          │    │          │    │する)    │    │          │
└────┬────┘    └────┬────┘    └────┬────┘    └────┬────┘
     ↓              ↓              ↓              ↓
市場提供物および  提供物のシェア  シェア構築への  提供物のシェア
供給ロケーション  大幅増の可能性  注力            における獲得
ごとの顧客ニーズ                                  利益VS標的利益
のシェア
     ↓              ↓              ↓              ↓
顧客の第2購入候補  顧客ニーズにお  市場提供物の範  付加価値と削減
と比較した市場提  ける大幅成長    囲拡大          コスト
供物の価値
     ↓              ↓              ↓              ↓
市場提供物および  シェア拡大によ  協力関係の拡大  顧客の収益性の
供給ロケーショ    る価値の付加ま                  増加分
ンごとのサービ    たはコスト削減
ス・コスト        の可能性
                    ↓              ↓              ↓
                 付加価値または  多様なシングル  自社の収益性の
                 削減コストによ  ソーシングの機  増加分
                 る利益を共有し  会の開発
                 ようという意思
                 の顧客
```

図 4-5 顧客の要求シェアの拡大

出典：James C. Anderson and James A. Narus, *MIT Sloan Management Review* (Spring 2003) : 45.

ブと情報を提供することにより、顧客のロイヤルティを向上させる。(4) 案内状や時期に合わせたプロモーションによって、顧客の購買を再活性化する。(5) 1人の顧客に同じ製品を異なる価格で提案してしまう、といった深刻なミスを回避する。

データベース・マーケティングと顧客リレーションシップ・マネジメント(CRM)のマイナス面

　企業がCRMの有効活用に踏み出せない理由は4つある。第1に、顧客データベースを構築し維持するには、コンピュータ・ハードウェア、データベース・ソフトウェア、解析プログラム、通信リンク、スキルを備えた人材に多大な投資をする必要があることと、個々の顧客とやりとりするたびに適切なデータを収集するのは容易ではないことである。一生に一度の買い物である製品（例：グランド・ピアノ）、顧客がブランドに対してほとんどロイヤルティを示さない製品、販売単位がきわめて小さい製品（例：キャンディ）、情報収集コストが高くつきすぎる製品などの場合は、顧客データベースを構築する意味はないだろう。

　第2の理由は、社内の全従業員を顧客志向にさせ、従来の取引マーケティングを続けるかわりにCRMに使える情報を活用させるのは容易ではないという点だ。第3の理由は、顧客がみ

な企業とのリレーションシップを望んでいるわけではなく、企業が自分の個人情報を詳細に集めていると知れば憤慨する人たちもいるだろうということだ。マーケターはプライバシーとセキュリティについての顧客の考えに留意しなければならない。AOL はプライバシー保護問題に敏感な層から非難を受け、加入者の電話番号を販売する計画を取り止めた。オンライン企業は、自社のプライバシー・ポリシーを説明したうえで、消費者が個人情報のデータベース化を許可しない選択権を与えるのが賢明だろう。

第4の理由は、CRM の前提となっている考えが常に正しいとは限らないという点である[41]。例えば、「ロイヤルティの高い顧客にサービスを提供すれば、コストは低くなる」という仮定が当てはまらないときもある。大量購入する顧客は、往々にして企業からみた自分の価値の大きさを知っており、そのことを利用して特別サービスおよび（または）割引を引き出そうとする。ロイヤル・カスタマーは、企業により多くを期待し、要求する。そして、企業が定価販売や値上げを試みたりすればすぐさま憤慨する。あるコンサルティング会社が、CRM を採用した企業の 70％ は、まったく、あるいはほとんど改善が得られなかったという調査結果を発表した。その理由は、システム設計がお粗末だった、コストがかかりすぎた、ユーザーが使いこなせなかったり、たいしたベネフィットを報告しなかった、などだ。各企業は顧客リレーションシップを管理するためのデータベース・マーケティング構築とその利用に、いくら投資するかを決定する必要がある。

参考文献

1. Mike Gatz, "Giving Brains to Off-Highway Brawn," *Machine Design*, March 3, 2005, pp. 69＋；Frank Byrt, "Caterpillar's Earnings Rose 38% in Quarter on Strong Revenue," *Wall Street Journal*, April 21, 2005, p. A9；Hubble Smith, "Caterpillar's Diversity Helps Company During Economic Slumps, Executive Says," *Las Vegas Review-Journal*, March 21, 2002 (www.Ivrj.com)；Jill Jusko, "Caterpillar Program Aims to Drive Down Costs, Improve Collaboration," *Industry Week*, September 24, 2001 (www.industryweek.com)；Dave Mowitz, "Niche Marketing to Large Farms Helps Small Operations as Well," *Successful Farming*, December 15, 2001, p. 29；Barb Baylor Anderson, "Caterpillar Relies on Customer Input for Tractor Launch," *Agri Marketing*, November-December 2001, pp. 40＋.
2. Glen L. Urban, "The Emerging Era of Customer Advocacy," *MIT Sloan Management Review*, Winter 2004, pp. 77-82.
3. Irwin P. Levin and Richard D. Johnson, "Estimating Price-Quality Tradeoffs Using Comparative Judgments," *Journal of Consumer Research* (June 11, 1984)：593-600. 顧客の受取価値は、差異または比率で測定できる。総顧客価値が2万ドルで総顧客コストが1万6000ドルの場合、顧客の受取価値は4000ドル（差異での測定）、または1.25（比率での測定）である。オファー比較に比率を使う場合、価値－価格比（VPR）と呼ばれることが多い。
4. 顧客の受取価値についての詳細は、以下の文献を参照されたい。David C. Swaddling and Charles Miller, *Customer Power* (Dublin, Ohio：The Wellington Press, 2001).
5. Gary Hamel, "Strategy as Revolution," *Harvard Business Review* (July-August 1996)：69-82.
6. Michael J. Lanning, *Delivering Profitable Value* (Oxford, U.K.：Capstone, 1998).
7. さらに興味深い分析については、以下の文献を参照されたい。Susan Fournier and David Glenmick, "Rediscovering Satisfaction," *Journal of Marketing* (October 1999)：5-23.

8. Sally B. Donnelly, "Friendlier Skies," *Time*, January 26, 2004, pp. 39-40 ; Arlyn Tobias Gahilan, "The Amazing JetBlue," *FSB : Fortune Small Business*, May 2003, pp. 50-60.
9. Thomas O. Jones and W. Earl Sasser Jr., "Why Satisfied Customers Defect," *Harvard Business Review*（November-December 1995）: 88-99.
10. マネジャーと販売員は顧客満足率を操作できるという点に、企業は留意するべきである。彼らは調査の直前だけ、顧客に特別良い対応をすることもできるし、不満を持つ顧客を調査から外すこともできる。もう１つの留意点としては、自分たちを満足させるためなら企業は何でもすると知っている顧客が、さらなる特権を得るためにわざと強い不満を示す場合が挙げられる。
11. Christine Zimmerman, "Consumer Reports : Web-Based Results from Customer Surveys Give McAlister's Solutions for Satisfaction," *Chain Leader*, April 2005, pp. 48＋; Jack Hayes, "Industry Execs : Best Customer Feedback Info Is 'Real' Thing," *Nation's Restaurant News*, March 18, 2002, pp. 4＋; Leslie Wood and Michael Kirsch, "Performing Your Own Satisfaction Survey," *Agency Sales Magazine*, February 2002, p. 26 ; Arlena Sawyers, "Volvo Trims Fat from Buyer Survey," *Automotive News*, February 4, 2002, p. 50.
12. "The Gurus of Quality : American Companies Are Heading the Quality Gospel Preached by Deming, Juran, Crosby, and Taguchi," *Traffic Management*（July 1990）: 35-39.
13. Cyndee Miller, "U.S. Firms Lag in Meeting Global Quality Standards," *Marketing News*, February 15, 1993.
14. Robert D. Buzzell and Bradley T. Gale, *The PIMS Principles : Linking Strategy to Performance*（New York : The Free Press, 1987）, ch. 6. 邦訳：『新 PIMS の戦略原則：業績に結びつく戦略要素の解明』（ロバート・D・バゼル、ブラドル・T・ゲイル著、和田充夫、八七戦略研究会訳、ダイヤモンド社、1988 年）（PIMS とは、「Profit Impact of Market Strategy（市場戦略が利益に及ぼす影響）」の略である。）
15. 以下の文献より引用。Don Peppers and Martha Rogers, *The One-to-One Future : Building Relationships One Customer at a Time*（New York : Currency Doubleday, 1993）, p. 108.
16. William A. Sherden, *Market Ownership : The Art & Science of Becoming #1*（New York : Amacom, 1994）, p. 77.
17. Robert J. Bowman, "Good Things, Smaller Packages," *World Trade* 6, no. 9（October 1993）: 106-110.
18. Rakesh Niraj, Mahendra Gupta, and Chakravarthi Narasimhan, "Customer Profitability in a Supply Chain," *Journal of Marketing*（July 2001）: 1-16.
19. Thomas M. Petro, "Profitability : The Fifth 'P' of Marketing," *Bank Marketing*（September 1990）48-52 ; Petro, "Who Are Your Best Customers ? " *Bank Marketing*（October 1990）48-52.
20. Michael E. Porter, *Competitive Strategy : Techniques for Analyzing Industries and Competitors*（New York : Free Press, 1980）. 邦訳：『競争の戦略』（マイケル・E・ポーター著、土岐坤、中辻萬治、服部照夫訳、ダイヤモンド社、1995 年）
21. Greg Farrel, "Marketers Put a Price on Your Life," *USA Today*, July 7, 1999, p. 3B.
22. Robert C. Blattberg and John Deighton, "Manage Marketing by the Customer Equity Test," *Harvard Business Review*（July to August 1996）: 136-144.
23. Roland T. Rust, Valerie A. Zeithaml, and Katherine A. Lemon, *Driving Customer Equity*（New York : Free Press, 2000）. 邦訳：『カスタマー・エクイティ：ブランド、顧客価値、リテンションを統合する』（ローランド・T・ラスト、バレリー・A・ザイタムル、キャサリン・N・レモン著、近藤隆雄訳、ダイヤモンド社、2001 年）
24. Robert C. Blattberg, Gary Getz, and Jacquelyn S. Thomas, *Customer Equity : Building and Managing Relationships as Valuable Assets*（Boston : Harvard Business School Press, 2001）. 邦訳：『顧客資産のマネジメント：カスタマー・エクイティの構築』（ロバート・C・ブラットバーグ、ゲイリー・ゲッツ、ジャクリーン・S・トーマス著、小川孔輔、小野譲司監訳、ダイヤモンド社、2002 年）; Robert C. Blattberg and Jacquelyn S. Thomas, "Valuing, Analyzing, and Managing the Marketing Function Using Customer Equity Principles," *in Kellogg on Marketing*, edited by Dawn Iacobucci（New York : John Wiley & Sons, 2002）. 邦訳：『マーケティング戦略論：ノースウェスタン大学大学院ケロッグ・スクール』（ドーン・イアコブッチ編著、奥村昭博、岸本義之監訳、ダイヤモンド社、2001 年）
25. Nora A. Aufreiter, David Elzinga, and Jonathan W. Gordon, "Better Branding," *The McKinsey Quarterly*, no. 4（2003）: 29-39.
26. Lanning, *Delivering Profitable Value*.

27. Don Peppers and Martha Rogers, *The One-to-One Future : Building Relationships One Customer at a Time*; Don Peppers and Martha Rogers, *Enterprise One to One : Tools for Competing in the Interactive Age* (New York：Currency, 1997); Don Peppers and Martha Rogers, *The One-to-One Manager : Real-World Lessons in Customer Relationship Management* (New York：Doubleday 1999). 邦訳：『ONE to ONE マネジャー：先駆者たちの実践 CRM 戦略』(ドン・ペパーズ、マーサ・ロジャーズ著、井関利明監訳、ワン・トゥ・ワン・マーケティング協議会、沢崎冬日訳、ダイヤモンド社、2000 年); Don Peppers, Martha Rogers, and Bob Dorf, *The One-to-One Fieldbook : The Complete Toolkit for Implementing a One-to-One Marketing Program* (New York：Bantam, 1999); Don Peppers and Martha Rogers, *One-to-One B2B : Customer Development Strategies for the Business-To-Business World* (New York：Doubleday, 2001).
28. Jeffrey Gitomer, *Customer Satisfaction Is Worthless : Customer Loyalty Is Priceless : How to Make Customers Love You, Keep Them Coming Back and Tell Everyone They Know* (Austin, TX：Bard Press, 1998).
29. Technical Assistance Research Programs (TARP), *U.S. Office of Consumer Affairs Study on Complaint Handling in America*, 1986.
30. Karl Albrecht and Ron Zemke, *Service America!* (Homewood, IL：Dow Jones-Irwin, 1985), pp. 6-7. 邦訳：『サービス・マネジメント革命：決定的瞬間を管理する法』(カール・アルブレヒト、ロン・ゼンケ著、八木甫訳、HBJ 出版局、1988 年)
31. Frederick F. Reichheld, *The Loyalty Effect* (Boston：Harvard Business School Press, 1996). 邦訳：『顧客ロイヤルティのマネジメント：価値創造の成長サイクルを実現する』(フレデリック・F・ライクヘルド著、山下浩昭訳、ダイヤモンド社、1998 年)
32. Frederick F. Reichheld, "Learning from Customer Defections," *Harvard Business Review* (March-April 1996)：56-69.
33. Reichheld, "Learning from Customer Defections."
34. Leonard L. Berry and A. Parasuraman, *Marketing Services : Competing Through Quality* (New York：Free Press, 1991), pp. 136-142. 以下の文献も参照されたい。Richard Cross and Janet Smith, *Customer Bonding : Pathways to Lasting Customer Loyalty* (Lincolnwood, IL：NTC Business Books, 1995).
35. 批評については、以下の文献を参照されたい。Grahame R. Dowling and Mark Uncles, "Do Customer Loyalty Programs Really Work？" *Sloan Management Reuiew* 38, no. 4 (1997)：71-82.
36. Thomas Lee, "Retailers Look for a Hook," *St. Louis Post-Dispatch*, December 4, 2004, p. Al.
37. James H. Donnelly Jr., Leonard L. Berry, and Thomas W. Thompson, *Marketing Financial Services—A Strategic Vision* (Homewood, IL：Dow Jones-Irwin, 1985), p. 113.
38. 以下の私的刊行物より。Lester Wunderman, "The Most Elusive Word in Marketing," June 2000. 以下の文献も参照されたい。Lester Wunderman, *Being Direct* (New York：Random House, 1996). 邦訳：『『売る広告』への挑戦：ダイレクトマーケティングの父・ワンダーマン自伝』(レスター・ワンダーマン著、松島恵之翻訳監修、電通、1998 年)
39. Peter R. Peacock, "Data Mining in Marketing：Part 1," *Marketing Management* (Winter 1998)：9-18, and "Data Mining in Marketing：Part 2," *Marketing Management* (Spring 1998)：15-25; Ginger Conlon, "What the !@#!*?!! Is a Data Warehouse？" *Sales & Marketing Management* (April 1997)：4l-48; Skip Press, "Fool's Gold？As Companies Rush to Mine Data, They May Dig Up Real Gems — Or False Trends," *Sales & Marketing Management* (April 1997)：58, 60, 62; John Verity, "A Trillion-Byte Weapon," *BusinessWeek*, July 31, 1995, pp. 80-81.
40. James Lattin, Doug Carroll, and Paul Green, *Analyzing Multivariate Data* (Florence, KY：Thomson Brooks/Cole, 2003); Simon Haykin, *Neural Networks : A Comprehensive Foundation*, 2nd ed. (Upper Saddle River, NJ：Prentice Hall, 1998); Michael J. A. Berry and Gordon Linoff, *Data Mining Techniques : For Marketing, Sales, and Customer Support* (New York：John Wiiley & Sons, 1997). 邦訳：『データマイニング手法：営業、マーケティング、カスタマーサポートのための顧客分析』(マイケル・J・A・ベリー、ゴードン・リノフ著、SAS インスティチュートジャパン、江原淳、佐藤栄作共訳、海文堂出版、1999 年)
41. Werner Reinartz and V. Kumar, "The Mismanagement of Customer Loyalty," *Harvard Business Review* (July 2002).：86-94; Susan M. Fournier, Susan Dobscha, and David Glen Mick, "Preventing the Premature Death of Relationship Marketing," *Harvard Business Review* (January-February 1998)：42-51.

第5章

消費者市場の分析

◆ 本章では、次の問題を取り上げる ◆

1. 文化、社会、性格の各要因は、消費者の購買行動にどのような影響を与えるのだろうか。
2. マーケティング刺激に対する消費者の行動に影響を与えるのは、主にどのような心理的プロセスだろうか。
3. 消費者はどのように購買決定をするのだろうか。

ナイキのマーケティング・マネジメント

　本格的なアスリート向けの高機能フットウェアで事業展開してから40年以上経った今も、ナイキは業界の主導的地位を維持している。ナイキのマーケティングはいつも一流のアスリートを起用してきた。これは同社の言う「影響力のピラミッド」を利用するという判断によるもので、製品やブランドの選択は一握りのトップアスリートの好みと行動に影響されるというのである。最も成功したキャンペーンの1つ、「Just Do It」では、スポーツに熱中する人々にそれぞれの目標を追いかけろと檄を飛ばしている。スポーツを通じて自分自身に力を与えようというナイキの姿勢がまさにここに表れている。

　しかしヨーロッパに進出した当初、同社のアメリカ的な広告は攻撃的すぎ、ブランド・イメージもファッション志向に偏りすぎていると受け止められた。海外でもアメリカで行ったように自社のシューズを現地の有名アスリートと結びつけ、ブランドを「本物であると証明」しなければならないとナイキは認識した。大きなチャンスがやってきたのは1994年、ブラジルチーム（当時ナイキがスポンサーを務めていた唯一のナショナルチーム）がワールドカップで優勝したときだった。この優勝をきっかけに他の有力チームとの契約も進み、2003年には海外事業の収益が初めてアメリカ国内の収益を上回った。現在もナイキは革新的な手法で消費者との関係を築いている。最近も、ニューヨークのタイムズスクエアに屋外大型ビジョンを設置し、ナイキiDのカスタマイズ・シューズをプロモーションした。数千人の消費者が電話をかけ、電話のキーパッドで色の選択をし、自分オリジナルのシューズ

をデザインした。巨大ビジョンにはカスタマイズされたデザインが60秒ずつ映し出され、その後ウェブサイトに画像が保存されて、デザインした消費者がダウンロードし（当然だが）1足でも2足でも注文できるようになっていた[1]。

マーケティングの目的は、標的顧客のニーズと欲求の充足という点において競合他社に勝ることである。**消費者行動**とは、個人、集団、組織が自身のニーズと欲求を満足させるために、製品、サービス、アイデア、経験をどのように選択し、購買し、使用し、廃棄するのかについての研究である。ホリスティック・マーケティング志向を採用することによって、消費者を徹底的に深く理解すれば、適切な製品を適切な消費者に適切な方法で販売することができる。それを知っているナイキは、消費者の欲求とニーズを調査し、トップアスリートに結びつくブランド連想を強化するマーケティングを使い、消費者がパーソナライズしたシューズデザインで自己表現できるようにしている。本章では、個々の消費者の購買行動を見ていく。次章では、企業顧客の購買行動を見る。

消費者行動に影響を与えるのは何か

消費者行動を理解するための出発点は、**図5-1**に示されている刺激‐反応モデルである。マーケティングと周囲の環境による刺激が消費者の意識に入り込む。次に、購買者特性と心理的プロセスが混ざり合い、意思決定プロセスおよび購買へとつながる。購買者が外部からのマーケティング刺激を受けて購買決定を下すまでの間に、意識の中で何が起こるのかを把握するのが、マーケターの仕事である。

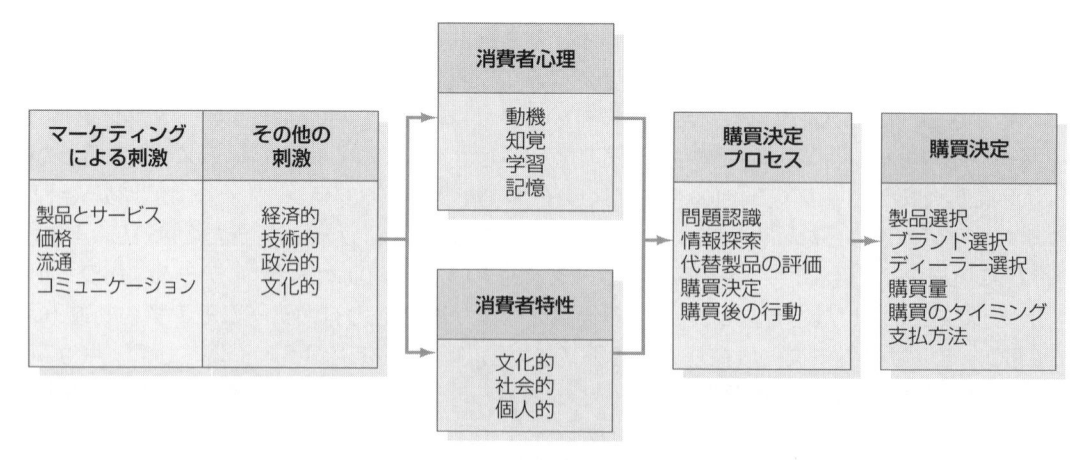

マーケティングによる刺激	その他の刺激	消費者心理	消費者特性	購買決定プロセス	購買決定
製品とサービス 価格 流通 コミュニケーション	経済的 技術的 政治的 文化的	動機 知覚 学習 記憶	文化的 社会的 個人的	問題認識 情報探索 代替製品の評価 購買決定 購買後の行動	製品選択 ブランド選択 ディーラー選択 購買量 購買のタイミング 支払方法

図5-1 消費者行動モデル

図5-1が示すように、消費者の購買行動は、文化的、社会的、個人的要因に影響を受ける。なかでも文化的要因は、最も幅広く深い影響を及ぼす。

❖文化的要因

　文化、サブカルチャー、社会階層は購買行動において特に重要な影響力を持っている。**文化**は、人の欲求と行動の根本的な決定要素である。アメリカの子供は、達成と成功、活動、効率と実用性、進歩、物質的豊かさ、個人主義、自由、物理的な快適さ、人道主義、若さなどをよしとする価値観にさらされて成長する[2]。

　どの文化も小さなサブカルチャーで構成されている。サブカルチャーは、その構成員の特徴や社会生活のあり方をより具体的に規定する。サブカルチャーには、国籍、宗教、人種、地理的地域が含まれる。十分に大きく成長した豊かなサブカルチャーが存在する場合、企業はそれに対応する特別なマーケティング・プログラムを設計することも多い。「多文化マーケティング」とは、念入りにマーケティング・リサーチをした結果、民族やデモグラフィックスの異なるニッチが、マス市場広告に対して必ずしも好意的に反応しないことによって生まれたものである。例えば、4000万人にのぼるヒスパニック系アメリカ人は多くの銀行や生命保険会社にとって魅力的である。収入レベルは上昇しているのに、金融サービスにおいてはまだ大型消費者ではないからだ。

　社会階層とは、社会において比較的同質で持続性のある集団のことである。序列によって区分され、同じ階層の構成員は同じような価値観、関心、行動を有している。アメリカの古典的な社会階層分類法によれば、(1) 最下層、(2) 下層の上、(3) 労働者階層、(4) 中流階層、(5) 中流の上、(6) 上流の下、(7) 最上流、という7階層に分けられる[3]。

　同じ社会階層に属する人間同士は違う社会階層に属する人間同士に比べると、類似した行動パターンをとる。社会階層によって、服装、話し方、娯楽の好みなど多くの特性に違いがある。また、人は属する社会階層によって優劣がつけられる。ただし、社会階層は職業、収入、教育などの変数の集合によって決まるのであって、1つの変数では決まらない。最後に、人は一生のうちにある社会階層から別の社会階層へ――上へも下へも――移動することができる。多くの分野で、社会階層が違うと好みの製品やブランドも違ってくるのを、マーケターは認識しておくべきだろう。社会階層によって使う言葉も異なるため、広告コピーや宣伝文句は、ターゲットとなる社会階層になじみやすいものにする必要がある。

❖社会的要因

　文化的要因に加え、社会的要因も消費者行動に影響を与える。社会的要因とは、準拠集団、家族、そして社会的役割と地位である。

準拠集団

　準拠集団とは、その人の態度や行動に、直接（対面で）または間接に影響を与えるすべての集団からなる。なかでも、直接影響を与える集団は、**メンバーシップ・グループ**と呼ばれる。メンバーシップ・グループのいくつかは、**第一次集団**である。これは、家族、友人、近所の人、職場の同僚など、持続性があって私的なつきあいのある集団をいう。**第二次集団**は、職場団体、労働組合など、公的でそれほど持続的なやりとりのない集団である。準拠集団は新しい行動やライフスタイルを個人に示し、個人の態度や自己概念に影響を及ぼし、個人が製品やブランドを実際に選ぶ際に、周りと同じ選択に向かわせようというプレッシャーを与える。また、人は自分が属していない集団の影響を受けることもある。そこに属したいと願う**願望集団**、逆に、その価値観や態度を拒絶している**分離集団**である。

　準拠集団の影響が強い製品やブランドの製造業者は、それぞれの集団のオピニオン・リーダーにメッセージを伝え、影響を与えなければならない。**オピニオン・リーダー**とは、特定の製品や製品カテゴリーに関するアドバイスや情報を私的なコミュニケーションにおいて提供する人物である[4]。マーケターは、オピニオン・リーダーのデモグラフィック特性やサイコグラフィック特性を明らかにし、接触メディアを知り、彼らに向けてメッセージを発信して、到達を図っている。日本では、女子高生が流行を作り出す存在と見られている。例えば、資生堂のマニキュア、ヌーヴは、女子高生たちの間でのクチコミが発端となりヒットした[5]。アメリカでは、ティーンエイジャーの音楽、言葉づかい、ファッションのトレンドの多くは大都市から生まれる。ホット・トピックのようなアパレル企業は、都会のオピニオン・リーダーたちのスタイルや行動を注意深くモニターしている。

家　　族

　家族は社会の中で最も重要な購買組織であり、家族のメンバーは、最も影響力の強い第一次準拠集団である[6]。**方向づけのための家族**は両親と兄弟姉妹である。人は両親から、宗教、政治、経済、個人としての野心、自尊心、愛などについて、基礎となる考え方を受け継ぐ[7]。成人になってからの日々の購買行動により直接的な影響を与えるのは**生殖のための家族**、すなわち、配偶者と子供である。

　しかし、アメリカの家族構成は変化してきた[8]。米国国勢調査局の最新の統計によると、既婚夫婦世帯——アメリカ建国以来の主要なコーホート——は、1950年代の80％から現在ではおよそ50％に減少した。つまり、アメリカの8600万人の独身成人がまもなく新たなマジョリティとなりうるわけである。すでに、未婚者は労働力の42％、住宅購入者の40％、有権者の35％を占めており、最も強力な消費者グループの1つとなっている。マーケターは、なかなか結婚しない「シングルトン（独身者）」の購買習慣に加え、同棲カップル、共同で親権を持つ離婚した両親、シングル・ペアレントの道を選んだ親、そして、同性愛カップル（子供がいるカップルもいないカップルも）にも注意を向ける必要がある。

マーケターは、きわめて多岐にわたる製品やサービスの購買において、家族が果たす役割や相対的な影響力に関心を抱いている。例えば、今日では、ハイテク機器の主な購買者は男性ではないことに企業は気づき始めている。ハイテク機器を購入するのは男性よりも実は女性のほうが多いのだ。そのため、販売員に相手にされなかったり、恩着せがましくされたり、気分を害されたりしたという女性の不満に耳を傾けはじめた抜け目ない企業もある。ラジオシャックは、女性の店舗マネジャーを積極的に採用し、今では同社の7店舗に1つは女性がマネジャーを務めている[9]。

　それでも、男性と女性では、マーケティング・メッセージに対して異なる反応をする可能性がある[10]。ある調査によると、女性は家族や友人との関係に価値を置き、人に対する優先度が高い。一方で男性は、より多くのことを競争に関連づけて捉え、行動に対する優先度が高い。こうした違いを意識して、ジレットは女性特有の心理問題を調査し、剃刀のヴィーナスを女性の手になじみやすいようにデザインした。

　購買パターンのもう1つの変化は、子供とティーンエイジャーが使う金額と、直接・間接を含めたその影響力が増大していることである[11]。4〜12歳の子供からの直接・間接の影響による家庭の購買額は、年間5000億ドルと推定されている[12]。間接的影響とは、子供がほのめかしたり直接要求したりしなくても、子供の好きなブランド、製品選択、選好を両親が把握していることをいう。直接の影響とは、子供のほのめかし、要望、要求を意味する。子供はだいたい2歳にもなれば、キャラクターやロゴ、特定のブランドを認識できるようになる。マーケターは、子供の目線で作られたタイアップ製品で子供たちに近づいていく。『スクービー・ドゥ』のビタミン剤からエルモ・クッキーまで、およそ何でも利用する[13]。

役割と地位

　人は、家族、クラブ、組織などの集団の一員である。それぞれの集団内での立場は、役割と地位という観点から定義することができる。**役割**とは、その人が果たすべき行動のことである。それぞれの役割には**地位**が伴う。最高裁判所の判事はセールス・マネジャーより地位が高く、セールス・マネジャーは事務員よりも地位が高い。人は社会における自分の役割や地位を伝える製品を選ぶ。企業の社長はメルセデス・ベンツに乗り、高価なスーツを着て、高級ワインを飲む。賢いマーケターは、製品やブランドに潜むステータス・シンボルとしての力に目を光らせている。

❖個人的要因

　消費者の購買意思決定は、個人の特性にも影響を受ける。個人の特性とは、年齢、ライフサイクルの段階、職業、経済状態、パーソナリティと自己概念、ライフスタイルと価値観である。

年齢とライフサイクルの段階

　人が購入する財やサービスは一生の間に変化していく。生まれてまもない間はベビーフードを食べ、成長期と成人期には幅広い食品を食べ、年を取ると食事の内容が制限されてくる。服装、家具、娯楽の好みも、年齢に応じて変わっていく。そのため、賢いマーケターは年齢の影響にも注意を怠らない。また、消費は「家族のライフサイクル」と、その時点での家族の人数、年齢、性別の影響も受ける。さらに、「心理的な」ライフサイクルの段階も関係してくる。大人は人生の中で、ある種の「通過」や「変化」を経験するものである[14]。マーケターは、結婚、出産、病気、転居、離婚、配偶者との死別といった「重要なライフ・イベントや変化」を、新しいニーズが生まれ消費行動に影響を与える機会として考慮に入れる必要がある。

職業と経済状態

　職業も消費パターンに影響を与える。ブルーカラーの労働者は作業服を買うだろうし、会社の社長なら礼服やゴルフクラブの会員権を購入するだろう。マーケターは、自社の製品やサービスに平均以上の関心を寄せている職業集団を、明確に特定しなくてはならない。また、ある1つの職業だけにターゲットを絞って製品を開発するケースもある。例えば、コンピュータ・ソフトウェア・メーカーは、エンジニア、弁護士、医師など、それぞれの職業に特化したソフトウェアを開発している。

　製品の選択は経済状態に大きく左右される。経済状態とはすなわち、支出可能な収入（金額レベル、安定性、月給か週給かといった受取方法）、貯蓄と資産（流動資産の割合も含む）、負債、借金をする際の信用度、消費と貯蓄に対する考え方のことである。グッチやプラダのような高級品メーカーは、景気後退の影響を受けやすい。景気後退が見込まれる場合には、自社製品を再設計し、リポジショニングし、価格を再設定して、標的顧客により高い価値を提供することができる。

パーソナリティと自己概念

　誰にでもパーソナリティがあり、購買行動に影響を与える。**パーソナリティ**とは、周囲の刺激に対して比較的一貫した反応を継続的に示す個人の心理的特性をいう。パーソナリティは、自信家、優越的、自主的、従順、社交的、防御的、順応性がある、などの特徴で表されることが多い[15]。パーソナリティは、消費者の行動を分析するうえで便利である。これは、ブランド自体にもパーソナリティがあり、消費者は自分と合致するパーソナリティを持つブランドを選ぶ傾向がある、という考え方によっている。**ブランド・パーソナリティ**とは、あるブランドに属すると考えられる人間的特徴の一定の組み合わせである。ジェニファー・アーカーは、ブランド・パーソナリティの研究を行い、誠実、興奮、能力、洗練、無骨という5つの特性を明らかにした[16]。

　マーケターは、消費者が自分の「自己概念」と同じだと感じて引きつけられるようなブラン

ド・パーソナリティを開発しようとすることが多い。しかし、**実際の自己概念**（自分をどのように見ているか）が**理想的自己概念**（自分がどのように見られたいか）や**他者から見た自己概念**（他人は自分をこう見ているという考え）と異なることもありうる。こうした現象は、プライベートな場面で消費される製品に比べ、人前で消費される製品においてより多く表れやすい[17]。一方、他人からどう見られるかに敏感な消費者は、消費の状況にふさわしいパーソナリティのブランドを選択することが多い[18]。

ライフスタイルと価値観

　同じサブカルチャー、社会階層、職業の人でも、ライフスタイルがまったく違うこともある。**ライフスタイル**とは、活動、関心、意見などに表れる人それぞれの生活パターンのことである。ライフスタイルは、その人が周囲と関わる際の「全体像」を描き出す。マーケターは、自社製品とライフスタイル集団の関連性を探る。例えば、あるコンピュータ・メーカーが、コンピュータを買う人のほとんどが強い達成願望を持っていることに気づいたとする。それならば、マーケターは達成志向のライフスタイルを有する人に的を絞って自社ブランドを売り込もうとするだろう。ライフスタイルは、消費者が「金銭的に制約がある」か、それとも「時間的に制約がある」かによって変わってくる部分がある。金銭的に制約のある消費者をターゲットにする企業は、低コストの製品とサービスを作るし、時間的に制約がある消費者をターゲットにする企業は、この集団にとって便利な製品やサービスを作り出す。

　消費者の意思決定は、**コア・バリュー**にも影響される。コア・バリューとは、消費者の態度や行動の根底にある信念システムである。コア・バリューは行動や態度よりも深く、基礎的なレベルで、人々の長期にわたる選択や願望を決定する。価値観をもとに消費者を標的化するマーケターは、人々の内的自己に訴えることにより、外的自己——購買行動——に影響を与えられると考えている。

❖鍵となる心理的プロセス

　4つの主要な心理的プロセス——動機、知覚、学習、記憶——が、マーケティング刺激に対する消費者反応に根本的な影響を与える。

動　　機

　人には、時と場合によって異なる多様なニーズがある。飢え、渇き、不快感など、生理的な緊張状態から引き起こされる「生理的」ニーズもあれば、認められたい、評価されたい、どこかに属したいという欲求によって引き起こされる「心理的」ニーズもある。ニーズが一定のレベルまで高まると動機になる。**動機**とは、実際に行動を起こすレベルに高められたニーズのことである。人間の動機に関する有名な3つの理論——ジークムント・フロイト、アブラハム・マズロー、フレデリック・ハーツバーグによる理論——からは、消費者分析とマーケティング

戦略について、それぞれにまったく違った示唆が読み取れる。

　ジークムント・フロイトは、人は自分の行動を形成する心理的要因については概して無自覚であり、そのため自分の動機を完全には理解できないと主張した。フロイトの理論によれば、消費者はあるブランドについて明確に言及された長所だけでなく、陰に隠れている手がかりにも反応している。形、サイズ、重さ、素材、色、ブランド名は、すべてある特定の連想や感情を呼び起こす。「ラダリング」という手法を使って、明確に言及された動機から、さらに深い動機を探っていくことができる。そうすればマーケターは、どのレベルの動機に対してメッセージを作成し、アピールすればよいか判断を下せる[19]。

　アブラハム・マズローは、人が特定の時期に特定のニーズに突き動かされる理由を解明しようとした[20]。マズローの理論によれば、人のニーズは、緊急度の高いものから低いものへと至る階層構造になっている。重要度の高いものから順に並べると、生理的ニーズ、安全のニーズ、社会的ニーズ、評価のニーズ、自己実現のニーズとなる。消費者は最も重要なニーズから先に満たそうとする。あるニーズが満たされると、次に重要なニーズを満たそうとする。マズローの理論によって、マーケターは、多様な製品がどのように消費者の計画や目標や人生に関わっているのかを理解できる。

　フレデリック・ハーツバーグは、物事を「不満を引き起こす要素」と「満足を引き起こす要素」に分ける2要素論を展開した[21]。購買を動機付けるためには、不満を引き起こす要素がないだけでは不十分で、満足を引き起こす要素が積極的に働かなくてはならない。例えば、保証のついていないコンピュータは不満要素だろう。だが、保証をつけるだけでは、満足要素にも購買動機にもならない。なぜなら、保証は本来コンピュータが与えてくれる満足ではないからだ。コンピュータの場合は、使いやすさが満足要素になる。ハーツバーグの理論に従えば、マーケターは売れない要因になる不満要素を避けるべきである。また、主要な満足要素や購買動機を見定め、供給しなければならない。こうした満足要素は、顧客がどのブランドを購入するかに大きく関わってくるからだ。

知　覚

　動機付けされた人は行動を起こす準備が整っているが、実際にどのような行動を起こすかは、状況に対するその人の知覚によって影響を受ける。**知覚**とは、人が与えられた情報を選別し、編成し、解釈し、そこから意味のある世界観を形成するというプロセスである[22]。知覚を左右するのは、物理的な刺激だけではない。その刺激の周囲との関係や、知覚する人の状態も影響する。重要なのは、同じ現実に対しても、個人によって知覚は大きく異なるということである。知覚には3つのプロセス——選択的注意、選択的歪曲、選択的記憶——が存在しているからである。

　人は毎日、広告をはじめとする多数の刺激に接しているが、ほとんどの刺激は意識から除外される。これが**選択的注意**と呼ばれるプロセスである。つまり、マーケターには消費者の注意を引く努力が必要なのである。研究によって、次のようなことがわかっている。まず人は、現

在のニーズに関係のある刺激に反応する傾向がある。車を買おうとしている人が電化製品の広告ではなく車の広告に気づきやすいのはこのためだ。また、人は予想していた刺激に反応する傾向がある（例：電器店にディスプレイされているコンピュータ）。さらに、人は通常よりも刺激の強いものに反応する傾向がある（例：5ドルではなく100ドルの値引き広告）。

　たとえ消費者が刺激に気づいたとしても、マーケターが意図したように伝わるとは限らない。**選択的歪曲**とは、情報を個人的な意味合いにねじ曲げ、先入観に合うように情報を解釈することをいう。消費者は、ブランドや製品についてもともと自分が抱いているイメージに合うように情報を歪曲することがよくある[23]。強力なブランドを持つ企業のマーケターにとっては、選択的歪曲は有利に働く。消費者は、中立的だったり曖昧なブランド情報でも好意的に捉えるからである。言い換えれば、ビールは実際よりもおいしく感じられ、車は実際よりも滑らかに走るように感じられるというように、特定のブランドに知覚が影響を受けるのである。

　人は接した情報の多くを忘れてしまうが、自分の態度や信念を裏づけてくれるような情報は覚えている傾向がある。この**選択的記憶**があるために、我々は気に入っている製品の長所はよく覚えていても、競合製品の長所は忘れてしまう。選択的記憶もまた、強力なブランドに有利に働く。情報が見過ごされないように、マーケターが何度も繰り返して広告メッセージを送るのも、このためである。

学　習

　人は行動することで学習する。**学習**とは、経験によってもたらされる個人の行動変化である。人間の行動のほとんどは、学習して身につけるものである。学習の理論家によると、学習は、動因、刺激、手がかり、反応、強化の相互作用によって生じる。**動因**とは、行動を引き起こす内部からの強い刺激である。**手がかり**とは、いつ、どこで、どのように反応するかを決める小さな刺激である。

　あなたがデルのコンピュータを買うとしよう。もし買ってよかったと思えば、コンピュータとデルに対するあなたの反応は、プラスに強化される。その後プリンターを買おうと思ったとき、あなたは、デルは良いコンピュータを作っているのだから、プリンターも良い物だろうと考えるかもしれない。つまり、同じような刺激に対する自分の反応を一般化しているのである。この一般化と反対の態度が識別化である。**識別化**とは、似たような刺激の中から違いを見分け、それに従って反応を変えることをいう。学習理論に従えば、製品を強い動因と結びつけ、動機となる手がかりを与え、プラスに強化することによって、製品に対する需要を創出できる。

記　憶

　生きていく間に個人が遭遇するすべての情報と経験は、最終的には長期記憶となる。認知心理学者は、「短期記憶（STM）」（一時的な情報保持）と、「長期記憶（LTM）」（永久的な情報保持）とを区別している。

長期記憶の構造について最も広く受け入れられている見方は、ある種の連想モデル構造である[24]。例えば、**連想ネットワーク型記憶モデル**では、長期記憶はノードとリンクの組み合わせから作られると考える。「ノード」とは保存情報で、「リンク」でつながっており、「リンク」にはさまざまな強度がある。言語的、視覚的、抽象的、文脈的情報をはじめ、どんなタイプの情報も記憶ネットワークの中に保存できる。ノードからノードへと広がっていく活性化プロセスによって、ある状況における検索範囲と想起される情報が決定される。外的情報がエンコーディングされたり（例：特定の単語やフレーズを読んだり聞いたりしたとき）、内的情報が長期記憶から検索されたり（例：特定の概念について考えたとき）して、あるノードが活性化すると、そのノードと十分な強さで関連している他のノードも、同様に活性化される。

　この連想ネットワーク型記憶モデルと対応して、消費者の記憶にあるブランド知識が、さまざまにリンクした連想とともに、記憶中のブランド・ノードの構成要素として概念化される。このような連想の強さや構造は、ブランドについて思い起こされる情報の重要な決定要素となる。**ブランド連想**は、ブランドに関する思考、感情、知覚、イメージ、経験、信念、態度など、ブランド・ノードとリンクするすべてのものからなる。いくつかの企業は消費者のメンタル・マップを作っている。このマップは、特定のブランドについて消費者が持つ知識を、マーケティングの場で呼び起こされる連想のキーワードで表すものである。さらに、消費者が感じるブランドの相対的な強さ、好ましさ、ユニークさを表している。**図5-2**は、きわめてシンプルなメンタル・マップで、ドール・ブランドの仮想消費者が抱くブランド信念に注目したものである。

「エンコーディング」

　「記憶のエンコーディング」とは、情報が記憶へと変わる過程と場所を示す。記憶のエンコーディングは、情報がエンコーディングの際に受ける処理の量（人はどれぐらいその情報について考えるか）と、処理の質（人はどのようにその情報について考えるか）によって分類できる。処理の量と質は、連想の強さを決定する重要な要素となる。一般に、エンコーディングの際、情報の意味合いに注意を向けるほど、結果として記憶に残る連想は強力になる[25]。また、新しい情報がすでにできあがっている知識構造に統合されやすいかどうかは、シンプルさ、鮮明さ、具体性などその情報の性質に左右される。繰り返し情報にさらされると、処理の機会が増え、強力な連想が生まれる可能性も高まる。しかし、消費者の関与が低く、説得力のない広告を数多く露出するよりも、消費者の関与が高く、説得力のある広告を数少なく露出する方が、売上への影響は大きいだろう。

「検　　索」

　「記憶検索」とは、情報が記憶から呼び出される過程を示す。連想ネットワーク型記憶モデルによれば、ブランド連想が強いほど当該情報の利用可能性は増し、「活性化拡散」により、思い出されやすくなる。ブランド情報が消費者にうまく思い出されるかどうかを左右するの

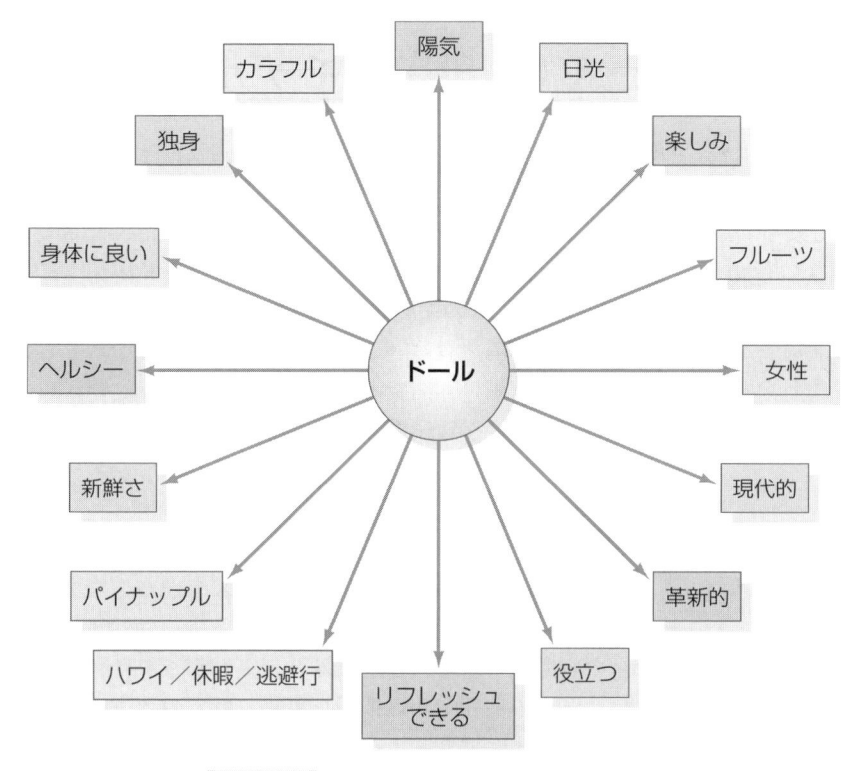

図 5-2 ドールの仮想メンタル・マップ

は、その情報が最初に記憶されたときの強さだけではない。特に重要なのは次の3つの要素である。第1に、記憶の中に「他の」製品情報が存在すると、悪影響が生まれる。当該情報が見逃されたり、間違われたりするのだ。第2に、エンコーディングの際の情報接触からどれだけ時間が経過しているかが、新しい連想の強度に影響を与える。時間が経過しているほど、連想の強度は弱くなる。

第3に、情報は記憶内で「利用可能」（思い出せる可能性がある）であるが、適切な検索手がかりやきっかけがなければ「取り出し不可能」（思い出せない）になりやすい。「心に浮かぶ」ブランドへの連想は、当該ブランドが検討されるコンテクストに左右される。しかし、ある情報への手がかりが多ければ多いほど、その情報を思い出す可能性は大きくなる。そのため、店舗内マーケティングはその場で情報を伝達するだけでなく、店の外でも消費者に情報を思い出させるのである。

購買決定プロセス：5段階のモデル

マーケターは、消費者の購買決定プロセス——消費者が製品を知り、選び、使い、そして廃棄するまで——のあらゆる面を理解する必要がある[26]。**図5-3**は、このプロセスを5段階のモデルで示したものである。消費者は、問題認識に始まって、情報探索、代替品の評価、購買決定、購買後の行動という段階を経る。購買プロセスは、実際の購買よりもはるか前に始まり、購買後も長く継続するのである[27]。このモデルでは消費者が製品購入の際に5段階すべてを順番に通過する形になっているが、消費者はどこかの段階を省略することもあれば、順番が逆になることもある。しかしこのモデルは、消費者が新たな購買をするという高関与時の心の動きをすべてカバーしているので、良い参考になるだろう[28]。

❖問題認識

購買プロセスは、消費者が問題やニーズを認識したときに始まる。ニーズは、内部（例：飢えや渇きを感じる）または外部（例：広告を見る）からの刺激によって引き起こされ、これがさらに動因となる。マーケターは、多くの消費者から情報を集め、特定のニーズを引き起こす状況を把握することができる。そうすれば、消費者の関心を引き、購買プロセスの第2段階に誘導するマーケティング戦略を展開することができる。

❖情報探索

刺激を受けて覚醒させられた消費者は、さらに情報を集めようとする。この覚醒は、強弱2つのレベルに分けることができる。弱いレベルの覚醒は「高められた注意」という。このレベルでは、人は当該製品情報に対して敏感になっているにすぎない。「積極的な情報探索」レベルになると、友人と話したり、インターネットで調べたり、実際に店に行ったりして製品情報を入手する。こうした情報源は4つのグループ、すなわち個人的情報源（家族、友人、隣人、知人）、商業的情報源（広告、ウェブサイト、販売員、ディーラー、パッケージ、ディスプレイ）、公共的情報源（マスメディア、製品評価をする消費者団体）、経験的情報源（製品の操作、検討、使用）に分類できる。一般的に、消費者は商業的情報源から最も多くの情報を得る。しかし、最も効果的な情報となると、個人的情報源か、独立機関などの公共的情報源から得ることが多

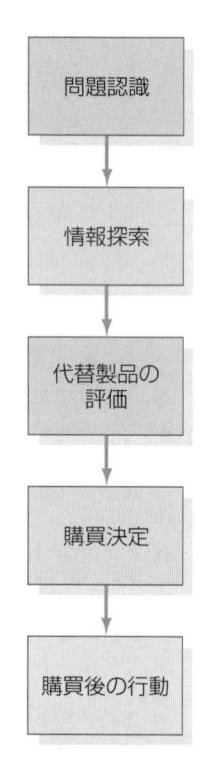

図5-3
消費者購買プロセスの5段階モデル

問題認識 → 情報探索 → 代替製品の評価 → 購買決定 → 購買後の行動

い。
　情報収集を通して、消費者は競合ブランドの存在とその特徴も知る。**図5-4**の左端のボックスには、消費者に入手可能なブランドである「入手可能集合」が示されている。個々の消費者は、これらのブランドの一部を知ることになる（「知名集合」）。その中のいくつかが、当初の購入基準を満たしている（「考慮集合」）。消費者がさらに情報を集めると、候補が数種類に絞られる（「選択集合」）。消費者はこの中から最終的な購入ブランドを決める[29]。
　図5-4からも明らかなように、企業は、自社ブランドが見込み客の知名集合、考慮集合、選択集合に入るよう戦略を立てなければならない。企業はまた、消費者の選択集合の中に存在する他社ブランドを把握しておく必要がある。そうすれば、競争に勝つためのアピール方法を練ることができるからだ。さらに、企業は消費者の情報源を特定し、その相対的な重要度を評価しなければならない。得られた答えは、標的市場に対する効果的コミュニケーションの作成に役立つだろう。

❖代替品の評価

　消費者は競合するブランドの情報をどう処理し、最終的な判断をするのだろうか。評価プロセスはいくつかあるが、最新のモデルでは、プロセスを認知志向として捉えている。すなわち、消費者は概して意識的で理性的な判断を下しているという。
　消費者の評価プロセスを理解する助けとなる基本的概念がいくつかある。第1に、消費者はニーズを満足させようとしている。第2に、消費者は製品というソリューションに一定のベネフィットを求めている。第3に、消費者は製品を属性の束だと見なしている。属性の束には、ニーズを満たすベネフィットを提供する多様な能力が備わっている。消費者が関心を抱く属性は、製品によって異なる。例えば、カメラに求められる属性は画像の鮮明さ、本体サイズ、価格である。さらに、最も適合性が高いと見なす製品属性や、各属性の重要性は消費者によって異なる。消費者が自分の求めるベネフィットを提供してくれる属性に最も注目することを知っ

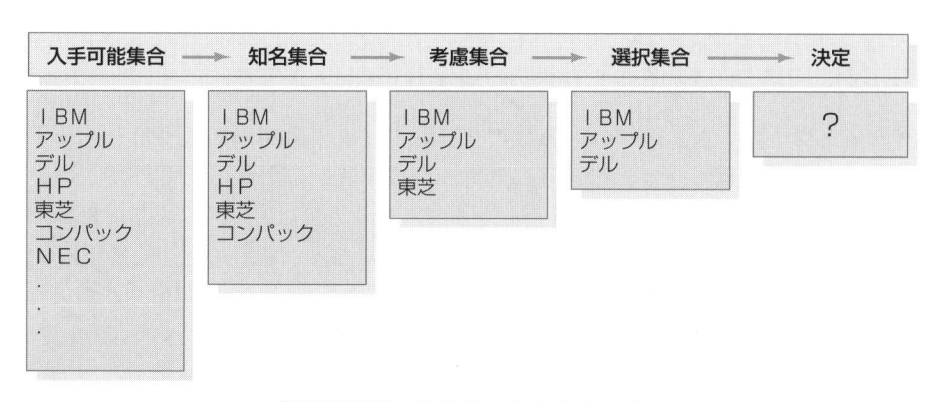

入手可能集合	→	知名集合	→	考慮集合	→	選択集合	→	決定
IBM アップル デル HP 東芝 コンパック NEC ． ．		IBM アップル デル HP 東芝 コンパック		IBM アップル デル 東芝		IBM アップル デル		？

図5-4　消費者の意思決定の流れ

ていれば、製品の市場は、消費者集団ごとに重要性が異なる属性によって細分化できる。

評価は、信念と態度を反映するものである。人は、経験と学習を通じて信念と態度を身につける。そして、信念と態度が購買行動に影響を与える。**信念**とは、人があるものに対して抱いている考えを言葉で言い表したものである。信念と同じくらい重要なのが態度である。**態度**とは、ある個人が持続して有する、物事や考え方に対する好意的または非好意的な評価、感情、行動の傾向である。人は、宗教、政治、服装、音楽、食物など、ほとんどすべてのものに対して態度を有している。態度が決まっているとエネルギーや思考を節約できるので、態度そのものを変えるのは非常に難しい。企業は、消費者の態度を変えようとするよりも、すでに存在する態度に製品を合わせるほうが得策だろう。

消費者がさまざまなブランドに対する態度（判断、選好）を形成するまでには、属性評価手続きという過程がある[30]。各ブランドがどの属性の上に位置するのかについて一連の信念を形成するのである。態度形成の**期待−価値モデル**は、消費者は自分のブランド信念（好意的なものも否定的なものも）を重要度に従って組み合わせることで、製品やサービスを評価するという前提に立っている。このモデルは、消費者のエンゲージメントとマーケティング刺激に反応して行う積極的な情報処理のレベル、すなわち消費者関与水準が高いと考える。

仮にリンダ・ブラウンという女性が、ノートパソコンの選択集合をメモリ容量、グラフィック性能、サイズと重さ、価格をもとに4つ（A、B、C、D）に絞ったとしよう。もしすべての属性で最高点をマークしたブランドがあれば、リンダはそれを選ぶだろう。しかし、彼女の選択集合にあるブランドは、それぞれにアピール・ポイントが異なる。メモリ容量を最重視するならA、グラフィック性能ならB、サイズと重さが魅力的なのはC、価格はDである。

リンダが4つの属性にどのような比重を置いているかがわかれば、彼女の選択をより確実に予想できる。彼女が考えるそれぞれの属性の重要度が、メモリ容量40％、グラフィック性能30％、サイズと重さ20％、価格10％だとする。製品ごとのリンダの知覚価値を割り出すには、彼女の置く比重に、各属性についての彼女の信念を掛ければよい。つまり、コンピュータAの場合、リンダがメモリ容量8、グラフィック性能9、サイズと重さ6、価格9と評価しているとすれば、総合点は次のようになる。

$$0.4 \times 8 + 0.3 \times 9 + 0.2 \times 6 + 0.1 \times 9 = 8.0$$

コンピュータについてもリンダの評価得点を計算すれば、最高の知覚価値を獲得するコンピュータがわかる[31]。購買者がどのように選好を形成するかがわかっていれば、コンピュータ・メーカーが購買者の決定に影響を与えるためにできる方策はいくつかある。例えば、製品を再設計する（物理的リポジショニング）、ブランドに対する消費者の信念を変える（心理的リポジショニング）、競合ブランドに対する消費者の信念を変える（競争的デポジショニング）、重要度の比重を変える（自社ブランドが優れている属性をより重視するように、購買者の説得を試みる）、無視された属性（例えばスタイリング）への注意を喚起する、購買者の理想を変える（属性について、購買者が理想とする基準の変更を試みる）、などである[32]。

❖購買決定

　消費者は評価段階において、選択集合に含まれるブランドの中で選好を形成する。また、最も好むブランドを買おうという意図も形成する。購買意図から購買決定にいたる間に、妨害となりうる一般的要因が2つある[33]。第1の要因は「他者の態度」である。自分が選好するブランドの評価が、他者の態度によってどれだけ下がるかは、2つの事柄に左右される。(1) 消費者が好むブランドに対して、他者がどれだけ激しく否定的な態度をとるか、そして (2) 消費者が、どれほど他者の意思に合わせようという動機付けを持っているか、である[34]。他者の否定的態度が強く、その人物と消費者との関係が近いほど、消費者は自分の購買意図を調整しようとする。反対に、自分が選好するブランドを他の誰かが非常に好んでいると、そのブランドに対する買い手の好感はますます強くなる。

　2番目の要因は「予想外の状況要因」で、突然発生して購買意図を変える可能性がある。消費者は失業するかもしれないし、緊急に他のものを購入する必要が生じるかもしれない。あるいは、店の販売員のせいで買う気をなくすかもしれない。選好も、購買意図さえも、購買行動を予想するうえで完全に頼りにできる要素ではない。購買決定を変えたり、先延ばしにしたり、避けたりする消費者の意思決定は、「知覚リスク」の影響を大きく受ける[35]。知覚リスクの量は、支払い金額の大小、製品属性の不確実さの度合い、消費者の確信の度合いによって異なる。消費者は、決定を避けたり、友人から情報収集したり、有名ブランドや保証を好んだりといった、リスク軽減のためのルーチンを生み出す。マーケターは、消費者がリスクを感じる要素とはどのようなものかよく理解し、情報やサポートを提供して知覚リスクを軽減しなければならない。

❖購買後の行動

　購買後の消費者は、製品に不安な部分を見つけたり、他のブランドについての好意的な評価を耳にしたりして不協和を経験し、自分の決定を支持するような情報を見つけようと敏感になる可能性がある。したがって、マーケターの仕事は購買段階で終わりではない。購買後の満足度、購買後行動、購買後の製品使用についてモニターする必要がある。

　買い手の満足は、買い手の期待と製品の知覚パフォーマンスの関数である[36]。もしパフォーマンスが期待に届かなければ、消費者は「失望する」。期待を満たせば「満足する」。そして、期待を超えれば「喜ぶ」。こうした感情によって、消費者がその製品を再び購入するか、周囲の人間にその製品のことを好意的に語るか、否定的に語るかが決まってくる。購買後の満足度は非常に重要であるため、製品の宣伝内容は実際のパフォーマンスに見合ったものにしなければならない。なかには、消費者に期待以上の満足を覚えさせるために、わざと製品パフォーマンスを低く伝える売り手もいるほどである。

　製品に対する消費者の満足・不満足は、その後の行動に影響を与える。もし満足すれば、同

じ製品を再び買う確率はかなり高くなる。例えば、自動車のブランド選択に関するデータには、最後に買ったブランドに対する高い満足度と、当該ブランドの再購買意図との間に強い相関が表れている。ある調査によると、トヨタの自動車を買った人の75％が大いに満足し、ほぼ75％がトヨタ車の再購買意図を持っている。そして、シボレーを買った人の35％が大いに満足し、ほぼ35％がシボレーを再び買おうと思っている。満足した顧客は、周りの人にもその製品について好意的に語るものだ。マーケターの間には、「最高の広告は満足した顧客である」という言葉もある[37]。

満足を得られなかった消費者は、製品を捨てたり、返品したりする。製造会社に苦情を言ったり、弁護士に相談したり、政府機関やその他の団体に訴えたりして、公的行為をとることもある。私的行為としては、当該製品の購入中止や、友人への警告がある[38]。すべてのケースに共通しているのは、売り手が顧客を満足させることに失敗しているということだ（「マーケティング・スキル▶失った顧客を取り戻す」参照）[39]。

購買後に顧客とコミュニケーションをとることで、返品やキャンセルを減らすことができる[40]。例えばコンピュータ会社なら、新しいユーザーに、品質の高いコンピュータを選択したと祝う手紙を送ることができる。また、ブランドに満足しているユーザーを広告に起用することもできる。品質向上のため顧客に提案を求めたり、顧客の不満を迅速に取り除くための適切なチャネルを設置するという方法もある。

また、購買者が製品をどのように利用し、どのように廃棄するかもモニターするべきである（**図5-5**）。販売頻度を上げる主な動因は、製品消費率である。買い手が製品を消費するスピードが早いほど、再購入も早い。製品の消費スピードを上げるチャンスとしては、消費者が知覚

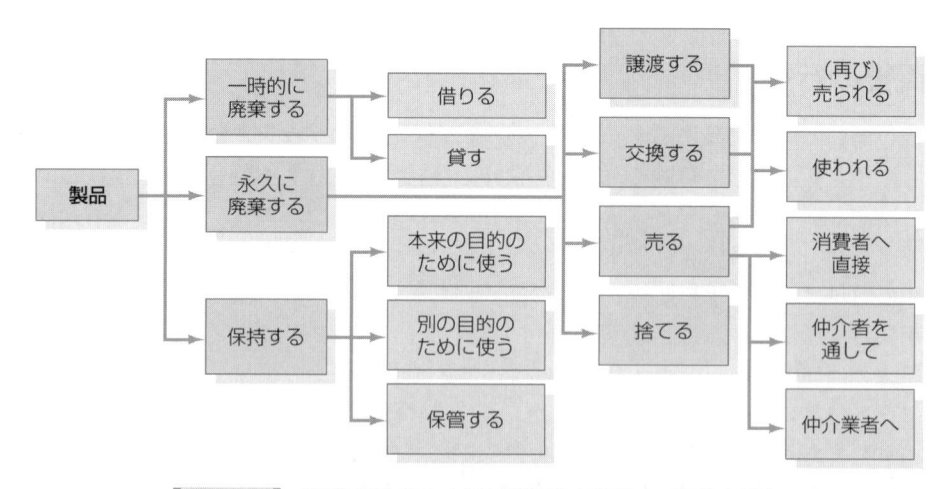

| **図5-5** | 消費者はどのように製品を利用し、廃棄するか |

出典：Jacob Jacoby, Carol K. Berning, and Thomas F. Dietvorst, "What about Disposition?" *Journal of Marketing* (July 1977): 23. アメリカ・マーケティング協会の許可を得て転載。

マーケティング・スキル ▶ 失った顧客を取り戻す

　顧客は不満、新たなニーズ、あるいは単にその製品やサービスへの興味を失ったという理由から離反する可能性がある。しかしマーケターはスキルを磨いて失った顧客を取り戻すことができる。かつての顧客は企業とその製品やサービスを知っており、企業も顧客についてある程度の知識がある。ということは、新しい顧客を引きつけるよりも失った顧客を取り戻すコストのほうが少なくて済む。失った顧客一人ひとりの収益性を注意深く分析すれば、潜在的利益のある顧客の再獲得に投資し、最終利益を向上させることができる。

　再獲得にはまず、優良顧客がいつ、なぜ、どのようにして去る決断をしたのかを知ることだ。請求書を毎月発送していれば、顧客が去ったときにすぐわかる。苦情やキャンセルの連絡を受けた場合もそうだろう。店舗やウェブサイトなど、顧客との接触が不定期で頻度も高くない企業は、しばらく気づかないかもしれない。非公式なリサーチ（セールス・レップに電話をかけさせるなど）や公式なマーケティング・リサーチ（脱退インタビューなど）で優良顧客が離反する理由を明らかにすることもできる。先入観にとらわれずにデータを分析すれば、不満のパターンや社内的な問題が浮かび上がってくるはずだ。さらに、正当な不満に対しては謝罪してすぐ対応を申し出ることもできる。価格調整が妥当な場合もあるが、顧客とのリレーションシップを再度確立する方法はそれだけではない。例えば、顧客は個人的な対応や、選択肢が多いことを喜ぶ。最初のアプローチが失敗しても、後日別のオファーを試みればよい。

　オールテルの傘下でアメリカの携帯電話サービス市場の6％を獲得しているセルラー・ワンが、顧客の離反にどのように対処しているかを見てみよう。顧客が別の携帯電話サービスに替えた直後にコンタクトを取ってもうるさがられるとわかっているため、同社は1～2ヶ月後に電話をする。これだけ時間を置けば、顧客は利用をやめた理由や新しいサービスの使い勝手を冷静に評価できるようになっている。新しいプロバイダーが期待にそぐわなかったため、セルラー・ワンからの電話をきっかけに戻ってくる顧客もいる。少なくとも、顧客が去った理由やどうすれば戻ってきてもらえるかについて、より率直で客観的なフィードバックを得ることはできる。これこそ、競争の激しい携帯電話サービス市場では重要な情報なのである[41]。

している製品の耐用期間が、実際の耐用期間と異なる場合が狙い目である。消費者は製品寿命の見積りが甘い傾向があるため、寿命の短い製品を買い換える時期を逸してしまうことがある[(42)]。このような場合には、製品の買い換えという行為と、特定の祝日・行事・季節とを関連づけて、製品の買い換えを早めてもらうことができる。

　消費者が製品を廃棄する場合、どのように廃棄されるのか、とりわけ、環境を破壊しないかどうかをマーケターは知っておく必要がある。リサイクルや環境保護への関心の高まりに加え、きれいなビンを捨てるのはもったいないという消費者の声もあったため、フランスの香水メーカーのロシャスは、詰め替え可能な製品ラインの導入を検討することになった。

参考文献

1. Mary Cassidy, "Many Paths to Cool, But Big Gains for All," *Brandweek*, June 20, 2005, p. S53；Catherine P. Taylor, "Nike Billboard：A Sign of the Future," *Adweek*, May 30, 2005, p. 26；Justin Ewers and Tim Smart, "A Designer Swooshes In," *U.S. News & World Report*, January 26, 2004, p. 12；"Corporate Media Executive of the Year," *Delaney Report*, January 12, 2004, p. 1；"10 Top Nontraditional Campaigns," *Advertising Age*, December 22, 2003, p. 24；Chris Zook and James Allen, "Growth Outside the Core," *Harvard Business Review*（December 2003）：66＋.
2. Leon G. Schiffman and Leslie Lazar Kanuk, *Consumer Behavior*, 7th ed.（Upper Saddle River, NJ：Prentice Hall, 2000）.
3. Richard P. Coleman, "The Continuing Significance of Social Class to Marketing," *Journal of Consumer Research*（December 1983）：265-280；Richard P. Coleman and Lee P. Rainwater, *Social Standing in America：New Dimension of Class*（New York：Basic Books, 1978）.
4. Schiffman and Kanuk, *Consumer Behavior*.
5. Norihiko Shirouzu, "Japan's High School Girls Excel in Art of Setting Trends," *Wall Street Journal*, April 27, 1998, pp. B1-B6.
6. Rosann L. Spiro, "Persuasion in Family Decision Making," *Journal of Consumer Research*（March 1983）：393-402；Lawrence H. Wortzel, "Marital Roles and Typologies as Predictors of Purchase Decision Making for Everyday Household Products：Suggestions for Research," in *Advances in Consumer Research*, vol. 7, ed. Jerry C. Olson（Chicago：American Marketing Association, 1989）pp. 212-215；David J. Burns, "Husband-Wife Innovative Consumer Decision Making：Exploring the Effect of Family Power," *Psychology & Marketing*, May-June 1992, pp. 175-189；Robert Boutilier, "Pulling the Family's Strings," *American Demographics*, August 1993, pp. 44-48. 夫と妻の購買役割に関する文化横断的比較については、以下の文献を参照されたい。John B. Ford, Michael S. LaTour, and Tony L. Henthorne, "Perception of Marital Roles in Purchase-Decision Processes：A Cross-Cultural Study," *Journal of the Academy of Marketing Science*（Spring 1995）：120-131.
7. George Moschis, "The Role of Family Communication in Consumer Socialization of Children and Adolescents," *Journal of Consumer Research*（March 1985）：898-913.
8. Michelle Conlin, "Unmarried America," *BusinessWeek*, October 20, 2003, pp. 106-116.
9. Anonymous, "Retailers Learn that Electronics Shopping Isn't Just a Guy Thing," *Wall Street Journal*, January 15, 2004, p. D3.
10. Hillary Chura, "Failing to Connect：Marketing Messages for Women Fall Short," *Advertising Age*, September 23, 2002, pp. 13-14.
11. James U. McNeal, "Tapping the Three Kids' Markets," *American Demographics*（April 1998）：37-41.
12. Carol Angrisani, "Kids Rock！" *Brand Marketing*, February 2001, pp. 26-28.
13. Courtney Kane, "TV and Movie Characters Sell Children's Snacks," *New York Times*, December 8, 2003, p.

C7.

14. Lawrence Lepisto, "A Life Span Perspective of Consumer Behavior," in *Advances in Consumer Research*, vol. 12, edited by Elizabeth Hirshman and Morris Holbrook (Provo, UT：Association for Consumer Research, 1985), p. 47. また、以下の文献も参照されたい。Gail Sheehy, *New Passages：Mapping Your Life Across Time* (New York：Random House, 1995). 邦訳：『ニュー・パッセージ新たなる航路：人生は45歳からが面白い』（ゲイル・シーヒイ著、田口佐紀子訳、徳間書店、1997年）.

15. Harold H. Kassarjian and Mary Jane Sheffet, "Personality and Consumer Behavior：An Update," in *Perspectives in Consumer Behavior*, edited by Harold H. Kassarjian and Thomas S. Robertson (Glenview, IL：Scott Foresman, 1981), pp. 160-180.

16. Jennifer Aaker, "Dimensions of Measuring Brand Personality," *Journal of Marketing Research* 34（August 1997）：347-356.

17. Timothy R. Graeff, "Consumption Situations and the Effects of Brand Image on Consumers' Brand Evaluations," *Psychology & Marketing* 14, no. 1（1997）：49-70；Timothy R. Graeff, "Image Congruence Effects on Product Evaluations：The Role of Self-Monitoring and Public/Private Consumption," *Psychology & Marketing* 13, no. 5（1996）：481-499.

18. Jennifer L. Aaker, "The Malleable Self：The Role of Self-Expression in Persuasion," *Journal of Marketing Research* 36, no. 2（1999）：45-57.

19. Thomas J. Reynolds and Jonathan Gutman, "Laddering Theory, Method, Analysis, and Interpretation," *Journal of Advertising Research*（February-March 1988）：11-34.

20. Abraham Maslow, *Motivation and Personality* (New York：Harper & Row, 1954), pp. 80-106. 邦訳：『人間性の心理学：モチベーションとパーソナリティ』（A・H・マズロー著、小口忠彦訳、産業能率大学出版部、1987年）.

21. 以下の文献を参照されたい。Frederick Herzberg, *Work and the Nature of Man* (Cleveland, OH：William Collins, 1966). 邦訳：『仕事と人間性：動機づけ：衛生理論の新展開』（フレデリック・ハーズバーグ著、北野利信訳、東洋経済新報社、1968年）；Henk Thierry and Agnes M. Koopman-Iwerna, "Motivation and Satisfaction," in *Handbook of Work and Organizational Psychology*, ed. P.J. Drenth (New York：John Wiley, 1984), pp. 141-142.

22. Bernard Berelson and Gary A. Steiner, *Human Behavior：An Inventory of Scientific Findings* (New York：Harcourt, Brace Jovanovich, 1964), p. 88. 邦訳：『行動科学事典』（バーナード・ベルソン、グレイ・A・スタイナー著、南博、社会行動研究所共訳、誠信書房、1966年）.

23. J. Edward Russo, Margaret G. Meloy, and T. J. Wilks, "The Distortion of Product Information During Brand Choice," *Journal of Marketing Research* 35（1998）：438-452.

24. John R. Anderson, *The Architecture of Cognition* (Cambridge, MA：Harvard University Press, 1983)；Robert S. Wyer Jr. and Thomas K. Srull, "Person Memory and Judgment," *Psychological Review* 96, no. 1（1989）：58-83.

25. Fergus I. M. Craik and Robert S. Lockhart, "Levels of Processing：A Framework for Memory Research," *Journal of Verbal Learning and Verbal Behavior* 11（1972）：671-684；Fergus I. M. Craik and Endel Tulving, "Depth of Processing and the Retention of Words in Episodic Memory," *Journal of Experimental Psychology* 104, no. 3（1975）：268-294；Robert S. Lockhart, Fergus I. M. Craik, and Larry Jacoby, "Depth of Processing, Recognition, and Recall," in *Recall and Recognition*, edited by John Brown (New York：John Wiley & Sons, 1976).

26. Benson Shapiro, V. Kasturi Rangan, and John Sviokla, "Staple Yourself to an Order," *Harvard Business Review*（July-August 1992）：113-122. 以下の文献も参照されたい。Carrie M. Heilman, Douglas Bowman, and Gordon P. Wright, "The Evolution of Brand Preferences and Choice Behaviors of Consumers New to a Market," *Journal of Marketing Research*（May 2000）：139-155.

27. マーケティング学者たちにより、複数の消費者購買プロセスモデルが開発された。以下の文献を参照されたい。John A. Howard and Jagdish N. Sheth, *The Theory of Buyer Behavior* (New York：Wiley, 1969)；James F. Engel, Roger D. Blackwell, and Paul W. Miniard, *Consumer Behavior*, 8th ed. (Fort Worth, TX：Dryden, 1994)；Mary Frances Luce, James R. Bettman, and John W. Payne, *Emotional Decisions：Tradeoff Difficulty and Coping in Consumer Choice* (Chicago：University of Chicago Press, 2001).

28. William P. Putsis, Jr. and Narasimhan Srinivasan, "Buying or Just Browsing ? The Duration of Purchase Deliberation," *Journal of Marketing Research* (August 1994): 393-402.
29. Chem L. Narayana and Rom J. Markin, "Consumer Behavior and Product Performance: An Alternative Conceptualization," *Journal of Marketing* (October 1975): 1-6. 以下の文献も参照されたい。Wayne S. DeSarbo and Kamel Jedidi, "The Spatial Representation of Heterogeneous Consideration Sets," *Marketing Science* 14, no.3, pt. 2 (1995): 326-342; Lee G. Cooper and Akihiro Inoue, "Building Market Structures from Consumer Preferences," *Journal of Marketing Research* 33, no. 3 (August 1996): 293-306.
30. 以下の文献を参照されたい。Paul E. Green and Yoram Wind, *Multiattribute Decisions in Marketing : A Measurement Approach* (Hinsdale, IL: Dryden, 1973), ch. 2; Leigh McAlister, "Choosing Multiple Items from a Product Class," *Journal of Consumer Research* (December 1979): 213-224; Richard J. Lutz, "The Role of Attitude Theory in Marketing," in eds. Kassarjian and Robertson, *Perspectives in Consumer Behavior*, pp. 317-339.
31. この期待-価値モデルは、マーチン・フィッシュバインによって考案された。Martin Fishbein, "Attitudes and Prediction of Behavior," in *Readings in Attitude Theory and Measurement*, edited by Martin Fishbein (New York: John Wiley, 1967), pp. 477-492. 批評的な見方については、以下の文献を参照されたい。Paul W. Miniard and Joel B. Cohen, "An Examination of the Fishbein-Ajzen Behavioral-Intentions Model's Concepts and Measures," *Journal of Experimental Social Psychology* (May 1981): 309-339.
32. Harper W. Boyd Jr., Michael L. Ray, and Edward C. Strong, "An Attitudinal Framework for Advertising Strategy," *Journal of Marketing* (April 1972): 27-33.
33. Jagdish N. Sheth, "An Investigation of Relationships Among Evaluative Beliefs, Affect, Behavioral Intention, and Behavior," in *Consumer Behavior : Theory and Application*, edited by John U. Farley, John A. Howard, and L. Winston Ring (Boston: Allyn & Bacon, 1974), pp. 89-114. 邦訳『消費者行動：理論の応用』（ジョン・U・ファーレイほか著、八十川睦夫訳、新評論、1982 年）
34. Fishbein, "Attitudes and Prediction of Behavior."
35. Raymond A. Bauer, "Consumer Behavior as Risk Taking," in *Risk Taking and Information Handling in Consumer Behavior*, edited by Donald F. Cox (Boston: Division of Research, Harvard Business School, 1967); James W. Taylor, "The Role of Risk in Consumer Behavior," *Journal of Marketing* (April 1974): 54-60.
36. Priscilla A. La Barbera and David Mazursky, "A Longitudinal Assessment of Consumer Satisfaction/Dissatisfaction : The Dynamic Aspect of the Cognitive Process," *Journal of Marketing Research* (November 1983): 393-404.
37. Barry L. Bayus, "Word of Mouth: The Indirect Effects of Marketing Efforts," *Journal of Advertising Research* (June-July 1985): 31-39.
38. Albert O. Hirschman, *Exit, Voice, and Loyalty* (Cambridge, MA: Harvard University Press, 1970). 邦訳：『離脱・発言・忠誠：企業・組織・国家における衰退への反応』（A・O・ハーシュマン著、矢野修一訳、ミネルヴァ書房、2005 年）
39. Mary C. Gilly and Richard W. Hansen, "Consumer Complaint Handling as a Strategic Marketing Tool," *Journal of Consumer Marketing* (Fall 1985): 5-16.
40. James H. Donnelly Jr. and John M. Ivancevich, "Post-Purchase Reinforcement and Back-Out Behavior," *Journal of Marketing Research* (August 1970): 399-400.
41. "Alltel Plans to Buy Western Wireless," *Los Angeles Times*, January 11, 2005, p. C6; Jay Kassing, "Increasing Customer Retention: Profitability Isn't a Spectator Sport," *Financial Services Marketing*, March-April 2002, pp. 32+; Jill Griffin and Michael W. Lowenstein, "Winning Back a Lost Customer," *Direct Marketing*, July 2001, pp. 49+; John D. Cimperman, "Win-Back Starts Before Customer Is Lost," *Multichannel News*, February 19, 2001, pp. 53+.
42. John D. Cripps, "Heuristics and Biases in Timing the Replacement of Durable Products," *Journal of Consumer Research* 21 (September 1994): 304-318.

第6章

ビジネス市場の分析

◆ 本章では、次の問題を取り上げる ◆

1. ビジネス市場とは何か。消費者市場とはどこが違うのか。
2. 組織購買者が直面する購買状況とはどのようなものか。
3. B to B 購買プロセスに関わるのは誰か。組織購買者はどのように意思決定を行うのか。
4. 企業はどのようにして企業顧客と強いリレーションシップを構築するのか。

SAP のマーケティング・マネジメント

　ドイツのソフトウェア会社 SAP は、財務や工場管理といった業務機能を自動化するアプリケーションに特化し、ビジネス市場のトップ企業になった。世界の2万5000社以上の顧客が本当に重視しているのは何かにきめこまかく意識を集中させることで、SAP は年間売上高 100 億ドルを超えるまでに成長したのである。さらに同社のマーケターは、SAP のアプリケーションの特徴がどのように重要なベネフィットを提供するのかを顧客や見込み客に示してみせる。「10 年前は、ソフトウェアを購入するお客様は安定性と信頼性を求めており、当社はそれを提供していました」と CEO のヘニング・カガーマンは説明する。「今お客様が求めているのは競争優位、差別化、そして何よりもスピードです」。
　企業買収のおかげもあり、SAP は顧客に幅広い業務プロセスを標準化するための技術的ソリューションをワンストップで提供できる。例えば、別々の通信ネットワーク間やコンピュータ・システム同士、あるいは拠点間で、迅速かつ簡単に情報共有したいといった課題を解決するために、顧客は複数のソフトウェア機能を自由に取り混ぜてニーズにかなった組み合わせを作ることができる。そればかりか、顧客が望めば競合他社のアプリケーションも採り入れられるほど SAP のソリューションは柔軟性が高い。また、SAP は企業顧客向けにシステムのカスタマイズをするソフトウェア開発会社数千社をターゲットに、オンラインで技術サポートとヘルプを提供している。企業内の意思決定者と意思決定を左右する人々が革新的な技術活用で効率と効果を上げる手伝いをすることによって、SAP は年々、最終利

益を増やしている[1]。

　企業組織は売るだけではない。みずからも膨大な量の原材料、製造部品、工場設備、消耗品、企業向けサービスを購入している。SAPはコンピュータ機器、清掃サービス、その他の市場提供物を購入している一方で、世界中の何千もの企業にソフトウェアを販売してもいる。アメリカだけで1300万以上の組織購買者が存在する。価値を創造し獲得するため、SAPのような売り手は、こうした組織のニーズ、資源、方針、購買手続きについて知っておかなければならない。それが本章のテーマである。

組織購買とは何か

　ウェブスターとウィンドによる定義では、**組織購買**とは、正式な組織が、購入対象となる製品やサービスに対してニーズを確立し、複数のブランドや供給業者を特定し、評価し、その中から選択する意思決定プロセスのことである[2]。組織購買はビジネス市場で行われるが、消費者市場とは大きな違いが多数ある。

❖ ビジネス市場と消費者市場

　ビジネス市場とは、製品やサービスを他の製品やサービスの生産に使うために購入するすべての組織から成り立っている。こうした組織は、他の顧客に自分の製品やサービスを販売し、賃貸し、供給するのである。ビジネス市場を形成している主要産業には、農業、林業、漁業、鉱業、製造業、建設業、運輸業、通信業、公益事業、銀行業、金融業、保険業、流通業、サービス業がある。

　一般消費者よりも企業購買者への販売のほうが、はるかに多額の金と多量の物品が動くことになる。1足の靴を作って売るプロセスを考えてみよう。皮革業者が皮をなめし業者に売り、そこからなめし皮が靴製造業者に売られ、作られた靴は卸売業者から小売業者を経て、最終的に消費者に売られる。このサプライ・チェーンに含まれるおのおのの業者は、他の商品やサービスの購買者でもある。

　購買者の数と規模から場所、需要、購買行動まで、ビジネス市場には、消費者市場とはまったく異なる特性がいくつかある。その特性を**表6-1**に示す。

❖ 公益機関市場および政府機関市場

　ビジネス市場には、営利企業だけでなく公益機関と政府機関も含まれる。しかし、これら機関市場の購買の目的、ニーズ、方法は一般的に企業のそれとは異なる。対ビジネス・マーケ

表6-1　ビジネス市場の特性

特 性	解 説	例
少数の大規模な購買者	ビジネス・マーケターは通常、消費者市場に比べ、より少数の大規模な購買者と取引する。	グッドイヤー・タイヤは少数の大手自動車メーカーに製品を販売している。
供給業者と顧客の密接なリレーションシップ	顧客基盤が小さく、より大規模な顧客の重要性や影響力が大きいため、供給業者はしばしば、企業顧客の個々のニーズに合わせて製品をカスタマイズしなければならない。	マイクロソフトは2万4000社ものコンピュータ・コンサルティング会社（付加価値再販業者）に中規模企業を訪問させ、ニーズを探らせたうえで、適切なソフトウェアやハードウェアを提供している。
専門的購買	購買は専門の訓練を受けた購買担当者によって、組織の方針、制約、要件に従い行われる。例えば仕様書、購買契約書など、購買に伴うさまざまな文書は、消費者購買では必ずしも必要でない。	一部の病院はグループ購買組織を通じて購入している。この組織は供給業者と購買契約について交渉し、個別の医療センターへの配送を手配している。
複数の購買影響者	企業購買では意思決定に影響を与える人間の数が多い。重要な製品の購買については、購買委員会が結成されることもめずらしくない。熟練した購買者に対応できる、熟練した販売員を送り込まなければならない。	ネットワーク・セキュリティ会社のセキュアワークスの販売員は、主要な意思決定者と話をし、影響力のある人物にウェブベースのプレゼンテーションに参加してもらい、質疑に答えている。
複数回におよぶ営業訪問	販売プロセスにかかわる人が多いため、受注を勝ち取るために必要な営業訪問回数も多い。なかには、販売サイクルが数年に及ぶものもある。	大型設備の購入の場合、資金調達のために複数回の訪問を要し、見積もりから製品の納入までの販売サイクルに数年かかることもめずらしくない。
派生需要	生産財の需要とは、結局のところ、消費財需要から派生したものである。そのため、ビジネス・マーケターは常に、最終消費者の購買パターンを観察していなければならない。	ビッグ・スリーと呼ばれるアメリカの大手自動車メーカーは鉄鋼の需要が高まっていると見ている。その大部分は軽トラックなどの需要によるもので、それらの車種が普通車より大量の鉄鋼を使うことから派生しているのである。
非弾力的需要	多くの企業向け製品やサービスの総需要は非弾力的で、価格の変動にあまり影響を受けない。特に短期で需要が動くことはまずない。生産者は生産方法を急に変えられないからである。	皮革の価格が下落しても靴製造業者が大幅に皮革の購入を増やすことはないだろうし、逆に価格が上昇しても、皮に代わる材料が見つからない限り、大幅に購入を減らすこともないだろう。
変動需要	企業向け製品の需要は、消費者向け製品の需要よりも変動幅が大きくなりやすい。消費者需要のわずかな増加が、追加生産に必要な工場や設備の需要を大幅に増加させることもある。	消費者需要のわずか10％の上昇が、次期製品のビジネス需要を200％上昇させることもあれば、消費者需要の10％の落ち込みがビジネス需要の急落を招くこともある。
購買者の地理的な集中	アメリカの企業購買者の半数以上が、ニューヨーク、カリフォルニア、ペンシルバニア、イリノイ、オハイオ、ニュージャージー、ミシガンの7つの州に集中している。これが販売コストの削減に役立っている。	ビッグ・スリーと呼ばれるアメリカの大手自動車メーカーはアメリカ本社をデトロイトに置いているため、供給業者は営業訪問のためデトロイトに出向いている。
直接購買	企業購買者は、仲介業者を通さず製造業者から直接購買することが多い。とりわけ、複雑な技術を要するものや高額なものほどその傾向が強い。	サウスウエスト航空など、世界中の航空会社は航空機をボーイング社から直接購入している。

出典：Jay Greene, "Small Biz : Microsoft's Next Big Thing ?" *BusinessWeek*, April 21, 2003, pp. 72-73 ; "Seeing Double : How Four Companies Overhauled Their Sales Strategies to Spur Growth," *Sales and Marketing Management*, September 2004, pp. 28+ ; Michael Collins, "Breaking into the Big Leagues," *American Demographics*, January 1996, p. 24 ; Paula DeJohn, "Central Warehouses Offer Savings, Security," *Hospital Materials Management*, November 2003, pp. 1+.

ティング戦略を計画する際には、そのことを頭に入れておかなければならない。

公益機関市場

　公益機関市場とは、学校、病院、老人ホーム、刑務所などの施設で、ケア対象となる人々に、製品やサービスを提供している。多くの機関は、低予算で利用者が限定されるという特徴がある。例えば、病院は患者にどのような質の食事を出すかを決定する。患者の食事は総合的なサービスの一部として提供されるもので、目的は利益を出すことではない。また、コストを最小限に抑えることばかり目指すわけにもいかない。食事の質が悪いと患者の不評をかい、病院の評判を落とすことにもなりかねないからだ。病院の購買担当者は、最低基準を満たす品質を低価格で供給するような団体向け食品供給業者を探す必要がある。そのため、多くの食品業者が、公的機関購買者の特別なニーズと特性に合わせて独立部門を設けている。例えばハインツでは、病院、大学、刑務所の要望に合わせ、それぞれに製品、パッケージ、価格の異なる特別仕様のケチャップを生産している。

　国営の学校や病院の供給業者に選ばれれば、カーディナル・ヘルスのような企業にとっては大きな収益につながる。同社は、医療、手術、研究室関係の製品を供給するアメリカ最大の企業である。同社は在庫ゼロ・プログラムによって、150以上の救急病院を対象に、病院職員が必要とするときに必要なところへ製品を届けている。旧来のシステムでは、最も必要なものが不足し、必要でないものが大量に余るという状況が必ず生まれていた。カーディナル・ヘルスの見積もりによると、在庫ゼロ方式のおかげで、病院は年平均50万ドルの経費を節減できるようになった[3]。

政府機関市場

　たいていの国の政府機関は、製品やサービスの大型購買者である。例えば、アメリカ政府は2000億ドル相当の製品やサービスを購入しており、世界最大の顧客である。莫大なのは金額だけではない。契約数もやはり莫大である。毎年2000万件もの契約が処理されている。ほとんどの品目は2500～2万5000ドルの発注だが、なかには何十億ドルという高額な買い物もあり、その多くはテクノロジー関連である。

　一般に、政府機関は供給業者に入札を要請し、最低価格を提示した企業と契約を交わす。供給業者の質の高さや契約期日を守るという評判を判断材料にする場合もある。政府の支出決定は公表が義務づけられているので、政府機関は供給業者に膨大な書類提出を要請する。膨大な量の書類、面倒な手続き、規制、意思決定の遅さ、購買担当者の入れ替わりの激しさが、供給業者の不満にのぼることも多い。契約手続きを簡素化して入札をもっと魅力ある、効率的なものにしようと政府が努力しているのは、企業にとって朗報である。

❖ 購買状況

　企業購買者は、実際の購買までに多くの決定事項に直面する。その決定事項の数は、解決すべき問題の複雑性、需要発生からの経過時間、関係者の数、所要時間といった購買状況によって変わってくる。パトリック・ロビンソンをはじめとする研究者は、購買状況を、単純再購買、修正再購買、新規購買の3タイプに分類した[4]。

■ **単純再購買**　購買担当部門は、事務用品や洗剤などを日常的に繰り返し注文し、「認可業者リスト」から供給業者を選ぶ。供給業者は製品やサービスの品質維持に努力し、時間短縮のための自動再注文システムを提案することも多い。「リスト外の業者」は、新しいものを提供したり現在の業者に対する不満を利用したりして、最初は小さな注文から始め、しだいに自社の購買シェアを拡大しようとする。

■ **修正再購買**　購買者は、製品の仕様、価格、納入などの条件に修正を加えたがる。修正再購買では通常、供給業者および購買者双方で関係者数が増えることになる。リスト内の業者は取引高を守ることに神経質になり、リスト外の業者はより良い条件を提示して新しいビジネス獲得の機会を窺う。

■ **新規購買**　オフィスビルの購入や新防犯システムの導入など、購買者は、新規に製品やサービスを購買する。コストやリスクが大きくなるほど、関係者の数は増え、情報収集量も多くなる。そのため最終決定までにかかる時間も長くなる[5]。

　新規購買は認知、関心、評価、試用、採用の段階を経る[6]。コミュニケーション・ツールの効果は、段階ごとに異なる。最初の認知段階では、マス媒体が最も重要である。関心段階では販売員が大きな影響力を持つ。評価段階では、専門的な情報源が最重要である。

　企業購買者が下す決定の数は、単純再購買において最も少なく、新規購買において最も多い。新規購買の場合、購買者は、製品の仕様、価格の上限、納入の条件と時期、サービス条件、支払条件、注文数量、買ってもよいと思う供給業者、そして厳選した供給業者を決定しなければならない。それぞれの決定には異なる関係者が影響を与え、決定の順序も状況によって変わる。新規購買はマーケターにとって最大の好機であり、挑戦でもある。そのため、マーケターはできるだけ多くのキーパーソンと接触し、役に立つ情報や支援を提供するよう努力すべきである。新規購買は複雑なので、多くの企業では選りすぐりの販売員を集めた「ミッショナリー・セールス・フォース」にあたらせている。

❖ システム購買とシステム販売

　企業購買者の多くは、問題に対するトータル・ソリューションを販売業者1社から一括購入したいと考える。「システム購買」と呼ばれるこの慣行は、政府による主要兵器や通信システ

ムの購入から始まった。政府はまず、パッケージやシステムを組み立てる「元請業者」の入札を募る。契約を勝ち取った元請業者はまた入札によって、システムの各構成要素を組み立てる「下請業者」を募る。このいわゆる「完全受け渡し方式」で、購買者は、全部揃ってあとは鍵を1本回すだけという状態で製品を納入してもらえる。

購買者がこのような購買方法を好むのに気づき始めた多くの企業が、マーケティング・ツールとしてシステム販売を採用するようになった。システム販売の変種である「システム契約」は、製品に必要なメンテナンス（Maintenance）、修理（Repair）、オペレーティング（Operating）のMROサービス一式を供給業者1社が一括して供給する方法である。売り手が在庫管理をするため、買い手のコストが削減でき、供給業者の選定にかける時間も少なくてすむ。売り手の側にも、需要が安定しており書類作成も削減できるため業務コストを抑えられるという利点がある。

システム販売は、ダムや鉄鋼工場やパイプラインといった大規模なプロジェクトの入札の際に重要な生産財マーケティング戦略である。契約獲得のため、プロジェクト・エンジニアリング企業は価格、品質、信頼性などで他社と競うことになる。例えば、インドネシア政府が、ジャカルタ近郊にセメント工場を建設するため入札を募った際、アメリカ企業の提案は、用地の選択、セメント工場の設計、建築作業員の雇用、資材と設備の用意、完成した工場のインドネシア政府への引渡しという内容であった。日本企業の提案には、アメリカ企業が提案したすべてのサービスに加えて、工場で働く労働者の雇用と教育、セメントの輸出、そしてここで生産したセメントをジャカルタの道路や新しいオフィスビルの建設に使用することまで含まれていた。日本企業の提案のほうがコストは高かったが、契約を勝ち取った。これこそが真のシステム販売である。日本企業は顧客ニーズをきわめて広く捉えていたのである。

企業購買プロセスの関係者

企業組織が必要とする何兆ドルもの製品やサービスを購入するのは誰だろうか。単純再購買や修正再購買においては購買担当者だが、新規購買においては他部門の人間が大きな影響力を持つ。通常、部品の選択を左右するのは技術部門の人間で、供給業者の選定は購買担当者が中心となって行う[7]。

❖ 購買中枢

ウェブスターとウィンドは、購買組織の意思決定単位を**購買中枢**と呼んでいる。購買中枢とは「購買決定プロセスに参加する個人とグループのすべてをいい、目的と決定に伴うリスクを共有する」[8]。購買中枢の構成員は組織に属し、以下の購買決定プロセスの7つの役割のうちいずれかを担っている[9]。

1. **発案者** 購買を最初に要求する人。使用するのは、本人である場合もあれば、組織内の他者である場合もある。
2. **使用者** 製品やサービスを使用する人。使用者が発案し、製品要件の定義を手伝うことが多い。
3. **影響者** 技術者など、購買決定に影響力を持つ人。製品仕様を決め、候補対象を評価するための情報を提供することが多い。
4. **決定責任者** 製品要件や供給業者を決定する人。
5. **承認者** 決定責任者または購買担当者の提案を承認する人。
6. **購買担当者** 供給業者を選び、購買条件を決定する正式な権限のある人で、上級管理職も含む。製品仕様の決定に意見を述べる場合もあるが、供給業者を選んで交渉にあたるのが主な役目である。
7. **窓口** 購買中枢に接触を求める販売者や情報を退けてしまう力を持つ人。例えば購買担当者、受付、電話オペレーターなどである。

　1つの役割を複数の個人が共有している場合もあれば（使用者や影響者が多数いる場合など）、1人が複数の役割を担っている場合もある[10]。例えば購買マネジャーが、購買担当者、影響者、窓口という複数の役割を1人で担うことはよくある。この場合、セールス・レップが組織内の他の人間に頼んでもよいことや、購買の予算その他の制約を決めるのは購買マネジャーである。また、会社の要求を満たす供給業者候補を、別の人間（決定責任者）が2社以上選んでいたとしても、実際に取引する業者を決定するのは購買マネジャーである。典型的な購買中枢は少なくとも5〜6人以上で、何十人もいる場合もめずらしくない。購買中枢は、政府の役人、技術アドバイザー、他のマーケティング・チャネルのメンバーなど、標的顧客組織の外部にいる人々を含んでいる場合もある。

❖購買中枢の影響

　通常、購買中枢には関心、権限、地位、動機の異なる参加者がいるものである。購買中枢の各メンバーは、それぞれまるで違った決定基準を重視することがよくある。例えば技術部門の人間は、製品の実際のパフォーマンスを最大化することに何よりも関心を抱く。生産部門の人間は製品の使いやすさと信頼性を第一に考えるだろう。財務部門の人間なら、購買の経済性に注目するかもしれない。購買担当者ならオペレーション・コストおよび交換コストを気にするだろう。

　企業購買者が意思決定を下す際、多くの影響要因が存在する。購買者一人ひとりに個人的な動機、知覚、選好があり、それらは購買者の年齢、収入、教育、職位、性格、リスクへの態度、文化的背景に影響される（海外向けビジネス・マーケティングにおける文化的影響への対処法については、「マーケティング・スキル▶異文化間マーケティング」参照）。購買スタイルも人

マーケティング・スキル ▶ 異文化間マーケティング

　基本的に、人類はみな同じではない。このことは、文化の国境を越えたマーケティング・スキルを磨くうえで心に留めておくべき大前提である。異文化間マーケティングは今日のグローバル市場では欠くことのできないスキルである。言語の違いは別にしても、文化が異なれば習慣も、考え方も、好みも、価値観も違うと思わなければならない。少なくとも、自国の文化との類似性を確認できるまではそうすべきだろう。マーケターは他文化を研究し、ビジネスの場や社会でとるべき言動を学ばなければならない。多くの文化では、価格をはじめとした製品やサービスそのものの特徴以上に、売り手と買い手の良好なリレーションシップを重んじているからである。同様に、他の文化の人々が相手を尊重する気持ちをどのような形で伝えるかを学び（そしてそれに倣い）、文化の違いによる予断を避けなければならない。

　さらに、多文化のビジネスパーソンが好むコミュニケーション手段（電子メールよりも電話のほうが望ましいか）、時間感覚（スケジュールの観念がおおらかか）、意思決定の形（コンセンサスが必要か）など、購買中枢に影響を及ぼしそうな違いも理解しておく必要がある。何よりも、自分の行動や態度を相手の文化に合わせる柔軟性が求められる。

　ミネソタの本社からソフトウェア会社向けのオンラインストアを運営している、デジタルリバーのマーケターとマネジャーに求められるスキルを考えてみよう。デジタルリバーは日本への進出を決めたとき、1年以上かけてビジネスニーズと購買影響を研究し、市場参入を容易にするため現地の企業とパートナーシップを結んだ。パートナー企業はデジタルリバーの B to B ウェブサイト構築を手伝っている。ウェブサイトこそ、日本企業の意思決定者と影響者に高い関連性と訴求力を持つべき重要なマーケティング・ツールである。日本人の翻訳者とグラフィックデザイナーを使うことで、デジタルリバーの CEO いわく「言葉遣いだけでなく文化的にも間違いのないものが仕上がるのです」[13]。

　によって異なる。供給業者を選ぶにあたって、競合する提案を厳密に分析する者もいれば、古参のやり手で、販売者を互いに競合させる購買者もいる。

　ウェブスターによると、購買決定を下すのは、結局のところ組織でなく個人であることに注意すべきである[11]。個人は、組織から与えられる報酬（給料、昇進、評価、達成感）を最大化しようとしながら、各人のニーズと知覚によって動機付けられる。個人的ニーズが個々人の

行動を「動機付け」し、組織のニーズが購買決定プロセスとその結果を「正当化」する。人々は2つの問題に対するソリューションを買う。1つは組織の経済的かつ戦略的な問題、もう1つは個人の達成と報酬を手にするという個人的な「問題」である。この意味で、企業の購買決定は「理性的」であると同時に「感情的」でもある。組織のニーズと個人のニーズの両方を満たそうとするからである[12]。

❖購買中枢の標的化

　努力を無駄にしないために、ビジネス・マーケターにはいくつか正確に把握しておくべきことがある。誰が購買決定に参加しているのか、そしてどの決定に影響を与えているのか、その影響力はどれほどのものか、どのような評価基準を用いているのか、である。個人の性格や人間関係要因について入手できた情報がいかに役立つとしても、ビジネス・マーケターは、意思決定プロセスの間にどのような集団力学が働くかを正確に把握することはおそらくできない。小規模企業は「購買への決定的な影響者」との接触に力を入れる。大手企業は「複数レベルで深い販売努力」を行い、できるだけ多くの関係者と接触しようとする。営業担当者は大口顧客とともに生きているといってもよい。隠れた購買影響者に接触を図り、既存顧客に情報提供し続けるために、コミュニケーション・プログラムは企業にとってますます重要になるだろう[14]。

　標的セグメントを定義する際は、対応するマーケティングの内容によって企業顧客を4タイプに分類することが多い（**表6-2**参照）。ある企業は低価格を設定して価格志向購買者との取引を望むが、次のような制約条件をつけることもある。(1) 購入できる量を制限する、(2) 払い戻しをしない、(3) 価格調整をしない、(4) アフターサービスを提供しない[15]。GEは、航空機エンジンに診断用センサーを搭載している。おかげで、何時間もかけて飛行機を移動させる必要がなくなった。

　顧客からの価格引き下げ要求に対応する方法として、「リスクとゲインの共有」を利用することができる。例えば病院を顧客とする供給業者メッドライン社が、自社シェアを10倍にし

表6-2　企業顧客のタイプ

顧客セグメント	特　性	販売アプローチ
価格志向顧客	価格がすべてである。	取引販売
ソリューション志向顧客	低価格を望むが、総コスト削減や、より信頼できる製品やサービスについての話に関心を示す。	コンサルティング販売
ゴールド・スタンダード顧客	製品の品質、サポート、信頼できる納品といった点でのパフォーマンスを重視する。	品質販売
戦略的価値顧客	供給業者を1つに絞り、永久的なリレーションシップを結ぶことを望む。	企業販売

てもらう見返りに、最初の18ヶ月間は35万ドルのコスト削減を達成するという契約をハイランド・パーク病院と結ぶとする。もしメッドライン社が契約した額の削減を達成できなければ、差額を補償することになる。契約以上の結果を出せば、上回ったコスト削減分を顧客と折半して受け取る。この取り決めを実現させるには、顧客の履歴データベース構築を支援し、ベネフィットとコストの測定に合意し、紛争解決メカニズムを考案する必要がある。

「ソリューション販売」もまた、さまざまな形態で価格プレッシャーを軽減する。次に3つの例を示そう[16]。

■**顧客の収益を拡大するソリューション** ヘンドリクス・ブーダースのセールス・コンサルタントは農場主たちを支援して、彼らの家畜を競合他社に比べ5〜10%大きくすることを可能にした。

■**顧客リスクを軽減するソリューション** ICIイクスプローシブズは、採石場までより安全に爆薬を運搬する方法を考案した。

■**顧客コストを削減するソリューション** W.W.グレインジャーの従業員は、資材管理コスト削減のために大口顧客の施設内で働いている。

購買プロセスの諸段階

購買プロセスは「購買フェイズ」と呼ばれる8つの段階を経る。ロビンソンらはこれを、**表6-3**に示す「購買グリッド」枠組みにした[17]。修正再購買または単純再購買状況においては、

表6-3 購買グリッド枠組み：企業による購買プロセスの主な段階（購買フェイズ）と主な購買状況（購買クラス）との関係

		購買クラス		
		新規購買	修正再購買	単純再購買
購買フェイズ	1. 問題認識	ある	どちらともいえない	ない
	2. 総合的ニーズのリスト化	ある	どちらともいえない	ない
	3. 製品仕様書	ある	ある	ある
	4. 供給業者の探索	ある	どちらともいえない	ない
	5. 提案書の要請	ある	どちらともいえない	ない
	6. 供給業者の選択	ある	どちらともいえない	ない
	7. 発注手続き	ある	どちらともいえない	ない
	8. パフォーマンスの検討	ある	ある	ある

出典：Patrick J. Robinson, Charles W. Faris, and Yoram Wind, *Industrial Buying and Creative Marketing* (Boston：Allyn & Bacon, 1967), p. 14.

圧縮されたり省略されたりする段階もある。例えば、単純再購買では、購買者は通常ひいきにしている供給業者、または、供給業者の格付けリストを持っているので、供給業者の探索と提案書の要請の各段階は省略されることになる。次の項では典型的な新規購買状況を例にとり、各段階を検証していく。

❖問題認識

　購買プロセスは、特定の製品やサービスの獲得によって解決できる問題またはニーズを企業内の誰かが認識した時点で始まる。問題認識は社内もしくは社外の刺激によって起こる可能性がある。問題認識に結びつく典型的な社内刺激には、次のようなものがある。新製品を開発することになり、新しい設備と材料が必要になる。機械が故障して新しい部品が必要になる。購入した材料に欠陥が見つかる。より安価なもの、より品質の良いものが入手可能だと購買担当マネジャーが知る。社外からの刺激とは、購買者がトレード・ショーで新しいアイデアを思いついたり、広告を見たり、セールス・レップの訪問を受けてより良い製品や低価格を提示されるといったことである。ビジネス・マーケターは、ダイレクトメール、テレマーケティング、インターネット・コミュニケーション、見込み客への営業訪問によって問題認識を喚起することができる。

❖総合的ニーズの明確化と製品仕様書

　次に、購買者は必要な製品のおおよその特性と必要数量を割り出す。標準的な製品ならこのプロセスはあっさりと片づく。しかし製品が複雑になると、購買者は必要な特性（信頼性、耐久性、価格など）を明確にするために、技術者や使用者などと共同作業をする必要が生じるだろう。ビジネス・マーケターも、自社製品がいかに購買企業のニーズを満たし、さらにそれを超えるものであるかを説明して、購買者を手助けすることができる。例えばHPは顧客にとっての「信頼できるアドバイザー」になるべく努力を重ね、顧客の抱える独自の問題に合わせたソリューションを提供してきた。HPが気づいたのは、パートナーを求めている企業もあれば、製品が役に立ってくれればそれで十分だという企業もある、ということだ。同社は、コンピュータのネットワーク・システムのように複雑な製品を販売する場合には、アドバイザー的役割を負う。同社の最高級コンピュータ事業が60%成長したのは、この「信頼できるアドバイザー」手法によるところが大きいと考えられている[18]。

　続いて、組織購買者は技術面の製品仕様書を作成する。企業は「製品価値分析（PVA）」というコスト削減のためのアプローチを用いることが多い。これは部品の設計変更が可能か、標準化できるか、より安く製造できるかを詳細に検討するものである。PVAチームは製品に使われている高コスト部品を調べる。また、耐久年数が製品よりも長い過剰設計の部品がないかも調べる。厳密な製品仕様書を作成することで、購買者は、高額すぎたり、基準を満たしてい

ない部品を拒否したりすることが可能になる。供給業者にとっても、PVAは顧客を獲得するためのポジショニング・ツールとして利用できる。

❖供給業者の探索

　次に購買者は、業界名簿を見たり、他企業にコンタクトをとったり、広告を見たり、トレード・ショーに行ったりして、最適な供給業者の探索を行う。一方ビジネス・マーケターのほうは、製品や価格などの情報をインターネット上に掲載する。「垂直ハブ」はプラスチック工業、鉄鋼業、化学薬品業、製紙業というように産業別にしたもので、「機能ハブ」は、ロジスティクス、メディア購買、広告、エネルギー管理というように機能別のものである。こうしたウェブサイトの利用に加え、企業は主要供給業者へのダイレクト・エクストラネット・リンク、他の業界メンバーとの購買アライアンス、企業購買サイトといった方法でも電子調達を実施することができる。

　供給業者のやるべきことは、大手のオンライン・カタログやオンライン・サービスに掲載してもらい、購買者とコミュニケーションをとり、市場で良い評判を築くことである。期待される生産能力がなかったり評判が悪かったりすれば、供給業者には注文が来ない。反対に、購買者に認められれば、担当者が訪れてきて工場設備を見たり従業員に会ったりする。購買者はいくつかの候補を評価してから、適格と判断した少数の供給業者をリスト化する。多くの供給業者は、リストに生き残る可能性を高めるためマーケティングを変更してきた。例えば、ピッツバーグに本社を置くカトラーハンマー社は、サーキット・ブレーカーなどの電気部品をフォードなどの重工業メーカーに販売している。製品が複雑になり数も増えてきたため、同社は、特定の地域、業界、市場を重点的に狙うセールス・チームを組むことにした。ここでは、一人ひとりが製品やサービスについての専門知識を持ち寄る。単独でなくチームで動くことによって同僚の知識を活用し、賢さを増していく購買チームに対応しているのである[19]。

❖提案書の要請

　購買者は適格な供給業者に提案書の提出を求める。複雑な製品、あるいは高価な製品の場合は、詳細な提案文書の提出を求めることになる。提案書の評価を行った後、購買者は数社を選んで正式なプレゼンテーションを要請する。ビジネス・マーケターは、調査能力、文章能力、プレゼンテーション能力に長けていなくてはならない。提案書は、顧客の観点から見た価値とベネフィットを記述したマーケティング文書であるべきだ。プレゼンテーションは信頼を勝ち取り、競合各社の中で自社のケイパビリティと資源を際立たせて印象づけるものでなくてはならない。

　供給業者は提案書を提出させてもらうために適格審査にパスしなければならない。時として、認証を得なければならないこともある。ゼロックスが供給業者に課している資格条件を見

てみよう。同社では厳しい国際品質基準を満たしている企業に限り供給業者としての資格を与えている。さらに「ゼロックス・マルチナショナル供給業者品質調査」を完了し、「継続的供給業者参加プロセス」に参加し、厳しい品質トレーニングを受け、マルコム・ボルドリッジ国家品質賞と同じ基準に基づいた評価を受けなければならない。驚くにはあたらないだろうが、ゼロックスの供給業者として認可されたのは、世界でわずか176企業だけである[20]。

❖供給業者の選択

供給業者を選択する前に、購買中枢のメンバーは供給業者に求める属性（品質の信頼性やサービスの信頼性など）を特定してその重要度のリストを作る。次に、それらの属性に基づいて各供給業者を格付けし、最も魅力ある供給業者を特定する。ビジネス・マーケターは、企業購買者の評価方法をよく理解しておかなければならない[21]。アンダーソン、ジェイン、チンタギュンタは、ビジネス・マーケターが顧客価値を評価するのに使用する主な方法を研究し、8つの「顧客価値評価（CVA）」法を発見した。精密なものほど顧客の知覚価値を正確につかむことができるが、企業は単純な方法を使うことが多い。

さまざまな属性の中で何を選択し重視するかは、購買状況によって異なってくる[22]。ルーチン・ベースで注文する製品なら、納期の確実さ、価格、供給業者の評判が重要である。コピー機など事務手続きを要する製品なら、技術サービス、対応の柔軟性、品質の信頼性という3つの属性が最も重要である。コンピュータ・システムの選択など、組織内に力関係の競争を起こす政治の絡む製品であれば、価格、供給業者の評判、品質の信頼性、サービスの信頼性、対応の柔軟性が最も重要である。

購買者は最終選択を行う前に、候補に上がった供給業者を相手に、価格と諸条件を有利に運ぶための交渉をするだろう。戦略的調達、パートナーシップ、部門横断的なチーム参加への動きもあるが、依然として購買者は値下げの交渉にかなりの時間を割く。価格は今でも供給業者選択の際の重要な基準なのである[23]。マーケターの側が値下げ要求に対応する方法はいろいろある。自社製品を使ったときの「ライフサイクル・コスト」が他社製品よりも低いことを説明してもよいし、購買者が現在受け取っているサービスが競合他社より優れたものならば、その価値を挙げてもよい。

購買者選択プロセスの一部として、購買中枢は使う供給業者の数を決定する必要がある。かつては、多くの企業が適切な供給品を確保したり割引を獲得するために、多数の供給業者を抱えておくのを好んでいた。リスト外の供給業者は思い切った低価格をオファーして入り込もうとしたものだ。しかし、企業は供給業者数を減らす傾向にある。フォード、モトローラ、アライドシグナルは、供給業者数を20〜80％減らした。生き残った供給業者はより大きなコンポーネント・システムを任され、品質とパフォーマンスを継続的に向上させ、毎年一定の割合で供給価格を引き下げていかなければならない。供給業者をたった1社に絞る流れもある。

❖発注手続き

　供給業者の選定が終わると、購買者は最終的な注文内容を取り決め、技術的な仕様、必要数量、納品予定日などの項目について確認する。MRO品については、購買者は周期的に発注するよりも包括契約を望む。「包括契約」では、設定期間内であれば、購買者が必要な分だけ、合意した価格で再提供することを供給業者が約束しており、長期的なリレーションシップが構築される。売り手が在庫を持っているので、包括契約は「在庫ゼロの購買プラン」と呼ばれることもある。購買者が在庫を必要とした時点で、コンピュータが自動的に売り手に注文書を送るようになっている。包括契約は供給業者を1社に絞った購買や、1社に多品目を発注する流れを促進している。購買者が既存業者の価格、品質、サービスに不満を抱かない限り、リスト外の業者の新規参入は難しい。

　主要原料の不足を恐れる企業は、大量の在庫を購入し保管しようとする。こうした企業は、原料の安定供給を確実にする長期契約を供給業者と結ぼうとする。デュポン、フォードをはじめとする大企業は、長期供給計画を購買マネジャーの主要な責務とみなしている。例えばGMは、同社の工場の近くに拠点を構えて高品質の部品を生産する少数の供給業者からの購買を望んでいる。さらに、ビジネス・マーケターは重要顧客との間にエクストラネットを構築して取引を容易にし、コスト削減を図っている。顧客は直接コンピュータに注文を入力し、注文は自動的に供給業者へ送信される。なかには、「供給業者による在庫管理」と呼ばれるシステムで、注文業務を供給業者にシフトする企業も現れた。このような供給業者は企業の在庫状況に気を配り、「継続補充プログラム」によって自動的に補充する責任を担っている。

❖パフォーマンスの検討

　購買プロセスの最終段階で、購買者は選定した業者のパフォーマンスを定期的に検討する。これには3つの方法がある。1つ目は、購買者が最終ユーザーに連絡を取って評価してもらうやり方である。2つ目は、購買者自身がいくつかの項目について点数で評価するやり方である。3つ目は、供給業者の劣悪なパフォーマンスによって生じた余分なコストを購買者が集計し、それを価格とともに購買コストの計算に入れるやり方である。パフォーマンスの検討によって、購買取引を継続するか、修正するか、中止するかを決定する。将来も購買を継続してもらうためには、供給業者は製品の購買者および最終ユーザーが評価に使っているのと同じ変数をモニタリングしなければならない。

❖ビジネス・リレーションシップ：リスクと機会主義

　企業顧客との間に強力なリレーションシップを形成できるかどうかは、購買者が供給業者に対してどれだけ信用性を知覚できるかによる。「企業の信用」とは、顧客が企業に対して、自

分たちのニーズや欲求を満たす製品サービスを考案し提供できると信じられる程度をいう。企業の信用は、企業が市場で獲得した評判と相関し、強力なリレーションシップの基礎となる。きわめて信用できるとみなされない限り、企業が他の企業と強力な絆を作るのは困難である。企業の信用は、3つの要素に左右される[24]。

■**企業の専門技術** その企業が製品を製造し販売したり、サービスを提供したりできる能力がどれだけあると判断されるか。
■**企業の信頼性** その企業がどれだけ誠意があり、信頼でき、顧客のニーズに敏感であると判断されるか。
■**企業の好感度** その企業がどれだけ、好ましい、魅力的、一流である、活気がある、などと判断されるか。

　ブヴィックとジョンは、次のように述べている。顧客と供給業者がリレーションシップを確立する際、保証と適応との間で緊張関係が生まれる[25]。垂直的調整は、顧客と供給業者の間により強い絆を生むが、同時に、双方で特殊投資へのリスクが高まる場合がある。「特殊投資」とは、企業独自のトレーニング、施設、業務手順への投資のように、特定の企業や価値連鎖パートナーのための支出のことである[26]。特殊投資は、企業が収益を伸ばし、ポジショニングを達成する助けになる[27]。とはいえ特殊投資は、顧客にとっても供給業者にとってもかなりのリスクを伴う。経済学における取引理論によれば、こうした投資は一部が回収不可能になるため、特定のリレーションシップに投資する企業間に限定されてしまう。コストとプロセスに関して詳細な情報が交換される必要があるだろう。購買者側には、停止した場合にスイッチング・コストというマイナスの影響が生じやすい。供給業者側には、将来の契約が停止した場合、特定用途向けの資産が足枷になったり、技術や知識を搾取されたりするといったマイナスの影響が生じやすい[28]。
　購買者が供給業者のパフォーマンスを監視するのが難しい場合、供給業者は期待される価値を提供しない可能性がある。「機会主義」は、「契約で暗示あるいは明示された内容についての、不正や供給不足の形態」と考えられる[29]。あからさまな自己利益の追求や、契約合意に反するような意図的な不実表示である場合もある。1996年型フォード・トーラス生産の際、フォードは供給業者1社に全プロセスを外注した。受注したリア・コーポレーションは、さまざまな理由から、履行不可能とわかっていながら契約を交わした。フォードによれば、リア社は納期を守らず、重量と価格の目標を満たさず、とりつけた部品はきちんと作動しなかったという[30]。また、環境変化への対応を拒否したり嫌がったりするという、受動的な形の機会主義もある。
　機会主義が懸念されるのは、本来ならもっと生産的な目的に使える資源を、コントロールや監視に注ぐ必要があるからだ。供給業者の機会主義が見破りにくくなる場合、企業が他では使えない資産に特殊投資を行う場合、そして不測の事態が起こりかねない場合、契約では供給業

者の取引を統制できなくなる可能性がある。顧客と供給業者は、供給業者の資産の特殊性が高く、行動監視が困難で、かつ業者としての評判が芳しくないときには、（単純契約ではなく）ジョイント・ベンチャーの形をとる傾向が強い[31]。一方、供給業者の評判が良いときは、評判という価値ある無形資産を保護するため、供給業者は機会主義を回避する傾向が強い。

参考文献

1. Andy Reinhardt, "SAP：A Sea Change in Software," *BusinessWeek*, July 11, 2005, pp. 46-47；Janet Guyon, "The Man Who Mooned Larry Ellison," *Fortune*, July 7, 2003, pp. 71-74.
2. Frederick E. Webster Jr. and Yoram Wind, *Organizational Buying Behavior* (Upper Saddle River, NJ：Prentice Hall, 1972), p. 2.
3. Robert Hiebeler, Thomas B. Kelly, and Charles Ketteman, *Best Practices：Building Your Business with Customer-Focused Solutions* (New York：Arthur Andersen/Simon & Schuster, 1998), pp. 124-126. 邦訳：『ベスト・プラクティス：成功企業に学ぶ顧客戦略』（ロバート・ヒーブラー、トーマス・B・ケリー、チャールズ・ケッテマン著、高遠裕子訳、TBSブリタニカ、1999年）
4. Patrick J. Robinson, Charles W. Faris, and Yoram Wind, *Industrial Buying and Creative Marketing* (Boston：Allyn & Bacon, 1967).
5. Daniel H. McQuiston, "Novelty, Complexity, and Importance as Causal Determinants of Industrial Buyer Behavior," *Journal of Marketing* (April 1989)：66-79；Peter Doyle, Arch G. Woodside, and Paul Mitchell, "Organizational Buying in New Task and Rebuy Situations," *Industrial Marketing Management*, February 1979, pp. 7-11.
6. Urban B. Ozanne and Gilbert A. Churchill Jr., "Five Dimensions of the Industrial Adoption Process," *Journal of Marketing Research* (August 1971)：322-328.
7. Donald W. Jackson Jr., Janet E. Keith, and Richard K. Burdick, "Purchasing Agents' Perceptions of Industrial Buying Center Influence：A Situational Approach," *Journal of Marketing* (Fall 1984)：75-83.
8. Webster and Wind, *Organizational Buying Behavior*, p. 6.
9. 同上 pp. 78-80.
10. Frederick E. Webster Jr. and Yoram Wind, "A General Model for Understanding Organizational Buying Behavior," *Journal of Marketing* 36 (April 1972)：12-19；Webster and Wind, *Organizational Buying Behavior*.
11. Frederick E. Webster Jr. and Kevin Lane Keller, "A Roadmap for Branding in Industrial Markets," *Journal of Brand Management* 11 (May 2004)：388-402.
12. Scott Ward and Frederick E. Webster Jr., "Organizational Buying Behavior" in *Handbook of Consumer Behavior*, edited by Tom Robertson and Hal Kassarjian (Upper Saddle River, NJ：Prentice Hall, 1991), ch. 12, pp. 419-458.
13. Beckey Bright, "How Do You Say 'Web'？" *Wall Street Journal*, May 23, 2005, p. R11；Betsy Cummings, "Selling Around the World," *Sales & Marketing Management*, May 2001, p. 70；Rhonda Coast, "Understanding Cultural Differences Is a Priority," *Pittsburgh Business Times*, February 11, 2000, p. 13；John V. Thill and Courtland L. Bovée, *Excellence in Business Communication*, 5th ed. (Upper Saddle River, NJ：Prentice Hall, 2002), ch. 3.
14. Webster and Wind, *Organizational Buying Behavior*, p. 6.
15. Nirmalya Kumar, *Marketing As Strategy：Understanding the CEO's Agenda for Driving Growth and Innovation* (Boston：Harvard Business School Press, 2004).
16. Kumar, *Marketing As Strategy*.
17. Robinson, Faris, and Wind, *Industrial Baying and Creative Marketing*.
18. Rick Mullin, "Taking Customer Relations to the Next Level," *The Journal of Business Strategy* (January-February 1997)：22-26.

19. Robert Hiebeler, Thomas B. Kelly, and Charles Ketteman, *Best Practices : Building Your Business with Customer-Focused Solutions* (New York：Arthur Andersen/Simon & Schuster, 1998) pp. 122-124. 邦訳：『ベスト・プラクティス：成功企業に学ぶ顧客戦略』（ロバート・ヒーブラー、トーマス・B・ケリー、チャールズ・ケッテマン著、高遠裕子訳、TBSブリタニカ、1999年）
20. "Xerox Multinational Supplier Quality Survey," *Purchasing*, January 12, 1995, p. 112.
21. Daniel J. Flint, Robert B. Woodruff, and Sarah Fisher Gardial, "Exploring the Phenomenon of Customers' Desired Value Change in a Business-to-Business Context," *Journal of Marketing* 66（October 2002）：102-117.
22. Donald R. Lehmann and John O'Shaughnessy, "Differences in Attribute Importance for Different Industrial Products," *Journal of Marketing*（April 1974）：36-42.
23. Tim Minahan, "OEM Buying Survey-Part 2：Buyers Get New Roles But Keep Old Tasks," *Purchasing*, July 16, 1998, pp. 208-209. 供給業者選択におけるインターネットの影響については、以下を参照されたい。Kevin Ferguson, "Purchasing in Packs," *BusinessWeek*, November 1, 1999, pp. EB32-38.
24. Robert M. Morgan and Shelby D. Hunt, "The Commitment — Trust Theory of Relationship Marketing," *Journal of Marketing* 58, no. 3（1994）：20-38；Christine Moorman, Rohit Deshpande, and Gerald Zaltman, "Factors Affecting Trust in Market Research Relationships," *Journal of Marketing* 57（January 1993）：81-101；Kevin Lane Keller and David A. Aaker, "Corporate-Level Marketing：The Impact of Credibility on a Company's Brand Extensions," *Corporate Reputation Review* 1（August 1998）：356-378；Bob Violino, "Building B2B Trust," *Computerworld*, June 17, 2002, p. 32.
25. Arnt Buvik and George John, "When Does Vertical Coordination Improve Industrial Purchasing Relationships？" *Journal of Marketing* 64（October 2000）：52-64.
26. Akesel I. Rokkan, Jan B. Heide, and Kenneth H. Wathne, "Specific Investment in Marketing Relationships：Expropriation and Bonding Effects," *Journal of Marketing Research* 40（May 2003）：210-224.
27. Mrinal Ghosh and George John, "Governance Value Analysis and Marketing Strategy," *Journal of Marketing* 63（Special Issue, 1999）：131-145.
28. Buvik and John, "When Does Vertical Coordination Improve Industrial Purchasing Relationships？"
29. Kenneth H.Wathne and Jan B. Heide, "Opportunism in Interfirm Relationships：Forms, Outcomes, and Solutions," *Journal of Marketing* 64（October 2000）：36-51.
30. Mary Walton, "When Your Partner Fails You," *Fortune*, May 26, 1997, pp. 87-89.
31. Mark B. Houston and Shane A. Johnson, "Buyer-Supplier Contracts Versus Joint Ventures：Determinants and Consequences of Transaction Structure," *Journal of Marketing Research* 37（February 2000）：1-15.

第 7 章
市場セグメントと
ターゲットの明確化

◆ 本章では、次の問題を取り上げる ◆

1. 市場を構成するセグメントはどのように特定できるのか。
2. 市場ターゲティングによって参入すべき魅力的なセグメントを選定するには、どのような基準が使えるのか。

ホールマークのマーケティング・マネジメント

　ホールマークはあらゆる人、あらゆる用途向けのカードを取り揃えている。アメリカのグリーティング・カード市場を支配するホールマークは、消費者を丹念に研究して収益性の高いセグメントやニッチを特定し、新製品を出す。同社のマーケターは人種、宗教、行事、年齢、出身国、価格感受性などの変数別にセグメントを分ける。例えば、シンセラメンテ・ホールマークはヒスパニック系アメリカ人向けにデザインされた 2500 種類以上のカードを擁するラインである。この製品ラインのマーケティング・マネジャー、フリオ・ブランコは、「ホールマークはリサーチを実施し、カードのタイプごとにどういう人が購入するのかじっくりと理解します。当社のカードを通じてヒスパニック系消費者一人ひとりの心に寄り添いたいのです」と言う。
　ホールマークのマホガニー・ブランドはアフリカ系アメリカ人を、ツリー・オブ・ライフ・ブランドはユダヤ系アメリカ人を、フレッシュ・インク・ブランドは 18 〜 39 歳の女性を、99 セントに価格設定したウォーム・ウィッシズ・ブランドはコスト意識の高い購買者をターゲットにしている。用途別に市場をセグメント化することで、ホールマークはベテランズ・デー【訳注：退役軍人の日】や、イード・アル・フィトル祭（イスラム教徒の断食月ラマダン明けの祭り）など、多種多様な記念日ごとのブランドを銘打ったカードを発売している。同社はやがて魅力的なサブセグメント向けの製品を創り出すことによって、焦点をさらに絞り込んでいった。例えば、マホガニー・ラインにはクワンザ・ホリデー【訳注：アフリカ系アメリカ人の行事】用カードのラインだけでなく、社会に貢献したアフリカ系アメリカ人を記念したレガシー・オブ・グレートネス・ラインも揃っている。ベテランズ・デー・ラ

インには、陸軍、海軍、海兵隊、空軍、沿岸警備隊それぞれの退役軍人向けの愛国的なカードが20種類以上もある。このセグメント化戦略をもとに、ホールマークは2010年までに収益100億ドル突破を目論んでいる[1]。

他社との競争に効果的に勝つために、ホールマークのような企業はターゲット・マーケティングという手法をとっている。マーケティング努力を分散させる「ショットガン」・アプローチではなく、自社が満足を提供する可能性が最も高い消費者に照準を合わせる「ライフル」・アプローチをとるのだ。ターゲット・マーケティングを行うにあたり、マーケターに必要とされるのは以下の3点である。(1) ニーズや選好の異なる購買者グループを特定し、その特徴を明確にする（市場細分化）。(2) 参入する市場セグメントを選ぶ（標的市場の設定）。(3) 自社の市場提供物の明確なベネフィットを確立し、それを伝える（市場ポジショニング）。本章では、このうち最初の2段階について説明する。ポジショニングについては第9章で論じる。

市場細分化のレベル

　マス・マーケティングでは、販売者は1つの製品をすべての購買者に対して、大量生産、大量流通、大量プロモーションする。この戦略の典型といえるのが、黒1色のT型フォードを販売したヘンリー・フォードのやり方である。コカ・コーラも、192mlのビン入りコーラ1種類のみを販売していた時代には、マス・マーケティングを実践していた。
　マス・マーケティングの主張点は、最大の潜在市場が開拓でき、それによってコストが最小になり、低価格や高利益につながる、というものである。しかし、市場の分化が進行し、マス・マーケティングは難しくなると指摘する専門家も多い。広告媒体と流通チャネルが激増し、多くの視聴者に到達することは難しくなってきている。マス・マーケティングは瀕死の状態だと主張する者もいる。多くの企業が4つのレベル（セグメント、ニッチ、地域、個人）のいずれかでの「ミクロ・マーケティング」に目を向け始めている。

❖ セグメント・マーケティング

　市場セグメントは、類似した欲求を共有する顧客グループからなる。例えば自動車の購買者の場合、低コストな輸送能力を求める者、高級な使用感を求める者、に分かれる。ただし、「セグメント」と「セクター」は異なる。「若い中間所得層の自動車購買者」はセクターであってセグメントではない。若い中間所得層の自動車購買者でも、車に何を求めるかは千差万別だからだ。マーケターの仕事は、セグメントを作り出すことではなく、セグメントを特定し、どのセグメントをターゲットにするかを決定することである。

セグメントの構成員の欲求は似てはいても同じではないため、アンダーソンとナラスは、1つのセグメントのすべての構成員に対して、1つの標準的な市場提供物ではなく、フレキシブルな市場提供物を提示することを薦めた[2]。**フレキシブルな市場提供物**には、2つの構成要素がある。セグメントの全構成員が高く評価する製品およびサービス要素である「ネイキッド・ソリューション」と、セグメント構成員の一部が高く評価する「オプション」である（追加料金がかかる場合がある）。例えばアメリカン航空は、エコノミーの乗客全員に座席とソフトドリンクを提供するが、アルコール飲料には追加料金を取っている。

❖ ニッチ・マーケティング

「ニッチ」とは、セグメントよりさらに狭く定義した顧客グループのことで、明確なベネフィットの組み合わせを望む集団である。マーケターは通常、セグメントをサブセグメントに分けることによって、ニッチを特定する。例えば、自動車保険会社プログレッシブは、事故歴のあるドライバー向けに「規格外」の保険を販売し、高額な保険料を徴収して保障を提供し、大きな利益を上げている。魅力あるニッチでは、顧客が明確なニーズを持っており、自分たちのニーズを最もよく満たしてくれる企業にプレミアム価格を払い、競合他社を引きつける可能性が低い。さらに、ニッチ企業は専門化によってある程度の利益を得ることができ、そのニッチの規模や利益や成長には潜在性がある。

セグメントはある程度大きく、複数の競合他社が参入するのに対し、ニッチはきわめて小さく、1、2社しか参入しない。それでも、IBMのような大企業が、ニッチ企業に市場を奪われる場合がある。ダルジックとリュウはこの対決を「ゴリラに立ち向かうゲリラ」と評した[3]。そのため、ホールマークなどの大企業がニッチ・マーケティングに目を向け始めた。ニッチ・マーケターが顧客ニーズをよく理解しているからこそ、顧客は喜んでプレミアム価格を払う。100％ナチュラルのパーソナル・ケア製品を販売するトムズ・オブ・メインは、歯磨き粉に30％のプレミアムをつけることもある。これは、環境に配慮したユニークな製品やチャリティ寄付プログラムが、大企業に背を向けた消費者にアピールするからである[4]。マーケティング効率が上昇するにつれ、一見、小規模すぎるように見えるニッチは、より収益性が高くなる可能性がある[5]。

インターネット・マーケティングのコストの低さから、多くの新興小企業がニッチを狙うようになった。インターネットを利用したニッチ・ビジネス成功の秘訣は、顧客が簡単に見つけられない製品、かつ、直接見たり触れたりする必要のない製品を選ぶことだ。スティーブ・ウォリントンはダチョウやその卵の殻や肉をはじめ1万5000点の関連製品を販売するオンライン・ベンチャー（www.ostrichesonline.com）で成功を収めた。ほとんど資金をかけずにサイトを立ち上げたこのビジネスは、今では125ヶ国に3万人以上もの顧客がいる[6]。

❖ 地域マーケティング

　ターゲット・マーケティングを追求すると、地域の顧客グループ（取引地域、地元エリア、場合によっては個別商店）のニーズと欲求に合わせたマーケティング・プログラムになる。シティバンクの各支店は、地区のデモグラフィックスに応じて、銀行サービスを調整している。また、クラフトはスーパーマーケット・チェーンに対し、店舗や地区ごとにチーズの売上高を最大にするような品揃えや陳列方法を助言している。

　地域マーケティングは、草の根マーケティングと呼ばれる成長中のトレンドを反映したものである。できるかぎり個々の顧客に近づき、その人に合わせることに注力したマーケティング活動を行うのである。ナイキが当初成功した大きな理由は、地域の学校チームへのスポンサーシップや、専門家によるクリニックといった草の根マーケティングを通して、標的消費者を取り込む能力にあった。草の根マーケティングの大部分は、「経験価値マーケティング」である。経験価値マーケティングとは、製品やサービスをプロモーションする際、ユニークで興味深い経験と結びつける手法である。あるマーケティング・コメンテーターによれば、経験価値マーケティングとは「販売ではなく、ブランドによっていかに顧客の生活が豊かになるかを示すこと」である[7]。

　地域マーケティングを支持する者は、全国規模の広告は無駄が多いと考える。地域のニーズに応えていないからである。地域マーケティング反対派は、規模の経済性が小さくなるため製造コストやマーケティング・コストが上昇してしまう、と主張する。多様な地域の要求に応じようとするとロジスティクス面の問題も大きくなる。製品やメッセージが場所ごとに異なると、ブランドの全体イメージが弱まってしまう可能性もある。

❖ カスタマリゼーション

　細分化が究極まで進むと、「セグメント・ワン」「カスタマイズド・マーケティング」「ワン・トゥ・ワン・マーケティング」となる[8]。現代の顧客は、何をどのように買うかという決定について、より個人的なイニシアティブを持ちつつある。インターネットにアクセスし、製品やサービスに関する情報や評価を調べ、供給業者、ユーザー、製品批評家たちと意見交換し、自分の欲しい製品をデザインすることも少なくない。今日のオンライン企業は、その多くが顧客に「チョイスボード」を提示している。「チョイスボード」とは、個々の顧客が、属性、部品、価格、納品オプションのメニューから選択して、自分の製品やサービスをデザインできる双方向オンライン・システムである。顧客が選択すると、供給業者の製造システムに信号が送られ、その製造システムが、調達、部品組み立て、納品という一連の作業に入る[9]。

　ウィンドとラングスワミーは、供給業者を「カスタマライズ」の方向に動かしたのはこの「チョイスボード」だと見ている[10]。**カスタマリゼーション**は、運営面で行き詰ったマス・カスタマイゼーションとカスタマイズド・マーケティングを融合し、消費者が自分で選択して製

品やサービスのデザインができるようにした方法である。企業はもう顧客に事前情報を求める必要もなく、自社で製造部門を抱える必要もない。ただ、プラットフォームとツールを提供し、顧客が自分の製品をデザインできる手段を「貸す」のである。製品、サービス、メッセージをワン・トゥ・ワン・ベースでカスタマイズして個々の顧客に対応できれば、その企業はカスタマライズされていることになる[11]。

　自動車のように複雑な製品にここまでの細分化を適用するのはきわめて難しいだろう。カスタマリゼーションにより製品のコストが上昇し、顧客の納得する価格を超えてしまうこともありうる。実際の製品を目にするまでは、自分がどんなものを望んでいるのかわからない顧客もいるが、企業が製品の生産に入ってしまえば注文をキャンセルできない。しかしこうした条件にもかかわらず、カスタマリゼーションがうまく機能する製品もある。例えば、ミネソタ州のアンダーセン・ウィンドウズは住宅用の窓を製造している10億ドル企業であるが、流通業者と小売業者向けに、工場と直結した双方向コンピュータ版カタログを開発した。いまや650のショールームに設置されているこのシステムを使い、販売員に手伝ってもらいながら、顧客は自宅の窓を好みに応じて設計し、選んだデザインの構造的安全性を確認し、価格を見積もることができる。アンダーセンはそこからさらに一歩進んで、すべてを注文製造する「バッチ・オブ・ワン（一括）」製造プロセスを開発し、同社にとって最大のコストだった完成部品の在庫を減らすことに成功した[12]。

❖市場細分化のパターン

　市場セグメントは、さまざまな方法で定義づけできる。市場を分割する1つの方法は、「選好セグメント」を特定することである。例えば、アイスクリームの購買者に、甘さとまろやかさという2つの製品属性をどの程度重視するか尋ねるとしよう。反応として、3通りのパターンが考えられる。

■**均質型選好**　図7−1(a)は、消費者全員がほぼ同じ選好を持つ市場を示す。この市場にはナチュラル・セグメントがない。既存ブランドはどれも似ていて、甘さ、まろやかさともスケールの中央にかたまることが予測できる。
■**分散型選好**　その対極として、消費者の選好が座標面上に分散する場合がある（図7−1(b)）。これは、消費者の選好が人によって大きく異なることを示している。あるブランドは、最大多数の

(a) 均質型選好

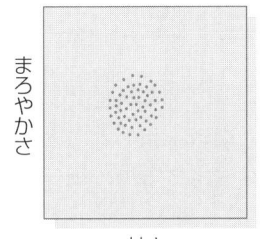

(b) 分散型選好

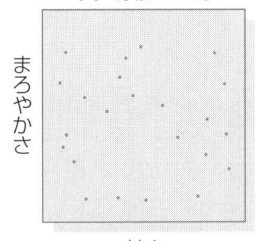

(c) クラスター型選好

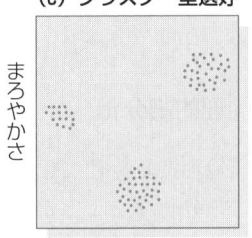

図7-1
市場選好の基本パターン

人々にアピールするために座標面の中央にポジショニングするかもしれない。複数のブランドが市場に存在している場合、各ブランドは座標面上に散らばり、消費者の選好の違いに応じた差異を示すだろう。

■**クラスター型選好** 消費者が、「ナチュラル市場セグメント」と呼ばれる明確な選好クラスターを示すことがある（**図7-1(C)**）。この市場に最初に参入する企業は、中央にポジショニングし、全グループへのアピールを狙うか、最大の市場セグメントにポジションを定める（「集中型マーケティング」）か、別々のセグメント向けに複数のブランドを開発するだろう。最初の参入企業がブランドを1つしか開発しなかった場合、競合他社は後から参入して別のセグメントにブランドを導入するだろう。

消費者市場とビジネス市場の細分化

　消費者市場とビジネス市場にはそれぞれ固有の違いがあるため、両者の細分化にまったく同じ変数を用いることはできない。消費者市場の細分化の基準としてある変数グループを用い、ビジネス市場の細分化にはまた別の変数グループを用いる。

❖消費者市場の細分化基準

　消費者市場の細分化では、2つの大きな変数グループが使われる。研究者によっては、記述的特性すなわち地理的特性、デモグラフィックスによる特性、サイコグラフィックスによる特性などを見てセグメントを形成しようとする。次にこれらの顧客セグメントがそれぞれ異なるニーズや製品への反応を示していないか検証する。ベネフィット、使用機会、ブランドに対する消費者の反応など、「行動上の」考慮要件を見ることによりセグメントを形成しようとする研究者たちもいる。セグメントを形成し終わると今度は、それぞれ異なる特性が、各消費者反応セグメントと関わりがないか調べる。

　どの細分化法がとられるにしろ重要なのは、顧客の違いを認識するため、マーケティング・プログラムに有効な調整を加えられるかどうかである。主な細分化変数――地理的変数、デモグラフィック変数、サイコグラフィック変数、行動変数――を**表7-1**にまとめた。

地理的細分化

　地理的細分化では、市場を国、州、地域、郡、都市、地元エリアといった多様な地理的単位に細分化することが必要になる。企業は1つまたは少数の地理的エリアで事業を行ってもよいし、地理的な相違に注意を払いながら全地域で事業展開してもよい。例えばヒルトンホテルは、ホテルの所在地に応じて客室やロビーをカスタマイズしている。北東部のホテルは洗練度が高く、コスモポリタン的雰囲気が濃厚である。一方、南西部のホテルは素朴な感じになって

| 表 7-1 | 消費者市場の主要な細分化変数 |

地理的変数：地域	太平洋沿岸、山岳部、北西中部、南西中部、北東中部、南東中部、南部大西洋沿岸、中部大西洋沿岸、ニューイングランド	
都市の人口規模	4999人以下、5000～1万9999人、2万～4万9999人、5万～9万9999人、10万～24万9999人、25万～49万9999人、50万～99万9999人、100万～399万9999人、400万人以上	
人口密度	都市、郊外、地方	
気候帯	北部　南部	
デモグラフィック変数：年齢	6歳未満、6～11歳、12～19歳、20～34歳、35～49歳、50～64歳、65歳以上	
世帯規模	1～2人、3～4人、5人以上	
家族のライフサイクル	若い独身者、若い既婚者で子供なし、若い既婚者で末子が6歳未満、若い既婚者で末子が6歳以上、年輩の既婚者で子供あり、年輩の既婚者で18歳未満の子供なし、年輩の独身者、その他	
性別	男性、女性	
所得	9999ドル以下、1万～1万4999ドル、1万5000～1万9999ドル、2万～2万9999ドル、3万～4万9999ドル、5万～9万9999ドル、10万ドル以上	
職業	専門職および技術者、マネジャー・役員・経営者、事務員および販売員、職人、職長、熟練工、農場主、退職者、学生、主婦、無職	
教育水準	中卒以下、高校中退、高卒、大学中退、大卒	
宗教	カトリック、プロテスタント、ユダヤ教、イスラム教、ヒンズー教、その他	
人種	白人、黒人、アジア系、ヒスパニック系	
世代	ベビーブーム世代、ジェネレーションX	
国籍	北アメリカ、南アメリカ、イギリス、フランス、ドイツ、イタリア、日本	
社会階層	最下層、下層の上、労働者階級、中流階級、中流の上、上流の下、最上流	
サイコグラフィック変数：ライフスタイル	文化志向、スポーツ志向、アウトドア志向	
パーソナリティ	神経質、社交的、権威主義的、野心的	
行動変数：オケージョン	日常的なオケージョン、特別なオケージョン	
ベネフィット	品質、サービス、経済性、迅速性	
ユーザーの状態	非ユーザー、元ユーザー、潜在的ユーザー、初回ユーザー、レギュラー・ユーザー	
使用量状況	ライト・ユーザー、ミドル・ユーザー、ヘビー・ユーザー	
ロイヤルティの状態	なし、中程度、強い、絶対的	
購買準備段階	認知せず、認知あり、情報あり、関心あり、購入希望あり、購入意図あり	
製品に対する態度	熱狂的、肯定的、無関心、否定的、敵対的	

いる。ウォルマートやシアーズ・ローバックといった主要小売企業はみな、地域マネジャーの裁量で地域コミュニティに合った品揃えができるようにしている[13]。

　地域マーケティングは、特定の郵便番号に対応したマーケティングを指すようになってき

いる[14]。なかには、地域データとデモグラフィック・データを組み合わせ、消費者と居住区域についてもっと細かく具体的な姿を捉えようとするアプローチもある。クラリタス社は地域クラスターによるアプローチ法、PRIZM（Potential Rating Index by Zip Markets：ジップ・マーケットによる潜在的格付け指標）を生み出した。このPRIZMは、アメリカの50万を超える居住区域を、PRIZMクラスターと呼ばれる15のグループと66のライフスタイル・セグメントに分類するものである[15]。グループ分けは、5つの広いカテゴリーに分類される39の要素を検討して行われる。5つのカテゴリーとは、(1) 教育水準と豊かさ、(2) 家族のライフサイクル、(3) 都市性、(4) 人種と民族、(5) 移動性である。居住区域は、5桁の郵便番号区域、9桁の郵便番号区域、または国勢調査単位と、ブロック・グループによって分けられる。各クラスターには、「名門階級」「勝者グループ」「引退者たちの町」「ラテンアメリカ人」「ショットガンとピックアップ」「辺鄙な田舎に住む人たち」といったように、記述的なタイトルがつけられている。1つのクラスター内の住民は、似たような生活を送り、似たような車に乗り、似たような仕事を持ち、似たような雑誌を読む。

デモグラフィックスによる細分化

　デモグラフィックスによる細分化では、年齢などの変数に基づいて市場をグループ分けする。顧客のグループ分けにデモグラフィック変数が最もよく使われるのには、いくつかの理由がある。1つは、消費者の欲求、使用量状況と製品やブランドの選好は、デモグラフィック変数との連動が多いことだ。もう1つの理由は、デモグラフィック変数が他の変数より測定しやすいことである。標的市場を、デモグラフィックス以外の基準（例えば個人の性格）を使って定義するときも、市場の規模や、市場へ到達できる媒体を判断するためには、デモグラフィック特性とのつながりに立ち戻らなければならない。

　以下に、特定のデモグラフィック変数が市場細分化にどう利用されてきたかを示そう。

■**年齢とライフサイクル・ステージ**　消費者の欲求と能力は年齢とともに変化する。クレストやコルゲートといった歯磨き粉ブランドは、子供、大人、高齢者という3つの年齢層をそれぞれターゲットとするラインを提供している。年齢による細分化は、さらに精密な分け方もできる。パンパースはその市場を、未熟児、新生児（生後0～1ヶ月）、インファント（生後2～5ヶ月）、クルーザー（生後6～12ヶ月）、トドラー（生後13～18ヶ月）、エクスプローラー（生後19～23ヶ月）、就学前児童（生後24ヶ月以上）と分けている。とはいえ、年齢とライフサイクルは扱いに注意を要する変数である[16]。

■**ライフステージ**　ライフサイクルでは同じ位置にいる人でも、ライフステージは異なる場合がある。**ライフステージ**により、それぞれの主な関心事は異なってくる。例えば、離婚を経験する、再婚する、老親の介護をする、同棲を決める、新居購入を決断する、などである。こうしたライフステージは、マーケターにはチャンスである。人々が大きな関心を寄せるものへの対処に手を貸せるからだ。例えば、JCペニーにとって「新婚さん」は、2つの主要顧客グルー

プの1つである[17]。

■**性別** 男性と女性では、態度や行動の志向が異なる場合が多い。これは、生まれつきの性質による部分もあるし、成長の際の社会化による部分もある。例えば、男性と女性の買い物の仕方を検証した調査では、男性は薦められないとなかなか製品に触れようとしないが、女性は何も言われなくても自発的に製品を手にとる傾向が強かった[18]。衣料品、化粧品、雑誌の市場では、以前から性別による差別化が行われてきた。従来は男性志向だった市場も、性別による細分化を意識するようになってきている。例えば、家の改装の80％は、今では女性が主導権を握っていると示唆する調査結果を受け、ロウズは通路の広い店舗を設計し、高額な電気製品や利益率の高いインテリア用品を品揃えに加えた。現在、同社の顧客の半分を女性が占めている[19]。

■**所得** 自動車、ボート、衣料品、化粧品、旅行といった分野では、長い間、所得による細分化が行われてきた。しかし、所得は必ずしも自社製品にとってベストな顧客を教えてくれるわけではない。中級市場のアメリカ国民が高級品へと移動するため、自社の市場が「砂時計」型であることに気づき始めた企業は多い[20]。

■**世代** どの世代も、自分たちが育った時代——当時の音楽、映画、政治、事件——に深い影響を受けている。人口統計学の世界では、このようなグループを「コーホート」と呼ぶ。1つのコーホートに属するメンバーは、同じ経験を共有し、同じような物の見方や価値観を持つため、有能なマーケターはターゲットのコーホートの経験の中で突出して有名なアイコン（象徴）やイメージを利用してアピールする。**図7-2**は、6つの定着したコーホート・グループを示している。

■**社会階層** 社会階層は、自動車、衣料品、インテリア用品、レジャー活動、読書習慣、小売店などに対する選好に強い影響を及ぼす。そのため多くの企業が、特定の社会階層に合わせて製品を設計している。しかし、社会階層の好みは年月とともに変わる。1990年代は、上流階級にとって虚飾の時代だった。現代の富裕層の好みはもっと保守的な方向に向かっている。ただし、ティファニーなど贅沢品のメーカーは今でも、上質な生活を求める人々向けの販売に成功している[21]。

サイコグラフィックスによる細分化

サイコグラフィックスとは、心理学とデモグラフィックスを利用して、消費者をよりよく理解しようとする科学のことである。「サイコグラフィックスによる細分化」では、心理面や性格の特徴、ライフスタイル、価値観に基づいて購買者をグループ分けする。同一のデモグラフィック・グループに属する人々でも、まったく異なるサイコグラフィック特性を示すことがある。

サイコグラフィックスによる測定法に基づく分類システムで、市販されており最も人気があるものが、SRIコンサルティング・ビジネス・インテリジェンスによるVALS™（Values and Lifestyles：価値観とライフスタイル）のフレームワークである。VALSでは、性格の特徴と

> **GI 世代（1600 万人）**
> 　1901～1924 年生まれ。
> 　厳しい時代と大恐慌の影響下で育ったこの世代にとって、経済的安全性はコア・バリューの1つである。支出面では保守的で、公共心に富み、チーム志向的、愛国的である。
>
> **沈黙の世代（3500 万人）**
> 　1925～1945 年生まれ。
> 　安定性に価値を置き、疑うことをしない体制順応者である。現在は市民生活や親類縁者と関わって暮らしている。
>
> **ベビーブーム世代（7800 万人）**
> 　1946～1964 年生まれ。
> 　利益追求欲が強く、耽溺や快楽主義という一面もあるものの、価値や目的に動かされて行動する。
>
> **ジェネレーション X（5700 万人）**
> 　1965～1977 年生まれ。
> 　冷笑的で情報通の世代。孤立していて個人主義的である。
>
> **ジェネレーション Y（6000 万人）**
> 　1978～1994 年生まれ。
> 　粋で、都会的なスタイルを求め、ジェネレーション X よりも理想主義的である。
>
> **2000 年世代（4200 万人）**
> 　1995～2002 年生まれ。
> 　多文化的なこの世代は、テクノロジー通で、教育があり、豊かな社会で育ち、潜在購買力が高い。

図 7-2　アメリカの世代プロフィール

出典：Bonnie Tsui, "Generation Next," *Advertising Age*, January 15, 2001, pp. 14-16.

主要なデモグラフィックスに基づき、アメリカの成人を8つの基礎集団に分類する。この細分化システムは、デモグラフィックスに関する4つの質問と、態度に関する35の質問を掲載したアンケートへの回答に基づいている。VALS システムは年間8万件を超える調査から得る新しいデータをもとに、常に更新されている（**図 7 – 3 参照**）[22]。VALS には U.S. VALS、Japan VALS™、U.K. VALS、Geo VALS™ があり、郵便配達地域ないしブロック・グループごとに U.S. VALS タイプの比率を評価したものとなっている。

行動による細分化

　行動による細分化では、消費者は、製品に対する知識、態度、使用法、反応に基づいてそれぞれの集団に分類される。決定役割もその変数の1つである。購買決定には、5つの役割がある。「発案者」、「影響者」、「決定者」、「購買者」、「使用者」である。例えば、ある既婚女性が、誕生日に新しいトレッドミルが欲しいと言って購入の発案をしたとしよう。彼女の夫は多くの情報源から情報を集めるだろう。そのなかで実際にトレッドミルを持っている親友は、どのモデルを買うかを考える際の重要な影響者となる。妻に選択肢を提示したあと、夫は彼女が気に入った商品を購入する。そしてその商品は、結果的には家族全員が使うことになる。さまざまな人間がさまざまな役割を果たすが、意思決定プロセスと最終的な消費者満足においては、ど

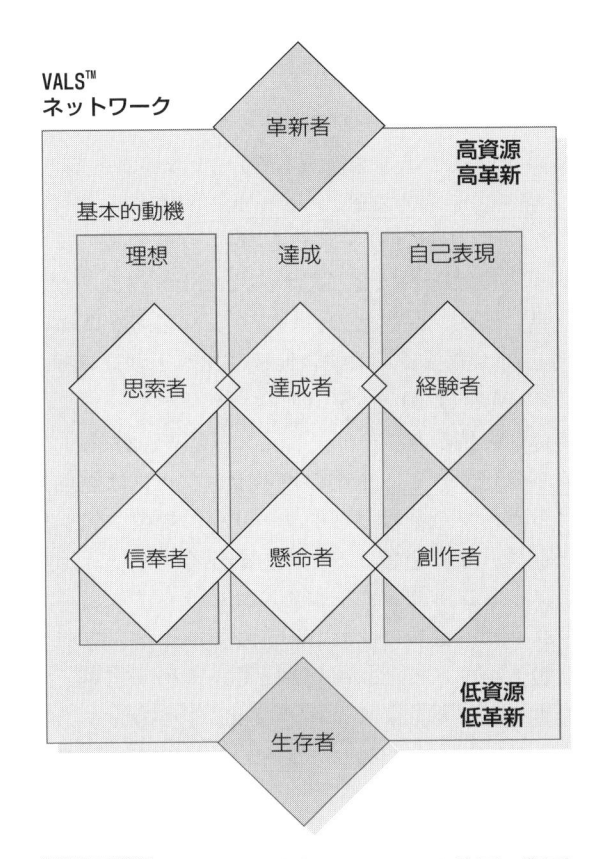

市場セグメントとターゲットの明確化 ◆ 第7章

図 7-3 VALS 細分化システム：8 集団の類型

出典：©2006、SRI コンサルティング・ビジネスインテリジェンス（SRIC-BI）の許可を得て転載。無断転載を禁ず。www.sric-bi.com/VALS/.

の役割もすべて重要である。
　多くのマーケターは、行動変数——オケージョン、ベネフィット、ユーザーの状態、使用割合、ロイヤルティの状態、購買準備段階、態度——こそ、市場セグメントを規定するのに最もふさわしい出発点だと考えている。

■**オケージョン**　購買者は、ニーズが発生するオケージョン、実際に製品を購入するオケージョン、購入した製品を使うオケージョンによってグループ分けすることができる。例えば、航空機での移動は、ビジネス、休暇、家族に関連したオケージョンによって発生する。また、特定の祝日と関連した行動を、他の時期にも広げて考えてみるとよい。例えば、プレゼントを贈り合う祝日として代表的なのはクリスマス、母の日、バレンタインデーの3日だが、誕生日、結婚式、記念日、新築祝いパーティ、出産祝いといったオケージョンもプレゼントを贈る機会

である[23]。

■**ベネフィット**　購買者は、求めているベネフィットによってグループ分けすることができる。モービルは、5つのベネフィット・セグメントを特定した。ロード・ウォリアー（高品質な製品とクオリティの高いサービスに興味のある層）、ジェネレーションＦ（ガソリン、サービス、食事、すべてに「早さ」を求める層）、トゥルー・ブルーズ（ブランドにロイヤルティを持つ層）、ホーム・ボディーズ（利便性を求める層）、プライス・ショッパーズ（低価格を求める層）。モービルは、価格にはそれほどこだわらないセグメントに焦点を絞ることに決め、掃除道具、トイレ、より良い照明、品揃えの良い店、より親切なスタッフ、などの「フレンドリー・サービス」を展開した。モービルは競合他社に比べ1ガロン（約3.8リットル）当たり2セント高の値段設定だが、売上は20～25％伸びた[24]。

■**ユーザーの状態**　市場は、製品の非ユーザー、元ユーザー、潜在的ユーザー、初回ユーザー、レギュラー・ユーザーに細分化できる。企業の市場ポジションは焦点の置きどころにも左右される。市場シェアにおけるトップ企業は潜在的ユーザーの誘引に焦点を絞る傾向があるが、小企業はトップ企業から既存ユーザーを奪うことに力を注ぐ。

■**使用割合**　市場は、ライト・ユーザー、ミドル・ユーザー、ヘビー・ユーザーに細分化することもできる。ヘビー・ユーザーは数にすれば小さな比率だが、総消費量では大きな比率を占めている。マーケターは数人のライト・ユーザーより1人のヘビー・ユーザーを引きつけたいと思うだろう。潜在的な問題は、ヘビー・ユーザーは、1つのブランドにきわめて強いロイヤルティを示すか、または、けっして1つのブランドにロイヤルティを示し続けることなく常に低価格の製品を探していることである。

■**購買準備段階**　市場を構成する人々は、製品を買う準備段階においてそれぞれ違いがある。当該製品について認知していない者、認知している者、情報を持っている者、関心を持っている者、購入希望を持つ者、購入意図を持つ者、に分けられる。各グループの相対的な人数が、マーケティング活動の計画に大きく影響する。

■**ロイヤルティの状態**　購買者は、ブランド・ロイヤルティの状態によって4つのグループに分けられる。確固たるロイヤルティを示す消費者（いつも決まった1つのブランドしか買わない）、ロイヤルティの対象が複数ある消費者（2つか3つのブランドにロイヤルティを示す）、ロイヤルティの対象が移り変わる消費者（あるブランドから別のブランドに目移りする）、ロイヤルティがなく移り気な消費者（どんなブランドにもまったくロイヤルティを示さない）の4つである[25]。確固たるロイヤルティを示す消費者を分析すれば、自社製品の強みが明らかになるし、ロイヤルティの対象が複数ある消費者を分析すれば、自社ブランドと最も競合しているブランドを特定できる。自社ブランドから別のブランドに移っていく顧客に注目すれば、自社のマーケティング上の弱みを知り、それを改めることができる。1つ注意すべきなのは、ブランド・ロイヤルティが高いように見える購買パターンが、実は、習慣、無関心、低価格、他ブランドへのスイッチング・コストの高さ、他ブランドの入手不可能性などを反映しているにすぎない場合もあるということだ。

■**態度** 市場には5つの態度グループがある——熱狂的、肯定的、無関心、否定的、敵対的態度グループである。選挙運動の戸別訪問員は、有権者の態度を見て、その有権者にどの程度の時間を割くかを決める。熱狂的な有権者には礼を尽くして投票を念押しし、肯定的な傾向を示す有権者には彼らの肯定的態度を強化し、無関心な有権者には彼らの票の獲得を試みる。そして、否定的な有権者と敵対的な有権者の態度を変えることには時間を費やさない。

コンバージョン・モデルは、ブランドに対する消費者の心理的コミットメントの強度と、（他ブランドへの）転向に対するオープン度を測定する方法として考案された[26]。消費者が別の選択肢に転向する場合の難易度を判断するため、このモデルは、あるカテゴリーにおける現在のブランド選択への態度や満足度などに基づくコミットメントの強度と、同カテゴリーでのブランド選択決定の重要度を評価する[27]。

❖ビジネス市場の細分化基準

ビジネス市場も、地理、求めるベネフィット、使用量状況など、消費者市場の細分化に用いる変数を使って細分化できるが、さらにそれ以外にもいくつかの変数を用いることができる。ボノマとシャピロは、**表7-2**に示された変数によるビジネス市場の細分化を提唱した。デモグラフィック変数が最も重要で、そのあとに、オペレーティング変数から購買者の個人的特性という変数まで続く。企業はまず、どの業種に製品やサービスを提供するのか決めなければならない。標的業種が選択できたら、企業規模によってさらに細分化できる。大口顧客への販売用、小口顧客への販売用に別々の事業部を設立することもある。

小企業へのマーケティング

ビジネス・マーケターにとって、特に小企業は最大の目標となっている[28]。米国中小企業局（SBA）によれば、アメリカの国民総生産（GNP）に占める小企業の貢献度はいまや50%だという。しかもこのセグメントは大企業セグメントよりも成長率が高い。例えば、ノースカロライナ州に本社を置くBB＆Tは、「気さくなアプローチを行う有力地方銀行」と自行をポジショニングして、小企業セグメントを追求している。同行は、BB＆Tの顧客であるノースカロライナのさまざまな企業とそのオーナーを題材にしたB to B広告キャンペーンを開始した。この広告は同行による小企業へのコミットメントを強化し、同行がこのセグメントにとって何が重要かを理解していることを示している[29]。

段階的細分化

ビジネス・マーケターは一般に、段階的プロセスを通してセグメントを特定する。あるアルミニウム会社について考えてみよう。この会社はまず、マクロ細分化を行った。最初に自動車、住宅、飲料容器のうち、どの最終ユーザー市場に製品やサービスを提供するかを検討し

表7-2 ビジネス市場の主要な細分化変数

デモグラフィック変数
1. 「業種」：どの業種に製品やサービスを提供すべきか。
2. 「企業規模」：どれだけの規模の企業に製品やサービスを提供すべきか。
3. 「所在地」：どの地域で製品やサービスを提供すべきか。

オペレーティング変数
4. 「テクノロジー」：顧客の持つどのようなテクノロジーに焦点を合わせるべきか。
5. 「ユーザーの状態」：ヘビー・ユーザー、ミドル・ユーザー、ライト・ユーザー、非ユーザーのいずれに製品やサービスを提供すべきか。
6. 「顧客のケイパビリティ（能力）」：多くのサービスを必要とする顧客、サービスをほとんど必要としない顧客のどちらに製品やサービスを提供すべきか。

購買アプローチの変数
7. 「購買部門を持つ組織」：購買組織が高度に集権化した企業、購買組織が分権化した企業のどちらに製品やサービスを提供すべきか。
8. 「社内の権力構造」：技術部門が実権を握っている企業、財務部門が実権を握っている企業などのいずれに製品やサービスを提供すべきか。
9. 「現在のリレーションシップの性質」：現在強いリレーションシップを確立している企業に製品やサービスを提供すべきか、それとも最も望ましい企業をひたすら追求すべきか。
10. 「全般的な購買方針」：リースを好む企業、サービス契約を好む企業、システム購買を好む企業、非公開入札を好む企業のいずれに製品やサービスを提供すべきか。
11. 「購買基準」：品質、サービス、価格のいずれを求める企業に製品やサービスを提供すべきか。

状況要因の変数
12. 「緊急性」：突然の注文に迅速な配達やサービスで応じることを求める企業に製品やサービスを提供すべきか。
13. 「特定のアプリケーション」：自社製品について用途を限定しないアプリケーションよりも、特定のアプリケーションに焦点を合わせるべきか。
14. 「注文規模」：大口注文と小口注文のどちらに焦点を合わせるべきか。

組織パーソナリティの変数
15. 「買い手と売り手の類似性」：従業員と価値観が自社に類似している企業に製品やサービスを提供すべきか。
16. 「リスクに対する態度」：リスクを受け入れる顧客、リスクを避けようとする顧客のどちらに製品やサービスを提供すべきか。
17. 「ロイヤルティ」：供給業者に対して高いロイヤルティを示す企業に製品やサービスを提供すべきか。

出典：以下の文献より翻案。Thomas V. Bonoma and Benson P. Shapiro, *Segmenting the Industrial Market* (Lexington, MA : Lexington Books, 1983).

た。住宅市場を選ぶと、次に最も魅力的な製品アプリケーションとして、半製品、建築コンポーネント、アルミニウム製移動住宅のいずれにするかを決める。建築コンポーネントに焦点を合わせたら、今度は最適な顧客規模を考え、大口顧客を選んだ。続いてはミクロ細分化の段階である。同社は、価格、サービス、品質のいずれを購買基準にするかという観点で顧客を細分化した。高度なサービスを売り物にする同社は、サービスを重視する市場セグメントへの集中を決めた。

　企業購買者は、購買決定プロセスのどの段階にあるかによって、それぞれ異なるベネフィットの束を求める[30]。

■ **初回見込み客** まだ一度も購入したことのない顧客は、自社のビジネスを理解し、納得のゆく説明をしてくれて、信頼できる売り手から買うことを望む。
■ **新規顧客** 売り手と購買関係を開始したばかりの顧客は、読みやすいマニュアル、ホットライン、高度なトレーニング、商品知識のあるセールス・レップを求める。
■ **得意客** リピート客は、メンテナンスと修理のスピード、製品のカスタマイゼーション、高度な技術サポートを求める。

こうしたセグメントが、それぞれ違うチャネルを好む場合もある。初回見込み客はカタログやダイレクトメールよりも、売り手の営業担当者と取引することを望む。カタログやダイレクトメールからはあまり情報が得られないためである。反対に得意客は、購入をなるべく電子チャネルで済ませたいと考える。こうした違いに対応することで、企業顧客とのリレーションシップ構築や維持がうまくいくのである。

標的市場の設定

市場セグメントごとの機会が特定できれば、今度は、そのうちいくつを、そして、どのセグメントを標的化するかを決めなければならない。より小さく、より明確に定義された標的グループを特定するため、マーケターは、複数の変数を組み合わせるようになってきている。その結果、銀行であれば、裕福で引退した人々というグループを特定するだけでなく、グループをさらに現在の収入、資産、貯金、リスクに対する選好に基づくいくつかのセグメントに分類している。こうしたことから、専門家の中には「ニーズに基づいた市場細分化アプローチ」を推奨する者もいる。ロジャー・ベストは**表7-3**に示した7ステップを提唱している。

❖効果的な細分化基準

すべての細分化基準が効果的とは限らない。例えば、食卓塩の購買者をブロンドとブルネットの顧客に分けることはできるが、髪の色と塩の購買との間に関連性はない。また、もし塩を買う人がみな毎月同じ量の塩を買い、どの塩も同じであると信じ、塩に対して同じ価格しか支払わないとしたら、マーケティングの観点から見て、この市場には細分化の意義がほとんどない。

便宜上、市場セグメントは以下の5つの主要基準によって評価される。

1. **測定可能性** セグメントの規模、購買力、特性が測定できる。
2. **利益確保可能性** セグメントが、製品やサービスを提供するのに十分な規模と収益性を有している。セグメントは、わざわざそれに適合したマーケティング・プログラムを

表7-3 細分化プロセスにおける各ステップ

	各ステップの説明
1. ニーズに基づいた細分化	特定の消費問題を解決する際に顧客が求める類似したニーズやベネフィットに基づき、顧客をセグメントに分ける。
2. セグメントの特定	個々のニーズに基づいたセグメントについて、どのデモグラフィックス、どのライフスタイル、どの使用行動がそのセグメントを明確に（実行可能なものに）特徴づけているかを判断する。
3. セグメントの魅力	あらかじめ規定されたセグメントの魅力度の基準（市場成長性、競争の激しさ、市場アクセスなど）を使い、各セグメントの全体としての魅力を判断する。
4. セグメントの収益性	セグメントの収益性を判断する。
5. セグメント・ポジショニング	各セグメントについて、そのセグメントに特有の顧客ニーズと特性に基づいた「価値提案」と製品－価格ポジショニング戦略を立案する。
6. セグメントの厳密な吟味	「セグメント・ストーリーボード（絵コンテ）」を作り、各セグメントのポジショニング戦略の魅力度をテストする。
7. マーケティング・ミックス戦略	マーケティング・ミックスのすべての面（製品、価格、プロモーション、流通チャネル）を対象に、セグメント・ポジショニング戦略を拡大する。

出典：以下の文献より翻案。Roger J. Best, *Market-Based Management* (Upper Saddle River, NJ : Prentice Hall, 2000).

使って追求するに足る規模の同質集団でなければならない。

3. **接近可能性** セグメントに効果的に到達し、製品やサービスを提供することができる。
4. **差別化可能性** セグメントが概念的に区別でき、マーケティング・ミックス要素とプログラムが異なれば、それに対する反応も異なる。2つのセグメントがある市場提供物に同様の反応を示すようなら、この両者は別々のセグメントを構成することにはならない。
5. **実行可能性** セグメントを引きつけて製品とサービスを提供するのに、効果的なプログラムが設計できる。

❖市場セグメントの評価と選択

それぞれの市場セグメントを評価する際には、セグメントの全体的魅力と、企業の目的および資源という2つの要素に注目する必要がある。潜在セグメントは5つの基準でどれだけ評価できるだろうか。潜在セグメントは、規模、成長性、収益性、規模の経済性、低リスクといった点において、全般的に魅力的なものとなりうる特性を有しているだろうか。企業の目的、コンピタンス、資源から見て、当該セグメントに投資する意味はあるだろうか。企業の長期的な目的に合わないという理由で、魅力的なセグメントが断念されることもある。あるいは、優れ

た価値を提供するのに必要なコンピタンスを、企業が有していない場合もある（「マーケティング・スキル▶セグメントの評価」参照）。

それぞれのセグメントを評価したら、次は**図7-4**に示されている標的市場選択の5つのパターンを検討することになる。

単一セグメントへの集中

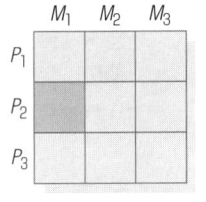

フォルクスワーゲンは小型車市場に集中し、ポルシェはスポーツカー市場に集中している。集中型マーケティングにより、企業はセグメントのニーズについて多くの知識を得て、市場において強力な存在感を獲得する。さらに、生産、流通、プロモーションを専門化することにより、経済的に事業活動を行うことができる。当該セグメントにおいてトップ企業になれば、企業の投資収益率は高くなる。しかし、集中型マーケティングは高いリスクも伴う。購買パターンの変化や新しい競争相手の台頭によって、特定の市場セグメントの状況が悪化することもある。こうした理由から、多くの企業は複数の市場セグメントに事業を分散するほうを好む。

企業は、個別のセグメントよりもスーパーセグメントでの事業展開を目指すべきである。**スーパーセグメント**とは、活用可能な類似性を共有する一連のセグメントのことである。例えば、交響楽団の多くは、定期的にコンサートに通う人たちだけでなく、文化的関心を広く有している層を標的にしている。

選択的専門化

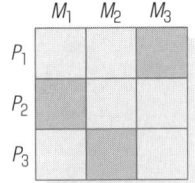

企業の目的に照らして魅力的かつ適切な複数のセグメントを対象として選択する。セグメント間のシナジーはないに等しいかもしれないが、それぞれのセグメントに高い収益性が期待できる。この戦略には、企業のリスクを分散させるという利点がある。P&Gがクレスト・ホワイトストリップスを発売した際、当初の標的セグメントには、婚約したばかりの女性や結婚間近の女性に加え、ゲイの男性も含まれていた。

製品専門化

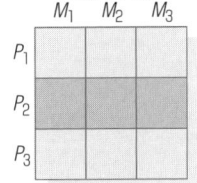

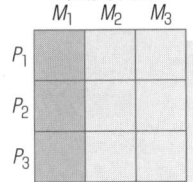

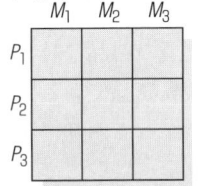

いくつかのセグメントに販売できる1

図7-4 標的市場選択の5つのパターン

出典：以下の文献より翻案。Derek F. Abell, *Defining the Business : The Starting Point of Strategic Planning* (Upper Saddle River, NJ : Prentice Hall, 1980), ch. 8, pp. 192-196. 邦訳：『事業の定義：戦略計画策定の出発点』（D・F・エーベル著、石井淳蔵訳、千倉書房、1984年）

P＝製品　　M＝市場

マーケティング・スキル ▶ セグメントの評価

　特定したセグメントのどれに参入するかを決定するのは大きな賭けである。セグメントの選択を間違えれば、資金を空費し、もっと収益性の高いセグメントに注意を向け損なうからだ。したがって、マーケターはセグメント評価というきわめて重要なスキルを磨く必要がある。まずはセグメントの魅力を評価するのに使う基準を確立しなければならない。基準になるものとしては、規模や成長可能性といった市場の成長指標、競合他社の数や市場への参入しやすさといった競争の熾烈さの指標、チャネル・アクセスや自社の資源との相性といった市場アクセスの指標が考えられる。これらの分析から、各指標に照らしてどのセグメントがより魅力的かがわかる。

　次に、違法であったり、自社がターゲットにした場合に物議をかもすなど、不適切なセグメントを排除する基準を確立する。政情不安定であるなど重大な潜在リスクを、特定のセグメントを排除する基準としているマーケターもいる。こうして残ったセグメントから予想される売上と利益を推定し、出てきた数字とともに魅力基準を勘案して、セグメントを格付けする。各セグメントの総得点を計算し、最高得点を上げたセグメントを優先して参入の順序を決めるマーケターもいる（企業の戦略やミッションによっては、別の格付け方法が必要なこともある）。

　ニューハンプシャーに本社を置くデルタ・エデュケーションは、セグメント化を活用して年間売上を7000万ドル以上に伸ばした。同社は科学と数学の教材をウェブ、店舗、カタログ通販で販売している。セグメント評価の基準として同社が使っているのは、平均売上高および利益、購入頻度、直近の購入日である。こうした基準を適用してデルタは、1回だけ購入したセグメントよりも複数回購入したセグメント、直近の購入日が古いセグメントよりも新しいセグメントを上位に格付けした。「1回目の注文から2回目の注文までの間隔が短くなるほど、お客様の生涯価値と維持率も高くなるのです」とデルタの営業とマーケティングの統括責任者は語っている[31]。

種類の製品に特化する。例えば、自社製品を大学の研究室、政府の研究機関、企業の研究部門に販売している顕微鏡メーカーが挙げられる。この企業は顧客グループ別にさまざまな顕微鏡を作っており、特定の製品エリアで高い評価を築いている。一方、その製品が画期的なテクノロジーに取って代わられるかもしれないというリスクがある。

市場専門化

　特定の顧客グループの、多数のニーズを満たすことに集中する。例えば、大学の研究室のみに多様な製品を販売する企業が挙げられる。この顧客グループへの製品やサービス提供で高い評価を得て、同グループが利用する別の製品を売り込むこともできる。一方、顧客グループが予算を削減したり規模を縮小したりするリスクがある。

市場のフルカバレッジ

　すべての顧客グループに、彼らが求めるあらゆる製品を提供しようとする。市場のフルカバレッジ戦略をとることができるのはIBM（コンピュータ市場）やGM（自動車市場）のような巨大企業だけである。大企業は、無差別型マーケティングと差別型マーケティングという2つの方法で全体市場をカバーする。

　「無差別型マーケティング」を行う場合、企業は市場セグメント間の違いを無視し、単一の製品やサービスで全体市場を対象とする。企業は最大多数の購買者にアピールする製品やマーケティング・プログラムを設計しなければならない。マス流通とマス広告に依存し、人々の頭の中に当該製品の抜きん出たイメージを植えつけることを狙う。製品ラインが少ないため、研究開発、製造、在庫管理、輸送、マーケティング・リサーチ、広告、製品管理にかかるコストが抑えられる。無差別型広告プログラムを用いると、広告コストも下げられる。企業はおそらく、低コストを低価格に反映させ、価格に敏感な市場セグメントを獲得できるだろう。

　「差別型マーケティング」では、企業は複数の市場セグメントで事業を展開し、セグメントごとに異なる製品を設計する。化粧品会社のエスティローダーは、多様な嗜好を持つ女性（と男性）にアピールする複数のブランドを展開している。旗艦ブランドであるエスティローダーは年配の消費者に、クリニークは中年の女性に、M・A・Cは先進的な若者に向けたブランドである。また、アヴェダはアロマセラピー愛好者に、オリジンズは自然派化粧品志向で環境意識の高い消費者に向けられたブランドである[32]。通常、差別型マーケティングのほうが、無差別型マーケティングに比べて全体の売上は大きいが、製品改良、製造、管理、在庫管理、プロモーションのコストも増える。

　差別型マーケティングを行えば売上もコストも増えるため、この戦略の収益性については一概に論じることができない。企業は、自社の市場を過度に細分化しないよう注意する必要がある。細分化が過ぎると、企業は顧客基盤を広げるために今度は「カウンター・セグメンテーション」に向かう。例えば、スミス・クライン・ビーチャムは、3つのベネフィット・セグメント（口臭防止、歯の美白効果、虫歯予防をそれぞれ求めるセグメント）を同時に引きつけようと、練り歯磨き粉のアクアフレッシュを売り出した。

複数セグメントの管理

　複数セグメントを管理する最善の方法は、セグメント・マネジャーを任命して、セグメント

の事業構築に十分な権限と責任を与えることである。しかし、セグメント・マネジャーが自分の役割に集中するあまり、社内の他のグループとの協力を拒むことがあってはならない。バクスターは製品部門制をとっており、部門ごとに異なる製品やサービスを病院に提供し、各部門が別々に請求書を発送していた。そのため一部の病院において、バクスターから毎月7通もの請求書が来るという苦情が出た。そこで同社は、各部門が請求書をバクスター本社に送り、本社がそれを1通の請求書にまとめて顧客へ発送するようにした。

❖ほかに考慮すべきこと

セグメントの評価と選択にあたっては、さらに3つの点を考慮しなければならない。セグメント別侵入計画、細分化軸の更新、倫理に基づいた標的市場の設定である。

セグメント別侵入計画

一度に1セグメントずつ参入するのが賢明だろう。次にどのセグメントに侵入するつもりかを競合他社に知られてはならない。残念ながら長期的侵入計画の立案に失敗する企業が多いなか、ペプシコは例外である。コカ・コーラから市場を奪うにあたり、ペプシコはまずコカ・コーラの食料雑貨店市場を狙い、次に自動販売機市場、さらに別の市場、という順序で計画を進めた。守りの堅い市場へ参入するには、**メガマーケティング**を適用することができる。これは、特定市場に参入し事業を展開するため、経済的スキル、心理的スキル、政治的スキル、パブリック・リレーションズ・スキルを戦略的に調整して、多くの当事者の協力を得るマーケティング手法である。ペプシコはメガマーケティングを用いて、コカ・コーラが撤退した後のインド市場に参入した。ペプシコはまず同国の企業グループと協働し、インド国内のソフトドリンク会社と多国籍企業排斥派議員たちの反対を押し切って、自社参入に対する政府の支持を取りつけた。ペプシコはインドに対し、同国がペプシ原液を輸入するコストをまかなって余りある量の農産物の輸出を援助する、と申し出た。また、インドの農村地帯の経済開発も約束した。ペプシによるベネフィットの束は、インドのさまざまな利益団体から支持を得て、同社のインド進出を可能にしたのである。

細分化軸の更新

セグメントは変化するので、市場細分化分析は定期的に行う必要がある。パソコン産業では、純粋にスピードとパワーで製品を細分化していた時期もある。その後PCマーケターたちは、「スモール・オフィス－ホーム・オフィス」を意味する「SOHO」市場の出現に気づいた。デルのような通信販売企業は、低価格とユーザーにとっての使いやすさに加えて高性能も要求するこの市場にアピールした。まもなく、SOHOはさらに小さなセグメントに分けられることがわかってきた。デルの幹部によれば、「スモール・オフィスのニーズは、ホーム・オフィスのニーズとはかなり違うものだ」という。現在、デルの毎月のマーケティング活動には

1000万社のホーム・オフィスと中規模企業に直接コンタクトをとることが含まれている[33]。

　新しいセグメントを発見する1つの方法は、段階的な意思決定方略を使う消費者が、ブランド選択の際に検討する属性のヒエラルキーを調べることである。このプロセスは**市場分割**と呼ばれる。何年か前なら、ほとんどの自動車購入者はまずメーカーを決め、それから、どのブランドの車にするかを決めた（「ブランド支配型ヒエラルキー」）。GMの車が好きな購買者は、その中からポンティアックを選ぶという具合だ。しかし今日では、多くの購買者はまずどの国の車にするかを決め（「生産国支配型ヒエラルキー」）、それからメーカーと車種を選ぶ。企業は、消費者の属性のヒエラルキーにおける潜在的なシフトをよく観察し、優先順位の変化に対応していく必要がある。各セグメントは、それぞれ異なるデモグラフィックス、サイコグラフィックス、メディアグラフィックスを有している可能性があるからだ[34]。

倫理に基づいた標的市場の設定

　標的市場の設定が社会的論争を巻き起こすことがある[35]。（子供など）無防備なグループや、（低所得者層など）社会的に恵まれないグループにつけ込んでいるのではないか、害になるような製品を売り込もうとしているのではないか、という懸念である。シリアル業界は、子供向けのマーケティングについて大きな批判を浴びてきた。アニメキャラクターの口から発せられる強力な呼びかけは子供には抗いがたい魅力であるため、砂糖をまぶしたシリアルを食べすぎたり栄養の偏った朝食をとることになるのではないか、というのが批判の趣旨である。しかし、子供やマイノリティなどの特殊なセグメントをターゲットにする試みが、すべて批判を浴びるわけではない。コルゲート・パルモリブ社の練り歯磨き粉コルゲート・ジュニアには、子供に頻繁かつ長時間かけて歯を磨かせるという特徴がある。つまり、誰をターゲットにするかではなく、何の目的で、どのようにターゲットを設定するかがポイントである。社会的責任を意識したマーケティングでは、企業の利益ばかりでなく、ターゲットとなる人々の利益も考慮した標的市場の設定とポジショニングが求められる。

参考文献

1. Julie Carter, "Hallmark Salutes Veterans with Cards," *VFW Magazine*, November 2003, pp. 16＋；Dennis Coday, "Hallmark to Sell Edi al-Fitr Cards," *National Catholic Reporter*, October 3, 2003, p. 7；"Mostly Spanish, Sometimes English," *MMR*, February 24, 2003, p. 26；"AG, Hallmark Build on Ethnic Diversity," *MMR*, October 15, 2001, pp. 37＋；"New Arrangements at Hallmark," *Promo*, May 1, 2001, pp. 77＋；Beth Whitehouse, "Season's Greetings," *Newsday*, December 11, 2000, p. B6.
2. James C. Anderson and James A. Narus, "Capturing the Value of Supplementary Services," *Harvard Business Review* (January-February 1995)：75-83.
3. Tevfik Dalgic and Maarten Leeuw, "Niche Marketing Revisited：Concept, Applications, and Some European Cases," *European Journal of Marketing* 28, no. 4 (1994)：39-55.
4. Ian Zack, "Out of the Tube," *Forbes*, November 26, 2001, p. 200.
5. Robert Blattberg and John Deighton, "Interactive Marketing：Exploiting the Age of Addressability," *Sloan Management Review* 33, no. 1 (1991)：5-14.

6. Kris Maher, "Career Journal — Help Wanted : Marketing Director with Golden Touch," *Wall Street Journal*, June 11, 2002, p. B10 ; Paul Davidson, "Entrepreneurs Reap Riches from Net Niches," *USA Today*, April 20, 1998, p. B3 (www.ostrichesonline.com).
7. Peter Post, "Beyond Brand — The Power of Experience Branding," *ANA/The Advertiser* (October/November 2000).
8. Don Peppers and Martha Rogers, *The One to One Future : Building Relationships One Customer at a Time* (New York : Currency/Doubleday, 1993).
9. Adrian J. Slywotzky and David J. Morrison, *How Digital Is Your Business?* (New York : Crown Business, 2000), p. 39. 邦訳:『デジタル・ビジネスデザイン戦略:最強の「バリュー・プロポジション」実現のために』(エイドリアン・J・スライウォッキー、デイビット・J・モリソン著、成毛眞監訳、佐藤徳之訳、ダイヤモンド社、2001年)
10. Jerry Wind and A. Rangaswamy, "Customerization : The Second Revolution in Mass Customization," Wharton School Working Paper, June 1999.
11. Anderson and Narus, "Capturing the Value of Supplementary Services," pp. 75-83.
12. "Creating Greater Customer Value May Require a Lot of Changes," *Organizational Dynamics*, Summer 1998, p. 26.
13. Joann Muller, "Kmart con Salsa : Will It Be Enough ?" *BusinessWeek*, September 9, 2002.
14. Kate Kane, "It's a Small World," *Working Woman*, October 1997, p. 22.
15. 地域とデモグラフィックスの融合データ提供アプローチの代表的なものには、ストラテジー・マッピング社のクラスタープラスもある。
16. Michael J. Weiss, "To Be About to Be," *American Demographics* (September 2003) : 29-36.
17. Sarah Allison and Carlos Tejada, "Mr., Mrs., Meet Mr. Clean," *Wall Street Journal*, January 30, 2003, pp. B1, B3.
18. Jim Rendon, "Rear Window," *Business 2.0*, August 2003, p. 72.
19. Aixa Pascual, "Lowe's Is Sprucing Up Its House," *BusinessWeek*, June 3, 2002, pp. 56-57 ; Pamela Sebastian Ridge, "Tool Sellers Tap Their Feminine Side," *Wall Street Journal*, June 16, 2002, p. B1.
20. Gregory L. White and Shirley Leung, "Middle Market Shrinks as Americans Migrate toward the Higher End," *Wall Street Journal*, March 29, 2002, pp. Al, A8.
21. Andrew E. Serwer, "42,496 Secrets Bared," *Fortune*, January 24, 1994, pp. 13-14 ; Kenneth Labich, "Class in America," *Fortune*, February 7, 1994, pp. 114-126.
22. Leah Rickard, "Gerber Trots Out New Ads Backing Toddler Food Line," *Advertising Age*, April 11, 1994, pp. 1, 48.
23. Pam Danziger, "Getting More for V-Day," *Brandweek*, February 9, 2004, p. 19.
24. Allana Sullivan, "Mobil Bets Drivers Pick Cappuccino over Parties," *Wall Street Journal*, January 30, 1995.
25. この分類法は、以下の文献から採用した。George H. Brown, "Brand Loyalty — Fact or Fiction ?" *Advertising Age*, June 1952-January 1953, a series. 以下の文献も参照されたい。Peter E. Rossi, R. McCulloch, and G. Allenby, "The Value of Purchase History Data in Target Marketing," *Marketing Science* 15, no. 4 (1996) : 321-340.
26. Chip Walker, "How Strong Is Your Brand ?" *Marketing Tools*, January/February 1995, pp. 46-53.
27. www.conversionmodel.com.
28. Jesse Berst, "Why Small Business Is Suddenly Big Business," *ZDNet AnchorDesk*, November 29, 1999 (www.anchordesk.com).
29. "BB & T : Picture Perfect," *Financial Services Marketing*, January-February 2001, p. 17.
30. Thomas S. Robertson and Howard Barich, "A Successful Approach to Segmenting Industrial Markets," *Planning Forum* (November-December 1992) : 5-11.
31. "Delta Education Boosts Science Offerings in Neo Sci Acquisition," *Educational Marketer*, July 5, 2004, n.p. ; Roger J. Best, *Market-Based Management*, 2nd ed. (Upper Saddle River, NJ : Prentice Hall, 2000), pp. 111-114 ; Marian Burk Wood, *The Marketing Plan Handbook* (Upper Saddle River, NJ : Prentice Hall, 2005), pp. 63-65 ; Patricia Odell, "A-Plus," *Direct*, September 15, 2000, p. E7.
32. www.esteelauder.com.

33. "Dell Targets SMBs with Tailored Products," *InformationWeek*, April 28, 2005, n.p.; Catherine Arns, "PC Makers Head for 'SoHo'," *BusinessWeek*, September 28, 1992, pp. 125-126; Gerry Khermouch, "The Marketers Take Over," *Brandweek*, September 27, 1993, pp. 29-35.
34. コーヒー市場における属性のヒエラルキーに関する市場構造研究については、以下の文献を参照されたい。Dipak Jain, Frank M. Bass, and Yu-Min Chen, "Estimation of Latent Class Models with Heterogeneous Choice Probabilities: An Application to Market Structuring," *Journal of Marketing Research* (February 1990): 94-101. グローバル市場への手段－目的連鎖分析の応用については、以下の文献を参照されたい。Freakel Ter Hofstede, Jan-Benedict E. M. Steenkamp, and Michel Wedel, "International Market Segmentation Based on Consumer-Product Relations," *Journal of Marketing Research* (February 1999): 1-17.
35. Bart Macchiette and Roy Abhijit, "Sensitive Groups and Social Issues," *Journal of Consumer Marketing* 11, no. 4 (1994): 55-64.

第3部

強いブランドの確立

第 8 章

ブランド・エクイティの創出

◆ 本章では、次の問題を取り上げる ◆

1. ブランドとは何か。ブランディングはどう機能するのか。
2. ブランド・エクイティとは何か。ブランド・エクイティはどのように構築され、測定され、マネジメントされるのか。
3. ブランディング戦略の策定における重要な意思決定は何か。

グーグルのマーケティング・マネジメント

　1998年にスタンフォード大学の博士課程にいた2人の学生が創設した検索エンジン、グーグルの名は10の100乗を指す数字「googol（ゴーゴル）」をもじってつけられたもので、オンライン上の膨大なデータを表す。毎日2億件の検索要求に応える同社は、ユーザーと広告主をともに満足させることで利益を上げている。ユーザーは適切な検索結果を一瞬のうちに提供する高度な検索アルゴリズムを気に入っているし、広告主は自社のメッセージのターゲットを絞り込み、消費者が特定の検索語を打ち込んだときだけ広告が表示される仕組みを喜んでいる。

　何より成功の証拠といえるのは、グーグルというブランド名がよく動詞として、つまりオンラインで検索することを「ググる」というように使われることだ。グーグルの創設者、サーゲイ・ブリンとラリー・ペイジが今でもブランディングを最重要視しているのも不思議ではない。2人はこう語る。「僕たちが育ててきたブランド・アイデンティティが、この事業の成功に大きく寄与してきたと思っている。そしてグーグル・ブランドを維持しいっそう強くしていくことが、ユーザー、広告主、グーグル・ネットワークのメンバーの基盤を拡大していくのに不可欠だとも考えている」。ブランドとブランドが表すものが人々に知られているからこそ、グーグルは比較的少ないマーケティング予算で大きな業績を上げられるのだ。純収入のうちマーケティングに費やす額の比率は、ヤフーの25％に対しグーグルはわずか10％にすぎない。グーグルの市場シェアはヤフーとMSNを合わせた数値より高いが、そんな同社の現在の課題は消費者と広告主のロイヤルティを長期的に維持することであ

る(1)。

プロのマーケターに最も特有のスキルはおそらく、ブランドを創造し、維持し、向上させ、守っていく能力だろう。「戦略的ブランド・マネジメント」とは、ブランドの価値を最大化するためにブランドを構築し、測定し、マネジメントするマーケティング活動およびプログラムの設計と実行のことである。戦略的ブランド・マネジメントのプロセスには、(1) ブランド・ポジショニングの明確化と確立、(2) ブランド・マーケティングの計画と実行、(3) ブランド・パフォーマンスの測定と解釈、(4) ブランド価値の増大と維持、という4つの段階がある。第9章ではブランド・ポジショニングと競争を取り上げる。それ以外のテーマについては本章で論じる。

ブランド・エクイティとは何か

アメリカ・マーケティング協会は、**ブランド**を、「個別の売り手もしくは売り手集団の商品やサービスを識別させ、競合他社の商品やサービスから差別化するための名称、言葉、記号、シンボル、デザイン、あるいはそれらを組み合わせたもの」と定義している。ブランドは当該製品やサービスに、同じニーズを満たすために設計された他の製品やサービスから、何らかの形で差別化する特徴を加える。その差別化要因は、機能的、合理的、あるいは実体がある――つまりブランドの製品パフォーマンスに関連する場合もあれば、象徴的、情緒的、あるいは実体がない――ブランドが体現するものに関連している場合もある。

❖ブランドの役割

ブランドは製品の出所や作り手を特定し、個人または組織の消費者が、特定の製造業者や流通業者に責任を帰することを可能にする。消費者はブランドのつけられ方によって、同じ製品に異なる評価をするかもしれない。消費者は製品とマーケティング・プログラムにまつわる過去の経験を通じてブランドを知る。どのブランドがニーズを満たし、どのブランドが満たさないか、わかってくる。消費者の生活が複雑化して忙しくなり、時間に追われるようになるにつれ、意思決定を簡単にし、リスクを軽減するブランドの能力は貴重なものとなる(2)。

ブランドは企業にとっても、大切な機能を果たす(3)。第1に、ブランドは製品の取り扱いや追跡を簡単にする。ブランドのおかげで在庫や会計記録が整理しやすくなる。また、製品の独自の特徴や外観に関し、企業に法的保護を与える(4)。ブランドの名称は登録商標によって、製造工程は特許によって、パッケージングは著作権や意匠権によって、保護することができる。これらの知的財産権によって、グーグルのように企業は安心してブランドに投資し、貴重な資産のベネフィットを受けることができる。

ブランドは一定のレベルの品質を表示することができ、満足した買い手は、再びその製品を選ぶことができる[5]。ブランドへのロイヤルティは、企業にとって、需要の予測や確保を可能にし、他社による当該市場への参入を難しくする参入障壁を作る。ロイヤルティはまた、しばしば20～25％も高い価格を進んで支払う気持ちへと変わることがある[6]。競合他社が製造工程や製品デザインを真似るのは簡単かもしれないが、長年のマーケティング活動や製品を経験した結果、個人や組織の心に残っている印象に太刀打ちするのは、容易ではないだろう。この意味で、ブランディングは、競争優位を確保する強力な手段と考えることができる[7]。

❖ブランディングの範囲

ブランディングとは、製品やサービスにブランドの力を授けることであり、ひとえに差異を作り出すプロセスといってよい。製品をブランド化するためには、製品に名称をつけ、さらに製品の識別に役立つ他のブランド要素を用いることによって、その製品が「何者」であるかを、また、その製品が「何」をするのか、消費者は「なぜ」気にかけるべきなのかを、消費者に教える必要がある。ブランディングとは精神構造を作り、消費者が製品やサービスについての系統立った知識を形成し、意思決定が明確になるようにするのを助けることをいう。その過程で、企業にも価値が提供される。

ブランディング戦略を成功させ、ブランド価値を創出するためには、ブランド間における意味のある違いを消費者に納得させなければならない。ブランディングの鍵は、消費者に当該カテゴリー内のブランドはみな同じだと思わせてはならないということである。有形商品（キャンベル・スープ）、サービス（シンガポール航空）、店舗（フットロッカー専門店）、人（アンドレ・アガシ）、場所（シドニー市）、組織（米国自動車協会）、アイデア（自由貿易）、いずれもブランド化が可能である。

❖ブランド・エクイティの定義

ブランド・エクイティとは、製品やサービスに与えられた付加価値である。この価値は、消費者があるブランドに関して、どう思い、感じ、行動するかに反映されるだろう。またそのブランドが企業にもたらす価格、市場シェア、収益性にも反映されるだろう。ブランド・エクイティは、企業にとって、心理的価値と財務的価値を持つ重要な無形資産である。

ブランド・エクイティの研究にはさまざまな視点が使われる[8]。**顧客ベースのブランド・エクイティ**とは、ブランドのマーケティングに対する消費者の反応にブランド知識が及ぼす差別化効果と定義できる[9]。消費者がある製品やマーケティング活動に対して、ブランドが特定されるときのほうが、されないときに比べて好意的に反応する場合、ブランドは肯定的な顧客ベースのブランド・エクイティを持つといわれる。同じ状況で、消費者があるブランドのマーケティング活動に好意的でない反応を示す場合、そのブランドは否定的な顧客ベースのブラン

ド・エクイティを持つといわれる。

　この定義には3つの主要な構成要素がある。第1に、ブランド・エクイティは消費者の反応の違いから生まれる。もし何の違いも生じなければ、そのブランド名の製品は本質的にコモディティか一般的な製品として分類されることになる。その場合は価格で競争することになるだろう。第2に、このような反応の違いは、消費者のブランドについての知識の結果である。**ブランド知識**は、ブランドから連想されるすべての考え、感情、イメージ、経験、信念などからなる。特にブランドは、強く、好ましく、そしてユニークなブランド連想を顧客に作り出さなければならない。ボルボ（安全性）やホールマーク（思いやり）がその例である。第3に、ブランド・エクイティを作り上げている消費者の差別化された反応は、ブランドのマーケティングのあらゆる面に関する知覚や選好や行動に反映される。**表8-1**は、ブランド・エクイティの主要なベネフィットについてまとめたものである。

　消費者の知識は、ブランド・エクイティに表れる差異を推進するものである。抽象的な意味では、ブランド・エクイティはマーケターに、過去から未来への重要な戦略上の「橋」を提供するものといえる。

❖橋としてのブランド・エクイティ

　ブランド・エクイティの観点からは、毎年、製品やサービスに費やされるマーケティング費用はすべて、消費者のブランド知識への投資と考えるべきである。ブランド構築のための投資の質は、重要な要因である。量は、最低限度の額を超えていれば必ずしも重要ではない。その一方で、消費者のマインドに貴重な継続的記憶の痕跡を作り出すマーケティング活動に費用をかけることで、大きなブランド・エクイティを蓄積している例も数多くある。コカ・コーラ、ペプシ、バドワイザーのような大手飲料ブランドほど費用をかけていないにもかかわらず、カ

表8-1　強いブランドのマーケティング優位性

- ■製品パフォーマンスについての知覚向上
- ■より大きなロイヤルティ
- ■競合他社のマーケティング行動への抵抗力
- ■マーケティング危機への抵抗力
- ■マージンの拡大
- ■値上げに対する消費者反応の非弾力化
- ■値下げに対する消費者反応の弾力化
- ■取引協力とサポートの強化
- ■マーケティング・コミュニケーション効果の増大
- ■ライセンス供与の機会の可能性
- ■さらなるブランド拡張の機会

リフォルニア牛乳加工業協会は、ここ何十年間も減少の一途をたどっていたカリフォルニア州の牛乳の消費量を、増加に転じさせることができた。その1つの要因は、同協会の優れた計画と実行による「Got Milk？（牛乳飲んだ？）」キャンペーンであった。

同時に、こうしたマーケティング投資によって生まれるブランド知識が、そのブランドにふさわしい将来の方向性を決める。消費者は、ブランドについての考えやフィーリングをもとに、ブランドがどこへ、どのように向かうべきだと思うかを決め、マーケティング活動やマーケティング・プログラムにパーミッションを与える（あるいは与えない）。

ブランドとは本質的に、予想される製品やサービスのパフォーマンスを提供するというマーケターの約束である。**ブランド・プロミス**は、ブランドがどうあるべきか、消費者に何をすべきかについてのマーケターの見解である。つまるところ、ブランドの真の価値と将来の行く末は、消費者と、そのブランドに関する消費者の知識、そしてこの知識によって生じるマーケティング活動への消費者の反応にかかっている。したがって消費者のブランド知識、すなわち消費者のマインドの中でブランドと結びつくさまざまなものすべてを理解することが、何より重要である。それがブランド・エクイティの土台だからである。

ブランド・エクイティの確立

マーケターは、適切な消費者に対して適切なブランド知識構造を作り出すことによって、ブランド・エクイティを確立する。このプロセスは、マーケター側が起点となっているか否かにかかわらず、ブランドに関わるすべてのコンタクトに左右される。しかしマーケティング・マネジメントの観点から、3組の主要な「ブランド・エクイティのドライバー」がある。

1. **ブランド要素またはブランドを構成しているアイデンティティの最初の選択**（例：ブランド名、URL、ロゴ、シンボル、キャラクター、スポークスパーソン、スローガン、ジングル、パッケージ、記号）　オールド・スパイスは、鮮やかな赤いパッケージとおなじみの帆船を使って海のテーマを強調する一方、ハイ・エンデュアランスとレッド・ゾーンというブランド名を加えて、デオドラントと制汗剤の拡張ブランドも発売している[10]。
2. **製品とサービスおよび付随するすべてのマーケティング活動とマーケティング・プログラム**　ジョー・ボクサーはカラフルな下着を、同社のシンボルである黄色い笑顔のミスター・リッキーをつけた粋で楽しい販売方法によって売り、有名になった。同社は広告にほとんど費用をかけなかった。巧みなイベントの活用でパブリシティとクチコミを獲得したのだ。Kマートとの独占的取引によって、強力な小売サポートも得ている[11]。
3. **ブランドを他の存在（人や場所や物）にリンクさせることで、間接的にそのブランドに移転される他の連想**　スバルはオーストラリアの荒れた大地と、有名な映画『クロコダ

イル・ダンディー』の俳優ポール・ホーガンを広告に使い、スポーツ・ユーティリティ・ワゴン車のスバル・アウトバックのブランド・イメージを作る一助とした。

❖ブランド要素の選択

　ブランド要素は、ブランドの識別や差別化に役立つトレードマークとなる手段である。ナイキは特徴的な「スウッシュ」のロゴ、見る人を力づける「Just Do It」というスローガン、翼のある勝利の女神の名からとった神話的な「ナイキ」の名称を持っている。これらの要素にブランドを構築する能力があるかどうかの判断基準となるのは、消費者がもしそのブランド要素しか知らなかったら、当該製品について、どう思い、感じるかである。ブランド・エクイティに肯定的な貢献をもたらすブランド要素とは、消費者によって一定の評価の見込まれる連想や反応が想定されたり推測されたりするものである。例えば、消費者はブランド名だけで、カラーステイの口紅が長く色落ちしないことを期待するかもしれない。

ブランド要素の選択基準

　ブランド要素の選択には、6つの基準がある（それぞれについて、さらに具体的な選択のための考慮用件がある）。**表 8 - 2** に示すように、初めの3つ（記憶可能性、意味性、選好性）は、ブランド要素の賢明な選択によって、ブランド・エクイティがいかに確立されるかという点から、「ブランド構築的」として特徴づけられる。残りの3つ（移動可能性、適合可能性、防御可能性）は、より「防衛的」であり、さまざまな機会や制約に直面した際、ブランド要素に含まれるブランド・エクイティが、いかにレバレッジされ保持されるかに関わる。

表8-2　ブランド要素の選択基準

ブランド構築	ブランド防衛
記憶可能性：ブランド要素が、どれだけたやすく思い出され、どれだけたやすく認識されるか。これが購買にも消費にも当てはまるか。例：タイド	**移動可能性**：そのブランド要素は、同じカテゴリーや別のカテゴリーに新製品を導入するのに使用できるか。ブランド要素はどの程度、地理的な境界や市場セグメントを越えて、ブランド・エクイティに付加されるか。例：ネスレの鳥の巣
意味性：ブランド要素がどの程度信頼でき、対応するカテゴリーを連想させるか。製品の成分や、そのブランドを使用する可能性のある人のタイプを示唆するか。例：リーンクイジーン低カロリー冷凍アントレ	**適合可能性**：そのブランド要素は、どれほど適合と更新が可能か。例：ベティ・クロッカーのイメージ
選好性：消費者がそのブランド要素に、どれほど美的な訴求力があると思うか。見た目、言葉、その他の面で好ましいか。例：ファイアバード	**防御可能性**：そのブランド要素は、どこまで法的に保護できるか、競合に対してどれだけ防御できるか、模倣されにくいか。商標権を維持できるか。例：ヤフー

ブランド要素を発展させる

　ブランドを創出する際、マーケターはその製品に適した多くのブランド要素を決定しなければならない。企業はマーケティング・リサーチ会社にブレーンストーミングをさせ、連想や音などの特質ごとにカタログ化した膨大なコンピュータ・データベースを使ってブランド名のテストを行わせることが多い。名称の調査では「連想テスト」（どんなイメージが思い浮かぶか）、「学習テスト」（どれだけ発音しやすいか）、「記憶テスト」（どのくらい記憶に残りやすいか）、「選好テスト」（どの名称が好まれるか）が行われる。もちろん、選ばれた名称がすでに登録されていないかどうかを確認する調査も行う必要がある。

　ブランド要素は、ブランドの確立において多くの役割を果たす。消費者がその製品の購入決定をする際に、多くの情報を検討しない場合は、ブランド要素は簡単に認識され、思い出され、それ自体が説明的で説得力のあるものでなければならない。覚えやすくて、意味豊富なブランド要素によって、認知を確立してブランド連想をリンクするうえでマーケティング・コミュニケーションの負担は軽減される。ブランド要素の好ましさや魅力から生まれるさまざまな連想が、ブランド・エクイティにおいて重要な役割を演じることもある。キーブラーの妖精は、同社のクッキー製品の家庭的な製法と、魔法や楽しさの感覚を強調している。

　重要なブランド要素はブランド名だけではない。多くの場合、ブランド・ベネフィットの具体性が低いほど、ブランド要素によるブランドの無形性を補うことが重要になる。多くの保険会社が、強さ（プルデンシャルの「ジブラルタルの岩」、ハートフォードの雄鹿）のシンボルを使っている。スローガンもブランド・エクイティの確立にきわめて効果的な手段である。スローガンは、消費者がそのブランドの意味や特徴をつかむのを助ける有用な「フック」や「ハンドル」として機能することができる。「善き隣人のように、ステートファームはそこにいる」といったスローガンに内在するブランドの意味を考えてみるとよい。

❖ホリスティック・マーケティング活動の設計

　ブランド要素とその二次的連想の賢明な選択が、ブランド・エクイティの確立に重要な貢献をすることがあっても、最初のインプットは、製品やサービスとそれを支援するマーケティング活動からもたらされる。顧客は幅広いコンタクトポイントやタッチポイントを通じて、ブランドを知るようになる。個人的な観察や使用、クチコミ、社員との交流、オンラインや電話での体験、支払取引などである。**ブランド・コンタクト**は、顧客または見込み客が、ブランド、製品カテゴリー、あるいはマーケターの製品やサービスと関係のある市場との間に持つ、何らかの情報を担った経験と定義することができる[12]。このような経験はいずれも、肯定的にも否定的にもなりうる。企業はこうした経験の管理に、広告の制作と同じくらい力を注ぐべきである[13]。

　ホリスティック・マーケターは、ブランド確立のためのマーケティング・プログラムの設計において3つの新しい重要なテーマに注目する。すなわち、パーソナライゼーション、インテ

グレーション、インターナライゼーションである。

パーソナライゼーション

「パーソナライジング・マーケティング」は、ブランドとそのマーケティングができるだけ多くの顧客にとってできるだけ多くの関連性を持つよう手段を講ずることである。同じ顧客は2人といないことを思えば、これは難題である。インターネットだけがマーケティングをパーソナライズする手段ではない。マーケターは、経験価値マーケティング、ワン・トゥ・ワン・マーケティング、パーミション・マーケティングなどの概念を採用して、消費者との細やかで活発なリレーションシップを作り出している。ハーレーダビッドソンのようなブランドは、すべてのブランド・コンタクトをきめ細かく管理し、パーソナライゼーションに注力したおかげで、カルト的地位を獲得することができた。これについては「マーケティング・スキル▶カルト・ブランドを構築する」で論じた。

インテグレーション

統合型マーケティングは、マーケティング活動を混ぜたり組み合わせたりして、その個々の効果と全体としての効果を最大にすることである(14)。企業はブランド・プロミスを強化するようなさまざまなマーケティング活動を使うことができるが、インテグレーションはマーケティング・コミュニケーションにおいて特に重要である（詳細は第15章で述べる）。どの選択肢の効果も、他の選択肢の存在によっていっそう高まるように、全体が各部分の総計よりも大きくなるような組み合わせにすべきである。

コミュニケーションの選択肢はそれぞれ、ブランド認知に影響を及ぼす効果と効率性、さらにブランド・イメージを作り、維持し、強化する効果と効率性によって判断すべきである。**ブランド認知**は、さまざまな状況下で消費者がブランドを特定できることであり、消費者のブランド認識や想起のパフォーマンスに反映される。**ブランド・イメージ**は、消費者による知覚と信念であり、消費者の記憶の中の連想に反映される。重要なのは、さまざまなコミュニケーションの選択肢のミックスを用いることであり、選択肢のそれぞれがブランド・エクイティの確立や維持において特定の役割を果たす。

インターナライゼーション

マーケターは「インターナル」な観点を採用して、従業員やマーケティング・パートナーが基本的なブランディングの概念を正確に評価し理解するために、どのような手段をとるのか、またその手段がどのようにブランド・エクイティを支援したり、傷つけたりするのかを考慮しなければならない(15)。**インターナル・ブランディング**とは、従業員に情報を与え、啓発する活動とプロセスである(16)。サービス企業や小売業者にとっては、全従業員がブランドとブランド・プロミスについて最新かつ深い理解を持っていることが重要である。「ブランド結合」は、顧客が企業によるブランド・プロミスの遂行を経験するときに起きる。顧客と企業の従業

マーケティング・スキル ▶ カルト・ブランドを構築する

　非常に強力な顧客ロイヤルティを生み、カルト的な地位を獲得するブランドがある。例えばハーレーダビッドソンのオートバイである。カルト・ブランドが構築できれば、高額なプロモーションを行いマス市場にアピールしなくても、売上と利益を大きく伸ばすことができる。そのため、特に従来にない製品やニッチ製品を売り出そうとするマーケターにとってこのスキルは重要である。このスキルに役立つ資質はいくつかある。第1に、「バズ」を仕掛けて、標的としたセグメントのオピニオン・リーダーの間で話題を呼び起こし、ブランド体験をパーソナライズする能力である。その際、カギとなるのは想像力であり、対象を広げすぎたありきたりの広告では効果が薄い。例えば、ジョーンズ・ソーダはジョーンズRVにアメリカとカナダの諸都市を走らせ、クルーにサンプルを配布させたり街頭で人々と会話させたりして、新たな顧客を獲得している。

　次に、供給と流通を通じて、製品の訴求力を高める必要がある。どこでも簡単に手に入る新製品にはあまり特別感がない。ACIDシガーがアメリカの500の小売業者と同社のウェブサイトでしか販売されていない理由や、スクリーミング・イーグルの醸造元が年間たった500ケースのワインしか生産しない理由はこのためである。また、ハーレー・オーナーズ・グループ（H.O.G.）のようなブランドをベースにコミュニティの枠組みを提供してもよい。熱心なファンを特別な催しに集めることで、ブランド体験がよりパーソナルで関連性の高いものになる。

　起業家ピーター・ヴァン・ストークは、マーケティング・スキルを磨きぬいてジョーンズ・ソーダをカルト的ヒット商品にした。食料品店の棚スペース獲得に苦戦した後、ヴァン・ストークは自社製品を常識では考えられないサーフボード店やレコード店など、標的セグメントに定めたジェネレーションYが集まる店舗に置くことにした。このカラフルなソフトドリンクを飲んでみた顧客は他の店でも買おうとするようになり、そこからコンビニエンスストアに流通路が開けた。ヴァン・ストークはボトルのラベルに使用する写真をファンから公募し、感情的な結びつきを築いた。毎年、数万件の応募から選ばれるのはわずか40点ほどにすぎないが、ヴァン・ストークのパーソナライゼーションへの取り組みのおかげで、ジョーンズ・ソーダは年間売上3500万ドルのカルト・ブランドに成長したのである[17]。

員および企業のコミュニケーションとのコンタクトは、すべて肯定的なものでなければならない。ブランド・プロミスは、企業のすべての人間がそのブランドを体現しなければ果たされないだろう。

ブランド知覚にとりわけ強い影響を与えるのが、顧客と従業員との間の経験である。ディズニーはインターナル・ブランディングと、従業員にブランドを支援させることに非常に成功しており、「ディズニー・スタイル」のセミナーを他社の従業員に向けて開催しているほどである。ホリスティック・マーケターは、さらに進んで、流通業者やディーラーをも、顧客にうまく対応できるように訓練し奨励しなければならない。それがブランド・イメージの強化にもつながる。

❖二次的連想の活用

ブランド・エクイティを確立する第3の方法は、実は「借りる」ことである。つまり、ブランド連想そのものを、別の連想を持つ他の存在にリンクさせ、「二次的」ブランド連想を生み出すのである。要するに、ブランド・エクイティは、消費者に意味を伝える記憶情報に当該ブランドをリンクさせることで作り出すことができる（図8-1）。

ブランドは、企業（ブランディング戦略を通じて）や、国などの地理的地域（原産地の特定によって）、流通チャネル（チャネル戦略によって）のような、源となる要素にリンクされてもよいし、他のブランド（コブランディングまたは成分ブランディングを通じて）や、キャラクター（ライセンス供与によって）、スポークスパーソン（推奨によって）、スポーツや文化イベント（スポンサーシップを通じて）、第三者の情報源（賞や論評によって）にリンクされることもできる。中国工商銀行はコブランディングを使い、新しいクレジットカード、牡丹（Peony）カードにアメリカン・エキスプレスのロゴをつけた。このコブランディングにより同行は、自行の国内カード・ブランドを国際的に最も知名度の高いカード・ブランドにリンクさせることができたのである[18]。

ブランド・エクイティの測定

ブランドの力が消費者のマインド内にあり、またそれがマーケティングに対する消費者の反応をいかに変えるかにあると考えれば、ブランド・エクイティは細心の注意を払って測定すべきである。ブランド・エクイティの測定には、2つの基本的なアプローチがある。「間接的な」アプローチでは、消費者のブランド知識の構造を特定し、たどることによって、ブランド・エクイティの潜在的な源が評価される。「直接的な」アプローチでは、消費者の反応に及ぼすブランドの知識の影響が評価される。ブランド・エクイティが有益な機能を発揮し、マーケティング意思決定の指針となるには、マーケターが（1）ブランド・エクイティの源と、それが利

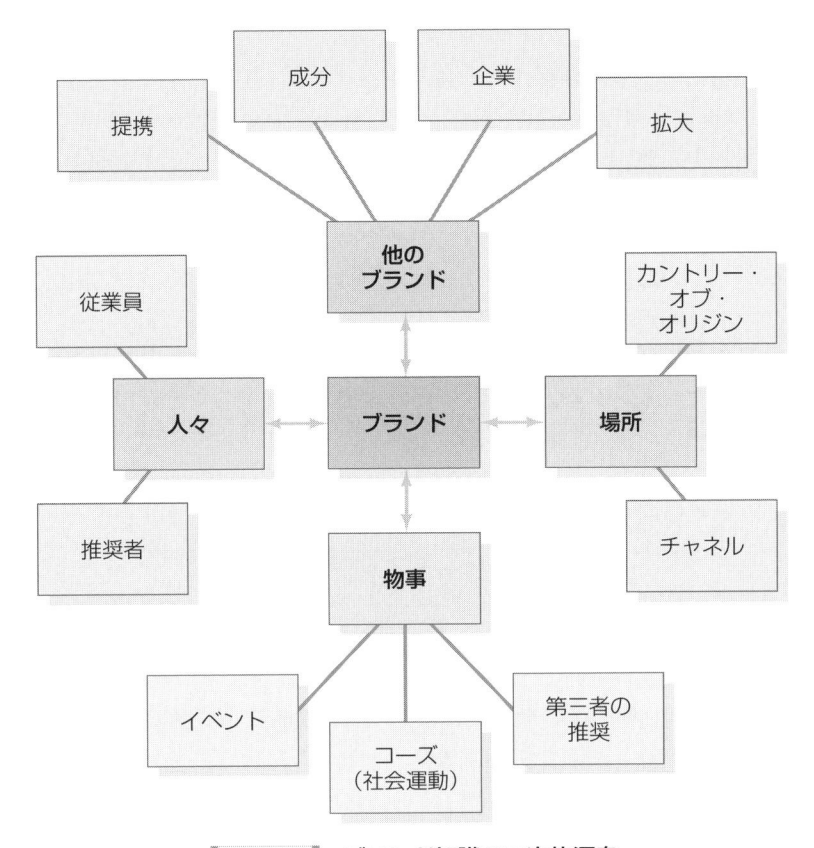

図 8-1 ブランド知識の二次的源泉

害にどう影響するか、(2) これらの源と結果が、変わるとするなら、時とともにどう変わっていくのか、を十分に理解することが重要である。ブランド監査は前者に、ブランド追跡は後者にとって重要である。

❖ブランド監査

　ブランド監査は、消費者に焦点を当てて行われるもので、ブランドの健全性を評価し、ブランド・エクイティの源を明らかにし、そのエクイティを向上させたり活用したりする方法を示唆する一連の手順をいう。ブランド監査は、ブランドの戦略的方向性を定めるために利用されることがある。ブランド・エクイティの現在の源は満足いくものか。あるブランド連想を強化する必要があるか。ブランドに独自性が欠けていないか。どのようなブランド機会が存在し、ブランド・エクイティにとってどのような潜在的な課題が存在するのか。この戦略的分析の結果、マーケターは長期的にブランド・エクイティを最大化するためのマーケティング・プログ

ラムを策定することができる。

　ブランド監査では、企業と消費者双方の観点からブランド・エクイティの源を理解することが必要である[19]。企業の観点からは、現在どの製品やサービスが消費者に提供され、それらがどのように市場で売られブランド化されているかを正確に理解する必要がある。消費者の観点からは、消費者にとっての、ブランドと製品の本当の意味を見つけることが必要である。

　ブランド監査はブランドの棚卸しとブランド探索の2段階で行われる。「ブランドの棚卸し」とは、企業が販売している全製品およびサービスが、どのように市場で売られ、ブランド化されているかについて、関連するブランド要素すべてと、それを支援するマーケティング・プログラムも含めた最新の包括的なプロフィールを出すことである。競合ブランドについても、ブランディングやマーケティング努力をできるだけ詳細に把握することが望ましい。「ブランド探索」は、消費者がブランドとそれに対応する製品カテゴリーについて、どう思い、感じているのかを理解して、ブランド・エクイティの源を特定するために行われる調査活動である。顧客がどのように製品やサービスを買いに行き、使うのか、そしてさまざまなブランドについてどう思っているかをよりよく理解するには、さらなる調査を要するだろう。

❖ブランド追跡

　「追跡調査」では、一定期間にわたって日常ベースで情報を消費者から集める。追跡調査は一般に量的測定法を用いることにより、自社のブランドとマーケティング・プログラムが、多数の主要な次元に基づいてどう機能しているかについての最新情報を提供する。追跡調査は、どこで、どれだけ、どのようにブランド価値が生まれているかを理解する手段であり、多数のマーケティング活動の集合的な効果を診断する貴重な洞察をもたらす。長期にわたってブランドおよびブランド・エクイティの健全性を監視し、適切な修正ができるようにすることが重要である。

❖ブランド価値評価

　ブランド・エクイティは、「ブランド価値評価」とは区別する必要がある。ブランド価値評価とはブランドの全体的な経済価値を見積もる作業である。豊かなブランド・ポートフォリオの獲得と構築に、成長の基盤を置いている企業がある。スイスのネスレはラウントリー（イギリス）、カーネーション（アメリカ）、ストウファー（アメリカ）、ブイトーニ・ペルジーナ（イタリア）、ペリエ（フランス）を買収し、世界最大の食品会社になった。有名企業では、ブランド価値は通常、全社の時価総額の2分の1を上回る[20]。アメリカの企業はブランド・エクイティを貸借対照表には載せない。その見積もりが任意的なものであるためだ。しかしイギリス、香港、オーストラリアの一部の企業では、ブランド・エクイティに価値が与えられている。

ブランド・エクイティの管理

　効果的なブランド・マネジメントには、マーケティング意思決定の長期的な展望を要する。マーケティング活動に対する消費者の反応は、ブランドについて消費者が知っていることや覚えていることに左右されるので、短期的なマーケティング活動はブランド知識を変化させることによって、将来のマーケティング活動の成功率を必然的に高めたり低下させたりする。さらに、外部環境の変化や内部環境の変化に直面したとき、長期的視点を有するマーケターは、顧客ベースのブランド・エクイティを維持し、向上させるべく取り組むことができる。

❖ブランド強化

　ブランド・エクイティは、ブランドの意味を消費者に矛盾なく伝えるマーケティング行動によって強化される。その意味とは、(1) ブランドが何の製品を表しているか、どの中核ベネフィットを提供するか、どのニーズを満たすのか、(2) ブランドが製品にどのように優位性を持たせるのか、強く、好ましく、ユニークな、どのブランド連想が、消費者のマインド内に存在すべきか、に関するものである。ヨーロッパ最強ブランドの1つであるニベアは、自社の「マイルド」、「優しい」、「思いやり」というブランド・プロミスを、より広い領域で強化するべく入念に設計し実行したブランド拡張によって、自社ブランドの範囲を、スキンクリームのブランドから、スキンケアやパーソナルケアのブランドへと拡大してきた。

　ブランド・エクイティを強化するには、マーケティング・プログラム全体にわたるイノベーションと関連性が必要である。マーケターは標的市場を本当に満足させるような新製品を導入し、新しいマーケティング活動を行わなければならない。ブランドは、常に前進していなければならない。ただしそれは、正しい方向への前進でなければならない。マーケティングは常に、新しくて注目せずにはいられないような提供物と、それを市場に出す方法を見つけなければならない。それができないブランドは、オールズモビルのように、自社の市場リーダーシップが衰え、なくなりさえすることに気づくはめになる。

　ブランドの強化において考慮すべき重要な事柄は、ブランドが受けるマーケティング支援が量と種類の双方において一貫していることである。ブランドの戦略的な推進力や方向性を維持するには、多くの戦術的変更が必要になるだろう。しかし、マーケティング環境に何らかの変化がないかぎり、成功しているポジショニングから逸脱する必要性はほとんどない。そのような場合、ブランド・エクイティの源はしっかりと保護し、守るべきである。

❖ブランド活性化

　消費者の趣味や選好の変化、新しい競合他社や新しい技術の出現など、マーケティング環境

のいかなる新たな展開も、ブランドの運命に潜在的に影響を与える可能性がある。ほぼあらゆる製品カテゴリーで、スミスコロナ、ゼニス、トランスワールド航空のように、かつては卓越し、称賛されていたブランドが凋落し、中には消えた例もある[21]。だがこうしたブランドの中には、近年、復活を果たしているものもある。ブレックとドクターショールズは、そのブランドの運命を程度の差はあれ、好転させることに成功してきた。

消えゆくブランドの運命を逆転させるには、それが「根源に戻り」、ブランド・エクイティの失われた源を取り戻すか、またはブランド・エクイティの新たな源を確立するかのどちらかが必要である。多くの場合、ブランドの運命を好転させるために最初に行うべきことは、ブランド・エクイティの源泉を理解することである。肯定的な連想が、その力や独自性を失いつつあるのか。否定的な連想が、そのブランドに結びついてきているのか。そして、同じポジショニングを保つのか、新たなポジショニングを作るのか、その場合、どのポジショニングをとるかに関して、決定しなければならない。時として、ポジショニングはまだ適切で、問題の源は、実際のマーケティング・プログラムがブランド・プロミスを果たせていないことにあるという場合もある。だがそのほかの場合には、古いポジショニングにはもはや存続する力すらなく、「リインベンション」戦略が必要になる。マウンテン・デューはブランド・イメージ全体を徹底的に見直し、若い男性に向けて訴求することにより、強力なソフトドリンクになった。行動志向のスローガン（「Do the Dew」）とエクストリーム・スポーツへの連想を強調した広告によって、マウンテン・デューはソフトドリンク市場シェア第3位になった[22]。

ブランド・エクイティの古い源を回復させるか、あるいは新たな源を作り出すには、2つの主要なアプローチが可能である。第1に、購買や消費の場面での、消費者のブランドの想起や認識を改善することで、ブランド認知の深さや幅を広げる。第2に、ブランド・イメージを作っているブランド連想の強さ、好ましさ、ユニークさを向上させる。このアプローチは、現在のブランド連想、または新たなブランド連想に向けたプログラムが対象になるだろう。

❖ブランド危機

レストランのジャック・イン・ザ・ボックス、ファイアストン・タイヤ、石油のエクソン、スズキのSUVサムライ、マーサ・スチュアートなどさまざまなブランドが、深刻な打撃を被りかねないブランド危機を経験している。一般に、ブランド・エクイティと強力な企業イメージが確立しているほど（特に企業の信頼性や信用に関して）、その企業が難局を切り抜けられる可能性は高い。しかし、入念な準備と行き届いた危機管理プログラムも重要である。タイレノールへの異物混入事件の際のジョンソン・エンド・ジョンソンのほぼ完璧な対処が示すように、危機管理の鍵となるのは、消費者が企業の対応を迅速で誠実だと見てくれるかどうかである。

企業がマーケティングの危機に対応するまでの時間が長くなるほど、好意的でないメディア報道やクチコミの結果、消費者が否定的な印象を形成する可能性は高くなる。さらに悪いこと

に、消費者が結局、そのブランドを本当はそれほど好きではなかったと気づいて、代わりのブランドや製品に、永久にスイッチしてしまう可能性もある。企業の対応には誠実さも求められる。消費者への影響の深刻さを公に認め、危機を解決するために必要で実行可能な処置を何でもとるという企業の意欲を示すべきである。そうしなければ、消費者が否定的な見方を形成する可能性がある。

例えば、ガーバーのベビーフードの広口瓶にガラスの破片が入っていたという消費者からの報告が何件かあったとき、ガーバーは自社の製造工場には何の問題もないと、世間を安心させようとした。しかし同社はそのベビーフードを食品店から回収することは断固として拒んだ。この対応に一部の消費者が満足しなかったことは明らかである。同社の市場シェアは、数ヶ月で66％から52％に急落した。同社のある役員が認めたように、「我が社のベビーフードを棚から引き上げなかったことは、我々が思いやりのない会社であるという印象を与えてしまった」[23]。

ブランディング戦略の立案

ブランディング戦略は、企業が販売するさまざまな製品に適用される、共通の特徴あるブランド要素の数や性質を反映する。つまりブランディング戦略の立案とは、新製品および既存製品に適用される、新しいブランド要素と既存のブランド要素の性質を決定することである。新製品のブランド化に関する決定は、特に重要である。会社が新製品を導入する際、選択肢は多数あるが、主に3つのカテゴリーに分けられる。(1) 新製品のための新たなブランド要素を開発する。(2) 既存のブランド要素のいくつかを適用する。(3) 新しいブランド要素と既存のブランド要素の組み合わせを利用する（表8-3参照）。

❖ブランディングの決定：ブランド化すべきか、せざるべきか

ブランディングの意思決定とは、製品のためにブランド名を開発するかどうかである。今日、ブランディングの力は非常に大きく、ブランド名がついていないものはほとんどない。いわゆるコモディティも、コモディティのままにしておく必要はない。「コモディティ」とはあまりに基本的なものであるため、消費者のマインド内で物理的に差別化することができない製品である。長年の間に、かつては本質的にコモディティとみなされていた多くの製品が、そのカテゴリーに強力なブランドが出現するにつれ、高度に差別化されるようになってきた[24]。いくつかの有名な例（かっこ内は開拓者となったブランド）に、コーヒー（マックスウェル・ハウス）、小麦粉（ゴールド・メダル）、ビール（バドワイザー）、バナナ（チキータ）、パイナップル（ドール）、塩（モートン）さえもある。

表8-3　新製品のブランディング

概念	定義
ブランド拡張	確立されたブランドを利用して新製品を導入すること
サブブランド	新しいブランドを既存のブランドと組み合わせること
親ブランド	ブランド拡張を生む既存のブランド
ファミリー・ブランド	ブランド拡張によって複数の製品と結びついている親ブランド
ライン拡張	親ブランドが対応している製品カテゴリーの中で、親ブランドを使って新しい市場セグメントを標的とする新製品にブランドをつけること（新しい風味など）
カテゴリー拡張	現在、親ブランドが対応していない製品カテゴリーに参入する場合に、親ブランドを利用すること
ブランド・ライン	特定のブランドで売られている全製品
ブランド・ミックス	企業が購買者に提供しているすべてのブランド・ラインの合体（ブランド・アソートメントともいう）
ブランデッド・バリアント	特定の小売業者や流通チャネルに供給される特殊なブランド・ライン
ライセンス製品	他のメーカーが製造した製品にブランド名がライセンス供与されたもの

一般的なブランド戦略

　企業が自社の製品やサービスをブランド化すると決定したとすると、今度はどのブランド名を使うかを選択しなければならない。よく用いられる一般的戦略は4つある。

■**個別の名称をつける**　ゼネラルミルズがこの方針をとっている（ゴールド・メダルの小麦粉、ネイチャー・バレーのグラノーラクッキー、オールドエルパソのメキシコ料理）。主な利点は、企業の評判と製品の評判とが結びつかないことである。製品が失敗に終わったり、品質が低そうに見られたりしたときに、企業名やイメージに傷がつかずにすむ。企業は同じ製品クラスに属する異なる品質のラインに、異なるブランド名を用いることが多い。デルタ航空は、デルタ航空ブランドのエクイティを守るためもあって、低料金の航空会社にソングというブランド名をつけた[25]。

■**1つのファミリー・ネームを使う**　ハインツとGEがこの方針をとっている。共通のファミリー・ネームにも利点がある。名称を決めるための調査がいらず、ブランド名を認知させるために多額の広告費を使わなくてもよいため、開発コストが少なくてすむ。また、メーカー名が良ければ、新製品は売れやすくなる。つまり新製品は消費者からすぐに認知されるのである。

■**いくつかの異なるファミリー・ネームを使う**　シアーズがこの方針をとっている（電化製品にはケンモア、工具にはクラフツマン）。1つの企業がまったく違った製品を生産している場合、すべてに共通のファミリー・ネームを使うのは望ましくない。スイフトはハム（プレミアム）と肥料（ヴィゴロ）にそれぞれ別のファミリー・ネームをつけた。

■**個別の製品名と社名を組み合わせる**　ケロッグがこのサブブランディング戦略をとっている

（ケロッグ・ライスクリスピー、ケロッグ・レーズンブラン、ケロッグ・コーンフレーク）。企業名は新製品が当該企業のものであることを示し、個々の名称は新製品を特徴づける。

コブランディングと成分ブランディング

　製品に複数のブランドがつく場合もある。その良い例が、**コブランディング**の出現である。これは複数の有名ブランドを組み合わせて1つの製品にしたり、何らかの方法で一緒に市場に送り出したりすることを指し、2重ブランディングまたはブランド・バンドリングとも呼ばれている[26]。コブランディングの形態の1つは「同一企業内でのコブランディング」であり、ゼネラルミルズがトリックスとヨープレイト・ヨーグルトを広告する場合がこれにあたる。もう1つの形態は「ジョイント・ベンチャーによるコブランディング」で、シティバンクとアメリカン航空が提携したシティバンク・Aアドバンテージ・クレジットカードなどがこれにあたる。「小売店のコブランディング」は、例えばファストフード・レストランなど2つの小売店舗が、空間を効率よく活用して最大限に利益を上げる方法として、場所を共有することをいう。さらに、「複数スポンサーによるコブランディング」がある[27]。

　コブランディングの主な利点は、それに関わる複数のブランドが有する価値のおかげで、説得力のある製品ポジショニングを設定できる可能性があることだ。コブランディングによって、既存の標的市場での売上が伸びるだけではなく、新しい消費者とチャネルを切り開くことも可能である。また、2つのよく知られたイメージが組み合わされることで、顧客に選んでもらえる可能性が高くなるため、製品の市場導入にかかるコストを削減することもできる。さらにコブランディングは消費者や他社のアプローチを知る有効な手段にもなりうる。

　コブランディングの欠点は、別のブランドと1つになってしまうリスクと、コントロールの欠如である。第1に、パフォーマンスが不十分であると、関わったブランドがマイナスの影響を被ることになりかねない。第2に、片方のブランドが多数のコブランディングを行っている場合、過剰な露出によって連想の効果が希薄化してしまう危険性がある。第3に、複数のコブランディングを行っている場合、既存ブランドの焦点がぼやけてしまうおそれもある。

　成分ブランディングはコブランディングの特殊なケースである。これは、他のブランド製品に欠くことのできない材料、構成成分、部品などのブランド・エクイティを作り出すことである。成分ブランドで成功を収めているものに、ドルビーのノイズリダクション、ゴアテックス防水繊維がある。評判が良い成分ブランド製品としては、ベティ・クロッカーのハーシーズ・チョコレートシロップ入りのベーキングミックス、タコベルのタコスと組み合わせたランチャブルズのランチがある。モーターやコンピュータ・チップのようにブランドの最終製品に組み込まれる構成成分や部品を製造するメーカーは多いが、通常そのメーカーのアイデンティティは失われてしまう。こうしたメーカーは自社ブランドが最終製品の一部として特徴づけられることを望んでいる。インテルの消費者に直接向けられたブランド・キャンペーンによって、パソコン購入者の多くは「インテル・インサイド」と表示のあるコンピュータ・ブランドだけを買うようになった。その結果、多くのパソコンメーカーは、無名の供給業者から同等のチップ

を仕入れるのではなく、インテルからプレミアム価格で仕入れるようになったのである。

❖ブランド拡張

　確立されたブランドを利用して企業が新製品を導入することを、**ブランド拡張**という。多くの企業は、最も価値ある資産の1つがブランドであることを認識し、その資産を活用して、自社の最強のブランド名で多数の新製品を導入してきた。実際、1年間に市場導入された新製品のうち80〜90%がライン拡張である。さらに、さまざまな情報源によって評価されているように、最も成功している新製品の多くはブランド拡張である（例：マイクロソフトのビデオゲーム機Xbox、アップルのデジタル音楽プレイヤーiPod）。

　ブランド拡張は、広く2つの一般的カテゴリーに分類することができる[28]。**ライン拡張**では、現在、親ブランドが対応している製品カテゴリーの中で、新しい風味や形や色や包装サイズによって、新しい市場セグメントを標的とする新製品に当該ブランドがつけられる。ダノンは何年かの間に、ライン拡張で「フルーツ・オン・ザ・ボトム」や「ホイップ」など数種類のダノン・ヨーグルトを導入した。**カテゴリー拡張**では、現在、親ブランドが対応していない製品カテゴリーに参入する場合に、当該ブランドがつけられる。スイス・アーミーの時計がその例である。

ブランド拡張の利点

　ブランド拡張の1つの利点は、新製品の成功確率を高めてくれることである。ブランド拡張において、消費者は親ブランドについての知識と、その知識と新製品との関連性をもとに、新製品の構成と性能を推測し予期することができる[29]。肯定的な予想が生じるので、ブランド拡張はリスクを減らすことができる[30]。

　拡張品として新製品を導入することで、消費者の需要が高まる可能性があるため、ブランド拡張品を在庫しプロモーションするよう小売業者を容易に納得させることができる。マーケティング・コミュニケーションの観点からは、拡張品のための導入キャンペーンでは、ブランドと新製品の双方についての認知を作り出す必要がなく、新製品だけに集中することができる[31]。

　そのため、ブランド拡張は導入キャンペーンのコストを削減することができる。これはアメリカ市場で一般消費財の新しいブランド名を確立するのに1億ドルかかる場合もあることを考えれば、重要なことである。また、新しい名称を考案する苦労や費用も回避できる。パッケージングやラベリングも効率化できる。調整がうまくできれば、小売店で「ビルボード広告」効果を生み、目立たせることもできる。1つの製品カテゴリー内でブランド・バリアントのポートフォリオを提供すれば、消費者が変化を求めて違う種類の製品にスイッチしても、そのブランド・ファミリーから離れることはない。

　第2の利点は、ブランド拡張はフィードバックのベネフィットをもたらすことである[32]。

ブランド拡張は、ブランドの意味や核となるブランド価値を明らかにしたり、拡張品の背後にある企業の信頼性についての消費者知覚を改善したりするのに役立つ。ブランド拡張によって、クレヨラは「子供のための多彩な工芸」を、ウェイトウォッチャーズは「減量と体重維持」を意味することになる。ライン拡張は、ブランドへの興味や好感を再生させ、また市場カバレッジを広げることで、親ブランドにベネフィットをもたらすこともある。成功している拡張品は、次の拡張品の基礎としても役立つ。

ブランド拡張の欠点

　ライン拡張のマイナス面は、ブランド名と製品との結びつきを弱める原因になることである[33]。ライズとトラウトは、これを「ライン拡張の落とし穴」と呼んだ[34]。キャドバリーはそのブランドを、マッシュポテト、粉ミルク、スープ、飲料などの主流の食品にリンクすることで、チョコレートやキャンディのブランドとしてのより特定された意味を失わせるリスクを冒した[35]。**ブランドの希釈化**は、消費者がもはやブランドを特定の製品や非常に類似した製品に結びつけず、そのブランドのことをあまり考えなくなり始めたときに起きる。

　もし企業が導入した拡張品を消費者が不適切だと見なせば、消費者はブランドの統一性やコンピタンスに疑問を抱くだろう。ライン拡張が多岐にわたっていると、どの製品が自分にとって「好ましいもの」なのか、消費者を混乱させ、不満さえ抱かせるだろう。その結果、消費者はなじみのあるお気に入りや万能タイプの製品を選び、新しい拡張品を拒むかもしれない。小売業者は棚や陳列スペースがないために、やむなく多くの新製品やブランドを断っている。

　拡張で考えられる最悪のシナリオは、それが失敗するだけでなく、その過程で、親ブランドのイメージを傷つけることである。幸い、そのような例はまれである。十分な数の消費者をブランドに引きつけることができない「マーケティングの失敗」は、ブランドが根本的にそのプロミスを果たすことができない「製品の失敗」よりははるかに損害が少ない。さらに製品の失敗がブランド・エクイティを希釈するのは、その拡張が親ブランドと非常に似ていると見なされる場合だけである。

　たとえブランド拡張品の売上が好調で目的を達していても、この収益は親ブランドの既存製品から拡張品へ消費者がスイッチした結果、つまり親ブランドとの「カニバリゼーション」によるものである可能性がある。しかし、ブランド間における売上の移動は、必ずしもそれほど有害ではないかもしれない。「先制のカニバリゼーション」の一形態とも考えられるからである。つまり、もし拡張品がそのカテゴリーに導入されていなければ、消費者は拡張品の代わりに競合するブランドにスイッチしていたかもしれない。洗濯洗剤のタイドは、さまざまなライン拡張（香りつきタイプと無臭タイプ、タブレット型、液体などの形態）が売上に貢献しているため、今でも50年前と同じ市場シェアを維持している。また、ブランド拡張品の導入により、企業は独自のイメージとエクイティを持つ新しいブランドを作り出す機会を失うということがある。例えばディズニーが大人向け映画のタッチストーンを導入したことの利点を考えてみよう。

成功する特性

　新製品によるブランド拡張の可能性は、それが現在のブランド・エクイティを親ブランドから新製品へいかに効果的に活用するかとともに、その拡張品が逆に親ブランドのエクイティにいかに効果的に寄与するかによって判断しなければならない(36)。クレスト・ホワイトストリップスは、クレストとデンタルケアの強力な評判を活用して、歯を白くする分野での安心を提供し、それと同時に、クレストのデンタルケアにおける権威的イメージを強化した。拡張において最も考慮すべき重要な事柄は、それが消費者の心に「適合する」ことである。消費者によって拡張品が適合していると見なされる根拠は、共通する物理的属性、使用状況、使用者のタイプなど、いろいろある。

　拡張の機会を評価する際の、主要な間違いの1つが、消費者のブランド知識構造のすべてを考慮に入れないことである。マーケターは、適合の潜在的な根拠として、1つかせいぜい少数のブランド連想にだけ注目し、他のもっと重要かもしれない連想を無視するという間違いをおかすことが多い。

❖ブランド・ポートフォリオ

　どのブランドにも境界があり、ブランドはその境界までしか拡張できない。複数の市場セグメントを追求するには、複数のブランドが必要になることが多い。どのブランドも、企業が標的にしたいさまざまな市場セグメントのすべてから、等しく好意的に見られるわけではない。それ以外に、1つのカテゴリーに複数のブランドを導入する理由として、次のようなことがある(37)。

1. 店舗内における棚での存在感を増し、小売業者の依存を高めるため。
2. 多様性を求め、もしそれがなければ別のブランドにスイッチしてしまったかもしれない消費者を引きつけるため。
3. 社内の競争を増やすため。
4. 広告、販売、マーチャンダイジング、物流において、規模の経済性を生むため。

　ブランド・ポートフォリオとは、特定の企業が特定のカテゴリーで購買者に提供する、すべてのブランドとブランド・ラインの一式である。異なる市場セグメントに訴求するために、さまざまなブランドが設計され、市場に出されることになる。最適なブランド・ポートフォリオとは、個々のブランドが、ポートフォリオにおける他のすべてのブランドと結びつくことによって、エクイティを最大化するものである。もしブランドを廃止することで利益を増やすことができるなら、ポートフォリオは大きすぎるのである。逆に、もしブランドを加えることで利益を増やすことができるなら、ポートフォリオの大きさが十分とはいえない。一般に、ブランド・ポートフォリオの設計における基本的な原則は、潜在的な顧客を無視しないように市場

カバレッジを最大化しつつ、ブランド同士が顧客の支持を奪い合わないようにブランドの重複を最小にすることである。個々のブランドが明確に差別化され、コストを正当化するだけの十分な規模のセグメントに訴求するべきである[38]。

これらとは別に、ブランドがブランド・ポートフォリオの一部として果たすことのできる特定の役割がいくつかある。

■**フランカー**　フランカー、または「ファイター」・ブランドは、競合他社のブランドを意識して位置づけられている。もっと重要な（そしてもっと収益性の高い）「主力ブランド」が、その望ましいポジションを維持するための存在である。P&Gはおむつのラブズを、より高級な位置づけのパンパースの側面を守るために市場に出した。ファイター・ブランドは、より高価格の比較対象ブランドから売上を奪うほど魅力的であってはならない。同時に、もしファイター・ブランドが、ポートフォリオの他のブランドと何らかの形でつながっていると見なされるなら（例えば、共通のブランディング戦略によって）、ファイター・ブランドはこれら他のブランドの印象を悪くするほど安っぽく設計されてはならない。

■**金のなる木**　売上が低迷してもポートフォリオから外されないブランドもある。マーケティング支援がほとんどなくても、まだ十分な数の顧客を保持し、収益性を維持できているからである。こうした「金のなる木」ブランドは、既存のブランド・エクイティの蓄積を利用することで、効果的に「金を引き出す」ことが可能である。例えば、技術の進歩によって市場の大半が新しいマッハ3ブランドのカミソリに移ったにもかかわらず、ジレットは今でも、古いGII、アクタス、センサーのブランドを販売している。これらのブランドを撤退させても、必ずしもジレットの別ブランドに顧客がスイッチしてくれるとは限らないので、ジレットにとっては、それらを自社のカミソリ刃のブランド・ポートフォリオに残しておくほうが、利益になるものと思われる。

■**低価格帯入門レベル**　ブランド・ポートフォリオの中で、比較的低価格のブランドの役割は、顧客のブランド愛顧を構築することにある。小売業者はこれらの「客寄せ」を呼び物にしている。顧客をより高価格のブランドに「トレードアップ」させることができるからである。例えば、BMWは自社の3シリーズの車にいくつかのモデルを導入した。その理由の1つは、新たな顧客のブランド愛顧を構築し、それらの顧客が後に車を下取りに出すことを決めたときに、もっと高価格のモデルに「格上げさせる」ことをあてこんだためである。

■**高級な格式**　ブランド・ファミリーの中で、比較的高価格のブランドの役割は、ポートフォリオ全体に格式や信頼性を加えることである。例えばあるアナリストは、高性能スポーツカー、コルベットが有するシボレーへの本当の価値は「好奇心の強い顧客をショールームへ誘い込み、同時に他のシボレー車のイメージを向上させる能力」にあり、「GMの収益性に非常に貢献しているわけではないが、客寄せであるのは間違いない」と論じた[39]。コルベット・ブランドが、シボレーの製品ライン全体に波及するよう意図されていたのである。

参考文献

1. Ben Elgin, "Google's Leap May Slow Rivals' Growth," *BusinessWeek*, July 18, 2005, p. 45 ; Saul Hansell, "Google Revenue Nearly Doubles in Quarter," *New York Times*, April 22, 2005, p. C3 ; Carol Krol, "Google Sees Brand as Key to Expansion," *B to B*, October 25, 2004, p. 22 ; "How Good Is Google ?" *The Economist*, November 21, 2003, pp. 57-58 ; Fred Vogelstein, "Can Google Grow UP ?" *Fortune*, December 8, 2003, pp. 102-111.
2. Jacob Jacoby, Jerry C. Olson, and Rafael Haddock, "Price, Brand Name, and Product Composition Characteristics as Determinants of Perceived Quality," *Journal of Consumer Research* 3, no. 4 (1971) : 209-216 ; Jacob Jacoby, George Syzbillo, and Jacqueline Busato-Sehach, "Information Acquisition Behavior in Brand Choice Situations," *Journal of Marketing Research* (1977) : 63-69.
3. Leslie de Chernatony and Gil McWilliam, "The Varying Nature of Brands as Assets," *International Journal of Advertising* 8, no. 4, (1989) : 339-349.
4. Constance E. Bagley, *Managers and the Legal Environment : Strategies for the 21st Century*, 2nd ed. (Cincinnati, OH : West Publishing, 1995).
5. Tulin Erdem, "Brand Equity as a Signaling Phenomenon," *Journal of Consumer Psychology* 7, no. 2 (1998) : 131-157.
6. Scott Davis, *Brand Asset Management : Driving Profitable Growth Through Your Brands*, (San Francisco : Jossey-Bass, 2000). 邦訳『ブランド資産価値経営：組織を束ね、収益性を高める成長戦略』(スコット・M・デイビス著、青木幸弘監訳、日本経済新聞社、2002 年) ; D. C. Bello and M. B. Holbrook, "Does an Absence of Brand Equity Generalize Across Product Classes ?" *Journal of Business Research* 34 (1996) : 125-131 ; Mary W. Sullivan, "How Brand Names Affect the Demand for Twin Automobiles," *Journal of Marketing Research* 35 (1998) : 154-165 ; Adrian J. Slywotzky and Benson P. Shapiro, "Leveraging to Beat the Odds : The New Marketing Mindset," *Harvard Business Review* (September-October 1993) : 97-l07.
7. しかし、ブランディングの力には批判がないわけではなく、その中にはブランディング活動に結びつく商業主義を拒絶するものもある。以下の文献を参照されたい。Naomi Klein, *No Logo : Taking Aim at the Brand Bullies* (New York, NY : Picador, 2000). 邦訳『ブランドなんか、いらない：搾取で巨大化する大企業の非情』(ナオミ・クライン著、松島聖子訳、はまの出版、2001 年)
8. ほかの手法はシグナリングの経済理論に基づく。例えば、Tulin Erdem, "Brand Equity as a Signaling Phenomenon," *Journal of Consumer Psychology* 7, no. 2 (1998) : 131-157 ; あるいはより社会学的、人類学的、生物学的な観点に基づく。例えば、Grant McCracken, "Culture and Consumption : A Theoretical Account of the Structure and Movement of the Cultural Meaning of Consumer Goods," *Journal of Consumer Research* 13 (1986) : 71-83 ; または Susan Fournier, "Consumers and Their Brands : Developing Relationship Theory in Consumer Research," *Journal of Consumer Research* 24, no. 3 (1998). 343-373.
9. Kevin Lane Keller, *Strategic Brand Management*. 邦訳『ケラーの戦略的ブランディング（増補版）』(ケビン・レーン・ケラー著、恩藏直人研究室訳、東急エージェンシー出版部、2003 年)
10. Christine Bittar, "Old Spice Does New Tricks," *Brandweek*, June 2, 2003, pp. 17-18.
11. Paul Keegan, "The Rise and Fall (and Rise Again) of Joe Boxer," *Business 2.0*, December 2002/January 2003, pp. 76-82.
12. Don E. Schultz, Stanley I. Tannenbaum, and Robert F. Lauterborn, *Integrated Marketing Communications* (Lincolnwood IL : NTC Business Books, 1993).
13. Mohanbir Sawhney, "Don't Harmonize, Synchronize," *Harvard Business Review*, July-August 2001, pp. 101-108.
14. Dawn Iacobucci and Bobby Calder, eds., *Kellogg on Integrated Marketing* (New York : John Wiley & Sons, 2003). 邦訳『統合マーケティング戦略論：ノースウェスタン大学大学院ケロッグ・スクール』(ドーン・イアコブッチ、ボビー・J・カルダー編著、小林保彦、広瀬哲治監訳、ダイヤモンド社、2003 年)
15. Scott Davis and Michael Dunn, *Building the Brand Driven Business* (New York : John Wiley & Sons, 2002). 邦訳『ブランド価値を高めるコンタクト・ポイント戦略』(スコット・M・デイビス、マイケル・ダン著、電通ブランド・クリエーション・センター訳、ダイヤモンド社、2004 年) ; Colin Mitchell, "Selling the Brand Inside," *Harvard Business Review* (January 2002) : 99-105.

16. Stan Maklan and Simon Knox, *Competing On Value* (Upper Saddle River, NJ：Financial Times, Prentice Hall, 2000).
17. Gene G. Marcial, "Inside Wall Street：Sip a Bohemian Raspberry from Jones Soda," *BusinessWeek Online*, July 4, 2005, www.businessweek.com；Bruce Horovitz, "Gen Y：A Tough Crowd to Sell," *USA Today*, April 22, 2002, p. B1；Melanie Wells, "Cult Brands," *Forbes*, April 16, 2001, pp. 150+.
18. "Credit-Card Deal Boosts China's Efforts Toward a National System," *InformationWeek*, March 31, 2004, n.p.
19. Kevin Lane Keller, *Strategic Brand Management*. 邦訳：『ケラーの戦略的ブランディング（増補版）』（ケビン・レーン・ケラー著、恩藏直人研究室訳、東急エージェンシー出版部、2003 年）；Todd Wasserman, "Sharpening the Focus," *Brandweek*, November 3, 2003, pp. 28-32.
20. インターブランドによって開発された評価方法を用いた世界のベスト 100 のブランドのランク付けについては、以下の記事を参照されたい。Diane Brady, Robert D. Hof, Andy Reinhardt, Moon Ihlwan, Stanley Holmes, and Kerry Capell, "Cult Brands：The BusinessWeek/Interbrand Annual Ranking of the World's Most Valuable Brands Shows the Power of Passionate Consumer," *BusinessWeek*, August 9, 2004, pp. 58+. "Marked by the Market," *The Economist*, December 1, 2001, pp. 59-60 には、スターン・スチュワートの Wealth Added Index が説明されている。
21. Mark Speece, "Marketer's Malady：Fear of Change," *Brandweek*, August 19, 2002, p. 34.
22. Kenneth Hein, "Dew Sports Street Smarts, Woos Urban Influences," *Brandweek*, June 6, 2005, p. 18.
23. Ronald Alsop, "Enduring Brands Hold Their Allure by Sticking Close to Their Roots," *Wall Street Journal Centennial Edition*, 1989.
24. Theodore Levitt, "Marketing Success Through Differentiation of Anything," *Harvard Business Review* (January-February 1980)：83-91.
25. Dan Reed, "Low-Fare Rivals Keep a Close Eye on Song," *USA Today*, November 25, 2003, p. 6B.
26. Akshay R. Rao and Robert W. Ruekert, "Brand Alliances as Signals of Product Quality," *Sloan Management Review* (Fall 1994)：87-97；Akshay R. Rao, Lu Qu, and Robert W. Ruekert, "Signaling Unobservable Quality through a Brand Ally," *Journal of Marketing Research* 36, no. 2 (1999)：258-268.
27. Bernard L. Simonin and Julie A. Ruth, "Is a Company Known by the Company It Keeps？ Assessing the Spillover Effects of Brand Alliances on Consumer Brand Attitudes," *Journal of Marketing Research* (February 1998)：30-42；以下の文献も参照されたい。C. W. Park, S. Y. Jun, and A. D. Shocker, "Composite Branding Alliances：An Investigation of Extension and Feedback Effects," *Journal of Marketing Research* 33 (1996)：453-466.
28. Peter Farquhar, "Managing Brand Equity," *Marketing Research* 1 (September 1989)：24-33.
29. Byung-Do Kim and Mary W. Sullivan, "The Effect of Parent Brand Experience on Line Extension Trial and Repeat Purchase," *Marketing Letters* 9 (April 1998)：181-193.
30. Kevin Lane Keller and David A. Aaker, "The Effects of Sequential Introduction of Brand Extensions," *Journal of Marketing Research* 29 (February 1992)：35-50；John Milewicz and Paul Herbig, "Evaluating the Brand Extension Decision Using a Model of Reputation Building," *Journal of Product & Brand Management* 3, no. 1 (1994)：39-47.
31. Mary W. Sullivan, "Brand Extensions：When to Use Them," *Management Science* 38, no. 6 (June 1992)：793-806；Daniel C. Smith, "Brand Extension and Advertising Efficiency：What Can and Cannot Be Expected," *Journal of Advertising Research* (November/December 1992)：11-20. 以下の文献も参照されたい。Daniel C. Smith and C. Whan Park, "The Effects of Brand Extensions on Market Share and Advertising Efficiency," *Journal of Marketing Research* 29 (August 1992)：296-313.
32. Subramanian Balachander and Sanjoy Ghose, "Reciprocal Spillover Effects：A Strategic Benefit of Brand Extensions," *Journal of Marketing* 67, no. 1 (January 2003)：4-13.
33. John A. Quelch and David Kenny, "Extend Profits, Not Product Lines," *Harvard Business Review* (September-October 1994)：153-160；Perspectives from the Editors," The Logic of Product-Line Extensions," *Harvard Business Review* (November-December 1994)：53-62；J. Andrews and G. S. Low, "New but Not Improved：Factors That Affect the Development of Meaningful Line Extensions," Working Paper Report No. 98-124 (Cambridge, MA：Marketing Science Institute, November 1998)；Maureen Morrin, "The Impact of Brand Extensions on Parent Brand Memory Structures and Retrieval Processes," *Journal of Marketing*

Research 36, no. 4（1999）：517-525.

34. Al Ries and Jack Trout, *Positioning : The Battle for Your Mind* (New York：McGraw-Hill, 1981). 邦訳：『ポジショニング：情報過多社会を制する新しい発想』（アル・ライズ、ジャック・トラウト著、嶋村和恵、西田俊子訳、電通、1987年）

35. David A. Aaker, *Brand Portfolio Strategy : Creating Relevance, Differentiation, Energy, Leverage, and Clarity* (New York：Free Press, 2004). 邦訳：『ブランド・ポートフォリオ戦略：事業の相乗効果を生み出すブランド体系』（デイビッド・A・アーカー著、阿久津聡訳、ダイヤモンド社、2005年）

36. Barbara Loken and Deborah Roedder John, "Diluting Brand Beliefs：When Do Brand Extensions Have a Negative Impact ?" *Journal of Marketing*（July 1993）：71-84；Deborah Roedder John, Barbara Loken, and Christopher Joiner, "The Negative Impact of Extensions：Can Flagship Products Be Diluted," *Journal of Marketing*（January 1998）：19-32；Susan M. Broniarcyzk and Joseph W. Alba, "The Importance of the Brand in Brand Extension," *Journal of Marketing Research*（May 1994）：214-228（この号のJMR全体が、ブランドとブランド・エクイティに充てられている）。以下の文献も参照されたい。R. Ahluwalia and Z. Gürhan-Canli, "The Effects of Extensions on the Family Brand Name：An Accessibility-Diagnosticity Perspective," *Journal of Consumer Research* 27（December 2000）：371-381；Z. Gürhan-Canli and M. Durairaj, "The Effects of Extensions on Brand Name Dilution and Enhancement," *Journal of Marketing Research* 35（1998）：464-473；S. J. Milberg, C. W. Park, and M. S. McCarthy, "Managing Negative Feedback Effects Associated with Brand Extensions：The Impact of Alternative Branding Strategies," *Journal of Consumer Psychology* 6（1997）：119-140.

37. Philip Kotler, *Marketing Management*, 11th ed., (Upper Saddle River, NJ：Prentice Hall, 2003)；Patrick Barwise and Thomas Robertson, "Brand Portfolios," *European Management Journal* 10, no. 3（September 1992）：277-285.

38. Jack Trout, *Differentiate or Die : Survival in Our Era of Killer Competition* (New York：John Wiley, 2000). 邦訳：『ユニーク・ポジショニング：あなたは自社の「独自性」を見落としている！』（ジャック・トラウト、スティーブ・リブキン著、島田陽介訳、ダイヤモンド社、2001年）

39. Paul W. Farris, "The Chevrolet Corvette," Case UVA-M-320, The Darden Graduate Business School Foundation, University of Virginia, Charlottesville, Virginia.

第9章

ポジショニングの設定と競争への対処

◆ 本章では、次の問題を取り上げる ◆

1. 企業はどうすれば効果的なポジショニングを選択し、伝達できるのか。
2. ブランドはどのように差別化されるのか。
3. マーケターはどのように主要な競合他社を特定し、その競合他社の戦略、目的、強みと弱みを分析するのか。
4. マーケット・リーダー、チャレンジャー、フォロワー、ニッチャーいずれの立場で競争に臨むべきか。

P&Gのマーケティング・マネジメント

　プロクター・アンド・ギャンブル（P&G）は世界でも有数の巧みな一般消費財マーケターである。同社はパンパースやタイドなど、そのカテゴリーやセグメントのトップ商品として数十億ドルを稼ぎ出すグローバル・ブランドで知られている。P&Gは総市場を拡大し、競合他社からの攻撃を防御し、市場シェアを利益につなげることで、現在の成功を手に入れた。研究予算に1億ドルを投じるP&Gは、常に顧客と競合他社の研究に余念がない。「消費者がボスなのです」と語るCEOのA・G・ラフリーは、消費者の家庭によく足を運び、何が求められており、実際に商品がどのように使われているのかを知ろうとする。P&Gにとってはデザインが重要な差別化要因であるが、これは製品革新だけでなくパッケージング、コミュニケーション、購買経験、ユーザー経験にも生かされている。ジレットの買収によってP&Gは競争力をさらに高め、対象とする市場と顧客の幅を広げた。

　経営陣は機会の活用に長期的な取り組みをし、標的市場で成功するために多大な時間と資金を投資する。P&Gは、市場シェアを守るため、莫大な費用をかけて競合他社の新ブランドへの対抗プロモーションを行い、競合ブランドが足場を固めるのを阻止することで知られてきた。同社の広告予算は業界でも最大規模で、オンライン・プロモーションやプロダクト・プレイスメントをうまく使って新製品の発売や既存ブランドの育成に効果を上げている。例えば、洗剤のタイド、柔軟剤ダウニー、乾燥機用静電気防止シートのバウンスという

ラインナップに布製品の消臭剤ファブリーズを加えた際、P&Gは1つのブランドを使っている顧客に他のブランドの購入も薦める広告を打った。またセールス・フォースを通じてウォルマートなどチャネル・メンバーとの緊密な結びつきも維持している。このように、P&Gの成功は市場リーダーシップに寄与する無数の要素を効果的にまとめ上げることで成り立っているのである[1]。

　自社の製品や提供物が他社の製品や提供物と似ていたら、成功は期待できない。P&Gのようなマーケット・リーダー企業は、慎重なポジショニングと差別化をし、提供物が標的市場のマインド内に特有のビッグ・アイデアを根付かせるようにして、市場シェアを獲得し維持している。さらに、最善のブランド・ポジショニング戦略を効果的に立案し実行するために、企業は競合他社に鋭い注意を向けなければならない[2]。市場は非常に競争が激しくなっており、顧客にだけ集中していたのでは不十分である。本章では、企業が自社の提供物のポジショニングと差別化を効果的に行い、競争優位を達成する方法を探っていく。また、競争の果たす役割とブランド・マネジメントの戦略を、そのブランドの市場ポジションごとに検討する。

ポジショニング戦略の立案と伝達

　P&Gのような企業は市場のさまざまなニーズや集団を見つけると、まず自社が優れた方法で満足させられるニーズや集団を標的化する。次に、標的市場が自社特有の提供物やイメージを認識するように、企業は自らの提供物をポジショニングする。ポジショニングが優れていれば、残るマーケティング・プランニングと差別化は、そのポジショニング戦略から導き出すことができる。

　ポジショニングとは、企業の提供物やイメージを、標的市場のマインド内に特有の位置を占めるように設計する行為である。ポジショニングの目標は、企業側の潜在的なベネフィットが最大になるように、消費者のマインド内にブランドをうまく位置づけることである。ブランド・ポジショニングが優れていれば、ブランドの本質、そのブランドが消費者にとって何の目標を達成するのに役立つか、目標達成をブランド独自のどのような方法で行うかが明確になるので、マーケティング戦略の指針が立ちやすい。「顧客本位の価値提案」、つまり標的市場がなぜその製品を買うべきか納得できる理由を作り上げることができれば、ポジショニングは成功である。**表9-1**では、パーデュー、ボルボ、ドミノの3社が、標的顧客、ベネフィット、価格に対する価値提案をどのように決定したかが示されている。

❖ 競争準拠枠

　ブランド・ポジショニングのための競争準拠枠を定義する出発点は、**カテゴリー・メンバー**

| 表9-1 | 価値提案の例　需要の種類とマーケティング・タスク |

企業と製品	標的顧客	ベネフィット	価　格	価値提案
パーデュー （鶏肉）	鶏肉の品質にこだわる消費者	やわらかさ	10％割高	他社よりもやわらかい最高の鶏肉を適度なプレミアム価格で
ボルボ （ステーション・ワゴン）	安全にこだわる「高所得層の」家族	耐久性と安全性	20％割高	家族が乗れる最も安全で耐久性のあるワゴン車
ドミノ （ピザ）	便利さにこだわるピザ好きな人	配達のスピードと品質の良さ	15％割高	注文してから30分以内に届くおいしい焼きたてのピザを適度な価格で

シップ、すなわちブランドの競争相手となり、ごく近い代替品として機能する製品や製品群を特定することである。本章の後半で論じるように、競合分析では、利益を上げつつ消費者に対応できる市場を選ぶにあたって、資源、ケイパビリティ、さまざまな他企業の思惑など、多数の要素を考慮する。

　標的市場の決定は、多くの場合、競争準拠枠の主要な決定要因である。特定のタイプの消費者を標的にすると決めることで、競争の性質が決まることがある。特定の企業が過去にそのセグメントを標的と決めていたり（もしくは将来そうすると計画している）、あるいはそのセグメントの消費者が、すでに特定のブランドを購買対象としているかもしれないからである。適正な競争準拠枠を決定するためには、消費者の行動と、消費者がブランド選択で利用する考慮集合を理解しなければならない。例えばイギリスでは、自動車協会が自らを、警察、消防、救急車に並んで高い信頼性と緊急対応性を提供する第4の「緊急サービス」としてポジショニングしてきた。

❖類似点連想と相違点連想

　顧客の標的市場と競争の性質を定めることによって、ポジショニングのための競争準拠枠が決まったら、適切な類似点連想と相違点連想を定めることができる[3]。「相違点連想（POD）」は、消費者があるブランドと強く関連づけ、肯定的に評価し、競合ブランドで同程度のものは見つけられないと信じている、属性やベネフィットに基づいている。相違点連想を作り上げる、強くて、好ましくて、ユニークなブランド連想は、どのようなタイプの属性ないしベネフィットに基づいてもよい。その例には、フェデックス（翌朝配達保証）やナイキ（性能）がある。

　他方、類似点連想は、必ずしもそのブランドに特有ではなく、むしろ他のブランドと共通した連想である。2つの基本的な類似点連想に、カテゴリーと競争がある。カテゴリーの類似点連想は、あるカテゴリー内で、適正で信頼できる提供物として欠かせないと消費者が見なす連想である。ただし、必ずしもブランド選択のための十分条件ではない。消費者は、航空機とホ

テルの予約、観光パッケージツアーに関する助言の提供、支払のさまざまなオプションの提示ができなければ、その旅行代理店を旅行代理店だとは考えないだろう。カテゴリーの類似点連想は、技術の進歩、法律の変化、消費者のトレンドによって時とともに変わっていく可能性がある。

競争的類似点連想は、競争相手の相違点連想を無効にするように設計された連想である。もし競争相手が優位性を見いだそうとしている領域で、「引き分ける」ことができ、他の領域において優位性を達成することができるなら、当該ブランドは圧倒的な競争力のあるポジションにいることになる。特定の属性ないしベネフィットについて類似点連想を達成するには、十分な数の消費者に、当該ブランドが特定の次元において「十分に優れている」と思ってもらわなければならない。多くの場合、ポジショニングの鍵は、相違点連想よりも類似点連想の達成にある。

❖カテゴリー・メンバーシップの確立

標的顧客は、メイベリンが化粧品のリーディング・ブランドで、アクセンチュアが一流のコンサルティング会社である等々と知っている。しかし、マーケターが消費者に、ブランドのカテゴリー・メンバーシップを知らせなければならないことも多い。具体的には、新製品の導入時のようにカテゴリー・メンバーシップが明確でない場合などだ。この不確実性は、ハイテク製品には特に問題となりうる。また、消費者はブランドのカテゴリー・メンバーシップを知っているが、当該ブランドがカテゴリーの重要なメンバーであると確信していない状況もある。例えば、消費者はHPがデジタルカメラを生産していることを知っているかもしれないが、HPのカメラが、ソニー、オリンパス、コダックと同じクラスのものとは確信していないかもしれない。この事例では、HPはカテゴリー・メンバーシップの強化が有益だと気づくだろう。

メンバーシップを持たないカテゴリーとブランドを結びつけるアプローチもある。このアプローチは、消費者がブランドの本当のメンバーシップを知っている場合には、ブランドの相違点連想を際立たせる1つの方法である。しかし、このアプローチでは、ブランドが何を表しているかを（表さないものだけでなく）、消費者が理解していることが重要である。ブランドはカテゴリーのはざまに落ち込んではならない。ポジショニングに対する望ましいアプローチは、消費者にブランドの相違点連想を述べる前に、ブランドのメンバーシップを知らせておくことである。消費者は、ある製品が競合ブランドに勝っているかどうかを判断する前に、その製品が何か、どんな機能があるかを知る必要があるはずだ。

ブランドのカテゴリー・メンバーシップを知らせる方法は主に3つある。

1. **カテゴリー・ベネフィットを知らせる**　消費者にあるブランドを利用してもらいたいとき、カテゴリー・メンバーシップを知らせるために、ブランドのカテゴリーが有するベネフィットが頻繁に利用される。例えば、ブラウニー・ミックスは、非常においしいと

いうベネフィットを主張することによって焼き菓子カテゴリーのメンバーシップを獲得し、高品質の材料を使うこと（パフォーマンス）により、おいしさというベネフィットの主張を裏付けるだろう。

2. **手本と比べる**　有名で注目されているブランドが、カテゴリー・メンバーシップの特定に使われることがある。トミー・ヒルフィガーが無名だったころ、そのカテゴリーで認められたメンバーだったジェフリー・ビーンやカルバン・クラインにトミーを広告で結びつけることによって、偉大なアメリカのデザイナーとしての、彼のメンバーシップを知らせた。

3. **製品の記述語に頼る**　ブランド名に続く製品の記述語は、しばしば、カテゴリーの起源を伝える簡潔な手段である。例えばXMサテライトラジオは、この製品が衛星を経由して送信される無線であることを消費者に伝える。この媒体がまだ新しいうちは、記述語によって消費者のXM理解は促されるはずである。

❖類似点連想と相違点連想の選択

　類似点連想は、カテゴリー・メンバーシップのニーズ（カテゴリーの類似点連想を作ること）と、競争相手の相違点連想を無効にする必要性（競争的類似点連想を作ること）によって推進される。相違点連想の選択において考慮すべき2つの重要な事柄は、消費者がその相違点連想を望ましいと思うことと、企業にその相違点連想を実現する能力があるということである。**表9-2**に、相違点連想について消費者が望む3つの基準と、相違点連想を実現する3つの基準を示す。

　しかし調査によると、もし消費者が妥当なベネフィットを推測してくれれば、時として、一見重要性のない属性に基づくブランドの差別化が成功することもある[4]。P&Gは、「特許を取得した独自の製法」で作った「フレーク状になったコーヒーの結晶」によって、フォルジャーズ・インスタントコーヒーを差別化している。実際には、コーヒーの結晶はすぐに熱湯に溶けてしまうため、粒子の形は重要性がない。

|表9-2| 相違点連想の主要な基準

消費者が望む基準	実現可能性の基準
■**重要性**：相違点連想が、標的となる消費者にとって個人的に関連があって重要でなければならない。	■**実行可能性**：企業は実際に相違点連想を作り出せなければならない。
■**独自性**：標的となる消費者が相違点連想を、特殊で優れていると思わなければならない。	■**伝達可能性**：そのブランドが望ましいベネフィットをもたらすことができることを証明しなければならない。
■**真実性**：標的となる消費者がその相違点連想を、真実性と信頼性があると思わなければならない。	■**持続可能性**：ポジショニングは先制防御ができて、攻撃されにくいものでなければならない。

❖類似点連想と相違点連想の創出

　強力で競争力のあるブランド・ポジショニングを創出する際の難しさの１つは、類似点連想や相違点連想を作ろうとする属性やベネフィットの多くが負の相関関係にあることだ。消費者はブランドをある特定の属性やベネフィットに基づいて高く評価しても、別の重要な属性に基づいて低い評価もする。例えば、ブランドを「安い」とポジショニングすると同時に、「最高の品質」だと主張するのは難しいだろう。同様に、食品について「美味である」ことと「低カロリーである」ことを両立させてポジショニングを創出するのは容易ではない。さらに個々の属性やベネフィットはしばしば、肯定的でしかも否定的な面を持っている。

　伝統があると見られているロングセラー・ブランドは、経験、知恵、専門技術と結びつけて連想される一方で、流行遅れで、現代的でないことを意味する場合もあり、否定的にも見られやすい。例えば、1990年代に、ブルックス・ブラザーズは以前より流行を追いかけた衣料を揃えて、自社の伝統を軽く扱おうとしたが、ロイヤルティの高い顧客を離反させ、新たな顧客を引きつけることもできなかった。イタリア生まれのクラウディオ・デル・ヴェッキオが同社を買収すると、ブルックス・ブラザーズの伝統を洗練、高品質、高価格という肯定的な差別化ポイントとして利用した。イタリアのファッショナブルな地区に店舗をオープンしたこともこのポジショニングを強化した[5]。

　負の相関関係にある属性やベネフィットに対処するために、費用はかかるが時に効果的なアプローチがある。それは、２つの異なるマーケティング・キャンペーンを実施し、それぞれを別々のブランド属性やベネフィットに充てることである。これらのキャンペーンは同時に行ってもよいし、前後して行ってもよい。ヘッド＆ショルダーズのシャンプーがヨーロッパで成功したのは、２つのキャンペーンのおかげだった。１つはふけ取り効果を強調し、もう１つは使用後の髪の美しさを強調した。消費者が類似点連想と相違点連想のベネフィットを別々に判断するときのほうが、批判的でなくなることが予想される。

　類似点連想または相違点連想として属性やベネフィットを確立するために、ブランドは適切なエクイティを持ついかなる種類の対象ともリンクできる。エクイティを借りることにリスクがないわけではないが、ブランドのついた成分は、消費者のマインド内で問題のある属性に信頼性を追加できるかもしれない。パソコンメーカーは、パソコンメーカーの広告にインテルが登場する「インテル入ってる」の共同広告プログラムの結果、消費者がインテルを内蔵したコンピュータを求めるようになったと気づいた。また、属性やベネフィット同士の負の関係に対処するうえで、潜在的に強力だが難しいもう１つの方法は、相関関係が実際には正であると再定義し、消費者に納得させることである。それによって、消費者はある考え方を見過ごしたり、無視したりしていたと自覚するようになる。

差別化戦略

　製品をブランド化するためには、差別化しなければならない。わかりやすい差別化の手段で、消費者にとってしばしば最も説得力があるのは、製品やサービス面に関するものである。例えば、メソッドは非毒性の家庭用洗剤の製品ラインを作り、このカテゴリーでは類のない明るい色と洗練されたデザインを採用して、1000万ドルの事業を1年で築いた[6]。他にも、スタッフ、チャネル、イメージによって自社の市場提供物を差別化することができる（**表9-3**参照）。

❖製品による差別化

　有形製品の差別化手段はさまざまである。一方では、鶏肉、アスピリン、鋼鉄など、バリエーションのほとんどない製品がある。しかし、その場合でも何らかの差別化は可能である。P&Gは異なるブランド・アイデンティティを持つ洗濯用洗剤を製造している。もう一方では、自動車や家具などのように、高度な差別化が可能な製品もある。製品を差別化する方法には次のようなものがある[7]。

■**形態**とは製品の大きさ、形状、あるいは物理的な構造をいう。例えば、アスピリンは1回の服用量、形状、コーティング、作用時間などによって差別化することが可能である。

■**特徴**　製品の基本的な機能を補う特性がその製品の**特徴**である。マーケターは、ニーズを調査し、潜在的な特徴一つひとつについての「顧客価値」と「企業コスト」を計算し、新しい特徴を見極め、選択することができる。また、各特徴を求めている人がどれほどいるのか、各特

表9-3　差別化変数

製品	サービス	スタッフ	チャネル	イメージ
形態	注文の容易さ	コンピタンス	カバレッジ	シンボル、色、スローガン
特徴	配達	礼儀正しさ	専門技術や専門知識	雰囲気
適合性	取り付け	安心感	パフォーマンス	イベント
耐久性	顧客トレーニング	信頼性		ブランド・コンタクト
信頼性	顧客コンサルティング	迅速な対応		
修理可能性	メンテナンスと修理	コミュニケーション		
スタイル				
デザイン				
品質				

徴の導入にはどの程度の時間がかかるか、その特徴を競合他社が容易に模倣できるかどうか、についても考慮する必要がある。

■**性能品質**　**性能品質**とは、製品の主な特徴が機能する水準のことをいう。企業は、標的市場と競合他社の性能水準に応じて、適切な性能水準を設計しなくてはならない。また、性能品質を継続的に管理しなくてはならない。

■**適合品質**　買い手は製品の**適合品質**、すなわち生産された製品すべてが等しく、約束された仕様を満たしている程度が高いことを期待する。適合品質が低い場合、製品は一部の買い手を失望させてしまうだろう。

■**耐久性**　**耐久性**とは、自然な状態あるいは過酷な使用状態で、製品が機能すると予測される耐用期間のことで、自動車や電化製品のような製品にとっては重要な属性である。しかし、価格は過度に割高であってはならず、また技術が急速に陳腐化してしまう製品には当てはまらない。

■**信頼性**　買い手は普通、信頼性の高い製品に対してはプレミアム価格を支払う。**信頼性**とは、製品が、ある一定期間内に誤作動したり作動しなくなったりしない見込みのことをいう。例えばメイタッグは、信頼できる家電製品を作っているとの評判がきわめて高い。

■**修理可能性**　**修理可能性**とは、製品が誤作動したり作動しなくなったりしたときの修理しやすさのことである。簡単に取り換えのきく標準部品で作られた自動車は、修理可能性が高い。ユーザーが費用や時間をほとんどかけずに自分で製品を修理できれば、理想的な修理可能性であるといえるだろう。

■**スタイル**　**スタイル**とは、製品の外観と買い手に与える印象のことをいう。買い手はスタイリッシュな製品に対してプレミアム価格を支払う。アップルのコンピュータのようなブランドでは、美的価値が重要な役割を果たしている[8]。スタイルには、模倣することが難しい特色を作り出せるという強みがある。逆に、強烈なスタイルは必ずしも高性能を意味しないという欠点もある。

■**デザイン**　競争が激化するに従って、デザインは製品とサービスを差別化し、ポジショニングするための強力な武器となる[9]。「デザイン」はこれまで論じてきた品質すべてを統合したものである。つまり、デザイナーは、形態、特徴の開発、性能、適合性、耐久性、信頼性、修理可能性、スタイルに、どれほど力を注ぐかを見極めなければならない。企業にとって優れたデザインの製品とは、製造と流通の容易な製品である。顧客にとって優れたデザインの製品とは、見た目がよく、開封、設置、使用、修理、廃棄が簡単なものである。

❖サービスによる差別化

物理的な製品が容易に差別化できない場合、競争に勝つための鍵は、価値あるサービスの付加とその品質の向上にあるだろう。サービスによる差別化要因は次の通りである。

■**注文の容易さ**　顧客によるその企業への注文がどれだけ簡単かということである。バクスター・ヘルスケアは、病院にコンピュータの端末を備えつけて端末から同社へ直接注文してもらい、個々の部門や病棟に直接納品することで、注文プロセスを簡略化した[10]。
■**配達**　製品やサービスをいかにうまく顧客のもとへ届けられるかである。これはスピード、正確さ、配慮を含む。メキシコのセメックスは、ピザよりも速くコンクリートを配達することを約束している。同社はすべてのトラックに「GPS」を搭載することで、即時にトラックの現在位置を確認し、積み荷の到着が10分以上遅れたら、価格の20％を割引すると公言しているのである[11]。
■**取り付け**　予定された場所で製品が稼動できるようにするための作業をいう。重機の買い手はきちんとした取り付けサービスを期待している。取り付けによる差別化は、複雑な製品を扱う企業にとって特に重要である。
■**顧客トレーニング**　製品を適切かつ効率よく使用できるように、法人顧客の従業員を訓練するのは重要な差別化要因である。GEは病院にX線装置を販売して取り付けるだけではなく、ユーザーに対する教育も行っている。
■**顧客コンサルティング**　売り手が買い手のニーズに合うデータ、情報システム、アドバイス・サービスを提供することをいう。例えば、家具会社のハーマンミラーは、フューチャー・インダストリアル・テクノロジーズと提携して、同社の家具を人間工学的に最大限に活用する方法を法人顧客に案内している[12]。
■**メンテナンスと修理**　顧客が購入した製品を良好な作動状態に保つためのサービス・プログラムをいう。コンピュータなど多くの製品において重要な考慮要件である。

❖スタッフによる差別化

　他社よりもよく教育された従業員を通じて、企業は強い競争優位を獲得できる。シンガポール航空はきわめて高い評判を得ているが、それは客室乗務員によるところが大きい。GEやフリトレーといった企業のセールス・フォースは、非常に高い評判を得ている[13]。よく教育されたスタッフには、次のような特性がみられる。「コンピタンス」（技能と知識）、「礼儀正しさ」（丁寧かつ親切）、「安心感」（信用できる）、「信頼性」（一貫性のある正確なサービスを行う）、「迅速な対応」、「コミュニケーション」（顧客を理解し、わかりやすく伝える努力をしている）[14]。

❖チャネルによる差別化

　企業は流通チャネルにおける「カバレッジ」、「専門技術や専門知識」、「パフォーマンス」の適切なデザインによって、競争優位を獲得することができる。建設機械においてキャタピラーが成功を収めた1つの理由は、優れたチャネルを作り上げたことである。同社のディーラーは

競合他社のディーラーよりも多くの場所に店舗を構え、一般に他社よりもよく教育されており、信頼感を抱かせる。コンピュータ業界のデルは、質の高い直販チャネルの開発と管理で抜きん出ている。

❖ イメージによる差別化

購買者は企業イメージとブランド・イメージにさまざまな反応を見せる。「アイデンティティ」とは、企業がどのように自社や製品を特徴づけるのか、あるいはポジショニングするのかをいう。「イメージ」とは、人々がその企業や製品をどのように捉えるかである。効果的なアイデンティティによって、製品特性と価値提案が確立され、独自の方法で特性が伝えられ、メンタルなイメージを超えたエモーショナルな力が伝えられる。アイデンティティを機能させるためには、シンボル、色やスローガン、雰囲気、媒体、イベントなどあらゆるコミュニケーション・ビークルとブランド・コンタクトを通じて、伝達しなくてはならない。

競争要因と競合他社

マイケル・ポーターは、市場ないし市場セグメントに内在する長期的な利益上の魅力を決定する要因として、業界内の競合他社、潜在的参入者、代替品、買い手、供給業者の5つを指摘した（図9−1参照）。これらの要因は、次のような脅威をもたらす。

図9-1　セグメントの構造的魅力を決定する5つの要因

出典：フリープレスとサイモン＆シュスターの許可を得て、以下の文献より掲載。*Competitive Advantage : Creating and Sustaining Superior Performance*, by Michael E. Porter. 邦訳：『競争優位の戦略：いかに高業績を持続させるか』（マイケル・E・ポーター著、土岐坤、中辻萬治、小野寺武夫訳、ダイヤモンド社、1985年）© 1985 by Michael E. Porter.

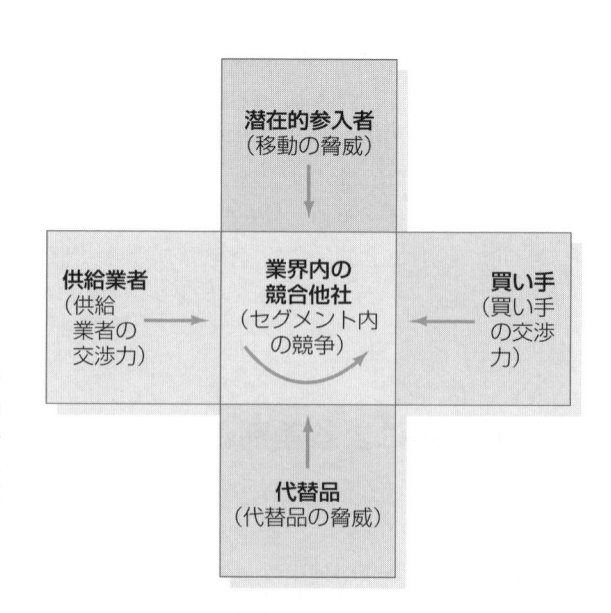

1. **激しいセグメント内競争の脅威**　多数の、強力な、あるいは攻撃的な競合他社がすでに存在する場合、当該セグメントには魅力が低くなる。そのセグメントが安定あるいは縮小している場合、工場の生産能力が急速に拡大している場合、固定費が高い場合、退出障壁が高い場合、競合他社がそのセグメント内にとどまることに強い関心を持っている場合には、さらに魅力が低くなる。このような条件は、頻繁な価格戦争、広告合戦、新製品導入につながり、競争に多額の費用がかかる。
2. **新規参入の脅威**　セグメントの魅力は、参入障壁と退出障壁の高さによって変わる[15]。最も魅力があるセグメントは、参入障壁が高く退出障壁が低いものである。そのような業界では、新規企業の参入が少なく、業績の悪い企業は容易に退出することができる。参入障壁と退出障壁が両方とも高い場合、潜在利益が高い一方で、業績の悪い企業はとどまって最後まで戦い続けるので、リスクが大きくなる。参入障壁と退出障壁が両方とも低い場合、企業はその業界に容易に参入し退出することができ、利益は安定しているが低い。最悪のケースは、参入障壁が低く、退出障壁が高い場合である。この場合、企業は景気の良いときに参入するが、景気が悪くなったからといって容易に退出できるわけではない。その結果、慢性的な設備過剰となり、すべての企業の利益が減少する。
3. **代替品の脅威**　製品の代替品が顕在的あるいは潜在的に存在する場合、当該セグメントには魅力がない。代替品によって価格が抑えられ、そのセグメントで上げることのできる利益も制限される。企業は、代替品の価格動向を緻密に観察していなければならない。代替品の業界において技術が進歩したり競争が激化すると、当該セグメントの価格と利益は下落する可能性が高い。
4. **買い手の交渉力増大の脅威**　買い手が強い交渉力を持っているか、交渉力が強まりつつある場合、当該セグメントには魅力がない。買い手が集中したり組織化している場合、製品が買い手のコストの大きな部分を占める場合、製品差別化がなされていない場合、買い手のスイッチング・コストが低い場合、買い手が価格に敏感な場合、買い手が上流方向に統合できる場合には、買い手の交渉力は大きくなる。売り手は、交渉力が最も弱い買い手を選択するか、供給業者をスイッチするか、強力な買い手でも拒むことができない優れたオファーを開発することで、自衛することができるだろう。
5. **供給業者の交渉力増大の脅威**　供給業者が価格を引き上げたり供給量を減らしたりできる場合、当該セグメントには魅力がない。供給業者が集中あるいは組織化されている場合、代替品がほとんどない場合、供給製品が重要な原料である場合、供給業者のスイッチング・コストが高い場合、供給業者が下流方向に統合できる場合、供給業者は強くなる傾向がある。最良の防御法は、供給業者とウィン・ウィンの関係を築くか、複数の供給元を使うことである。

❖競合他社の特定

　競合他社を特定することは、一見すると簡単そうである。ペプシコは自社のミネラルウォーター、アクアフィナ・ブランドの主要な競争相手がコカ・コーラのダサニだと知っている。ソニーはマイクロソフトのXboxが自社のプレイステーションの競争相手だと知っている。しかし、企業の顕在的および潜在的な競合他社は、実際にははるかに広い範囲に及ぶ。企業は、現在の競合他社よりも、新たに台頭する競合他社や新技術によって損害を被る可能性のほうが高いのである。

　多くの企業が、最も恐ろしい競争相手になりうるインターネットへの注目を怠っていた。書店チェーンのバーンズ＆ノーブルとボーダーズは、最大級の巨大店舗の建設にしのぎを削っていた。その間に、アマゾン・ドットコムは膨大な品揃えのオンライン書店を開店したのである。現在、バーンズ＆ノーブルは自社のオンライン店舗を作って巻き返しを図っており、ボーダーズのウェブサイトはアマゾンによって運営されている。アマゾン自身は年間売上70億ドルを超える成長を遂げた[16]。

　「近視眼的競争」（潜在的な競争相手より顕在的な競争相手に注目すること）によって消滅する企業もある[17]。例えばブリタニカ大百科事典は、マイクロソフトのCD-ROM百科事典エンカルタにコンテンツを提供する誘いを受けたが、断った。エンカルタは発売時に50ドルで販売され、子供を持つ親にとって1250ドル32巻セットのブリタニカ百科事典は魅力がなくなってしまった。そのため、ブリタニカ百科事典は自社のビジネスモデルを変えざるを得なくなった。同社は現在も印刷版の百科事典を販売しているが、CD-ROM、DVD、会員登録によるインターネット・アクセスでも参考書を提供している[18]。

❖競争と業界

　業界とは、互いに代替性の高い製品あるいは製品グループを提供する企業の集団である。業界は、売り手の数、製品差別化の程度、参入・移動・退出障壁の有無、コスト構造、垂直的統合の程度、グローバル化の程度によって分類できる。

売り手の数と差別化の程度

　ある業界を説明するときにまずすべき点は、売り手の数と、製品が同質かそれとも高度に差別化されているかを明確にすることである。これらの特徴から、4つの業界構造に分類される。「純粋独占」は、ある地域で、特定の製品やサービスを提供している企業が1社しかない場合をいう（地域のガス会社など）。規制を受けない独占企業は、高価格を設定する、広告をほとんどあるいはまったくしない、最低限のサービスしか提供しないという行動をとることもある。部分的に代替品を利用できたり、競争が起こる危険性があれば、独占企業はサービスや技術に投資するだろう。規制を受けている独占企業は、公共の利益という観点から、価格を下

げ、より多くのサービスを提供することを求められる。

「寡占」は、少数の（通常は）大企業が製品を生産している場合をいい、製品には高度に差別化されたものから標準化されたものまである。「純粋寡占」とは、少数の企業が基本的に同じコモディティ（石油など）を生産している場合をいう。このような企業は、現行価格より高い価格を設定することが難しい。もし競合他社のサービスが同程度なら、競争優位を獲得するためにはコストを下げるしか方法がない。「差別化のある寡占」とは、少数の企業が、品質、特徴、スタイル、サービスなどの面で、部分的に差別化されている製品（自動車など）を生産している場合をいう。各企業は、1つの属性におけるリーダーシップを追求し、その属性を好む顧客を引きつけ、その属性に対して高い価格を設定する。

「独占的競争」とは、多数の競合企業が、自社のオファーの全体あるいは一部に差別化を行うことができる場合（レストランなど）をいう。企業は、他に勝るやり方で顧客ニーズに対応できる市場セグメントに集中し、高い価格を設定する。「純粋競争」では、多数の競合企業が、同じ製品やサービスを提供しており、差別化するものがないので、どの企業の価格も同じになる。広告によって心理的差別化が生み出せないならば、広告は行われないだろう。心理的差別化を生み出せる場合（タバコなど）、その業界は独占的競争にあるといったほうがよいだろう。

業界の競争構造は、時が経てば変化することもある。例えばメディア業界は統合を続け、独占から差別化のある寡占に変わってきた。例えば、4つの巨大メディア企業、すなわちニューズ・コーポレーション、タイム・ワーナー、バイアコム、NBC（最も小規模）は統合を続け、コンテンツと配信を垂直的に統合するまでになっている。番組を制作するスタジオと、コンテンツを配信するケーブル事業部や放送事業部を合体させれば、コストが節減でき、株主の利益になる。しかし番組に関する決定者が少なくなると、質が低下したり、種類が減ったりすることもある。また競争が減れば、CATV（ケーブルテレビ）や衛星放送の加入料金が上がることになるかもしれない。さらに最も重要なことだが、もし少数のメディア業界大手がコンテンツや配信を支配すると、小規模で革新的な番組は排除される可能性も出てくる[19]。

参入・移動・退出障壁

参入のしやすさは、業界によって大きく異なる。新規にレストランをオープンするのは容易だが、航空機産業に参入するのは難しい。主な「参入障壁」として、必要投資額の高さ、規模の経済性、特許やライセンスの取得、立地や原材料や流通業者の確保、世間的評判の良さの必要性、などがある。業界に参入した後も、より魅力のある市場セグメントへ参入しようとして、「移動障壁」に直面することがある。また、企業はしばしば退出障壁に直面する。「退出障壁」には、顧客や債権者や従業員に対する法的あるいは倫理的な責任、政府による規制、資産残存価値の低さ、他の選択肢の欠如、高度の垂直的統合、感情的な障壁などがある[20]。多くの企業は、変動費と固定費の一部またはすべてをまかなえる限り、業界にとどまる。しかし、こういった企業が存在し続けると、業界全体の利益は損なわれてしまう。

コスト構造

いずれの業界にも一定のコスト負担があり、それが戦略行動の多くを決定している。例えば、製鉄業では多額の製造コストと原料コストを必要とし、玩具製造業では多額の流通コストとマーケティング・コストを必要とする。そこで企業は自社の最大のコストを削減しようと努力する。費用効率が最高の工場を持つ一貫生産の製鉄会社は、他の一貫生産の製鉄会社に対して大きな強みを持つことになる。しかしそれでも小規模製鉄所よりコストがかかる。

垂直的統合の程度

多くの企業にとって、前方または後方に統合（**垂直的統合**）することは有利である。大手石油会社は、原油探査、原油掘削、石油精製、化学製品製造、給油所経営の事業を行っている。垂直的統合はコスト削減につながることが多く、企業は付加価値の流れにおけるシェアを拡大する。さらに、垂直的統合を行った企業は、価値連鎖の各部分で価格とコストを操作し、税金が最小のところで利益を上げることができる。その一方で、垂直的統合によって価値連鎖のある部分ではコストが上がったり、戦略上の柔軟性が制限されることもある。そのため、専門の業者のほうがうまく安く行える業務は、外部委託に出される。

グローバル化の程度

非常にローカルな業界（芝生の手入れなど）もあれば、グローバルな業界（石油、航空機エンジン、カメラなど）もある。グローバルな業界の企業は、規模の経済性を実現し技術の進歩に遅れないために、グローバルな土俵で勝負しなければならない[21]。

❖競争と市場

市場の視点から見るならば、同じ顧客ニーズを満たす企業が競合他社ということになる。例えば、ワープロ・ソフトを購入する顧客が本当に欲しいのは「書く能力」であり、このニーズは鉛筆、ペン、タイプライターでも満たすことができる。市場という視点から競争を考えると、顕在的競合他社に加えて潜在的競合他社というより広い集合が視野に入ってくる。

レイポートとジャウォルスキーは、購買者が製品を入手して使うまでの各段階を図にして、会社の直接および間接の競争相手の概略をつかむことを提案している。**図9-2**は、フィルム業界におけるコダック社の「競合他社マップ」である。中央の円には、消費者の行動が挙げられている。カメラを買う、写真を配る、といったことである。その外側の円には、消費者のそれぞれの行動に関して、コダックの主な競争相手が挙げられている。写真の配布ではスナップフィッシュなどである。その外側の円には、HPのような間接的な競争相手が挙げられている。それらの間接的な競争相手は、しだいに直接的な競争相手になる。このような分析によって、企業が直面する機会と課題が浮き彫りになる[22]。

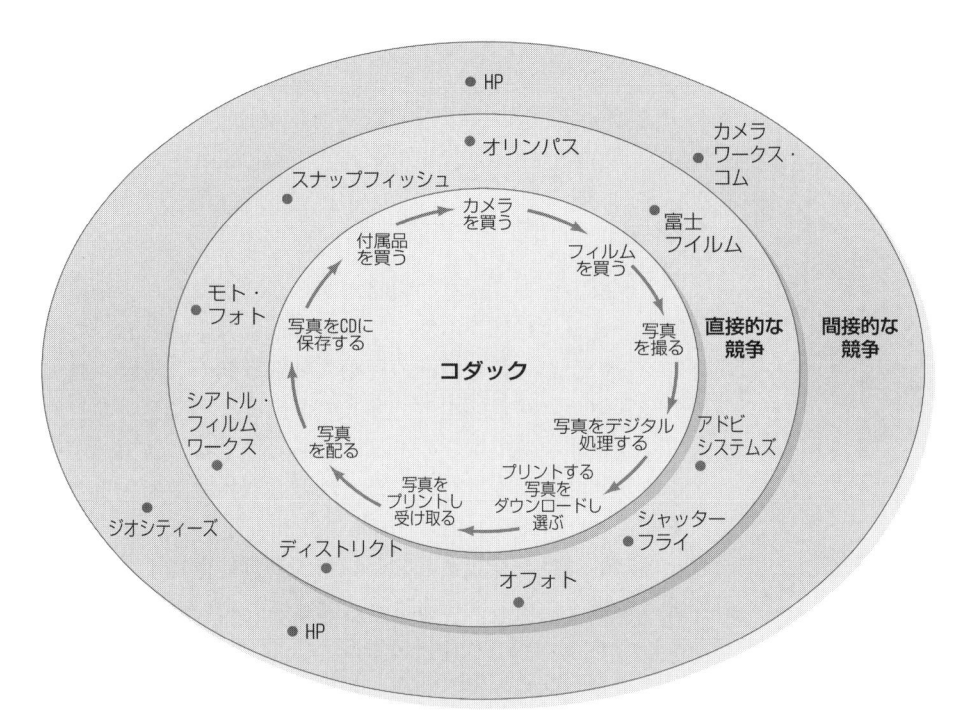

図9-2 競合他社マップ――イーストマン・コダック社

出典：Jeffrey F. Rayport and Bernard J. Jaworski, *e-Commerce* (New York：McGraw-Hill, 2001), p.53.

競合他社の分析

最も重要な競合他社を特定したら、その戦略、目的、強みと弱みを解明しなければならない。

❖ 戦　　略

特定の標的市場において、同じ戦略をとっている一群の企業を**戦略グループ**と呼ぶ[23]。ある企業が大型家電業界に参入したいと考えているとしよう。この企業の戦略グループにあたるのは何だろうか。この企業は**図9-3**に示されているようなチャートを作り、製品品質と垂直的統合のレベルに基づいて、4つの戦略グループを識別することができる。競合他社が、グループAには1社（メイタッグ）、グループBには3社（GE、ワールプール、シアーズ）、グループCには4社、グループDには2社ある。この分析から重要なことがわかってくる。第

1に、参入障壁の高さはグループによって異なる。第2に、企業があるグループへの参入に成功すれば、そのグループ内の企業が主要な競争相手になる。

❖ 目 的

　主要な競合他社とその戦略が明らかになったら、企業は次の問題を考えなければならない。各競合他社は市場において何を求めているのか。各競合他社の行動の動機は何か。規模、歴史、現在の経営陣、財務状態など、多くの要因によって企業の目的は決まる。競争相手が大企業の一部門である場合は、親会社がその事業を成長させるつもりなのか、それとも収穫段階に入っているのかを知ることが重要である[24]。

　短期的利益を重視するのか長期的利益を重視するのか、その比重は企業によって異なることに注意されたい。多くのアメリカ企業は、株主が現在の業績で評価し、信頼がなくなれば株を売り、その結果、企業の資本調達コストが上昇する恐れがあるため、短期的モデルに基づいて経営していると批判されてきた。一方、日本企業は主として市場シェアの最大化モデルに基づいて経営している。日本企業は資金の多くを銀行から比較的低金利で借り入れており、かつては利益が多少低くても許容できたからだ。先の想定に代わってもう1つ、各競合他社が複数の目的を追求しているという想定がある。目的には、当面の収益性、市場シェアの拡大、キャッシュ・フロー、技術面でのリーダーシップ、サービス面でのリーダーシップがある。また、競合他社の拡大計画を監視しなければならない。

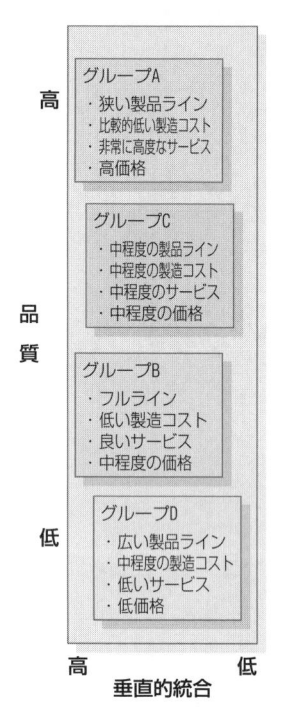

図9-3　大型家電業界における戦略グループ

グループA
・狭い製品ライン
・比較的低い製造コスト
・非常に高度なサービス
・高価格

グループC
・中程度の製品ライン
・中程度の製造コスト
・中程度のサービス
・中程度の価格

グループB
・フルライン
・低い製造コスト
・良いサービス
・中程度の価格

グループD
・広い製品ライン
・中程度の製造コスト
・低いサービス
・低価格

（縦軸：品質　高／低、横軸：垂直的統合　高／低）

❖ 強みと弱み

各競合他社の強みと弱みを分析する場合は、次の3つの変数を観察すべきである。

1. **市場シェア**　標的市場における競合他社のシェア。
2. **マインド・シェア**　「この業界で最初に思い浮かべる会社名を挙げてください」という問いに対して、競合他社の社名を答えた顧客のパーセンテージ。
3. **ハート・シェア**　「その製品を買いたいと思う会社名を挙げてください」という問いに対して、競合他社の社名を答えた顧客のパーセンテージ。

一般に、マインド・シェアとハート・シェアを着実に拡大している企業は、必然的に市場

シェアと利益も伸ばすことになる。市場シェアを増やすため、多くの企業が、世界的な企業や最も成功している競合他社についてベンチマーキングをしている。

❖競合他社を選択する

企業が顧客価値分析を行い、競合他社について入念に検討したら、強いか弱いか、近いか遠いか、「良い」か「悪い」かで競合他社を分類し、どこか1つに攻撃を集中することができる。

■**強いか弱いか**　たいていの企業は弱い競合他社を狙って攻撃する。それは、獲得できるシェアあたりの必要資源が少なくて済むからである。しかし、企業は強い相手とも競争して、一流クラスに遅れをとらないようにすべきである。強い企業にも何らかの弱みがある。

■**近いか遠いか**　たいていの企業は自社に最も似た競合他社と競争する。だが企業は遠い競合他社も意識するべきである。コカ・コーラは、第一の競争相手は水道水であり、ペプシではないと述べている。

■**「良い」か「悪い」か**　どの業界にも「良い」競争相手と「悪い」競争相手がいる[25]。企業は、良い競争相手を支援し、悪い競争相手を攻撃すべきである。良い競争相手は、業界のルールに則って行動し、業界の成長可能性について現実的な想定をし、コストに対して妥当な価格を設定し、健全な業界を好み、業界の一部すなわちセグメント内にとどまり、他社に低コスト化あるいは差別化の向上を図るように仕向け、一般的なレベルのシェアと利益を受け入れている。悪い競争相手は、シェアを金で買い、大きなリスクをとり、過剰な設備投資を行い、業界の均衡を乱す。

▍競争戦略

標的市場で果たす役割によって、すなわちリーダー、チャレンジャー、フォロワー、ニッチャーに企業を分類することで、自社の競争上のポジションについてさらに理解を深めることができる。この分類をもとに、自社の現在の役割および希望する役割に沿った特定の行動を取ることができる。

❖マーケット・リーダーの戦略

多くの業界には、マイクロソフト（コンピュータ・ソフトウェア）やマクドナルド（ファストフード）のように、マーケット・リーダーと認められた企業が1社ある。この企業は、関連製品の市場で最大の市場シェアを誇っている。そして通常、価格変更、新製品導入、流通範囲、プロモーションの面で他社をリードしている。法律で独占が認められていない限り、リーダー

といえども大きな状況の進展を見逃してはならない。革新的な製品が現れて、リーダーに打撃を与えることもある（ノキアとエリクソンのデジタル携帯電話は、モトローラのアナログ・モデルに取って代わった）。チャレンジャーが気前よく支出するのに、リーダーは支出に慎重になることもある。高いコストが利益を食いつぶすこともある。リーダーが競争の判断を誤って、気づいたら置き去りにされていたということもある。支配的企業が、新しくて精力的なライバルに対して時代遅れに見えることもある。

　ナンバーワンの地位を維持するには、次の3つの行動をとる必要がある。第1に、総市場の需要を拡大する方法を見つけなければならない。第2に、優れた防御行動と攻撃行動によって、現在の市場シェアを守らなければならない。第3に、市場規模が一定でも、自社の市場シェアをさらに増やすべく努力しなければならない。

総市場の拡大

　アメリカ人のケチャップの消費が増えれば、ハインツが最大の利益を得る立場にある。なぜならハインツは、この国のケチャップのほぼ3分の2を販売しているからである。より多くのアメリカ人に、ケチャップを使おう、もっと多くの食事にケチャップを使おう、一度にもっとたくさんのケチャップを使おうと思わせることができれば、ハインツは大きな恩恵にあずかることになる。一般にマーケット・リーダーは、製品の新しい顧客ないし、既存の顧客による使用の増加を追求すべきである。その製品の存在を知らなかったり、価格や特定の機能がないことを理由に、買わないでいる者を引きつけようとすることはできる。企業は、製品を使う可能性があるが使っていない人々（「市場浸透戦略」）、使ったことがない人々（「新市場セグメント戦略」）、別のところに住んでいる人々（「地理的拡大戦略」）から新規ユーザーを探すことができる。

　使用を増やすには、消費の「量」または消費の「頻度」を引き上げればよい。使用量は、パッケージングや製品のデザインによって増やせる場合がある。使用頻度の増加には、当該ブランドを使う新たな機会を特定する場合がある。製品の開発が、新しい用途を誘発することもある。チューインガム・メーカーは、製品を安価で効果的な医薬品の提供手法にする方法を探っている。アダムスのチューインガム（世界第2位）は、大半が健康に良いと謳っている[26]。

市場シェアの防衛

　支配的企業は総市場の規模を拡大しようとする一方で、国内および外国のライバルの攻撃から現在の事業を守り続けなければならない。リーダーは、蜂の群れに攻撃されている巨象のようなものだ。シルク社のオーガニック豆乳はストーニーフィールド・ファームを、ハインツのケチャップはハンツを常に警戒していなければならない[27]。市場シェアを守るために最も前向きな対応は、「絶えざるイノベーション」である。リーダーは、新しい製品とサービスの開発、流通効率、コスト削減で業界を主導し、競争力と顧客価値の向上を続ける。

　攻撃を仕掛けないときでも、マーケット・リーダーは重要な側面を無防備にしてはならな

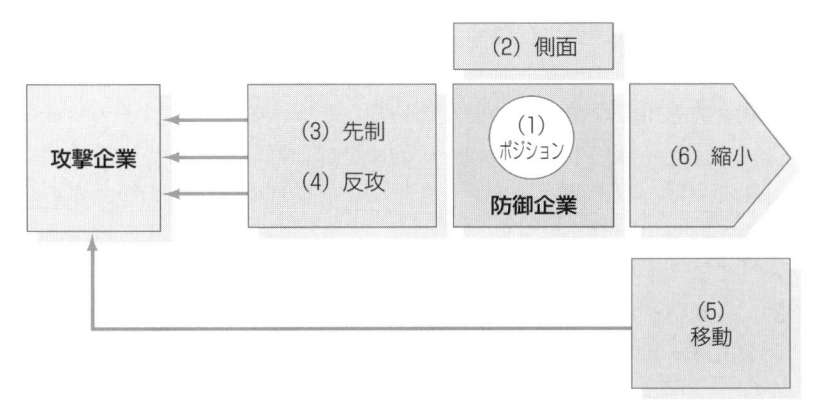

```
        ┌─────────┐
        │(2) 側面  │
        └─────────┘
┌──────┐   ┌─────────┐  ┌────────┐   
│攻撃  │←──│(3) 先制 │  │  (1)   │ ┌──→
│企業  │   │(4) 反攻 │  │ポジション│ │(6) 縮小
└──────┘   └─────────┘  │防御企業 │ └──→
   ↑                    └────────┘
   │                        ┌──────┐
   └────────────────────────│ (5)  │
                            │ 移動 │
                            └──────┘
```

図 9-4　6 種類の防御戦略

い。コストを抑え、顧客がブランドに見出している価値を価格に反映させておかなければならない。さらに、損をしてでも守らなければならないほど重要な分野はどこか、放棄してもよい分野はどこかを考えなければならない。防御戦略の目的は、攻撃される可能性を減らし、攻撃を脅威の少ない領域にそらし、攻撃力を弱めることである。支配的企業は、**図 9-4** に要約されている 6 つの防御戦略を使うことができる[28]。

1. **ポジション防御**　優れたブランド力を築き、ブランドを揺るぎないものにすることがポジション防御である。例えば、ハインツはケチャップ市場でハンツにコストのかかる攻撃を仕掛けさせ、反撃しなかった。ハンツの高額な費用のかかる戦略は失敗に終わり、ハインツは現在もアメリカ市場シェアの 50％以上を占めている。これに対しハンツの市場シェアは 17％である[29]。

2. **側面防御**　マーケット・リーダーは弱い分野を守り、場合によっては反撃のための侵略拠点にもなる前哨基地を築くべきである。アメリカのウォッカ市場の 23％を占有するスミルノフが、ボトル当たり 1 ドル安い競合ブランドであるウォルフシュミットに攻撃されたとき、スミルノフは価格を 1 ドル上げ、広告を増やした。それと同時に、別のブランドを導入してウォルフシュミットと競争させ、さらにもう 1 つのブランドをウォルフシュミットより低価格で売った。こうして側面を守ったのである。

3. **先制防御**　より積極的な作戦は、敵が攻撃を開始する前に攻撃することである。一方である企業に打撃を与え、他方で別の企業に、といった具合に競合他社のバランスを崩しておく方法もあれば、大市場の囲い込みを試みてもよい。アメリカ中にあるバンク・オブ・アメリカの 1 万 3000 台の ATM と 4500 の支店は、いまや地方や地域の銀行に厳しい競争をもたらしている。競合他社に攻撃を思いとどまらせるため、マーケット・シグナルを送る方法もある[30]。予告とともに新製品を続々と導入することもできる。予告

とは、今後の行動を意図的に伝達することである(31)。

4．**反攻防御**　大半のマーケット・リーダーは、攻撃されると反撃に出る。効果的な反攻として、攻撃企業の主要な領域への侵入がある。そうすると相手はその領域を守らなければならない。反攻防御のもう1つの一般的な型は、経済的あるいは政治的な影響力を行使する方法である。例えば、リーダー企業は、収益性の高い他の製品から得た収益を充てて、攻撃されやすい製品に低価格を設定したり、競争を抑制する政治的行動をとるように、議員に働きかけることができる。

5．**移動防御**　移動防御に乗り出すリーダー企業は、将来的に攻守の要となる新しい領域にドメインを広げる。ドメインの拡大は、市場の拡大と多角化によって行う。「市場拡大」とは、企業が既存製品から潜在的な一般的ニーズへ軸を移すことである。そのニーズに関係する技術全般にわたって、企業は研究開発を行うことになる。こうして「石油」会社は「エネルギー」会社に変身し、石油、原子力、水力発電などの産業に参入する。「市場多角化」とは、関連性のない業界に進出することである。アメリカのタバコ会社はこの手法を選び、ビールや食品といった関連性のない業界に新規参入した。

6．**縮小防御**　大企業は、すべての領域の防御はもはやできないと判断することがある。そのときとるべき最善の行動は、「計画的縮小」（「戦略的撤退」とも呼ばれる）であると考えられる。計画的縮小とは、比較的弱い領域を放棄し、強い領域に資源を再配分することである。こうすることにより、市場での競争上の強みを強化し、重要なポジションに総力を集中する。ディアジオはシーグラムのほとんどのブランドを取得し、ピルスベリーとバーガーキングを分離したので、スミルノフ・ウォッカなどの強力なブランドに集中することができた(32)。

市場シェアの拡大

　マーケット・リーダーは、市場シェアを増やすことで、収益性を上げることができる。コーヒーではシェア1ポイントが4800万ドル、ソフトドリンクでは1億2000万ドルにも相当する。こうなると、単なる競争を通り越してマーケティング戦争になっても無理はない。市場シェアを拡大するためのコストが、それによる収益価値をはるかに上回ることがあるので、企業は市場シェア拡大を追求する前に4つの要素を考慮すべきである。第1の要素は、独占禁止法に触れる可能性である。支配的企業がさらに拡大してきた場合、嫉妬深い企業が「独占」だと騒ぐ危険性がある。第2の要素は、経済的コストである。あるレベル以上に市場シェアを増やそうとすると、収益性は落ちることがある。「買うのを拒む」顧客には、自社を嫌っている、競合する供給業者に強いロイヤルティを持っている、特殊なニーズを持っている、比較的小規模な供給業者と取引するのを好む、などの理由があるのかもしれない。市場シェアの上昇とともに、法務、パブリック・リレーションズ、ロビー活動にかかるコストも上昇する。規模の経済性や経験効果が小さい場合、魅力のない市場セグメントが存在する場合、買い手が複数の供給源を求めている場合、退出障壁が高い場合には、市場シェア拡大に向けて努力するのは、あま

り理にかなっていない。一部のマーケット・リーダーは、むしろ自社の弱い分野における市場シェアを選択的に減らすことによって、収益性を高めている[33]。

第3の要素は、企業が間違ったマーケティング・ミックス戦略を追求することである。一般にシェアを拡大している企業は、新製品活動、製品の相対的品質、マーケティング費用という3つの点で、競合他社より優っている[34]。競合他社よりも大幅に価格を引き下げる企業は、一般に市場シェアを大きく拡大することはない。多くのライバル企業が同じく値引きで対抗し、そうでない企業は別の価値を提供するので、買い手は価格を引き下げた企業にスイッチしないのである。第4の要素は、市場シェアの増大による、実際の品質と知覚品質への影響である[35]。

❖その他の競争戦略

業界でマーケット・リーダーでない企業は、しばしば2番手企業あるいは追走企業と呼ばれる。フォードやエイビスなどは、2番手だがそれ自体かなり大きい。これらの企業は、市場シェアを拡大すべく積極果敢にリーダーなどの競合他社を攻撃する（マーケット・チャレンジャー）か、協調して「波風を立て」ない（マーケット・フォロワー）か、いずれを選ぶこともできる。

マーケット・チャレンジャーの戦略

マーケット・チャレンジャーは、まず戦略目的を明確にしなければならない。たいていは市場シェアの増大である。また、攻撃対象も決めなければならない。マーケット・リーダーを攻撃するのは、リスクが高いが大きな見返りを見込める戦略で、リーダーが市場の要求にうまく応えていない場合には十分理にかなっている。規模が自社と同程度で、仕事ぶりが芳しくなく、財源が不足している企業を攻撃することもできる。このような企業は、製品が古くなっていたり、価格設定が高すぎたり、あるいは他の点で顧客を満足させていない。3つ目の選択は、小規模な地方企業を攻撃することで、例えばいくつかの大手の銀行は、自社より小さな銀行を食べつくした。

攻撃対象と目的が明確になったら、次の5つの攻撃戦略から選ぶことができる。

1. **正面攻撃** 相手企業の製品、広告、価格、流通に張り合う。純粋な正面攻撃では、より大きな資源を有する側が勝つ。マーケット・リーダーが報復せず、攻撃企業が自社製品はリーダーの製品と同等であると市場に認めさせることができる場合は、正面攻撃の変形が有効である。
2. **側面攻撃** 側面攻撃の1つである地理的攻撃では、敵がうまく対応していない地域を明らかにする。もう1つの側面攻撃は、放置されている市場ニーズへの対応である。例えば、日本の自動車メーカーが燃費の良い自動車を開発したのがこれにあたる。側面攻撃

の戦略とは、言い方を換えれば、市場セグメントの変化を見極めることである。市場セグメントの変化によって生じた隙間を埋めるべく飛び込み、そこを強力なセグメントに発展させる。側面攻撃は、特に敵よりも資源が少ないチャレンジャーにとって魅力がある。側面攻撃の成功確率は正面攻撃よりはるかに高い。

3. **包囲攻撃** 包囲攻撃は、「電撃戦」によって敵陣のかなりの部分を獲得しようとする作戦である。この場合、いくつもの前線で大規模な攻撃を仕掛けることになる。チャレンジャーが相手より優れた資源を自由に使うことができ、迅速な包囲によって相手の戦意がそがれると考えられる場合、包囲攻撃は理にかなっている。

4. **迂回攻撃** 最も間接的な攻撃戦略である。これは敵を迂回して、より容易な市場を攻撃し、自社資源の基盤を広げることをいう。この戦略には、3種類のアプローチがある。関連性のない製品に多角化する、地理的に新しい市場に進出する、一挙に新技術を取り入れて既存製品に取って代わる、の3つである。ペプシはコカ・コーラに対し、迂回戦略を用いた。トロピカーナを、次にクエーカー・オーツ社（ゲータレードを所有している）を買収し、コカ・コーラへの武器としたのである。「技術的飛躍」は、ハイテク業界で使われる迂回戦略である。

5. **ゲリラ攻撃** ゲリラ攻撃では、小規模で断続的な攻撃を仕掛け、相手を悩ませ士気を喪失させ、最終的には永続的な足場を確保する。ゲリラ攻撃をするチャレンジャーは、従来型だけでなく非従来型の攻撃法も用いる。これらの攻撃法には、選択的な価格引き下げや激しいプロモーション・キャンペーンがある。通常、ゲリラ攻撃は比較的小さな企業が自社より大きな企業に対して行う。ゲリラ作戦は費用がかかることもあるが、正面攻撃、包囲攻撃、側面攻撃よりは少なくて済む（「マーケティング・スキル▶ゲリラ・マーケティング」参照）。しかし、チャレンジャーが敵を倒すことを望んでいるなら、最終的にはより強力な攻撃で補う必要がある。

さらに、チャレンジャーはより具体的な戦略を策定しなければならない。すなわち、価格割引、廉価品、高価値低価格品とサービス、高級品、製品増殖、製品イノベーション、サービス向上、流通イノベーション、製造コストの削減、広告プロモーションの強化である。

❖マーケット・フォロワーの戦略

セオドア・レビットは、「製品イミテーション」戦略は「製品イノベーション」戦略と同じくらい利益を生む場合があると論じた[37]。イノベーターは新製品を開発し、流通させ、市場を教育する費用を負担する。この努力やリスクは通常、マーケット・リーダーになるという形で報われる。しかし、別の企業が新製品をコピーしたり改良したりすることもある。フォロワーはおそらくリーダーを追い抜くことはできないが、イノベーション費用を負担していないので、高い利益を上げることができる。

マーケティング・スキル ▶ ゲリラ・マーケティング

　ゲリラ・マーケティングのスキルを必要とするのはどのような人だろうか。高コストと正面攻撃を誘発するリスクを冒さずに、攻撃を仕掛けてマーケット・リーダーからシェアを奪いたいマーケターすべてである。ゲリラ・マーケティングは1980年代、ジェイ・コンラッド・レヴィンソンがこのテーマで最初の著書を出版してから流行りだした。まず、ゲリラ・マーケターは、最小限の投資で顧客から最大限の注目を集め、マーケティング目標を達成する方法に創意工夫を凝らさなければならない。そして、そのアイデアを社内や地域限定でテストし、全国規模で実施する前に潜在的な問題点と改善すべき部分を発見しておかなければならない。

　計画を策定する際は、議論をかもすような手法やメッセージに対するステークホルダーからの反応を予想し、法的・倫理的な懸念事項に敏感になっておかなくてはならない。「ゲリラ・マーケティングは社会的に無責任であったり、ビジネスの法や倫理を勝手に変えることではない」とレヴィンソンは釘を刺している。また、成果の測定法を計画し、プログラムの進捗を注意深く観察しなければならない。最後に、成果の上がらないゲリラ・キャンペーンはすばやく修正したり中止して、新しいアイデアに差し替える用意も整えておくべきである。

　例えば、INGダイレクトはオンラインバンキングサービスのオレンジ・ブランドを導入する際、ボストン、サンフランシスコ、ワシントンD.C.の朝の通勤客に地下鉄やバスの利用を1日無料で提供した。オレンジ色の制服を着たINGのスタッフが乗換駅に入る通勤客にオレンジのパンフレットを配布し、料金箱もオレンジ色になり、駅、地下鉄車両、バスにオレンジのポスターが貼りめぐらされた。この一風変わったプロモーションがメディアの注目を集め、INGの話題づくりに一役買い、各都市の市場でブランド認知を上げることとなった[36]。

　多くの企業は、マーケット・リーダーに挑戦するより、追随するのを好む。鉄鋼や化学薬品など、製品差別化やイメージ差別化の機会が少なく、サービスの質が似ていることが多く、価格感受性が高い産業では、このパターンが一般的である。短期的に市場シェアを奪い取ると報復を引き起こすため、大半の企業は、通常はリーダーを模倣することによって買い手に同じようなものを提供する。そのため、市場シェアは非常に安定している。

　フォロワーのための第1の一般的戦略は、「カウンターフィター」になることである。カウンターフィターは、リーダーの製品やパッケージを模倣して、闇市場や評判の悪いディーラー

を通して販売する。アップル、ロレックスは、特にアジアで偽造問題に悩まされてきた。第2の戦略は、「クローナー」になることである。クローナーは、リーダーの製品、名称、パッケージにわずかな変化を加えて模倣する。例えばラルコープ・ホールディング社は、有名ブランドのシリアルを模倣した製品をそっくりの箱に入れて売っている。第3は「イミテーター」になることである。イミテーターは、リーダーの製品を一部コピーするが、パッケージ、広告、価格などに違いを残しておく。イミテーターが積極的に攻撃しない限り、リーダーはイミテーターを気にしない。第4の戦略は「アダプター」になることである。アダプターはリーダーの製品を取り入れたり改良したりして、リーダーとは別の市場で販売する。例えばS&Sサイクルはエンジンを、ハーレーダビッドソンのクローンを組み立てている企業に供給している。同社は毎年ハーレーダビッドソンの新車を購入し、エンジンを分解して改良点を探している[38]。

フォロワーが得るものは通常、リーダーより少ない。例えば、食品加工会社を対象とする調査によると、上位2社のみが利益を得ている。フォロワーであることは、報われない場合が多いのである。

❖ マーケット・ニッチャーの戦略

大規模市場でフォロワーになる代わりに、小規模市場すなわちニッチでリーダーになる道もある。小さな企業は通常、大きな企業がほとんど、あるいはまったく関心を持たない小規模市場をターゲットにすることで、大きな企業との競争を避けている。例えば、ロジテック・インターナショナルは、ありとあらゆる種類のコンピュータ・マウスをつくることで、世界的な企業になった。このニッチ市場での成功により、同社はそれ以外のコンピュータの周辺機器、例えばパソコン用ヘッドホンやウェブカメラなどにも手を広げることができた[39]。

利益を上げている大企業でさえ、一部の事業単位やブランドでニッチ戦略を用いている。ニッチ戦略成功の鍵となる考え方に専門化がある。**表9-4**にニッチの役割として考えられるものをいくつか挙げる。しかし、ニッチが弱くなることもあるので、企業は継続的に新しいニッチを創出しなければならない。2つ以上のニッチで力をつけることで、企業が生き残る可能性は増大する。

❖ 顧客志向と競合他社志向のバランスをとる

これまで、企業が自らをリーダー、チャレンジャー、フォロワー、ニッチャーとして市場競争上のポジショニングをすることの重要性を強調してきた。しかし、企業はすべての時間を競合他社に向けていてはならない。「競合他社志向の企業」は、競合他社のしていること(流通の拡大、値下げ、新しいサービスの導入)を観察し、対応策を練る(広告費を増やす、値下げに対抗する、販売促進予算を増やす)。この種のプランニングにはプラス面とマイナス面がある。プラス面は、企業が戦いの姿勢を築くという点である。マーケターにとっては、競合他社

表9-4　ニッチ専門化企業の役割

ニッチ専門化企業	説　明
■最終ユーザー専門化企業	1種類の最終ユーザーに対応するよう専門化した企業
■垂直レベル専門化企業	生産－流通の価値連鎖における特定の垂直レベルに専門化した企業
■顧客サイズ専門化企業	小規模、中規模、大規模のいずれかの顧客に集中して販売する企業
■特定顧客専門化企業	販売を単一またはごく少数の顧客に限定する企業
■地理的専門化企業	特定の地域や地方、あるいは世界の特定地域でのみ販売する企業
■製品または製品ライン専門化企業	単一の製品ラインあるいは製品を取り扱ったり製造したりしている企業
■製品特徴専門化企業	特定の製品あるいは製品特徴を生み出すことに専門化している企業
■注文製作専門化企業	製品を個々の顧客用にカスタマイズする企業
■品質・価格専門化企業	当該市場で最低品質あるいは最高品質のものを扱う企業
■サービス専門化企業	他の企業が提供できないサービスを提供する企業
■チャネル専門化企業	1つの流通チャネルのみに専門化した企業

の弱みと自社のポジションを観察する訓練になる。マイナス面は、企業が受け身になりすぎることである。首尾一貫した顧客志向の戦略を立てて実行するのではなく、競合他社の動きをもとに自社の動きを決定してしまう。それは本来の目標へ向かう動きではない。

「顧客志向の企業」は、戦略を立てるにあたって、顧客開発に集中する度合いが大きい。例えば、総市場は年間4％成長しているが、品質に敏感なセグメントは、年間8％成長している。また値引きに敏感な顧客セグメントも急速に成長しているが、そのような顧客はあまり長く同じ供給業者のもとにとどまらない。さらに、24時間ホットラインへの興味を示す顧客の数が増えているが、この業界でそれを提供している企業はない、ということがわかったとする。以上に対応するために、この企業は市場のうち品質に敏感なセグメントに対応して満足させることに、より力を注ぐ。値下げは避け、24時間ホットラインを設置する可能性を調査する。

明らかに、顧客志向の企業のほうが新たな機会を発見し、長期にわたって利益をもたらす可能性のある方針を定めることができる。顧客ニーズを観察することにより、自社の資源と目的に応じて、どの顧客グループや新興ニーズに対応するのが最も重要かを決めることができる。

参考文献

1. Claudia H. Deutsch, "A Fresh Approach to Marketing for Procter's 'Fresh Approach to Laundry'," *New York Times*, August 8, 2005, p. C7；Jennifer Reingold, "What P&G Knows About the Power of Design," *Fast Company*, June 2005, pp. 56+；Jack Neff, "P&G Kisses Up to the Boss：Consumer," *Advertising Age*, May 2, 2005, pp. 18+；Jack Neff, "Management：P&G vs. Martha," *Advertising Age*, April 8, 2002, p. 24.
2. Leonard M. Fuld, *The New Competitor Intelligence：The Complete Resource for Finding, Analyzing, and Using Information about Your Competitors* (New York：John Wiley, 1995)；John A. Czepiel, *Competitive Marketing Strategy* (Upper Saddle River, NJ：Prentice Hall, 1992).

3. Kevin Lane Keller, Brian Stenthal, and Alice Tybout, "Three Questions You Need to Ask About Your Brand," *Harvard Business Review*, September 2002, pp. 80-89.
4. Gregory S. Carpenter, Rashi Glazer, and Kent Nakamoto, "Meaningful Brands from Meaningless Differentiation : The Dependence on Irrelevant Attributes," *Journal of Marketing Research*, August 1994 : 339-350.
5. "Brooks Bros. Has Opened a 3,500-Sq.-Ft. Store in Florence, Italy," *Chain Store Age*, January 2005, p. 18 ; Naomi Aoki, "An Alteration at Brooks Brothers Derailed by Casual Era Retailer Returns to Its Roots," *Boston Globe*, November 12, 2003, p. E1.
6. Bridget Finn, "Selling Cool in a Bottle — of Dish Soap," *Business 2.0*, December 2003, pp. 72-73.
7. これらの基本事項の一部は、以下の文献で議論されている。David A. Garvin, "Competing on the Eight Dimensions of Quality," *Harvard Business Review* (November-December 1987) : 101-109.
8. Bernd Schmitt and Alex Simonson, *Marketing Aesthetics : The Strategic Management of Brand, Identity, and Image* (New York : Free Press, 1997). 邦訳:『「エスセティクス」のマーケティング戦略:"感覚的経験"によるブランド・アイデンティティの戦略的管理』(バーンド・シュミット、アレックス・シモンソン著、河野龍太訳、プレンティスホール出版、1998 年)
9. Philip Kotler, "Design : A Powerful but Neglected Strategic Tool," *Journal of Business Strategy*, Fall 1984, pp. 16-21. 以下も参照されたい。Christopher Lorenz, *The Design Dimension* (New York : Basil Blackwell, 1986).
10. William C. Copacino and Jonathan L.S. Byrnes, "How to Become a Supply Chain Master," *Supply Chain Management Review*, March-April 2002, pp. S37+.
11. セメックスについての包括的な討論には、以下の文献を参照されたい。Adrian J. Slywotzky and David J. Morrison, *How Digital Is Your Business ?* (New York : Crown Business, 2000), ch. 5. 邦訳:『デジタル・ビジネスデザイン戦略:最強の「バリュー・プロポジション」実現のために』(エイドリアン・J・スライウォツキー、デイビッド・J・モリソン著、成毛眞監訳、佐藤徳之訳、ダイヤモンド社、2001 年)
12. Mark Sanchez, "Herman Miller Offers Training to Its Furniture Users," *Grand Rapids Business Journal*, December 2, 2002, p. 23.
13. "The 25 Best Sales Forces," *Sales & Marketing Management*, July 1998, pp. 32-50.
14. 同じような一覧については、以下の文献を参照されたい。Leonard L. Berry and A. Parasuraman, *Marketing Services : Competing Through Quality* (New York : Free Press, 1991), p. 16.
15. Michael E. Porter, *Competitive Strategy* (New York : Free Press, 1980), pp. 22-23. 邦訳:『競争の戦略』(マイケル・E・ポーター著、土岐坤ほか訳、ダイヤモンド社、1982 年)
16. Bob Tedeschi, "As Their Core Businesses Prosper, Some Companies Try to Expand Their Horizons with New Product lines," *New York Times*, September 6, 2004, p. C5 ; Leslie Kaufman with Saul Hansell, "Holiday Lessons in Online Retailing," *New York Times*, January 2, 2000, sec. 3, pp. 1, 14.
17. Michael Krantz, "Click Till You Drop," *Time*, July 20, 1998, pp. 34-39 ; Michael Krauss, "The Web Is Taking Your Customers for Itself," *Marketing News*, June 8, 1998, p. 8.
18. Hiawatha Bray, "The Boston Globe Upgrade Column," *Boston Globe*, July 12, 2004, (www.boston.com/globe). Jonathan Gaw, "Britannica Gives in and Gets Online," *Los Angeles Times*, October 19, 2000, p. A1 ; Jerry Useem, "Withering Britannica Bets It All on the Web," *Fortune*, November 22, 1999, pp. 344, 348.
19. Tom Lowry, Ronald Grover, and Catherine Yang with Steve Rosenbush and Peter Burrows, "Mega Media Mergers : How Dangerous ? " *BusinessWeek*, February 23, 2004, pp. 34-42.
20. Kathryn Rudie Harrigan, "The Effect of Exit Barriers Upon Strategic Flexibility," *Strategic Management Journal* 1 (1980) : 165-176.
21. Porter, *Competitive Strategy*, ch. 13. 邦訳:『競争の戦略』(マイケル・E・ポーター著、土岐坤ほか訳、ダイヤモンド社、1982 年) 第 13 章
22. Jeffrey F. Rayport and Bernard J. Jaworski, *E-Commerce* (New York : McGraw-Hill, 2001), p. 53.
23. Porter, *Competitive Strategy*, ch. 7. 邦訳:『競争の戦略』(マイケル・E・ポーター著、土岐坤ほか訳、ダイヤモンド社、1982 年) 第 7 章
24. William E. Rothschild, *How to Gain (and Maintain) the Competitive Advantage* (New York : McGraw-Hill, 1989), ch. 5. 邦訳:『競争戦略開発法:市場優位の作り方・守り方』(W・E・ロスチャイルド著、小野寺武夫訳、ダイヤモンド社、1984 年) 第 5 章

25. Porter, *Competitive Strategy*, ch. 7. 邦訳：『競争の戦略』（マイケル・E・ポーター著、土岐坤ほか訳、ダイヤモンド社、1982 年）第 7 章
26. "Cadbury Outstrips Rivals After Adams Gum Buy," *Evening Standard*, February 23, 2005, (www.thisislondon.co.uk)；"Business Bubbles," *The Economist*, October 12, 2002, p. 68.
27. Janet Adamy, "Nature's Way — Behind a Food Giant's Success," *Wall Street Journal*, February 1, 2005, p. A1.
28. 6 つの防御戦略、5 つの攻撃戦略については次の著作より。Philip Kotler and Ravi Singh, "Marketing Warfare in the 1980s," *Journal of Business Strategy* (Winter 1981)：30-41. さらに詳しくは、以下の文献を参照されたい。Gerald A. Michaelson, *Winning the Marketing War：A Field Manual for Business Leaders* (Lanham, MD：Abt Books, 1987)；Al Ries and Jack Trout, *Marketing Warfare* (New York：McGraw-Hill, 1990). 邦訳：『マーケティング戦争：クラウゼヴィッツ流必勝戦略』（A・ライズ、J・トラウト著、小林薫訳、プレジデント社、1987 年）；Jay Conrad Levinson, *Guerrilla Marketing* (Boston, MA：Houghton-Mifflin Co., 1984). 邦訳：『ゲリラ・マーケティング』（J・C・レビンソン著、小林薫訳、ビジネス社、1986 年）；Barrie G. James, *Business Wargames* (Harmondsworth, England：Penguin Books, 1984). 邦訳：『ビジネス・ウォーゲーム：企業行動の戦闘性』（バリー・G・ジェームズ著、榊原清則訳、東京書籍、1986 年）
29. "Heinz Is Getting Back to Basics," *Food Institute Report*, May 5, 2003, p. 2；"Leader of the Pack," *Pittsburgh Post-Gazette*, April 1, 2000.
30. Porter, *Competitive Strategy*, ch. 4. 邦訳：『競争の戦略』（マイケル・E・ポーター著、土岐坤ほか訳、ダイヤモンド社、1982 年）第 4 章；Jaideep Prabhu and David W. Stewart, "Signaling Strategies in Competitive Interaction：Building Reputations and Hiding the Truth," *Journal of Marketing Research* 38（February 2001）：62-72.
31. Jehoshua Eliashberg and Thomas S. Robertson, "New Product Preannouncing Behavior：A Market Signaling Study," *Journal of Marketing Research* 25（August 1988）：282-292；Roger J. Calantone and Kim E. Schatzel, "Strategic Foretelling：Communication-Based Antecedents of a Firm's Propensity to Preannounce," *Journal of Marketing* 64（January 2000）：17-30.
32. Gerry Kermouch, "Spiking the Booze Business," *BusinessWeek*, May 19, 2003, pp. 77-78.
33. Philip Kotler and Paul N. Bloom, "Strategies for High Market-Share Companies," *Harvard Business Review*（November-December 1975）：63-72. 以下の文献も参照されたい。Porter, *Competitive Strategy*, pp. 221-226. 邦訳：『競争の戦略』（マイケル・E・ポーター著、土岐坤ほか訳、ダイヤモンド社、1982 年）
34. Robert D. Buzzell and Frederick D. Wiersema, "Successful Share-Building Strategies," *Harvard Business Review*（January-February 1981）：135-144.
35. Linda Hellofs and Robert Jacobson, "Market Share and Customer's Perceptions of Quality：When Can Firms Grow Their Way to Higher Versus Lower Quality？" *Journal of Marketing* 63（January 1999）：pp. 16-25.
36. Cary Hatch, "When Should You Try Guerilla Marketing？" *ABA Bank Marketing*, March 2005, p. 53；Shari Caudron, "Guerrilla Tactics," *IndustryWeek*, July 16, 2001, pp. 53+；"If You Can't Stand the Heat, Stay Out of the Streets," *Brandweek*, November 12, 2001, p. 36.
37. Theodore Levitt, "Innovative Imitation," *Harvard Business Review*（September-October 1966）：63. 以下の文献も参照されたい。Steven P. Schnaars, *Managing Imitation Strategies：How Later Entrants Seize Markets from Pioneers* (New York：Free Press, 1994). 邦訳：『創造的模倣戦略：先発ブランドを超えた後発者たち』（S・P・シュナース著、恩藏直人、坂野友昭、嶋村和恵訳、有斐閣、1996 年）
38. Stuart F. Brown, "The Company that Out-Harleys Harley," *Fortune*, September 28, 1998, pp. 56-57.
39. Allen J. McGrath, "Growth Strategies with a '90s Twist," *Across the Board*（March 1995）：43-46；Antonio Ligi, "The Bottom Line：Logitech Plots Its Escape from Mouse Trap," *Dow Jones Newswire*, February 20, 2001.

第4部

市場提供物の形成

第10章
製品戦略の立案とライフサイクルを通じてのマーケティング

◆ 本章では、次の問題を取り上げる ◆

1. 製品の特性とは何か、またどのように分類されるのか。
2. 企業はどのように製品ミックスと製品ラインを構築し、管理できるのか。
3. パッケージング、ラベリング、保証（ワランティとギャランティ）は、マーケティング・ツールとしてどのように利用できるのか。
4. 新製品の開発と管理の主な段階には、どのようなものがあるのか。
5. 新発売された製品の普及率や消費者の採用率には、どのような要素が影響するのか。
6. 製品ライフサイクルの各段階にふさわしいマーケティング戦略とは何か。

スタインウェイのマーケティング・マネジメント

　精密な職人技と長年の市場支配が一体になった最高級品といえば、スタインウェイ・ピアノをおいてほかにないだろう。創立150年以上のスタインウェイ・アンド・サンズは、アメリカとドイツで最高級のコンサート・ピアノを今も手作りで生産しつづけている。それを支えているのは120もの特許技術と技術革新だ。大量生産品のピアノがおよそ20日で組み立てられるのに対して、スタインウェイ・ピアノは組み立てに9ヶ月から1年を要する。スタインウェイ・ピアノには1万2000もの部品が用いられ、その多くが内製されている。さらに、スタインウェイは中国のパートナー企業との協業によりボストンとエセックスのブランド名で手ごろな価格のピアノを設計・製造し、ヤマハやカワイと競合している。

　スタインウェイのコンサート・ピアノがこれほどまでに求められ、高い利益率を獲得できている1つの理由は、年間数千台のピアノしか製造できないことである。「当社の販売台数は全米の鍵盤楽器販売の2%」とスタインウェイの社長、ブルース・スティーブンスは言う。「にもかかわらず、当社は売上高の25%、利益の35%を占めています」。その有名な品質、優美なデザイン、卓越した技術力のおかげで、スタインウェイはコンサート・ピアノの圧倒的なマーケット・リーダーであり（市場シェアは95%を超える）、作曲家や演奏家の間で最も人気の高いピアノ・ブランドである。電子キーボードなど新しいタイプのピアノが一部の

セグメントの関心を捉えているにしても、スタインウェイは依然として市場のトップ層でリーダーの座を守っている[1]。

優れたブランドの中核には優れた製品がある。そして製品は市場提供物の鍵となる要素である。このことは製品がスタインウェイのピアノであれ、スターバックスのエスプレッソであれ、サイファイ・チャンネルのテレビ番組であれ同じである。本章では製品の概念、基本的な製品に関する意思決定、新製品開発と採用、製品ライフサイクルについて考察する。第11章ではサービスの設計とマネジメント、第12章では価格設定に関する意思決定について取り上げる。マーケティングを成功させるためには、これら3つの要素をうまく組み合わせて、競争力があり顧客を引きつける製品を生み出す必要がある。

製品の特徴および分類

欲求やニーズに応えるために市場に提供されるものなら何でも**製品**となりうる。市場に出る製品には、「有形財」、「サービス」、「経験」、「イベント」、「人」、「場所」、「資産」、「組織」、「情報」、「アイデア」がある。顧客は市場に提供された製品を次の3つの基本要素に照らして判断する。製品の特徴と品質、サービス・ミックスとサービス品質、価格の適切性である（図10-1参照）。そのため、マーケターは製品ごとの特徴、ベネフィット、品質のレベルを考慮しなくてはならない。

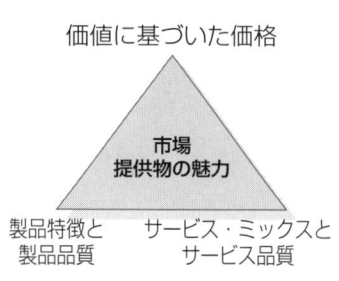

図10-1 市場提供物の構成

❖製品レベル

市場提供物を企画するにあたって、マーケターは5つの製品レベルについて検討する（図10-2）[2]。**顧客価値ヒエラルキー**は5つのレベルから構成されており、レベルが上がるごとに顧客の価値も上がる。最も基本的なレベルは**中核ベネフィット**で、顧客が実質的に手に入れる基本的なサービスやベネフィットを意味する。ホテルの利用客は「休憩と睡眠」を購入し、ドリルを買った人は「穴」を購入しているのである。マーケターは自らをベネフィットの提供者と考えなければならない。

第2のレベルでは、マーケターは中核ベネフィットを**基本製品**に転換しなければならない。したがって、ホテルの部屋はベッド、バスルーム、タオルを備えている。第3のレベルでは、マーケターは**期待製品**、すなわち購買者がその製品を買い求めるときに通常期待する一連の属性と条件を整えなければならない。ホテルの利用客は、清潔なベッドや洗いたてのタオルなど

を期待している。大半のホテルはこのような最低限の期待に沿うものであるから、旅行者は通常、最も便利であるか低価格であるという理由でホテルを選ぶ。

　第4のレベルでは、顧客の期待を上回る**膨張製品**を用意しなければならない。先進国では、ブランド・ポジショニングと競争はこのレベルで起こる。（開発途上国では、競争はおおむね期待製品のレベルで起こっている。）製品の膨張に伴って、マーケターはユーザーの全体的な**消費システム**に目を向けることになる。消費システムとは、ユーザーが製品を購入し、その製品やそれに伴うサービスを利用する方法のことである[(3)]。レビットは、かつて次のように述べている。「新たな競争は、企業が工場で生産した製品間で起こるのではなく、工場生産品に付加されたもの、すなわち、パッケージング、サービス、広告、顧客アドバイス、ファイナンシング、配送など、人々が価値を認めるものの間で起こっている」[(4)]。

　しかし、膨張するごとにコストが上乗せされるため、マーケターは顧客が余剰コストをまかなうだけの支払いをしてくれるかどうかを判断しなければならない（例えばホテルの部屋からの高速インターネット・アクセスなど）。また、膨張されたベネフィットはやがて期待されるベネフィットとなり、競合企業は別の特徴やベネフィットを模索しなければならなくなる。さらに、企業が膨張製品の価格を上げると、「必要最低限の機能だけに抑えた」製品をはるかに低価格で提供する競合他社が現れる。このようにして、ホテル業界ではリッツ・カールトンのような高級ホテルが成長するかたわらで、モーテル6のように基本製品だけを提供する低料金の宿泊施設が台頭してきた。

　第5のレベルに**潜在製品**がある。このレベルは、製品に対して将来行われる可能性のある膨張および転換すべてを含む。これは、企業が顧客を満足させ、自社の提供物を特徴づける新しい方法を模索するレベルである。

| 図10-2 | 5つの製品レベル

（図：中核ベネフィット／基本製品／期待製品／膨張製品／潜在製品）

❖製品分類

　マーケターは従来、耐久性、有形性、用途（消費者向け、産業向け）という3つの特性を基準に製品を分類している。それぞれの製品タイプには、ふさわしいマーケティング・ミックス戦略がある[(5)]。

■**耐久性と有形性**　「非耐久財」とは、ビールや石鹸のように1回から数回の使用で消耗され

る有形財のことである。このような商品は短期間で消費され、頻繁に購入される。したがって、非耐久財にふさわしい戦略は、さまざまな場所で手に入るようにし、マークアップは最小限に抑え、広告に力を入れて消費者に試用してもらい、選好を形成することである。「**耐久財**」とは冷蔵庫のように度重なる使用に耐える有形財のことをいう。耐久財には通常、人的販売とサービスが求められ、多額のマージンが乗せられ、売り手の保証が必要とされる。「**サービス**」とは無形で不可分であり、変動性と消滅性を有する製品のことをいう（散髪、法律相談など）。そのため、通常は品質管理、供給業者の信用、適応性が求められる。

■**消費財の分類** 消費者の購買習慣に基づいて、次のように分類できる。通常、頻繁に、即座に、最小限の努力で購入する**最寄品**（新聞など）。顧客が選択し購入する過程で、適合性、品質、価格、スタイルなどをもとに特性を比較する**買回品**（家具など）。独自の特性やブランド・アイデンティティを備え、十分な数の買い手が特別な努力をしてでも購入しようとする**専門品**（車など）。消費者がそれについて知らなかったり、通常なら買おうと思ったりしない**非探索品**（煙探知機など）。

■**生産財の分類** **材料・部品**とは、完全にメーカーの製品の一部になるもののことをいう。原材料は「農畜産物」（小麦など）と「天然産物」（木材など）である。農畜産物は仲介業者を介して販売される。天然産物は長期供給契約によって販売され、価格と配送の信頼性が購買の主要な要因となっている。「加工材料・部品」は、構成材料（鉄など）と構成部品（小型モーターなど）である。この場合も、価格と供給業者の信頼性が重要な要因である。**資本財**は寿命が長く、最終製品の開発や管理に利用される。これには、「装置」（工場など）と固定設備（トラック）があり、いずれも人的販売によって販売される。**備品・対事業所サービス**とは、寿命が短い物品およびサービスのことで、最終製品の開発や管理に利用される。これには、「メンテナンスおよび修理サービス」と「ビジネス・アドバイザリー・サービス」がある。

製品間の結びつき

製品システムとは、種類は異なっていても関連性のあるアイテム・グループのことであり、機能に相互互換性がある。**製品ミックス**（**製品アソートメント**ともいう）は、特定の売り手が販売するすべての製品とアイテムの集合体のことである。例えば、NECの製品ミックスは、通信製品とコンピュータ製品で構成されている。1企業の製品ミックスには、一定の幅、長さ、深さ、整合性がある。「幅」とは、その企業が有する製品ラインの数を指す。「長さ」とは、製品ミックス内のアイテムの合計数を指す。「深さ」とは、それぞれの製品から提供されるバリアントの数を指す。「整合性」とは、最終用途、製造条件、流通チャネルなどにおいて、さまざまな製品ライン間にどれだけ密接な関わりがあるかをいう。

これら4つの製品ミックスの次元をもとに、企業は事業を4方向に拡張していくことができる。新たな製品ラインを加えれば、製品ミックスの幅を広げることになる。それぞれの製品ラ

インの長さを伸ばすこともできる。個々の製品のバリアントを増やして、製品ミックスを深くすることもできる。さらに製品ラインの整合性を追求していくことも可能である。

❖ 製品ラインの分析

　製品ラインを提供するにあたって、企業は通常、基本プラットフォームと、さまざまな顧客の要求に応じて追加可能なモジュールを開発する。例えば住宅建設業者は、あとから特徴を追加できるモデルハウスを展示する。それにより、企業は生産コストを抑えながらも多様性を提供することが可能になる。製品ライン・マネジャーは、どのアイテムを導入し、維持し、利益を収穫し、あるいは撤退すべきかを決定するために、自分が管理する製品ラインのアイテムそれぞれについて売上と利益を知っておく必要がある[6]。マネジャーは総売上と利益に対する各アイテムの貢献度を計算しなければならない。少数のアイテムに売上が集中していると、ラインは脆弱になる。その一方で、売上と利益への貢献度が低いアイテムは、大きく成長する見込みがないかぎり、排除することを考慮してもよい。

　マネジャーは、競合他社のラインに対して自社のラインがどのような位置にあるかを検討しなければならない。特定の特徴やベネフィットについて、どの競合他社の製品が自社製品と競合関係にあるかがわかる製品マップは役に立つツールである。製品マップによって各市場セグメントが特定でき、自社がそれぞれのニーズにどれだけうまく応えられる位置にあるかが判断できる。こうした分析は、製品ラインの長さについて意思決定をするうえでの足がかりとなる。

❖ 製品ラインの長さ

　高い市場シェアと市場の成長を求める企業は、一般的に製品ラインが長くなる。高い収益性を重視する企業は、精選されたアイテムからなる短い製品ラインを持つ。企業が現在の範囲を超えて製品ラインの長さを伸ばすと**ライン・ストレッチング**が起こる。まず、下級市場への進出にはリスクを伴う。コダックは、低価格ブランドに対抗しようとファンタイム・フィルムを市場投入したが、低価格製品と競合できるだけの低価格を設定しなかった。しかも、リピート顧客の中にファンタイムを購入する者が現れ、自社の中核ブランドとのカニバリゼーションが生じた。そのため、コダックはファンタイムを撤退させた。

　一方、上級市場へのストレッチングでは、企業はさらなる成長や高いマージンを求めて、あるいは単に総合メーカーとして自社をポジショニングするために、高価格帯市場に参入する。日本の大手自動車メーカーはそれぞれ新しいブランドで高級車を導入している。トヨタのレクサス、日産のインフィニティ、ホンダのアキュラである。中間市場を扱う企業が上下両方向へのライン・ストレッチングを決定することもある。スターウッドホテルのラグジュアリーコレクション、セントレジス、Wの各ブランド（高級市場の上層部向け）、フォーポインツ・バイ・

シェラトン（中級価格市場）がその例である[7]。特有のニーズを抱える別個の消費者ターゲットごとにブランドを展開することで、スターウッドはブランド間で重複が起こらないようにすることができるのである。

現在の範囲内でのさらなるアイテムの追加で、製品ラインを充実させることもできる。「ライン・フィリング」にはいくつかの動機が考えられる。利益の増大、ラインのアイテム不足のために売上が落ちたと訴えるディーラーの不満解消、余剰生産能力の活用、フルラインのトップ企業を目指した地位向上、ラインの穴埋めによる競合他社の締め出し、などである。

❖ラインの最新化・フィーチャリング・絞り込み

製品ラインは最新化しなければならない。変化の速い製品市場では、最新化は途切れることがない。既存製品の売上にマイナスの影響が出たり競合他社に売上を奪われるのを避けるため、タイミングが非常に重要である。「ライン・フィーチャリング」では、顧客を引きつけたり、格式を与えるなどの目的で、ラインの中の1つか数点のアイテムを目立たせる。ラインの一方の端に位置する製品はよく売れるのに、反対側の端に位置する製品は売れない場合、企業はフィーチャリングを利用して売上の鈍い製品に対する需要を増やそうとするかもしれない。その製品を製造している工場が、需要不足のために遊休している場合は特にその傾向が強い。製品ライン・マネジャーは、定期的にラインの全体を見直し、売上とコストの分析から弱いアイテムを割り出さなければならない。また、企業の生産能力が不足しているときや需要が低迷しているときにはラインの絞り込みを行う。

■パッケージング、ラベリング、保証（ワランティとギャランティ）

有形製品のほとんどはパッケージに入れてラベルをつけなくてはならない。コカ・コーラのボトルのように世界的に有名なパッケージもある。パッケージング（Packaging）を価格（Price）、製品（Product）、流通（Place）、プロモーション（Promotion）に続く5つ目のPと呼ぶマーケターは多い。しかし大半のマーケターはパッケージングとラベリングを製品戦略の1要素として扱っている。ワランティとギャランティもまた製品戦略の重要な部分だといえる。

❖パッケージング

パッケージングとは、製品の容器をデザインし製造するためのすべての活動をいう。パッケージは素材によって3つのレベルに分けられる。パコラバンヌのオーデコロンは瓶入りで（「1次パッケージ」）、厚紙の箱に入っており（「2次パッケージ」）、それがさらに6ダース入りの段ボール箱に入っている（「輸送用パッケージ」）。

パッケージングをマーケティング・ツールとして活用することが多くなった背景にはいくつかの要因がある。

■**セルフサービス**　平均的なスーパーマーケットでは、客は通常1分間に300点強の商品の前を通り過ぎている。購入する商品の53％が衝動買いであるとすると、効果的なパッケージは注意を引き、製品の特徴を示し、消費者の信頼を得て、全体の印象をよく見せるという役割を果たしている。

■**豊かな消費者**　消費者の豊かさの向上とはつまり、パッケージが良ければ、消費者はその便利さ、外観、信頼性、格式の高さに対する多少余分な支払いをいとわないということである。

■**企業イメージとブランド・イメージ**　パッケージは、一目で企業やブランドを認識させることに一役買っている。

■**イノベーションの好機**　革新的なパッケージングは、消費者には大きなベネフィットを、生産者には大きな利益をもたらすことができる。ダッチボーイは持ち歩きが簡単で開けるのも簡単なペンキ容器ツイスト＆ポアを開発した後、売上が増加しただけでなく、以前よりも高い小売値をつけ、流通も拡大できるようになった[8]。

　企業と消費者両方の視点から、パッケージングはいくつかの目標を達成しなければならない[9]。ブランドが特定できるようにし、わかりやすく説得力のある情報を伝え、製品の輸送や保護を助け、家庭での保管を容易にし、製品の消費を促進しなければならない。さまざまなパッケージングの要素は全体として調和していなければならない。パッケージングの要素はまた、価格や広告などのマーケティングの要素とも調和していなければならない。次に行う「技術テスト」ではパッケージが通常のコンディションに耐えられるものかどうか、「外観テスト」では文字が読みやすく色の調和がとれているかどうか、「ディーラー・テスト」ではディーラーがパッケージを魅力的でしかも扱いやすいと思ってくれるかどうか、「消費者テスト」では消費者の好意的な反応が得られるかどうか、が確認される。

　スウェーデンの大手多国籍企業テトラパックは、革新的なパッケージングの威力を示す良い例である。同社は牛乳などの生鮮液体食品を「無菌」包装し、常温で配送できるようにした。そのおかげで乳製品製造所は、冷蔵のトラックや設備に投資しなくても、広範囲に牛乳を配送できるようになった。スーパーマーケットもテトラパックの包装製品を通常の棚に並べることができ、コストのかかる冷蔵スペースを使わなくて済むようになった。同社は最近、注ぎやすく、開封後も密閉できるワイン容器を導入した。テトラのモットーは「パッケージは、それにかかったコストよりも多く を節約できるものでなければならない」である[10]。

❖ ラベリング

有形製品にはすべてラベルをつけなくてはならない。シンプルな荷札のようなものから、

パッケージの一部を構成する凝った図柄のものまで、その形はさまざまである。ラベルにはいくつかの機能がある。まず、製品やブランドを「識別」させる働きである。オレンジにサンキストという名称がスタンプで押されているのがその例である。ラベルによって製品の「等級」を表すこともある。桃の缶詰は、ラベルにA、B、Cの等級がつけられている。また、製品についての「説明」をするものもある。製造者、生産地、製造年月日、原材料、使用方法、安全性についての注意書きなどである。さらに、人を引きつける図柄で製品の「プロモーション」を行う場合もある。

どんなラベルもいずれは刷新する必要が出てくる。アイボリー石鹸のラベルは、1890年代以来18回、文字の大きさやデザインを少しずつ変えてきた。ラベル（およびパッケージング）をめぐる法律上の問題は1900年代初頭にさかのぼり、現在も継続している。食品医薬品局（FDA）は、栄養成分を表示して、製品中に含まれるタンパク質、脂肪、炭水化物とカロリー数、1日当たりの推奨許容量に対するパーセントとしてビタミンとミネラルの含有量を明示することを、加工食品メーカーに命じている[11]。消費者保護運動家らは、「日付表示」（製品の鮮度表示）、「単位価格表示」（標準的な計量単位当たりの製品原価の表示）、「等級表示」（品質レベルの評価）、「成分表示」（主要成分の含有率表示）の実施を求める新たなラベリング法案を加えるように議会へ働きかけている。

❖保証（ワランティとギャランティ）

売り手はみな、買い手の通常のもしくは適度な期待を満たす法的責任を負っている。ワランティとは、製品が有するべき性能についてメーカーが正式に書面にしたものである。ワランティ期間中の製品は、メーカーや指定修理センターでの修理、交換、返金が可能である。明示されているか否かにかかわらず、ワランティは法的に強制しうる。例えば、北米三菱自動車は車の品質と信頼性に自信を持っているというメッセージを伝えるために、一部の部品について10年10万マイルのワランティを提供している[12]。

売り手の多くは、一般ギャランティもしくは特定ギャランティを提供している[13]。その目的は、買い手の知覚リスクを軽減することと、企業とその提供物が信頼できるという保証を提供することである。自社の提供物を差別化する特殊なギャランティを提供している企業もある。タイのスタンダード・チャータード・ナコントン銀行は、融資の申し込みに対して担当者が4日以内に回答し、銀行の意思決定にそれ以上の日数がかかる場合は1日500バーツを支払うことを保証して、中小の企業顧客を引きつけている[14]。

新製品の管理

企業が新製品を獲得する方法は2つある。買収（他企業の買収、他企業の特許権の買い取り、

ライセンスやフランチャイズの買い取り）と、開発（自社の研究施設での開発、外部の研究者への委託、新製品開発会社への委託）である。新製品は6つのカテゴリーに分類できる[15]。

1．**これまでにない新製品**　まったく新しい市場を作り出す新製品。
2．**新しい製品ライン**　すでに確立されている市場に企業が初めて参入することを可能にする新製品。
3．**既存の製品ラインへの追加**　すでに確立した製品ラインを補う新製品（フレーバーなど）。
4．**既存製品の改良や変更**　性能の改善もしくは知覚価値の増大により既存製品の代替となる新製品。
5．**リポジショニング**　新市場もしくは新市場セグメントを狙った既存製品。
6．**コスト削減**　低コストで同程度の性能を提供する新製品。

老舗企業の大半は「漸進的イノベーション」に力を集中する。新参の企業は、コストが低く競合他社との力関係を逆転する可能性の高い「破壊的技術」を生み出す。こうした破壊的技術は老舗企業の既存の投資を脅かす危険があるため、老舗企業はこれらの破壊的技術に反応したり投資したりするのが遅れがちだ。その結果、老舗企業が手ごわい競争相手の出現に気づいたときにはすでに遅く、多くが敗北を喫する結果になる[16]。こうした落とし穴に陥るのを防ぐために、現行の企業は絶えず顧客と見込み客の双方の選好を観察し、明確化しにくい顧客ニーズの変化を捉えなければならない[17]。

❖新製品が失敗する理由、成功する理由

新製品の失敗は、困惑するほどの割合で続いている。最近の調査ではアメリカで95％、ヨーロッパでは90％の新製品が失敗しているという[18]。新製品の失敗には多くの原因が考えられる。例えば、市場調査の結果の無視または解釈の誤り、市場規模の過大評価、高い開発コスト、貧弱な製品設計、製品ポジショニングの誤り、効果のない広告、不適切な価格設定、不十分な流通支援、競合他社の激しい反撃などである。一方、クーパーとクラインシュミットによると、独創的で優位性が高い製品は、優位性が中程度の製品（58％の成功率）や優位性が低い製品（18％の成功率）に比べて、98％の高い成功率を持つ[19]。また、企業は新製品の開発を進める前に標的市場、製品要件、ベネフィットを明確化しなければならない。技術とマーケティングのシナジー、活動の質、市場の魅力度も成功の要素として挙げられる[20]。

❖新製品開発

図10-3は新製品開発プロセスにおける各段階を示している。多くの企業では、同時に複数のプロジェクトが進行しており、各々のプロジェクトはプロセスのそれぞれ違う段階にあ

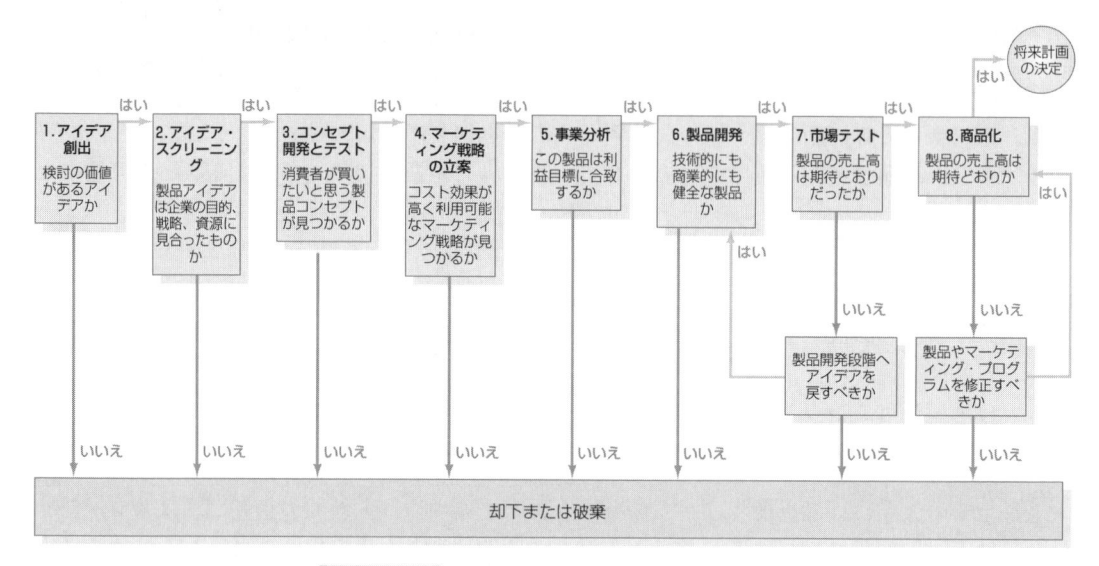

図 10-3　新製品開発の意思決定プロセス

る[21]。新製品開発プロセスは必ずしも直線的ではない。一部の企業は開発プロセスの次の段階に進む前に、前段階に戻って改良することが重要だと認識している。

アイデア創出

　新製品開発プロセスはアイデアを探すことから始まる（「マーケティング・スキル▶新製品のアイデアの発見」参照）。マーケティングの専門家の一部は、新製品開発の最大の機会と最高のレバレッジは、満たされない顧客ニーズや技術革新の最善の組み合わせを見出すことによって発見できると考えている[22]。新製品のアイデアは、他者と交流したり（顧客、科学者、競合他社、従業員、チャネル・メンバー、経営陣）、創造力創出テクニック（属性のリストアップ、関連付け、問題に関連した特徴の組み合わせのリストアップ、通常の前提逆転、新しいコンテクストの発見、マインドマッピング）を用いたりして生み出すことができる。例えば、P&Gのブランド・マネジャーは消費者の家庭を訪問し、消費者がどのように家事をするかを観察し、不満を感じていることを尋ねる。トヨタでは年間200万件におよぶ製品、生産、サービス改善の提案が従業員から集まるという。

アイデア・スクリーニング

　第2のステップは、貧弱なアイデアを捨てることである。なぜなら開発段階を進むごとに製品開発コストが大幅に上昇するからである。大半の企業では、新製品委員会が検討できるように、新製品アイデアを標準の書式に従って書かせる。この書式には製品アイデア、標的市場、競争状況などを記載するほか、市場規模、製品価格、開発期間と開発コスト、製造コスト、収

マーケティング・スキル ▶ 新製品のアイデアの発見

　マーケターはどのようにして有望な新製品のアイデアを発見するのだろうか。革新の最先端をゆく企業のマーケターは良いアイデアの追求をけっしてやめない。常に、かつ体系的に製品の可能性を追いつづけている。その第1のステップは、顧客や見込み客とのあらゆる接点を、いまだ対応していないニーズや変わりつつあるニーズを見つけたり、古い問題を解決するための新しい思考法に火をつけたり、新しい問題に古い技術や技法を適用するアイデアを生み出したりする機会ととらえることである。マーケターは公式のリサーチに加え、非公式のミーティングを設定して、顧客が何を好むか、何が気に入らないか、どのような特徴やベネフィットに価値を見出しているのか、その理由はなぜかを探り出す。苦情や問い合わせを見直したり、トレード・ショーに足を運んだり、業界の出版物に目を通したり、ネットサーフィンをすることも必要だ。

　さらに、マーケターは社内の人脈を強化すべきである。販売員や技術者など、定期的に顧客と会ったり話したりする社員から集めたフィードバックを活用しなければならない。全社のあらゆる部門とレベルの社員やマネジャーにアイデアを出してもらい、その提言にきちんと応えることも重要である。別の拠点にいる同僚が観察した市場の変化を教えてもらい、インサイトを得ることもある。アイデアは文書化し、容易にアクセスできる「アイデア貯蔵庫」にすべて保管しておかなければならない。今現在は実現不可能に思えるアイデアも、明日には魅力ある新たな可能性に変わるかもしれないからだ。

　ドイツの多国籍企業、フィリップスのマーケターは新製品アイデアの発見のために広く網を張っている。同社の家庭用自動体外式除細動器、ハートスタートのアイデアは、ワシントン州在住のメアリー・リン・グリゼルという一人の母親から寄せられた。彼女の子どもたちは重い心臓病を患っていたため、彼女は家で子どもたちが心臓発作を起こしたときすぐに対応できるハンドバッグサイズの除細動器を作ってほしいとフィリップスに要望したのである。同社はその製造に取り組み、食品医薬品局の認可を受けたハートスタートは現在、アメリカやヨーロッパの数千世帯の家庭に緊急時の備えとして設置されている[23]。

益率の推定を記入する。そして、委員会が一定の基準に照らして各アイデアを検討する。その製品はニーズに合っているか。優れた価値を提供できるか。目標とする売上数量、売上成長、利益を達成できるか。次に、企業は各製品の総合的な成功率を見積り、開発を継続すべきなのはどれかを判断する。

コンセプト開発

「製品アイデア」とは企業が市場に提供する可能性のある製品のことである。「製品コンセプト」とは、消費者向けの言葉に練り上げてそのアイデアを表現したものをいう。製品アイデアはいくつかのコンセプトに変えることができる。誰がこの製品を使うのか。この製品が提供する主なベネフィットを何にするか。消費者はいつこれを消費ないし使用するのか。これらの疑問に答えることによって、企業はいくつかの製品コンセプトを作り、最も有望なコンセプトを1つだけ選び、「製品ポジショニング・マップ」を作成することができる。図10-4(a)は低コストのインスタント朝食用飲料を、すでに市場に存在する他の朝食用食品と比較したときの「製品ポジショニング・マップ」を示している。こうした対比はコンセプトを市場に伝達してプロモーションするときに役立つ。

次に、製品コンセプトを「ブランド・コンセプト」に変える。低コストのインスタント朝食用飲料をブランド・コンセプトに変えるには、価格とカロリーを設定しなければならない。図10-4(b)はインスタント朝食用飲料における3つのブランドのポジションを示す。新しいブランド・コンセプトは中価格で中カロリーの市場か、高価格で高カロリーの市場のいずれかになるはずである。

コンセプト・テスト

コンセプト・テストとは製品コンセプトを標的消費者に提示して、その反応を見ることである。コンセプトは象徴的に、あるいは具体的に提示することができる。テストされたコンセプトが最終的な製品や経験に似ていればいるほど、コンセプト・テストの信頼性は高くなる。かつてはプロトタイプの作成には時間とコストがかかったが、コンピュータを用いた設計や製造プログラムによって状況は変わった。今日では、企業は「ラピッド・プロトタイプ」という手法を用いて製品をコンピュータ上で設計し、プラスチック製の模型を作成し、潜在消費者からのフィードバックを得ている[24]。企業は製品コンセプトをテストするのに「バーチャル・リアリティ」を用いることもある。

(a) 製品ポジショニング・マップ（朝食用製品市場）

縦軸：高価格／低価格
横軸：長い準備時間／短い準備時間

- ベーコンエッグ
- コールド・シリアル
- パンケーキ
- ホット・シリアル
- インスタント朝食用飲料

(b) ブランド・ポジショニング・マップ（インスタント朝食用飲料市場）

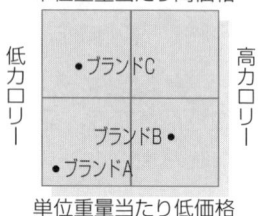

縦軸：単位重量当たり高価格／単位重量当たり低価格
横軸：低カロリー／高カロリー

- ブランドC
- ブランドB
- ブランドA

図10-4 製品とブランドのポジショニング

複数の製品コンセプトに対する消費者の選好は**コンジョイント分析**によって測定できる。これは、製品属性の水準を変えてみることによって、消費者が感じる製品の効用価値がどう変化するかを導き出す手法である[25]。回答者は属性の水準を変えた仮の製品を数種類提示され、順位をつけるように求められる。その結果から、最も訴求力の強い製品、推定市場シェア、企業が達成可能な利益が特定できる。最も消費者に訴求力を持つ製品の収益が、必ずしも最も高いとは限らないことに注意されたい。

マーケティング戦略の立案

コンセプト・テストがうまくいけば、新製品開発マネジャーは新製品を市場に導入するための予備的戦略を立案する。戦略は3つの部分で構成される。第1の部分では、標的市場の規模と構造と行動、予定される製品ポジショニング、最初の2〜3年における売上目標、市場シェア目標、利益目標が詳述される。第2の部分では予定価格、流通戦略、初年度のマーケティング予算の概略を説明する。第3の部分では、長期売上目標と利益目標、長期のマーケティング・ミックス戦略を詳述する。この計画は、経営陣が新製品についての最終判断を下す前に行う事業分析の基礎となる。

事業分析

製品の売上、コスト、利益についての予測を立て、それらが企業目標を満たすかどうかを判断することによって、事業の魅力度を評価することができる。もし予測が満足できるものならば、その製品コンセプトを開発段階に移すことができる。新しい情報が入るたびに、事業分析は見直しと拡大を求められる。

総推定売上高は、初回購入時の売上高、買い替え購入の売上高、反復購入の売上高の推定を合計して算出する。売上推定方法は、製品が定年後の家のように1回しか購入されないものであれば、売上高は最初に上昇し、頂点に達した後、潜在的な購入者が減るにつれてゼロに近づく。自動車のように少ない頻度で購入される製品では、製品が物理的に老朽化したり、スタイルや特徴や性能の変化に伴って陳腐化したりすることによって買い替えサイクルが生まれる。売上高を予測するには、初回購入の売上高と買い替え時の売上高を別々に推定する必要がある。石鹸のように頻繁に購入される製品では、初回購入者の数はまず増加し、未購入者が残り少なくなるに従って減少する（ただし人口は一定であると仮定する）。製品がある程度の購入者を満足させた場合、すぐに反復購入が生じる。最終的に売上曲線は安定した反復購入量を示す安定水準に落ち着く。このころには、当該製品は新製品ではなくなっている。

研究開発部門、製造部門、マーケティング部門、財務部門の出した推定に基づき、経営陣はコストと利益の見積もりも分析する。新製品提案の利益を評価するには他の財務的手法も用いられる。最も単純なのは**損益分岐点分析**で、予定した価格と原価構成で損益分岐点に達するには、当該製品を何個売ればいいのかを推定するものである。

利益を推定する最も複雑な方法は**リスク分析**である。この手法では、計画期間内における

マーケティング環境とマーケティング戦略の仮定に基づいて、収益性に影響を与える不確実な変数ごとに、楽観的、悲観的、最も確実という3種類の推定が得られる。その結果をコンピュータでシミュレーションし、収益率の範囲とその確率を示す収益率確率分布を算出するのである[26]。

製品開発

ここまでは、新製品は言葉で表現されたもの、絵に描かれたもの、あるいはプロトタイプでしかなかった。これから先は、今までの段階でかかったコストなど些細なものとしか見えないほど投資額が飛躍的に増える。この時点で、企業は製品アイデアが技術的にも商業的にも実現可能な製品になりうるかどうか決めることになる。もし無理だと判断されれば、これまでに得られた有益な情報は別として、プロジェクトにかかった累積コストは無駄になってしまう。

標的顧客の要求を、実際に機能するプロトタイプに変える作業には、「品質機能展開」(QFD) と呼ばれる手法が用いられる。この手法では、市場調査から得られた望ましい「顧客属性」(CAs) のリストをもとに、それを「技術属性」(EAs) に変換して技術者が利用できるようにする。例えば開発予定のトラックを利用する顧客が特定の加速性能（顧客属性）を希望しているとする。技術者はこれを必要な馬力数とその他の技術的性能（技術属性）に置き換えることができる。この手法を用いると、さまざまな条件のバランスや顧客の要求に応えるためにかかるコストを測定できる。QFDの最大の利点は、マーケター、技術者、製造部門の間のコミュニケーションが良くなることである[27]。

研究開発部門は、製品コンセプトを具体的な形にしたものを1つあるいは複数作成する。その目標は、製品コンセプト・ステートメントに描写された主要な属性を実現していると顧客に思ってもらえ、通常の使用方法と環境で安全に動作し、製造予算内のコストで作成できるプロトタイプを見つけることである。インターネット技術により、より迅速なプロトタイプ作成と、より柔軟な開発プロセスが可能になった。マイクロソフトのようにプロトタイプ優先の会社では、手っ取り早いテストと実験が大切にされている[28]。

プロトタイプの用意が整ったら、精密な機能テストと顧客テストを受けなければならない。「アルファテスト」とは工場内で製品をテストし、使用法をさまざまに変えながら製品がどう機能するかを見るためのものである。製品をさらに洗練させた後は、顧客による「ベータテスト」を実施する。ベータテストでは、顧客にプロトタイプを使用させ意見を述べてもらう。顧客テストのやり方はさまざまで、消費者を研究所に招くこともあれば、サンプルを渡して家庭で試してもらう場合もある。家庭で行うテストは、消費財では幅広く使われている。例えば、デュポンは合成素材のカーペットを開発した際、何世帯かの家庭にカーペットを無料で提供し、それと引き換えに、その製品が気に入ったか気に入らなかったかを報告してもらった。

市場テスト

新製品が機能的にも心理的にも満足できる性能であれば、ブランド名をつけ、包装し、市場

テストにかける。新製品を実際の市場環境に投入し、市場の大きさを探り、消費者やディーラーがその新製品をどのように扱い、使用し、再購入するか、反応を見るのである。すべての企業が市場テストを実施するわけではない。市場テストの量は一方では投資コストとリスクの影響を受け、もう一方では時間的プレッシャーや調査費に影響される。

　企業は消費財のテストにあたって、試用購入、初回反復購入、採用、購入頻度という4つの変数を推定しようとする。企業にとって、これらの変数はすべて高い水準にあるのが望ましい。しかし、試用購入する消費者は多くても、反復購入する消費者がほとんどいない場合がある。他方で、長期的な採用率は高いのに、購入頻度が低い（例えば高級素材の冷凍食品のように）場合もある。消費財の市場テストに用いられる主な手法には、次の4つがある。

■**セールス・ウェーブ調査**　初回に無料で当該製品を試した消費者に、同じ製品か競合他社の製品が若干割引された価格でもう一度提供される。3回から5回にわたって提供（セールス・ウェーブ）される場合もあり、企業は当該製品を再び選んだ消費者の数や満足度を知ることができる。

■**シミュレーション型テスト・マーケティング**　一定の資格を満たした買い物客に、まず特定の製品カテゴリーにおけるブランドをどれだけよく知っているか、好んでいるかを質問する。次に参加者に新製品のものを含む広告を見てもらい、その後お金を渡して、店に行って何でも好きなものを買ってもらう。そして何人が自社の新製品を買い、何人が競合するブランドを買うかを見るのである。これにより、試用購入を刺激する目的において、自社の広告が他社の広告に対してどの程度、相対的に有効性があるかがわかる。自社製品を購入した場合も購入しなかった場合も、それぞれ理由が尋ねられる。新しいブランドを購入しなかった人には、無料サンプルを提供し、後日、製品の感想、使用状況、満足度、再購入の意図を尋ねる。

■**コントロール型テスト・マーケティング**　調査会社が謝礼と引き換えに新製品を陳列してくれる調査対象店舗を管理する。新製品の発売を予定している企業は、テストしたい店舗の数や地理的位置を指定する。調査会社は店舗に製品を配送し、陳列棚の位置やフェイス数、ディスプレイとPOPの数、価格をコントロールする。販売実績はレジの電子スキャナーで測定される。企業は地域的な広告とプロモーションの効果も評価できる。

■**テスト市場**　代表的な都市を2、3選出し、セールス・フォースが流通業者に製品を置いてもらうこと、条件のいい陳列棚に並べることをもちかける。企業はその製品を全国展開した場合に使用するのと同じ本格的な広告とプロモーション・キャンペーンをテスト市場で行う。マーケターは、テストする都市の数と場所、テスト期間、調査の内容、とるべき行動を決定しなければならない。最近ではテスト・マーケティングを省いて、テスト対象地域を絞ったり、テスト期間を短縮するなど、より迅速で経済的なテスト方法を用いる企業が多い。

　市場テストは生産財の場合も効果がある。高価な工業用品や新技術は、アルファテストとベータテストを行うのが一般的である。生産財の新製品をトレード・ショーに出品し、購買者

が新製品にどの程度関心を示すか、さまざまな特徴や条件にどう反応するか、購入意図を示したり注文する購買者がどれくらいいるかを確認することもある。新しい工業用品は流通業者やディーラーの展示室でもテストできる。そこでは新製品が同じメーカーの他の製品や、時には競合他社の製品と並べて陳列されている。この方法では製品が通常販売されるのと近い状況にあり、顧客の選好や価格に関する情報を得ることができる。ただし、展示を見た顧客が出す早期の注文に応じられなかったり、展示室を訪れる顧客が標的市場とは異なっている場合もある。

商品化

　商品化の段階に進むと、ここまでの段階の中で最大の費用が必要になる。企業は製造業者と請負契約するか、フル体制で製造できる製造施設を建設するか借りなくてはならない。工場規模の決定はきわめて重要である。クエーカーオーツは天然100％朝食用シリアルの発売にあたって、売上予測から必要とされるよりも規模の小さい工場を建設した。ところが予測をはるかに上回る需要があったため、1年間、店舗に十分な製品を供給できなかった。クエーカーオーツではこの反応に喜んだものの、予測が低すぎたためにかなりの利益を逃すことになった。

　この段階で行う主な意思決定は、プロモーション、タイミング、地域戦略、標的市場の見込み客、市場導入戦略についてである。市場参入時期は非常に重要である。競合他社ではもうすぐ開発が終わりそうだとわかった場合、自社の選択肢は次の通りである。「最初に参入する」（市場に最初に参入し、主要な流通業者や顧客を確保し、評判のうえでリーダーシップをとる。しかし製品の欠陥を完全に除去しなかった場合には、逆効果になりかねない）。「同時に参入する」（競合他社と同時に参入する。両社の製品に対する市場の注目度は高まるはずである）。「遅れて参入する」（先に参入した競合他社が市場を教育する費用を負担してくれ、避けるべき問題点が明らかになるまで待つ）。

　企業は新製品を1地域、1地方限定で発売するか、複数の地域、全国市場、あるいは海外市場で発売するのかも決定しなければならない。小企業は都市を1つ選んで大々的なキャンペーンを実施し、その後は一度に1都市ずつ他の都市へ参入していく。大企業は1つの地方全体に新製品を導入し、続いて次の地方へと市場を拡大する。全国的な流通ネットワークを持つ企業は、新型モデルを全国市場で発売する。新製品を同時に世界中で発売する企業が増えてきている。この場合の課題は、各活動の調整や、戦略と戦術に関する合意を得ることである。

　進出する市場の中では、最初の流通とプロモーションは最も見込みのある顧客グループを標的にすべきである。おそらく企業は中心となる見込み客の特徴をすでに認識しているだろう（新製品の初期採用者、ヘビーユーザー、低コストで到達できるオピニオン・リーダーとなりそうなのはそれぞれ誰か）[29]。企業はこれらの特性に基づいてさまざまな見込み客グループを格付けし、できるだけ早く十分な売上を上げるために最も見込みのあるグループを標的にし、セールス・フォースを動機付けし、さらに多くの見込み客を引きつけるべきである。

最後に、進出市場に新製品を導入するため、企業は行動計画を練る必要がある。新製品発売に関わる多くの活動を調整するために、クリティカル・パス・スケジューリングのようなネットワーク・プランニング技法を用いることができる。「クリティカル・パス・スケジューリング（CPS）」では、新製品発売のために同時に、あるいは継続的に行うべき活動を示すマスター・チャートが作成される。各活動にかかる時間を推定することにより、プロジェクト全体が完了する時期を予測できる。クリティカル・パス上の活動に生じた遅れは、結果的にプロジェクトの遅れにつながる[30]。

消費者採用プロセス

採用とは個人がある製品の定期的なユーザーとなる意思決定のことである。潜在的顧客はどのようにして新製品を知り、試用し、採用するか拒否するかを決めるのだろうか。かつて、企業は大半の人が潜在的な採用者であるという前提に基づき、新製品発売のためにマス・マーケット・アプローチという方法を用いていた。しかし、新製品や新しいブランドに対する興味のレベルは消費者によって異なる。イノベーションの普及理論と消費者採用理論によって、企業は市場にいる大多数の消費者に先駆けて製品を採用する人々を特定し、標的化することができる。

❖採用プロセスの諸段階

イノベーションとは、新しいと「知覚される」財、アイデア、サービスを指す。古くからあるアイデアでも、それを新しいと知覚する人にとってはイノベーションである。イノベーションが社会システムに浸透するには時間がかかる。ロジャースの定義によれば、**イノベーション普及プロセス**とは「新しいアイデアが、発明や創造の源から末端のユーザーまたは採用者に広まること」である[31]。消費者採用プロセスは、一個人がイノベーションを初めて耳にしてから最終的に採用するまでの心理的なプロセスに注目している。

新製品採用者は次の5段階を通過する。(1)「認知」（消費者は、イノベーションを認知するが、それについての情報を持っていない）。(2)「関心」（消費者は、刺激を受けそのイノベーションについての情報を求める）。(3)「評価」（消費者は、そのイノベーションを試用するかどうか考慮する）。(4)「試用」（消費者は、そのイノベーションの価値を評価するために試用する）。(5)「採用」（消費者は、そのイノベーションを本格的かつ定期的に使用することを決める）。

❖採用プロセスに影響を与える要素

ロジャースの定義によると、個人の革新性とは「その人が同じ社会システム内の他のメンバーに比べて、どの程度相対的に早く新製品を採用するか」で表される。**図 10 – 5** が示すように、イノベーターは新しいものを最初に採用し、遅滞者が最後に採用する。新製品を試用する時期は人によって異なるため、製品ごとにその製品を採用する先駆者と初期採用者がいる。イノベーションを採用する人の数は最初ゆっくりと増え始め、次第に増加し、ピークに達し、未採用者の数が減少するにつれて新たな採用者の数は逓減していく。

採用に影響を与えるもう 1 つの要因は、個人の影響力である。**個人の影響力**とは、ある人が別の人の態度や購買確率に与える影響をいう。個人の影響力は状況や人によっては重要度の高い要因であるが、新製品採用プロセスの中では評価段階で最も重要である。一般的に追随者に大きな影響力を持ち、リスクを伴う状況ではより重要となる。

採用率に影響を与える 5 つの特性がある。第 1 の特性は「相対的優位性」であり、イノベーションが既存の製品に比べてどの程度優れて見えるかの度合いを指す。第 2 の特性は「適合性」で、イノベーションが個人の価値観や経験と合致している度合いを指す。第 3 の特性は「複雑性」で、イノベーションを理解したり試用したりするのが相対的に見てどれほど難しいかの度合いを指す。第 4 の特性は「分割可能性」で、イノベーションが限定された条件のもとで試用できる度合いを指す。第 5 の特性は「伝達可能性」で、ベネフィットが他人にも観察できる、あるいは言葉で伝えられる度合いを指す。マーケターはこれらの要因をすべて調査し、新製品をデザインしたりマーケティング・プログラムを策定したりする際に、考慮に入れるべきである[32]。

最後に、組織によるイノベーションの採用時期も異なる。組織による採用時期は、組織の置

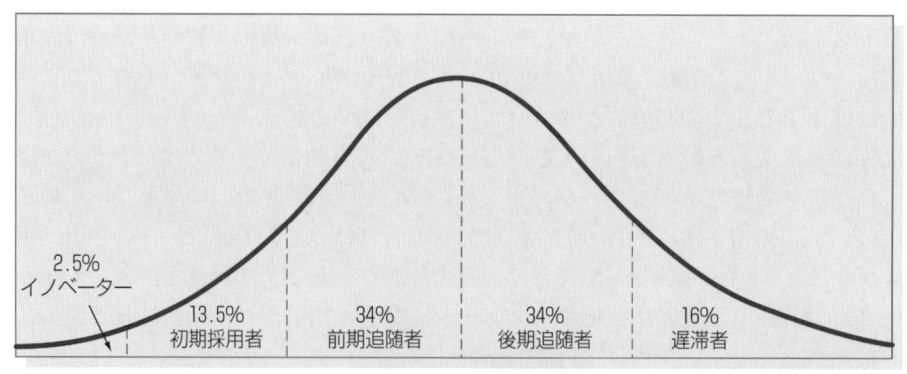

図 10-5　イノベーションの相対的採用時期に基づく採用者の分類

出典：Everett M. Rogers, *Diffusion of Innovations*（New York：The Free Press, 1983）.

かれた環境、組織自体の性質（規模、収益、変化への圧力）、管理者などの変数に関わりがある。政府から多額の助成金を受けている組織に製品を採用してもらおうとするときは、また別の要因が働く。物議を醸す製品や、革新性の強い製品は世論の反対にあって拒否される場合もある。

製品ライフサイクルを通じたマーケティング

　企業のポジショニング戦略と差別化戦略は、「製品ライフサイクル」（PLC）の間に起きる製品、市場、競合他社の変化に応じて変えていかなくてはならない。製品にライフサイクルがあるという考えは、以下の4点を前提としている。(1) 製品の寿命は限られている。(2) 製品の売上はいくつかの段階を経過し、各段階で売り手はさまざまな試練、機会、問題に直面する。(3) 製品ライフサイクルの段階によって利益は上昇したり下降したりする。(4) 製品ライフサイクルの各段階に対応したマーケティング、財務、製造、購買、人的資源の戦略が必要となる。

❖製品ライフサイクル

　ほとんどの製品ライフサイクルの曲線はＳ型を描く　（**図10-6**）。この曲線は一般に4つの段階に分けられる[33]。「導入期」には、製品が市場に導入され、売上がゆっくりと成長する。製品の導入に伴う費用が大きいため利益はない。「成長期」には製品が急速に市場に受け入れられ、大幅に利益が向上する。「成熟期」になると、製品がすでに潜在的な買い手のほとんどに受け入れられてしまったため、利益は安定するか、競争の激化により減少する。「衰退期」

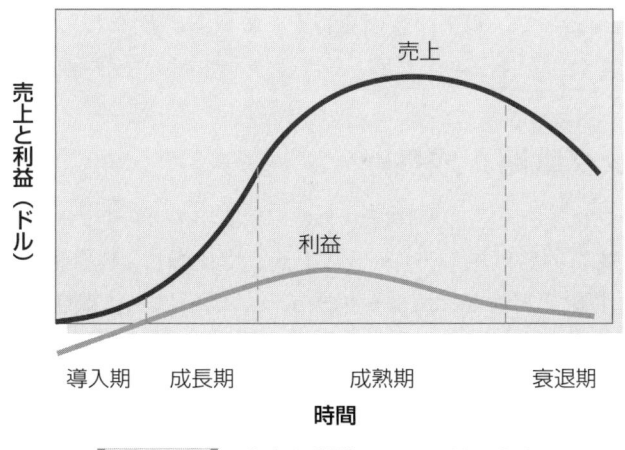

| 図10-6 | 売上と利益のライフサイクル

には売上が低下傾向を示し、利益も減少する。

❖ マーケティング戦略：導入期と先発優位性

　新製品を導入して、技術的な問題を解決し、ディーラーの流通販路に送り出して、消費者に受け入れられるには時間がかかるため、導入期における売上の成長はゆるやかになりがちである(34)。高価な新製品の売上は、製品の複雑さや潜在的な買い手の少なさといったさらに別の要因によって立ち上がりが遅くなる。導入期における利益はマイナスになるか、あっても少ない。また、(1) 潜在的な消費者に告知する、(2) 製品の試用を促す、(3) 小売販売店での流通を確保するといった必要性があるため、売上に対するプロモーション費の比率は最も高い(35)。企業は最も購買意欲の高い買い手、通常は比較的所得の高い層に焦点を絞って販売する。コストが高いため、価格は高くなる傾向がある。

　新製品の導入を計画する企業は、いつ市場に参入するかを決定しなくてはならない。最初に参入すれば利益はきわめて高いものの、リスクも大きく費用もかかる。企業が優れた技術、品質、ブランド競争力を提供できるなら、後から参入するのも理にかなっている。だが大半の研究では、市場開拓者が最大の優位を獲得するという結果が出ている。アマゾン・ドットコム、コカ・コーラ、ホールマークのような企業は、持続的な市場支配に成功している。

　しかし、先発優位性は必然的なものではない。シュナースは模倣者がイノベーターをしのいだ28種類の産業について研究し、失敗した先発者にはいくつかの弱点があることに気づいた。新製品があまりに未完成、ポジショニングが不適切、強い需要が生まれる前の市場導入、製品開発コストをかけすぎたことによるイノベーターの資源の枯渇、自社よりも大きな参入企業と競争するために必要な資源の不足、管理能力の欠如、現状への自己満足などである。成功した模倣者は、先発者よりも価格を下げたり、製品改良を重ねたり、激変する市場の力を先発者の追い越しに利用したりして、成長していた(36)。テリスとゴールダーは、長期的なマーケット・リーダーシップの土台として、以下の要因を特定している。すなわちマス市場へのビジョン、持続性、絶えざるイノベーション、財務的コミットメント、資産のレバレッジである(37)。

❖ マーケティング戦略：成長期

　成長期は売上が急速に上昇するのが特徴である。初期採用者はその製品を気に入り、さらに新しい消費者が製品を買い始める。利益機会に引かれて、新しい競合他社が参入する。そうした企業は新しい製品特徴を導入して流通を拡張する。価格は現状維持か、わずかに低下するが、それは需要がどの程度速く増加するかによって決まる。企業は競争を勝ち抜いて市場の啓蒙を続けるため、プロモーション費を導入期と同じ、もしくはわずかに高いレベルで維持する。売上はプロモーション費に比べてかなり速く上昇する。

　成長期にはプロモーション費が大きく分散し、生産者の学習効果により単位当たりの製造原

価が価格の低下よりも速く下がるため、利益は増加する。急速な市場成長を維持するため、企業は次のようないくつかの戦略を用いる。すなわち、製品品質を改良し、新しい製品特徴と改良したスタイルを加える。新型モデルとフランカー製品を加える。新しい市場セグメントに参入する。流通カバレッジを拡大し、新しい流通チャネルに参入する。製品を認知させる広告から製品を選好させる広告に変える。価格に敏感な新しい層の買い手の関心を引くため価格を下げる。成長期にある企業は、高い市場シェアか高い現行利益のどちらかを選ぶことになる。製品改良、プロモーション、流通に資金を注ぎ込むことによって、企業は支配的なポジションを獲得できる。次の成熟期でさらに大きな利益を望むならば、現行収益の最大化のほうはあきらめることになる。

❖マーケティング戦略：成熟期

ある時点で、売上の成長率が鈍化し、製品は相対的に成熟した段階へと入るだろう。成熟期は通常、導入期や成長期よりも長く続き、マーケティング・マネジメントに難題を突きつけてくる。ほとんどの製品がライフサイクルの成熟期にあるため、大多数のマーケティング・マネジャーが対処するのは、成熟製品のマーケティングで生じる問題である。

成熟期のマーケティング戦略は、市場の修正、製品の修正、マーケティング・ミックスの修正の3つである。市場の修正では、ブランドのユーザー数の拡大によって成熟ブランドの市場拡大を試みる。これを達成する方法は次の通りである。非ユーザーの転換、新しい市場セグメントへの参入（AARP（アメリカ退職者協会）がより若く活動的なシニア層に進出しているように）、競合他社の顧客の獲得（パフスの化粧紙が常にクリネックスの顧客にアピールしているように）。現在の顧客に使用量を増やすよう説得して販売量を増やすこともできる。

製品の修正では、品質改良、特徴改良、スタイル改良によって製品特性を修正し、売上を促進する。「品質改良」の目的は、製品の機能的パフォーマンス（耐久性、信頼性、スピード）の向上である。「特徴改良」とは、イノベーターとしての企業イメージができ、そうした特徴を評価する市場セグメントのロイヤルティを獲得できるような新しい特徴を加えることである。しかし、特徴改良は容易に模倣されてしまう。一番手として改良することで恒常的な利益を得られなければ、特徴改良は長期的にみると利益には結びついていない場合もある[38]。「スタイル改良」は、製品の美的アピールを増す。スタイル戦略は製品に独自の市場アイデンティティを与える場合があるが、人々が新しいスタイルを気に入ってくれるかどうかを予測するのは難しい。また、古いスタイルを捨てた際に顧客を失うリスクもある。

製品マネジャーは価格、流通、広告、販売促進、人的販売、サービスなど他のマーケティング・プログラム要素を修正して売上を伸ばそうとする場合もある。成熟期には消費者の購買習慣や選好が均衡状態に達しているため、販売促進は他の段階よりもインパクトが大きいが、心理的説得（広告）は金銭的説得（販売促進としての特別割引）ほど効果的ではない。販売促進は即効性があり目に見えやすいため、ブランド・マネジャーは販売促進を利用する。ただし、

過剰な販売促進活動は、ブランドのイメージと長期的な収益性を損なう危険性がある。

❖マーケティング戦略：衰退期

売上が衰退する理由は、技術的進歩、消費者嗜好の変化、競争の激化などさまざまである。いずれにせよ、過剰な生産能力、値下げの拡大、利益の侵食へとつながる。売上と利益が下がってくると、市場から撤退する企業も出てくる。残っている企業は、提供する製品の数を減らすといった試みをする。比較的小さな市場セグメントと弱い取引チャネルから撤退したり、プロモーション費を減らしてさらに価格を下げるなどの場合もある。

衰退産業の企業戦略に関するある研究によれば、企業は5つの戦略をとることができる。

1. 企業の投資を増やす（市場支配あるいは競争ポジション強化のため）。
2. 業界の不確実性が解決するまで企業の投資レベルを維持する。
3. 収益性の低い顧客層の切り捨てによって企業の投資レベルを選択的に減らし、同時に収益性の高いニッチへの企業投資を増やす。
4. 早急に現金を回収するため企業の投資分を収穫する（「金を引き出す」）。
5. できる限り有利に資産を処分して、早急に事業の撤退を図る[39]。

衰退期の適切な戦略は、産業の相対的な魅力と、その産業での企業の競争力によって異なる。例えば、インスタントのオートミールは、食品医薬品局（FDA）がメーカーに「オートミールを食べることで心臓病のリスクを減らす可能性がある」と記載するのを許可してから復活を果たした。ホットシリアル市場で61％のシェアを持つクエーカーオーツは、テイクハート・インスタント・オートミールなどの新製品のベネフィットを売り込む機会をつかんだのである[40]。

企業が収穫か撤退のどちらかを選択しようとしている場合、戦略はまったく違うものになるだろう。「収穫」の場合、製品あるいは事業のコストを徐々に減らしていく一方で、売上の維持に努める必要がある。最初に削減すべきコストは研究開発費と工場設備投資である。また顧客、競合他社、従業員に気づかれないようにしつつ、製品品質を下げ、セールス・フォースの規模を縮小し、末端サービスや広告費を減らす場合もある。収穫は実行するのが難しいが、現在のキャッシュ・フローを大幅に増やすことができる[41]。撤退しようとする場合には、流通システムが強力で得意先の残っている製品であれば、おそらく当該ブランドを他社に売却できるだろう。買い手が見つからない場合、企業は当該ブランドを早急に清算すべきかそれともゆっくり清算すべきかを決定しなくてはならない。

❖製品ライフサイクルの概念に対する批判

製品ライフサイクル（PLC）の概念は、製品と市場のダイナミクスを解釈するのに役立つ。

表10-1 製品ライフサイクルの特性、目的、戦略の概略

	導入期	成長期	成熟期	衰退期
特 性				
売上	低調	急速に上昇	ピーク	減少
コスト	顧客１人につき高コスト	顧客１人につき平均的コスト	顧客１人につき低コスト	顧客１人につき低コスト
利益	マイナス	上昇	高利益	減少
顧客	イノベーター	初期採用者	中間の多数派	遅滞者
競合他社	ほとんどなし	増加	安定から減少	減少
マーケティング目的	製品認知と製品試用の促進	市場シェアの最大化	市場シェアを守りつつ利益を最大化	支出の減少とブランドの収穫
戦 略				
製品	基本製品の提供	製品拡張、サービスと保証の提供	ブランドと製品アイテムのモデルの多様化	弱いモデルの段階的除去
価格	コストプラス方式の採用	市場浸透価格	競合他社に匹敵する価格か競合他社をしのぐ価格	値下げ
流通	選択的流通の構築	開放的流通の構築	より進んだ開放的流通の構築	選択的流通への回帰：収益性の低い販売店の除去
広告	初期採用者とディーラーにおける製品認知の確立	マス市場における認知と関心の確立	ブランドの差異とベネフィットの強調	中核となるロイヤル・ユーザーの維持に必要なレベルまで縮小
販売促進	製品試用の促進を目的とした大規模な販売促進の利用	縮小して大量の消費者需要を利用	ブランド・スイッチングを促進するために拡大	最小レベルまで縮小

出典：Chester R. Wasson, *Dynamic Competitive Strategy and Product Life Cycles* (Austin, TX : Austin Press, 1978); John A. Weber, "Planning Corporate Growth with Inverted Product Life Cycles," *Long Range Planning*, (October 1976): pp. 12-29; Peter Doyle, "The Realities of the Product Life Cycle," *Quarterly Review of Marketing*, (Summer 1976).

プランニング・ツールやコントロール・ツールとして使うことができるが、販売履歴は多様なパターンを示し、PLCの各段階の期間もさまざまに異なるため、予測ツールとしてはそれほど役立たない。製品ライフサイクルの概念を批判する者は、ライフサイクル・パターンの形や期間があまりにも多様であるという。また、製品がどの段階にあるのかがマーケターにはほとんどわからない、と指摘する。成熟期に入ったように見える製品が、実は売上がもう一度急増する前の安定期に達しただけという場合がある。製品ライフサイクルのパターンとは売上の不可避的な推移ではなく、マーケティング戦略の結果だとする非難もある。**表10-1**は、製品ライフサイクルにおける4つの段階の特性、マーケティング目的、マーケティング戦略をまとめたものである。

参考文献

1. Steinway Selects Pearl River to Build Essex Piano Line," *Music Trades*, May 2005, pp. 36+；"New Model, Focused Marketing Fuel Steinway Growth," *Music Trades*, March 2005, pp. 128+；Andy Serwer, "Happy Birthday, Steinway," *Fortune*, March 17, 2003, pp. 94-97.
2. この議論は、セオドア・レビットによる以下の文献を参考にした。Theodore Levitt, "Marketing Success through Differentiation：Of Anything," *Harvard Business Review* (January-February 1980)：83-91. 第1のレベルである中核ベネフィットは、レビットの説に追加したものである。
3. Harper W. Boyd Jr., and Sidney Levy, "New Dimensions in Consumer Analysis," *Harvard Business Review* (November-December 1963)：129-140.
4. Theodore Levitt, *The Marketing Mode* (New York：McGraw-Hill, 1969), p. 2.
5. 定義については、以下の文献を参照されたい。*Dictionary of Marketing Terms*, ed. Peter D. Bennett (Chicago：American Marketing Association, 1995). 以下の文献も参照されたい。Patrick E. Murphy and Ben M. Enis, "Classifying Products Strategically," *Journal of Marketing* (July 1986)：24-42.
6. Robert Bordley, "Determining the Appropriate Depth and Breadth of a Firm's Product Portfolio," *Journal of Marketing Research* 40 (February 2003)：39-53；Peter Boatwright and Joseph C. Nunes, "Reducing Assortment：An Attribute-Based Approach," *Journal of Marketing* 65 (July 2001)：50-63.
7. Peter Sanders, "Cool at the Lower End," *Wall Street Journal*, June 6, 2005, p. B1；Michael Martinez, "Hotel Chains Compete in a Bid to Provide the Comfiest Night's Sleep," *San Jose Mercury News*, June 27, 2005 (www.mercurynews.com).
8. Seth Goldin, "In Praise of Purple Cows," *Fast Company*, February 2003, pp. 74-85.
9. Susan B. Bassin, "Value-Added Packaging Cuts Through Store Clutter," *Marketing News*, September 26, 1988, p. 21.
10. "Tetra Pak, a Supplier of Food and Beverage Processing and Packaging Systems," *Machine Design*, May 5, 2005, p. 53.
11. Siva K. Balasubramanian and Catherine Cole, "Consumers' Search and Use of Nutrition Information：The Challenge and Promise of the Nutrition Labeling and Education Act," *Journal of Marketing* 66 (July 2002)：112-127；John C. Kozup, Elizabeth H. Creyer, and Scot Burton, "Making Healthful Food Choices：The Influence of Health Claims and Nutrition Information on Consumers' Evaluations of Packaged Food Products and Restaurant Menu Items," *Journal of Marketing* 67 (April 2003)：19-34.
12. Jason Stein, "10-year Mitsubishi Warranty Is Small Part of a Larger Plan," *Automotive News*, January 12, 2004, p. 16.
13. "More Firms Pledge Guaranteed Service," *Wall Street Journal*, July 17, 1991, pp. B1, B6；Barbara Ettore, "Phenomenal Promises Mean Business," *Management Review* (March 1994)：18-23. 以下の文献も参照されたい。Christopher W. L. Hart, *Extraordinary Guarantees* (New York：Amacom, 1993)；Sridhar Moorthy and Kannan Srinivasan, "Signaling Quality with a Money-Back Guarantee：The Role of Transaction Costs," *Marketing Science* 14, no. 4 (1995)：442-446.
14. Krissana Parnsoonthorn, "Service Guarantee Offered," *Bankok Post*, July 8, 2005 (www.bangkokpost.com).
15. *New Products Management for the 1980s* (New York：Booz, Allen & Hamilton, 1982).
16. Clayton M. Christensen, *The Innovator's Dilemma：When New Technologies Cause Great Firms to Fail* (Boston：Harvard University Press, 1997).
17. Ely Dahan and John R. Hauser, "Product Development：Managing a Dispersed Process," in *Handbook of Marketing*, edited by Bart Weitz and Robin Wensley (London：Sage Publications, 2002), pp. 179-222.
18. Deloitte and Touche, "Vision in Manufacturing Study," Deloitte Consulting and Kenan-Flagler Business School, March 6, 1998；A. C. Nielsen, "New Product Introduction - Successful Innovation/Failure：Fragile Boundary," A. C. Nielsen BASES and Ernst & Young Global Client Consulting, June 24, 1999.
19. Robert G. Cooper and Elko J. Kleinschmidt, *New Products：The Key Factors in Success* (Chicago：American Marketing Association, 1990).
20. 同上。
21. Ely Dahan and John R. Hauser, "Product Development：Managing a Dispersed Process," in *Handbook of*

Marketing, edited by Weitz and Robin Wensley (Thousand Oaks, CA：Sage, 2002), pp. 179-222.
22. John Hauser and Gerard J. Tellis, "Research on Innovation：A Review and Agenda for Marketing," 2004, working paper M.I.T.
23. Anne Fisher, "Have a Heart," *Fortune*, July 25, 2005, p. 136；Robert Cooper, *Product Leadership：Crating and Launching Superior New Products* (New York：Perseus Books, 1998).
24. "The Ultimate Widget：3-D 'Printing' May Revolutionize Product Design and Manufacturing," *U.S. News & World Report*, July 20, 1992, p. 55.
25. さらに詳しくは、以下の文献も参照されたい。Paul E. Green and V. Srinivasan, "Conjoint Analysis in Marketing：New Developments with Implications for Research and Practice," *Journal of Marketing* (October 1990)：3-19；Dick R. Wittnick, Marco Vriens, and Wim Burhenne, "Commercial Uses of Conjoint Analysis in Europe：Results and Critical Reflections," *International Journal of Research in Marketing* (January 1994)：41-52；Jordan J. Louviere, David A. Hensher, and Joffre D. Swait, *Stated Choice Models：Analysis and Applications* (New York：Cambridge University Press, 2000).
26. David B. Hertz, "Risk Analysis in Capital Investment," *Harvard Business Review* (January-February 1964)：96-106.
27. John Hauser, "House of Quality," *Harvard Business Review* (May-June 1988)：63-73. 顧客主導のエンジニアリングは「品質機能展開」ともいう。以下の文献を参照されたい。Lawrence R. Guinta and Nancy C. Praizler, *The QFD Book：The Team Approach to Solving Problems and Satisfying Customers Through Quality Function Deployment* (New York：AMACOM, 1993)；V. Srinivasan, William S. Lovejoy, and David Beach, "Integrated Product Design for Marketability and Manufacturing," *Journal of Marketing Research* (February 1997)：154-163.
28. Tom Peters, *The Circle of Innovation* (New York：Alfred A. Knopf, 1997), p. 96；Mark Borden, "Keeping Yahoo Simple – and Fast," *Fortune*, January 10, 2000, pp. 167-168. 以下の文献も参照されたい。Rajesh Sethi, "New Product Quality and Product Development Teams," *Journal of Marketing* (April 2000)：1-14.
29. Philip Kotler and Gerald Zaltman, "Targeting Prospects for a New Product," *Journal of Advertising Research* (February 1976)：7-20.
30. 詳しくは以下の文献を参照されたい。Keith G. Lockyer, *Critical Path Analysis and Other Project Network Techniques* (London：Pitman, 1984). 以下の文献も参照されたい。Arvind Rangaswamy and Gary L. Lilien, "Software Tools for New Product Development," *Journal of Marketing Research* (February 1997)：177-184.
31. 次の説は以下の文献によるところが大きい。Everett M. Rogers, *Diffusion of Innovations* (New York：Free Press, 1962). 1983年の第3版も参照されたい。
32. Hubert Gatignon and Thomas S. Robertson, "A Propositional Inventory for New Diffusion Research," *Journal of Consumer Research* (March 1985)：849-867；Vijay Mahajan, Eitan Muller, and Frank M. Bass, "Diffusion of New Products：Empirical Generalizations and Managerial Uses," *Marketing Science* 14, no. 3, part 2 (1995)：G79-G89；Fareena Sultan, John U. Farley and Donald R. Lehmann, "Reflection on 'A Meta-Analysis of Applications of Diffusion Models'," *Journal of Marketing Research* (May 1996)：247-249；Minhi Hahn, Sehoon Park, and Andris A. Zoltners, "Analysis of New Product Diffusion Using a Four-Segment Trial-Repeat Model," *Marketing Science* 13, no. 3 (1994)：224-247.
33. さらに段階を分ける論者もいる。Wassonは成長期と成熟期の間に競争の激動期を提案した。以下の文献を参照されたい。Chester R. Wasson, *Dynamic Competitive Strategy and Product Life Cycles* (Austin, TX：Austin Press, 1978). 成熟期は売上の伸びの減速や飽和の段階、売上が最高になった後の横ばいの段階を示す。
34. Robert D. Buzzell, "Competitive Behavior and Product Life Cycles," in *New Ideas for Successful Marketing*, edited by John S. Wright and Jack Goldstucker (Chicago：American Marketing Association, 1956), p. 51.
35. Rajesh J. Chandy, Gerard J. Tellis, Deborah J. MacInnis, and Pattana Thaivanich, "What to Say When：Advertising Appeals in Evolving Markets," *Journal of Marketing Research* 38 (November 2001)：399-414.
36. Steven P. Schnaars, *Managing Imitation Strategies* (New York：Free Press, 1994). 邦訳：『創造的模倣戦略：先発ブランドを超えた後発者たち』(S・P・シュナース著、恩藏直人、坂野友昭、嶋村和恵訳、有斐閣、1996年)
37. Gerald Tellis and Peter Golder, *Will & Vision：How Latecomers Can Grow to Dominate Markets* (New

York：McGraw-Hill, 2001）. 邦訳：『意志とビジョン：マーケット・リーダーの条件』（G・J・テリス、P・N・ゴールダー著、伊豆村房一訳、東洋経済新報社、2002 年）

38. Stephen M. Nowlis and Itamar Simmonson, "The Effect of New Product Features on Brand Choice," *Journal of Marketing Research*（February 1996）：36-46.

39. Kathryn Rudie Harrigan, "Strategies for Declining Industries," *Journal of Business Strategy*（Fall 1980）：27.

40. "Quaker Take Heart Instant Oatmeal," *Nutraceuticals World*, March 2005, p. 130；"Hot Cereal is One Hot Commodity," *Prepared Foods*, January 2000.

41. Philip Kotler, "Harvesting Strategies for Weak Products," *Business Horizons*, August 1978, pp. 15-22；Laurence P. Feldman and Albert L. Page, "Harvesting：The Misunderstood Market Exit Strategy," *Journal of Business Strategy*（Spring 1985）：79-85.

第11章

サービスの設計とマネジメント

◆ 本章では、次の問題を取り上げる ◆

1. サービスはどのように定義され、分類されるのか。
2. サービスはどのように販売され、サービスの品質はどのように改善できるのか。
3. サービスのマーケターが強力なブランドを作るにはどうすればよいのか。
4. 有形財の製造会社は、顧客サポート・サービスをどのように改善できるのか。

プログレッシブのマーケティング・マネジメント

　アメリカで第3位の規模を誇る自動車保険会社、プログレッシブは、絶えず「ほかにもっと良い方法はあるか」と自問し、答えを出すことによって、あるサービス企業がいかに群を抜いた存在になれるかということを示している。自動車保険会社はこれまで顧客に優しい業種だと思われたことなどない。しかし、プログレッシブはこの業界の悪いイメージを逆手に取り、優れたサービスを足掛かりとした差別化で優位に立った。同社は見込み客に対して、自社だけではなく最大で他社3社からの見積価格を提供することで注目を集め、他に類を見ない便利なサービスで何千もの新規契約を取った。そして、ひとたび新規顧客取引を勝ち取ると、プログレッシブは保険金給付申請と修理のプロセスを効率化し、顧客の時間と手間を省いた。

　顧客は24時間いつでも1本のフリーダイヤルに電話して、保険金の請求ができる。場合によっては、1万2000人いるアジャスターが事故現場に急行し、しばしばその場で小切手を切る。小さな事故に巻き込まれたドライバーは壊れた車をプログレッシブのクレームセンターに置いてレンタカーに乗り換え、数日後、完全に修理された車を引き渡してもらえる。この「ワンストップ」型コンシェルジュ・クレーム・サービスの便利さを経験した顧客は非常に満足し、プログレッシブの熱心なロイヤル・カスタマーとなる。同社はさらに10代から20代前半のドライバーをターゲットにブランド認知を狙い、同社いわく「将来見返りのある投資」という広告キャンペーンを展開して、新しい顧客層を開拓した。こうした従来にない、高く評価されるサービスによって、プログレッシブの他社よりも高い収益と利益

が達成されているのである[1]。

サービス業は以前にまして世界経済を活気づけている。さらに、有形製品の差別化が困難になるにつれて、企業はプログレッシブのようにサービスの差別化に目を向ける。企業は納期の厳守、問い合わせへの適切ですばやい回答、苦情に対する迅速な解決に優れた実績があるという評判を築こうとする。サービスの特殊な性質とマーケターにとっての意味を理解することが重要であるため、本章ではサービスとその効果的なマーケティング方法を分析する。

サービスの性質

　サービス産業は実に多様性をきわめる。「公的機関」では、裁判所、職業安定所、病院、融資機関、軍隊、警察、消防署、郵便局、監督官庁、学校がサービス業である。「民間の非営利団体」では、博物館、慈善事業、教会、大学、財団法人、病院がサービス業にあたる。「営利組織」では、航空会社、銀行、ホテル、保険会社、法律事務所、コンサルティング会社、医療機関、不動産会社など、大部分がサービス業に当てはまる。「製造業」の労働者でも、コンピュータ・オペレータ、会計担当者、法務担当者など、その多くが実はサービスの提供者である。つまり彼らは「サービス工場」の一員であり、「製品工場」にサービスを提供しているのである。「小売部門」では、レジ係、事務員、販売員、顧客サービス担当者などもまたサービスの提供者である。

　サービスとは、一方が他方に対して提供する行為や行動で、本質的に無形で何の所有権ももたらさないものをいう。サービスの生産には有形製品が関わる場合もあれば、関わらない場合もある。

❖ サービス・ミックスのカテゴリー

　企業が市場に提供するものには、ある程度サービスが含まれていることが多い。市場提供物は5つのカテゴリーに分類することができる。

1. **純粋な有形財**　石鹸のように、提供されるものが有形財であり、製品にサービスが伴わないもの。
2. **サービスを伴う有形財**　有形財に1種類もしくは複数のサービスが伴うもの。例えばGMは、自社の車やトラックとともに修理、保証内容の履行などのサービスを提供している。
3. **有形財とサービスの混合タイプ**　有形財とサービスが半々を占めるもの。例えば、レストランを利用するのは食べ物とサービスの両方を得るためである。

4. **若干の付随サービスおよび有形財を伴うサービス**　主要なサービスに、付随的なサービスまたはサービス支援製品が伴うもの。例えば、航空機の旅客が購入するのは輸送サービスであるが、飛行機での旅には飲み物や機内誌も含まれている。
5. **純粋なサービス**　主としてサービスからなるもの。例としては、ベビーシッター、心理療法などが挙げられる。

サービス・ミックスの性質はまた、消費者が品質をどのように評価するかということとも関わっている。**図11-1**に示すように、サービスの中には、顧客がサービスを受けたあともなお、技術的な質を評価することができない場合がある[2]。左端は「探索特性」、すなわち買い手が購入前に評価できるという特性が強い製品である。中央は「経験特性」、購入後に評価できるという特性が強い製品やサービスである。右端は「信用特性」、一般的に消費後も評価困難という特性が強い製品やサービスである[3]。

サービスは概して経験特性と信用特性が強いため、購入のリスクは大きい。そのためサービス購入者は広告よりもクチコミを頼る。また、品質を判断するにあたって、価格、スタッフ、物理的な手がかりを重要視し、満足を与えてくれるサービス提供者に対して高いロイヤルティを持つ。さらに、スイッチにコストがかかるため、消費者の多くに惰性が生じる。

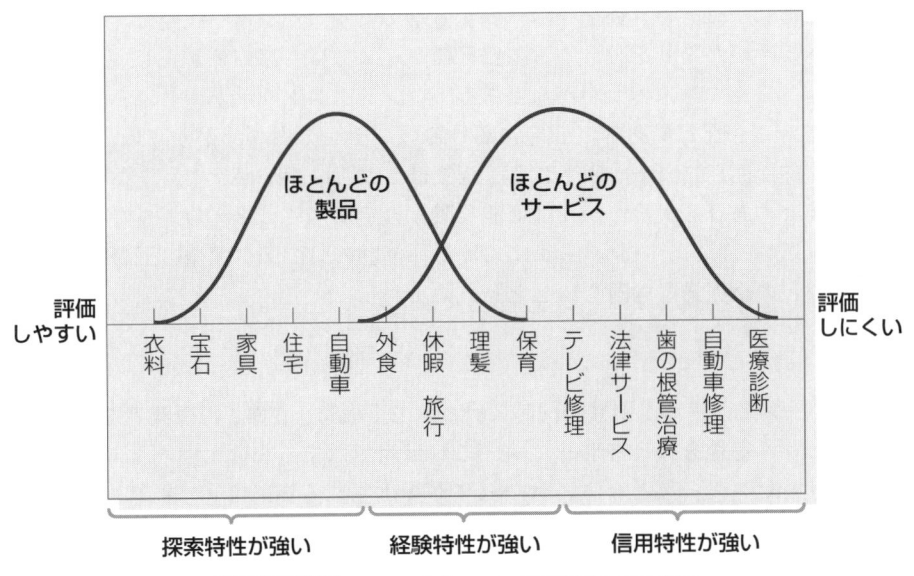

図11-1　タイプ別にみる製品評価の連続体

出典：Valarie A. Zeithaml, "How Consumer Evaluation Processes Differ between Goods and Services," in *Marketing of Services*, edited by James H. Donnelly and William R. George. アメリカ・マーケティング協会の許可を得て転載。(Chicago：American Marketing Association, 1981)

❖ サービスの特性

サービスにはマーケティング・プログラムの設計に多大な影響を及ぼす4つの特性がある。それは、無形性、不可分性、変動性、消滅性である。

無形性

有形製品とは違って、サービスは購入前に見ることも味わうことも、触れることも聞くことも匂いをかぐこともできない。美容整形を受けようとする人が施術前に結果を見ることはできないし、心理療法の患者はどのような成果が上がるのかを正確に知ることはできないのである。このような不確実性を減らそうと、買い手は品質のエビデンスを探し求める。場所、人、設備、コミュニケーション資料、シンボル、価格など、目に見えるものを頼りに品質を判断しようとする。そこでサービスを提供する側にとっては、「見えないものを見えるようにする」ために「サービスのエビデンスを管理する」ことが課題となる[4]。製品のマーケターが抽象的なアイデアを付け加えることを求められるのに対して、サービスのマーケターは抽象的な提供物に目に見えるエビデンスとイメージを付加することが求められる。

サービス企業は「具体的エビデンス」と「プレゼンテーション」によってサービスの品質を示そうとすることができる[5]。カーボーンとヘッケルは「顧客経験エンジニアリング」という概念を提唱している[6]。企業はまず顧客に経験をどのように知覚してもらいたいか明確にイメージを描き、それからその経験をサポートするためにイメージと一致した「パフォーマンスとコンテクストの手がかり」を設計する。銀行のケースでは、窓口係が正しい金額の現金を出すかどうかがパフォーマンスの手がかりである。コンテクストの手がかりは、窓口係の身なりがきちんとしているかなどである。銀行におけるコンテクストの手がかりは、人（人間的な面）と物（機械的な面）によって表される。企業はこれらの手がかりを、全体像を表す「経験の設計図」にまとめあげる。手がかりは可能な限り五感すべてに訴えるようなものでなくてはならない。ディズニーは、テーマパークにおける「経験の設計図」開発の王者である。バーンズ＆ノーブルなどの小売業者も同じことをしている[7]。

不可分性

サービスでは一般に、生産と消費が同時に行われる。製造、在庫、再販業者を通じての流通、その後に消費という過程を通る有形財には、これは当てはまらない。サービスを行うときは、提供者自身もサービスの一部となる。サービスが提供される場には必ず顧客も存在するため、提供者と顧客のインタラクションがサービス・マーケティング固有の特徴である。そして、提供者と顧客の双方が結果に影響を与える。

顧客が特定の提供者に強い選好を持っていることは多い。このような制約を回避する戦略はいくつかある。その1つは、提供者の限られた時間に応じて価格を上げることである。もう1つは、サービス提供を大きな集団で働かせるか、スピードをアップさせることである。3つ目

の選択肢として、H&Rブロックが全国ネットワークになっている同社の租税コンサルタントを教育したように、サービス提供者を訓練してその数を増やし、顧客の信頼を勝ち得ていくこともできる。

変動性

　サービスは、誰が、いつ、どこで提供するかに大きく依存するため、非常に変動性が高い。そこで、サービス企業は品質管理を徹底させるために3つのステップを採用することができる。その第1は、従業員が高いスキルを持つ専門家であるか、スキルを必要としない労働者であるかにかかわらず、適切な人材を雇い、行き届いたトレーニングを行うことである。
　第2のステップは、組織内のサービス業務手順を標準化することである。これには、すべてのサービス事項と手順をフローチャートにした「サービスの設計図」を用意するとよい。それにより、つまずきそうなポイントを認識し、改善策を練ることができる。第3は、顧客の意見や苦情を受け付ける制度、顧客調査、比較購入を通じて、顧客の満足度を把握することである。GEは、同社のサービス担当者の仕事ぶりを各家庭に評価してもらうため、年間70万通の質問カードを発送している。企業はさらに個人別にカスタマイズしたサービスを可能にするため、顧客情報のデータベースやシステムを開発することもできる[8]。

消滅性

　サービスは蓄えておくことができない。飛行機が離陸したり、映画が始まってしまえば、売れなかった座席をとっておいて将来販売することはできないのである。需要が安定していれば、サービスの消滅性は問題とはならないが、需要が変動的であると問題が生じる。例えば公共交通機関は、通常よりも多いラッシュアワーの需要に合わせて多くの設備を備えておかなくてはならない。サービス提供者がサービスの消滅性に対処する方法は多数ある。サッサーが提唱した、サービス業において需要と供給をうまく均衡させる戦略を**表11-1**に示す[9]。
　例えば、クラブメッドは、売れ残った週末パッケージを標準料金の30～40％割引で投げ売りするため、週の初めから中ごろにかけて、データベース内の顧客に電子メールを送信している[10]。また、ディズニーは、順番待ちの予約ができるファストパスを設けて待ち時間を解消した。ディズニーの副社長はこう述べている。「1955年以来ずっと、人々に列の並び方を教えてきましたが、ここへきて並ばなくてもよいのだと言っているわけです。我々ができることすべての中で、我々がアトラクションで作り出せるすばらしい体験すべての中でも、これは業界全体に絶大なる影響を与える快挙なのです」[11]。

■サービス企業のマーケティング戦略

　かつて、サービス企業はマーケティングの活用という点で製造業に遅れをとっていたが、明

表11-1　サービス需要と供給をうまく均衡させる戦略

需要面の戦略	供給面の戦略
差別化した価格設定によって、需要の一部をピーク時からオフ・ピーク時に移動させる。例えば、映画館は夕方の早い時間帯に映画の入場料を安くしている。	パート・タイムの従業員を雇い入れて、ピーク時の需要に対応する。小売店は休日の繁忙時にパート・タイムの従業員を雇用している。
オフ・ピーク時の需要を掘り起こすことによって、オフ・ピーク時の売上を生み出す。ホテルは週末のミニバケーション・プランでこれを実行している。	ピーク時の効率化手順を導入することによって、需要が多いときには従業員が必要最低限のサービスだけを行う。例えば医師が忙しいときには診療補助者が手助けをする。
補完的サービスを展開することによって、待っている顧客に対して別のサービスを提供する。銀行のATMがその例である。	消費者の参加を促すスーパーマーケットにはセルフレジがあり、買い物客が自分で購入品をスキャンして品物を袋に詰める。
予約制によって需要レベルを管理する。航空会社、ホテル、医師はこの方法を有効に活用している。	将来拡張するための施設開発を計画する遊園地は将来の開発用に周囲の土地を購入しておく。
	サービスを他のサービス提供者と共有する。例えば複数の病院で共同で医療設備を購入する。

出典：W. Earl Sasser, "Match Supply and Demand in Service Industries," *Harvard Business Review* (November-December 1976): 133-140.

らかに事情は変わった。しかし、すべての企業が優れたサービスを、少なくともすべての顧客に提供することに投資しているわけではない。顧客サービスに対する苦情は増加しているが、苦情の多くは、実際には生身の人間のもとに届かないのである。ここに、サービス企業や顧客サービス部門に再考を促す統計データがある[12]。

■**電話**　アメリカ企業の約80％は、顧客が必要としているサポートを提供する方法を見つけ出していない。

■**オンライン**　フォレスター・リサーチの推定では、企業への電子メールによる問い合わせの35％は7日以内に返答がなく、25％はまったく返答がない。

■**自動音声案内**　アメリカの大企業の多くが、音声自動応答装置を導入しているが、金融サービスの顧客の90％以上が不愉快だとしている。

❖変化する顧客リレーションシップ

　サービス企業はかつては顧客すべてを歓迎する姿勢を見せていたが、非常に多くの個人情報を抱える現在では、顧客を利益階層別に分類することが可能になった。したがって、サービス水準はすべての顧客にとって等しいわけではない。航空会社、ホテル、銀行はこぞって優良な顧客を手厚くもてなしている。得意客は特別割引、プロモーション用のオファー、その他数多くの特別なサービスを受けている。残りの顧客が割高な料金、必要最低限のサービス、問い合わせには良くてせいぜい音声メッセージによる回答を受けているのである。金融サービスの大

企業は、得意客が電話をかけてきたことを瞬時に知らせ、順番を飛び越えて即座にその電話をつないでくれるソフトウェアをインストールしている[13]。チャールズ・シュワブの上得意客は15秒で電話に出てもらえるが、他の顧客は10分以上も待たされることがある。

しかし、異なるサービス水準を設定する企業は、優れたサービスを提供していると主張する際に注意が必要である。粗末な扱いを受けた顧客が悪口を言いふらし、会社の評判に傷をつけることがあるためだ。顧客の満足度と企業の収益性を最大化するサービスを提供することは大きな課題であろう。顧客リレーションシップでは、顧客にとって好ましい方向への変化もある。顧客側の製品サポート・サービス購入についての知識が向上し、顧客は「サービスのアンバンドリング」を強く求めるようになりつつある。顧客はサービス要素ごとに個別の価格をつけてもらい、欲しい要素だけを選択したいと考えている。また、異なる機器を扱う複数のサービス提供者と、いちいち個別に取引しなければならないことを嫌がるようにもなってきている。最も重要なのは、インターネットが顧客に力を与えたことである。インターネットのおかげで、顧客は悪いサービスへの怒りや良いサービスへの称賛を、マウスをクリックするだけで世界中に発信できる。

❖ サービスのホリスティック・マーケティング

サービス・エンカウンターは多数の要素によって影響を受ける複雑なインタラクションであるため、ホリスティック・マーケティングの観点を取り入れることが特に重要である。サービスの結果と、人々がサービス提供者にロイヤルティを持ち続けるかどうかは、多数の変数に左右される。キーベニーは、顧客がサービスをスイッチする決め手となる行動を800以上突き止めた[14]。この行動は8つのカテゴリーのいずれかに分類することができる（**表11-2**）。

サービスのホリスティック・マーケティングには、エクスターナル、インターナル、インタラクティブなマーケティングが必要である（**図11-2**）[15]。「エクスターナル・マーケティング」とは、顧客に提供するサービスの作成、価格設定、流通、プロモーションという通常の業務のことである。「インターナル・マーケティング」とは、顧客に優れたサービスが提供できるように従業員を教育し、動機付けすることである。ベリーによれば、マーケティング部門にできる最大の貢献は、「社員全員にマーケティングを実行させるのに長けている」ことであるという[16]。

「インタラクティブ・マーケティング」とは、顧客に対応する従業員のスキルのことである。顧客はサービスの善し悪しを「技術的品質」（例：手術は成功したか）だけでなく、「機能的品質」（例：外科医は気遣いを見せ、安心感を与えたか）によっても判断する[17]。サービス業務従事者の生産性を高めるためには、テクノロジーが大きな役割を果たす[18]。カリフォルニア大学サンディエゴ校メディカルセンターの呼吸器セラピストは小型コンピュータを携帯している。ハンドヘルド・コンピュータによって患者のカルテを呼び出せるおかげで、患者と直接向き合う時間が増えた。しかし、企業は過度な生産性の追求を避けなければならない。知覚品質

表11-2　顧客のスイッチング行動につながる要因

<価格設定>
- 高価格
- 価格の上昇
- 不公正価格
- 価格詐欺

<不　便>
- 場所／時間
- 予約待ち
- サービス待ち

<中核サービスの失敗>
- サービスの誤り
- 請求ミス
- サービスの大失敗

<サービス・エンカウンターの失敗>
- 配慮不足
- 無礼
- 遅い対応
- 知識不足

<サービスの失敗への対応>
- 否定的な対応
- 対応なし
- 不承不承の対応

<競　争>
- もっと良いサービスの発見

<道徳上の問題>
- 不正
- 押し売り
- 危険
- 利害の衝突

<やむを得ないスイッチング>
- 顧客の転居
- サービス提供者の閉鎖

出典：Susan M. Keaveney, "Customer Switching Behavior in Service Industries : An Exploratory Study," *Journal of Marketing* (April 1995) : 71-82.

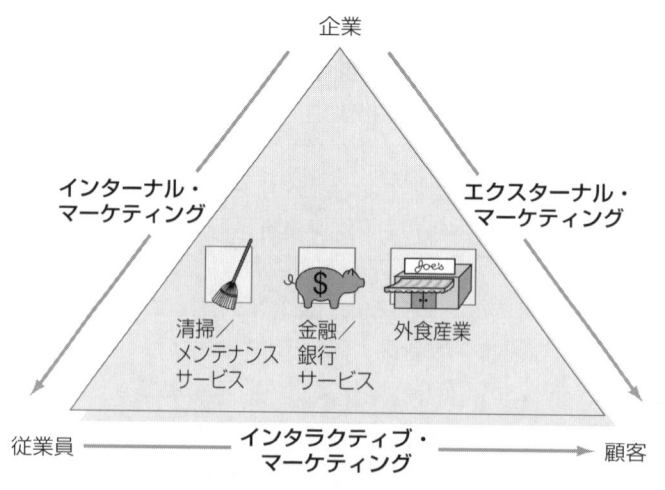

図11-2　サービス業における3つのマーケティング・タイプ

を下げることになるからである。サービスの提供者は「ハイテク」同様に「ハイタッチ」も提供しなければならない[19]。

❖サービスの差別化

　サービスのマーケターは、サービスを差別化することの難しさを口にすることが多い。通信、輸送、エネルギー、銀行など、主要なサービス産業で規制が緩和されたことにより、価格競争が激しくなっている。顧客がどこのサービスもだいたい同じようなものだと考えている限り、サービスの提供者に対して価格ほど大きな関心は持たないのである。そのため、サービス・ブランドは差別化に長けていなければならない。

　サービスを差別化する方法として、例えば顧客が期待している「基本的サービス・パッケージ」を上回る革新的な特徴を持たせることができる。ノーロード（手数料なし）投資信託会社第2位のヴァンガードは独特な所有権構造により、コストを下げてもなおファンドの利回りを上げることを可能にしている。多くの競合他社とは大きく差別化したこのブランドは、クチコミ、PR、バイラル・マーケティングを通して大きな成長を遂げた[20]。サービスの提供者はパッケージに「二次的サービス特徴」を加えることができる。例えばジェットブルーは自社の航空機にレザーの座席と座席の背にテレビを装備している。客室乗務員のしゃれた制服と作りこんだウェブサイトも、消費者を大事にした高級感のある同社のイメージに貢献している[21]。

　オンライン企業との競争に対抗するために、人間的な要素を付加しているサービス提供者もある。例えば、店舗型の薬局は、低価格のオンライン通販型ドラッグストアとの競争を意識して、店にヘルスケアの専門家が常駐していることを全面に打ち出している。プレイリーストーン・ファーマシーは薬剤師がさらに顧客と会話をする時間がとれるように、薬剤師にとって手間がかかって退屈な、錠剤を数えたり薬瓶に詰めたりする作業を行う機械の導入に投資している。「数えたり、注いだり、糊を舐めて貼るよりも、患者さんのケアに集中してほしいのです」と共同創設者は言う[22]。

　企業は時に、幅広いサービスの提供やクロスセリングの努力が実って、差別化に成功することがある。ここでの大きな課題は、画期的なサービスは概して模倣されやすいということである。それでもなお、常に画期的なサービスを導入する企業なら、競合他社に対して優位を保っていられる。

❖サービスのためのブランド戦略を展開する

　サービス企業のブランド戦略を策定するには、ブランド要素の選択、イメージ次元の設定、ブランディング戦略の工夫が求められる。

ブランド要素の選択

　サービスの無形性はブランド要素の選択に影響を及ぼす。サービス購買に関する意思決定や取り決めは、実際のサービス現場（例：家、会社）から離れたところで行われることが多いので、ブランド想起がきわめて重要になってくる。その場合、覚えやすいブランド名が欠かせない。ロゴ、シンボル、キャラクター、スローガンなどは、ブランド認知とブランド・イメージを確立するためにブランド名を補う力がある。このようなブランド要素は、例えばオールステートの「グッド・ハンズ」のように、サービスといくつかの重要なベネフィットを形あるもの、具体的で現実的なものにしようとする。また、サービス提供者の物理的な設備は特に重要である。例えば、シンボルマーク、環境デザインや受付、服装、説明資料などである。サービス提供プロセスはすべての面においてブランド化することができる。そのため、UPSは茶色のトラックで強力なエクイティを作り上げているのである。

イメージ次元の設定

　組織に関わる連想、例えば組織を構成している人やサービスを提供する人についての知覚は、サービス品質の直接的あるいは間接的な評価に影響を与えうる、非常に重要なブランド連想であることが多い。特に重要な連想の1つは企業の信用と知覚された専門性、信頼性、好感度である。したがってサービス企業は、消費者がサービスを実際に受けたときに得られる情報からだけではなく、ブランドについての理解を深められるようなマーケティング・コミュニケーションおよび情報のプログラムを設計しなければならない。このようなプログラムに伴うマーケティング・コミュニケーションは、企業が適切なブランド・パーソナリティを作り上げるときに役立つ。

ブランド戦略の工夫

　さらにサービスでは、さまざまな市場セグメントでポジショニングや標的化を可能とするようなブランド・ヒエラルキーとブランド・ポートフォリオを作り上げることも考えなければならない。さまざまな種類のサービスは、価格と品質に基づいて垂直方向にブランド化することができる。垂直方向に拡張するには、企業名を個別のブランド名や修飾語とつなぎ合わせるサブ・ブランディング戦略が必要であることが多い。ホテル業界や航空業界では、ブランド・ラインやブランド・ポートフォリオがブランドの拡張と市場導入によって作られてきた。ヒルトンホテルは、価格重視のビジネス客に的を絞ったヒルトン・ガーデン・インなどのブランド・ポートフォリオで、マリオット系列で人気の高いコートヤードのほか、ダブルツリー、エンバシースイート、ホームウッドスイート、ハンプトン・インなどのブランドと競い合っている。

　シルク・ドゥ・ソレイユ（フランス語で「太陽のサーカス」の意）は、伝統的なサーカスとは一線を画してブランド構築に成功した。このサーカスは、空中ブランコやピエロなどを豪華な衣装、ニューエイジ音楽、壮観なステージデザインというこれまでにない舞台設定で見せて

いる。それぞれの上演は、大まかに「神秘（Mystère）」などのテーマと結びつけられている。他の多くの劇場上演がうまくいっていないことを考えると、シルク・ドゥ・ソレイユのユニークな上演が年間6億5000万ドルの収益を上げたことには敬服させられる。現在、創設者は他のサービスでブランド展開しようとしており、「私たちはサーカスを生まれ変わらせた。それならスパ、レストラン、ナイトクラブで同じことができるのではないでしょうか」と述べている[23]。

サービス品質の管理

　企業のサービス品質はサービス・エンカウンターごとに評価される。もし接客係が退屈していたり、聞かれたことに答えられなかったり、他の業務にかまけていて顧客への応対ができなかったら、顧客はその売り手と再び取引をするかどうかを考え直してしまうだろう。

❖ 顧客の期待

　顧客は、過去の経験、クチコミ、広告など多くの情報源からサービスに対する期待を作り上げる。一般に、顧客は「知覚サービス」と「期待サービス」を比較する[24]。知覚したサービスが期待したサービスより劣っていると、顧客は失望する。知覚したサービスが期待に見合うかそれを上回れば、顧客はその提供者を再び利用する傾向にある。成功している企業は顧客を満足させるだけではなく、喜ばせるようなベネフィットを提供物に付加している。

　パラスラマン、ザイタムル、ベリーが作成したサービス品質モデルは、高品質のサービスを提供するために必要な条件に焦点を当てている[25]。図11-3に示すこのモデルは、サービスの提供に失敗する原因となる5つのギャップを特定している。

1. **消費者の期待と経営陣の知覚のギャップ**　顧客が求めるものを、経営陣が常に正確に把握しているとは限らない。例えば、病院の経営者は患者がおいしい食事を望んでいると考えるかもしれないが、患者のほうでは看護師の対応が良いかどうかに関心があるかもしれない。
2. **経営陣の知覚とサービス品質の仕様のギャップ**　経営者が顧客の欲求を正しく把握していても、明確な業務基準を定めていない場合がある。例えば、病院の経営者が看護師に「迅速な」サービスを行うようにとだけ指示して、具体的な数字を示していない場合がある。
3. **サービス品質の仕様とサービスの提供方法のギャップ**　従業員の教育が不十分だったり、従業員に業務基準を満たす能力がなかったり、やる気がなかったりする場合がこれにあたる。あるいは、「時間をかけて顧客の話を聞く」と「すばやく応対する」などの

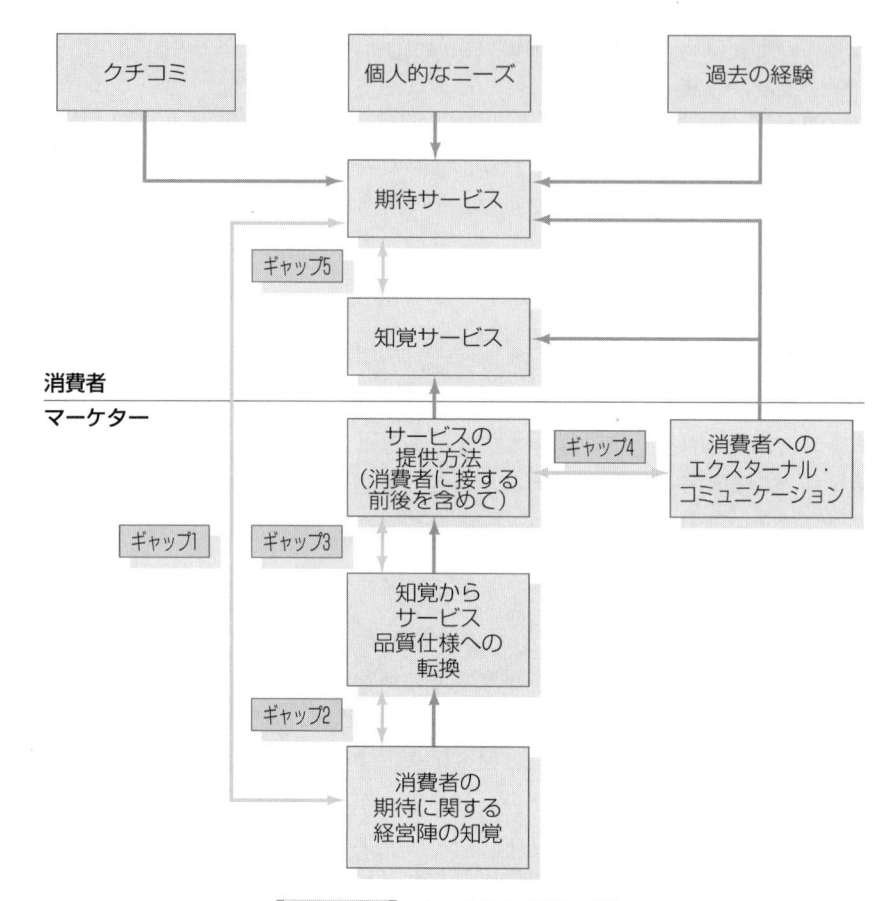

図11-3 サービス品質モデル

```
クチコミ     個人的なニーズ     過去の経験
        ↓       ↓       ↓
           期待サービス
              ↕ ギャップ5
           知覚サービス
─────────────────────────── 消費者
─────────────────────────── マーケター
        サービスの
        提供方法
        （消費者に接する    ← ギャップ4 →  消費者への
        前後を含めて）                    エクスターナル・
           ↕ ギャップ3                    コミュニケーション
ギャップ1
        知覚から
        サービス
        品質仕様への
        転換
           ↕ ギャップ2
        消費者の
        期待に関する
        経営陣の知覚
```

出典：A. Parasuraman, Valarie A. Zeithaml, and Leonard L. Berry, "A Conceptual Model of Service Quality and its implications for Future Research," *Journal of Marketing* (Fall 1985): 44. アメリカ・マーケティング協会の許可を得て転載。このモデルは、以下の文献でさらに詳しく述べられている。Valarie A. Zeithaml and Mary Jo Bitner, *Services Marketing* (New York：McGraw-Hill, 1996), ch. 2.

ように、矛盾する基準に縛られている場合がある。
4. **サービスの提供方法とエクスターナル・コミュニケーションのギャップ**　消費者の期待は、企業の代表者の発言や広告で述べられている内容に影響を受ける。病院のパンフレットに掲載されている病室は素敵なのに、実際に入ってみると魅力に欠ける場合、エクスターナル・コミュニケーションが顧客の期待を間違った方向へ導いたことになる。
5. **知覚サービスと期待サービスのギャップ**　消費者がサービス品質を正しく理解できなかったときにこのギャップが生じる。医師は気遣いを示すために患者のもとを頻繁に訪れていたのを、患者が何か深刻な問題があるためだと勘違いしてしまう場合がある。

このサービス品質モデルに基づいて、パラスラマンらはサービス品質の5つの決定要素を、重要度の高い順に信頼性、対応力、安心感、感情移入、有形物と定めている[26]。また、「許容範囲」もある。これは、消費者が満足だと感じるであろうサービス次元の知覚範囲のことで、消費者が快く受け入れるであろう最低水準と、提供されることが可能であり、提供されて当然であると顧客が考える水準によって定められる。

❖サービス品質管理のベスト・プラクティス

うまく運営されているサービス企業には共通して次のようなサービス品質管理のベスト・プラクティスがある。それは戦略的コンセプト、経営陣が積極的に品質へコミットメントする伝統、高い基準、セルフサービス・テクノロジー、サービス・パフォーマンスと顧客の苦情をモニタリングする体制、従業員満足度の重視である。

戦略的コンセプト

一流のサービス企業は「顧客本位」である。こういった企業は標的顧客とそのニーズを明確に認識しており、そのニーズを満たすために特色ある戦略を展開している。

経営陣のコミットメント

マリオット、ディズニー、マクドナルドなどの企業は、サービス品質に徹底的にこだわっている。経営陣は、毎月の財務実績だけでなく、サービス実績（パフォーマンス）にも目を向けている。経営陣のコミットメントはさまざまな形で表現できる。ウォルマートの創設者、サム・ウォールトンは、従業員に次のような誓約をさせる。「私はここに、3メートル以内に近づいたすべてのお客様に微笑みかけ、相手の目を見て挨拶することをサムに誓います」。

高い基準

優れたサービス提供者は、高いサービス品質基準を掲げている。シティバンクでは、電話は10秒以内に取り、顧客の手紙には2日以内に回答することを目標にしている。基準は適切な高さに設定しなければならない。精度98％の基準は一見良さそうだが、それではフェデックスは1日当たり6万4000個の荷物を紛失することになるし、本なら1ページに10ヶ所の誤植、1日に40万件の処方箋の書き間違い、1年のうち8日は飲料水が安全でないことになってしまう。「まあまあ」良いサービスを提供する企業と、完全無欠を目指す「画期的な」サービスを提供する企業との違いは一目瞭然である[27]。

セルフサービス・テクノロジー

製品の場合もそうだが、消費者はサービスにおいても利便性を高く評価する[28]。人と人とが対面するサービスの多くは、セルフサービス・テクノロジーに取って代わられようとしてい

る[29]。従来の自動販売機に加えて、ATM、ホテルのセルフ・チェックアウト、インターネット上での製品のセルフ・カスタマイゼーションなどが挙げられる。そうしたテクノロジーのすべてがサービスの品質を高めるわけではないが、サービスの取引をさらに正確に、便利に、迅速にする可能性を持っている。さらに、顧客がセルフサービス・テクノロジーの提供する情報よりも多くのことを知りたいときに、企業に電話がつながるようにすべきだろう。オンラインのホテル予約システムには、「Call Me（お電話下さい）」ボタンがあることが多い。顧客がクリックすると、サービス担当者が即座に顧客に電話をかけて質問に答える。

モニタリング・システム

　一流のサービス企業は、自社と競合他社のサービス・パフォーマンスを定期的に監査している。そのような企業は、購買比較、顧客を装ったゴースト・ショッピング、顧客調査、意見および苦情カード、サービス監査チーム、社長への手紙など、多数の評価手法を用いている。ファースト・シカゴ銀行は、電話による顧客サービスの回答スピードなどさまざまな顧客関連の問題におけるサービス・パフォーマンスをグラフに表す、パフォーマンス測定プログラムを活用している。同行では、パフォーマンスが最低許容レベルを下回った場合は、必ず何らかの措置を講ずることになっており、また、徐々にパフォーマンスの目標値を引き上げている。ミステリー・ショッピング、すなわち企業に報告するために報酬を受け取って買い物をするスパイ客の利用は、いまや一大産業である。ファストフード・チェーン、大型小売店、大きな政府機関までもが、顧客サービスの問題を突き止め、解決するためにミステリー・ショッパーを利用している。

顧客の苦情処理

　調査によると、顧客の25％が購入したものに不満を感じているが、苦情を言うのはわずか5％にすぎない。残りの95％は、わざわざ苦情を言うほどのことでもないと思っているか、苦情を申し立てる方法や、誰に対して言えばいいのかがわからないのである。苦情の申し立てをする5％のうち、満足に問題が解決されるのは半数にすぎない。しかし、顧客の問題を満足のゆく形で解決することは非常に重要である。平均して、満足した顧客は製品が良かったということを3人に話すが、不満のある顧客は11人に不平をもらす。それを聞いた人がさらに別の人に話していくと、悪いクチコミを耳にする人の数は飛躍的に増えていく。

　苦情が満足のゆく形で解決された顧客は、一度も不満を感じたことがない顧客よりも、企業に対してロイヤルティを持つことが多い。大きな苦情を申し立てた顧客のうち34％は、苦情がうまく処理されると再びその企業から購入しており、苦情が小さければその数字は52％にまで跳ね上がる。苦情が迅速に処理された場合は、52％（大きな苦情）から95％（小さな苦情）までが再び同じ企業から購入する[30]。

　失望した顧客に苦情を言うように仕向け、さらにその場で状況を改善する権限を従業員に与えている企業は、サービスの失敗に対して系統立ったアプローチを持たない企業より、収益も

利益も大きい[31]。ピザハットはピザの箱にフリーダイヤルの電話番号を印刷している。顧客からの苦情を受けると店長にボイスメールが送られ、店長は48時間以内に顧客に連絡を取って、苦情を処理しなければならない（サービスの失敗を挽回する方法について詳しくは「マーケティング・スキル▶サービス・リカバリー」参照）。

従業員満足と顧客満足

　優れたサービス企業は、従業員の態度が良ければさらに顧客のロイヤルティを勝ち取れることを知っている。シアーズは顧客の満足、従業員の満足、店舗の収益性に高い相関関係があることに気づいた。例えば、不動産会社のリーマックスは、同社の不動産ブローカーとフランチャイズ店をマーケティングの最大の焦点に据えている。ある業界関係者が述べているように、「不動産仲介人は、リーマックスが優秀な人材の働く場であるという見方をしています。このメッセージは明確であり、業界で働く人に大きな影響力を持っています」。リーマックスは最も優れた不動産仲介人を引きつけようとし、すると今度はその仲介人が最高の利益をもたらす顧客を引きつける。これこそ、リーマックスの不動産仲介人を不動産業界で最高レベルの平均年間手数料へと導いたアプローチだ[33]。

　ただし、親切にすべきであるという従業員教育は慎重に行わなければならない。スーパーマーケット・チェーンのセーフウェイは、顧客に親切にするよう従業員を指導しようと積極的なプログラムを実行した際にそのことを学んだ。同社の規則は、例えばすべての客と目を合わせる、微笑みかける、一人ひとりに挨拶をする、などだった。点数の低かった従業員には研修を受けさせた。調査によれば、このプログラムは顧客には好評だったものの、従業員の多くはストレスがたまったと述べており、計画に抗議して退職した者もあった[34]。

製品サポート・サービスの管理

　製品ベースの業界でも、サービス・バンドルを提供するところが増えてきている。小型電化製品、コンピュータ、トラクターなどの機器メーカーはみな、「製品サポート・サービス」を提供しなければならない。製品サポート・サービスは競争優位を獲得するための主要な戦場になりつつある。ジョンディアなどの機器メーカーは、このようなサービスから利益の50％を得ている。グローバル市場では、良い製品を作っていてもその国でのサービス・サポートが悪いと非常に不利である。高品質のサービスを提供する会社は、あまりサービス志向ではない競合他社よりも業績が良い。

❖顧客ニーズの特定と対応

　サービス・サポート・プログラムを設計するにあたって、メーカーは顧客が最も評価する

マーケティング・スキル ▶ サービス・リカバリー

　サービスの不手際は顧客リレーションシップを損なうおそれがあり、こじれれば、それまでのロイヤル・カスタマーが競合他社に流れてしまう。しかし優れたサービス・リカバリー・スキルを身につけることで、危機的状況をむしろ顧客との絆を強める機会に変えることができる。優れたサービス・リカバリーの出発点は、顧客ニーズの理解とそれへの対応に傾注することである。これを念頭に置くと、潜在的に問題を抱えた分野をマッピングし、問題が顕在化したときに実行すべき解決策が特定できる。サービス・リカバリー計画を立てる際には、顧客を部門間でたらいまわしにせずに問題解決に当たれるよう、従業員に部門横断的トレーニングを行い、エンパワーメントについて考慮すべきだろう。

　注意深く耳を傾け、（顧客および関係した従業員に対して）上手に質問する能力が、問題の整理に役立つ。謝罪すべきときには謝罪し、顧客に受け入れてもらえて会社の目的にも沿うような解決策を提示すべきである。そして顧客にどのような解決策をいつ実行するかを説明し、その後は約束どおりに問題が解決したか、顧客が結果に満足したかを見届ける。

　オンライン食品宅配サービスのオカドは、イギリス市場に参入する前に綿密なサービス・リカバリー計画を立てた。すでにスーパーマーケット・チェーンとしての地位を確立しオンライン食品宅配サービスも運営していたセインズベリーとテスコの2社と競合することになるため、オカドは優れた顧客サービスで差別化を図った。同社は納期厳守など、顧客サービス品質についての顧客の知覚に影響を与える主要な要素を特定した。現在、同社は厳しい基準を設けてサービスに力を入れている。広告で顧客に「遠慮なく注文をつけてください」と訴えているほどだ。顧客は質問や気がかりなことがあれば、配達の前でも後でも、いつでも電話できる。コールセンターの従業員はどのような苦情もすぐに、顧客に完全に満足のいくよう解決する訓練を受けている。例えば、予定の1時間の枠内に荷物が到着しなかった場合には、従業員が送料を全額払戻しする。このサービス・リカバリー計画のおかげで、オカドは『グッド・ハウスキーピング』誌でイギリス人読者の投票により2年連続で「オンライン食品会社1位」に選ばれ、市場シェアも伸ばしている[32]。

サービスを特定しなければならない。一般的に、顧客の懸念は次の3点である[35]。第1は、信頼性と「故障の頻度」である。農場経営者はコンバインが年に一度故障するくらいなら我慢

できるかもしれないが、二度や三度となるとそうはいかない。第2は、「作業休止時間の長さ」である。休止時間が長引くほど、それだけコストも高くなる。そのため、顧客は売り手の「サービスの信頼性」をあてにしている。サービスの信頼性とは、機械の修理を迅速に行う、あるいはそれができなければ代替品を提供する売り手の能力のことである[36]。第3は、「現金支払費用」であり、定期的なメンテナンスと修理にどれくらい費用がかかるかということである。

これらすべての要素を考慮に入れたうえで、買い手は売り手を選ぶ。買い手は、製品の購入金額とあらかじめ見越したメンテナンスと修理費の合計金額から、あらかじめ見越した下取り金額を差し引いた**ライフサイクル・コスト**を見積もろうとする。買い手はさらに、特定の売り手に対して付加サービスを求める。例えば医療機器メーカーは、機器の取り付け、修理サービス、ファイナンシングなど「購入と使用を容易にするサービス」を提供する。また「価値を増大させるサービス」を付け加えることもある。大手オフィス家具メーカーのハーマンミラーは、高品質な製品に加え、(1) 5年間の製品保証、(2) 取り付け後の品質検査、(3) 納品日の保証、(4) システム製品の下取り値引き、(5) 簡単なオンライン注文を提供している。

メーカーは、さまざまな方法で製品サポート・サービスを提供し、代価を請求することができる。ある有機化学薬品専門会社は、まず標準的な製品と基本水準のサービスを提供する。追加サービスを望む顧客は、割増料金を支払うか、年間の購入量を増やせば追加サービスがついてくる。もう1つの方法として、多くの企業は「サービス契約」(または「延長保証」ともいう)を提供している。サービス契約の期間や免責条項はさまざまで、顧客は基本的なサービス・パッケージに追加したいサービス水準を選択することができる。

❖販売後のサービス戦略

販売後のサービス提供について、ほとんどの企業は段階的に進化していく。メーカーは通常、自社内に部品・サービス部門を置くことから始める。製品から離れることなく、製品の問題を知っておきたいと考えるからである。また、社外の人間を教育するには時間と費用がかかるし、部品とサービス事業から大きな利益を上げられるということもある。必要な部品の供給業者が自社しかない限り、プレミアム価格を請求できる。実際、多くの機器メーカーが、製品価格は低く設定しておいて、その分を穴埋めするために部品とサービスの料金を高く設定している。このことから、競合メーカーが同じかよく似た部品を製造して、顧客や仲介業者に安く販売している理由がわかる。

次の段階として、メーカー(特にグローバル市場に進出したメーカー)はメンテナンスや修理サービスを指定の流通業者やディーラーに託すようになる。このような仲介業者はメーカーに比べて顧客にとって身近な存在で、営業拠点も多く、迅速な対応ができる。メーカーは、部品では利益を上げるとしても、サービスによる利益は仲介業者に譲る格好になる。やがて、独立したサービス企業が現れる。現在、自動車サービスの40%は、フランチャイズに加盟して

いる自動車ディーラー以外の自動車整備工場や、マイダス・マフラーなどのチェーン店で行われている。このようにメーカーから独立したサービス組織は、コンピュータや通信機器など、さまざまな機器ラインを取り扱っている。一般に、メーカーや指定業者に比べて料金が安いか、サービスが早い。

　顧客向けサービスの選択肢は急速に増えつつあるが、そのせいでサービスの価格と利益が抑えられてしまっている。機器メーカーはしだいにサービス契約をあてにせず機器から利益を出す方法を見つけ出さなければならなくなりつつある。現在、新車の中には10万マイル（約16万km）までサービスが不要であることを保証されているものがある。使い捨てや故障のない機器が増えたため、顧客は購入金額の2〜10%を毎年サービスのために支払うことを渋る。企業顧客の中には、メンテナンスと修理の仕事を自社で行うところもある。このような企業は一般的に、自社でサービスを行っているのだから価格を引き下げるようにとメーカーに強く求めるのである。

参考文献

1. Jeff D. Opdyke, "Family Finance：Consumers Increasingly Use Internet to Price Auto Insurance," *Wall Street Journal*, May 25, 2005, p. D2；Lynna Goch, "Gearing Up：Insurers Are Using Driver Safety Programs, Sharply Focused Advertising, and the Internet to Court Teen Driver," *Best's Review*, October 2003, pp. 20+；Christopher Oster, "Car Insurers Get Into the Repair Business," *Wall Street Journal*, April 8, 2003, p. D1；"In Brief：Progressive Leads Performance List," *American Banker*, March 30, 2004, p. 9（www.progressive.com）.
2. Valarie A. Zeithaml, "How Consumer Evaluation Processes Differ between Goods and Services," in *Marketing of Services*, edited by J. Donnelly and W. R. George（Chicago：American Marketing Association, 1981）, pp. 186-190.
3. Amy Ostrom and Dawn Iacobucci, "Consumer Trade-offs and the Evaluation of Services," *Journal of Marketing*（January 1995）：17-28.
4. Theodore Levitt, "Marketing Intangible Products and Product Intangibles," *Harvard Business Review*（May-June 1981）：94-102；Leonard L. Berry, "Services Marketing Is Different," *Business*, May-June 1980, pp. 24-30.
5. B. H. Booms and M. J. Bitner, "Marketing Strategies and Organizational Structures for Service Firms," in *Marketing of Services*, edited by J. Donnelly and W. R. George（Chicago：American Marketing Association, 1981）, pp. 47-51.
6. Lewis P. Carbone and Stephan H. Haeckel, "Engineering Customer Experiences," *Marketing Management* 3（Winter 1994）：17.
7. Bernd H. Schmitt, *Customer Experience Management*（New York：John Wiley & Sons, 2003）. 邦訳：『経験価値マネジメント：マーケティングは、製品からエクスペリエンスへ』（バーンド・H・シュミット著、嶋村和恵、広瀬盛一訳、ダイヤモンド社、2004年）
8. Debra Zahay and Abbie Griffin, "Are Customer Information Systems Worth It？Results from B2B Services," *Marketing Science Institute Working Paper*, Report No. 02-113, 2002.
9. W. Earl Sasser, "Match Supply and Demand in Service Industries," *Harvard Business Review*（November-December 1976）：133-140.
10. Carol Krol, "Case Study：Club Med Uses E-mail to Pitch Unsold, Discounted Packages," *Advertising Age*, December 14, 1998, p. 40；<www.clubmed.com>.

11. Seth Godin, "If It's Broke, Fix It," *Fast Company*, October 2003, p. 131.
12. Bruce Horovitz, "Whatever Happened to Customer Service？ Automated Answering, Long Waits Irk Consumers," *USA Today*, September 26, 2003, p. A1.
13. 同上。
14. Susan M. Keaveney, "Customer Switching Behavior in Service Industries：An Exploratory Study," *Journal of Marketing* (April 1995)：71-82. 以下の文献も参照されたい。Michael D. Hartline and O. C. Ferrell, "The Management of Customer-Contact Service Employees：An Empirical Investigation," *Journal of Marketing* (October 1996)：52-70；Lois A. Mohr, Mary Jo Bitner, and Bernard H. Booms, "Critical Service Encounters：The Employee's Viewpoint," *Journal of Marketing* (October 1994)：95-106；Linda L. Price, Eric J. Arnould, and Patrick Tierney, "Going to Extremes：Managing Service Encounters and Assessing Provider Performance," *Journal of Marketing* (April 1995)：83-97；Jaishankar Ganesh, Mark J. Arnold, and Kristy E. Reynolds, "Understanding the Customer Base of Service Providers：An Examination of the Differences Between Switchers and Stayers," *Journal of Marketing* 64 (July 2000)：65-87.
15. Christian Gronroos, "A Service Quality Model and Its Marketing Implications," *European Journal of Marketing* 18, no. 4 (1984)：36-44.
16. Leonard Berry, "Big Ideas in Services Marketing," *Journal of Consumer Marketing* (Spring 1986)：47-51. 以下の文献も参照されたい。Walter E. Greene, Gary D. Walls, and Larry J. Schrest, "Internal Marketing：The Key to External Marketing Success," *Journal of Services Marketing* 8, no. 4 (1994)：5-13；John R. Hauser, Duncan I. Simester, and Birger Wernerfelt, "Internal Customers and Internal Suppliers," *Journal of Marketing Research* (August 1996)：268-280；Jagdip Singh, "Performance Productivity and Quality of Frontline Employees in Service Organizations," *Journal of Marketing* 64 (April 2000)：15-34.
17. Christian Gronroos, "A Service Quality Model and Its Marketing Implications," pp. 38-39；Michael D. Hartline, James G. Maxham III, and Daryl O. McKee, "Corridors of Influence in the Dissemination of Customer-Oriented Strategy to Customer Contact Service Employees," *Journal of Marketing* (April 2000)：35-50.
18. Nilly Landau, "Are You Being Served？" *International Business* (March 1995)：38-40.
19. Philip Kotler and Paul N. Bloom, *Marketing Professional Services* (Upper Saddle River, NJ：Prentice Hall, 1984). 邦訳：『コトラーのプロフェッショナル・サービス・マーケティング』（フィリップ・コトラー、ポール・ブルーム著、白井義男監修、平林祥訳、ピアソン・エデュケーション、2002 年）
20. Carolyn Marconi and Donna MacFarland, "Growth by Marketing under the Radar," presentation made at Marketing Science Insitute Board of Trustees Meeting：Pathways to Growth, November 7, 2002.
21. Dan McGinn, "BlueSkies," *MBA Jungle* (March/April 2002)：32-34；Melanie Wells, "Lord of the Skies," *Forbes*, October 14, 2002, pp. 130-138；Amy Goldwasser, "Something Stylish, Something Blue," *Business 2.0*, February 1, 2002, pp. 94-95.
22. Jena McGregor, "The Starbucks of Pharmacies？" *Fast Company*, April 2005, pp. 62-63；Christopher Rowland, "The Pharmacists in Chains Promote Personal Touch to Keep Edge Over Mail-Order Firms," *Boston Globe*, December 10, 2003, p. D1.
23. Douglas Hanks III, "Cirque du Soleil Seeks $100M in Funds," *Miami Herald*, September 2, 2005 (www.herald.com)；Matthew Miller, "The Acrobat," *Forbes*, March 15, 2004, pp. 100-102.
24. Glenn B. Voss, A. Parasuraman, and Dhruv Grewal, "The Role of Price, Performance, and Expectations in Determining Satisfaction in Service Exchanges," *Journal of Marketing* 62 (October 1998)：46-61.
25. A. Parasuraman, Valarie A. Zeithaml, and Leonard L. Berry, "A Conceptual Model of Service Quality and Its Implications for Future Research," *Journal of Marketing* (Fall 1985)：41-50. 以下の文献も参照されたい。Susan J. Devlin and H. K. Dong, "Service Quality from the Customers' Perspective," *Marketing Research：A Magazine of Management & Applications*, Winter 1994, pp. 4-13；William Boulding, Ajay Kalra, and Richard Staelin, "A Dynamic Process Model of Service Quality：From Expectations to Behavioral Intentions," *Journal of Marketing Research* (February 1993)：7-27.
26. Leonard L. Berry and A. Parasuraman, *Marketing Services：Competing Through Quality* (New York The Free Press, 1991), p. 16.
27. James L. Heskett, W. Earl Sasser, Jr., and Christopher W. L. Hart, *Service Breakthroughs* (New York：Free Press, 1990).

28. Leonard L. Berry ; Kathleen Seiders, and Dhruv Grewal, "Understanding Service Convenience," *Journal of Marketing* 66 (July 2002)：1-17.
29. Mary Jo Bitner, "Self-Service Technologies ; What Do Customers Expect ? " *Marketing Management* (Spring 2001)：10-11 ; Matthew L. Meuter, Amy L. Ostrom, Robert J. Roundtree, and Mary Jo Bitner, "Self-Service Technologies : Understanding Customer Satisfaction with Technology-Based Service Encounters," *Journal of Marketing* 64 (July 2000)：50-64.
30. John Goodman, *Technical Assistance Research Program (TARP)*, U.S. Office of Consumer Affairs Study on Complaint Handling in America, 1986 ; Albrecht and Zemke, *Service America!* 邦訳：『サービス・マネジメント革命：決定的瞬間を管理する法』(K・アルブレヒト、R・ゼンケ著、八木甫訳、HBJ 出版局、1988 年); Berry and Parasuraman, *Marketing Services*, Roland T. Rust, Bala Subramanian, and Mark Wells, "Making Complaints a Management Tool," *Marketing Management* 1, no. 3 (1992)：41-45 ; Stephen S. Tax, Stephen W. Brown, and Murali Chandrashekaran, "Customer Evaluations of Service Complaint Experiences : Implications for Relationship Marketing," *Journal of Marketing* (April 1998)：60-76.
31. Stephen S. Tax and Stephen W. Brown, "Recovering and Learning from Service Failures," *Sloan Management Review* (Fall 1998)：75-88.
32. Claire Armitt, "Strategic Play－Ocado," *New Media Age*, August 11, 2005, pp. 16+ ; "Customer Service : Disaffected Nation," *Marketing*, June 8, 2005, p. 32 ; Julie Demers, "Service Drives a New Program," *CMA Management*, May 2002, pp. 36+ ; Robert Geier, "How to Create Disaster Recovery Plans for Customer Contact Operations," *Customer Contact Management Report*, January 2002, pp. 1+ ; Don Merit, "Dealing with Irate Customers," *American Printer*, October 2001, p. 66.
33. Dale Buss, "Success from the Ground Up," *Brandweek*, June 16, 2003, pp. 21-22.
34. Kirstin Downey Grimsley, "Service with a Forced Smile ; Safeway's Courtesy Campaign Also Elicits Some Frowns," *Washington Post*, October 18, 1998, p. A1. 以下も参照されたい。Suzy Fox, "Emotional Value : Creating Strong Bonds with Your Customers," *Personnel Psychology*, April 1, 2001, pp. 230-234.
35. Milind M. Lele and Uday S. Karmarkar, "Good Product Support Is Smart Marketing," *Harvard Business Review* (November-December 1999)：124-132.
36. サービスの遅延がサービス評価にもたらす影響に関する調査については、以下の文献を参照されたい。Shirley Taylor, "Waiting for Service : The Relationship Between Delays and Evaluations of Service," *Journal of Marketing* (April 1994)：pp. 56-69 ; Michael K. Hui and David K. Tse, "What to Tell Customers in Waits of Different Lengths," *Journal of Marketing* (April 1996)：81-90.

第12章

価格設定戦略と価格プログラムの策定

◆ 本章では、次の問題を取り上げる ◆

1. 消費者は価格をどのように分析、評価するのか。
2. 新製品や新サービスの価格設定はどのようにすべきか。
3. 変化する状況や機会に、価格をどう適合させるべきか。
4. 企業はどの時点で価格を変更すべきか。また、競合他社の価格変更にはどう対応すべきか。

ユニリーバのマーケティング・マネジメント

　英・オランダ系多国籍企業のユニリーバはインドに明るい未来を見ている。インド市場は巨大であり、中流階級の成長で今も拡大の途上にあるからだ。しかし非常に競争の激しい市場でもある。ユニリーバはP&Gをはじめ、日用品で市場シェアと利益を狙う各社との価格戦争のプレッシャーを感じている。ユニリーバは石鹸や紅茶などの生活必需品を少量サイズにして低価格で販売し、22億ドルの事業に育て上げた。1回分の袋入りにした洗剤は0.5ルピー（アメリカの通貨に換算して約1セント）程度である。1品目当たりの利益は比較的低いが、需要が伸びているためユニリーバやライバル企業にとってこの市場の魅力は大きい。

　競争以外に価格を上げられないもう1つの要因は、小売の現場で値引きが普及していることである。こうしたプレッシャーはあるにせよ、ユニリーバは利益への影響を度外視して市場シェアを固守するつもりでいる。現在、ニルマ社などのローカル・ブランドが価格戦争に参戦し、顧客維持に奮闘している。しかしローカル・ブランドと、ユニリーバのサーフ・エクセルやP&Gのタイドなどの洗剤との価格ギャップは以前よりも大分縮まった。そのため、少し高価な多国籍企業のブランドに乗り換える顧客も出てきている。インド市場で数十年の経験を積んだユニリーバは、顧客について学んだ。インドの顧客が価格にうるさいことをよく知っているのである[1]。

価格は収益を生み出す唯一のマーケティング・ミックス要素である。それ以外の要素はコストを生む。価格はマーケティング・プログラムの中でおそらく最も融通のきく要素であろう。製品特徴、チャネル、プロモーションとは違い、すぐに変更することができるからだ。また価格は、価値をどこにポジショニングしようと意図しているかを市場に伝えるものでもある。しかし、ユニリーバのマーケターも承知しているように、価格設定の意思決定は複雑で難しい。ホリスティック・マーケターは、価格設定を決断するときに、企業、マーケティング戦略、標的市場、ブランド・ポジショニング、顧客、競争、マーケティング環境など多くの要素を考慮しなければならない。

価格設定の理解

すべての営利組織と多くの非営利組織が、自らの提供物に価格を設定している。呼称は家賃（アパート）、授業料（教育）、運賃（交通機関）、利子（借金）とさまざまでも、その概念は同じである。歴史の大半を通じて、価格は買い手と売り手の交渉によって決められていた。すべての買い手向けに1つの価格をつけることは、19世紀末に大規模小売業の発達とともに生まれた。多くの店舗が「厳密な単一価格政策」に従ったのは、販売している品目数が多く、管理している従業員数も多かったためである。

今日、インターネットは固定価格のトレンドを部分的に覆している。コンピュータ技術のおかげで、売り手がソフトウェアを使ってウェブ上の顧客の動きをモニターし、顧客に仕様や価格をカスタマイズさせることが容易になってきている。新たなソフトウェアの出現により、オンラインの買い物ロボット「ショップボット」を通じて、買い手が瞬時に価格を比較することも可能である。ある業界関係者が述べているように、「時代は非常に複雑で高度な経済状態へと移行している。売り手の技術と買い手の技術の間で軍拡競争が起こっているような状態だ」[2]。

❖価格設定

小企業では社長が価格を設定することが多く、大企業では、部門マネジャーや製品ライン・マネジャーの手に委ねられている。また大企業でも、経営陣が大まかな価格設定の目的と方針を決めたうえで、下位のマネジメント層が提案する価格を承認することが多い。価格設定が重要要素となる産業（航空機、鉄道、石油）の企業では価格設定部門を設けて、価格を設定したり別の部門が適切な価格を設定する手助けをしたりしている。価格設定部門は、マーケティング部、財務部、あるいは経営陣の直属である。その他、価格設定に影響を与えるのは、販売マネジャー、製造マネジャー、財務マネジャー、会計士である。

価格設定戦略を効果的に計画し、実施するためには、価格に対する消費者心理と、価格の設定、適応、変更に対する体系的なアプローチをしっかり理解することが必要である。

❖消費者心理と価格設定

消費者は価格を与えられるままに受け入れると仮定している経済学者は多い。しかし、消費者はしばしば価格情報を積極的に分析しているということにマーケターは気づいている。消費者は、過去の購入体験、公式なコミュニケーション（広告、セールス電話、パンフレット）、非公式なコミュニケーション（友人、同僚、家族）、購買時点あるいはオンラインの情報から得た知識に照らして価格を解釈しているのである[3]。消費者は、価格をどう知覚したか、実勢価格（マーケターが提示する価格ではなく）をいくらと考えるかをもとに購入決定を下す。それ以下だと品質が悪く受け入れられないと感じる価格の下限、それ以上だと高すぎて金を支払うに値しないと感じる価格の上限を持っていることもある。

■**参照価格**　消費者は価格の幅に関してはかなりの知識を持っているが、意外にも、特定の製品の正確な値段を覚えている人はほとんどいない[4]。消費者は**参照価格**を用いて、内的参照価格（記憶にある価格情報）と外的参照価格（「定価」の表示など）に照らして目の前の価格と比較することが多い[5]。売り手は参照価格を操作できる。例えば、自社製品を高価な製品の中に置いて、同じ製品クラスに属しているという印象を与えたり、製品の本来の価格はもっと高いことを示唆したり、競合他社の価格は高いと指摘したりする[6]。

■**価格－品質の推論**　多くの消費者は価格を品質の目安にしている。イメージ価格設定は、香水や高級車など購買者の自意識に訴える製品で特に有効である。1瓶100ドルの香水の中に入っている香りの値打ちは10ドルかもしれないが、香水を贈る人は、贈る相手への想いを伝えるために100ドル支払うのである。自動車では価格の知覚と品質の知覚が互いに影響し合っている[7]。高額な自動車は高品質を有していると知覚され、高品質の自動車は同様に、高価格であると知覚される。実際の品質に関して別の情報を得ることができれば、価格は品質の目安としてそれほど重要ではなくなる。

■**価格の手がかり**　消費者は価格を四捨五入ではなく「左から右に」読んだまま捉える傾向がある[8]。だから、299ドルの値がつけられたステレオを多くの人は300ドルの価格帯ではなく200ドルの価格帯だと見なす。もし四捨五入されると心理的に高いと感じるのであれば、このような方法で価格を符号化することは重要である。端数で終わる価格は割引やバーゲンの印象を与えるので、企業が高価格のイメージを望むなら、端数で終わる戦術は避けるべきである[9]。

価格設定

```
1. 価格設定目的の選択
        ↓
2. 需要の判断
        ↓
3. コストの評価
        ↓
4. 競合他社のコスト、価格、オファーの分析
        ↓
5. 価格設定方法の選択
        ↓
6. 最終価格の選択
```

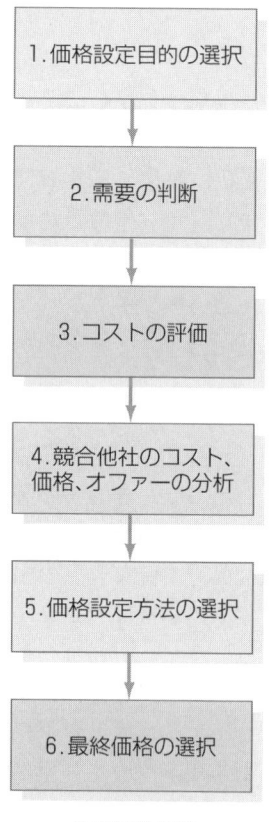

図 12-1
価格設定方針

製品の価格を設定する際には多数の要素を考慮しなければならない[10]。企業に価格設定の必要が生じるのは、新製品を開発するとき、従来の製品を新しい流通チャネルや地域に導入するとき、新しい契約業務に入札するときである。また、企業は製品を品質面、価格面で、どこにポジショニングするかを決定しなければならない。企業によっては3つから5つの価格ポイント、あるいは価格層がある。価格設定方針の6段階の手順は次の通りである。(1) 価格設定目的の選択、(2) 需要の判断、(3) コストの評価、(4) 競合他社のコスト、価格、オファーの分析、(5) 価格設定方法の選択、(6) 最終価格の選択（**図 12-1** 参照）。

❖ステップ１：価格設定目的の選択

企業は価格設定を通じて、5つの主目的のいずれかを追求することができる。それは、生き残り、最大経常利益、最大市場シェア、最大上澄み吸収、製品品質のリーダーシップである。「生き残り」は短期の目標で、過剰生産能力、激しい競争、消費者欲求の変化に苦しんでいる場合には適切である。価格が変動費と固定費の一部をカバーしている限り、企業は倒産を免れる。

「経常利益の最大化」を獲得するために、企業はいくつかの価格候補の需要とコストを評価し、経常利益、キャッシュ・フロー、もしくは投資収益率を最大化する価格を選択する。しかし現在の業績を重視しすぎると、他のマーケティング・ミックス変数の影響、競合他社の反応、価格に対する法的制約をないがしろにして、長期的な業績を犠牲にしかねない。

「市場シェアの最大化」という目的を選択する企業は、販売量が多ければ単位コストが下がって長期的な利益が上昇すると考える。**市場浸透価格設定**では、市場が価格に敏感だという前提のもとに最低価格を設定する。この価格設定が適しているのは、市場が価格に敏感で、低価格によって市場の成長が促される、生産を重ねるにつれて生産コストと流通コストが下がる、低価格が競合他社を牽制する、などの場合である。

多くの企業は「上澄み吸収」のために高価格設定を好む。**上澄み吸収価格設定**は次のような条件下において機能する。現時点で十分な数の買い手に高い需要がある。少量生産の単位コストがそれほど高くなく、売買がもたらす量のメリットを相殺するほどではない。イニシャ

ル・コストが高いため、競合他社が市場に参入しにくい。高い価格は優れた製品というイメージを伝える。

「製品品質のリーダー」を目指す企業は、「手の届くラグジュアリー品」を、ぎりぎり手の届く程度の高価格で提供したり（スターバックスのコーヒーなど）、品質、ラグジュアリー、プレミアム価格を結びつけた製品で提供する（アブソルートのスーパープレミアムウォッカなど）。非営利組織や公共機関には、別の価格設定目的があるだろう。大学は「部分的コストの回収」を目指す。残りのコストについては個人の寄付と政府の補助金に頼らなければならないことは承知のうえである。非営利の劇団ならば、満席になるように上演の価格を設定することだろう。公共サービス機関は、利用者の所得に応じた利用料金を設定することもある。

❖ステップ2：需要の判断

価格ごとに需要の水準は異なり、したがって企業のマーケティング目的に及ぼす影響も異なってくる。各価格水準とそれに対応する需要との関係は需要曲線で表すことができる。通常は需要と価格は反比例しており、価格が高いほど需要は低くなる。しかし、高級品の場合は需要曲線が時に右上がりになる。価格が高いということは品物が良いと考える消費者がいるからである。もっとも、価格が高すぎると、需要の水準は下がる可能性がある。

価格感受性

需要曲線が示すのは、それぞれの価格候補の市場推定購買量である。需要曲線は、異なる価格感受性を持つ多くの個人の反応を集約したものである。需要を見積もるための第1のステップは、価格感受性に影響を及ぼすものは何かを理解することである。一般的に言えば、顧客は値段の高い製品、あるいは頻繁に購入する製品について価格感受性が最も強い。製品の購入、使用、製品が寿命を終えるまでのサービスにかかる費用全体のうち、価格が占める割合がごくわずかである場合、価格感受性は弱い。最も低い「総保有コスト（TCO）」を提供している売り手であると顧客が知覚していれば、その売り手は競合他社よりも高い価格を請求してもなお取引を獲得することが可能である。

企業は当然、価格感受性の弱い顧客を好む。**表12-1**に、価格感受性の低下と関連のある要因を示す。企業は顧客や見込み客の価格感受性、および彼らが受け入れる価格と製品特性の妥協点を理解する必要がある。価格に敏感な消費者のみを標的にするのは「お金をテーブルの上に放置しているようなもの」だろう。

需要曲線の評価

需要曲線の評価には3つの基本的な手法がある。1つ目は過去の価格、販売量などの要素を統計分析してそれらの関係を評価する方法である。ただし、モデルを作成し、正しい統計手法でデータを当てはめるにはかなりのスキルを要する。2つ目は価格実験を実施することである。

表12-1　価格感受性の低下につながる要素

- 製品が個性的である。
- 買い手が代替製品を認知していない。
- 買い手が代替製品の品質を容易に比較できない。
- 出費が買い手の総収入のほんの一部にすぎない。
- 出費が最終製品の総コストに比べて小さい。
- コストの一部が別の関係者によって負担される。
- 製品が以前購入した資産と併せて利用される。
- 製品の品質、格式、高級感がより高いと考えられている。
- 買い手が製品を蓄えておくことが不可能である。

出典：Thomas T. Nagle and Reed K. Holden, *The Strategy and Tactics of Pricing*, 3rd ed. (Upper Saddle River, NJ : Prentice Hall, 2001), ch. 4 より転用。

ベネットとウィルキンソンは、ディスカウント・ストアで販売されている製品の価格を系統立てて変化させ、その結果を観察した[11]。類似した地域で価格を変えて販売し、売上にどのような影響が出るかを観察したり、インターネットで価格をテストすることもできる。後者の方法を用いるときは細心の注意を払い、顧客の離脱を防がなければならない[12]。

3つ目は、顧客に何種類かの価格を提示し、それぞれの価格で購入しようと思う数量を調査する手法である[13]。ただし、企業に高い価格設定をさせないために、買い手は高く提示された価格での購買意図を実際より控えめに答える可能性がある。価格と需要の関係を測定するにあたり、マーケターは、競合他社の反応など、需要に影響するさまざまな要素をコントロールしなければならない。また、企業が価格以外のマーケティング・ミックス要素を変化させると、価格変更の効果だけを特定することは難しくなる[14]。

需要の価格弾力性

マーケターは、価格変化に対して需要がどれだけ敏感か、言い換えればどれだけ弾力性があるかを知っておく必要がある。価格が小幅に変化しても需要がほとんど変わらない場合、需要は「非弾力的」であるといい、需要が大幅に変化すれば、需要は「弾力的」であるという。需要は、次の条件下で弾力性が小さくなる傾向にある。(1) 代替製品や競合他社が少ないか、存在しない。(2) 価格を上げても買い手がすぐには気づかない。(3) 買い手がなかなか購買習慣を変えて低価格品を探そうとしない。(4) 買い手が価格の上昇はもっともだと考えている。需要が弾力的なら、売り手は価格の引き下げを考えるだろう。価格を下げたほうが総収益は増える。販売量の増加によって生産コストと販売コストが不相応に高くなってしまわない限り、これは理にかなっている[15]。

価格の弾力性は、意図された価格変化の大きさや方向に左右される。価格変化が小さければ無視できるほどであるかもしれないし、価格変化が大きければ相当なものになるかもしれな

い。値下げと値上げとでは異なる場合もある。さらに、長期的な価格弾力性は短期的な価格弾力性とは異なることがある。買い手は価格の上昇後も現在の供給業者から買い続けるが、やがて供給業者をスイッチするかもしれない。このように短期と長期で弾力性に差があるということは、時間が経ってみないと売り手には価格変化の全体的な効果がわからない、ということを意味する。

❖ステップ3：コストの評価

需要は、企業が製品につけることのできる価格の上限を規定するが、コストは下限を規定する。企業としては、製品の生産コスト、流通コスト、販売コストをカバーし、その労力やリスクに相応する見返りを生み出す価格をつけたい。

コストのタイプと生産水準

企業のコストには、固定費と変動費の2つの形がある。**固定費**（**間接費**ともいう）は、生産高や売上高によって変化しないコスト、つまり生産高にかかわらず支払わなくてはならない賃借料、光熱費、利息、給料などである。**変動費**は生産水準に直結して変動する。例えば、テキサス・インスツルメンツ（TI）が生産する電卓一つひとつに、プラスチック、マイクロプロセッサー・チップ、パッケージングなどのコストが含まれている。このようなコストは、生産される1単位当たり一定になる傾向にあるが、総額が生産された単位数によって変動するため変動費と呼ばれる。**総コスト**とは、生産水準にかかわらず固定費と変動費を合計したものである。**平均コスト**とは、特定の生産水準における1単位当たりのコストをいい、総コストを生産高で割った額に等しい。経営陣は、最低でも一定の生産水準の総生産コストをカバーする価格をつけたいと考える。

適切な価格設定を行うためには、コストが生産水準によってどのように変化するのかを知る必要がある。1日の生産台数が少なければ、1台当たりのコストは高いが、生産量が増加すると固定費が多くの台数に分散するため平均コストは下がる。しかしある量に達すると、工場の効率が悪くなる（機械が故障する頻度が増えるなどの問題が生じる）ため平均コストが上がる。工場の規模に応じたコストを計算することにより、規模の経済性を達成して平均コストを下げる最適な工場の規模と生産水準を見極めることができる。

累積生産量

TIが1日に3000台の電卓を生産する工場を操業しているとする。TIが電卓の生産経験を積み重ねるにつれて、その方法は改善されていく。労働者は効率的な方法を覚え、資材の流れは円滑になり、調達コストは下がる。その結果、生産経験が累積されると平均コストが下がる。例えば、最初の10万台の電卓を生産する平均コストは1台当たり10ドルである。20万台を生産した時点で、平均コストは9ドルに下がる。生産経験の累積がさらに2倍の40万台

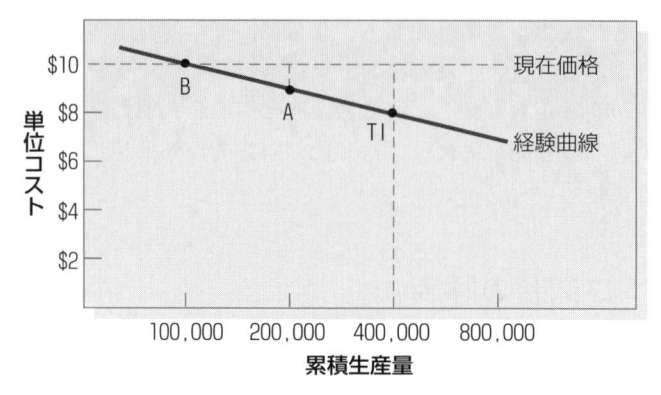

図12-2　経験曲線

になるとき、平均コストは8ドルになる。この生産経験の累積による平均コストの低下は、**経験曲線**または**学習曲線**と呼ばれる。

さて、この業界でTI、A社、B社の3社が競合していると仮定する（**図12-2参照**）。TIはこれまでに40万台生産し、1台当たりのコストは最低の8ドルである。3社すべてが10ドルで電卓を販売すると、TIは1台当たり2ドルの利益、A社は1ドル、B社は損益ゼロである。ここでTIにとって賢明な動きは、価格を9ドルに下げることだろう。それによってB社は市場から締め出され、A社も撤退を考えるかもしれない。TIはB社が（そしておそらくA社も）得ていたであろう取引を自分のものにすることができる。そのうえ、価格に敏感な顧客は下がった価格を目当てに市場に入ってくる。生産台数が40万台を超えると、TIのコストはさらに下がっていき、価格が9ドルでも利益を確保できる。TIはこの攻撃的な価格戦略を繰り返し用いることで市場シェアを獲得し、他社を業界から追い出してきた。

しかし、「経験曲線による価格設定」には大きなリスクが伴う。攻撃的な価格設定は、製品に安っぽいイメージを与えるかもしれないからだ。またこの戦略は、競合他社が力の弱いフォロワーであることを前提としている。この戦略では企業は需要に応えるために次々と工場を建設することになるが、その間に競合他社が低コスト技術を開発するかもしれない。そうすると今度はマーケット・リーダーが古い技術を抱えて取り残されてしまうことになる。

活動基準原価会計

今日の企業は、タイプの異なる買い手それぞれに対して、自社のオファーや条件を適合させようとしている。例えば製造業者は小売チェーンごとに個別の条件で交渉するだろう。つまり製造業者のコストと利益は小売チェーンごとに異なる。製造業者が各小売業者との取引の収益性を評価するには、標準原価会計ではなく**活動基準原価（ABC）会計**を用いる必要がある[16]。ABC会計は、それぞれの顧客との付き合いにかかる実際の関連コスト（変動費と間接費）を特定しようとするものである。コストを正しく測定できない企業は、利益も正しく測定でき

ず、マーケティング努力の配分を誤りやすい。

ターゲット・コスティング

コストは生産規模と経験によって変化する。コストはデザイナー、エンジニア、購買担当者による**ターゲット・コスティング**を用いたコスト削減努力によっても変化する[17]。市場調査を行って新製品に求められている機能を特定し、その製品の訴求力や競合製品の価格を考慮して、販売価格が決定される。この価格から望ましい利益マージンを差し引くと、達成しなければならないターゲット・コストが残る。デザイン、エンジニアリング、製造、販売などそれぞれのコスト要素を検討し、最終的なコストの予測をターゲットとするコスト範囲内に収める方法を考えなければならない。もしそれができなければ、ターゲット価格で販売してターゲット利益を上げることはできないため、製品開発をやめるべきかもしれない。

❖ ステップ4：競合他社のコスト、価格、オファーの分析

市場の需要や企業のコストによって決定される可能な価格範囲内で、企業は競合他社のコスト、価格、価格に対する反応を考慮に入れなければならない。もし自社のオファーが最も競り合っている競合他社のオファーにはない特徴を有しているのなら、それが顧客にとってどれくらい価値があるのかを評価して、競合他社の価格にその分を上乗せすべきである。もし競合他社のオファーに自社の提供していない特徴があるとしたら、それが顧客にとってどれくらい価値があるのかを評価して、その分を自社の価格から差し引かなくてはならない。そのうえで企業は、競合他社と比較して高い値段をつけるか、同じ値段にするか、安い値段をつけるかを決定することができる。しかし、競合他社がこちらの価格に反応して価格変更する可能性もあることを覚えておかなければならない。

❖ ステップ5：価格設定方法の選択

3つのC——顧客の需要表（Customer's demand schedule）、コスト関数（Cost function）、競合他社の価格（Competitors' prices）——が価格設定において考慮すべき主要な3点である（**図12-3**参照）。第1に、コストは価格の下限を定める。第2に、競合他社の価格や代替製品の価格は調整点を規定する。第3に、製品独自の特徴に対する

高価格
（この価格での需要は見込めない）

上限価格

製品独自の特徴に対する顧客の評価

調整点

競合他社の価格と代替製品の価格

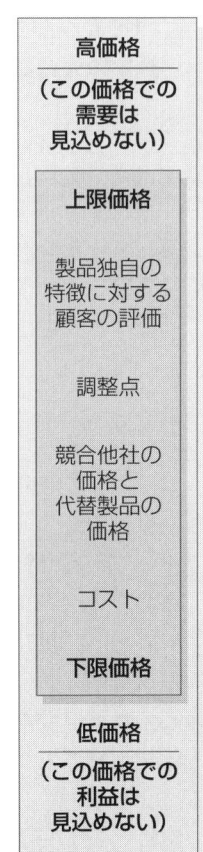

コスト

下限価格

低価格
（この価格での利益は見込めない）

図12-3
価格設定のための3Cモデル

顧客の評価は、価格の上限を規定する。企業は、この3つの考慮点の中から1つないしそれ以上を含む価格設定方法を選択する。ここでは次の6つの価格設定方法を考察する。マークアップ価格設定、ターゲットリターン価格設定、知覚価値価格設定、バリュー価格設定、現行レート価格設定、オークション型価格設定である。

マークアップ価格設定

最も基本的な価格設定方法は、製品のコストに標準的な**マークアップ**を上乗せすることである。建設会社はプロジェクトの総コストの評価に、利益分の標準マークアップを加えて入札する。弁護士や会計士は一般的に所要時間と経費に標準マークアップを乗せた額を請求する。

トースターのメーカーが、次のようなコストと売上を予測しているとする。

単位当たりの変動費	10 ドル
固定費	300,000 ドル
推定販売台数	50,000 台

このメーカーの単位コストは次のように算出される。

$$\text{単位コスト} = \text{変動費} + \frac{\text{固定費}}{\text{販売台数}} = 10\text{ ドル} + \frac{300{,}000\text{ ドル}}{50{,}000} = 16\text{ ドル}$$

ここで、メーカーが20%のマークアップを獲得したいと仮定しよう。メーカーのマークアップ価格は次のように算出される。

$$\text{マークアップ価格} = \frac{\text{単位コスト}}{(1 - \text{期待利益率})} = \frac{16\text{ ドル}}{1 - 0.2} = 20\text{ ドル}$$

このメーカーは販売会社にトースター1台につき20ドルを請求して、1台当たり4ドルの利益を得ることになる。販売会社が販売価格の50%の利益を得たければ、マークアップ込みで40ドルの価格をつけるだろう。これは100%のマークアップを乗せたということになる。

標準マークアップ法を用いることは、論理的に筋が通っているだろうか。一般的に言うと、ノーである。現在の需要、知覚価値、競合他社を無視した価格設定方法では、最適な価格はつけられない。マークアップ価格設定が功を奏するのは、マークアップ価格が実際に予想どおりの販売水準をもたらす場合のみである。

新製品を導入する企業は、できるだけ早くコストを回収したいと考えて、価格を高く設定することが多い。しかしこれは競合他社が価格を低く設定した場合には命取りとなる。オランダの電機メーカー、フィリップスがビデオディスク・プレイヤーの価格を設定したときがそうだった。フィリップスはビデオディスク・プレイヤー1台ごとに利益を得ようとしたが、日本の競合他社は価格を低く設定して急激に市場シェアを伸ばすことに成功し、それによってコストを大幅に下げたのである。

それでもなお、マークアップ価格設定は以下の理由から広く行われている。第1に、売り手は需要を評価するよりもはるかに容易にコストを決定することができる。価格とコストを結びつければ、売り手にとって価格設定の仕事が単純化するのである。第2に、業界の全企業がこの価格設定方法を使用している場合は、価格が類似する傾向にある。したがって価格競争が最小限となる。第3に、コストプラス型価格設定は買い手と売り手の双方に公平であると感じている人が多い。売り手は、買い手の需要が切迫してもそれにつけ込むことはせず、公正な投資収益を得るのである。

ターゲットリターン価格設定

ターゲットリターン価格設定では、企業は目標とする投資収益率（ROI）を生むように価格を決定する。ターゲット価格設定はGMで用いられており、同社は15〜20％のROIを達成するように自動車の価格を設定している。

先ほどのトースター・メーカーが事業に100万ドルを投資して、20％のROIを得たいとする。ターゲットリターン価格は次の式から算出される。

$$\text{ターゲットリターン価格} = \text{単位コスト} + \frac{\text{期待収益} \times \text{投下資本}}{\text{販売台数}}$$

$$= 16 \text{ ドル} + \frac{0.20 \times 1,000,000 \text{ ドル}}{50,000} = 20 \text{ ドル}$$

コストと推定販売台数が正確であれば、このメーカーは20％のROIを達成できる。しかし、販売台数が5万台に届かなかったらどうか。損益分岐点チャートを作成すると、別の販売水準ではどうなるかがわかる（図12-4）。販売量に関係なく固定費は変わらない。変動費は図に

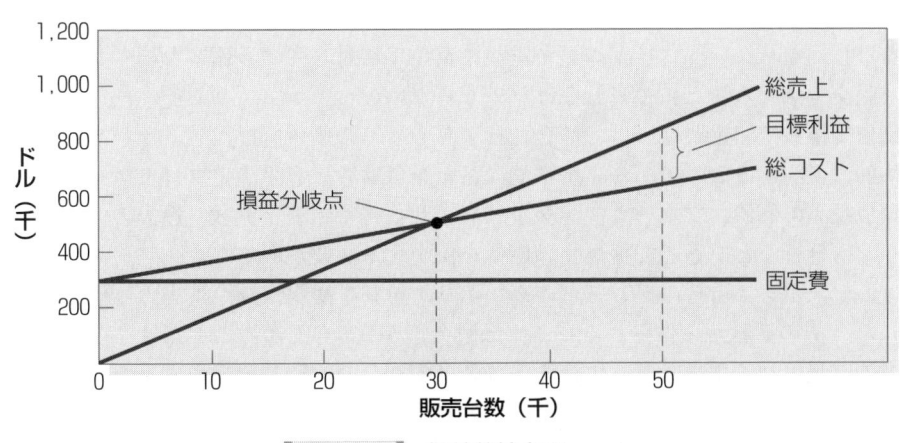

図12-4 損益分岐点チャート

示されていないが、販売量とともに上昇する。総コストは固定費と変動費の合計である。総売上曲線は1台売れるごとに上昇する。

このチャートによれば、総売上曲線と総コスト曲線は3万台のところで交差する。これが損益分岐点販売量である。この販売量は次の式でも確認することができる。

$$損益分岐点販売量 = \frac{固定費}{(価格 - 変動費)} = \frac{300{,}000 \text{ ドル}}{20 \text{ ドル} - 10 \text{ ドル}} = 30{,}000 \text{ 台}$$

1台20ドルで5万台売れれば、100万ドルの投資で20万ドルの利益が出る。しかし、価格弾力性と競合他社の価格に左右される部分も大きく、ターゲットリターン価格設定ではこれらの考慮点を無視しがちである。メーカーは別の価格も検討し、それらの価格が販売量と利益に与える影響を評価する必要がある。また固定費と変動費を下げる方法も探るべきだろう。なぜなら、コストが下がれば、必要な損益分岐点販売量も減少するからである。

知覚価値価格設定

現在、顧客の「知覚価値」を基準に価格を設定する企業が増えつつある。企業は自社の価値提案で約束した価値を提供しなければならず、顧客にこの価値を知覚してもらわなければならない。企業は、買い手のマインド内に知覚価値を植えつけ、それを高めるために、広告など他のマーケティング・ミックス要素を用いる[18]。

知覚価値は多くの要素からなっている。例えば、製品性能、チャネルの実行力、保証内容の質、顧客サポートに対して顧客が抱くイメージや、供給業者の評判、信用などの感情的な属性である。そのうえ、潜在的な顧客が、それぞれの要素を重視する度合いは人によって異なる。結果として、「価格重視の買い手」もいれば「価値重視の買い手」もいて、さらに「ロイヤルティ重視の買い手」もいるだろう。企業はこの3つのグループに対して別々の戦略をとるべきである。価格重視の買い手に対しては、必要最低限の機能しか持たない製品やサービスを提供すればよい。価値重視の買い手に対しては、常に新しい価値を追求し、積極的に価値を見直していかなければならない。ロイヤルティ重視の買い手に対しては、顧客とのリレーションシップ構築と親交を深めることに投資しなければならない。

知覚価値価格設定で重要なのは、競合他社よりも多くの価値を提供し、それを見込み客に対して具体的に説明することである。基本的に、企業は顧客の意思決定プロセスを理解し、経営判断、類似製品の価値、フォーカス・グループ、サーベイ調査、実験、過去のデータ分析、コンジョイント分析などを通じて提供物の価値を決定する必要がある[19]。

例えば、デュポンは自社のグレードの高いポリエチレン樹脂が持つ本当の価値を顧客に詳しく説明した。その樹脂から作られるパイプは耐久性が5％も上がることだけを述べるのではなく、地中の灌漑用パイプを設置、維持するコストの詳しい比較分析を作成した。作業員に支払わなければならない賃金と、地下のパイプを掘り起こして交換することからくる収穫高の損害を少なくすることこそが、本当のコスト削減につながる。デュポンは7％も高い価格をつける

ことに成功し、しかも翌年には売上が倍になったのである。

バリュー価格設定

バリュー価格設定とは、高品質の提供物にかなり低い価格をつけ、顧客のロイヤルティを勝ち取る方法である。バリュー価格設定を実践して成功を収めている企業に、イケア、サウスウエスト航空、ウォルマートがある。バリュー価格設定は、単に自社製品に競合製品よりも低価格をつけるというだけのことではない。品質を犠牲にすることなく低コストで生産できるようにするために、全オペレーションの抜本的な改革を行い、価値意識の高い顧客を大勢引きつけるために大幅な値下げを実行する。

バリュー価格設定の重要なタイプに、**エブリデイ・ロー・プライシング（EDLP）**があり、これは小売レベルで行われる。EDLP の価格設定方針をとる小売業者は、価格プロモーションや特別セールをほとんど、ないしはまったく行わず、常に低価格をつける。価格が一定であるため、週ごとの価格変動がなくなり、販売促進を優先する競合他社の「ハイ・ロー」プライシングとは対照的である。**ハイ・ロー・プライシング**では、日ごろは高い価格をつけるが、一時的に EDLP の水準を下回る価格に下げる[20]。

EDLP の王者はウォルマートである。特売品は毎月ごくわずかしか提供していない。ダラー・ジェネラルのように、極端なエブリデイ・ロー・プライシングにマーケティング戦略を集中させている小売業者もいる。小売業者が EDLP を採用する最も大きな理由は、セールとプロモーションを繰り返し行うと出費がかさむうえ、毎日の店頭価格の信頼性に消費者が疑問を抱くようになるためである。また、消費者はこれまでのように、スーパーマーケットの特売品をチェックし、クーポンを切り抜くような時間や忍耐がなくなってきてもいる。それでも、プロモーションは購買意欲を喚起して、買い物客を引きつける優れた方法である。そのため、EDLP が必ず成功するという保証はない。スーパーマーケットが同業者や代替チャネルとの競争激化に直面している今日、多くのスーパーマーケットは広告やプロモーションを増やし、ハイ・ロー・プライシングと EDLP を組み合わせて買い物客を引きつけている[21]。

現行レート価格設定

現行レート価格設定では、主として競合他社の価格に基づいて価格が決められる。企業は、主な競合他社より高い、低い、あるいは同じ価格を設定することになる。鉄鋼、紙、肥料のようなコモディティを販売する寡占業界では、同一価格を設定するのが普通である。中小企業は「リーダーに追随し」、自社の需要やコストが変化したときではなく、マーケット・リーダーの価格が変化したときに価格を変更する。わずかなプレミアムか割引を価格に盛り込む企業もあるが、差額は一定に保っている。コストの測定が困難だったり、競合他社の反応が不確実だったりする場合、企業は現行レート価格を採用する。なぜなら、現行レート価格は業界の集合知を反映するものだとみなされているからである。

オークション型価格設定

インターネットの発達に伴い、オークション型価格設定が一般的になりつつある。その主な用途の1つは余剰在庫や中古品を処分することであり、もう1つは低価格で製品やサービスを手に入れることである（「マーケティング・スキル▶オンライン・オークションの計画立案」参照）。企業はオークションのタイプとタイプ別の価格設定方法を知っておく必要がある。

「英国式オークション（競り上げ方式）」では、1人の売り手が商品を出品し、複数の入札者が提示価格を上げていき、最高値をつけた者が落札する。英国式オークションは、骨董品、家畜、不動産、中古機器、中古車などを売るのに用いられることが多い。「オランダ式オークション（競り下げ方式）」では、1人の売り手が多数の買い手に価格を提示したり、あるいは1人の買い手が複数の売り手からの入札を募る。前者の場合、競売人が商品の最高額を公表し、それから徐々に入札者が価格を受け入れるまで価格を下げていく。後者は、買い手が手に入れたい物を告げてから、売り手候補が最も低い価格で提供して販売を獲得しようと競うものである。それぞれの売り手は最後の価格を見て、さらに低い値をつけるかどうかを決める。

「シールド・ビッド・オークション（密封入札）」では、落札を目指す供給業者が1回だけ入札価格を提出する。その際に他社の付け値は知らされない。アメリカ政府はしばしば、備品を調達するためにこの方法を利用する。供給業者はコストよりも低い入札価格を提示するわけにはいかないが、契約を逃す恐れがあるので高くしすぎることもできない。この2つの力を差し引きした最終的な効果は、入札の「予想利益」という形で表すことができる。価格設定に予想利益を用いることは、たくさんの入札を行う売り手にとっては理にかなっている。しかし入札の回数が少ないか、どうしても特定の契約を獲得したい売り手にとっては、予想利益の活用はあまり利点がないだろう。この基準では、落札の確率0.10の1000ドルの利益と、確率0.80の125ドルの利益との区別ができない。しかし、生産を継続したいと考える企業なら、確率0.10よりも確率0.80を選ぶだろう。

❖ステップ6：最終価格の選択

価格設定の方法によって、企業が最終価格を決定する際の選択範囲が絞り込まれる。価格を選択する際、企業はその他の要素を考慮しなければならない。他のマーケティング活動、企業の価格設定方針、利益分配とリスク分担価格設定、他の関係者に対する価格の影響などである。

他のマーケティング活動

最終価格では競合製品との相対的なブランド品質と広告を考慮に入れなければならない。ファリスとレイブシュタインは、227の消費者向け企業を対象に相対価格、相対品質、相対広告の関係を考察し、次のようなことに気づいた。相対品質が平均的で相対広告予算が高いブラ

マーケティング・スキル ▶ オンライン・オークションの計画立案

　世界中の企業がコストを抑え、供給業者や顧客の幅を広げるためにオンライン・オークションを採用するようになっている。そのため、マーケターはオンライン・オークション、特に部品、資材、機材、サービスを供給する業者から入札を求めるオークションの計画立案と管理の方法を知っておかなければならない。まずは実験的に数回のオークションで複数の供給業者から低リスク製品を購入してみてもよい。第1のステップは、自社が何を購入したいかを、品質の詳しい仕様やその他の属性も含めて見極め、おおよその予算を決定することである。

　次に、定評のある供給業者に製品の提供を呼びかけ、供給業者が事前に書類や入札の準備ができるよう、数週間の猶予を与える。新規の供給業者には、入札の条件として品質レベル、納期などの仕様に合わせられることを証明するよう求める場合もある。複数品目を対象とする際には、供給業者が選択した品目にのみ入札してもよいかどうかを決めなくてはならない。オークションが始まってからは、入札や提案の検討、またオークションをスムーズに進行させるための入札の更新に忙しくなる。終了時には、すべての参加者に購買決定を知らせ、全員に参加への感謝を伝える。

　イギリスの大手スーパーマーケットチェーン、セインズベリーは、冷凍食品、食肉、化粧品、飲料などのプライベート・ブランド製品の製造への入札をオンライン・オークションで募っている。こうしたオークションを計画する際には、品質を価格と同じくらい重視している。「ほぼ毎回、オークションの前に製品サンプルを評価し、すべてが公平な条件下で競い合うようにしています」とセインズベリーの経営幹部は言う。「品質属性の面で水準に達しない製品はオークションには参加させません。しかも、その品質で最も良い価格で調達したいと考えています」。オークションで毎回必ずしも経費が節約できるわけではないが、全体として見れば財務上の効果があるため、同社は今後もオンライン・オークションを利用していく[22]。

ンドには、プレミアム価格をつけることができた。消費者は、知らない製品よりも知っている製品に、高い価格を支払ってもよいと考えていたようである。また、相対品質が高く相対広告予算も高いブランドには、最も高い価格をつけることができた。逆に、品質も広告予算も低いブランドには、最も低い価格がつけられた。最後に、価格と広告の正の相関関係は、マーケット・リーダーの製品ライフサイクルにおける終盤の段階で最も顕著であった[23]。

企業の価格設定方針

価格は企業の価格設定方針と一致していなければならない。そこで多くの企業は、方針の作成と価格の決定や承認を行うために、価格設定部門を設けている。その目的は、販売員によって顧客に提示される価格が妥当であり、なおかつ確実に企業に利益をもたらすようにすることである。

利益分配とリスク分担価格設定

知覚されるリスク水準が高いために、買い手が売り手の提案の受け入れを拒否することがある。約束した価値を満足に提供できない場合、売り手がリスクの一部、またはすべてを吸収することを申し出るという選択肢がある。例えば、医療製品会社のバクスターは、ヘルスケア供給業者のコロンビアHCAに、8年で数百万ドルの経費節減ができる情報管理システムの開発を提案した。コロンビアが尻込みすると、バクスターは節減される金額が実現しなかった場合は差額を補償することを申し出た。バクスターは見事に受注を獲得した。

バクスターはさらに話を進めて、もしバクスターの情報システムによってコロンビアが目標金額を上回る経費節減ができたら、その余剰分の一部をバクスターの取り分にするという提案もできただろう。つまり、リスクとともに利益も分担するわけである。特に大きな経費節減を約束するビジネス・マーケターがそうだが、予測される経費節減分を保証できるように、そして利益が予想をはるかに上回る場合には、できれば分け前にあずかれるようにしておくべき企業が増えていくだろう。

他の関係者に対する価格の影響

経営陣は、予定価格に対する流通業者、ディーラー、セールス・フォースなど他の関係者の反応を考慮しなければならない。競合他社の反応はどうだろう。供給業者は企業の価格を知って供給品の価格を上げるだろうか。行政が介入して、当該価格がつけられるのを阻止するだろうか。さらに、マーケターは価格設定を規制する法律を知っておく必要がある。売り手は競合他社と相談せずに価格を設定しなければならないとされている。また、人を欺くような価格設定も許されない。例えば、企業が故意に高い「通常」価格を設定しておいて、それから以前の平常価格に近い価格を「セール」だと公示するのは違法である。

価格適合

企業は通常、単一価格を設定するよりも、地理的需要やコスト、市場セグメントの要求、購買の時期、受注水準、納品の頻度、保証、サービス契約などの要素の変動を反映した価格設定構造を設ける。割引、アロウワンス、プロモーションを行う結果、企業が販売する製品単位の

利益がすべて同じであることはめったにない。ここではいくつかの価格適合戦略を考察する。地理的価格設定、価格割引とアロウワンス、販促型価格設定、差別型価格設定、製品ミックス価格設定である。

❖ 地理的価格設定

　地理的価格設定では、企業は所在地や国の異なる顧客に対して、それぞれどのように製品の価格を設定するかについて決定する。例えば、企業は遠隔地の顧客に対して、高い輸送コストをカバーするために高価格をつけるべきだろうか、それともより多くの取引を獲得するために低価格をつけるべきだろうか。もう1つの問題は支払い方法である。外国の買い手が購入に必要なハード・カレンシー【訳注：外国の通貨に交換できる通貨】を十分に持っていない場合、これは重大な問題である。その場合、多くの買い手は別の物品で支払うことを希望する。これを**カウンタートレード**というが、世界貿易の15～25%を占めており、その形態にはいくつかある[24]。

■ **バーター**　現金や第三者が介在しない、商品どうしの直接交換のことである。フランスの衣料メーカーであるエミネンスS.A.は、東ヨーロッパの顧客とバーター取引を行い、2500万ドル相当のアメリカ製下着とスポーツウェアを、国際輸送や雑誌の広告スペースなどさまざまな商品やサービスと引き換えた。
■ **埋め合わせ取引**　売り手が支払いの一部を現金で、残りを製品で受け取ることである。イギリスの航空機メーカーはブラジルに航空機を販売した際、支払いの70%を現金で、残りをコーヒーで受け取った。
■ **買い戻し協定**　売り手が工場や設備を販売し、支払いの一部として提供設備で製造された製品を受け取ることである。アメリカの化学メーカーはインド企業のために工場を建て、支払いの一部を現金で、残りをその工場で製造された化学薬品で受け取った。
■ **相殺**　売り手は支払いの全額を現金で受け取るが、定められた期間内に受け取った金額の大部分をその国で費やすことに同意することである。例えば、ペプシコは同社のコーラ・シロップをロシアに売ってルーブルで支払いを受け、そのうち一定割合の額でロシアのウォッカを購入し、アメリカ国内で販売する契約をしている。

❖ 価格割引とアロウワンス

　大半の企業は、早期支払い、大量購入、オフシーズン購入に対して定価を調整し、割引やアロウワンスを提供する（**表12-2**）[25]。これは慎重に行わないと、企業の利益が計画を大幅に下回ることになりかねない[26]。販売部門の管理者は、割引を受けている顧客の比率、平均割引率、割引に依存しすぎている特定の販売員をモニターする必要がある。上級管理者は「正味

表 12-2　価格割引とアロウワンス

現金割引：	即座に支払いをする買い手に対して価格を割り引くことである。典型的な例は、「2/10、net30」で、支払い期限は 30 日以内であるが、買い手が 10 日以内に支払いをすれば、2%の割引を受けられるというものである。
数量割引：	大量購入した買い手に対して価格を割り引くことである。典型的な例は、「100 単位未満は 1 単位当たり 10 ドル、100 単位以上なら 1 単位当たり 9 ドル」というものである。数量割引はすべての顧客に対して平等に提供しなければならず、売り手にとってのコスト節減分を超えてしまわないようにすべきである。数量割引は、発注 1 件当たりの単位数、もしくは一定期間内の累積発注単位数に基づいて提供することができる。
機能割引：	「取引割引」とも呼ばれるこの割引は、販売、保管、記録など特定の機能を果たすチャネル・メンバーに対して製造業者が提供するものである。製造業者は、同じチャネル内では同じ機能割引を提供しなければならない。
季節割引：	オフシーズンに商品やサービスを購入する買い手に対して行う値引きのことである。ホテル、モーテル、航空会社は売上が鈍る時期に季節割引を提供している。
アロウワンス：	再販業者に特別プログラムへ参加してもらうための特別支払いである。「トレードイン・アロウワンス」は、新しいアイテムを購入するときに古いアイテムを下取りに出した場合に提供される。「プロモーション・アロウワンス」は、広告や販売支援プログラムに参加したディーラーへの報酬である。

価格分析」を行い、提供物の「本当の価格」を突き止めるべきである。本当の価格は割引の影響だけでなく、実際の販売価格を下げるような他の多くの経費の影響も受ける。

❖販促型価格設定

　企業が早期購入を促進するための価格設定テクニックはいくつかある。

■**ロスリーダー価格設定**　小売店は、さらに客足を伸ばそうと有名ブランドの価格を下げることがよくある。これは、ロスリーダーのマージンが下がった分を、店舗全体の販売量の増加で補うことができれば利益になる。

■**特別催事価格設定**　売り手はより多くの顧客を引きつけるために、特定の季節に特別価格を設定する。例えば、新学期セールなどである。

■**現金リベート**　自動車メーカーなどは、特定期間内での製品購入を促すために、現金リベート（キャッシュバック）を提供する。リベートは、定価を下げずに在庫を処分するのに役立つ。

■**低金利融資**　価格を下げる代わりに、顧客に低金利融資を提供する方法もある。

■**長期支払い**　売り手の中でも特に抵当銀行や自動車メーカーは、ローンの期間を長くして、月々の支払額を低くする。消費者はローンのコスト（すなわち利率）よりも、月々の支払いができるかどうかを気にすることが多い。

■**保証とサービス契約**　無料または低コストの保証やサービス契約を付加することによって、

販売を促進する。
■**心理的割引**　この戦略は、意図的に高い価格を設定し、大幅な値引きをして製品を提供するものである。例えば、「359ドルだった商品を、299ドルに値下げしました」というものである。違法な割引戦術は、連邦取引委員会や商業改善協会で問題にされる。

販促型価格設定戦略はゼロサム・ゲームになることが多い。戦略がうまくいくと、競合他社が模倣して効果がなくなる。うまくいかなければ、製品品質とサービスの増強や広告による製品イメージの強化など、他のマーケティング・ツールに投じられたはずの資金を無駄にしたことになる。

❖ 差別型価格設定

企業は顧客、製品、場所などの相違に応じて基本価格を調整することが多い。**価格差別**は、企業が1つの製品やサービスを2種類以上の価格で販売するときに生じるが、価格差はコスト差に基づいたものではない。売り手が買い手のクラスごとに異なる額を請求する場合もある。次のようなケースが挙げられる。

■**顧客セグメント別価格設定**　同じ製品もしくはサービスに、顧客グループによって異なる価格が設定される。例えば、博物館では、学生や高齢者向けに安い入場料が設定されることが多い。
■**製品形態別価格設定**　製品のバージョンによって異なる価格が設定されるが、これはコスト差に対応したものではない。エビアンは48オンス（約1420cc）ボトルのミネラルウォーターに2ドルの価格をつけ、1.7オンス（約50cc）入りのモイスチャー・スプレーには6ドルの価格をつけている。
■**イメージ別価格設定**　イメージの違いに基づいて、同じ製品に2つの異なる水準の価格設定をしている企業もある。香水メーカーが瓶に香水を入れて、それに特定のブランドとイメージをつけ、1オンス（約30cc）当たり10ドルの価格をつけたとする。そのメーカーは、同じ香水を違う瓶に入れ、別のネームとイメージをつけて、1オンス当たり30ドルという価格を設定することもできる。
■**チャネル別価格設定**　コカ・コーラは、高級レストランで購入されるか、ファストフードか、あるいは自動販売機かによって価格が異なる。
■**場所別価格設定**　たとえコストが同じであっても、場所が異なれば同じ製品に対して異なる価格が設定される。例えば劇場では、観客の好みがあるので座席の位置によって価格が異なる。
■**時期別価格設定**　価格は季節、曜日、時間に左右される。公益企業では時期別価格設定を適用し、商業用利用者のエネルギー利用料を1日の時間帯、また週末か平日かによって変動させ

ている。航空会社では**優先的価格設定**を用いて、売れ残ったチケットを期限切れの前に低価格で提供している[27]。

消費者別に異なる価格スケジュールを提供して、価格を大幅に調整するという現象は爆発的に増えている[28]。差別型価格設定が成功するのは次の場合である。（1）市場を細分化することが可能で、各セグメントにおける需要水準が異なっている。（2）低価格で購入しているセグメントの構成員が、高価格を支払っているセグメントに対して製品を再販売できない。（3）高価格が設定されているセグメントにおいて、競合他社が自社より低価格を設定できない。（4）市場の細分化や管理のコストが、価格差によってもたらされる追加収益を超えない。（5）差別的価格設定が顧客の恨みや反感を買わない。（6）差別的価格設定の方式が違法ではない[29]。

❖製品ミックスの価格設定

製品ミックスを売り出すときには、価格設定の論理に修正を加えなければならない。この場合、企業は製品ミックス全体の利益を最大にするような価格を探る。さまざまな製品にはそれぞれ需要とコストの相関関係があり、製品によって競争の度合いも異なることから、価格設定は難しい。製品ミックスの価格設定は6つに分類することができる。

■**製品ラインの価格設定**　多くの売り手はすでに定着している価格ポイント（例えば200ドル、400ドル、600ドルのスーツ）を自社の製品ラインの各製品を区別するために用いている。売り手の仕事は、価格差を納得させられるような知覚品質の差を創り出すことである。

■**オプションの価格設定**　自動車メーカーなどの企業は、主製品とともにオプションの製品、特徴、サービスを提供している。価格設定は厄介な問題だ。どのアイテムを標準価格に含め、どのアイテムをオプションとして提供するかを決めなければならないからである。

■**キャプティブ製品の価格設定**　付随的な製品、すなわち**キャプティブ製品**を必要とする製品がある。カミソリのメーカーは製品本体の価格を低く設定し、カミソリの刃に高いマークアップを乗せることが多い。しかし、アフターマーケット（製品本体に付随する製品の市場）におけるキャプティブ製品の価格を高く設定しすぎることは危険を伴う。例えばキャタピラーは、部品やサービスの価格を高く設定することによって、アフターマーケットで高利益を得ている。しかしこの手法は、部品を偽造していかがわしい修理工へと売りつける「海賊版」の増加を招いてきた。こういった偽造部品を取り付ける修理工はコストの節約分を顧客へ還元しないこともある。そうしている間に、キャタピラーの売上は落ちてしまう[30]。

■**2段階価格設定**　サービス会社では、固定料金と変動する利用料金からなる**2段階価格設定**を取り入れていることが多い。電話の利用者は、月々最低限の固定料金に加えて、特定地域外通話の利用料金を支払う。難しいのは、固定料金と変動利用料金をそれぞれいくらに設定するかである。固定料金はサービスの購入を促すよう十分に低く設定すべきだろう。そのうえで利

用料金から利益を得ることができる。
■**副産物の価格設定**　製品の中には食肉、石油製品、化学製品などのように副産物を生み出すものがある。副産物は顧客にとっての価値に応じて価格が設定できる。競争によって主製品に低い価格をつけざるを得ない場合、副産物から得られる収入はその企業にとって何らかの助けとなるだろう。
■**製品バンドルの価格設定**　**純粋バンドリング**は、ある企業が自社の製品を単にまとめて提供するものをいう。**混合バンドリング**では、商品が個別でもセット（その商品を個別に購入するよりも安い価格で）でも販売される。劇場は、すべての公演のチケットを個別に買うよりも安いシーズン・チケットの価格を設定するものである。顧客は本来はバンドルの構成要素すべてを手に入れるつもりではなかった可能性があるので、価格バンドルによって節約できる金額は、顧客がバンドルを購入する気になるだけの十分な額でなくてはならない[31]。

価格変更の実施と反応

企業はしばしば値下げや値上げを実施しなければならない状況に直面する。

❖値下げの実施

企業が値下げに至る事情はいくつかある。1つは過剰生産能力である。企業は取引を増やしたいが、販売努力などの方法ではそれができない。しかし、値下げの実施は価格戦争の引き金となるおそれがある。企業は、コストの引き下げによる市場支配を狙い、値下げに踏み切ることもある。最初から競合他社よりも低コストで価格を下げることもあれば、まず値下げによって市場シェアを獲得し、コストの低下を期待することもある。値下げ戦略には3つの罠がある。(1) 顧客から低価格の製品は品質が低いと思われてしまう。(2) 低価格によって市場シェアは獲得できるが、市場のロイヤルティを獲得できるわけではない。より低価格の企業が現れれば、顧客はそちらに乗り換えるだろう。(3) より高い価格を設定している競合他社のほうが、現金準備高が大きいために、値下げしても長く持ちこたえる力を有しているかもしれない。

❖値上げの実施

値上げが成功すれば、利益を大幅に上げることができる。例えば、企業の利益マージンが売上の3％だとすると、販売量が落ちなければ、1％の値上げは33％の利益増となる。生産性の向上を超えてコストが上昇し、利益マージンが圧迫されて「コスト増」が起こると、利益を維持するために価格を上げることが多い。企業は今後のインフレや政府の価格統制を見越して、実際のコスト上昇分以上に価格を引き上げることが多い。これを「予測価格設定」という。

値上げのもう1つの要因は、「過剰需要」である。企業が顧客の需要をすべて満たせないときに、次の価格設定テクニックのいずれかを用いることができる。

■**遅延価格設定**　製品が完成するか納入されるまで最終価格を設定しない。この価格設定方法は、生産に要する期間が長い業界で普及している。
■**エスカレーター条項**　顧客に、ある特定の物価指数をもとに、現在の価格と納品までに生じる物価上昇分の全部または一部の支払いを求める。エスカレーター条項は、主要な産業プロジェクトに見られる。
■**アンバンドリング**　価格は維持するが、これまでのオファーに含まれていた要素、例えば無料配達や無料取り付けをはずすか、それに別途価格をつける。
■**割引の縮小**　通常の現金割引と数量割引をしない。

マーケターは、一度に大幅に価格を上げるか、数回に分けて少額ずつ上げるかを決める必要がある（消費者には後者のほうが好まれる）。顧客に値上げを伝えるにあたって、企業は不当に高い値段をつけているように見られることは避けなければならない[32]。

❖価格変更への反応

いかなる価格変更も、企業のステークホルダーから反応を引き起こすことがある。顧客は価格変更の裏に隠された動機にしばしば疑問を持つ[33]。値下げは何通りにも解釈することができる。もうすぐ新しいモデルに取って代わられる、商品に欠陥があって売れ行きがよくない、企業が財政難である、価格はさらに下がるだろう、品質が悪くなっている、などである。通常は販売を抑制する値上げも、その商品は「売れ筋」で非常に価値がある、という意味を伝えることがある。

競合する企業の数が少なく、製品が同質で、買い手に情報が行き届いている場合、競合他社は価格変更に最も反応しやすい。競合他社は値下げについて異なった解釈をするので、競合他社の反応を予測することは難しい。市場シェアの拡大を狙っている、あるいは、業界全体に値下げをさせて総需要を刺激しようとしているなどの解釈が考えられる。競合他社から起こりうる反応を理解するには、ライバル企業の活動を継続的に観察し分析しなければならない。

❖競合他社の価格変更への対応

競合他社が実施した値下げに、企業はどのように対応すべきだろうか。製品の同質性が非常に高い市場では、企業は膨張製品を強化する方法を探るべきである。それが見つからなければ、値下げに同調せざるを得ない。競合他社が同質製品市場で価格を上げた場合、値上げが産業全体のメリットにならない限り、他の企業は同調しないかもしれない。そうすると値上げを

した企業は値上げを撤回しなければならなくなる。

　異質製品市場では、企業にはより広い選択の幅があるが、次の点を考慮する必要がある。なぜ競合他社は価格を変更したのか。市場シェアの拡大を狙っているのか、過剰生産能力を活用するためか、コスト条件の変化に対応するためか、それとも業界全体の価格変更を促そうとしているのか。価格変更は一時的なものか、永久的なものか。価格変更に対応しなかった場合、自社の市場シェアや利益にどのような影響があるのか。他社の反応はどうか。起こりうる反応それぞれに対して、価格変更した競合他社と他の各社はどう対応するつもりだろうか。

　AMDによるインテル攻撃のように、マーケット・リーダーは頻繁に、市場シェアを獲得しようとする下位企業の攻撃的な値下げに直面する。ブランド・リーダーにはいくつかの対抗策がある。

■**価格と利益マージンを維持する**　リーダーは以下の点を確信できるなら、価格や利益マージンを維持してもよいだろう。(1) 価格を下げると失う利益が大きすぎる、(2) 市場シェアをそれほど失わない、(3) 必要があれば市場シェアを取り戻せる。しかし、攻撃している企業がさらに自信をつける、リーダーのセールス・フォースの士気が下がる、リーダーが思った以上にシェアを失う、という可能性もある。リーダーはパニックに陥り、シェアを回復しようと価格を下げ、市場でのポジションを取り戻すことが予想以上に難しいことに気づくのである。

■**価格を維持して、価値を加える**　リーダーは製品、サービス、コミュニケーションを改善することができる。価格を下げて低いマージンで運営するよりも、そのほうが安上がりな場合もある。

■**値下げする**　リーダーは競合他社の値下げに合わせて価格を下げることもある。そうする理由は、数量が増えればコストが下がる、市場が価格に敏感なので市場シェアを失う恐れがある、一度失った市場シェアを取り戻すのが難しい、などである。この行動をとると、短期的には利益を削ることになるだろう。

■**値上げして、品質を向上させる**　リーダーは価格を上げ、攻撃してくるブランドをはさみ撃ちにするために新しいブランドを導入してもよい。

■**低価格のファイター・ブランドを打ち出す**　競争に対抗するため、別の低価格ブランドを作ってもよい。

　最良の対応は状況によって異なる。**図12-5**に競合他社の価格変更に合わせた反応プログラムを示す。経営陣は、製品がライフサイクルのどの段階にあるか、企業のポートフォリオの中でその製品の重要度はどのくらいか、競合他社の意図と資源は何か、市場の価格感受性と品質感受性はどのくらいか、数量によってコストはどう変わるか、企業にとって別の機会はあるか、ということについて考慮しなければならない。

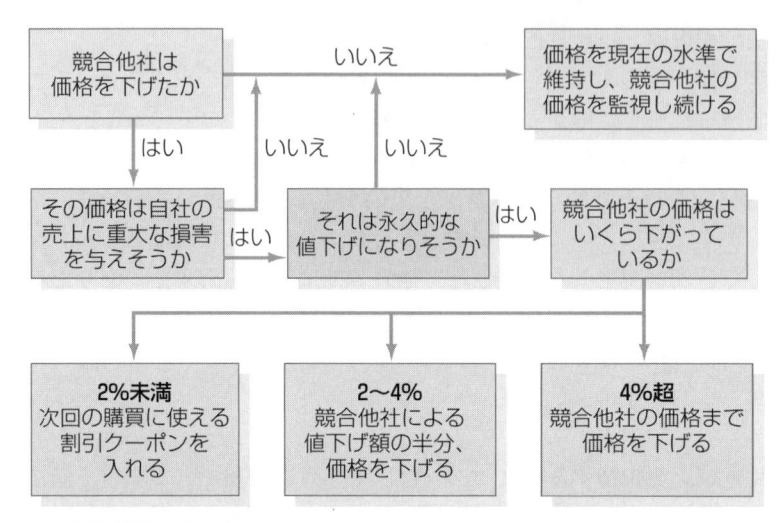

図 12-5 競合他社の値下げに合わせた価格反応プログラム

参考文献

1. Jack Neff, "It Worked：Ad Boost Pays Off for Colgate；Unilever Also Sees Sales and Share Uptick, But Both Still Lag Behind P&G," *Advertising Age*, August 8, 2005, pp. 3+；Susanna Howard, "P&G, Unilever Court the World's Poor," *Wall Street Journal*, June 1, 2005, pp. 1+；"Procter & Gamble Poses Competitive Threat to India Detergent Nirma," *The Economic Times*, December 20, 2004, n.p.；Eric Bellman and Deborah Ball, "Unilever, P&G Wage Price War for Edge in India," *Wall Street Jounal*, August 11, 2004, p. B1.
2. Michael Menduno, "Priced to Perfection," *Business 2.0*, March 6, 2001, pp. 40-42.
3. 価格設定の研究における詳しいレビューについては、以下の文献を参照されたい。Chezy Ofir and Russell S. Winer, "Pricing：Economic and Behavioral Models," in *Handbook of Marketing*, edited by Bart Weitz and Robin Wensley (New York, NY：Sage Publications, 2002), 5-86.
4. Peter R. Dickson and Alan G. Sawyer, "The Price Knowledge and Search of Supermarket Shoppers," *Journal of Marketing* (July 1990)：42-53. ただし方法論的な条件については、以下の文献を参照されたい。Hooman Estalami, Alfred Holden, and Donald R. Lehmann, "Macro-Economic Determinants of Consumer Price Knowledge：A Meta-Analysis of Four Decades of Research," *International Journal of Research in Marketing* 18 (December 2001)：341-355.
5. 異なる見解については、以下の文献を参照されたい。Chris Janiszewski and Donald R. Lichtenstein, "A Range Theory Account of Price Perception," *Journal of Consumer Research* (March 1999)：353-368.
6. K. N. Rajendran and Gerard J. Tellis, "Contextual and Temporal Components of Reference Price," *Journal of Marketing* (January 1994)：22-34.
7. Gary M. Erickson and Johny K. Johansson, "The Role of Price in Multi-Attribute Product-Evaluations," *Journal of Consumer Research* (September 1985)：195-199.
8. Mark Stiving and Russell S. Winer, "An Empirical Analysis of Price Endings with Scanner Data," *Journal of Consumer Research* (June 1997)：57-68.
9. Eric Anderson and Duncan Simester, "Effects of $19 Price Endings on Retail Sales：Evidence from Field Experiments," *Quantitative Marketing and Economics*, 1 (1), 2003, pp. 93-110.
10. Shantanu Dutta, Mark J. Zbaracki, and Mark Bergen, "Pricing Process as a Capability：A Resource-Based Perspective," *Strategic Management Journal* 24, no. 7 (2000)：615-630.
11. Sidney Bennett and J. B. Wilkinson, "Price-Quantity Relationships and Price Elasticity Under In-Store Ex-

perimentation," *Journal of Business Research*（January 1974）：30-34.
12. Walter Baker, Mike Marn, and Craig Zawada, "Price Smarter on the Net," *Harvard Business Review*（February 2001）：122-127.
13. John R. Nevin, "Laboratory Experiments for Estimating Consumer Demand：A Validation Study," *Journal of Marketing Research*（August 1974）：261-268；Jonathan Weiner, "Forecasting Demand：Consumer Electronics Marketer Uses a Conjoint Approach to Configure Its New Product and Set the Right Price," *Marketing Research : A Magazine of Management & Applications*, Summer 1994, pp. 6-11.
14. 価格感受性と需要のさまざまな推定法については、以下の文献に優れた要約がある。Thomas T. Nagle and Reed K. Holden, *The Strategy and Tactics of Pricing*, 3rd ed.（Upper Saddle River：Prentice Hall, NJ, 2002）. 邦訳：『プライシング戦略：利益最大化のための指針』（トーマス・T・ネイゲル、リード・K・ホールデン著、ヘッドストロング・ジャパン訳、ピアソン・エデュケーション、2004 年）
15. 弾力性研究の概要については、以下の文献を参照されたい。Dominique M. Hanssens, Leonard J. Parsons, and Randall L. Schultz, *Market Response Models : Econometric and Time Series Analysis*（Boston：Kluwer Academic Publishers, 1990）pp. 187-191.
16. Robin Cooper and Robert S. Kaplan, "Profit Priorities from Activity-Based Costing," *Harvard Business Review*（May-June 1991）：130-135.
17. "Japan's Smart Secret Weapon," *Fortune*, August 12, 1991, p. 75.
18. Tung-Zong Chang and Albert R. Wildt, "Price, Product Information, and Purchase Intention：An Empirical Study," *Journal of the Academy of Marketing Science*（Winter 1994）：16-27. 以下の文献も参照されたい。G. Dean Kortge and Patrick A. Okonkwo, "Perceived Value Approach to Pricing," *Industrial Marketing Management*, May 1993, pp. 133-140.
19. James C. Anderson, Dipak C. Jain, and Pradeep K. Chintagunta, "Customer Value Assessment in Business Markets：A State-of-Practice Study," *Journal of Business-to-Business Marketing* 1, no. 1 (1993)：3-29.
20. Stephen J. Hoch, Xavier Dreze, and Mary J. Purk, "EDLP, Hi-Lo, and Margin Arithmetic," *Journal of Marketing*（October 1994）：16-27；Rajiv Lal and R. Rao, "Supermarket Competition：The Case of Everyday Low Pricing," *Marketing Science* 16, no. 1 (1997)：60-80.
21. Becky Bull, "No Consensus on Pricing," *Progressive Grocer*, November 1998, pp. 87-90.
22. Amy F. Fischbach, "Bidders Beware," *EC&M Electrical Construction & Maintenance*, February 1, 2005, n.p.；Joel Oberman, "Auction Advice from Europe's eFoodmanager," *Private Label Buyer*, March 2002, p. 17；"Sainsbury's Will Increase Auction Use," *Private Label Buyer*, March 2002, p. 16；Richard Karpinski, "Manufacturer Takes Auctions In-House," *InternetWeek*, November 12, 2001, p. 27；Chris Clark, "Five Auction Steps," *Puchasing*, June 21, 2001, p. S24.
23. Paul W. Farris and David J. Reibstein, "How Prices, Expenditures, and Profits Are Linked," *Harvard Business Review*（November-December 1979）：173-184. 以下の文献も参照されたい。Makoto Abe, "Price and Advertising Strategy of a National Brand Against Its Private-Label Clone：A Signaling Game Approach," *Journal of Business Research*（July 1995）：241-250.
24. Michael Rowe, *Countertrade*（London：Euromoney Books, 1989）；P. N. Agarwala, *Countertrade : A Global Perspective*（New Delhi：Vikas Publishing House, 1991）；Christopher M. Korth, ed., *International Countertrade*（New York：Quorum Books, 1987）.
25. 分量追加料金の興味深い議論については、以下の文献を参照されたい。David E. Sprott, Kenneth C. Manning, and Anthony Miyazaki, "Grocery Price Settings and Quantity Surcharges," *Journal of Marketing* 67（July 2003）：34-46.
26. Michael V. Marn and Robert L. Rosiello, "Managing Price, Gaining Profit," *Harvard Business Review*（September-October 1992）：84-94. 以下の文献も参照されたい。Gerard J. Tellis, "Tackling the Retailer Decision Maze：Which Brands to Discount, How Much, When, and Why？" *Marketing Science* 14, no. 3, pt. 2 (1995)：271-299；Kusum L. Ailawadi, Scott A. Neslin, and Karen Gedenk, "Pursuing the Value-Conscious Consumer：Store Brands Versus National Brand Promotions," *Journal of Marketing* 65（January 2001）：71-89.
27. Robert E. Weigand, "Yield Management：Filling Buckets, Papering the House," *Business Horizons*, September-October 1999, pp. 55-64.

28. Charles Fishman, "Which Price Is Right ?" *Fast Company*, March 2003, pp. 92-l02 ; John Sviokla, "Value Poaching," *Across the Board* (March/April 2003) : 11-12.
29. 違法な価格差別の具体的なタイプについては、以下の文献を参照されたい。Henry R. Cheesman, *Business Law* (Upper Saddle River, NJ : Prentice Hall, 2001).
30. Robert E. Weigand, "Buy In-Follow On Strategies for Profit," *Sloan Management Review*, Spring 1991, pp. 29-37.
31. 以下の文献を参照されたい。Gerald J. Tellis, "Beyond the Many Faces of Price : An Integration of Pricing Strategies," *Journal of Marketing* (October 1986) : 155. この記事は他の価格設定戦略についても分析と説明を行っている。
32. Margaret C. Campbell, "Perceptions of Pricing Unfairness : Antecedents and Consequences," *Journal of Marketing Research* 36 (May 1999) : 187-199.
33. 以下の文献に優れたレビューがある。Kent B. Monroe, "Buyers' Subjective Perceptions of Price," *Journal of Marketing Research* (February 1973) : 70-80.

第5部

価値の提供

第13章
バリュー・ネットワークおよびチャネルの設計と管理

◆ 本章では、次の問題を取り上げる ◆

1. マーケティング・チャネル・システム、およびバリュー・ネットワークとは何か。
2. マーケティング・チャネルが果たす役割とは何か。
3. チャネルを設計し、管理し、評価し、修正する際、企業はどのような意思決定をしなければならないか。
4. 企業はどのようにしてチャネルを統合し、チャネル・コンフリクトを管理するか。
5. 電子商取引マーケティングをどのように管理するか。

バンク・オブ・アメリカのマーケティング・マネジメント

　バンク・オブ・アメリカが先駆者となって銀行業を全国規模で展開した20世紀初頭には、支店を開設することが銀行サービスを提供する唯一の方法だった。今日、同行はワシントンD.C.と29の州で5880の支店と16万7000台のATMを運営している。150ヶ国に顧客を持つほか、アメリカの顧客にはインターネット・バンキングを提供し、スターバックスなど小売店舗内にも支店を設けている。こうした数多くの選択肢を提供する目的は、同行の顧客がバンキングサービスを受けたいとき、自宅で、オフィスで、支店で、ドライブスルーATMで、あるいは淹れたてのコーヒーカップを片手に、いつでもどこでも早く手軽で便利にアクセスできるようにするためである。
　バンク・オブ・アメリカは「ハイタッチ（人間による対応）」を求める顧客も必ずいることを認識しており、そのため毎年200もの支店を新規に開設している。それと同時に、経営陣は定期的にチャネル・システムの業績を評価し、業績の悪い支店から閉鎖していく。一方、「ハイテク」サービスの人気も高まっており、1300万人以上の顧客がバンク・オブ・アメリカのオンライン・バンキング・サービスを利用している。しかしオンライン事業のブランディングが一筋縄ではいかないことは、ライバルのバンク・ワンが数百万ドルを投じてインターネット専業銀行のウィングスパンバンクを設立した経験から学んでいる。ウィングスパンバンクは独立子会社であったため、顧客はバンク・ワンの支店を利用できなかった。

結局、ウィングスパンバンクは25万5000人の顧客しか獲得できず、わずか2年で閉鎖された。オンライン・バンキングが普及してきたとはいえ、銀行サービスには物理的な支店も依然として重要なチャネルなのである[1]。

　バンク・オブ・アメリカが認識していたように、価値の創出を実現するためには、価値の提供をうまく行うことが不可欠である。ホリスティック・マーケターは次第にバリュー・ネットワークという観点からビジネスを考えるようになってきている。サプライ・チェーン全体について考察するようになったのである。サプライ・チェーンは原材料から部品、そして製造された製品までをリンクし、さらにそれらが最終消費者の元に届けられる道筋を示す。企業は供給業者にさらに提供する供給業者、また流通業者の先にいる顧客へと目を向け、標的セグメントのニーズに応えるために自社の資源をどのように組織するのが最善かを検討している。本章では、マーケティング・チャネルとバリュー・ネットワークに関するさまざまな戦略上および戦術上の問題を取り上げる。また、小売業者、卸売業者、および物流業者の視点から見たマーケティング・チャネルの諸問題については、第14章で考察する。

マーケティング・チャネルとバリュー・ネットワーク

　大半の生産者は、最終ユーザーに商品を直接販売することはない。生産者と最終消費者の間には一連の仲介業者が存在し、さまざまな機能を果たしている。これらの仲介業者が**マーケティング・チャネル**（取引チャネル・流通チャネルとも呼ばれる）を構成している。マーケティング・チャネルとは製品やサービスの使用または消費を可能とするプロセスに関わる、相互依存的な組織集団のことである。マーケティング・チャネルは製品やサービスが生産された後の流通経路であり、それらは最終的に製品やサービスを消費する最終ユーザーへと到達する[2]。

❖チャネルの重要性

　マーケティング・チャネル・システムとは、企業によって採用されたマーケティング・チャネルの組み合わせのことである。マーケティング・チャネル・システムに関する決定は、経営陣にとって最も重要な意思決定の1つである。アメリカでは、チャネルのメンバーが全体で最終販売価格の30〜50％のマージンを取得している一方、広告業者は7％の取得にとどまっている[3]。マーケティング・チャネルは、実質的な機会費用でもある。マーケティング・チャネルは単に市場に商品を「供給する」だけにとどまらず、市場を「創出する」必要があるからだ[4]。

　チャネルの選択は、他のマーケティングの意思決定すべてに影響を及ぼす。企業の価格設定

は、大規模量販店を使うか、高級専門店を使うかによって違ってくる。企業のセールス・フォースや広告に関する決定は、ディーラーがどの程度の教育と動機付けを必要とするかに左右される。さらに企業のチャネル決定は、他社への比較的長期のコミットメントも伴う。例えば自動車メーカーが独立ディーラーと契約して自社の自動車を販売する場合、メーカーは次の日にその契約を取り消して、系列の直営店に替えることはできない[5]。

企業はプッシュ戦略とプル戦略にどれだけ力を注ぐかを決定しなくてはならない。**プッシュ戦略**とは、製造業者が自社のセールス・フォースと流通プロモーション費を投入することによって、仲介業者が最終ユーザーに向けて製品を運び、プロモーションし、販売するよう促すものである。プッシュ戦略はその分野におけるブランド・ロイヤルティが低い場合、ブランドの選択が店舗で行われる場合、製品が衝動購入アイテムである場合、そしてその製品のベネフィットがよく理解されている場合に適切な手段である。一方**プル戦略**は、製造業者が広告やプロモーションを行うことで、消費者のほうから仲介業者に製品を求めさせ、仲介業者がその製品を注文するよう促すものである。プル戦略が有効なのは、その分野におけるブランド・ロイヤルティと関与水準が高い場合、ブランド間の知覚差異が大きい場合、そして消費者が店舗に行く前に購入ブランドを決めている場合である。ナイキやインテルなどトップレベルのマーケティングを行う企業は、プッシュ戦略とプル戦略の両方を巧みに採用している。

❖バリュー・ネットワーク

企業はまず標的市場を決め、そこからさかのぼってサプライ・チェーンを設計していく必要がある。これが**デマンド・チェーン・プランニング**である。ノースウェスタン大学のドン・シュルツはこう述べている。「デマンド・チェーン・マネジメントというアプローチは、単に商品をシステムに乗せて強引に押し出すのではない。このアプローチは生産者がどのような製品を売りたいかではなく、消費者がどのようなソリューションを求めているかを重視するものなのだ」[6]。**バリュー・ネットワーク**──自社の提供物の供給、拡大、配送を行うために企業が形成するパートナーシップやアライアンスのシステム──の概念はさらに広い視点に立つ。バリュー・ネットワークには自社の供給業者、その供給業者に提供する供給業者、自社が直接取引する顧客、そして最終顧客が含まれる。さらに、大学研究者や政府認可機関などとの価値の高い関係も、バリュー・ネットワークの一部に含まれる。

デマンド・チェーン・プランニングによって、企業はいくつかの見通しを得ることができる。まず第1に、チャネルの前方統合ないし後方統合を行う場合に備え、上流チャネルと下流チャネルのどちらでより多くの収益が上がっているか推測することができる。第2に、企業はサプライ・チェーン上で起こる、コスト、価格、供給に急激に影響を及ぼすような混乱に気づくことができる。第3に、企業はビジネス・パートナーとオンラインでやりとりすることによって、コミュニケーション、取引、支払いを迅速化し、正確性を高め、コストを下げることができる。インターネットの出現によって、企業はより多くの他社と、より複雑なリレーションシップを

構築するようになってきている。

マーケティング・チャネルが果たす役割

　なぜ生産者は販売業務の一部を仲介業者に委託するのだろうか。委託とは、製品をどのように、誰に売るかをコントロールする権利をある程度放棄することである。しかし生産者は、仲介業者の使用によっていくつかの利点を得ることができる。

■**多くの生産者はダイレクト・マーケティングを行うだけの財源が不足している。**例えば、GMは北米だけで8000以上の直販ディーラーを通して自社の自動車を販売している。ディーラーを買収して自前の店舗にするために資金を捻出することは、GMにとってさえ困難だろう。

■**独自のチャネルを構築している場合、生産者は主力事業への追加投資でより利益を上げられることが多い。**製造部門の収益率が20％で、小売部門の収益率が10％ならば、自社で小売を行う意味はない。

■**ダイレクト・マーケティングが不可能なケースもある。**ウィリアム・リグレー・ジュニア社は、世界中に小さなガム小売店を作ったり、通信販売でガムを販売するのが現実的だとは思わないだろう。ガムを他のこまごまとした数多くの製品と一緒に販売しなくてはならず、結局はドラッグストアや食品雑貨店事業を展開しなくてはならなくなるからだ。リグレー社は個人経営の流通組織からなる広範なネットワークを通じて販売するほうが簡単だと考えているのである。

　仲介業者は通常、効率的に標的市場へ製品を広く行き渡らせている。仲介業者はその人脈、経験、専門性、事業規模を駆使して、企業が自社で小売を行うよりも高い成果を上げるのである。スターンらは次のように述べている。「仲介業者は財とサービスの流れを円滑にする。（中略）これは生産者による財やサービスの組み合わせと、消費者が求める組み合わせの食い違いを埋めるために必要な手続きである。この食い違いは、生産者が限られた種類の財を大量に生産する一方で、消費者は多種類の製品を少しずつ欲しがるために生じる」[7]。

　図13-1は仲介業者を使うことでいかにコスト削減が実現できるかを示す。(a)は、3つの生産者がそれぞれ3つの顧客にダイ

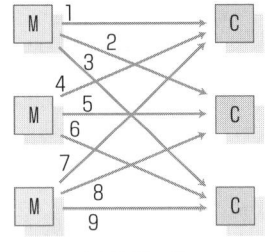

(a) 接触の数
M×C＝3×3＝9

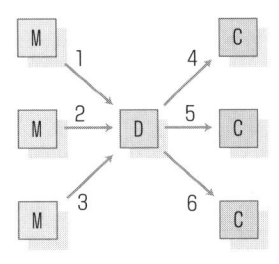

(b) 接触の数
M＋C＝3＋3＝6

M＝製造業者
C＝顧客
D＝流通業者

図13-1　流通業者による効率性の向上

レクト・マーケティングを行っている様子を示している。このシステムでは9回の別個の接触が必要になる。(b)では、3つの生産者が1つの流通業者を通して3つの顧客と接触している。このシステムなら6回の接触で済む。このように、仲介業者を使うことで生産者は接触の回数と作業量を減らすことができる。

❖チャネル機能とフロー

　マーケティング・チャネルは製品を生産者から消費者へと運ぶ役割を果たす。これによって商品やサービスと、それを求める人々とを隔てる時間、場所、所有のギャップが解消される。マーケティング・チャネルのメンバーは多くの重要な機能を果たしている（**表13-1**参照）。企業から顧客への「前方向フロー」を構成する機能（物流、所有権、プロモーション）もあれば、顧客から企業への「後方向フロー」を構成する機能（注文、支払い）もある。さらに双方向の機能（情報、交渉、ファイナンス、リスク負担）もある。**図13-2**は、フォークリフト車のマーケティングにおける5つのフローを示す。これらのフローを1つの図の中で表すと、単純なマーケティング・チャネルでさえ実は非常に複雑であることが明確にわかる。

　問題は多様なチャネル機能が必要かどうかではなく（多様なチャネル機能は不可欠だといえよう）、むしろ誰がその機能を担うかである。すべてのチャネル機能には3つの共通要素がある。すなわち、稀少資源を使いこなせること、専門化によって機能を高められること、チャネル・メンバー間でシフトが可能なことである。製造業者の機能の一部を仲介業者にシフトさせると、製造業者側のコストと価格は下がるが、仲介業者は業務分をカバーする料金を上乗せしなければならない。それでも、仲介業者のほうが製造業者よりも効率的なら、消費者価格は下げられる。また消費者自身が機能の一部を担えば、さらに低価格を享受できるはずである。一般に、標的顧客に商品を提供するための経済機能をより効率的に統合したり分離したりする方法が見つかった場合は、それを反映してチャネル機構も変化する。

表13-1	チャネル・メンバーの機能

- ■見込み客、既存顧客、競合他社などマーケティング環境要因に関する情報を集める。
- ■購買を刺激するために説得力のあるコミュニケーションを作成し、普及させる。
- ■価格やその他の条件について合意にこぎつけ、所有権や占有権の譲渡を達成する。
- ■製造業者に注文する。
- ■マーケティング・チャネルの各段階で、在庫費用をまかなう資金を調達する。
- ■チャネル業務を行ううえでのリスクを引き受ける。
- ■有形製品の継続的な保管と輸送を行う。
- ■銀行やその他の金融機関によって買い手の支払いを助ける。
- ■組織ないし個人間における実際の所有権譲渡を監督する。

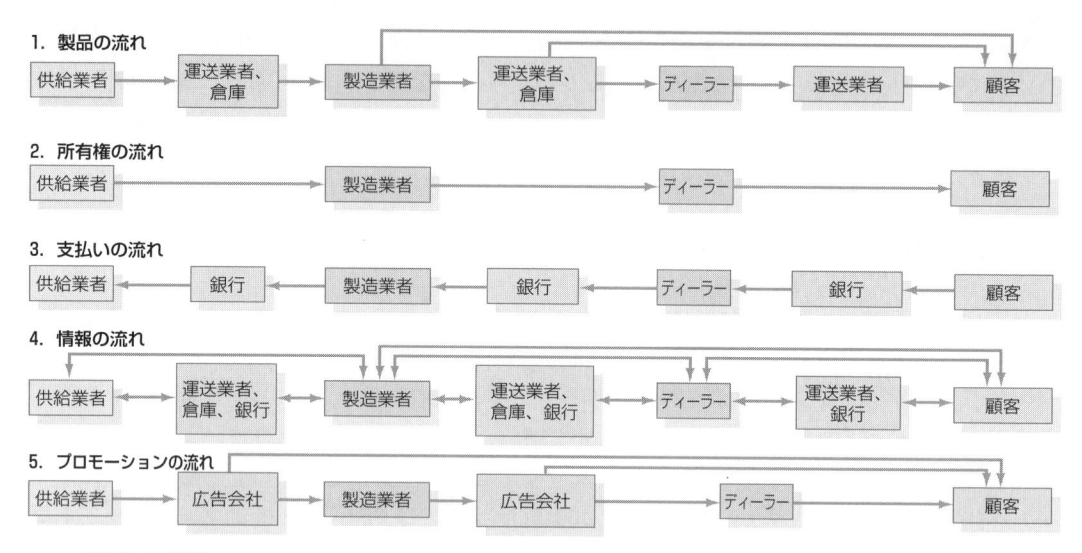

図13-2 フォークリフト・トラックのマーケティング・チャネルにおける5つの流れ

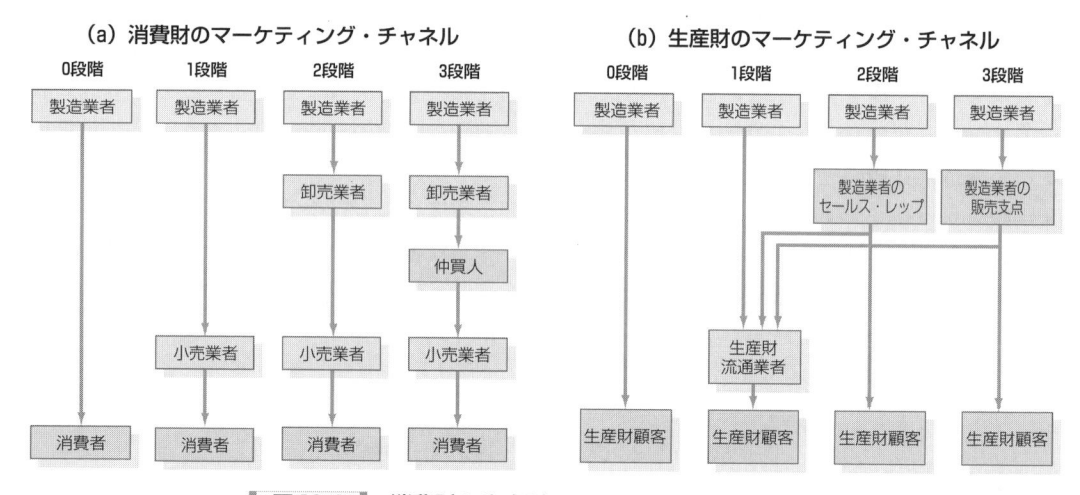

図13-3 消費財と生産財のマーケティング・チャネル

❖チャネルの段階数

　生産者と最終顧客はどのチャネルにも存在する。その間の仲介業者の段階数でチャネルの長さが規定される。図13-3(a)は、それぞれ異なる長さの消費財のマーケティング・チャネルを示す。図13-3(b)は、生産財のマーケティング・チャネルを示す。

　0段階チャネル（「ダイレクト・マーケティング・チャネル」ともいう）では、製造業者が

最終顧客に直接販売する。主な例は訪問販売、インターネット販売、通信販売、テレマーケティング、テレビ・ショッピングなどである。**1段階チャネル**には小売業者のような仲介業者が1つ入っている。**2段階チャネル**には2つの仲介業者が含まれる。**3段階チャネル**には3つの仲介業者が含まれる。生産者からすれば、チャネルの段階数が多くなるほど、最終ユーザーの情報を得たり、チャネルをコントロールすることが困難になる。

チャネルは通常、製品の前方向の動きを表すが、中には「リバースフロー・チャネル」も存在する。すなわち、製品やコンテナを再利用する場合（詰め替え可能なボトルなど）、再販売のために製品を改装する場合、製品をリサイクルする場合、製品やパッケージを処分する場合である。リバースフロー・チャネルにおいて役割を果たしている仲介業者もいくつかある。製造業者の回収センター、コミュニティ・グループ、ソフトドリンクの仲介業者などの伝統的な仲介業者、廃品収集専門業者、リサイクルセンター、ごみリサイクルのブローカー、中央処理倉庫などである[8]。ノランダ社はHPと提携してリサイクル事業を行っているが、低コストの郵送によるリサイクル・プログラムを利用して古くなったコンピュータのリサイクルをするよう、消費者や中小企業に呼びかけている。このリバースフロー・チャネルの利用により、カリフォルニアにある同社のリサイクルセンターには毎月、200万トン近いコンピュータ機器が送られてくる[9]。

❖サービス分野のチャネル

サービスやアイデアの生産者も、自分が生み出した商品を標的集団に行き渡らせるという問題に直面する。例えば、学校は「教育普及システム」を編み出し、病院は「健康提供システム」を開発する。これらの施設は、地域に分散している利用者へ到達するための代理業者や立地を決定しなくてはならない。インターネット技術の進歩に伴って、小売業、銀行、旅行、保険などのサービス業は、新たなチャネルを通じて業務を行うようになった。コダック社はデジタル写真のプリントを顧客に4つの方法で提供している。小売販売会社での写真現像、家庭のプリンター、コダック・イージーシェア・ギャラリーというオンラインサービス、セルフサービス式のキオスクである[10]。

チャネル設計の決定

マーケティング・チャネル・システムの設計には、顧客のニーズを分析し、チャネルの目的を確立し、主なチャネル候補を見極め評価することが必要となる。

❖顧客が望むサービス水準の分析

マーケティング・チャネルの要点は顧客が製品を入手できるようにすることであるから、マーケターは標的顧客が本当に望んでいるものを把握しなくてはならない。チャネルは次の5つのサービスを提供する。

1. **ロットの大きさ** 顧客がチャネルを通して1回に買い物をする量の単位。ハーツ社ならば自社のレンタル用自動車を購入するとき、大きなロットサイズで買えるチャネルを好むが、個人の家庭は1ロット1台で買えるチャネルを望む。
2. **待ち時間** チャネルを使用した顧客が製品を受け取るまでに待つ平均時間。顧客は通常、早く製品を届けてくれるチャネルを好む。
3. **空間的利便性** チャネルで顧客がどれだけ製品を買いやすいかを示す程度。
4. **製品の多様性** チャネルが提供する品揃えの幅。選択の幅が広いほど欲しいものが見つかるチャンスは増えるため、顧客は通常、品揃えが豊富であることを好む。
5. **サービスのバックアップ** チャネルから提供される付属のサービス(貸付、配送、取り付け、修繕など)。サービスのバックアップが優れているほど、チャネルが提供する業務量は多くなる[11]。

優れたサービスを提供するほどチャネル・コストと顧客価格が上昇し、サービスのレベルが下がればコストと価格は低下する。ディスカウント・ストア(オンライン、オフラインとも)の成功は、多くの顧客がお金を節約できればサービスについては少なくてもよいと考えていることを示すものだろう。

❖目的の設定と制約

チャネルの目的は標的となるサービス水準によって定める必要がある。競争状態においては、チャネル構成員はその機能を調整して、求められるサービス水準を満たしつつチャネル・コストを最小限に抑えようとする[12]。たいていは異なるサービス水準を求める市場セグメントがいくつか特定できる。効果的にチャネルを設計するには、どの市場セグメントを対象とするのか、それぞれの市場セグメントに最適なチャネルは何かを決定しなくてはならない。

チャネルの目的は製品の特性によって変わる。腐敗しやすい製品には、よりダイレクトなマーケティングが必要だし、建築材などのかさばる製品には、輸送距離や輸送手段の数を最小限に抑えるチャネルが求められる。特注機械のような規格外の製品の場合は、企業のセールス・レップが直接販売する。暖房システムのような取り付けやメンテナンス・サービスを必要とする製品の場合は、企業もしくはフランチャイズ・ディーラーによって販売とメンテナンスが行われる。タービンのような単位価格の高い製品は、仲介業者よりも企業のセールス・フォースを通して販売されることが多い。

チャネル設計にあたっては、異なるタイプの仲介業者の長所と限界を考慮しなくてはならない。例えば、製造業者のセールス・レップは複数のクライアントに総コストが配分されているため、1顧客当たり低いコストで接触できる。しかし各顧客への販売努力はディーラーには及ばない。また、チャネルの設計は競合他社のチャネル、経済状態、法の規制と制約にも影響を受ける。アメリカの法律では、実質的に競争を低下させたり独占につながる可能性があるチャネル配置は好ましくないとされている。

❖ 主なチャネル候補の決定

次のステップは、チャネル候補の見極めである。ほとんどの企業は、それぞれ異なる購買者セグメントに最小のコストで到達するため、複数のチャネルを複合的に使用している。チャネル候補を決める要素は3つある。(1) 利用できる仲介業者のタイプ、(2) 必要な仲介業者の数、(3) チャネル・メンバーそれぞれの条件と責任である。

仲介業者のタイプ

企業はチャネル業務を遂行するために、利用できる仲介業者のタイプを特定する必要がある。卸売業者や小売業者などの「マーチャント」は商品を買い、権利を得て再販売する。ブローカー、製造業者のレップ、販売代理業者は「代理業者」と呼ばれ、生産者に代わって顧客を探し、場合によっては交渉するが、彼らには商品に対する権利はない。「ファシリテイター」と呼ばれる運送会社、独立倉庫、銀行、広告会社は流通プロセスを補佐するが、商品の権利を得たり、購入交渉や販売交渉をすることはない。企業は新規顧客や既存顧客に到達するために、革新的なマーケティング・チャネルを探すようになっている。メディオン社はスーパーマーケットのアルディで1～2週間の「集中プロモーション」を展開し、全ヨーロッパで60万台のPCを売り上げた[13]。

仲介業者の数

企業がチャネルの各段階で使う仲介業者の数を決める際の戦略としては、排他的流通、選択的流通、開放的流通の3つがある。**排他的流通**とは、仲介業者の数を厳しく限定することである。自動車メーカーなどの企業が再販業者によるサービスとその水準をコントロールしたいときに使われる。この戦略は、再販業者が競合ブランドを取り扱わないことに同意する「排他的ディーラー協定」を伴うことが多い。

選択的流通とは、特定の製品を扱いたいと希望している仲介業者の中から数社を選んで使うことである。多すぎる販路に余分な労力を費やす必要がなく、開放的流通に比べてコントロールしやすい、低コストで適度な市場カバレッジを得られる、という利点がある。ディズニーはビデオとDVDの販売に選択的流通を使っている。レンタル・ストア、自社所有の店舗、他の小売店、オンライン小売業者、そして自社の通信販売とオンラインサイトである[14]。

開放的流通とは、製造業者ができるだけ多くの販売店に商品やサービスを置くことである。この戦略は、タバコ、石鹸、スナック菓子、ガムなど、消費者がどこでも手に入れられることを求める製品に使われる。

チャネル・メンバーの条件と責任

　生産者は参加するチャネル・メンバーの権利と責任を決めなくてはならない。その際にはそれぞれのチャネル・メンバーを尊重して扱い、利益を上げる機会を与えなくてはならない[15]。「取引関係ミックス」の主な要素は価格政策、販売条件、テリトリー権、それぞれのメンバーが行う特定サービスである。

　「価格政策」では、生産者が仲介業者にとって公正で十分な価格リスト、価格割引計画、アロウワンス計画を確立する必要がある。「販売条件」とは支払い条件と生産者の保証を指す。ほとんどの生産者は流通業者に対して、早期決済と引き換えに現金割引を認める。また、欠陥商品が出たり価格が下がったりした場合の保証を与えることもある。価格下落に対する保証は、流通業者にとって大量仕入れのインセンティブとなる。

　「流通業者のテリトリー権」では、流通業者のテリトリーと、生産者が他の流通業者に参加を認める条件を明確にする。流通業者は通常、自社が販売をしたか否かにかかわらず、自分のテリトリー内でのすべての売上に対する権利を完全に得られるものと考えている。「相互のサービスと責任義務」は、特にフランチャイズ化された排他的チャネルにおいては慎重に決めなければならない。マクドナルドはフランチャイズ店に建物、プロモーション支援、販売記録システム、教育、管理業務全般、技術支援を提供する。その代わりにフランチャイズ店は、設備について企業の望む基準を満たし、新しいプロモーション・プログラムに協力し、求められた情報を提供し、指定された業者から食材を買わなくてはならない。

❖主要候補の評価

　主要なチャネル候補を特定したら、各チャネル候補を、経済性、コントロール力、適応性という基準から評価しなくてはならない。経済性という基準から見ると、それぞれのチャネル候補は販売水準とコスト水準が異なる。図13-4は、6つの異なる販売チャネルについて、販売ごとの付加価値と取引ごとのコストとの相関関係を示している。自社のセールス・フォースと販売代理業者のどちらがより売上を伸ばせるのかを見極めなければならない。次に、それぞれのチャネルで販売量ごとの販売コストを見積もる。売上の減少やサービス品質の低下なしに顧客を低コストのチャネルへと移動させることに成功した企業は、**チャネル・アドバンテージ**を享受できる[16]。

　さらに、販売代理業者を使うとコントロールの問題が出てくる。販売代理業者は自社の利益を最大化しようとする独立企業であるからだ。そのため大量に購入してくれる顧客を、我が社の製品を買ってくれる顧客よりも重視することもある。また、代理業者は製品の詳細を熟知し

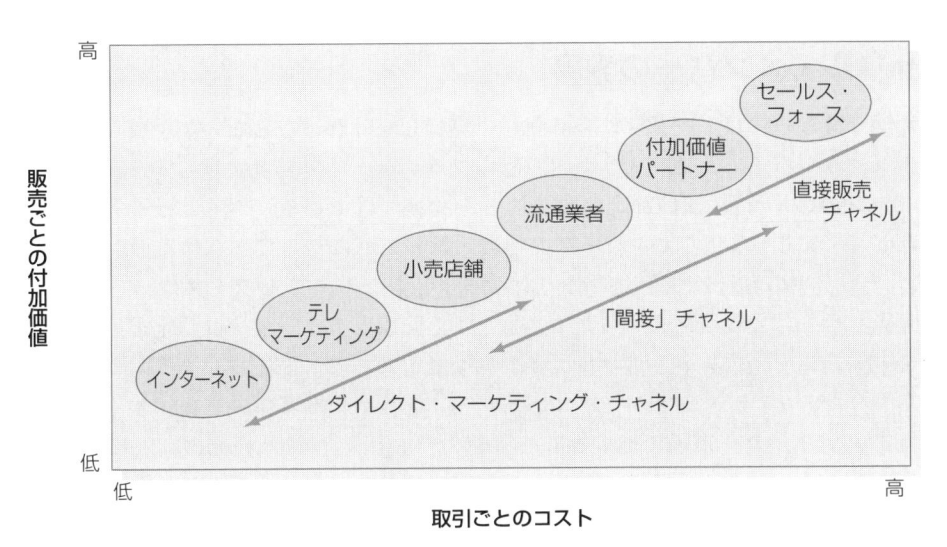

図 13-4 異なるチャネルにおける付加価値とコスト

出典：Oxford Associates, Dr. Rowland T. Moriarty, Cubex Corp.

ていなかったり、販促資料を効果的に使いこなせないかもしれない。チャネルを開発するには、メンバーが一定期間、互いにある程度のコミットメントを持たなくてはならない。しかしこのコミットメントによって、生産者の市場変化への対応能力が低下する。変化が激しく、不安定な製品市場においては、適応性の高いチャネルとチャネル方針が必要となる。

チャネル管理の意思決定

　チャネル候補を決定したら、それぞれの仲介業者を選択し、教育し、動機付け、評価しなくてはならない。チャネルの構成は時とともに修正する必要がある。

❖チャネル・メンバーの選択

　チャネル・メンバーの選択は慎重に行う必要がある。顧客にとっては、チャネルはその企業とイコールだからである。生産者は優秀な仲介業者の特性とは何かを明確にし、チャネル・メンバー候補の事業経験の年数、他に扱っている製品、成長と収益の実績、財務の健全性、協調性、サービスの評判を検討する。仲介業者が販売代理店なら、生産者は他に扱っている製品の数と特徴、セールス・フォースの規模と質を吟味する。仲介業者が排他的流通を望む場合は、生産者は立地、将来の成長可能性、顧客層を調べることになる。

❖ チャネル・メンバーの教育

　企業は仲介業者の教育プログラムを計画し、実行しなければならない。急成長を遂げているレストラン、カルバーズは、アメリカ中西部のフランチャイズ業者に対して、自社所有の5つのレストランのいずれかで計60時間働くことを義務づけている。さらにその後4ヶ月間は1日12時間、週6日、本社でカルバーズの物流・財務業務についてあらゆる面から学ぶことになる(17)。チャネルの教育は競争上の強力なツールともなる。京セラミタは、自社の顧客を調査し、販売とサービスのベンチマークに達したか上回ったディーラーに認定を与えるというシステムをJ.D.パワー・アンド・アソシエイツに委託した。この認定プログラムは、「京セラミタの『トータル・ソリューション・プロバイダー』を優れた顧客体験を提供するディーラーとして評価し、ディーラー市場でその存在を際立たせ、入店客数と売上の向上に貢献しています」と京セラミタ・アメリカのマーケティング担当副社長、マイケル・ピエトランチ氏は語っている。「この資格認定制度はディーラーを顧客満足の分野における業界のリーダーと位置づけるものです」(18)。

❖ チャネル・メンバーの動機付け

　企業は仲介業者を最終ユーザーと同じように見る必要がある。仲介業者のニーズを把握し、チャネル・ポジショニングを調整して、仲介業者に優れた価値をもたらすことができるようにしなければならない。仲介業者の業績を向上させるためには、教育プログラムや市場調査プログラム、その他の能力開発プログラムを提供していくべきである。また、企業にとって仲介業者が顧客を満足させるために、ともに努力していくパートナーであるという考えを常に強調する必要がある。

　チャネル・メンバーの行動に影響を与え、さまざまな行動を起こさせる能力、すなわち**チャネル・パワー**は生産者によって大きく異なる(19)。仲介業者の協力を得ることが大きな課題となることは多い(20)。より高度な企業は、単に協力を得るだけでなく、チャネル・メンバーとの間に長期的なパートナーシップを築き上げようとする。製造業者は市場カバレッジなどチャネルに関して流通業者に望むものを明確に伝え、方針を守ってもらうために報酬計画を策定する場合もある。

❖ チャネル・メンバーの評価

　生産者は販売割当の達成、平均在庫レベル、顧客への配送時間、破損品や紛失商品の処理、プロモーションや教育プログラムへの協力といった基準に照らして、仲介業者の業績を定期的に評価しなくてはならない（「マーケティング・スキル▶仲介業者の評価」参照）。時に、仲介業者への支払いが実際の業績に比べて高すぎることに気づくだろう。ある製造業者は仲介業者

マーケティング・スキル ▶ 仲介業者の評価

　供給業者、卸売業者、小売業者などの仲介業者の評価と管理はどれほど重要なものなのだろうか。ある企業では、徹底的な分析の末、供給業者の納品があてにならないので在庫切れを避けるため、2億ドル相当の余分な在庫を持たざるを得なくなっていたことがわかった。納期を守るかどうかなどの基準をもとに供給業者を評価した結果、この企業は経費の大幅削減に成功し、業績に問題がある場合には入金相殺するという方法で仲介業者を管理するようになった。

　まずは供給業者（および供給業者の供給業者）や流通業者が自社の業績にどれほどの影響を及ぼしているかを見極めるところから始めよう。あまり重視していない1社が供給している小さな装置が、実は生産過程においてきわめて重要な要素で、供給業者の納期厳守と製品品質が重要な鍵を握るという場合もある。次に大事なステップは、全社の戦略目標と評価手法を、バリュー・ネットワークのメンバー向けの具体的な目標と評価手法に翻訳することである。シスコでは、顧客満足の企業目標を、仲介業者向けに納期厳守、欠陥率などの細かい評価に置き換えている。風通しの良いコミュニケーションも、仲介業者に企業の期待を理解させ、双方の利益のための情報共有化を促す役に立つ。また、継続的に業績を評価し報いることで、ネットワークは効率良く、反応もすばやく、信頼できる形で動いてくれる。

　玩具メーカー、クラニアムの主要な評価基準は、仲介業者が同社の成長の勢いをどれだけ支援できるか、である。競争の激しい業界で優位に立つために、同社は通常は玩具を扱わないチャネル・メンバーと協力することもめずらしくない。当初は自社のゲームをスターバックスの店舗で販売させていた。この革新的な販売方法によって、クラニアム・ブランドの需要に火がついたのである。ひとたび人気が出ると、今度はディスカウント・ストアを通じて子供向けのゲームを販売し、収益をさらに急速に伸ばした。今も新しいゲームはスターバックスでテストしているが、ホール・フーズ・マーケットなど従来とは異なる仲介業者でも製品を販売している。チャネルや仲介業者が成長にどれだけ貢献しているかを常に分析することにより、クラニアムは標的視聴者の前に斬新な形で製品を見せ、収益を上げる機会を最大限に活用しているのである[21]。

の在庫費用を補償していたが、実際には在庫品が生産者の経費で公共倉庫に保管されていることが判明した。生産者は機能割引を設定し、取り決められたサービスの実施に対して仲介業者に所定の額を支払うべきである。成果を上げていない仲介業者には指導し、再教育し、動機付けし、あるいは契約解消を申し出なければならない。

❖チャネル・アレンジメントの修正

チャネル・アレンジメントは定期的に見直し、修正しなければならない。流通チャネルが計画どおりに機能しなくなったり、消費者の購買パターンが変わったり、市場が拡大したり、新しい競争相手が台頭してきたり、革新的な流通チャネルが現れたり、製品が製品ライフサイクルの後期に入ったりしたら、修正が必要になってくる。製品ライフサイクル全体を通じて効果が持続するようなマーケティング・チャネルは存在しない。初期の買い手は高付加価値のあるチャネルに喜んで金を支払うが、後期の買い手は低コストのチャネルに乗り換えてしまう。参入障壁が低くて競争が激しい市場では、最適なチャネル構造は時とともに変化せざるを得ない。個々のチャネル・メンバーを加えたり切ったり、特定の市場チャネルを採用したり廃止したり、製品を販売するまったく新しい方法を開発したり、という修正が考えられる。

チャネル・メンバーを加えたり切ったりするには、詳しい分析が必要である。その仲介業者がいるかいないかで、企業の利益はどう変わるだろうか。生産者は一定の売上額を下回る仲介業者をすべて切ろうと考えることもある。例えば、ナビスターは、ディーラーの5％が年間4台以下のトラックしか販売していないことに気づいた。ディーラーの売上より彼らにかかるコストのほうが高いということになる。しかし、これらのディーラーを切ると、システム全体に影響を及ぼしかねない。生産台数を減らせば1台当たりにかかる間接費が増え、トラックを生産する単位コストが高くなってしまう。一部の従業員は暇になり、機械が遊ぶことになる。顧客の一部が競合他社に奪われることにもなるし、他のディーラーが不安を感じるおそれもある。チャネル・アレンジメントを修正する前には、これらの要素をすべて考慮に入れなければならない。

最も難しい意思決定はチャネル戦略全体を見直すことだろう[22]。流通チャネルはいずれ時代にそぐわないものになっていく。現在の流通チャネルと、標的顧客（および生産者）の要望を満足させる理想的なシステムとの間にギャップが生じてしまうのである。エイボンの化粧品の訪問販売は、女性の社会進出とともに修正しなくてはならなかったし、本章の冒頭で述べたように、バンク・オブ・アメリカはオンライン・バンキングを提供する一方で、支店の開設や閉鎖も行っているのである。

チャネルの力学

　流通チャネルは絶えず変化する。新しい卸売業者や小売業者が現れ、新しいチャネル・システムが発展する。垂直的マーケティング・システム、水平的マーケティング・システム、マルチチャネル・マーケティング・システムの最近の成長に着目し、これらのシステムがどのように協力し、衝突し、競争していくのかを見てみよう。

❖ 垂直的マーケティング・システム

　最近のチャネルの動きで最も重要なものの1つが、垂直的マーケティング・システムの台頭である。**伝統的マーケティング・チャネル**は独立した生産者、卸売業者、小売業者で構成されている。彼らはそれぞれが別個の事業者であり、たとえ結果的にシステム全体の利益が減少することになっても、各自が自分の利益を最大化しようとする。いかなるチャネル・メンバーも他のメンバーを完全に、もしくは実質的にコントロールすることはない。

　対照的に、**垂直的マーケティング・システム（VMS）** は、生産者、卸売業者、小売業者が統合されたシステムとして活動する。1つのチャネル・メンバー、いわゆる「チャネル・キャプテン」が他のメンバーを所有していたり、フランチャイズを与えたり、あるいは他のメンバーを協力させるだけの強力なパワーを有している。チャネル・キャプテンは生産者、卸売業者、小売業者いずれの場合もある。VMSは、強いチャネル・メンバーがチャネル行動をコントロールし、自己の利益を追求する個々のチャネル・メンバー間に起こるコンフリクトを排除しようと試みた結果生まれたものである。VMSは規模、交渉力、重複サービスの排除などによって経済効果を達成する。アメリカの消費財市場では支配的な流通形態となっており、市場全体の70～80％を占めている。VMSのタイプには企業型、管理型、契約型の3つがある。

　「企業型VMS」では、生産から流通までの一連の段階が1つの所有権の下に結合されている。チャネルに対して高レベルのコントロール力を求める企業は垂直的統合を好む。例えばシアーズは販売商品の50％以上を、一部または完全に所有している企業から仕入れている。

　「管理型VMS」では、メンバーの一員の規模とパワーによって生産から流通までの一連の段階が調整される。有力なブランドを製造しているメーカーは、再販業者から強い協力と支持が得られる。P&Gやキャンベル・スープ社などは、ディスプレイ、棚スペース、プロモーション、価格政策について再販業者に高レベルの協力を求めることができる。

　「契約型VMS」は、生産から流通までの各段階が別々の独立企業によって構成されているが、各企業のプログラムは単独では達成できない経済効果や販売成果を得るために契約ベースで統合されている。ジョンストンとローレンスはこれを「付加価値パートナーシップ」（VAP）と呼んでいる[23]。契約型VMSには次の3つのタイプがある。

1. 卸売業者が主催するボランタリー・チェーンは大型チェーンと対抗するために、独立小売業者を卸売業者が組織した自主チェーンのことである。卸売業者は参加している小売業者と協力して、販売方法を標準化したり、チェーン店と十分に対抗できるような購買経済性を達成する。
2. 小売業者協同組合は、小売業者が主導的に新しい事業体を組織し、卸売から場合によっては生産の一部まで手がけるものである。メンバーは小売組合を通じて製品を仕入れ、共同で広告を企画する。利益は仕入れ量に応じてメンバーに分配される。
3. フランチャイズ組織は「フランチャイザー」と呼ばれるチャネル・メンバーが生産から流通までのプロセスのいくつかの段階を結合するものである。フランチャイズには、「メーカー支援による小売フランチャイズ」（フォードとディーラー）、「メーカー支援による卸売フランチャイズ」（コカ・コーラとボトラー）、「サービス業者支援による小売フランチャイズ」（ラマダ・インとモーテル・フランチャイジー）がある。

❖水平的マーケティング・システム

もう1つのチャネル開発は、**水平的マーケティング・システム**である。これは関連のない複数の企業が、新たな市場機会を開拓するために、資源またはプログラムを統合するものである。多くのスーパーマーケット・チェーンは地元の銀行と提携して、店内で銀行業務を提供している。例えばシティズン・バンクはニューイングランドのスーパーマーケットの店内に256の支店を設置している。それぞれの企業は単独では資本、ノウハウ、生産資源、あるいはマーケティング資源が不足していたり、リスクを恐れていたりする。そこで一時的あるいは恒久的に共同で仕事をしたり、ジョイント・ベンチャーを設立したりする。例えばH&Rブロックは、保険会社のGEICOを通じて自動車保険の情報をH&Rブロックの顧客に提供するようにした。

❖マルチチャネル・マーケティング・システム

かつては多くの企業が単一のチャネルを通じて単一の市場に製品を販売していた。しかし今日では、顧客セグメントやチャネルの可能性が増えたため、マルチチャネル・マーケティング・システムを採用する企業が増えてきている。**マルチチャネル・マーケティング**とは、1つの企業が複数の顧客セグメントに到達するために、複数のマーケティング・チャネルを使うことである。例えば、パーカー・ハニフィン社（PHC）は空気ドリルを林業、漁業、航空機業界に販売している。PHCは1つの流通業者を通じて販売するのではなく、3つの別々のチャネルを設立した。それぞれのチャネルが標的とする市場はそれぞれに異なるため、チャネル間のコンフリクトはほとんど発生していない。

チャネルを増やすと、3つの重要なベネフィットが得られる。第1に、市場カバレッジが広がる。第2に、チャネル・コストが下がる。既存の顧客グループに販売するコストを下げるた

めに新しいチャネルを追加することも考えられる（小規模の顧客には訪問ではなく電話で販売するなど）。第3に、カスタマイズされた販売ができる。例えば複雑な機器を販売するためにセールス・フォースを投入するなどである。しかし、新しいチャネルの導入は往々にしてコンフリクトやコントロールの問題を引き起こす。複数のチャネルが同じ顧客を奪い合うことになるかもしれない。新しいチャネルの独立性が強く、協力させるのが難しいこともある。

❖ コンフリクト、協調、競争

　チャネルがどれほどうまく設計され、管理されていても、独立事業体の利害が一致しないという理由だけで簡単にコンフリクトは生じるものだ。**チャネル・コンフリクト**とは、あるチャネル・メンバーの行動がチャネルの目標達成を妨害することである。**チャネル協調**とは、潜在的に相反する独自の目標を持った各チャネル・メンバーが、チャネル全体の目標のためにまとまることである[24]。以下では、チャネル内で生じるコンフリクトにはどのようなタイプがあるのか、チャネル・コンフリクトが生じる原因は何か、コンフリクトを解消するために何ができるのか、の3つの問題を考察していく。

コンフリクトと競争のタイプ

　「垂直的チャネル・コンフリクト」とは、同じチャネル内の段階の違うメンバー間で起こるコンフリクトのことである。GM はサービス、価格設定、広告の方針を強制しようとしてディーラーとコンフリクトを起こした。「水平的チャネル・コンフリクト」とは、チャネル内の同じ段階のメンバー間で起こるコンフリクトのことである。水平的チャネル・コンフリクトの例としては、ピザ・インのあるフランチャイズ店が、他のフランチャイズ店が中身をごまかしたりサービスの質が悪いため、ピザ・イン全体のイメージを傷つけていると抗議したことが挙げられる。

　「マルチチャネル・コンフリクト」とは、製造業者が同じ市場で複数のチャネルを使って販売する場合に起こるコンフリクトのことである。マルチチャネル・コンフリクトは、あるチャネル・メンバーが（大量仕入れによって）低価格を獲得したり、低いマージンで販売する場合に特に激化する。例えばシュウインを買収したパシフィックサイクルは、高級品を扱うシュウインの2700のディーラー・ネットワークに加えて、自社独自のチャネルを使うことにした。このチャネルで、パシフィックサイクルは自社の中級品をターゲット・ストアのような大型小売チェーンを通じて販売した。パシフィックサイクルは既存のシュウインのディーラー・ネットワークに対して限定モデルを提供したものの、結局1700ものディーラーが去っていく結果となった。大型小売チェーンを使うことで得られる利益が、ディーラーの離脱によって生じる損失を埋め合わせることができるかどうかが、重要なキーポイントとなる[25]。

チャネル・コンフリクトの原因

チャネル・コンフリクトはなぜ起こるのだろうか。主要な原因の1つが、「目的の不一致」である。例えば製造業者が低価格で早く市場に浸透したい一方、ディーラーは高いマージンで短期的な利益を望んでいるかもしれない。「役割と権利の不明確さ」からコンフリクトが生じることもある。HPが自社のセールス・フォースを通じて大口顧客に販売しようというとき、ライセンス供与されたディーラーも大口顧客に販売しようとするかもしれない。テリトリーの境界と売上の権利をめぐって、しばしばコンフリクトが発生するのだ。

「考えの違い」からコンフリクトが生じることもある。生産者が短期間の経済見通しを楽観的に捉え、ディーラーに大量在庫を抱えさせたい一方、ディーラーは悲観的な見通しを立てているかもしれない。さらに、製造業者に対する仲介業者の「強い依存」によってコンフリクトが起こることもある。自動車ディーラーのような独占的ディーラーの運命は、製造業者の製品や価格設定に大きく左右される。このような状況では、コンフリクトが発生する可能性が高い。

チャネル・コンフリクトの管理

チャネル・コンフリクトの中には、環境変化への適応につながる建設的なものもある。しかしコンフリクトがあまりに激しいと、チャネルは正常に機能しなくなってしまう。企業にとっての課題はコンフリクトをなくすことではなく、これをうまく管理していくことなのだ。効果的なコンフリクト管理には、いくつかのメカニズムがある[26]。そのうちの1つが、包括的な目標の選定である。それが生き残りであれ、市場シェア、高品質、顧客満足であれ、チャネル・メンバーはともに追求する基本目標について合意する。より競争力のあるチャネルの出現、法規制、消費者の要望の変化などといった外的な脅威にさらされたとき、この行動がとられる。

チャネル内の複数の段階で人員の交換をしてみるのも有益な方法である。お互いの考え方に対する理解を深めるため、GMの経営幹部が短期間ディーラーの店で働き、ディーラー店のオーナーはGMのディーラー政策部門で働くような場合である。「委員の追加任命」は、諮問機関や取締役会、業界団体などに他の組織のリーダーを参加させることによって、彼らの協力を得る方法である。これを実行する組織がリーダーを尊重し、彼らの意見に耳を傾ける限り、委員の追加任命によってコンフリクトを軽減することができる。

コンフリクトが長期に及んだり、深刻になってきたら、外交的手段、調停、あるいは仲裁に頼らなければならない。「外交的手段」とは、関係者双方から個人あるいはグループを派遣し、コンフリクトを解決するために話し合いを持つことである。「調停」とは、中立第三者の専門家に関係者双方の利害を調停してもらうことである。「仲裁」とは、双方が仲裁者にそれぞれの言い分を提出し、仲裁者の決定を受け入れることである。

❖チャネル関係における法的・倫理的問題

　ほとんどの場合、企業は自社に合ったチャネルをどう開発しようと法的に自由である。しかし実際には、競合他社のチャネル利用を妨げるような排他的戦術を、法律は阻止しようとする。以下に、排他的取引、排他的テリトリー、抱き合わせ購入契約、ディーラーの権利といった事項に関して、その合法性について考えてみよう。

　排他的取引では、生産者が自社製品を特定の販売代理店にしか置かず、ディーラーに他社の製品を扱わないよう要求する。こうした排他的な取り決めは、生産者とディーラー双方にベネフィットをもたらす。生産者は自社にロイヤルティを持ち信頼のおける小売店を獲得し、ディーラーは特別な製品の安定供給と、生産者による強力なサポートを得ることができる。排他的な取り決めは、それによって競争が大幅に弱まったり、独占体制を作り出す傾向がない限り、また生産者とディーラーの双方が自発的に取り決めに参加している限り、合法である。

　排他的取引は排他的テリトリーを伴うことが多い。生産者が特定地域で他のディーラーへ販売しないことに同意する場合と、ディーラーが自分のテリトリーでしか販売しないことに同意する場合がある。前者はディーラーの熱意とコミットメントを高め、法的にもまったく問題はない。販売者には、希望する以外の小売店で製品を売らなければならないという法的義務はないからである。しかし、生産者がディーラーにテリトリー外で販売をさせないようにする後者の例は、法的に大きな問題となる。

　強力なブランドを有する生産者は、同じ製品ラインの他製品の全部または一部も買うことを条件にディーラーに販売することがある。これはフルライン購入強制と呼ばれる。このような**抱き合わせ購入契約**は必ずしも違法ではないが、競争を大幅に弱める傾向があれば、アメリカでは違法となる。なお、生産者がディーラーとの契約を解消する権利は制限されている。一般に生産者は「正当な理由」があればディーラーとの契約を打ち切ることができる。しかし、ディーラーが排他的取引や抱き合わせ購入契約のような法律的に疑わしい取り決めへの協力を断った場合、それを理由に契約を解消することはできない。

▍電子商取引におけるマーケティングの実施

　電子ビジネスとは、企業がビジネスを行うにあたって、電子的な手段および電子プラットフォームを使用することである。**電子商取引**とは、企業もしくはサイトがオンラインでの取引を提供したり、商品やサービスの販売をオンラインによって促進したりすることを指す。電子商取引からさらに、電子購買と電子マーケティングが生まれた。**電子購買**とは、企業が財、サービス、情報をさまざまなオンラインの供給業者から購入することである。**電子マーケティング**とは、企業がインターネットを通じて購買者に情報を提供し、コミュニケーションを行い、プロモーションし、製品やサービスを販売することを言う。ほとんどのビジネスがオンラ

インで行われるようになれば、いずれこの「電子（E-）」をいちいちつける必要はなくなっていくだろう。

電子商取引には、これまで会社として存在しなかった組織がウェブサイトを立ち上げる**ピュア・クリック**と、既存の企業が情報や電子商取引のためにオンラインのサイトを加える**ブリック・アンド・クリック**の2種類がある。

❖ ピュア・クリック企業

ピュア・クリック型の企業にはさまざまな種類がある。サーチ・エンジン、インターネット・サービス・プロバイダ（ISP）、コマース・サイト、トランザクション・サイト、コンテンツ・サイト、イネーブラー・サイトなどである。コマース・サイトでは、書籍、音楽、玩具、保険、衣料など、あらゆる種類の製品とサービスが販売される。有名なコマース・サイトの例としては、アマゾン・ドットコムやイーベイ、エクスペディアが挙げられよう。コマース・サイトは競争のためにさまざまな戦略を打ち出している。ホテルズはホテル予約の情報を提供するトップ・サイトであり、バイ・ドットコムは低価格販売のリーダー的サイトであり、ワインスペクテイターは単一のカテゴリーにおける専門性を売りとしている。

購買者が注文の簡便さ（例：書籍や音楽）もしくは低コスト（例：株取引、ニュースの購読）を求める場合に最も有効なのはインターネットである。インターネットは、購買者が製品の特徴や価格について情報を求めている場合（例：自動車やコンピュータ）にも便利である。一方、購入前に手に取ったり、吟味したりする必要がある商品については、インターネットはあまり効果的とは言えない。しかし、これについても例外はある。消費者はイーサン・アレン・ドットコムで家具を、シアーズ・ドットコムで大型家電を、デルでは高価なコンピュータを、前もって試すことなく注文できるのだ。

主要なメディアの注目が一般消費者向け電子商取引（BtoC）に集まる一方で、それ以上に活発に行われているのが企業間電子商取引（BtoB）であり、市場の効率性を高めている。以前は、買い手は世界中の供給業者の情報を集めるために相当の労力を払う必要があった。しかしインターネットによって、買い手は膨大な情報に簡単にアクセスできるようになった。情報入手の手段には以下のようなものがある。(1) 供給業者のウェブサイト、(2)「情報仲介業者」（複数の選択肢についての情報を総合することで価値を付加する第三者）、(3)「マーケット・メーカー」（売り手と買い手との間を繋ぐ取引の場を作り出す第三者）、(4)「顧客コミュニティ」（買い手が供給業者の製品やサービスについての情報を交換できるウェブサイト）。

こうした情報収集手段の存在は、価格の透明性を高めるという本質的な影響をもたらした。他とあまり差異のない製品の場合、価格に対するプレッシャーは強くなるだろう。一方、高度に差別化された製品の場合、買い手はその真の価値をよりよく把握することができる。優れた製品の供給業者であれば、価格の透明性を価値の透明性によって埋め合わせることができる。しかし差別化されていない製品の供給業者は、競争に打ち勝つために価格を下げなければなら

ない。

❖ ブリック・アンド・クリック企業

　多くのブリック・アンド・モルタル企業は、電子商取引を取り入れるべきかどうかで悩んできた。一部の企業は自社の事業を紹介するウェブサイトを開設したものの、そのサイトで電子商取引を始めようとはしなかった。オフラインの小売業者、代理業者、自社店舗と競合し、チャネル・コンフリクトが発生することを恐れたためである[27]。そこで重要なポイントとなるのが、いかに仲介業者とオンラインの両方を併用するかという点である。仲介業者から容認を得るには、少なくとも次の3つの戦略がある。(1) インターネットでは仲介業者とは異なるブランドや製品を提供する。(2) オフラインのパートナーには、売上へのマイナス影響を緩和するためにより高い手数料を提供する。(3) 注文はオンラインで受けるが、配送と集金は仲介業者に任せる。ハーレーダビッドソンはオンラインで付属品を購入したい顧客にディーラーの中から1つを選択してもらう。そしてディーラーが、注文品をただちに発送する、というハーレーの規定に従って注文を処理する[28]。

　オンラインのみの企業、もしくはオンラインを主体とした企業の中には、ブリック・アンド・モルタル施設に投資を行っているものもある。多くの企業は自社の既存ブランド名のもとにオンラインに参入している。バンク・ワンのウィングスパンバンク・ドットコムの例が示すように、オンライン参入にあたって新たなブランドを立ち上げるのは非常に難しい。そのため、企業は小売業者の一部またはすべてと決別して自ら直接販売を行うか否かを決定しなければならなくなる。しかし銀行業界においては、一部の顧客は対面で取引を行うほうを好んでいるということがわかった。新規に開設された当座預金口座および普通預金口座の80％は、銀行の支店で作られているのである[29]。

参考文献

1. Paul Davis, "B of A to Close 100 Branches," *American Banker*, July 7, 2005, p. 20 ; Eve Tahmincioglu, "Small Banking in a Big Bank World," *New York Times*, June 30, 2005, p. C10 ; Jennifer Saranow, "New Bean Counters : Banks Share Space with Coffee Shops," *Wall Street Journal*, March 22, 2005, p. D3 ; Janny Scott, "More Banks Than a Roll of Dimes Stake Their Claim," *New York Times*, February 7, 2004, p. B1 ; Patricia A. Murphy, "Why WingspanBank Couldn't Stay Aloft," *Banking Wire*, September 17, 2001, p. 7.
2. Anne T. Coughlan, Erin Anderson, Louis W. Stern, and Adel I. El-Ansary, *Marketing Channels*, 6th ed. (Upper Saddle River, NJ : Prentice Hall, 2001).
3. Louis W. Stern and Barton A. Weitz, "The Revolution in Distribution : Challenges and Opportunities," *Long Range Planning* 30, no.6 (1997) : 823-829.
4. これに関する洞察に富んだ学術調査の概要については、以下の文献を参照されたい。Erin Anderson and Anne T. Coughlan, "Channel Management : Structure, Governance, and Relationship Management," in *Handbook of Marketing*, edited by Bart Weitz and Robin Wensley (London : Sage Publications, 2001), pp. 223-247. 以下の文献も参照されたい。Gary L. Frazier, "Organizing and Managing Channels of Distribu-

tion," *Journal of the Academy of Marketing Sciences* 27, no. 2 (1999)：226-240.
5. E. Raymond Corey, *Industrial Marketing : Cases and Concepts*, 4th ed. (Upper Saddle River, NJ：Prentice Hall, 1991), ch. 5.
6. Mike Troy, "From Supply Chain to Demand Chain, a New View of the Marketplace," *DSN Retailing Today*, October 13, 2003, pp. 8-9.
7. Coughlan, Anderson, Stern, and El-Ansary；*Marketing Channels*, pp. 5-6.
8. リバースフロー・チャネルについては、以下の文献も参照されたい。Marianne Jahre, "Household Waste Collection as a Reverse Channel：A Theoretical Perspective," *International Journal of Physical Distribution and Logistics* 25, no. 2 (1995)：39-55；Terrance L. Pohlen and M. Theodore Farris II, "Reverse Logistics in Plastics Recycling," *International Journal of Physical Distribution and Logistics* 22, no. 7 (1992)：35-37.
9. Chris Gaither, "Giving PCs the Boot," *Boston Globe*, April 22, 2003, p. F1.
10. "Ofoto Takes on a New Identity," *Chain Drug Review*, February 28, 2005, p. 13；Faith Keenan, "Big Yellow's Digital Dilemma," *BusinessWeek*, March 24, 2003, pp. 80-81.
11. Louis P. Bucklin, *Competition and Evolution in the Distributive Trades* (Upper Saddle River, NJ：Prentice Hall, 1972). 以下の文献も参照されたい。Stern et al., *Marketing Channels*.
12. Louis P. Bucklin, *A Theory of Distribution Channel Structure* (Berkeley：Institute of Business and Economic Research, University of California, 1966). 邦訳：『流通経路構造』（ルイス・P・バックリン著、田村正紀訳、千倉書房、1977 年）
13. Bridget Finn, "A Quart of Milk, a Dozen Eggs and a 2.6-GHz Laptop," *Business 2.0*, October 2003, p. 58.
14. Edward Helmore, "Media：Why House of Mouse Is Haunted by Failures," *The Observer*, February 11, 2001, p. 10 (www.disney.com).
15. リレーションシップ・マーケティングとマーケティング・チャネルの管理については、以下の文献を参照されたい。Jan B. Heide, "Interorganizational Governance in Marketing Channels," *Journal of Marketing* (January 1994)：71-85.
16. Lawrence G. Friedman and Timothy R. Furey, *The Channel Advantage : Going to Marketing with Multiple Sales Channels* (Boston：Butterworth-Heinemann, 1999). 上記文献では、チャネルの利益性を支出対収入の率、すなわち E/R で測っている。E/R は平均取引コストを平均注文サイズで割ったものである。平均取引コストは、チャネルの運営にかかる総支出を取引の総数で割ることで算出することができる。この E/R が低いほど、チャネルの利益率は高くなる。
17. Erin Killian, "Butter 'Em Up," *Forbes*, June 9, 2003, pp. 175-176.
18. ＜americas.kyocera.com/news/＞.
19. Anderson and Coughlan, "Channel Management：Structure, Governance, and Relationship Management," pp. 223-247.
20. Bert Rosenbloom, *Marketing Channels : A Management View*, 5th ed. (Hinsdale, IL：Dryden, 1995).
21. "America West Announces Partnership with Cranium," *Airline Industry Information*, June 2, 2005, n.p.；Christopher Palmeri, "March of the Toys－Out of the Toy Section," *BusinessWeek*, November 29, 2004, p. 37；Miles Cook and Rob Tyndall," Lessons from the Leaders," *Supply Chain Management Review*, November-December 2001, pp. 22+；Jennifer Baljko Shah, "Staying Efficient Despite Tough Marketing Dynamics," *EBN*, August 27, 2001, p. 33.
22. この問題に関する優れたレポートについては、以下の文献を参照されたい。Howard Sutton, *Rethinking the Company's Selling and Distribution Channels*, research report no. 885, Conference Board, 1986, p. 26.
23. Russell Johnston and Paul R. Lawrence, "Beyond Vertical Integration：The Rise of the Value-Adding Partnership," *Harvard Business Review* (July-August 1988)：94-101. 以下の文献も参照されたい。Judy A. Siguaw, Penny M. Simpson, and Thomas L. Baker, "Effects of Supplier Market Orientation on Distributor Market Orientation and the Channel Relationship：The Distribution Perspective," *Journal of Marketing* (July 1998)：99-111；Narakesari Narayandas and Manohar U. Kalwani, "Long-Term Manufacturer-Supplier Relationships：Do They Pay Off for Supplier Firms ?" *Journal of Marketing* (January 1995)：1-16.
24. Anne T. Coughlan and Louis W. Stern, "Marketing Channel Design and Management," in *Kellogg on Marketing*, edited by Dawn Iacobucci (New York：John Wiley, 2001), pp. 247-269.

25. Rob Wheery, "Pedal Pushers," *Forbes*, October 14, 2002, pp. 205-206.
26. この項は以下の文献から引用した。Stern and El-Ansary, *Marketing Channels*, ch. 6. 以下の文献も参照されたい。Jonathan D. Hibbard, Nirmalya Kumar, and Louis W. Stern, "Examining the Impact of Destructive Acts in Marketing Channel Relationships," *Journal of Marketing Research* 38 (February 2001): 45-61; Kersi D. Antia and Gary L. Frazier, "The Severity of Contract Enforcement in Interfirm Channel Relationships," *Journal of Marketing* 65 (October 2001): 67-81; James R. Brown, Chekitan S. Dev, and Dong-Jin Lee, "Managing Marketing Channel Opportunism: The Efficiency of Alternative Governance Mechanisms," *Journal of Marketing* 64 (April 2001), pp. 51-65.
27. Described in *Inside 1-to-1*, Peppers and Rogers Group newsletter, May 14, 2001.
28. Bob Tedeshi, "How Harley Revved Online Sales," *Business 2.0*, December 2002/January 2003, p. 44.
29. Pallavi Gogoi, "The Hot News in Banking: Bricks and Mortar," *BusinessWeek*, April 21, 2003, pp. 83-84.

第14章
小売業、卸売業、ロジスティクスのマネジメント

◆ 本章では、次の問題を取り上げる ◆

1. マーケティング仲介業者にはどのようなタイプがあるのか。
2. このマーケティング仲介業者はどのようなマーケティング意思決定を行うのか。
3. マーケティング仲介業者の主なトレンドは何か。

トレーダー・ジョーズのマーケティング・マネジメント

　ロサンゼルスを拠点とするトレーダー・ジョーズは45年前にコンビニエンス・ストアとして創業し、それ以来特殊なニッチ市場を開拓してきた。「グルメ食品直販店とディスカウント卸売店の混合」と呼ばれてきた同社は、常に品揃えを変えつつ、高級特製食品とワインを平均より安い価格で販売している。通常のスーパーマーケットが約2万5000の製品を在庫で抱えているのに対して、235店舗あるトレーダー・ジョーズの各店の在庫はわずか2500であり、商品の約80%はプライベート・ブランドである（たいていのスーパーマーケットでは16%ほどである）。また、たとえ週ごとに在庫を入れ替えることになっても、適正な価格で仕入れて売れる製品のみを在庫で持つことにしている。

　製品をできるだけ安く仕入れられるように、18人いるトレーダー・ジョーズのバイヤーは、仲介業者を通さず数百という供給業者と直接取引を行っている。これらの供給業者の20～25%は海外の業者である。加えて、試食委員会の承認を得てはじめて製品は店舗の棚に並べられる。こうした手続きを経て店の棚に並んだ商品であっても、人気商品になれる保証はない。トレーダー・ジョーズは商品の品揃えを常に新鮮に保ち、顧客が本当に求めているものを置こうと心がけている。同チェーンは毎年15店舗のスピードで拡大しているが、立地の最終決定は多数の出店予定地候補を徹底的に調査したうえでなされている。店舗内の雰囲気は実用本位だが、従業員は愛想がよく知識豊富で、不満を申し立てた顧客にはスムーズに返金される。この他社にはなかなか真似できない小売業成功の方程式が、トレーダー・ジョーズを年商10億ドル企業に押し上げるのに一役買い、同食品チェーンをどの市場の競合企業にとっても手強い相手となしえたのである[1]。

前章では、バリュー・ネットワークとマーケティング・チャネルを構築し管理しようとする製造業者とサービス供給業者の視点から、マーケティング仲介業者を見てきた。本章では、トレーダー・ジョーズのような小売業者、卸売業者、ロジスティクス組織について、これらの仲介業者が独自のマーケティング戦略を必要とし策定する存在として検討する。最大の業績を上げている仲介業者は戦略的プランニング、先進的な情報システム、高度なマーケティング・ツールを用い、利益マージンではなく投資収益率に基づいてパフォーマンスを測定する。こうした企業は市場をセグメント化し、市場の標的化とポジショニングに磨きをかけ、市場の拡大戦略と多角化戦略を積極的に追求している。

小 売 業

小売業とは、個人用途、非業務用途で最終消費者に財またはサービスを直接販売することに関わる、すべての活動を指す。売上高が主に小売からなる事業体が、**小売業者**または**小売店**である。最終消費者に販売を行う組織はいずれも、製造業者、卸売業者、小売業者のいかんを問わず、小売を行っている。財やサービスが販売される方法（対面、通信販売、電話、自動販売機、インターネット）や販売される場所（店舗、路上、消費者の自宅）は問わない。

❖小売業者の種類

小売業者には多様な種類があり、また絶えず新しい業態が出てくる。**表14-1**はそのうち主要なタイプを示す。

製品と同様、各タイプの小売店は成長から衰退の段階をたどっていく。これを「小売業のライフサイクル」と呼ぶ[2]。ある1つの小売業態は、登場から加速度的な成長期を経て成熟期を迎え、やがて衰退していく。百貨店は成熟期を迎えるまでに80年を要したが、ウェアハウス型の小売店は10年で成熟した。「小売の輪」の仮説によると、従来の小売業態がサービスを増やしコストをまかなうために価格を上げることによって、新しい小売業態が登場する。高くなったコストは、低価格で少ないサービスを提供する新興業態にとっての好機となるのである[3]。小売業者は、次に挙げる4つのレベルのサービスから1つを提供するよう自らをポジショニングすることができる。

1．**セルフサービス**：ディスカウント販売の基本となる要素である。探索―比較―選択というプロセスを自ら行うことにより、顧客は出費を減らすことができる。
2．**セルフセレクション**：顧客は自分で商品を探すが、補助を頼むこともできる。
3．**限定サービス**：買回り品の品揃えが多く、顧客はより多くの情報と補助を必要とする。

小売業、卸売業、ロジスティクスのマネジメント ◆ 第14章

表14-1 小売業態の主なタイプ

専門店：狭い製品ラインを扱う。アスリーツ・フット、トール・マン、ザ・リミテッド、ザ・ボディショップなど。

百貨店：複数の製品ラインを扱う。シアーズ、JC ペニー、ノードストローム、ブルーミングデールズなど。

スーパーマーケット：食料品や日用雑貨品を中心に消費者のトータルなニーズに対応する、低コスト、低マージン、大量販売のセルフサービス式大型小売店。クロガー、ジュエル、フード・エンポリウムなど。

コンビニエンス・ストア：住宅地域に立地する小規模店舗。24 時間営業であることが多く、回転の良い最寄り品およびテイクアウトなど限られた製品を扱う。セブン-イレブン、サークル K など。

ディスカウント・ストア：標準的または専門的な品揃えを有し、低価格、低マージン、大量販売を行う。ウォルマート、K マート、サーキット・シティ、クラウン・ブックストアズなど。

オフプライス・ストア：売れ残り品、過剰在庫品、不揃い品を小売価格よりも安く販売する。ファクトリー・アウトレットと独立したオフプライス小売業者がある。フィレーンズ・ベースメント、T・J・マックス、ウェアハウス・クラブのサムズクラブ、コストコ、ビージェイズ・ホールセールなど。

スーパーストア：広大な売り場スペースを有し、食料品や家庭用品などの日常的必需品とサービス（ランドリー、靴修理、ドライクリーニング、小切手現金化サービスなど）を扱う。カテゴリーキラー（特定のカテゴリーで深い品揃えを提供する）のペッツマート、ステープルズ、ホーム・デポ、コンビネーション・ストアのジュエルとオスコ、ハイパーマーケット（スーパーマーケット、ディスカウント・ストア、ウェアハウス型小売店を一体化した巨大店舗）のカルフール（フランス）、ピルカ（スペイン）、マイヤーズ（オランダ）など。

カタログ・ショールーム：マークアップが高く回転が早いブランド品を幅広く揃え、カタログを通じてディスカウント価格で販売する。顧客はカタログで注文した商品を店舗で受け取る。インサイド・エッジ・スキー・アンド・バイクなど。

サービス（クレジットや返品特典など）も提供する。

4．フルサービス：販売員は、探索—比較—選択というプロセスで顧客を補助する態勢にある。人件費が高く、専門品の比率が高く、商品の回転が遅く、サービスが豊富なので、結果的に高コストの小売業となる。

これらの異なるサービス・レベルと異なる品揃えの幅を組み合わせると、小売業が利用できるポジショニング戦略は大きく4つに分けられる。

1．ブルーミングデールズ：幅広い品揃えと高い付加価値を特色とする。店舗デザイン、製品品質、サービス、イメージに細心の注意を払っており、利益マージンが高い。

2．ティファニー：狭い品揃えと高い付加価値を特色とする。このような店は高級イメージを高め、高いマージンと少量販売で運営する傾向にある。

3．サングラス・ハット：狭い品揃えと低い付加価値を特色とする。このような店は、仕入れ、販売促進、広告、流通を中央集権化して、コストと価格を低く抑える。

4．ウォルマート：幅広い品揃えと低い付加価値を特色とする。お買い得品を提供する店というイメージを確立するため、価格を低く抑えることに力を注ぐ。低いマージンは販売量の多さで補う。

財とサービスの大部分は店舗で販売されているが、「無店舗小売業」が店舗小売業をはるかにしのぐ勢いで成長してきている。無店舗小売業は4つの大きなカテゴリーに分けられる。(1)「直接販売」は90億ドル産業であり、エイボンなど600以上もの企業が訪問販売やホームパーティ形式による販売を行っている。(2)「ダイレクト・マーケティング」は、ダイレクトメールとカタログ販売（L.L.Bean）にルーツがあり、「テレマーケティング」（1-800-FLOWERS）、「テレビ・ホーム・ショッピング」（QVC）、「オンライン・ショッピング」（アマゾン・ドットコム）まで幅広い。(3)「自動販売」は、タバコ、キャンディ、新聞といった品目で利用されている。(4)「購入サービス」とは、特殊な顧客——通常は大企業の従業員——を対象とした無店舗小売業である。この顧客は、会員権と引き換えに割引の提供に合意した小売業者から商品を購入する権利を持つ。

多くの小売店舗は独立所有であるが、何らかの形で**組織的小売**（表14-2参照）に参加する店舗も増えてきている。こうした小売組織には、規模の経済性、大きな購買力、広範なブランド認知度、教育の行き届いた従業員という強みがある。

❖ 小売業者のマーケティング意思決定

これまで、小売業者は便利な立地、専門的ないしユニークな品揃え、競合他社よりも豊富で優れたサービス、あるいは店のクレジットカードで顧客を引きつけてきた。しかしこれもすっかり様変わりし、今日、カルバンクライン、リーバイスなどのナショナル・ブランドは大半の百貨店、メーカー直営店、アウトレットだけでなく、オフプライス・ディスカウント・ストアでも売られるようになった。その結果、小売店舗の品揃えには店ごとの差がなくなってきている。

表14-2　主な組織的小売の種類

コーポレート・チェーン・ストア	本部によって所有され、コントロールされる複数の店舗で、同じような商品ラインを中央集中的に仕入れ、マーチャンダイジングし、販売を行う。GAP、ポタリー・バーン、ホールド・エブリシングなど。
ボランタリー・チェーン	卸売業者が主催して独立小売店をグループ化し、大量仕入れと共通のマーチャンダイジングを行う。インディペンデント・グローサーズ・アライアンス（IGA）など。
小売業者協同組合	中央集中的な仕入れと、共同のプロモーションを行う独立小売業者の集団。アソシエイテッド・グローサーズ、ACEハードウェアなど。
消費者協同組合	小売組織を顧客が所有する。メンバーが資金を出して店舗を開設し、方針を議決し、経営グループを選出して、配当金を受け取る。
フランチャイズ組織	フランチャイザーとフランチャイジーが契約を交わすことで作られる組織。多様な製品・サービス分野でよく見られる。マクドナルド、サブウェイ、ピザハット、ジフィー・ルーブ、セブン-イレブンなど。
複合小売業	単一資本のもとに異なる製品ラインを扱う複数の小売業態を統合し、流通と管理をある程度一体化する。

サービスの違いもなくなってきた。百貨店の多くがサービスを削減する一方で、ディスカウント・ストアはサービスを拡大している。顧客は以前より賢くなっており、同じブランドの製品が2つあれば、高い方にお金を支払おうとはしない。ましてや、サービスの質に差がなければなおさらである。また、今では銀行のクレジットカードが大半の店で使えるので、特定の店のクレジットカードはもはや必要なくなっている。したがって、差別化で効果を上げるには、標的市場、品揃えと仕入れ、サービスと店舗の雰囲気、価格、コミュニケーション、立地に関して、巧みなマーケティング意思決定が必要となる。

標的市場

小売業者の最も重要な意思決定は、標的市場に関するものである。標的市場を明確にし、その輪郭が描けてはじめて、製品の品揃え、店内装飾、広告のメッセージと媒体、価格、サービス・レベルについて、首尾一貫した意思決定を下すことができる。一部の小売業者は自社の標的市場の特定に非常に長けている。例えば、クリストファー&ボンドはこれまでは見逃されがちだった市場セグメント、つまりクラシックな装いを好む40代の中年女性層をターゲットとしている。ターゲットに関する豊富なプロフィールを——体のサイズにいたるまで——まとめることによって、この女性のクローゼットを埋めるような服をデザインし、製作しているのである[4]。

製品の品揃えと仕入れ

小売業者の品揃え（「幅」と「深さ」）は、標的市場の買い物客の期待に沿うものでなければならない。レストランの場合、狭くて浅い品揃え（小さな軽食スタンド）、狭くて深い品揃え（デリカテッセン）、広くて浅い品揃え（カフェテリア）、広くて深い品揃え（大きなレストラン）のいずれかを提供できる。製品の差別化戦略の策定が、次の課題となる。いくつかの可能性を挙げてみよう。競合する小売店では手に入らない独占的なナショナル・ブランドを販売する（サックスがこの戦略を用いている）。商品の大半をプライベート・ブランドにする（GAP）。最新の商品をいち早く販売する（ホット・トピック）[5]。意外性のある商品を売ったり、品揃えを常に変える（T.J.マックス）。カスタマイズ・サービスを提供する（ハロッズ・オブ・ロンドン）。高度にターゲットを絞った品揃えを提供する（ブルックストーン）。

店舗によっては、**直接製品収益性（DPP）**を使って、製品が倉庫に到着してから顧客が店舗で購入するまでの取り扱いコスト（受け取り、倉庫への移動、事務処理、選択、チェック、出荷、保管費用）を測定している。DPPを導入した再販業者は、製品の売上総利益がDPPにあまり関係がないことを知って驚くだろう。例えば嵩の大きい製品は、取り扱いコストが高いために利益が低くなり、嵩の小さな製品に比べて棚スペースを確保する価値が低くなることがある。

サービスと店舗の雰囲気

　店舗を他の店舗と差別化する重要なツールが、「サービス・ミックス」である。例えば、電話と通販による注文の受付、広告、ウィンドウと店内のディスプレイ、試着室、営業時間、ファッション・ショー、下取りなどは購買前のサービスである。発送と配達、ギフト包装、調整と返品、手直しと仕立て、設置、名入れなどの購買後のサービスを提供してもよい。小切手の現金化、駐車場、レストラン、修理、店内装飾、クレジット、化粧室、託児サービスといった補助的なサービスに力を入れている店もある。

　「店舗の雰囲気」も重要な差別化ツールである。どの店にも物理的なレイアウトがあり、そのレイアウト次第で動きまわるのが面倒になったり楽になったりする。どの店にもその店なりの「表情」がある。店には標的市場にふさわしい、消費者の購入意欲を喚起するような、計算された雰囲気がなければならない。

　百貨店チェーンのコールズは、競技場のトラックをモデルとしたフロア配置を採用し、顧客に店内すべての商品を見ながら移動させている。さらに時間のない顧客が近道できるよう、中央にも通路を1本通している。このトラック式の輪状通路のおかげで、店舗は競合他社に比べてはるかに高い売り場面積1平方フィート（約0.09平方メートル）当たりの収益を達成している[6]。

店舗活動と店舗経験

　電子商取引の成長に伴い、従来のブリック・アンド・モルタル型小売業者も何らかの対応を迫られるようになった。今では小売業者も、本来持っている優位性（すなわち買い物客が実際に製品を見て、触って、試せること、実際の顧客サービスを受けられること、多くの買い物においては配達遅れが発生しないことなど）に加えて、優れた買い物経験を顧客に提供することで差別化を図っている[7]。

　インターネットに慣れた消費者を店舗に引きつけるために、店舗型の小売業者は新たなサービスとプロモーションを展開している。こうした戦略の変化はさまざまな点から見て取れる。シンプルなところでは個々の買い物客を「ゲスト」と呼んでいる点（多くの店舗がこの習慣を始めている）、そして大掛かりなところでは屋内にアミューズメント・パークを開設する動きなどが、その表れと言えよう。例えばバスプロ・ショップのような小売業者は、楽しみや刺激を求める顧客が集まる場や店舗内のエンターテインメントを提供している[8]。この重要なスキルについて、詳しくは「マーケティング・スキル▶経験マーケティング」を参照されたい。

価格の決定

　価格はポジショニングの重要な要素であり、標的市場、製品とサービスのミックス、競争相手を考慮して決定されなければならない。小売業者は誰しも販売数量を増やして売上総利益を大きくしたいと願うものであるが、この2つはまず同時には達成できない。小売業の多くが

マーケティング・スキル ▶ 経験マーケティング

　たいていのナショナル・ブランドが複数のチャネルを通じて手に入り、買い物客にとって小売業者間の差異を知覚しにくくなっている今、経験マーケティングは店舗が他と一線を画する方法として注目を浴びつつある。専門家は、まず標的セグメントの顧客が何に価値を見出し期待しているかを徹底的に理解することを薦める。感覚に訴える経験（感触、外観、音、香り、味）で店舗の雰囲気を高めることにより、顧客リレーションシップを構築する方法を考えてみよう。その経験はユニークなものでなければならないが、それだけでなく、ブランドにふさわしく記憶に残るものでなくてはならない。

　ごく基本的な経験は特定の感覚を通じて構築できるだろう。例えば、食品店の淹れたてのコーヒーや焼き立ての食品の香りである。スターバックスの店に入ると、芳醇なコーヒーの香り（香り）、ソフトに流れるジャズ音楽（音）、座り心地の良い椅子（感触）、流行の先端を行く店内装飾（外観）を経験する。理想の目標は「楽しく、ためになり、美的で、日常を忘れられる、このすべてを同時に」店内で体験してもらうことだ、とあるマーケターは言う。

　小売チェーンのREIは、アウトドア用の道具やウェアの販売に経験マーケティングを活用していることで知られている。79ある店舗のどこでも、頼もしい販売員が初心者から専門家までどのような客に対しても、豊富な知識をもとにニーズに最も合った製品やサービスをアドバイスしてくれる。さらに購入する前に試してみることを薦められる。8メートルの壁を登って登山用品を試したり、ゴアテックスのレインコートを試着して人工の雨を浴びたり、売り場に設置されたテントに入って実際の大きさを体感することができるのである。心躍るディスプレイ、豊富な品揃え、特別な催し、冒険旅行や日帰りのスポーツ・イベントを販売する事業部まで備えたREIは、店内すべてがアウトドアを愛する消費者にとって夢の世界である。経験マーケティングに精通したREIは、毎年約9億ドル相当の商品とサービスを売り上げている[9]。

　「マークアップを上げて販売数量を少なくする」（高級専門店）か、「マークアップを下げて販売数量を多くする」（量販店やディスカウント小売店）かのどちらかを追求することになる。

　多くの小売業者は定期的に、いくつかのアイテムに低価格をつけ、集客のための目玉商品あるいはおとり商品として使う。時には全店セールを行うときもある。また、回転の遅い商品の

値下げ販売を企画することもある。例えば、靴の小売業者の場合、通常のマークアップで製品の50％を販売し、40％のマークアップで製品の25％を、残りの25％の製品は原価で販売することを考えるかもしれない。しかし、一部の小売業者はハイ・ロー「セールス価格設定」をやめて、エブリデイ・ロー・プライシングを選択している（第12章参照）。エブリデイ・ロー・プライシングを実施しているスーパーマーケット・チェーンは、ハイ・ロー・セールス価格を実施しているチェーンより高い利益を上げている（ある環境下においてのみであるが）という調査結果もある[10]。

コミュニケーションの決定

　小売業者は、集客や購入につながるさまざまなコミュニケーション・ツールを使うことができる。広告を打ち、特別セールを実施し、クーポンを発行し、来店頻度の高い買い物客への報奨プログラムや店内での試食を行い、店内でクーポンを配布する。各小売業者は、自社のイメージ・ポジショニングを支援し強化するコミュニケーションを実施しなければならない。高級店はハイ・ファッション雑誌に趣味の良い広告を載せる。販売員を入念に教育して、顧客への対応、顧客ニーズの理解、苦情処理といった技術を身につけさせる。オフプライス・ストアは、特売やお買い得品の印象を高める一方で、サービスや販売にかかる労力を抑えている。

立地の決定

　小売業者は、成功のためには「立地がすべて」だと信じている。**表14-3**に示すように、小売店には主に5つの立地の選択肢がある。通行量の多さと高い賃料との関係を考慮し、小売業者は通行量測定、消費者の買い物習慣調査、競合他社の立地分析などの評価方法を使って立地を決定する必要がある[11]。立地決定のためのソフトウェアモデルもいくつか構築されている[12]。小売業者は特定店舗の売上効率を、1日に通過する人数、入店する人の割合、入店して買い物をする人の割合、1回の買い物の平均金額をチェックすることで評価できる。

❖小売業のトレンド

　競争戦略を策定する際に、小売業者と製造業者が考慮すべき主要な動向は次のようなものである。

■**新たな小売業態や組み合わせの登場**　銀行の支店がスーパーマーケット内に開店され、書店にはコーヒーショップが、ガソリンスタンドには飲食店が入るようになった。ショッピングモール、空港、駅などの通路には行商の屋台が並ぶ。小売業者はまた、「ポップアップ」と呼ばれる期間限定の店を開店するという新手法を試している。こうした店舗を数週間、人通りの多い地区に設置してブランドのプロモーションや季節物の販売を行い、バズを生み出すのだ。ターゲット社がアイザック・ミズラヒの衣料ブランドを立ち上げた際、同社はマンハッタンの

表14-3	小売業者の立地の選択肢
立 地	説 明
商業地区	最も古く、最も通行量の多い市街地、いわゆる「ダウンタウン」。賃料は通常高いが、再開発により多くの都心部に買い物客が戻ってきている。
リージョナル・ショッピング・センター	一般にJCペニーのようなアンカー・ストアを1つ以上と、40〜200の店舗を擁する大規模な郊外のショッピングモール。周辺半径8〜30キロから顧客を呼び込む。ゆったりとした駐車場、ワンストップ・ショッピング、その他の施設を提供している。成功したモールは賃料が高く、店舗売上の一部をとる場合もある。
コミュニティ・ショッピング・センター	アンカー・ショップを1つ、小さな店舗を20〜40擁する小型のショッピングモール。
ストリップ・モール（ショッピング・ストリップ）	通常、店舗が1つの長い建物に集まったもの。
大型店舗内	マクドナルドなどの小売業者が大型店舗、または空港などの施設内の売店コーナーとして借りている。

ロックフェラーセンターに一時的に店舗を設置し、その店舗でミズラヒのブランドのみを販売した。こうして知名度が上がれば、顧客はニューヨークのはずれのクイーンズまで足を運んでターゲットの店舗を訪れようという気になるのである[13]。

■**タイプ間の競争の激化** 異なるタイプの店舗——ディスカウント・ストア、百貨店、ウェブサイト——のすべてが同じような商品を扱い、同じ消費者を取り合うことで、競争が起こっている。勝ち組となったのは、大型ショッピングセンター、1ドルショップ、会員制大型ディスカウント・ショップ、インターネットである[14]。

■**店舗型小売業者と無店舗型小売業者の競争** 消費者はいまや、ダイレクトメール、カタログ、テレビ、コンピュータ、電話を通して販売オファーを受けている。こういった無店舗型の小売業者は、店舗型小売業者のビジネスを奪いつつある。大手小売業者は自社のウェブサイトを開発し、一部のオンライン小売業者は物理的な販路を所有もしくは管理することに利点を見出している。

■**巨大小売業者の成長** 巨大小売業組織は情報システム、物流システム、購買力で、大量の製品を魅力的な価格で大勢の消費者に提供することができる。彼らは十分な量の配送ができない中小製造業者を押しのけ、時には製造業者に対して、製造する製品、価格設定とプロモーションの方法など重要な意思決定に指示を出す。

■**中間市場小売業者の衰退** 成長が最上部（高級品の販売）および底部（割引価格での販売）に集中しているようである。その中間に位置する企業にはチャンスも少なく、シアーズやJCペニーといった小売業者もこのポジションで苦しんできた。2000年以降、スーパーマーケット、百貨店、ドラッグストアで毎週のように買い物をする消費者は少なくなり、代わって新たに登場した、より適切な場所が彼らのニーズを満たすようになった[15]。

■**増加するテクノロジー投資** 小売業者はコンピュータによってより正確な予測、在庫コスト

の管理、供給業者へのオンライン発注、店舗間の情報伝達、顧客への販売までも行えるようになった。また、チェックアウト・スキャニング・システム、資金の電子振替、先進的な商品取り扱いシステムなどの技術によって生産性が上がっている。

■大手小売業者のグローバル化 ユニークな業態と強力なブランド・ポジショニングを持つ小売業者が、次々と海外進出を果たしている[16]。ウォルマートのようなアメリカの小売業者はグローバル化を果たして利益を拡大した。イタリアのベネトン、フランスのカルフール・ハイパーマーケット、スウェーデンのイケア・チェーンも同様である[17]。

プライベート・ブランド

　急成長を遂げているトレンドであり、小売業者にとっては非常に重要なマーケティング上の意思決定となるのが、プライベート・ブランドである。**プライベート・レーベル・ブランド**（再販売業者ブランド、ストア・ブランド、ハウス・ブランド、流通業者ブランドとも呼ばれる）は、小売業者および卸売業者が開発するブランドである。ベネトン、ザ・ボディショップ、マークス&スペンサーといった小売業者が扱う商品は、ほとんどが自社ブランドの製品である。イギリスのフード・チェーン最大手であるセインズベリーとテスコにおいても、扱う商品のそれぞれ50%と45%を自社のストア・ブランドが占めている。プライベート・ブランド製造業者協会によれば、アメリカで販売されているアイテムの5つに1つはストア・ブランド商品であり、2004年の売上は516億ドルにのぼるという。

　一部の専門家は、取り扱う全商品中プライベート・ブランドの割合は、自然と50%が上限になると考えている。その理由は、消費者は特定のナショナル・ブランドを好み、プライベート・ブランドをベースとすることが難しい、もしくはそうする利点があまりない製品カテゴリーも多いからである。この意見が正しいとすれば、ターゲット社は「上限」に達したことになるだろう。マイケル・グレーブスとトッド・オールダムがデザインした大人気家庭用品も含め、同社の全商品におけるプライベート・ブランドの割合は推定50%である。

❖ハウス・ブランド

　なぜ仲介業者はわざわざ自社ブランドに出資するのだろうか。その第1の理由は、利益率の高さである。仲介業者は低コストで自社のプライベート・ブランドを製造してくれる余剰生産能力を持った製造業者を探す。その他の研究開発、広告、販売促進、物流といったコストも、低く抑えられる。つまり、プライベート・ブランドを持てば価格は低く抑え、それでいて高い利益マージンを得ることができる。第2の理由は、他社にはない独自のストア・ブランドを開発することで、競合他社との差別化を図れるからである。

　一部の主要消費財や医薬品の分野では「ノーブランド」へと回帰する動きも見られる。**ジェ**

ネリック製品とは、ブランドのない、簡易包装で安く提供される製品のことであり、スパゲティ、ペーパータオル、桃缶など一般的な製品に見られる。標準かそれ以下の品質の製品が、全国的に広告されるブランドの20〜40％ほど安い価格で、小売業者のプライベート・レーベル・ブランドの10〜20％安い価格で提供される。この低価格は、低品質の原材料、ラベリングやパッケージングにかかるコストの低さ、最小限の広告費によって可能となっている。

❖ プライベート・ブランドの脅威

　ナショナル・ブランドとプライベート・ブランドの対決においては、小売業者の側により大きな優位性と市場パワーがある。店舗の棚スペースに限りがあるので、スーパーマーケットの多くは新しいブランドを品揃えに追加する際、「スロッティング・フィー」を要求する。また、特別なディスプレイやPOP広告のスペースにも料金がかかる。小売業者は通常、自社ブランドの製品が最も目立つようなディスプレイを採用し、それらの商品が在庫切れにならないように気を配っている。

　しかしナショナル・ブランド弱体化の要因は、ストア・ブランドが力をつけてきたためだけではない。消費者はより価格に敏感になってきている。クーポン券や値引きセールの乱発によって、そう教育されてしまったという一面がある。また、競合する製造業者と国内小売業者が最上ブランドの品質を模倣し合うなかで、消費者はより質の高い商品を見極めていく。そして企業の広告費が総プロモーション予算の30％に減ったことで、ブランド・エクイティは次第に弱体化しつつある。絶えず続くブランドとラインの拡張は、ブランド・アイデンティティをぼやかし、製品の増殖によって互いの区別がつきにくくなる結果となった。

　一部の製造業者は、消費者向け広告とプロモーションに多額の費用を投入してブランド選好を維持することで、プライベート・ブランドの脅威に対抗しようとしている。ただしプロモーション費用を増やせば、その分価格もある程度高くなってしまう。その一方で大規模流通業者は、十分な棚スペースが欲しければ、プロモーションに使う費用をアロウワンスや特別割引に配分するようにメーカーに圧力をかけてくる。いったん折れてしまうと、広告と消費者向けプロモーションに充てられる費用は減り、製造業者のリーダーシップはらせん状に急降下してしまう。ナショナル・ブランドのマーケターは、研究開発に資金を投じ、ブランド認知とブランド選好を高いまま維持し、主要な大規模流通業者とパートナーを組んで規模の経済性を実現し、消費者の知覚価値に合った価格設定をしなければならない[18]。

▎卸　売　業

　卸売業は、再販売あるいは業務での使用を目的として購入する相手に、財やサービスを販売するすべての活動のことである。主に生産に関わる製造業者と農業生産者は卸売業には含まれ

ず、また小売業者も除かれる。卸売業者（「流通業者」とも呼ぶ）はいくつかの面で小売業者と異なっている。第1に、卸売業者はプロモーション、雰囲気、立地にはあまり注意を払わない。最終消費者ではなく、企業顧客を相手に取引するためである。第2に、卸売業者の取引は通常、小売業者の取引よりも規模が大きく、卸売業者は小売業者よりも広い地域を対象とする。第3に、卸売業者と小売業者では法律上、税制上の扱いも異なる。

　製造業者が小売業者や最終消費者に直接販売せず、卸売業者を通すのはなぜだろうか。その主な理由は効率性である。卸売業者は次の機能の1つ以上をより効率的に果たせるのである。

■**販売とプロモーション**　卸売業者のセールス・フォースは、製造業者が多くの小規模な企業顧客に比較的低コストで到達するのを助ける。

■**仕入れと品揃え**　卸売業者は顧客が求めるアイテムを選択し、品揃えを構成することができるので、顧客の手間を大幅に省くことができる。

■**小口分割**　卸売業者は大量のロットで仕入れ、それを小口に分割することによって、顧客のコストを節約する。

■**保管**　一般的に卸売業者が在庫を持つので、供給業者と顧客双方の在庫コストと在庫リスクを軽減する。

■**輸送**　卸売業者のほうが買い手に近いところにいるため、配送が迅速にできる。

■**ファイナンシング**　多くの卸売業者は顧客に対しては信用売りを認めることで、供給業者に対しては先行注文と期日どおりの支払いをすることで、資金の融通を行う。

■**リスク負担**　一部の卸売業者は所有権を取得し、盗難、破損、腐敗、陳腐化によって発生するコストを負担して、リスクを吸収する。

■**市場情報**　卸売業者は供給業者と顧客に対して、競合他社の活動、新製品、価格動向などの情報を提供する。

■**マネジメント・サービスとカウンセリング**　卸売業者は店員を教育したり、店舗のレイアウトやディスプレイを手伝ったり、会計システムと在庫管理システムを確立したりして小売業者を支援することがある。教育や技術サービスの提供によって企業顧客を支援する場合もある。

❖卸売業の成長とタイプ

　アメリカの卸売業はここ数年成長を続けている[19]。この成長を説明する要因はたくさんある。主要な買い手から離れた場所にある大規模工場の増加、実際の注文に対応した生産ではなく注文に先立つ生産の増加、中間生産者と中間ユーザーの段階数の増加、数量、パッケージ、形状について中間および最終ユーザーのニーズに製品を対応させる必要性の高まりなどである。卸売業者の主な種類を**表14－4**に示す。

表14-4　主な卸売業者の種類

マーチャント・ホールセラー：製品の所有権を取得する独立事業者。フルサービスおよび限定サービスの仲買人、流通業者、工具類卸売業者がいる。

フルサービスの卸売業者：在庫を持ち、セールス・フォースを抱え、クレジットを供与し、配送を行い、経営を援助する。卸売商は主に小売業者を対象とし、複数の製品ラインを扱うもの、1つまたは2つの製品ラインを扱うもの、1つの製品ラインの一部だけを扱うものがある。生産財流通業者は、製造業者に対して販売し、クレジット供与や配送などのサービスを提供する。

限定サービスの卸売業者：「現金持ち帰り卸売業者」は回転の早い限られた製品ラインを扱い、小口の小売業者に対して現金販売を行う。「トラック卸売業者」は主に半生鮮食品の限られた製品ラインを、スーパーマーケット、食料品店、病院、レストラン、ホテルなどに販売し、配送する。「ドロップ・シッパー」は石炭、木材、重機などのバルク産業に対応する。ドロップ・シッパーは、受注してから顧客に製品が配送されるまでの期間所有権を持ち、リスクを負担する。「ラック・ジョバー」は食料雑貨店を顧客として、非食料品を扱う。配送スタッフが店頭ディスプレイを行い、価格を設定し、在庫記録をつける。製品の所有権はラック・ジョバーが保持し、小売業者には年度末までに顧客が購入した製品についてのみ代金を請求する。「生産者協同組合」は農産物を集めて地元の市場で販売する。「メールオーダー卸売業者」は、小売業者、企業顧客、機関顧客にカタログを送る。注文品は郵便、鉄道、空路、トラックなどによって配送される。

ブローカーと代理業者：仕入れと販売を支援し、販売価格の2～6%の手数料を得る。限られた機能を果たし、一般に製品ラインまたは顧客タイプで専門化している。「ブローカー」は買い手と売り手を引き合わせて交渉をまとめる。雇い主となった買い手または売り手から手数料を受け取る。食品ブローカー、不動産ブローカー、保険ブローカーなどがある。「代理業者」はより長期的に買い手もしくは売り手の代理を務める。製造業者の代理業者はほとんどが小規模であり、熟練した販売員が数人いるだけである。販売代理業者は、契約に基づき製造業者の全製品を販売する権限を有する。仕入代理業者は買い手に代わって製品を購入する。受け取り、検品、保管、輸送を行うことも多い。問屋は製品を実際に仕入れて販売交渉をする。

製造業者や小売業者の販売支店と営業所：独立の卸売業者ではなく、売り手や買い手自身が行う卸売活動のことである。それぞれの販売支店と営業所が販売と仕入れに特化している。小売業者の多くは主要なマーケットの中心に仕入れ営業所を設置している。

専門卸売業者：農産物仲買業者（多数の農場から生産物を仕入れる）や、石油のバルク・プラントやターミナル（多数の油井から原油をまとめる）、オークション会社（自動車、設備などをディーラーや他の企業向けにオークションに出す）がある。

❖卸売業者のマーケティング決定

　卸売業者は近年、新たに発生する競争、要求の厳しい顧客、新技術、大手の購買者による直接購買の増加といった問題に直面している。その対抗策として、業界では在庫と売掛金の管理を改善して、資産の生産性を向上させようとしてきた。また、標的市場、品揃えとサービス、価格、プロモーション、立地に関する戦略的意思決定を見直す必要もある。

標的市場

　卸売業者が標的市場を明確にする際、顧客の規模（例えば大規模小売業者のみに絞る）、顧客のタイプ（例えばコンビニエンス・ストアに絞る）、サービスに対するニーズ（例えば信用売りを求める顧客）などの選択基準がある。標的グループの中で収益性の高い顧客を見極め、自動再発注システムや教育など付加価値のある提供物を通じて、より良いリレーションシップを築くことができる。利益の上がらない顧客に対しては、大口注文を要求したり、小口注文に

サービス料を請求するなどして、取引を減らすことができる。

品揃えとサービス

　卸売業者の「製品」とは品揃えである。卸売業者はフルラインを揃え、即時の納品に対応できる在庫を保有せよというプレッシャーをかけられている。しかし、膨大な在庫を持つコストで利益が損なわれる恐れがある。そのため、卸売業者は常に製品ラインの数を再検討して、収益性の高い製品ラインだけに絞り込もうとしている。また、顧客との強固なリレーションシップを築くうえで、どのサービスが最も重要か、どのサービスを省き、どのサービスに料金を請求すべきかを検討している。重要なのは、顧客から最も評価されるサービス・ミックスを見出すことである。

価格の決定

　卸売業者は通常、製品の仕入れコストに対して、経費をカバーするために標準的な率、例えば20％のマージンを付加する。したがって、経費が売上総利益の17％であれば、残りの3％が利益マージンとなる。食料雑貨卸売業では、平均的な利益マージンがおおむね2％以下である。卸売業者は現在、価格設定に新たなアプローチを試みている。重要な新規顧客を獲得するためにいくつかの製品ラインのマージンを下げる場合もあるし、供給業者の売上増加の機会につながるのであれば、供給業者に特別な値引きを要求することもある。

プロモーションの決定

　卸売業者は、一般に自らのセールス・フォースにプロモーションの目的達成を頼っている。しかし大半の卸売業者は、販売とは1人の販売員が1人の顧客に対応することだと考えており、チームの努力で重要な顧客に販売し、サービスを提供することだとは考えていない。小売業者が活用するイメージ構築手法の中には、卸売業者が採用できるものもある。卸売業者は、流通業者向け広告、販売促進、パブリシティを含む全体的なプロモーション戦略を策定する必要がある。供給業者のプロモーション材料やプロモーション・プログラムもいっそう活用しなければならない。

立地の決定

　先進的な卸売業者は自動倉庫システムの開発で荷役運搬の手順やコストを改善し、最新の情報システムを使って供給能力を高めている。例えば、W.W.グレインジャーは、設備、部品、備品を取り扱う北米トップの卸売業者であり、582の支店、カタログ、コールセンター、ウェブサイトを通じて、50万点以上の品目を提供している。同社は全国、地域、地区それぞれの流通センターを持ち、製品がいつでも入手可能で、迅速な注文処理と顧客に便利な配送サービスが行えるようにしている[20]。

❖卸売業のトレンド

　製造業者には、卸売業者を使わない、あるいは効率の悪い卸売業者を効率の良い業者に替える選択肢が常にある。卸売業者に対する製造業者の主な不満には、次のようなものがある。製造業者の製品ラインを積極的にプロモーションせず、注文取りしかしていない。在庫を十分置かず、顧客の注文にすばやく対応できない。製造業者に市場、顧客、競合他社の最新情報を提供してくれない。自社のコストを下げない。請求するサービス料が高すぎる。優れた卸売業者はその危機に立ち向かって、変動する供給業者と標的顧客のニーズに、自らのサービスを適合させ、チャネルに付加価値をつけている。また、最新の荷役運搬技術、情報システム、インターネットなどを導入して、業務コストを削減している。

　ナラスとアンダーソンは、大手の生産財卸売業者にインタビューして、彼らが製造業者とのリレーションシップを強化する4つの方法を発見した。(1) マーケティング・チャネルで自社に期待される機能について、製造業者と明確な合意を持とうとする。(2) 製造業者の工場を訪問したり、製造業者の組合会議やトレード・ショーに参加して、製造業者が要求する条件への理解を深める。(3) 数量目標を満たし、支払い請求を即座に処理し、製造業者に顧客情報をフィードバックするなど、製造業者へのコミットメントを高める。(4) 製造業者を支援する付加価値サービスを提供する[21]。

　卸売業にはいまだ課題が山積している。値上げへの強い抵抗感と、コストと品質に基づく供給業者の選別は、卸売業界に依然として大きな影響を与えている。また、製造業者が仲介業者をコントロールまたは所有する垂直的統合を目指す傾向は依然として強い。

マーケット・ロジスティクス

　物流は工場から始まる。マネジャーは倉庫と、最終目的地に希望の時間あるいは最低コストで商品を運ぶ運送業者を選択する。物流は**サプライ・チェーン・マネジメント（SCM）**という、より広義の概念に拡大している。サプライ・チェーン・マネジメントは、物流より早い段階から始まる。インプット（原材料、部品、設備）を調達し、それを完成製品へと転換し、最終目的地に発送する。さらに視野を広げると、供給業者の供給業者について研究する必要が出てくる。サプライ・チェーンの視点は、企業が優れた供給業者や流通業者を見分け、彼らの生産性向上を支援するのに役立つ。これが最終的には企業のコストを下げることになる。

　マーケット・ロジスティクスとは、顧客のニーズを満たしかつ利益を上げるために、要件を満たすインフラストラクチャーを計画し、生産地点から使用地点までの原材料と最終製品の物的な流れを生み出し、コントロールすることである。マーケット・ロジスティクスのプランニングには**図14-1**に示すように、4つのステップがある。このステップが、最も効率的に価値提供を行う方法を検討することにつながる。

```
┌─────────────────────────────────────────────────────────────────┐
│ ステップ1                                                        │
│ 顧客に対する企業からの価値提案を決定する（例えば、どのようなオンタイム・デリバリー・スタン │
│ ダードが提供されるべきなのか、注文や支払いについての正確性はどの水準まで達成すべきか、など）。│
└─────────────────────────────────────────────────────────────────┘
                                    ↓
┌─────────────────────────────────────────────────────────────────┐
│ ステップ2                                                        │
│ 顧客に到達するために最上のチャネル設計とネットワーク戦略を決定する（顧客に直接サービスを提 │
│ 供すべきか、仲介業者を間に挟むべきか、保有すべき倉庫の数とその立地、など）。                │
└─────────────────────────────────────────────────────────────────┘
                                    ↓
┌─────────────────────────────────────────────────────────────────┐
│ ステップ3                                                        │
│ 売上予測、倉庫管理、輸送管理、原料管理の優れたオペレーションを開発する。                    │
└─────────────────────────────────────────────────────────────────┘
                                    ↓
┌─────────────────────────────────────────────────────────────────┐
│ ステップ4                                                        │
│ 最上の情報システム、設備、方針、手順を備えたソリューションを実行する。                      │
└─────────────────────────────────────────────────────────────────┘
```

図14-1 マーケット・ロジスティクス・プランニングのステップ

❖統合型ロジスティクス・システム

　マーケット・ロジスティクスには、**統合型ロジスティクス・システム（ILS）**が必要である。これは情報技術に支援された原材料管理、原材料フロー・システム、物流のことである。フェデックス・ロジスティクス・サービスやライダー・インテグレーテッド・ロジスティクスのような専門の物流業者は、このようなシステムの設計や管理に参加することがよくある。ボルボはフェデックスと共同でトラック部品の在庫を完備する倉庫をメンフィスに設置した。部品が緊急必要になったディーラーがフリーダイヤルに電話すると、部品は同日中に出荷され、空港またはディーラーのオフィス、場合によっては修理現場に配達される。

　マーケット・ロジスティクスにはいくつかの活動がある。起点となるのは売上予測である。企業はこれに基づいて流通、生産、在庫レベルのスケジュールを立てる。生産計画によって、調達部門が発注しなければならない原材料がわかる。原材料は企業向け輸送を通じて届けられ、搬入エリアに入り、原材料庫に保管される。次いで原材料は最終製品に変換される。最終製品の在庫は顧客の注文と製造活動を結合する部分である。顧客の注文は最終製品在庫のレベルを下げ、製造活動は在庫レベルを上げる。最終製品は組み立てラインを出ると梱包、工場内倉庫、出荷室での処理、社外への輸送、現場倉庫、顧客への配送とサービスという過程をたどっていく。

経営陣は、製品コストの30〜40％になることもあるマーケット・ロジスティクスの総コストに関心を持つようになっている。食料品業界だけでも、マーケット・ロジスティクスを革新すれば、年間の営業経費の10％つまり300億ドルを削減できる。典型的な朝食用シリアル1箱は、仲介業者の複雑な道のりを経てスーパーマーケットに到達するまでに、104日かかっている[22]。専門家がマーケット・ロジスティクスを「コスト削減の最後のフロンティア」と呼ぶのもうなずける。マーケット・ロジスティクスのコストが低くなれば、価格が安くなるか利益マージンが高くなる。あるいはこの両方が実現する。コストが高くなることがあっても、入念に計画されたマーケット・ロジスティクスのプログラムは、競争の激しいマーケティングにおいて有力なマーケティング・ツールとなりうる。マーケット・ロジスティクスを改善して、より良いサービス、より短いサイクル・タイム、より低い価格を提供すれば、企業はさらに顧客を引きつけることができる。

❖マーケット・ロジスティクスの目的

多くの企業が、マーケット・ロジスティクスの目的を「適切な商品を、適切な場所に、適切なタイミングで、最小のコストで運ぶこと」と考えている。しかし残念ながら、どのようなマーケット・ロジスティクス・システムも、顧客サービスの最大化と配送コストの最小化を同時に実現することはできない。最大の顧客サービスをするということは、大量の在庫を抱え、最高の輸送手段を使い、複数の倉庫を持つことを意味し、これらはすべてマーケット・ロジスティクスのコストを引き上げる。

マーケット・ロジスティクスの各活動は強いトレードオフの関係にあるので、意思決定はシステム全体を見渡して行う必要がある。出発点は、顧客が何を求め、競合他社が何を提供しているのかを研究することである。顧客は、時間どおりの納品、緊急ニーズに応じる供給業者の意欲、商品の慎重な取り扱い、不良品の引き取りと迅速な再供給に応じる供給業者の姿勢に注目している。

次に、これらのサービスの相対的な重要性を検討しなければならない。例えばサービスと修理の時間は、コピー機の購入者にとって非常に重要である。ゼロックスは「アメリカ合衆国内のどこでも、サービス要求を受けてから3時間以内に故障した機器を元に戻す」というサービス提供の基準を構築した。そして、この確約を実行するために、人員、部品、拠点を備えたサービス部門を設立した。

競合他社のサービス基準も考慮する必要がある。通常、企業は競合他社のサービス基準に匹敵するか、それを上回ろうとするものだ。しかし目指すべき目的は、売上ではなく利益を最大化することである。企業は、より高いレベルのサービスを提供するためのコストに注目しなければならない。サービスを削減して価格を下げる企業もあれば、より多くのサービスを提供してプレミアム価格を請求する企業もある。企業は最終的に、市場に対して一定のサービス・プロミスを表明しなければならない。ある機器メーカーは次のようなサービス基準を設けた。

ディーラー注文のうち少なくとも95％は、注文を受けてから7日以内に納品する。ディーラーの注文を99％ミスなしで処理する。注文品の状況についてのディーラーの問い合わせには3時間以内に答える。輸送中の商品損傷率が1％を超えないようにする。

　企業は、ロジスティクスの目的を達成するためのコストが最小になるシステムを設計しなければならない。マーケット・ロジスティクス・システムには、以下のようなコストが発生する。

$$M = T + FW + VW + S$$

M ＝提案されたシステムの総マーケット・ロジスティクス・コスト
T ＝提案されたシステムの総運送コスト
FW ＝提案されたシステムの倉庫の総固定コスト
VW ＝提案されたシステムの倉庫の総変動コスト（在庫を含む）
S ＝提案されたシステム下での、平均的な納品の遅延による総売上損失コスト

　マーケット・ロジスティクス・システムの選択には、システムにかかる総コスト（M）を検討し、それを最小化するシステムを選択することが必要になる。Sの測定が困難な場合には、顧客サービスのターゲット・レベルにおける$T+FW+VW$の最小化を目指すべきである。

❖マーケット・ロジスティクスの意思決定

　マーケット・ロジスティクスについて、企業は主に4つの意思決定を行う。その4つとは、どのように注文を扱うべきか、どこに在庫を置くべきか、どれだけ在庫を持つべきか、どのように商品を出荷すべきか、である。

注文処理

　今日、ほとんどの企業は「受注から入金までのサイクル」、つまり受注から納品を経て入金までにかかる時間を短縮しようとしている。このサイクルには、販売員による注文の伝達、注文の受理と顧客の信用調査、在庫と生産のスケジューリング、注文品の発送、入金など、多くの段階がある。このサイクルにかかる時間が長いほど、顧客の満足度と企業の利益が低下する。

　しかし、企業は進歩を遂げつつある。GEは、顧客の信用状況をチェックし、当該アイテムが在庫にあるかどうか、どこにあるかを調べる情報システムを運用している。コンピュータが出荷指示を出し、顧客に請求書を送り、在庫記録を更新し、在庫を補充する指示を出し、顧客の注文が処理中である旨のメッセージをセールス・レップに返送する。このすべてを15秒足らずで行うのである。

保管

　どの製造業者も、製品が売れるまでの間それを保管しておかなくてはならない。生産と消費のサイクルが一致することはめったにないからだ。この生産と市場が必要とする数量の食い違いは、保管機能によって埋めることができる。保管には2つの選択肢がある。「貯蔵倉庫」は中・長期間にわたって製品を保管し、「流通倉庫」は工場や供給業者から製品を受け入れ、できるかぎり速やかに配送する。保管場所の数が多ければ顧客へより迅速に配達できるが、それだけ保管と在庫にコストがかかることになる。そのため、多くの企業が保管業務のあり方を見直している。ナショナル・セミコンダクターは6つの貯蔵倉庫を閉鎖して、シンガポールに中央流通倉庫を設置した。これによって同社の標準納品時間は47％短縮され、流通コストは2.5％低下し、売上は34％増加した[23]。

　「自動倉庫」は中央コンピュータにコントロールされた最新のマテリアル・ハンドリング・システムを使用する。コンピュータが店舗からの注文を読み取り、バーコードに従って商品を集め出荷場所に運ぶようフォークリフトと貨物昇降機に指示を出し、送り状を発行する。自動倉庫は作業員のケガや人件費、商品の盗難や破損を減らし、在庫管理を向上させるため、費用の削減になる。ヘレンカーチスは3200万ドルを投じて旧式の倉庫を新しい施設に建て換え、流通コストを40％削減した[24]。

在庫

　在庫レベルは重要なコスト要因となる。販売員は自社が十分な在庫を確保し、すべての顧客の注文に即座に応じてほしいと願うものだ。しかし、これは費用効果が高いとはいえない。顧客へのサービス・レベルが100％に近づくにつれ、在庫コストは急速に増加する。経営陣は在庫の増加と注文処理時間の短縮による売上と利益の伸びを判断し、以下のような意思決定を下さなければならない。

　在庫戦略とは、いつ、どれだけ注文するかということである。まず、在庫が減ったとき、どの在庫レベルで新たに注文するかを知る必要がある。この在庫レベルを「注文（再注文）ポイント」という。注文ポイント20とは、在庫が20個になったときに再注文するという意味である。注文ポイントは、品切れのリスクと過剰在庫のコストのバランスをとるレベルに設定すべきである。次に、どれだけ注文するかという意思決定がある。注文量が大きくなれば、注文回数は少なくなる。注文処理コストと在庫保管コストのバランスをとる必要がある。製造業者にとっての「注文処理コスト」とは、「セットアップ・コスト」と「ランニング・コスト」（生産時の操業コスト）である。セットアップ・コストが低ければ、製造業者はアイテムを頻繁に製造でき、アイテムごとの平均コストが安定し、ランニング・コストに等しくなる。しかしセットアップ・コストが高い場合、長時間操業による生産と、在庫の増加によって、製造業者は単位当たりの平均コストを削減できる。

　注文処理コストを「在庫保管コスト」と比較する必要がある。保管在庫の平均量が大きくな

ると、在庫保管コストが高くなる。この保管コストには、倉庫料、資本コスト、税金と保険料、減価償却費と陳腐化が含まれる。つまり、会社に保管在庫を増やしてもらおうとするマーケティング・マネジャーは、在庫を増やすことによって上昇する粗利益が、在庫保管コストの増加分を上回ることを示す必要がある。

最適注文量は、異なる注文レベルごとの注文処理コストと在庫保管コストの合計を分析することによって決定できる。**図14-2**は、単位当たりの注文処理コストが、注文された単位数とともに低下することを示す。これは注文コストがより多くの単位数に分散されるためである。単位当たりの在庫保管コストは、注文された単位数とともに増加するが、これは製品の在庫保管期間が長くなるためである。2本のコスト曲線を垂直方向に合計したものが、総コスト曲線である。総コスト曲線のいちばん低い点を横軸に投影すると、最適注文量 Q^* が判明する[25]。

企業は在庫アイテムをリスクと機会によって評価し、異なる扱いをすることで在庫コストを減らそうとしている。企業は在庫アイテムを、ボトルネック・アイテム（高リスクで機会が小さい）、クリティカル・アイテム（高リスクで機会が大きい）、コモディティ（低リスクで機会が大きい）、妨害アイテム（低リスクで機会が小さい）と分類している[26]。また、回転の遅いアイテムは中央倉庫に保管し、回転の早いアイテムを顧客に近い倉庫に保管する方策もとっている。「ニアゼロ在庫」を達成する究極の手段は、在庫ではなく注文に応じて生産することである。

輸　　送

輸送手段の選択は、製品の価格設定、時間どおりの配送、納品時の製品状態に影響を与え、そのすべてが顧客の満足度に影響する。倉庫、ディーラー、顧客に製品を出荷するにあたって、鉄道、航空機、トラック、船舶、パイプラインという輸送手段から選択が可能である。速度、頻度、信頼性、収容力、利用可能性、追跡可能性、コストといった基準を考慮する。速度

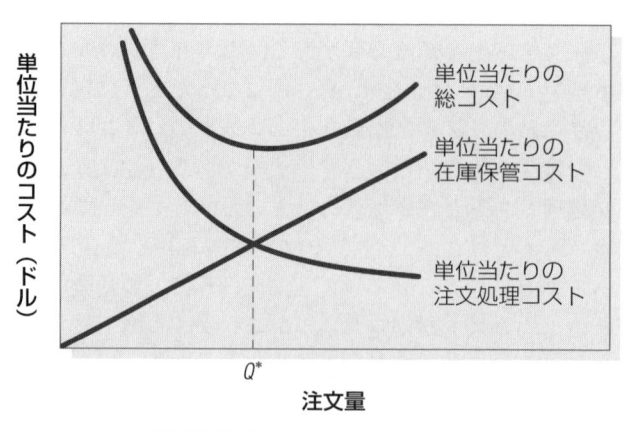

図14-2　最適注文量の決定

という点からは、航空機、トラックが最も適している。一方、目標が低コストであるなら、船舶かパイプラインのほうが適している。

コンテナリゼーションによって、荷主が2つ以上の輸送手段を組み合わせる傾向が高まっている。**コンテナリゼーション**とは、2つの輸送手段間の移送を容易にする箱またはトレーラーに商品を入れることである。「ピギーバック」とは鉄道とトラックを併用することで、「フィッシーバック」は船舶とトラック、「トレインシップ」は船舶と鉄道、「エアトラック」は航空機とトラックの併用を言う。各組み合わせにはそれぞれの利点がある。例えば、ピギーバックはトラックのみの輸送よりも安く、しかも融通が利き利便性も高い。

輸送手段の決定に際して荷主は、大きく分けて3つの選択肢がある。荷主がトラックや航空機を所有している場合には、荷主が「プライベート・キャリア」になる。「契約キャリア」とは、契約ベースで他社に輸送サービスを販売する独立組織である。「公共キャリア」とは、あらかじめ定められた地点間で一定のスケジュールに基づいたサービスを提供する組織であり、すべての荷主が標準価格で利用できる。

❖マーケット・ロジスティクスにとっての教訓

マーケット・ロジスティクスの経験から、経営幹部はいくつかの教訓を得ている。第1に、企業はすべてのロジスティクス要素を一点に集中させたコンタクト・ポイントに上級副社長を任命しなければならない。この上級副社長は、コストと顧客満足の両方に責任を持つ。第2に、このロジスティクス担当上級副社長は、販売部門、オペレーション部門の人々と頻繁にミーティングの場を持ち、在庫、運営費、サービスと顧客満足度の課題と成果を見直すとともに、変更が必要かどうかを検討する。第3に、競争力のある優れたロジスティクス・パフォーマンスを実現するには、ソフトウェアやシステムの導入が重要になりつつある。最後に、マーケット・ロジスティクス戦略は、コスト面を考慮するだけでなく、事業戦略から導きださなければならない。

参考文献

1. Steve Powers, "Retail：Tricks of the Trader," *Business 2.0*, September 2005, p. 36；Amy Wu, "A Specialty Food Store with a Discount Attitude," *New York Times*, July 27, 2003, pp. 3-4.
2. William R. Davidson, Albert D. Bates, and Stephen J. Bass, "Retail Life Cycle," *Harvard Business Review*（November-December 1976）：89-96.
3. Stanley C. Hollander, "The Wheel of Retailing," *Journal of Marketing*（July 1960）：37-42.
4. Amy Merrick, "How Gingham and Polyester Rescued a Retailer," *Wall Street Journal*, May 9, 2003, pp. A1, A6.
5. Kimberly L. Allers, "Retail's Rebel Yell," *Fortune*, November 10, 2003, pp. 137-142.
6. Cametta Coleman, "Kohl's Retail Racetrack," *Wall Street Journal*, March 1, 2000, pp. B1+.
7. Kenneth T. Rosen and Amanda L. Howard, "E-tail：Gold Rush or Fool's Gold？" *California Management*

Review (April 1, 2000)：72-100；Moira Cotlier, "Census Releases First E-commerce Report," *Catalog Age*, May 1, 2001；Associated Press, "Online Sales Boomed at End of 2000," *Star Tribune of Twin Cities*, February 17, 2001；"Reinventing the Store," *The Economist*, November 22, 2003, pp. 65-68.
8. さらに詳しくは、以下の文献を参照されたい。Philip Kotler, "Atmospherics as a Marketing Tool," *Journal of Retailing* (Winter 1973-1974)：48-64；Mary Jo Bitner, "Servicescapes：The Impact of Physical Surroundings on Customers and Employees," *Journal of Marketing* (April 1992)：57-71. 以下の文献も参照されたい。B. Joseph Pine II and James H. Gilmore, *The Experience Economy* (Boston：Harvard Business Sbhool Press, 1999). 邦訳：『「新訳」経験経済』（B・J・パイン II、J・H・ギルモア著、岡本慶一、小高尚子訳、ダイヤモンド社、2005 年）
9. Bethany Clough, "REI Considers Fresno, Calif., for New Store," *Fresno Bee*, August 23, 2005 (www.fresnobee.com)；Stephane Fitch, "Uphill Battle," *Forbes*, April 25, 2005, p. 62；Tim Palmer, "Sensing a Winner," *Grocer*, January 26, 2002, pp. 40+；"Go Live with a Big Brand Experience," *Marketing*, October 26, 2000, pp. 45+.
10. Frank Feather, *The Future Consumer* (Toronto：Warwick Publishing, 1994), p. 171. 以下の文献も参照されたい。Stephen J. Hoch, Xavier Dreeze, and Mary E. Purk, "EDLP, Hi-Lo, and Margin Arithmetic," *Journal of Marketing* (October 1994)：1-15；David R. Bell and James M. Lattin, "Shopping Behavior and Consumer Preference for Retail Price Format," *Marketing Science* 17 (Spring 1998)：66-68.
11. R. L. Davies and D. S. Rogers, eds., *Store Location and Store Assessment Research* (New York：John Wiley, 1984).
12. Sara L. McLafferty, *Location Strategies for Retail and Service Firms* (Lexington, MA：Lexington Books, 1987).
13. Theresa Howard, "Retail Stores Pop Up for Limited Time Only," *USA Today*, May 28, 2004, p. 1B.
14. Wendy Liebmann, "Consumers Push Back," *Brandweek*, February 23, 2004, pp. 19-20.
15. 同上。
16. 小売の動向についてさらに詳しくは、以下の文献を参照されたい。Anne T. Coughlan, Erin Anderson, Louis W. Stern, and Adel I. El-Ansary, *Marketing Channels*, 6th ed. (Upper Saddle River, NJ：Prentice Hall, 2001).
17. Shelley Donald Coolidge, "Facing Saturated Home Markets, Retailers Look to Rest of World," *Christian Science Monitor*, February 14, 1994, p. 7；Carla Rapoport with Justin Martin, "Retailers Go Global," *Fortune*, February 20, 1995, pp. 102-108；Amy Feldman, "Wal-Mart：How Big Can It Get ?" *Money*, December 1999, pp. 158-164；Kerry Capell and Heidi Dawley, "Wal-Mart's Not-So-Secret British Weapon," *BusinessWeek*, January 24, 2000, p. 132.
18. James A. Narus and James C. Anderson, "Contributing as a Distributor to Partnerships with Manufacturers," *Business Horizons* (September-October 1987). 以下の文献も参照されたい。James D. Hlavecek and Tommy J. McCuistion, "Industrial Distributors – When, Who, and How," *Harvard Business Review* (March-April 1983)：96-101.
19. Bert McCammon, Robert F. Lusch, Deborah S. Coykendall, and James M. Kenderdine, *Wholesaling in Transition* (Norman：University of Oklahoma, College of Business Administration, 1989).
20. Kate Maddox, Sean Callahan, and Carol Krol, "Top Trends," *B to B*, June 13, 2005, pp. 22+；"Annual Meetings：Grainger Out to Build Distribution Efficiency," *Crain's Chicago Business*, May 6, 2002, p. 12.
21. Narus and Anderson, "Contributing as a Distributor to Partnerships with Manufacturers." 以下の文献も参照されたい。Hlavecek and McCuistion, "Industrial Distributors—When, Who, and How."
22. Ronald Henkoff, "Delivering the Goods," *Fortune*, November 28, 1994, pp. 64-78.
23. 同上。
24. Rita Koselka, "Distribution Revolution," *Forbes*, May 25, 1992, pp. 54-62.
25. 最適注文量は数式 $Q^* = 2DS/IC$ から算出される。D ＝年間需要、S ＝ 1 件当たりの発注コスト、I ＝単位当たりの年間在庫コスト。これは経済－注文量定式として知られ、一定の発注コスト、追加単位を在庫するコスト、既知の需要、非数量割引を推定する。詳しくは、以下の文献を参照されたい。Richard J. Tersine, *Principles of Inventory and Materials Management*, 4th ed. (Upper Saddle River, NJ：Prentice Hall, 1994).
26. William C. Copacino, *Supply Chain Management* (Boca Raton, FL：St. Lucie Press, 1997), pp. 122-123.

第6部

価値の伝達

第15章
統合型マーケティング・コミュニケーションの設計とマネジメント

◆ 本章では、次の問題を取り上げる ◆

1. マーケティング・コミュニケーションの役割とは何か。
2. 効果的なコミュニケーションを開発するための主なステップは何か。
3. コミュニケーション・ミックスとは何か。それはどのように設定すべきか。
4. 統合型マーケティング・コミュニケーション・プログラムとは何か。

BMWのマーケティング・マネジメント

　車の発売にテレビ広告はつきものであるが、BMWが新ミニクーパーをアメリカで発売したときは違った。最初のミニは1960年代にアメリカ市場で7年間だけ販売されたが、厳しい排気ガス規制によって撤退した。BMWは新ミニを発売するにあたって、格好良くて遊び心のある2万ドル以下の小型車を求めている、20代の流行に敏感な都市生活者をターゲットにした。発売にかけられる経費が2000万ドルしかなかったため、ミニのマーケターはビルボード広告、ポスター、印刷広告、クチコミの意表をついた活用で、ゲリラ・コミュニケーション・キャンペーンを開始した。テレビ広告はしなかった。

　注目を集めるため、3台のフォード・エクスカージョンSUVの上にミニを載せ、国内の自動車ショーや21の主要都市を走らせたほか、スポーツ・スタジアムの座席や『プレイボーイ』誌の中央折込ページなど、意外な場所にもミニを登場させた。文字だけのビルボード広告には次のようなコピーが躍った。「SUVへの反動がいよいよ始まる」「XXL-XL-L-M-S-MINI」。多くのコミュニケーションが、製品情報を提供すべく巧妙に設計されたウェブサイトと、ユーモアたっぷりに「偽物」に注意を呼びかける告知を装ったローテーションオンライン広告にリンクされていた。現在、アメリカでのミニの販売台数は年間3万6000台を超え、さらに今後5年間でその数字を倍にしようというBMWの戦略は、革新的なコミュニケーションで加速しそうだ。「人の目に触れさせるだけではもはや足りないのです」同社の広告会社の担当者は言う。「時間を割くだけの価値のある面白いものでなくては」。それと同時に製品について何がしかを伝えるものでなくてはならないのである[1]。

現代のマーケティングはただ良い製品を開発し、魅力的な価格設定をし、顧客にとって入手しやすくするだけでは不十分である。企業は現在のそして潜在的なステークホルダー、さらに一般大衆ともコミュニケーションをとらなければならない。多くの企業にとって問題となるのは、コミュニケーションをとるべきかどうかではなく、何を、どのように、誰に対して、どれくらいの頻度で伝えるかということなのである。しかし消費者の関心の対象が多様化するなか、あの手この手で消費者の関心をつかもうとする企業が増え、コミュニケーションの意思決定は難しさを増すばかりである。本章ではコミュニケーションの作用と、企業にとってのマーケティング・コミュニケーションの活用法を説明する。また、ホリスティック・マーケターがマーケティング・コミュニケーションをいかに組み合わせ、統合すべきかについても取り上げる。第16章ではマス（非人的）・コミュニケーションのさまざまな形態（広告、販売促進、イベントと経験、パブリック・リレーションズ）を検討する。第17章では、人的コミュニケーション（電子商取引を含むダイレクト・マーケティングと人的販売）を解説する。

マーケティング・コミュニケーションの役割

マーケティング・コミュニケーションとは企業が自社の販売する製品やブランドについて消費者に（直接ないし間接的に）情報を発信し、説得し、想起させようとする手段である。ある意味、マーケティング・コミュニケーションはブランドの「声」を表すものであり、消費者と対話してリレーションシップを構築する1つの手段といえる。

マーケティング・コミュニケーションは消費者に対して、どのような人が、いつどこで、なぜ、どのようにその製品を使うのかを伝え、企業とブランドが何を表しているのかを説明する。そして、消費者に試用ないし使用のインセンティブを与える。企業はマーケティング・コミュニケーションによって、自社のブランドを他の人々、場所、イベント、ブランド、経験、感情、事物に結びつけることができる。**図15-1**が示すように、マーケティング・コミュニケーションはブランド認知を生み出し、ブランド・イメージを創り出し、ブランドに対する反応を引き出し、消費者とブランドのつながりを強化することによって、ブランド・エクイティに貢献できるのである。

❖ マーケティング・コミュニケーションとブランド・エクイティ

広告はマーケティング・コミュニケーション・プログラムの中心的要素であることが多いが、ブランド・エクイティの構築に使われるのは広告だけではない。広告以外の要素が最も重視される場合もある。**マーケティング・コミュニケーション・ミックス**は主に6つのコミュニケーション方法からなる（**表15-1参照**）[2]。

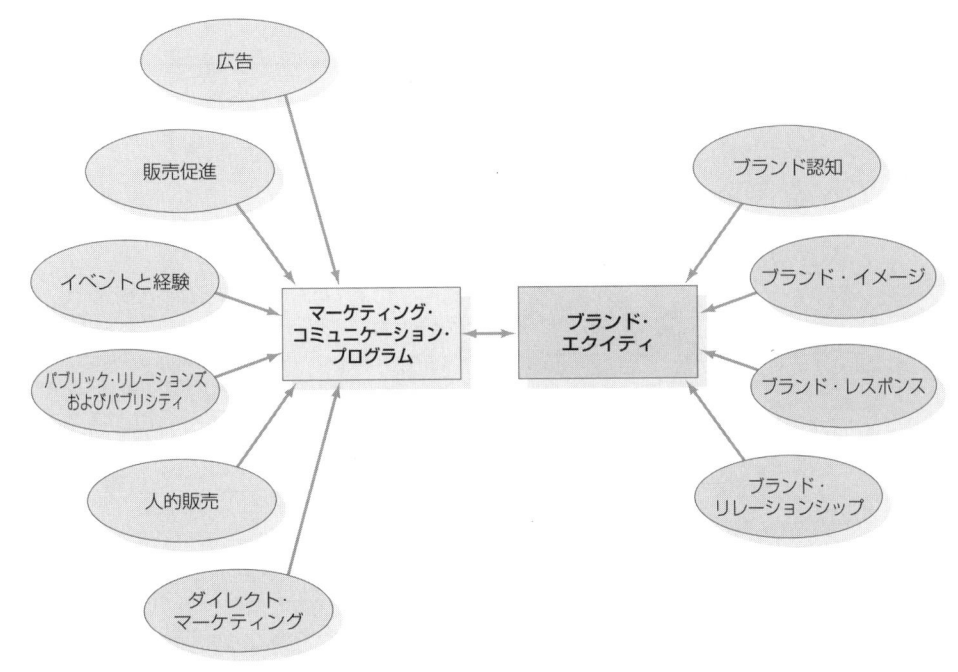

図15-1　ブランド・エクイティ構築のためのマーケティング・コミュニケーションの統合

1. **広告**　明示された広告主による、アイデア、財、サービスに関する有料の非人的な提示とプロモーション。
2. **販売促進**　製品やサービスの試用、購入を促進するための短期的インセンティブ。
3. **イベントと経験**　ブランドに関連した交流を生み出すために企画された、企業主催の活動とプログラム。
4. **パブリック・リレーションズおよびパブリシティ**　企業や製品のイメージに対するプロモーションと保護のためのプログラム。
5. **ダイレクト・マーケティング**　郵便、電話、FAX、電子メール、インターネットを使い、特定の顧客や見込み客と直接的なコミュニケーションを行ったり、反応や対話を求めること。
6. **人的販売**　見込み客との対面による接触であり、プレゼンテーション、質問への返答、注文獲得を目的としている。

企業のコミュニケーションはこれら特定のツールを超えたものである。製品のデザインや価格、パッケージの形態や色、販売員のマナーや服装、店舗の装飾、便箋・封筒類、これらすべてが購買者に何かを伝えるのである。あらゆる「ブランド・コンタクト」が顧客に印象を与え、企業に対する見方を強くも弱くもする。マーケターは、ブランド・エクイティを構築するとい

表 15-1　一般的コミュニケーション手段

広告	販売促進	イベントと経験	パブリック・リレーションズ	人的販売	ダイレクト・マーケティング
印刷広告、放送広告	コンテスト、ゲーム、賞金、くじ	スポーツ	プレスキット	実演販売	カタログ
パッケージ・デザイン		エンターテインメント	講演	販売会	郵便
パッケージ内の広告	プレミアム、景品	フェスティバル	セミナー	インセンティブ・プログラム	テレマーケティング
映画	サンプリング	アート	年次報告書	サンプル	ネット通販
パンフレット、チラシ	見本市、トレード・ショー	コーズ【訳注：社会的意義のある活動】	慈善的寄付	見本市、トレード・ショー	テレビ・ショッピング
ポスター、ビラ	製品発表会	工場見学	刊行物		FAX
名簿、名鑑	デモンストレーション	企業ミュージアム	コミュニティ・リレーションズ		電子メール
広告の転載	クーポン	街頭活動	ロビー活動		ボイスメール
ビルボード広告	リベート		アイデンティティ媒体		
ディスプレイ広告	低利の融資		機関誌		
店頭ディスプレイ	接待				
視聴覚資料	トレードイン・アロウワンス				
シンボル、ロゴ	コンティニュイティ・プログラム				
ビデオテープ	抱き合わせ販売				

う観点から、考えられうるすべてのコミュニケーションの選択肢を効果的かどうか（いかにうまく作用するか）という基準に従い、さらに効率性（かかるコストはどれだけか）も考慮に入れて評価すべきである。

❖コミュニケーション・プロセス・モデル

　コミュニケーションを効果的に行うためには、コミュニケーションの基本要素を知る必要がある。マクロモデルとミクロモデルという2つのモデルが役に立つだろう。

コミュニケーション・プロセスのマクロモデル

　図15-2に9つの要素からなるコミュニケーションのマクロモデルを示す。2つの要素、「発信者」と「受信者」はコミュニケーションの主要な参加者である。「メッセージ」と「メディア」はコミュニケーションの主要ツールである。「エンコーディング」、「デコーディング」、「反応」、「フィードバック」はコミュニケーションの主要な機能である。最後の要素は「ノイズ」

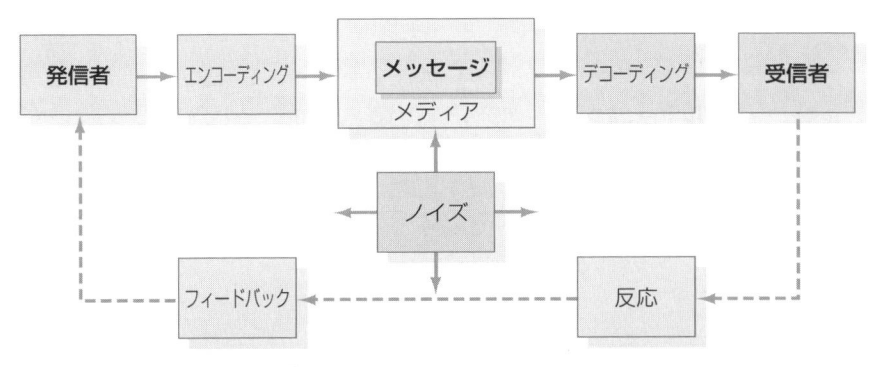

図 15-2 コミュニケーション・プロセスの要素

（意図したコミュニケーションを妨害する恐れのある、ランダムなメッセージや競合他社のメッセージ）である[3]。

消費者反応のミクロモデル

マーケティング・コミュニケーションのミクロモデルは、コミュニケーションに対する消費者の特定の反応を取り上げている。**図15-3**は4つの典型的な「反応ヒエラルキー・モデル」をまとめたものである。

このモデルは消費者が購入に至るまでに、認知、情動、行動の段階を通過すると仮定している。この「知り、感じ、行動する」という流れが見られるのは、車を購入するときのように、視聴者が製品カテゴリーに高関与であり、当該カテゴリー内の製品品質を大きく異なると知覚している場合である。次に「行動し、感じ、知る」という流れは、航空券を購入する場合のように、関与は高いが、製品における知覚差異が小さいときに当てはまる。3つ目の「知り、行動し、感じる」という流れは、塩や電池を購入するときなど、視聴者の関与が低く、製品の知覚差異も小さい場合に見られる。適切な流れを選択すれば、マーケターはコミュニケーション計画が立てやすくなる[4]。

効果的なコミュニケーションの開発

効果的なコミュニケーションを開発するためには8つのステップが必要である。最初の5つのステップは、(1) 標的視聴者の明確化、(2) 目的の決定、(3) コミュニケーションの設計、(4) チャネルの選択、(5) 総予算の設定である。その後の3つのステップ、(6) 媒体ミックスの決定、(7) 結果測定、(8) 統合型マーケティング・コミュニケーションの管理については本章の後半で検証する。

段階	AIDA モデル[a]	効果の ヒエラルキー・モデル[b]	イノベーションの 採用モデル[c]	コミュニケーション・ モデル[d]
認知段階	注目 ↓	知名 ↓ 理解 ↓	知名 ↓	露出 ↓ 受容 ↓ 認知的反応 ↓
情動段階	関心 ↓ 欲求 ↓	好意 ↓ 選好 ↓ 確信 ↓	関心 ↓ 評価 ↓	態度 ↓ 意図 ↓
行動段階	行為	購買	試用 ↓ 採用	行動

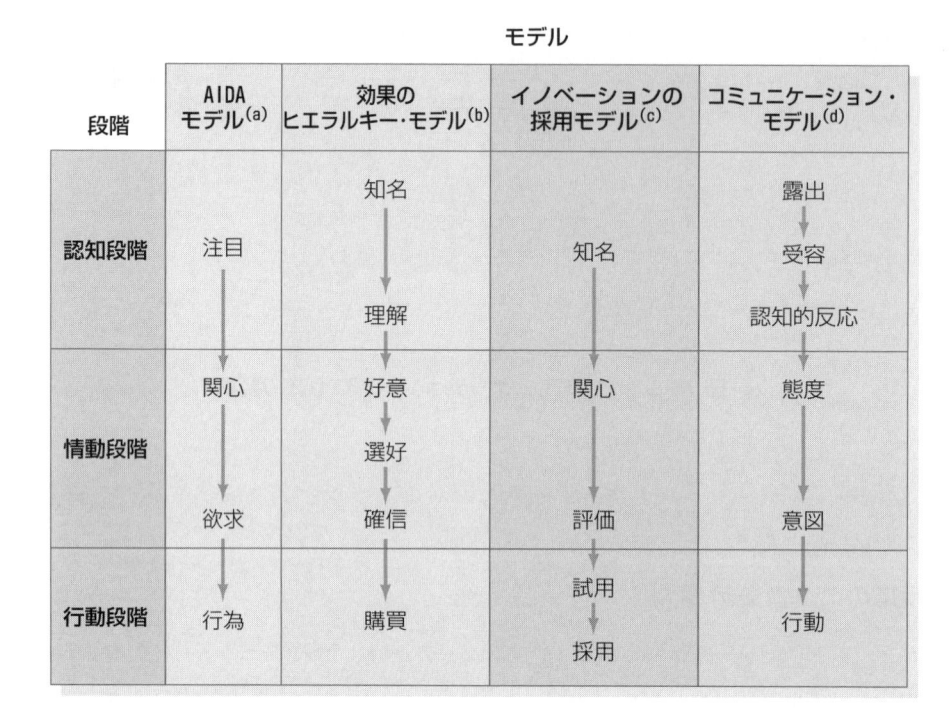

図15-3 反応ヒエラルキー・モデル

出典：(a) E. K. Strong. *The Psychology of Selling*（New York：McGraw-Hill, 1925), p.9；(b) Robert J. Lavidge and Gary A. Steiner, "A Model for Predictive Measurements of Advertising Effectiveness," *Journal of Marketing*（October 1961）: 61；(c) Everett M. Rogers, *Diffusion of Innovation*（New York：The Free Press, 1962), pp. 79-86；(d) Various sources.

❖標的視聴者の明確化

　第1のステップは、明確な標的視聴者を特定することである。視聴者は、自社製品の見込み客、現在のユーザー、購買決定者、あるいは購買影響者かもしれない。個人、グループ、特定の集団、あるいは一般大衆かもしれない。何を、どのように、いつ、どこで、誰に向かって発信するかは、標的視聴者によって大きく変わってくる。

　視聴者を分析するには、企業と製品、そして競合他社の現在のイメージを評価することが大切である。**イメージ**とは、特定の対象物に対して人が有する考え、意見、印象を総合したものであり、製品やサービスといった対象物に対する人の態度や行動はその対象物へのイメージによって大きく変わってくる。イメージを評価するにあたっては、視聴者を対象に製品の知名度を調査し、製品を知っていると答えた回答者に製品についての好感度を尋ねる。大半の回答者が製品に対して好感を持っていない場合、組織はネガティブなイメージという問題を克服する必要がある。組織が製品を改善した後も以前のイメージがつきまとうため、これには根気が必

要である。人は対象に対して一度あるイメージを持つと、そのイメージと一致することばかり知覚するものだ。その思い込みに疑問を持たせ、心を開かせるには、これまでのイメージを無にするような情報が必要になる。しかしこれは可能なのである。

❖コミュニケーション目的の決定

ロシターとパーシーは次の4つのマーケティング・コミュニケーション目的を指摘している[5]。

1. **カテゴリー・ニーズ** 現在の動機状態と望ましい感情状態との間に知覚される不一致を、取り除くか満足させるために必要なものとして、ある製品ないしサービスのカテゴリーをマインド内に確立すること。
2. **ブランド認知** カテゴリー内のブランドを、購入するに十分な詳細情報とともに再認または再生できること。再生してもらうよりも再認してもらうほうが達成しやすいが、ブランド再生は店舗の外においてのほうが重要であり、ブランド再認は店舗の中においてのほうが重要である。ブランド認知はブランド・エクイティの基盤である。
3. **ブランド態度** 現在のニーズを満たすというブランドの知覚能力を評価すること。相応するブランドへのニーズはマイナス志向(問題を取り除く、問題を回避する、満たされない満足感、通常の消費による不足)の場合もあれば、プラス志向(感覚的な満足、知的刺激、社会的承認)の場合もある。
4. **ブランド購入意図** そのブランドを購入する、あるいは購入に関連した行動をとるよう自らに指示すること。

最も効果的なコミュニケーションは、往々にして複数の目的を達成できるものである。

❖コミュニケーションの設計

望ましい反応を獲得するコミュニケーションを考案するには、何を(メッセージ戦略)、いかに(クリエイティブ戦略)、誰が言うか(メッセージの発信源)という3つの問題を解決しなければならない。

メッセージ戦略

メッセージ戦略を決めるには、ブランドのポジショニングに結びつくとともに、類似点連想ないし相違点連想を確立するアピール、テーマ、アイデアを見つけ出さなければならない。製品やサービスの性能に直接関連したもの(品質、経済性、ブランドの価値)でもよいし、もっと付帯的な考慮案件(そのブランドが今の時代にふさわしいものである、人気がある、伝統がある)に関連したものでもよい。生産財市場の買い手が性能をアピールしたメッセージに最も

反応することは常識になっている。彼らは製品を熟知しているし、価値を認識する訓練を受けており、自分の選択を他人に説明できなければならないからだ。消費者も、高額商品を購入する際には情報収集し、ベネフィットを評価する傾向が強い。

クリエイティブ戦略

「クリエイティブ戦略」とは、マーケターがメッセージをどのように特定のコミュニケーションに転換するかである。クリエイティブ戦略は大きく「情報型」アピールと「変容型」アピールに分類できる[6]。「情報型アピール」は属性またはベネフィットを詳しく述べるものである。広告の例を挙げれば、問題解決型広告（エキセドリンは頭痛をすぐに抑えます）、製品デモンストレーション広告（トンプソン・ウォーター・シールは激しい雨、雪、暑さに耐えられます）、製品比較広告（ベライゾンはコムキャストよりも優れたインターネット・アクセスを提供します）、無名または有名な推奨人による推薦（バスケットボールのスター選手、レブロン・ジェームズによるコカ・コーラとナイキの宣伝）がそれに当たる。情報型アピールは消費者側が非常に理性的にコミュニケーションを処理すると仮定している。

最も効果的な広告では、まず問題を提起し、そして消費者自身に結論を出してもらう[7]。もしホンダがエレメントは若者向けと限定して売り込んでいたら、中高年層はこの車の購入を躊躇していたかもしれない。ある程度の刺激のある曖昧さが対象市場を広げ、自発的な購買を促すこともある。製品を称賛する一面的プレゼンテーションのほうが、製品の欠点にも触れる二面的プレゼンテーションよりも効果的に思えるものだ。しかし、特に否定的なイメージを克服したいときには、二面的メッセージのほうが適切な場合もある。そのため、ハインツは「ハインツ・ケチャップはスローなのが良い」という広告を出した[8]。二面的メッセージは、教育水準の高い視聴者や、製品に当初反感を持っている人々に効果を発揮する[9]。

メッセージが示される順序も重要である[10]。一面的メッセージの場合、最初に強烈なメッセージを示すことで注目と関心を引くことができる。この方法は新聞など、視聴者がメッセージを最後まで見ようとしないことが多いメディアを使うときに有効である。しかし嫌でも放送を聞かされる状況にある視聴者に対しては、重要なメッセージを山場に据えるほうが効果的である。二面的メッセージの場合、視聴者が製品に当初は反感を持っているなら、製品の欠点に触れることから始め、最後に製品の強みを持ってくるだろう[11]。

「変容型アピール」は、製品とは関係のないベネフィットやイメージを述べるものである。変容型アピールはどのような人がそのブランドを使用するか（フォルクスワーゲンは「ドライバー求む」キャンペーンで活動的な若者向けの広告をした）、あるいはそのブランドを使用することによってどのような経験がもたらされるか（コースト石鹸は「目からうろこが落ちます！」と宣伝されていた）を描き出す。変容型アピールは、購入の動機付けとなるような感情をかきたてようとする。恐怖心、罪悪感、羞恥心に訴えて行動（歯を磨く、喫煙をやめる）を喚起する場合も多い。ユーモア、愛、プライド、喜びのような肯定的な情緒的アピールを用いることもある。元気な子犬、挑発的なセックスアピールなど、いわゆる「借り物の興味」とい

う道具立てを使って消費者の注意を引き、広告に引き込むのである。ここで課題となるのは、製品そのものへの理解を遠ざけたり、製品の影が薄くなったりするのを避けることである[12]。

メッセージの発信源

　魅力や人気のある発信源によって伝えられたメッセージは、多くの人の注意を引くとともに強く記憶に残るものである。広告主が有名人を代弁者として使うのはこのためである。例えばカトリーヌ・ドヌーブの美しさは香水のシャネル5番を体現しているように、有名人の起用は、製品の重要な属性を彼らが体現してくれる場合に効果がある。発信源の信頼性のもとになるものは専門度、信用度、好感度の3つである[13]。「専門度」とは、伝える者が持つ専門的知識のことで、これが広告文句に信憑性を与える。「信用度」は、発信源がどれだけ正直だと受け止められるかにかかっている。見ず知らずの人や販売員よりも友人のほうが信用があり、製品を推奨するのに報酬を受けている人よりも受けていない人のほうが信用できる[14]。「好感度」は発信源の魅力に左右される。正直さ、ユーモア、ナチュラルさなどの特性があると発信源の好感度は上がる。この3つの要素を兼ね備えている人物なら信頼性抜群の発信源となるだろう。

　グローバル・キャンペーン用のメッセージ・コンテンツを開発している多国籍企業は、いくつかの課題に取り組まなくてはならない。第1に、製品がそれを売り込む国に適切であるか、第2に、標的市場セグメントは法律上、慣習上問題がないか、第3に、対象とする国に広告のスタイルが受け入れられるか、第4に、広告は本社で制作すべきか現地で制作すべきか、を決定しなければならない[15]。

❖ コミュニケーション・チャネルの選択

　メッセージを伝えるための効率の良いチャネルを選ぶことは、以前にまして難しくなっている。コミュニケーションのチャネルが細分化し氾濫しているからだ。例えば、製薬会社のセールス・レップが多忙な医師に5分間以上の時間を割いてもらえることはめったにない。人的販売には非常に費用がかかるため、製薬業界は医学誌への広告掲載、ダイレクトメール、サンプルの無料配布、テレマーケティング、ウェブサイト、会議の開催など、コミュニケーション・チャネルの拡大を余儀なくされてきた[16]。

　コミュニケーション・チャネルには人的と非人的の2種類がある。

人的コミュニケーション・チャネル

　人的コミュニケーション・チャネルでは、複数の人々が直接コミュニケーションを行う。一対一、ないし1人が大勢の聴衆に対する形で対面して行うこともあれば、電話や電子メールを通じて行うこともある。インスタント・メッセージングや消費者の評価を収集するための独立サイトといった方法も最近では重要性が高くなっている。人的コミュニケーション・チャネルは、相手にじかに呼びかけてフィードバックを得られるところが長所である。スキンケア製品

を製造販売しているキールは広告宣伝をせず、パッケージはおとなしい。その代わり、直営店に来た客には誰にでも無料サンプルを渡し、クチコミで社名を広め、好意的なパブリシティを生み出している[17]。たいていの場合、クチコミ（「バズ」）は管理されている[18]。

　企業が、人的コミュニケーション・チャネルをうまく機能させるための方法はいくつかある。

■**影響力のある個人や企業を見極め、彼らに積極的に売り込む**　技術の世界では、影響力を持つ者は大企業顧客、業界アナリスト、記者、政策担当者、初期採用者かもしれない[19]。
■**特定の人々に魅力的な条件で製品を提供し、オピニオン・リーダーを作る**　ペプシはマウンテンデュー・コードレッドの試飲を気前よく提供し、また13〜19歳のコア・ターゲットがショッピングモールの自動販売機などで新しいフレーバーに出会うように仕掛けた。ある幹部は次のように述べている。「当社は10代の影響者にブランドを宣伝してもらうようにしました」[20]。
■**ローカルラジオ番組のDJ、学級長、女性団体の会長など、各コミュニティで影響力のある人物に働きかける**　フォードはフォーカスを発表した際、DJをはじめトレンディな人々に車を提供し、彼らがその車に乗って町を走る姿を見せるようにした。また、5つの州で影響力のある若い消費者100人を特定し、彼らにも車を提供して乗ってもらった[21]。
■**影響力のある人々、または信望のある人々を起用して製品を推奨してもらう**　アクセンチュア、アメリカン・エキスプレス、ナイキ、ビュイックはゴルフ界の大物スター、タイガー・ウッズを起用して自社や自社製品の良さを推奨してもらっている。
■**「話題性」の高い広告を制作する**　製品設計にバズで取り上げられやすい特徴を組み入れる。例えばバドワイザーの「Whassup?!（最近どう？）」のように、話題性の高い広告には流行語になるようなスローガンが含まれている。
■**クチコミ・チャネルを作って取引を開拓する**　専門家がクライアントに頼んで自分のサービスを推奨してもらうことはよくある。ウェイトウォッチャーズは、自社プログラムの体験者によるクチコミ推薦が事業に大きな影響を与えていたことを知った[22]。
■**電子フォーラムを開く**　例えばトヨタ車のオーナーが、AOLのようなオンライン・サービスを利用している場合、ネット上で情報交換ができる。
■**バイラル・マーケティングを利用する**　インターネット・マーケターは自社サイトに関心を引きつけるクチコミの一形態として**バイラル・マーケティング**を利用できる[23]。バイラル・マーケティングとはユーザーからユーザーへと、企業が作った製品、サービス、情報を伝えていくことである。

　マーケターが消費者に接触しようとする際には注意が必要である。消費者は自分から求めていない場合、人的コミュニケーションを嫌う場合もあるからだ。ある調査ではサンプル消費者のおよそ80%がポップアップ広告、スパム、テレマーケティングを非常に迷惑がっていた[24]。

パーミション・マーケティングのスキルがいま特に重要なのはそのためである（「マーケティング・スキル ▶ パーミション・マーケティング」参照）。

非人的コミュニケーション・チャネル

非人的チャネルとは1人または複数の人に向けたコミュニケーションで、メディア、販売促進、イベント、パブリシティがある。

■ 「**メディア**」とは、印刷媒体（新聞、雑誌）、放送媒体（ラジオ、テレビ）、ネットワーク・メディア（電話、ケーブル、衛星、無線）、電子媒体（オーディオテープ、ビデオテープ、ビデオディスク、CD-ROM、ウェブページ）、ディスプレイ媒体（ビルボード広告、看板、ポスター）のことである。非人的コミュニケーション・チャネルの大半は有料メディアである。
■ 「**販売促進**」には消費者プロモーション（サンプル、クーポン、プレミアム）、流通業者向けプロモーション（広告宣伝およびディスプレイ・アロウワンス）、企業およびセールス・フォース向けプロモーション（セールス・レップ対象のコンテスト）がある。
■ 「**イベントと経験**」にはスポーツ・イベント、アート・イベント、エンターテインメント、コーズ・イベント、あまり大々的ではないが消費者が新しいブランドに触れる機会を設ける活動がある。
■ 「**パブリック・リレーションズ**」には従業員向けの社内コミュニケーションと、消費者、他社、政府機関、メディア向けの社外コミュニケーションがある。

最近、非人的チャネルで成長しているのはイベントと経験である。イベントを主催したり協賛することによってブランド・イメージを構築することができる。以前はスポーツ・イベントを好んだイベント・マーケターは、今では美術館、動物園などを利用してクライアントや従業員を楽しませている。IBMは交響楽コンサートと美術展の協賛をし、VISAはオリンピックのスポンサーになっている。ハーレーダビッドソンは毎年恒例のバイクラリーのスポンサーである。

コミュニケーション・チャネルの統合

人的コミュニケーションのほうがマス・コミュニケーションよりも効果的な場合が多いが、マスメディアが人的コミュニケーションのきっかけを作る主要な手段となる場合もある。マス・コミュニケーションは2段階のプロセスを通して人々の態度や行動に影響を与える。アイデアはまず、媒体ソースからオピニオン・リーダーに流れ、次にオピニオン・リーダーからメディア情報にあまり関与していない人々に流れる。この2段階のコミュニケーション・プロセスからいくつかのことがわかる。第1に、マスメディアの世論への影響は、意見を求められたり自分の意見を他の人々に伝えるオピニオン・リーダーの仲介によるものだということである。第2に、人々は主に、自分の属する社会グループの中で互いに影響しあい、そのグループのオピ

マーケティング・スキル ▶ パーミション・マーケティング

　パーミション・マーケティングの人気が高まってきたのは、標的が極度に絞られ、リレーションシップの構築に利用でき、コスト効果が高いからである。このスキルはどうすれば身につくだろうか。セス・ゴーディンによればその第一歩は、標準的なリレーションシップにおける継続期間当たりの顧客の価値を計算することだという。そこから、新規顧客獲得にかけられる金額が決まる。次に、顧客を対話に巻き込むコミュニケーションを制作する。メッセージの一つひとつが、自社の提供する価値について顧客を啓蒙し、顧客についての企業の知識が深まるにつれカスタマイズが可能でなければならない。また、顧客が反応したりリレーションシップを継続するためのインセンティブ（さらに詳しい情報や値引き）を提供するものでなければならない。レスポンスは必ず求めるべきである。それによって結果が測定でき、関心を持っていない顧客をプログラムから排除する判断ができるからである。
　顧客との交流が続くうちに、顧客にパーミションを与え続けるよう促すため、インセンティブを変更したり追加したりする（適宜カスタマイズする）場合もある。時とともにマーケターは顧客の信頼を勝ち取り、追加オファーを送付するパーミションを顧客に求めることができるようになる。こうして、パーミション・マーケティングのさらに高いレベルで反応してくれる、価値が高くて利益の上がる顧客のコア層を醸成するのである。
　例えば、クリーブランドのラジオ局、WXTM と WNCX はパーミション・マーケティングを利用し、電子メールのニューズレターでリスナーとの対話を維持している。姉妹局であるこの2局は視聴者が明確に分かれている（WXTM はオルタナティブ・ロック、WNCX はクラシック・ロックを流している）。リスナーはそれぞれの局のウェブサイトを訪れ、登録してコンサートの予定や音楽プロモーションなどの最新情報を入手するよう呼びかけられる。WXTM では購読者は「ラジオXファン」となり、登録した人でなければ読めないコンテンツやパーソナライズされたオファーにアクセスできるようになる。「誰にとってもウィン-ウィンの状況です」同局のプロモーション・ディレクターは言う。リスナーがコンテストやプロモーションの最新情報を得られるだけでなく、「イベントの特別割引を提供できるので、当社の広告主にも役に立っているのです」[25]。

ニオン・リーダーからアイデアを得る。第3に、マス・コミュニケーターはオピニオン・リーダーに向けてメッセージを送り、他の人々にメッセージを伝えさせるべきである。

❖マーケティング・コミュニケーションの総予算の設定

　産業や企業によって、マーケティング・コミュニケーションに使う費用は大きく異なる。コミュニケーションへの支出は、企業によっても異なるが、化粧品業界で売上の30～50％、産業機械業界では5～10％ほどだろう。コミュニケーション予算の決定には次の4つの方法がある。

■**支出可能額法**　多くの企業は、経営陣が支出可能と考える範囲内にコミュニケーション予算を設定する。しかし支出可能額法は、投資としてのコミュニケーションの役割とコミュニケーションが売上に直接与える効果を無視している。またコミュニケーションの年間予算が予定できないため、長期的なマーケティング計画を立てるのが難しい。

■**売上高比率法**　売上実績または予想売上高、あるいは単位売上価格に対して、一定の比率でコミュニケーション予算を設定する企業も多い。売上高比率法を支持する人々は、「この方法はコミュニケーション費をビジネス・サイクルにつれて変わる企業の売上と連動させている」、「コミュニケーション費、販売価格、1単位当たりの利益の相関に注目している」、また「競合他社が同程度の比率でコミュニケーション予算を設定しているならば、安定を保つことができる」と言う。しかし、この方法は販売促進の結果として売上があるのではなく、売上が販売促進を決めるという見方に立っている。また比率の決定に論理的根拠がない。さらに、それぞれの製品や販売地区にふさわしいコミュニケーション予算の決定ができない。

■**競争者対抗法**　コミュニケーション予算を競合他社の支出に合わせて設定する企業もある。競合他社の予算は業界の知恵の集積であり、経費を競合他社と同じにすることで、プロモーション戦争を防げるという意見もあるが、どちらの考え方も妥当ではない。企業の評判、財源、機会、目的はそれぞれ大きく異なるので、他社のコミュニケーション予算は参考にならない。また、競争者対抗法に基づいて予算を立てればプロモーション戦争を防げるという証拠もないのである。

■**目標基準法**　目標基準法では、特定のコミュニケーション目標を設定し、目標達成のために必要なタスクを決定し、そのタスクに必要なコストを見積もる。こうして見積もられたコストの総額が、コミュニケーション予算となる。この方法の利点は、支出額、露出回数、試用率、固定客数の関係を明確に説明することが経営陣に求められる点である。

マーケティング・コミュニケーション・ミックスの決定

　企業は、広告、販売促進、パブリック・リレーションズとパブリシティ、イベントと経験、セールス・フォース、ダイレクト・マーケティングという6つのコミュニケーション方法にマーケティング・コミュニケーション予算を配分しなくてはならない。同じ業界でも、企業によってメディアおよびチャネルの選択は大きく異なる。エイボン・プロダクツはプロモーション資金の大半を人的販売に費やすが、レブロンは広告に多額の資金を投じている。

❖ マーケティング・コミュニケーション・ミックスの特徴

　コミュニケーション・ツールにはそれぞれ固有の特徴があり、コストも異なる。

■**広告**　広告は、長期的な製品イメージを作りたいとき（コカ・コーラの広告のように）にも、売上をすぐに伸ばしたいとき（シアーズの週末セール広告のように）にも使うことができる。広告には表現の多様性と普及性があり、また、広い地域に分散した購買者に効率よくメッセージを届けることができる。テレビ広告などは多額の予算を必要とするが、新聞広告など少ない予算で済むものもある。

■**販売促進**　クーポン、コンテスト、プレミアムなどの販売促進ツールには次の3つの利点がある。(1) コミュニケーション（消費者の注意を引きつけ、購入につなげる）、(2) インセンティブ（特典などで消費者に付加価値を提供する）、(3) 勧誘（今、製品を買いなさい、と購入を促す）。販売促進は、製品を演出したり、落ち込んでいる売上を引き上げるなど、短期間に効果を上げたい場合に使うことができる。

■**パブリック・リレーションズとパブリシティ**　パブリック・リレーションズとパブリシティには3つの特性がある。(1) 高い信頼性（新聞記事や特集記事のほうが、広告よりも権威があり信頼される）、(2) 購買者の警戒心を解く（販売員や広告を避けたがる見込み客に到達できる）、(3) 演出（企業や製品を演出することができる）。

■**イベントと経験**　選択がうまく、非常に関連性に優れていると見なされたイベントや経験は、消費者を個人的に関与させることができる。イベントや経験はライブ性があるため、消費者により積極的に参加してもらいやすい。また、イベントはどちらかといえば間接的な「ソフトセル」の性格を持つ。

■**ダイレクト・マーケティング**　ダイレクト・マーケティングにはダイレクトメール、テレマーケティング、インターネット・マーケティングなど多くの形態があるが、すべて次の3つの特徴を備えている。(1) カスタマイズ（狙った個人にアピールできる）、(2) 即時性（即座に用意することができる）、(3) 双方向性（相手の反応に応じて修正することができる）。

■**人的販売**　人的販売は、購入プロセスの後半の段階、特に購買者の選好、確信、行動を生み

出す際に最も効果的なツールである。人的販売の3つの特性は次の通りである。(1) 対面(2人以上の間に直接的で双方向性のあるリレーションシップを築く)、(2) 親交(単なる仕事上のリレーションシップから個人的な深い友情まで、多様なリレーションシップが生じる可能性がある)、(3) 反応(購買者には、販売員の話を聞いたことで多少の義務感が生じる)。

❖マーケティング・コミュニケーション・ミックスの要素

　コミュニケーション・ミックスを策定するとき、企業は製品市場のタイプ、消費者の購買準備段階、製品ライフサイクルの段階を考慮しなければならない。企業の市場地位も重要である。第1に、コミュニケーション・ミックスの配分は、消費財市場と生産財市場とで異なる。生産財市場において、広告は営業訪問ほどは多用されないが、それでも広告は、企業と製品について知ってもらうきっかけとなったり、製品特徴を説明したり、成約見込み先を生み出したり、企業や製品の正統性をアピールしたり、顧客に買って良かったと安心させるうえで、重要な役割を果たす。人的販売は消費財マーケティングにも大きく貢献する。ディーラーに在庫を増やして製品を積極的にディスプレイするよう説得したり、ディーラーの熱意を高めたり、より多くのディーラーと契約を結んだり、既存顧客との取引を増やすのに役立つのである。

　第2に、**図15-4**に示すように、コミュニケーション・ツールの費用効果は、購買者が現在どの準備段階にいるかによって異なる。広告とパブリシティは、製品の認知段階で最も重要な役割を果たす。顧客の理解を求める段階では主に広告が、確信させる段階では人的販売が効果を発揮する。最終的に販売を成立させるのは、主に人的販売と販売促進である。再注文の段階でも人的販売と販売促進が影響を与えるが、リマインダー広告もその助けとなる。

　第3に、コミュニケーション・ツールの費用効果は、製品ライフサイクルの段階によっても異なる。導入期には、広告とパブリシティが最も費用効果が高く、成長期はクチコミ効果で需

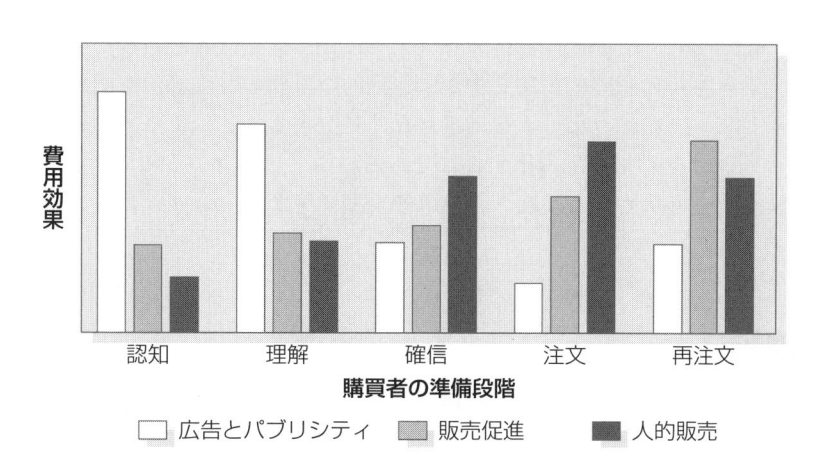

図15-4　購買者の準備段階に対応したコミュニケーション・ツールの費用効果

要が作られるので、すべてのツールの費用を抑えることができる。成熟期には、販売促進、広告、人的販売の重要度が増す。衰退期には、販売促進が依然として重要だが、パブリシティは縮小され、販売員は製品に最小限の注意しか払わなくなる。

❖コミュニケーションの効果測定

　コミュニケーション計画を実行したら、メッセージ効果を測定しなければならない。標的視聴者を何人か選び、メッセージに気づいたか、メッセージを覚えているか、何回メッセージを見たか、メッセージのどの部分を思い出すか、メッセージをどう思ったか、メッセージを見る前と見た後では製品や企業に対する意見が変わったか、などの質問をする。また、何人が製品を購入したか、気に入ったか、ほかの人に製品の話をしたか、といったメッセージの結果生じる行動面の反応も測定する。

　全体市場の消費者の80％がブランドを認知し、そのうちの60％が試用しているが、満足したのは20％にすぎないとする。これは、コミュニケーション・プログラムによってブランドを認知させることには成功したが、製品が消費者の期待に応えていないのである。逆に、ブランドを認知したのは全体市場の消費者の40％で、試用したのはそのうちの30％だけだが、試用した人の80％は製品に満足している場合、ブランド力を生かすためにコミュニケーション・プログラムを強化する必要があることになる。

▍統合型マーケティング・コミュニケーションの管理

　アメリカ広告業協会の定義によれば、**統合型マーケティング・コミュニケーション（IMC）**とは、マーケティング・コミュニケーション計画に対する一つのコンセプトであり、マス広告、ダイレクト・レスポンス、販売促進、パブリック・リレーションズといった多種多様なコミュニケーション・チャネルの戦略的役割を生かす包括的な計画の付加価値を認め、これらのチャネルを組み合わせて個々のメッセージを継ぎ目なく統合することにより、明確で一貫した最大限のコミュニケーション効果を生み出すことである。コミュニケーション・ツール、メッセージ、視聴者の幅が大きく広がった現在、企業は統合型マーケティング・コミュニケーションに移行すべきである。

❖媒体の連動

　媒体の連動は同じ種類の媒体の中で行う場合もあれば、種類の異なる媒体間で必要になることもある。人的コミュニケーション・チャネルと非人的コミュニケーション・チャネルは最大限の効果を上げるために組み合わせるべきである。ツールを1つだけ使って、見込み客に「単

発」アプローチをして売り込みを図るよりも、さらに強力なアプローチが「複数媒体、複数段階キャンペーン」である。以下の流れを見てみよう。

　　新製品についてのニュース・キャンペーン→レスポンス機能を備えた有料広告→ダイレクトメール→アウトバウンド・テレマーケティング→営業訪問→継続的コミュニケーション

　限定された期間内に複数媒体を利用することで、メッセージの到達度と効果を高めることができる。プロモーションを広告と併用すると効果が高まるという調査結果もある[26]。広告キャンペーンで生み出された認知と態度によって、直接的なセールストークの成功率も高められるのである。多くの企業がオンラインおよびオフラインでのコミュニケーション活動を連動させている。広告（特に印刷広告）やパッケージにウェブサイト・アドレスを掲載することで、人々がその企業の製品について詳しく調べたり、店舗の場所を探したり、より詳細な情報を得ることができる。ダノンはダノンヨーグルトのホームページにトラフィックを誘導することで、顧客との直接的なリレーションシップが形成でき、ターゲットを絞ったクーポンやダイレクトメールなどのプロモーションによってロイヤルティをいっそう強化することができている[27]。

❖ IMC の実行

　統合型マーケティング・コミュニケーションによってメッセージの一貫性を強め、売上への効果を高めることができる。誰かが責任を担い、さまざまなブランド・イメージとメッセージを統合することになる。IMC によって適切な顧客に、適切なメッセージを、適切なタイミング、適切な場所で届ける能力を高めることができる[28]。IMC とはマーケティング・プロセスの個々の部分に注目するのではなく、プロセス全体を見る方法である。モトローラや HP などの企業は広告、ダイレクト・マーケティング、パブリック・リレーションズ、従業員コミュニケーションの専門家をまとめて「スーパーカウンシル」とし、年に数回集めて研修を受けさせたり、専門家間のコミュニケーションを向上させたりしている。P&G は最近、コミュニケーション計画の策定法を改革し、新しいプログラムを作成する際には広告会社とパブリック・リレーションズ・エージェンシー、ダイレクト・マーケティング部門、プロモーション・マーチャンダイジング会社、インターネット事業部門を同席させ、共同で作成にあたらせている。

参考文献

1. Diana T. Kurylko, "Taking Mini to the Max," *Automotive News Europe*, August 22, 2005, p. 24 ; Jim Lovel, "CP+B Spot Sells Mini DVD on Web," *Adweek*, Online, March 16, 2005, http://www.adweek.com/aw/creative/article_display.jsp?vnu_content_id=1000845006 ; Margo Suydam, "Let's Motor," *Shoot*, December 5, 2003, pp. 19+ ; Karen Lundegaard, "BMW 'Mini' Campaign : Odd to the Max," *Wall Street Journal*, February 28, 2002 ; John Gaffney, "Most Innovative Campaign," *Business 2.0*, May 2002, pp. 98-99 ; Warren

Berger, "Dare-Devils," *Business 2.0*, April 2004, pp. 111-116.
2. この定義の一部は以下より採録した。Peter D. Bennett, ed., *Dictionary of Marketing Terms* (Chicago: American Marketing Association, 1995).
3. 広告コミュニケーション用に開発された別のコミュニケーション・モデルについては、以下を参照されたい。Barbara B. Stern, "A Revised Communication Model for Advertising: Multiple Dimensions of the Source, the Message, and the Recipient," *Journal of Advertising* (June 1994): 5-15. さらに別の観点については、以下が参考になる。Tom Duncan and Sandra E. Moriarity, "A Communication-Based Marketing Model for Managing Relationships," *Journal of Marketing* (April 1998): 1-13.
4. Demetrios Vakratsas and Tim Ambler, "How Advertising Works: What Do We Reany Know," *Journal of Marketing* 63, no. 1 (January 1999): 26-43.
5. この項は優れたテキストである以下をもとにした。John R. Rossiter and Larry Percy, *Advertising and Promotion Management*, 2nd ed. (New York: McGraw-Hill, 1997). 邦訳:『ブランド・コミュニケーションの理論と実際』(ジョン・R・ロシター、ラリー・パーシー著、青木幸弘、岸志津江、亀井昭宏監訳、東急エージェンシー出版部、2000 年)
6. 同上。
7. James F. Engel, Roger D. Blackwell, and Paul W. Minard, *Consumer Behavior*, 9th ed. (Fort Worth, TX: Dryden, 2001).
8. Ayn E. Crowley and Wayne D. Hoyer, "An Integrative Framework for Understanding Two-Sided Persuasion," *Journal of Consumer Research* (March 1994): 561-574.
9. C. I. Hovland, A. A. Lumsdaine, and F. D. Sheffield, *Experiments on Mass Communication*, vol. 3 (Princeton, NJ: Princeton University Press, 1948), ch. 8; Crowley and Hoyer, "An Integrative Framework." 別の観点については、以下が参考になる。George E. Belch, "The Effects of Message Modality on One-and Two-Sided Advertising Messages," in *Advances in Consumer Research*, edited by Richard P. Bagozzi and Alice M. Tybout (Ann Arbor, MI: Association for Consumer Research, 1983), pp. 21-26.
10. Curtis P. Haugtvedt and Duane T. Wegener, "Message Order Effects in Persuasion: An Attitude Strength Perspective," *Journal of Consumer Research* (June 1994): 205-218; H. Rao Unnava, Robert E. Burnkrant, and Sunil Erevelles, "Effects of Presentation Order and Communication Modality on Recall and Attitude," *Journal of Consumer Research* (December 1994): 481-490.
11. Brian Sternthal and C. Samuel Craig, *Consumer Behavior: An Information Processing Perspective* (Upper Saddle River, NJ: Prentice Hall, 1982), pp. 282-284.
12. Kevin Goldman, "Advertising: Knock, Knock. Who's There? The Same Old Funny Ad Again," *Wall Street Journal*, November 2, 1993, p. B10. 以下も参照されたい。Marc G. Weinberger, Harlan Spotts, Leland Campbell, and Amy L. Parsons, "The Use and Effect of Humor in Different Advertising Media," *Journal of Advertising Research* (May-June 1995): 44-55.
13. Herbert C. Kelman and Carl I. Hovland, "Reinstatement of the Communication in Delayed Measurement of Opinion Change," *Journal of Abnormal and Social Psychology* 48 (1953): 327-335.
14. David J. Moore, John C. Mowen, and Richard Reardon, "Multiple Sources in Advertising Appeals: When Product Endorsers Are Paid by the Advertising Sponsor," *Journal of the Academy of Marketing Science* (Summer 1994): 234-243.
15. Richard C. Morais, "Mobile Mayhem," *Forbes*, July 6, 1998, p.138; "Working in Harmony," *Soap Perfumery & Cosmetics*, July 1, 1998, p. 27; Rodger Harrabin, "A Commercial Break for Parents," *Independent*, September 8, 1998, p. 19; Naveen Donthu, "A Cross Country Investigation of Recall of and Attitude Toward Comparative Advertising," *Journal of Advertising* 27 (June 1998): 111; "EU to Try Again on Tobacco Advertising Ban," Associated Press, May 9, 2001.
16. "Rebirth of a Salesman," *The Economist*, April 14, 2001.
17. Rob Eder, "Chain Drug Can Learn a Thing or Two from Kiehl's," *Drug Store News*, August 6, 2001, p. 12; Stephanie Thompson, "Minimal Hype Nets Max Buzz at Kiehl's," *Advertising Age*, April 5, 2004, pp. 4, 33.
18. Renée Dye, "The Buzz on Buzz," *Harvard Business Review* (November-December 2000): 139-146.
19. John Batelle, "The Net of Influence," *Business 2.0*, March 2004, p. 70.
20. Kenneth Hein, "Run Red Run," *Brandweek*, February 25, 2002, pp. 14-15.

21. Malcolm Macalister Hall, "Selling by Stealth," *Business Life*, November 2001, pp. 51-55.
22. Ann Meyer, "Word-of-Mouth Marketing Speaks Well for Small Business," *Chicago Tribune*, July 28, 2003.
23. Emanuel Rosen, *The Anatomy of Buzz* (New York：Currency, 2000), ch. 12. 邦訳：『クチコミはこうしてつくられる：おもしろさが伝染するバズ・マーケティング』（エマニュエル・ローゼン著、濱岡豊訳、日本経済新聞社、2002 年）；"Viral Marketing," *Sales & Marketing Automation* (November 1999)：12-14；George Silverman, *The Secrets of Word-of-Mouth Marketing* (New York：AMACOM, 2001).
24. Jack Neff, "Spam Research Reveals Disgust with Pop-Up Ads," *Advertising Age*, August 25, 2003, pp. 1, 21.
25. John Lehmann, "Permission Marketing Personalizes the Sale Pitch," *Crain's Cleveland Business*, September 13, 2004, p. 23；Karin Connelly, "Effective Emailing," *Inside Business*, June 2003, pp. 59+；Gina Bernacchi, "Permission Marketing：A New Path for Your Appeals," *Non-Profit Times*, March 15, 2002, p. 23；L. Erwin, "The Secret Behind Permission-Based Marketing," *Point of Purchase*, February 2001, p. 41；Seth Godin, "Permission Marketing," *Credit Union Executive*, January 2001, pp. 42+.
26. William T. Moran, "Insights from Pricing Research," in E. B. Bailey, ed., *Pricing Practices and Strategies* (New York：The Conference Board, 1978), pp. 7-13.
27. Gerry Khermouch, "The Top 5 Rules of the Ad Game," *BusinessWeek*, January 20, 2003, pp. 72-73.
28. Don E. Shultz, Stanley I. Tannenbaum, and Robert F. Lauterborn, *Integrated Marketing Communications：Putting It Together and Making It Work* (Lincolnwood, IL：NTC Business Books, 1992)；Don E. Schultz and Heidi Schultz, *IMC, The Next Generation：Five Steps For Delivering Value and Measuring Financial Returns* (New York：McGraw-Hill, 2003). 邦訳：『ドン・シュルツの統合マーケティング：顧客への投資を企業価値の創造につなげる』（ドン・シュルツ、ハイジ・シュルツ著、博報堂タッチポイント・プロジェクト訳、ダイヤモンド社、2005 年）

第16章
マス・コミュニケーションの マネジメント

◆ 本章では、次の問題を取り上げる ◆

1. 広告プログラムの作成にはどのようなステップがあるのか。
2. 販売促進についての意思決定はどのように行うべきか。
3. ブランド構築に効果的なイベントと経験を企画するガイドラインとはどのようなものか。
4. 企業はパブリック・リレーションズの可能性をどう活かすことができるのか。

ヴァージン・グループのマーケティング・マネジメント

　　カリスマ性あふれる因習破壊者、リチャード・ブランソンが、無名のアーティストたちと契約し、現在も続くパブリック・リレーションズ・マラソンを始めるなど、革新的なヴァージン・レコードを引っさげて華々しくイギリスのビジネス界に登場したのは1970年代のことだった。その後ヴァージン・レコードは売却したが、世界中に200を超えるヴァージンの会社を設立し、その収益は総合すると800億ドル以上にもなる。ヴァージンの名はイギリスで3番目に敬愛されるブランドとなっており、ブランソンのパーソナリティは飛行機、電車、金融、ソフトドリンク、音楽、携帯電話、自動車、ワイン、印刷媒体、結婚衣装にまでいたるさまざまな製品やサービスに冠されている。商品は多岐にわたっても、すべて金額に見合う価値、品質、革新、面白さ、貪欲なチャレンジ精神を連想させる。ヴァージン・グループは顧客が不十分なサービスしか受けていないのに支払いすぎており、ぬるま湯のような競争しか存在しない市場で新たな機会を探している。ブランソンは、「そうした市場が見つかれば、ヴァージンのほうが競合他社よりはるかにうまくやれる明確な機会があるというわけです」「私たちは信頼と革新と顧客重視がなかったところに、それらを持ち込むのです」と言う。

　　アメリカでヴァージン・コーラを発売したときは、ブランソン自身の操縦でニューヨークの五番街に戦車を走らせ、全国ネット各局の朝のテレビ番組におけるインタビューをせしめた。数年後、今度はクレーンでタイムズスクエアに突入し、携帯電話事業を始めたことを発

表した。ヴァージン・パルスというハイテク機器のラインを発売したときには、ニューヨークのナイトクラブで注目の的となった。ブランソンは肌色のタイツを履き、ポータブルCDプレーヤーで股間を隠した姿で登場したのである。最近、ヴァージンはボルボと共同で、ブランソンの新会社ヴァージン・ギャラクティック社の宇宙船で行く宇宙旅行を特賞としたコンテストを行った。こうしたパブリック・リレーションズ活動がすべて、ヴァージン・ブランドそのものの価値を高めてきたのである[1]。

　他では類を見ない方法で製品やサービスへの注目を集めているのは、リチャード・ブランソンとヴァージン・グループだけではない。あらゆる業界のマーケターが新しいコミュニケーション環境の中でマス媒体をいかに活用するかを模索している。本章では、広告、販売促進、イベントと経験、パブリック・リレーションズという4つのマス・コミュニケーション・ツールの性質と利用法を検討する。

広告プログラムの作成と管理

　広告とは、スポンサー名を明らかにして行われる、アイデアや財やサービスの非人的なプレゼンテーションとプロモーションのうち、有料の形態をいう。ブランドへの選好を確立させるにも、人々を教育するにも、広告はメッセージを広めるうえでコスト効率の良い方法となりうる。マーケティング・マネジャーは広告プログラムを作成する際、まず標的市場と購買者の動機を見極めるところから始めなければならない。それによって5つの重要な決定を下すことができる。これは「5つのM」と呼ばれ、「ミッション（Mission）」＝広告の目的は何か、「予算（Money）」＝どれくらいの予算が使えるのか、「メッセージ（Message）」＝どのようなメッセージを送ればよいのか、「媒体（Media）」＝どのような媒体を使えばよいのか、「評価（Measurement）」＝結果をどう評価すればよいのか、の5つを指す。この5つを**図16−1**にまとめた。詳細は次の各項で論じていく。

❖広告目的の設定

　広告目標（または**広告目的**）とは、一定期間に特定の標的視聴者を対象に行われる達成すべき特定のコミュニケーション・タスクのことである。広告目的は、その狙いを情報提供、説得、リマインド、強化のどれに定めるかによって分類できる。第15章で論じた効果のヒエラルキーの諸段階で狙いは異なる。

　「情報提供型広告」は新製品ないし既存製品の新しい特徴のブランド認知と知識を生み出すことを狙いとする。「説得型広告」は製品ないしサービスの好意、選好、確信、購買を生み出すことを狙いとする。シーバスリーガルは、他のスコッチウイスキーのブランドより味がよく

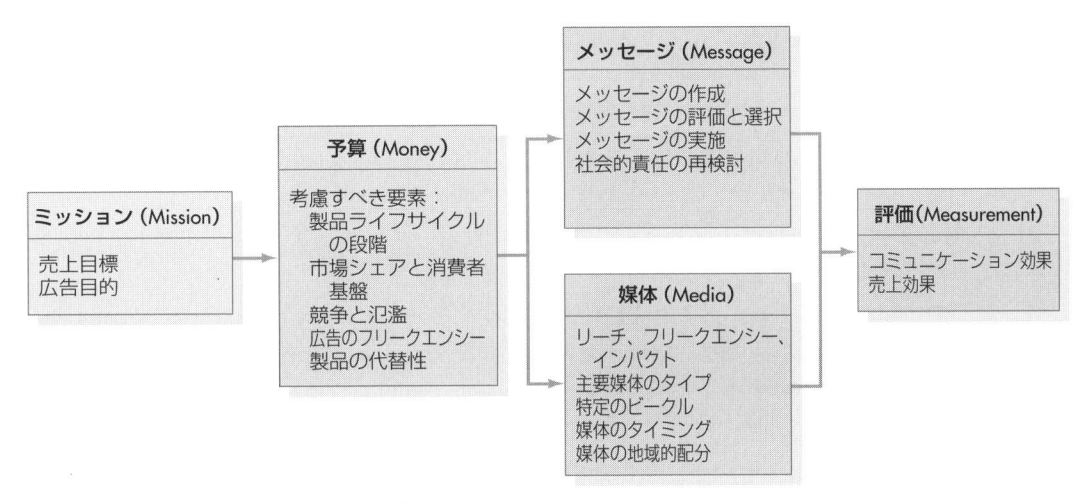

図 16-1　広告の 5 つの M

ミッション (Mission)
- 売上目標
- 広告目的

予算 (Money)
考慮すべき要素：
- 製品ライフサイクルの段階
- 市場シェアと消費者基盤
- 競争と氾濫
- 広告のフリークエンシー
- 製品の代替性

メッセージ (Message)
- メッセージの作成
- メッセージの評価と選択
- メッセージの実施
- 社会的責任の再検討

媒体 (Media)
- リーチ、フリークエンシー、インパクト
- 主要媒体のタイプ
- 特定のビークル
- 媒体のタイミング
- 媒体の地域的配分

評価 (Measurement)
- コミュニケーション効果
- 売上効果

高級であると消費者を説得しようとしている。説得型広告の中には、比較広告を用いるものもある。これは、2つ以上のブランドの属性を明確に比較するものである[2]。

「リマインダー型広告」は製品やサービスのリピート購入を促すことを狙いとする。コカ・コーラの広告は、コカ・コーラを人々に思い出させて買わせることを意図している。「強化型広告」は現在の購買者に正しい選択をしたという確信を持たせることを狙いとする。車の広告は新車の特徴を楽しむ満足した顧客の姿を描くことが多い。

広告の目的は、現在のマーケティング状況の徹底分析から生まれる。製品が成熟期に入っており、企業がマーケット・リーダーで、ブランドの使用が停滞している場合には、さらに使ってもらうための刺激を与えることが適切な目的となる。反対に新製品で、企業はマーケット・リーダーではないが、ブランドがマーケット・リーダーのブランドよりも優れていれば、市場に自社ブランドがいかに優れているかを納得させることが適切な目的となる。

❖広告予算に関する意思決定

広告予算を設定する際には、次の5つの要素を考慮すべきである[3]。

1. **製品ライフサイクルの段階**　消費者の認知と試用を促進するため、新製品には通常、多額の広告予算が充てられる。一方、すでに確立しているブランドについては、売上に占める広告費の割合は小さい。
2. **市場シェアと消費者基盤**　市場シェアの高いブランドがその維持をはかる場合、売上に占める広告費の割合は小さいのが普通である。市場拡大によってシェア獲得を目指す場

合には、広告費は増大する。コスト効率からいえば、高シェアのブランドのほうが低シェアのブランドよりも、消費者に到達するための経費は少なくて済む。
3. **競争と氾濫** 競合企業が多く、他社が広告費に巨額を投じている市場では、ブランドを認知してもらうために多額の広告費を投入しなければならない。自社ブランドと直接競合しない広告が氾濫している場合でさえ、広告費の増大が必要になってくる。
4. **広告の頻度** ブランド・メッセージを顧客に理解してもらうために繰り返す広告の数も、広告予算に重要な影響を持つ。
5. **製品の代替性** コモディティの部類にあるブランド（タバコ、ビール、ソフトドリンク）は、差別化されたイメージを確立するため広告に力を入れなければならない。また、ブランドに独自のベネフィットや特徴がある場合も、広告が重要になる。

❖広告キャンペーンの展開

　広告キャンペーンの設計と評価においては、メッセージ戦略ないし広告のポジショニング（広告でブランドの何を伝えようとするのか）と、クリエイティブ戦略（広告でブランドの主張をどのように表現するか）を区別することが重要である。効果的なメッセージ戦略を策定するには、メッセージの作成と評価、クリエイティブの制作と実施、社会的責任の再検討という3つのステップを踏むことになる。

メッセージの作成と評価

　良い広告は通常、1つか2つの核となるセリング・プロポジションに焦点を合わせている。ブランド・ポジショニングを洗練させる際、広告主は市場調査を行い、標的視聴者に最も効果の高いアピールを判断しなければならない。効果的なアピールが見つかったら、1、2ページほどのクリエイティブ・ブリーフを用意する。これはポジション・ステートメントを詳述したもので、主要なメッセージ、標的視聴者、コミュニケーションの目的（行動し、知り、確信する）、主要なブランド・ベネフィット、ブランド・プロミスの裏づけ、媒体を含んでいる。次の段階に進む前に、キャンペーンに携わるチームメンバー全員がクリエイティブ・ブリーフに同意していなければならない。さらに、広告主は広告テーマを選択する前に、多数の候補を作るべきである。候補となる広告が多いほど、素晴らしいものができる可能性も高くなる。

クリエイティブの制作と実施

　メッセージの影響力は、語られる内容だけでなく、表現方法にも左右される。メッセージの実施が決定力を持つこともある。広告キャンペーンの準備にあたって、広告主は望ましい広告の目的、内容、裏づけ、トーンを明記した「コピー戦略ステートメント」を準備する。クリエイティブ戦略を策定する際には、各媒体の長所と短所を考慮しなければならない。例えば、テレビは広範囲の消費者に到達するが、多額の費用がかかる。印刷広告は詳しい製品情報が提供

できる反面、受身の度合いが強い。ラジオは12歳以上のアメリカ人の96％に到達する媒体であり、コストも比較的安い。ただし、視覚的イメージがないことと消費者の処理が比較的受身であることは短所である[4]。

社会的責任の再検討

　広告は社会的規範と法的規範を絶対に踏み越えてはならないことを、広告主と広告会社はよくわきまえておかなくてはならない。広告を管理する法律や規制が数多く制定されてきた。例えばアメリカの法の下では、広告主は事実と反したり詐欺的な主張をしてはならず、またおとり広告、つまり虚偽の主張で購買者を引きつける広告も禁じられている。広告主は社会的責任を果たすために、一般大衆はもちろん、エスニック・グループ、人種的マイノリティ、特定の領域に関心を持つグループの感情を損なわないよう、配慮しなければならない[5]。非営利職業団体のニューヨーク広告ウーマンクラブは毎年、女性の良いイメージ、悪いイメージを描き出していると思われる広告を選出している。2004年にはシリウスサテライトラジオが「カーウォッシュ」の広告でテレビ部門の最悪大賞を受賞したが、これは濡れたタンクトップ姿のパメラ・アンダーソンが体を使って若い男性の車を洗車するというものだった[6]。

❖媒体選択と効果測定

　広告主の次なる仕事は広告メッセージを伝える媒体を選択することである。このためには次のステップを踏まなければならない。(1) 理想的なリーチ（到達範囲）、フリクエンシー（露出頻度）、インパクトの決定、(2) 媒体タイプの選択、(3) 媒体ビークルの選択、(4) 媒体タイミングの決定、(5) 媒体の地域的配分の決定、である。そして最後に、上記の決定を評価しなければならない。

リーチ、フリクエンシー、インパクトの決定

　媒体選択とは、標的視聴者に理想的な頻度と形で露出するために、最も費用効果の高い媒体を見つけることである。理想的な露出頻度とは何か。広告主は特定の広告目的と標的視聴者からの反応、例えば標的水準の製品試用を求めているはずである。製品の試用率は、ブランド認知水準に左右される。視聴者の認知に対する露出効果は、露出のリーチとフリクエンシーとインパクトに左右される。

■**リーチ(R)**　特定の期間内に少なくとも一度、特定の媒体スケジュールにさらされた個人または世帯の数のこと。
■**フリクエンシー(F)**　平均的な個人または世帯が、特定期間内にメッセージにさらされる回数のこと。
■**インパクト(I)**　特定の媒体を通じたメッセージ露出の質的価値のこと。（したがって、

『フォーチュン』誌よりも『グッド・ハウスキーピング』誌の食品広告のほうがインパクトが大きい。）

　露出のリーチ、フリクエンシー、インパクトが高くなるほど、視聴者の認知水準も高くなるが、この3要素の中には重要なトレードオフが存在する。媒体計画担当者は、最も費用効果の高いリーチ、フリクエンシー、インパクトの組み合わせを考え出さなければならない。新製品、フランカー・ブランド、有名なブランドの拡張製品、またはあまり買われていないブランドを売り出す際、不確定な標的市場に参入する際などには、リーチが最も重要となる。フリクエンシーが重要となるのは、強力な競合他社がいる場合、説明が複雑な場合、消費者の抵抗が強い場合、購買サイクルが頻繁な場合である[7]。

　広告主の多くは、広告効果を上げるにはフリクエンシーが多いほうがよいと考えている。その一方で、フリクエンシーが多い場合の効果を疑問視する見方もある。同じ広告を何度か見た後、視聴者はそれに影響されるか、いら立つか、注意を向けるのをやめるか、のいずれかの行動をとるというのである[8]。このほかにも、反復を論じるうえで欠かせない要素に忘却がある。ブランド、製品カテゴリー、メッセージの忘却率が高くなるほど、反復も頻繁になされなければならない。しかし、反復だけでは十分ではない。広告は使い古され、視聴者は関心を持たなくなる。広告主は常にフレッシュな作品を求めていかなければならない。

媒体タイプの選択

　媒体計画担当者は主な媒体のタイプごとにリーチ、フリクエンシー、インパクトを知っておかなければならない。**表16－1**に、主な媒体のコストおよび長所と短所をまとめた。

　媒体計画担当者が媒体を選択する際、4つの要因を考慮する。第1は、標的視聴者の媒体選択様式である。例えばテレビとラジオとインターネットは、ティーンエイジャーに到達するには最も効果的な媒体である。第2は製品特性である。媒体タイプは、デモンストレーション、視覚化、説明、信憑性、色などそれぞれの特色を有している。第3はメッセージの特性である。翌日の大々的なセールを発表するメッセージならラジオ、テレビ、または新聞でなければならないし、技術データをたくさん盛り込んだメッセージには専門誌かダイレクトメールが必要だろう。第4はコストである。テレビ広告には多額の費用がかかるのに対し、新聞広告やラジオ広告はわりあい少額で済む。ただし重要なのは1000人当たりの露出費用である。

　おびただしい数の媒体から、媒体計画担当者はまず、人々がますます時間に追われるようになってきていることを考慮しながら、主な媒体への予算配分を決定しなければならない。注意を向けてもらうことが至難のわざとなっており、広告主が人の注意を捉えるためには強力な仕掛けが必要だ[9]。広告予算を決定する際には、消費者の反応がS字型を描くことも認識しておくべきである。ある程度の広告を実施した後で売上への影響が見られる場合には広告の閾値効果が存在するが、やがて売上の増加は横ばいになる[10]。

表16-1　主な媒体タイプのプロフィール

媒体	長所	短所
新聞	柔軟性、タイムリー、地域市場をよくカバーする、幅広い受容、高い信用度	短命、再生の質が悪い、回覧読者が少ない
テレビ	映像・音・動きを統合、五感に訴える、高い注目度とリーチ	きわめて高コスト、雑多な広告が氾濫、露出が短い、対象の選択が困難
ダイレクトメール	対象を選べる、柔軟性、同一媒体で広告競争がない、パーソナル化	比較的高コスト、「くずかご行き」のイメージ
ラジオ	大衆に届く、地理的・デモグラフィック的に選択できる、低コスト	聴覚のみに訴える、テレビより注意を引きにくい、視聴者が一定でない、露出が短い
雑誌	地理的・デモグラフィック的に選択できる、高い信用度と信望、高い再生の質、寿命が長い、回覧読者が多い	広告が出るまでのリードタイムが長い、無駄がある、掲載位置の保証がない
屋外広告	柔軟性がある、繰り返し露出される、低コスト、競争が少ない	対象の選択が困難、クリエイティブ面で限界がある
イエローページ	地域市場を隅々までカバーする、高い信用度、リーチが幅広い、低コスト	競争が激しい、広告が出るまでのリードタイムが長い、クリエイティブ面で限界がある
ニューズレター	対象の選択が容易、完全に管理できる、対話の機会がある、比較的低コスト	コストがかさむ恐れあり
パンフレット	柔軟性がある、完全に管理できる、メッセージを演出できる	作りすぎが無駄につながる
電話	利用者が多い、個人的な親密感を持たせる機会となる	ボランティアを使わないかぎり、比較的高コスト
インターネット	対象を選択できる、対話の機会がある、比較的低コスト	比較的新しい媒体であるため、国によっては利用者が少ない

非従来的な広告オプション

　テレビは長年にわたって媒体の主役だった。しかし最近、コマーシャルの氾濫、コマーシャルの「ジッピングとザッピング」、CATV（ケーブルテレビ）や衛星テレビ、DVD、ビデオの増加によるテレビ視聴者数の減少によって、テレビの効果が薄れてきたことが指摘されている[11]。しかも、テレビ広告費は他の媒体に比べると大きく上昇した。多くのマーケターがテレビに代わる広告媒体を探している[12]。

　屋外広告はアウトオブホーム広告とも呼ばれ、従来のものとは異なるさまざまな広告形態を指す広いカテゴリーのことである。マーケターは消費者の関心をつかむために、創造性に富み意表をつく広告の配置を利用している。よく言われる理由として、働いたり遊んだり、もちろん買い物をしたりする場所など、従来とは環境を変えたほうが人々に到達しやすいことがある。利用可能な選択肢としてビルボード広告、パブリック・スペース（スポーツ競技場、パーキングメーター、バス停留所など）、プロダクト・プレイスメント（映画やテレビなど）、購買

時点、消費者が買い物をする場所（小売店舗など）がある。

　非従来的な媒体はマーケターに面白いオプションを提示する。今では、消費者が数分、時には数秒でも目をとめる空き時間があるところならどこにでも広告をバーチャルに出現させることができる。非従来的な媒体の主な利点は、コスト効果の高い方法で、非常に標的の絞られた、かつ（広告を視聴させる状況の性質から）そこから動けない視聴者に単純で直接的なメッセージを到達させやすい点である。非従来型媒体の課題は、信頼のおける独立した調査によってその到達度と効果を示すことである。このような新しいマーケティング戦略や戦術は、ブランド・エクイティに直接的・間接的にどのように貢献するかで最終判断を下さなければならない。氾濫する広告の中で突出するように設計されたユニークな広告は、出しゃばっていてうるさいととられる可能性もある。非従来的な媒体とメッセージの工夫については、「マーケティング・スキル▶不況時の広告」を参照されたい。

媒体ビークルの選択

　媒体計画担当者は各媒体タイプの中から、各媒体の視聴者の規模、構成、媒体コストについての推計を出している媒体調査会社の資料を参考にしながら、最も費用効果の高いビークルを選択しなければならない。視聴者規模には、いくつかの尺度がある。「発行部数」は広告が掲載される媒体の発行部数である。「視聴者」は媒体ビークルに露出される人数（媒体ビークルが回覧される性質のもの、つまり印刷物であれば、視聴者は発行部数よりも多くなる）。「有効視聴者」は視聴者のうち、標的視聴者の特性を有している人の数。「有効広告露出視聴者」は標的視聴者特性を有し、かつ実際に広告を見た人の数である。

　視聴者規模がわかったら、媒体ビークルごとに1000人当たりの到達コストが計算できる。『ニューズウィーク』に掲載する全面広告が20万ドルかかり、推定読者数が310万人だとすると、広告を1000人に見せるコストはおよそ65ドルになる。同じ広告を『ビジネスウィーク』に掲載した場合、広告費は7万ドルしかかからないが、読者数も97万人しかいないので、1000人当たりのコストはおよそ72ドルになる。媒体計画担当者は1000人当たりのコストによって各雑誌をランクづけし、標的消費者1000人当たりの到達コストが最も少ない雑誌を選択する。雑誌社自体が広告主に向けて「読者プロフィール」をまとめることもよくある。年齢、収入、居住地域、既婚か未婚か、趣味など、その雑誌を読む読者の特徴をまとめるのである。

媒体タイミングと配分の決定

　媒体を選択する際には、マクロスケジュール問題とミクロスケジュール問題に取り組まなければならない。「マクロスケジュール問題」とは、季節や景気循環に応じて広告スケジュールを決定することである。例えば、売上の70％が6〜9月に集中している製品があるとする。この場合、企業は季節の変化に合わせるか、逆にするか、年間を通じて均等にするか、3通りの広告費の配分が考えられる。

　「ミクロスケジュール問題」とは、広告効果を短期間で最大限にするように広告費を配分す

マーケティング・スキル ▶ **不況時の広告**

　大半の製品カテゴリーに広告の氾濫と競争はつきものである。標的視聴者に到達するのは好況時でさえ難しい。だからこそ、不況時に効果を上げる広告を企画できるマーケターは、どのような経済状況でもコミュニケーションの扱いに長けていることになる。記憶に残るナイキの「Just Do It」キャンペーンを手がけた広告会社ワイデン＆ケネディは、まずは「声を出せ」と言う。他社が広告を手控えているときに自社のメッセージを目立たせる広告主は、大きな優位性を獲得できる。顧客は信頼できるブランドに特に関心が高いため、自社ブランドとしての真の姿を見せるようにしなければならない。意思決定はマーケティング・リサーチにだけ頼ってはならない。ワイデン＆ケネディはナイキの広告をフォーカス・グループに決して見せない。フォーカス・グループはオリジナリティが高かったり従来にないアイデアを、単に変わっているからという理由で拒絶することが多いからである。
　テレビは普及性の高い媒体であるが、費用がかかるうえ、必ずしも必要なものではない。サンドイッチマンの広告板のメッセージや玩具など、街頭でのゲリラ広告でも消費者の関心は引きつけられる。また、ターゲットを絞って影響力を持つ顧客の小規模集団を、ライブイベントでのコミュニケーションで狙うという選択肢もある。あるいは、興味をそそるクリエイティブな手法を企画して、詳細な情報を求める顧客をブランド専用ウェブサイトにおびき寄せてもよい。ワイデン＆ケネディは続きが気になるコマーシャルをテレビで流し、結末はナイキのウェブサイトだけで見ることができるという仕掛けを作った。ほかにも、ビルボード広告や印刷広告を視聴者の想像力を刺激し、ウェブサイトに誘導するのに利用した。
　映画館に足を運ぶ人が減ってきたことへの対策として、20世紀フォックスのマーケターは最近、映画の一場面をオンラインに流すようになった。映画ファンがそのクリップをダウンロードして、見たいとき、見たい場所で、何度でも見られるようにするのが狙いである。アンジェリーナ・ジョリーとブラッド・ピットが殺し屋の夫婦を演じた『Mr. & Mrs. スミス』の予告編を見たい人は、そのクリップをダウンロードして、最新情報を知らせる電子メールに登録する。映画が映画館で封切られる前に、そしてDVDが発売される前に視聴者を獲得することで、同社は好意的なクチコミに火をつけ、手堅い売上に結びつけることができた。「今でもテレビの力はたしかに強いが、最近は視聴者が多様化しており、映画について知ってもらう手段はテレビだけではなくなってきているのです」と同社の重役は語っている[13]。

るというものである。所定期間に広告メッセージを集中させるか（「爆発的」広告）、連続的に分散させるか、断続的に分散させることができる。また、広告メッセージを流す頻度を一定にするか、増やすか、減らすか、変動させるかも決めなければならない。

　広告主は新製品導入の際に、広告を連続的にするか、集中的にするか、断続的にするか、波状的にするかを選ばなければならない。**連続的**とは、所定期間を通じて均等な露出を計画することである。一般的に連続的広告が用いられるのは、市場が拡大している場合、購入頻度が高いアイテムの場合、購買者カテゴリーが非常に明確な場合である。**集中的**とは、ある期間1回に広告費を全額投入することである。これは、販売シーズンが年に1回しかない製品や、長期休暇向けの製品の場合に適している。**断続的**とは、休止期間を置きながら何度かに分けて広告することである。購買頻度が相対的に低い季節的なアイテムで、資金が限られている場合に用いられる。**波状的**とは、低水準の広告を維持しながら、重点的な波を作って定期的に補強することである(14)。視聴者が広告メッセージをより深く理解すると同時に、広告費も節約できると考えられている。

　企業は時間的な広告予算配分だけでなく、地理的な予算配分も決定しなければならない。企業が「全国的展開」を目指すのであれば、全国ネットのTVCMを流すか、全国に流通している雑誌に広告を打てばよい。一方、「地域的展開」を目指すのなら、特定市場のローカル・テレビでCMを流すか、地域限定版の雑誌に広告を打つべきであろう。地方紙、ラジオ、ビルボード広告を使えば「地域的購買」を作り出せる。

広告効果の評価

　広告の計画と管理の良し悪しは、広告効果測定によって決まる。ところが、広告効果の基礎調査の量は驚くほど少ない。広告主の多くは広告のコミュニケーション効果、つまり、広告が消費者の認知、理解、選好に対してどのような影響を与えるか、そして広告の売上効果を測定しようとする。

　コミュニケーション効果の調査では、広告が効果的に伝達できているかどうかを調べる。これは「コピー・テスト」と呼ばれ、広告を媒体にのせる前（事前テスト）と、印刷したり放送した後（事後テスト）に行うことができる。終了したキャンペーンの全体的な効果を評価するために事後テストも行わなければならない。

　広告の売上への効果は測定が難しい。売上は、競合他社の行動はもちろん、製品特徴、価格、入手可能性など多くの要因に影響されるからだ。ダイレクト・マーケティングが売上へ及ぼす影響の測定が最も簡単で、ブランド広告や企業イメージ広告などでは測定が最も困難である。そのアプローチの1つを**図16-2**に示す。企業の「広告費シェア」は「ボイス・シェア」を生む。これは消費者の「マインド・シェアとハート・シェア」を獲得し、最終的に「市場シェア」をもたらす。

　リサーチャーは、歴史的データまたは実験的データの分析によって、売上への影響を測定しようとしている。「歴史的アプローチ」は、最新の統計技術を用いて、過去の売上と広告費を

比較する方法である[15]。売上効果を測定するために用いられるもう一つの方法が、「実験的計画法」である。コミュニケーション効果測定法だけでなく、広告費の売上効果を測定しようとする企業が増えている[16]。

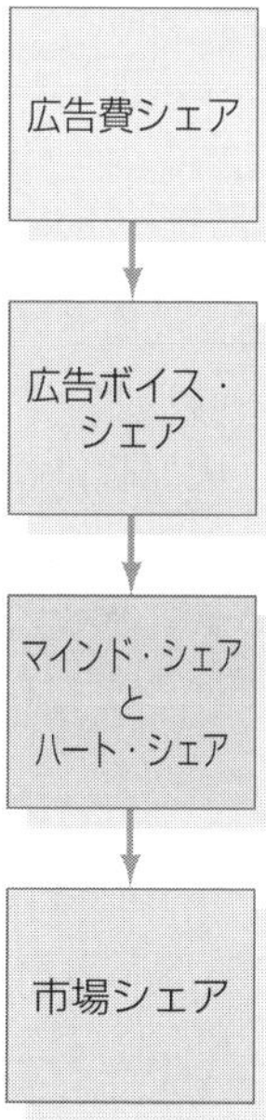

販売促進

　販売促進はマーケティング・キャンペーンの中心であるが、消費者や流通業者に対して、特定の製品やサービスの試用を刺激し、購入頻度を高めたり購入量を増加させる、主として短期的なインセンティブ・ツールの集まりをいう[17]。広告が購入の「理由」を提供するのに対して、販売促進は購入への「インセンティブ」を提供する。販売促進には「消費者向けプロモーション」（サンプル、クーポン、現金払戻し、値引き、プレミアム、賞品、御愛顧報奨、無料試用、保証、提携プロモーション、クロス・プロモーション、店頭ディスプレイ、デモンストレーション）、「流通業者向けプロモーション」（値引き、広告アロウワンスとディスプレイ・アロウワンス、無料商品提供）、「企業およびセールス・フォース向けプロモーション」（トレード・ショー、売上コンテスト、ノベルティ）がある。

　かつては広告対販売促進の比率は6対4だった。今日、多くの消費財メーカーでは販売促進がプロモーション予算の75％を占める（およそ50％が流通業者向けプロモーションで、25％が消費者向けプロモーション）。特に消費財市場において販売促進費が急成長している要因はいくつかある[18]。販売促進は今では効果的な販売ツールとして経営陣に以前より受け入れられるようになっている。販売促進ツールを使いこなせる製品マネジャーも増えた。また製品マネジャーへの売上増大のプレッシャーも高まっている。さらにブランドの数も増えた。競合他社が販売促進を利用する頻度が多くなり、多くのブランドが似たり寄ったりに見られている。消費者も以前より価格志向になり、流通業者は製造業者からいっそうの特別割引を要求するようになった。広告の効率性がコストの上昇、媒体の氾濫、法規制によって低下してきた。

図 16-2
広告の売上効果の測定式

広告費シェア
↓
広告ボイス・シェア
↓
マインド・シェアとハート・シェア
↓
市場シェア

❖販売促進の目的

　販売促進ツールは目的によって異なる。売り手はインセンティブ・ツールを使って、新たな試用者を引きつけ、ロイヤルティの高い顧客に報い、購入頻度の少ない顧客の再購入率を増やそうとする。だが、販売促進はブランド・スイッチャーを引きつけることが多い。ブランド・スイッチャーはもともと低価格、グッドバリュー、あるいはプレミアムを求めている。一般的にいって、販売促進によって彼らにその後もある程度購入するよう仕向けることはできるかも

しれないが、ロイヤルティの高い顧客に変えられる可能性は低い[19]。ブランド間の差異がない市場で行われる販売促進は、短期的には売上を伸ばすことができるが、長期的な市場シェアの拡大にまでは至らない。反対に、ブランド間の差異が大きい市場では、販売促進によって市場シェアを永続的に変えることも可能である。消費者が買いだめをする場合もある。これは通常よりも早めに購入するか、分量を余分に購入することである。しかし売上は販売促進後、一時的に低下する場合がある[20]。

　販売促進は消費者だけでなく製造業者にとっても、数多くのメリットをもたらす[21]。製造業者は販売促進によって需要と供給の短期的な変動を調整することができ、消費者セグメントごとに異なるプログラムを適用することもできる。いつでもディスカウントできるので、定価をどこまで高く設定できるかをテストし、定価での販売より売上を伸ばすことができる。消費者に対して、価格に対する意識を高めさせ、新製品の試用を促すこともできる。エブリデイ・ロー・プライシングやプロモーション価格設定を行う店など、小売業態に多様化をもたらすことが可能になる。小売業者にとっては、販売促進によって補完的なカテゴリーの売上が増大する可能性がある（ケーキミックスの販売促進を行うことで、トッピングの売上も促進されるかもしれない）。また、消費者による店舗のスイッチングもある程度誘える。

　課題は、広告と販売促進を併用する際の短期的目的と長期的目的のバランスをとることである。広告は長期的なブランド・ロイヤルティを築くものであるが、販売促進が長期的なブランド・ロイヤルティを低下させるかどうかは、見解が分かれている[22]。クーポン、特別割引、プレミアム、値引きを乱発する販売促進は、購買者のマインド内で製品オファリングの価値を下げるおそれがある。そのため、価格プロモーション（価格のみを重視する）と付加価値プロモーション（ブランド・イメージの向上を狙う）は区別しておく必要がある。ブランドが価格プロモーションをあまりにも頻繁に実施しすぎると、消費者は主にセール時にしか購入しなくなる。したがって、有名なブランドが年間30％以上の期間、販売促進を実施することはリスクがある[23]。

　ブランド・ロイヤルティの高い顧客は、販売促進合戦によって購買パターンを変えることはない。価格プロモーションが、製品カテゴリー全体の販売量を長期的に増やすことはないのも証明されている。1000以上のプロモーションを対象にした研究では、費用に見合う利益が出たのはそのうち16％にすぎなかったという結果が出ている[24]。市場シェアが小さい企業は販売促進を用いたほうが有利である。マーケット・リーダーに広告予算では太刀打ちできないからである。アロウワンスを支払わなければ棚スペースは獲得できないし、インセンティブを与えなければ消費者の試用を促すこともできない。価格競争はシェア拡大を狙う弱小ブランドが仕掛けることが多いが、製品カテゴリーのリーダー企業には有効な手段とはいえない。リーダー企業が成長するには、製品カテゴリー自体が拡大しなければならないからである[25]。結局のところ消費財メーカーの多くは、販売促進を意図する以上に使わざるを得ないと感じている。

❖主要な意思決定

販売促進を使うにあたって、目的の設定、ツールの選択、プログラムの作成、プログラムの事前テスト、実施とコントロール、結果の評価を行わなければならない。

目的の設定

販売促進の目的は、その基本となるコミュニケーション目的から生まれる。そしてコミュニケーション目的は、さらにその基本となる製品のマーケティング目的から生まれるものである。消費者が対象であれば、購入量の増加、非使用者の試用促進、競合ブランド使用者の勧誘などが目的となる。小売業者が対象の場合は、新製品の取り扱いと在庫レベルの上昇、オフシーズンの仕入れの促進、競合他社によるプロモーションの相殺、ブランド・ロイヤルティの構築、新しい小売販路への参入が目的となる。セールス・フォースを対象とするプロモーションでは、新製品や新モデルへの支援の奨励、潜在的顧客の発掘、オフシーズンの販売促進が目的になる[26]。

消費者向けプロモーション・ツールの選択

主な消費者向けプロモーション・ツールを表16-2にまとめた。消費者向けプロモーション・ツールは、「製造業者プロモーション」と「小売業者プロモーション」に分けることができる。製造業者プロモーションには、自動車業界でよく用いられる現金払戻し、試乗や購入につながるような景品がある。小売業者プロモーションには、値引き、クーポン、コンテスト、プレミアムがある。

消費者のブランドに対する理解を強化する「消費者愛顧の確立」を目指す販売促進ツールと、そうでないもので分けることもできる。前者では、クーポンを配るなど特別割引に付随する形で販売メッセージを伝えたりする。ブランド構築を狙わない販売促進ツールとしては、値引きパック、製品とは無関係のプレミアム、コンテストや懸賞、現金払戻し、アロウワンスが挙げられる。販売促進は広告と一緒に使うと最も効果が高いようだ。ある研究によると、価格プロモーションを製品の特徴を示す広告と一緒に使ったところ、販売量が19％も伸びたという。さらに店頭ディスプレイを加えると、販売量の増加率は24％に達するという結果が出ている[27]。

流通業者向けプロモーション・ツールの選択

製造業者は数多くの流通業者向けプロモーション・ツールを用いている（表16-3参照）。その目的は次の通りである。(1) 仲介業者に製品の取り扱いを説得する。(2) 仲介業者に通常以上の仕入れを説得する。(3) 小売業者に対して、広告、ディスプレイ、値引きなどによる自社ブランドのプロモーションを奨励する。(4) 小売業者とその販売員に対して製品の積極販売を奨励する。今日では、大規模小売業者の影響力が増すとともに、消費者向けプロモーション

表16-2　主な消費者向けプロモーション・ツール

サンプル：無料の製品またはサービスのこと。

クーポン：特定の製品を購入すると一部返金される証書のこと。

現金払戻し（リベート）：購入時ではなく、購入後に値引きを行うこと。消費者が製造業者に購入の証拠を送ると、製造業者は購入価格の一部を郵送で返金する。

値引き製品パッケージ（値引きディール）：製品の通常価格から値引きをすること。ラベルやパッケージに表示される。

プレミアム（景品）：特定の製品を購入するインセンティブとして、比較的低価格または無料で提供される商品のこと。

フリクエンシー・プログラム：企業の製品やサービスを購入する頻度に対して報酬を提供すること。

賞品（コンテスト、懸賞、ゲーム）：買い物をした人に現金、旅行、賞品などを勝ち取るチャンスを提供すること。「コンテスト」では、消費者が作品を提出し、審査員団が最優秀作品を選ぶ。「懸賞」は、消費者を抽選に応募させる。「ゲーム」は、消費者が買物をすると賞品付きのビンゴや穴埋め問題をプレゼントする。

御愛顧報奨：特定の企業または企業グループの利用に対して、現金などの報奨を与えること。

無料トライアル：見込み客に購入を奨励すべく、無料で試用してもらうこと。

製品保証：明示されている場合も暗黙の場合もあるが、保証期間内に限り、製品の品質、修理、返金を保証するというもの。

タイイン・プロモーション：複数のブランドまたは企業が消費者の注目を引くため、クーポンや払戻しやコンテストを共同で行うこと。

クロス・プロモーション：あるブランドを競合しない別のブランドの広告に使うこと。

購買時点（POP）ディスプレイとデモンストレーション：購入あるいは販売時点で実施するディスプレイやデモンストレーションのこと。

表16-3　主な流通業者向けプロモーション・ツール

値引き（仕切り割引、品目割引）：限定期間内に購入されたものについて、1件ごとに定価から直接割引をすること。

アロウワンス：小売業者が何らかの方法で製品を呼び物とすることに合意した見返りに一定額を提供するもの。「広告アロウワンス」とは、小売業者が製品を広告したことに対して報酬を払うことをいい、「ディスプレイ・アロウワンス」とは、特別な陳列を行ったことに対して報酬を払うことである。

無料商品：一定量を購入したり、特定のフレーバーやサイズを大きく取り上げてくれる仲介業者に、製品を余分に提供すること。

出典：詳しくは Betsy Spethman, "Trade Promotion Redefined," *Brandweek*, March 13, 1995, pp. 25-32 を参照。

や広告を犠牲にして、流通業者向けプロモーションを増やさざるを得なくなっている[28]。流通業者向けプロモーションは管理が複雑化して困難であり、減収につながることも多い。

企業およびセールス・フォース向けプロモーション・ツールの選択

　企業は、企業顧客やセールス・フォースに対するプロモーション（**表16-4**）に毎年数十億

マス・コミュニケーションのマネジメント ◆ 第16章

| 表16-4 | 主な企業およびセールス・フォース向けプロモーション・ツール |

トレード・ショーとコンベンション：業界団体は毎年、トレード・ショーやコンベンションを企画している。その業界に製品やサービスを販売している企業がブースを設置し、自社製品を陳列する。新しい取引のきっかけを得る機会、既存顧客との接触、新製品紹介、新規顧客との出会い、既存顧客への販売増大、印刷物やビデオなど視聴覚資料を使っての顧客の啓発などが、売り手の期待する出展のベネフィットである。

売上コンテスト：一定期間に売上実績を伸ばすようセールス・フォースやディーラーの意欲をかき立てることを目的とし、優秀者には賞品（賞金、旅行、賞品、ポイント）を与える。

ノベルティ：企業名と住所が明記された低コストの実用品のことで、販売員が見込み客や顧客に配る。広告メッセージが入っていることもある。ボールペン、カレンダー、キーホルダー、懐中電灯、トートバッグ、メモ帳などがよく利用されている。

ドルも費やしている。これは取引のきっかけを作り、購入の刺激、顧客報奨、セールス・フォースの動機付けなどに使われている。企業は、企業向けプロモーション・ツールそれぞれに毎年ほぼ一定の予算を設定する。

販売促進プログラムの作成

特定のインセンティブの利用を決定する際、（1）インセンティブの「規模」（プロモーションを成功させるには最低限のインセンティブが必要である。規模を大きくすると売上の反応も大きくなるが、その割合は次第に減っていく）、（2）参加の「条件」（インセンティブの対象を不特定多数にするか、選ばれた集団だけにするか）、（3）「期間」、（4）「配布方法」（方法ごとに到達範囲、コスト、影響が異なる）、（5）「タイミング」、（6）「販売促進の総予算」（管理コストとインセンティブ・コスト）を考慮しなければならない。マーケターは複数の媒体を併用して総合的なキャンペーン・コンセプトを作るようになっている。

プロモーションの事前テスト、実施、およびコントロール

大半の販売促進プログラムは経験に基づいて策定されるが、事前テストによってそのツールは適切か、インセンティブの規模は最適か、提供方法は効率的かを判断すべきである。消費者にいくつかの販売促進を格付けしてもらったり、特定地域で試用テストを実施することもできる。実施計画には「準備期間」（開始前にプログラムを準備する時間）と「実施期間」（プロモーション開始から、約95％の販促品が消費者の手に渡るまで）を含めておく。

プログラムの評価

一般的には、販売促進によって競合他社の顧客を自社にスイッチさせられれば、販売促進は最も成功したといえる。自社製品が優れていなければ、ブランド・シェアはプロモーション前の水準に戻ってしまうだろう。販売促進の効果を評価し、どのような人を引きつけられたかを判断する際、製造業者は売上データ、消費者調査、実験という方法をとることができる。スキャナー販売データでは、プロモーションを利用した人々のタイプ、プロモーション実施前に

購入していたもの、プロモーション実施後の対象ブランドや他ブランドへの態度変容、などがわかる。調査では、標的視聴者の想起、態度、行動、その後のブランド選択行動を知ることができる[29]。インセンティブの価値、期間、流通媒体などの属性を実験によって変え、製品を買った人が増えたのか、いつ買ったのかをメーカーはスキャナーデータを使い知ることができる。

イベントと経験

　消費者のより個人的な意味を持つ特別な生活場面に入り込めるので、イベントに関われば企業は標的市場とのリレーションシップを広げ、深めることができる。他方、ブランドと日常的に接触することも消費者のブランド態度とブランド信念に影響を及ぼす。「雰囲気」とは、消費者の気持ちを購入に傾かせるための「パッケージされた環境」のことである。例えば、東洋の絨毯とオーク材の調度で装飾された法律事務所は「安定」と「成功」を伝えている[30]。高級ホテルは、優雅なシャンデリアや大理石の円柱などホテルを豪華に見せる品々を使い、高級感を演出する。

　今からそれほど遠くない1980年代でも40％に達していたゴールデンタイムの広告の到達率が、現在ではわずか15％になっていることを受け、コカ・コーラは標的視聴者が好む活動に自社の存在感を植えつけられる新しい施策へと資金を振り向けた。同社はシカゴとロサンゼルスに、子供たちが出入りできる「ティーン・ラウンジ」を開設した。ここでは素通しで中が見える自動販売機からコークが買える。イギリスのマイコークミュージック・ドットコム（my-CokeMusic.com）という自社サイトからは歌がダウンロードできるようにした。また、アメリカからベネズエラにかけて放映しているテレビ番組の内容に自社ブランドをうまく融合させた[31]。コカ・コーラのように製品やブランドにまつわる経験を創出する企業が増えている。

❖イベントの目的

　イベントのスポンサーになる理由をマーケターは多数挙げている。

1. **特定の標的市場またはライフスタイルに同化する。**　イベントの性格によって、地理別、デモグラフィック別、サイコグラフィック別、行動別に顧客に標的を絞ることができる。特定の製品ないしブランドに対する参加者の態度や使用実態をもとにイベントを選べる。ソニーやペプシなどは捉えにくい12～19歳の視聴者に到達するため、ESPNが年2回開催するXゲームに広告を出した[32]。

2. **社名や製品名の認知度を高める。**　スポンサーシップはブランドの持続的な露出の機会となることが多い。これはブランド再認を構築するための必要条件である。対象となる

イベントや活動の選択が良ければ、製品とのアイデンティフィケーションおよびブランド再生も高められる。
3. **主要なブランド・イメージ連想に対する顧客の知覚を作り出し強化する。** イベント自体にも連想させるものがあり、ブランド連想の創出や強化に役立つ。アンハイザー・ブッシュは、バドライトをアイアンマンをはじめとするトライアスロンのスポンサーにした。このビールに「健康的」なイメージを求めていたためだ。
4. **企業イメージの次元を拡大する。** スポンサーシップは企業についての知覚を好感が持てる、一流であるなどと改善する手段と見られている。それによって消費者が自社を信用し、後に製品を選ぶ際にひいきにしてもらうためである。
5. **経験を創出し感情を喚起する。** わくわくするようなイベント、得るもののあるイベントから生じた感情は、間接的にブランドに結びつく可能性がある。
6. **コミュニティや社会問題への貢献を表現できる。** コーズリレーテッド・マーケティングの中には、企業が非営利組織や慈善団体と提携したスポンサーシップもある。ストーニーフィールド・ファーム、スターバックス、アメリカン・エキスプレス、トムズ・オブ・メインなどの企業は、コーズリレーテッド・マーケティングを自社のマーケティング・プログラムの重要な柱としている。
7. **主要なクライアントを楽しませたり、重要な従業員に報いる。** 多くのイベントでは、スポンサーと来客のみが利用できる贅沢な来賓用テントなど特別なサービスや活動を設けており、企業に好感を持ってもらい、貴重な仕事上の人脈を確立している。
8. **マーチャンダイジングやプロモーションの機会となる。** イベントと提携してコンテストや懸賞、インストア・マーチャンダイジング、ダイレクト・レスポンスなどのマーケティング活動を行うマーケターが多い。フォードやノキアはテレビの人気番組「アメリカン・アイドル」のスポンサーシップをこの形で利用した。

スポンサーシップには不利な要素も数多く潜んでいる。イベントが成功するかどうか、スポンサーには予想もコントロールもできない場合がある。スポンサーの資金援助でイベントが実現したことを認めてくれる消費者は多いが、中にはイベントの商業化を快く思わない消費者もいるかもしれない。

❖イベントに関する主要な意思決定

スポンサーになったイベントを成功させるには、適切なイベントの選択、最適なスポンサーシップ・プログラムの設計、スポンサーシップの効果測定が必要である[33]。

■**イベント機会の選択** 「理想のイベント」は次のようなものであろう。(1) 視聴者が望ましい標的市場に合致している。(2) 好意的な注目を集める。(3) ユニークで、スポンサーの数が

多くない。(4) 付随するマーケティング活動の支援となる。(5) スポンサーのブランドや企業イメージを反映していたり、引き上げてくれる。例えば、アリーナやスタジアムなどイベントが開催される会場のスポンサーになり、自社の名前を冠する企業が増えている[34]。

■**スポンサーシップ・プログラムの設計**　イベントのスポンサーシップを成功させる決め手は、それに伴うマーケティング・プログラムだと考えるマーケターは多い。スポンサーがイベントに存在感を示す戦略は横断幕、看板、プログラムなど多数ある。もう少しインパクトを強めるには、サンプル、賞品、広告、小売プロモーション、パブリシティなどの活動で補う方法が代表的である。スポンサーシップ費用の少なくとも2～3倍を関連したマーケティング活動に投入しなければならない。

■**イベント企画**　非営利組織が募金運動を宣伝する場合に重要なスキルである。募金団体は記念祝賀会、美術展、オークション、慈善パーティー、ビンゴ大会、書籍販売、ケーキ販売、コンテスト、ダンス、夕食会、フェア、ファッションショー、変わった場所を会場としたパーティー、慈善バザー、ツアー、募金ウォーキングマラソンなど、多様なイベントを編み出してきた。新種のイベントを考案すると、競合団体が次々にバリエーションを生み出してくる。例えばウォーキングマラソンが誕生すれば、読書マラソン、自転車マラソン、ジョギングマラソンが登場する[35]。

■**スポンサーシップ活動の効果測定**　スポンサーシップ活動の効果測定には2つの基本アプローチがある。「供給サイド」法は媒体にどれだけ取り上げられたかを評価することにより、ブランドの露出を見る。「需要サイド」法は消費者から報告された露出を見る。供給サイド法については、記事に好意的に取り上げられればその値打ちは広告に換算した価値の5～10倍にもなると主張する専門家もいるが、スポンサーシップがそのように好意的な扱いを受けることはまれである[36]。需要サイド法は、視聴者調査で、イベントのスポンサーシップが認知度、態度、さらには売上にどれだけ影響したかを調べることができる。

パブリック・リレーションズ

　企業は、顧客や供給業者やディーラーだけでなく、利害関係のある多数のパブリックと建設的な関係を築かなければならない。**パブリック**とは、企業の目標達成能力に対して、実際にまたは潜在的に利害関係や影響力を持つ集団のことである。**パブリック・リレーションズ（PR活動）** とは、企業イメージや個々の製品をプロモーションしたり保護するように企画された、さまざまなプログラムのことをいう。

　賢明な企業は重要なパブリックとの良好な関係構築に着手している。PR部門は次の5つの機能を果たしている。(1)「報道対策」(企業を良く見せる形でニュースや情報を公表すること)、(2)「製品パブリシティ」(特定製品のパブリシティを行うこと)、(3)「コーポレート・コミュニケーション」(社内外のコミュニケーションを通じて、企業への理解を促進すること)、(4)

「ロビー活動」（法規制の推進あるいは廃止を狙って議員や官僚と交渉すること）、(5)「コンサルティング」（平常時および逆境時におけるパブリックの問題や企業のポジションとイメージに関して、経営陣にアドバイスすること）。

❖ マーケティング・パブリック・リレーションズ

　マーケティング・パブリック・リレーションズ（MPR）に目を向け、企業や製品のプロモーションとイメージ作りを直接的に支援しようという企業が多くなっている。したがって、財務パブリック・リレーションズやコミュニティ・パブリック・リレーションズと同じように、MPRも特定の部門、つまりマーケティング部門のために働いている[37]。MPRは次のような重要な役割を果たしている。

■**新製品発売の支援**　ポケモンなどの玩具が成功したのは、賢明なパブリシティの効果によるところが大きい。
■**成熟商品のリポジショニングの支援**　ニューヨーク市が「I Love New York」キャンペーンを実施するまで、1970年代を通して同市の評判は非常に悪かった。
■**製品カテゴリーに対する関心の構築**　企業や業界団体はMPRを使って豚肉や牛乳のような製品の消費拡大をしてきた。
■**特定の標的集団への影響**　マクドナルドは、ラテン系およびアフリカ系のアメリカ人コミュニティと良好な関係を築くため、特別な地域イベントを後援している。
■**社会問題に直面した製品の弁護**　PRの専門家は危機的状況のマネジメントに長けていなくてはならない。ベルギーでコカ・コーラに有害物質が混入したとされる事件などがその例である。
■**自社製品に好意的に反映するような企業イメージの構築**　リチャード・ブランソンのパブリシティ活動は、イギリスに本拠を置くヴァージン・グループの大胆で勢いのあるイメージを作り出してきた。

　マス広告の効果が弱まっているため、マーケティング・マネジャーはブランドの認知と知識を高め、地元のコミュニティや特定の集団に到達するための費用効果の高い手段としてMPRに注目するようになっている。企業は媒体のスペースや時間に資金を投入する必要がなく、話題を生み出して広めたりイベントを管理したりするスタッフの人件費だけ使えばよい。しかし、MPRは広告と連携して企画すべきである[38]。

❖ MPRにおける意思決定

　MPRのタイミングと方法を考える際、経営陣は目的を設定し、メッセージと媒体ビークル

を選択し、慎重に計画を実施し、その結果を評価しなければならない。主なMPRツールを**表16-5**に示す[39]。

■**MPRの目的設定** MPRは製品、サービス、人物、組織、アイデアの「認知」を構築できる。記事という形でメッセージを伝えることによって、「信頼性」を付加できる。セールス・フォースやディーラーの意欲を盛り上げることができる。また、媒体広告よりもコストがかからないため、「プロモーション・コスト」を抑えることができる。PR担当者はマスメディアを通じて標的顧客に到達するが、その一方で、MPRは標的視聴者に一対一で到達するダイレクト・レスポンス・マーケティングのテクニックや技術も取り入れるようになってきている。

■**メッセージと媒体ビークルの選択** MPRマネジャーは、対象製品についての興味深い話題を見つけたり生み出さなければならない。興味深い話題がなければ、メディアに取り上げてもらう手段として、ニュース性のあるイベントを主催する提案をしなければならない。例えば、PBSは「ブルース」という音楽ジャンルは死に瀕している、という世間の認識を覆そうと考え、特別イベント、専門ウェブサイト、ラジオやテレビのシリーズ番組、教師向けガイド、コンサートなどのブルース・プロジェクトを展開した。このキャンペーンは延べ10億に迫る好意的なメディア・インプレッションを獲得し、ブルース音楽のCDの売上も急伸した[40]。

■**計画の実施と結果の評価** MPRがいかに利益に貢献したかを測定するのは難しい。それは、他のプロモーション・ツールとともに使われているからである。MPR効果の最も簡単な測定方法は、媒体に掲載された「露出」の数である。それよりも優れた方法は、MPRキャンペーンの結果生じた製品の認知、理解、態度変容を測定することである（他のプロモーション・ツールの効果を考慮に入れた上で）。最も優れた方法は売上と利益への影響を測定することで

表16-5　主なMPRツール
刊行物：企業は標的市場に到達し影響を及ぼすために、刊行物に頼るところが大きい。刊行物には、年次報告書、パンフレット、記事、ニューズレター、雑誌、視聴覚資料がある。
イベント：企業は新製品や企業活動に注目を集めるために、記者会見、セミナー、屋外イベント、トレード・ショー、展示会、コンテスト、競技会、記念日など、特別なイベントを設定する。
スポンサーシップ：企業はスポーツイベントや文化イベント、評価の高い社会的に意義のある活動の後援を行うことで、自社のブランドや社名のプロモーションができる。
ニュース：パブリック・リレーションズの専門家の主要な任務の1つは、企業、製品、従業員について好意的なニュースを見つけ出したり、生み出したりし、報道関係者にプレスリリースを採用してもらったり会見に出席してもらうことである。
スピーチ：企業の幹部がマスコミからの質問に応じたり、業界団体や販売会議で講演する機会が増えており、企業イメージを高めるチャンスにもなっている。
社会貢献活動：企業は良質な社会的運動に費用や時間を割くことで、評判を高めることができる。
アイデンティティ媒体：企業はすぐにそれとわかるような視覚に訴えるアイデンティティを求めている。これには企業ロゴ、文房具、パンフレット、看板、用紙、名刺、建物、ユニフォーム、服装規定などがある。

ある。これにより、企業はMPRの投資収益率を判断することができる。

参考文献

1. Stacy Perman, "Branson：'I Love to Try Everything'," *BusinessWeek Online*, August 31, 2005, (www.businessweek.com)；"Denver Man Will Boldly Go on Virgin Space Flight," *Wireless News*, March 24, 2005；Sean Hargrave, "Making Waves," *New Media Age*, January 15, 2004, pp. 24-27；Adam Lashinsky, "Shootout in Gadget Land," *Fortune*, November 10, 2003, p. 74；Sam Hill and Glenn Rifkin, *Radical Marketing* (New York：Harper Business, 1999)；"Virgin Holiday Store Hires HHM for Major Push," *Precision Marketing*, January 23, 2004, pp. 3-4.
2. William L. Wilkie and Paul W. Farris, "Comparison Advertising：Problem and Potential," *Journal of Marketing* (October 1975)：7-15.
3. Donald E. Schultz, Dennis Martin, and William P. Brown, *Strategic Advertising Campaigns* (Chicago：Crain Books, 1984), pp. 192-197.
4. David Ogilvy, *Ogilvy on Advertising* (New York：Vintage Books, 1983). 邦訳：『「売る」広告』（デビッド・オグルビー著、松岡茂雄訳、誠文堂新光社、1985年）
5. Kim Bartel Sheehan, *Controversies in Contemporary Advertising* (Thousand Oaks, CA：Sage Publications, 2003).
6. Suzanne Vranica, "Sirius Ad is Best for Most Sexist," *Wall Street Journal*, April 1, 2004, p. B6.
7. Schultz et al., *Strategic Advertising Campaigns*, p. 340.
8. Herbert E. Krugman, "What Makes Advertising Effective？" *Harvard Business Review* (March-April 1975)：98.
9. Thomas H. Davenport and John C. Beck, *The Attention Economy：Understanding the New Currency of Business* (Boston：Harvard Business School Press, 2000). 邦訳：『アテンション！：経営とビジネスのあたらしい視点』（トーマス・H・ダベンポート、ジョン・C・ベック著、高梨智弘、岡田依里訳、シュプリンガー・フェアラーク東京、2005年）
10. Demetrios Vakratsas, Fred M. Feinberg, Frank M. Bass, and Gurumurthy Kalyanaram, "The Shape of Advertising Response Functions Revisited：A Model of Dynamic Probabilistic Thresholds," *Marketing Science* 23, no. 1 (Winter 2004)：109-119.
11. Susan Thea Posnock, "It Can Control Madison Avenue," *American Demographics* (February 2004)：29-33.
12. James Betzold, "Jaded Riders Are Ever-Tougher Sell," *Advertising Age*, July 9, 2001, p. S2；Michael McCarthy, "Ads Are Here, There, Everywhere," *USA Today*, June 19, 2001, www.usatoday.com；Kipp Cheng, "Captivating Audiences," *Brandweek*, November 29, 1999, p. 64；Michael McCarthy, "Critics Target 'Omnipresent' Ads," *USA Today*, April 16, 2001, www.usatoday.com.
13. Warren Berger, "Just Do It Again," *Business 2.0*, September 2002, p. 81；Brian Steinberg, "Marketing Folks' New Medium May Be Your PC's Hard Drive," *Wall Street Journal*, May 2, 2005, p. B8；R. Kinsey Lowe, "MPAA：Movie Attendance Dips, But So Do Costs," *Los Angeles Times*, March 16, 2005, p. E2.
14. 以下も参照されたい。Hani I. Mesak, "An Aggregate Advertising Pulsing Model with Wearout Effects," *Marketing Science*, Summer 1992, pp. 310-326；Fred M. Feinberg, "Pulsing Policies for Aggregate Advertising Models," *Marketing Science*, Summer 1992, pp. 221-234.
15. Kristian S. Palda, *The Measurement of Cumulative Advertising Effect* (Upper Saddle River, NJ：Prentice Hall, 1964), p. 87；David B. Montgomery and Alvin J. Silk, "Estimating Dynamic Effects of Market Communications Expenditures," *Management Science* (June 1972)：485-501.
16. 引用したソースのほか、以下も参照されたい。David Walker and Tony M. Dubitsky, "Why Liking Matters," *Journal of Advertising Research* (May-June 1994)：9-18；Abhilasha Mehta, "How Advertising Response Modeling (ARM) Can Increase Ad Effectiveness," *Journal of Advertising Research* (May-June 1994)：62-74；Karin Holstius, "Sales Response to Advertising," *International Journal of Advertising* 9, no. 1 (1990)：38-56；John Deighton, Caroline Henderson, and Scott Neslin, "The Effects of Advertising on

Brand Switching and Repeat Purchasing," *Journal of Marketing Research* (February 1994)：28-43；Anil Kaul and Dick R. Wittink, "Empirical Generalizations About the Impact of Advertising on Price Sensitivity and Price," *Marketing Science* 14, no. 3, pt. 1 (1995)：G151-160；Ajay Kalra and Ronald C. Goodstein, "The Impact of Advertising Positioning Strategies on Consumer Price Sensitivity," *Journal of Marketing Research* (May 1998)：210-224；Gerard J. Tellis, Rajesh K. Chandy；and Pattana Thaivanich, "Which Ad Works, When, Where, and How Often ? Modeling the Effects of Direct Television Advertising," *Journal of Marketing Research* 37 (February 2000)：32-46.

17. Robert C. Blattberg and Scott A. Neslin, *Sales Promotion：Concepts, Methods, and Strategies* (Upper Saddle River, NJ：Prentice Hall, 1990). 販売促進に関する学術研究の最新かつ包括的なレビューは、以下を参照されたい。Scott Neslin, "Sales Promotion," in *Handbook of Marketing*, edited by Bart Weitz and Robin Wensley (London：Sage Publications, 2002), pp. 310-338.
18. Roger A. Strang, "Sales Promotion：Fast Growth, Faulty Management," *Harvard Business Review* (July-August 1976)：116-119.
19. Kusum Ailawadi, Karen Gedenk, and Scott A. Neslin, "Heterogeneity and Purchase Event Feedback in Choice Models：An Empirical Analysis with Implications for Model Building," *International Journal of Research in Marketing* 16 (1999)：177-198. 以下の文献も参照されたい。Eric T. Anderson and Duncan Simester, "The Long-Run Effects of Promotion Depth on New Versus Established Customers：Three Field Studies," *Marketing Science* 23, no. 1 (Winter 2004)：4-20.
20. Carl Mela, Kamel Jedidi, and Douglas Bowman, "The Long Term Impact of Promotions on Consumer Stockpiling," *Journal of Marketing Research* 35, no. 2 (May 1998)：250-262；Harald J. Van Heerde, Peter S. H. Leeflang, and Dick Wittink, "The Estimation of Pre-and Postpromotion Dips with Store-Level Scanner Data," *Journal of Marketing Research* 37, no. 3 (August 2000)：383-395.
21. Paul W. Farris and John A. Quelch, "In Defense of Price Promotion," *Sloan Management Review* (Fall 1987)：63-69.
22. Robert George Brown, "Sales Response to Promotions and Advertising," *Journal of Advertising Research* (August 1974)：36-37. 以下も参照されたい。Carl F. Mela, Sunil Gupta, and Donald R. Lehmann, "The Long-Term Impact of Promotion and Advertising on Consumer Brand Choice," *Journal of Marketing Research* (May 1997)：248-261；Purushottam Papatla and Lakshman Krishnamurti, "Measuring the Dynamic Effects of Promotions on Brand Choice," *Journal of Marketing Research* (February 1996)：20-35；Kamel Jedidi, Carl F. Mela, and Sunil Gupta, "Managing Advertising and Promotion for Long-Run Profitability," *Marketing Science* 18, no. 1 (1999)：1-22.
23. プロモーションが消費者のトップブランドに対する愛着を損なうかどうかについての研究の要約は、以下の文献を参照されたい。Blattberg and Neslin, *Sales Promotion：Concepts, Methods, and Strategies*.
24. Magid M. Abraham and Leonard M. Lodish, "Getting the Most Out of Advertising and Promotion," *Harvard Business Review* (May-June 1990)：50-60. 以下も参照されたい。Shuba Srinivasan, Koen Pauwels, Dominique Hanssens, and Marnik Dekimpe, "Do Promotions Benefit Manufacturers, Retailers, or Both ? " *Management Science*, vol. 50, no. 5 (May), pp. 617-629.
25. F. Kent Mitchel, "Advertising/Promotion Budgets：How Did We Get Here, and What Do We Do Now ? " *Journal of Consumer Marketing* (Fall 1985)：405-447.
26. 販売促進の目的設定モデルについては、以下を参照されたい。David B. Jones, "Setting Promotionai Goals：A Communications Relationship Model," *Journal of Consumer Marketing* 11, no. 1 (1994)：38-49.
27. 以下の文献を参照されたい。John C. Totten and Martin P. Block, *Analyzing Sales Promotion：Text and Cases*, 2nd ed. (Chicago：Dartnell, 1994), pp. 69-70.
28. Paul W. Farris and Kusum L. Ailawadi, "Retail Power：Monster or Mouse ? " *Journal of Retailing* (Winter 1992)：351-369.
29. Joe A. Dodson, Alice M. Tybout, and Brian Sternthal, "Impact of Deals and Deal Retraction on Brand Switching," *Journal of Marketing Research* (February 1978)：72-81.
30. Philip Kotler, "Atmospherics as a Marketing Tool," *Journal of Retailing* (Winter 1973-1974)：48-64.
31. Dean Foust, "Coke：Wooing the TiVo Generation," *BusinessWeek*, March 1, 2004, pp. 77-78.
32. Monte Burke, "X-treme Economics," *Forbes*, February 2, 2004, pp. 42-44.

33. 全米広告主協会に役に立つソースがある。*Event Marketing : A Management Guide.* 以下のURLにて入手できる。www.ana.net/bookstore.
34. Ian Mount, "Exploding the Myths of Stadium Naming," *Business 2.0*, April 2004, p. 82.
35. Dwight W. Catherwood and Richard L. Van Kirk, *The Complete Guide to Special Event Management* (New York : John Wiley, 1992).
36. William L. Shankin and John Kuzma, "Buying That Sporting Image," *Marketing Management* (Spring 1992) : 65.
37. 以下に優れた説明がある。Thomas L. Harris, *The Marketer's Guide to Public Relations* (New York : John Wiley, 1991). 以下も参照されたい。Thomas L. Harris, *Value-Added Public Relations* (Chicago : NTC Business Books, 1998).
38. Tom Duncan, *A Study of How Manufacturers and Service Companies Perceive and Use Marketing Public Relations* (Muncie, IN : Ball State University, 1985). 広告効果とPR効果の比較法については、以下を参照されたい。Kenneth R. Lord and Sanjay Putrevu, "Advertising and Publicity : An Information Processing Perspective," *Journal of Economic Psychology* (March 1993) : 57-84.
39. コーズリレーテッド・マーケティングについてさらに詳しくは、以下を参照されたい。P. Rajan Varadarajan and Anil Menon, "Cause-Related Marketing : A Co-Alignment of Marketing Strategy and Corporate Philanthropy," *Journal of Marketing* (July 1988) : 58-74.
40. "Arts, Entertainment & Media Campaign of the Year 2004," *PRWeek*, n.d. (www.prweek.com/us/events/index.cfm?fuseaction=awardDetail&id=20432).

第17章

人的コミュニケーションの管理

◆ 本章では、次の問題を取り上げる ◆

1. 企業は競争優位を確立するために統合型ダイレクト・マーケティングをどのように使うことができるか。
2. 効果的なインタラクティブ・マーケティングを実行するにはどうすればよいか。
3. セールス・フォースの組織設計と管理にあたって企業が決定すべきことは何か。
4. 販売員の販売スキル、交渉スキル、リレーションシップ・マーケティングの遂行スキルを向上させるにはどうすればよいか。

キヤノンUSAのマーケティング・マネジメント

　キヤノンUSAがコピー機など画像機器を全米の企業に販売することに成功した鍵となったのが、人的コミュニケーションである。キヤノンは企業購買者が購買意思決定を行うはるか以前から、ダイレクトメールと電子メールを使ってリレーションシップを確立し、醸成している。「お客様は購入の半年から1年前から、当社のメッセージを受け取ることもあります」とデータベース・マーケティング・マネジャーのデイビッド・ヒューズは言う。フォーカス・グループ、サーベイなどの調査技法を通じて、キヤノンは顧客の3分の1が郵便で、3分の1が電子メールで、残りの3分の1がそのいずれかで情報をもらいたいと考えていることを知った。電子メールのほうが双方向性に優れているが、キヤノンのダイレクトメールへのレスポンス率は「むしろいつも電子メールを上回るほどです。5倍も高いことも多い」とヒューズ。

　このコミュニケーションの流れが、キヤノン製品を販売する1万1000人の内勤販売員および外回りの販売員による個人的対応のお膳立てをすることになる。画像処理技術は変化が激しいため、キヤノンは販売員が常に最新の製品情報を把握しておけるように、自社独自の「ラーニングゾーン」というトレーニング用ウェブサイトを開設した。セールス・レップはオフィスでも外出先からでもオンラインに接続して自分のペースで学習できる。その後、教室でのトレーニングを受講して専門知識をさらに磨く機会も与えられる。ラーニングゾー

ンのおかげで、より多くのセールス・レップがより多くのコースをより早く終了するようになった。教材をウェブサイトに掲載するのは手軽でコスト効率も高いため、キヤノンは頻繁に新しいトレーニングコースを追加している。その結果、同社の販売プロフェッショナルたちは、変動が激しく競争の熾烈な画像市場で長期的な顧客リレーションシップを構築するという課題に立ち向かえるだけの力をつけられるのである[1]。

近年、マーケティング・コミュニケーションは企業と顧客の双方向の対話と考えられるようになってきている。キヤノンUSAのようなマーケターは売るために努力も必要だが頭も使わなければならない。「どうすれば顧客に到達できるか」だけでなく、「どうすれば顧客が我が社に到達できるか」も考えなければならない。コミュニケーションをパーソナライズし、適切な相手に適切なタイミングで適切なことを伝え、実行することは非常に重要である。この章では、マーケティング・コミュニケーションによりインパクトを持たせるためにパーソナライズする方法を考察する。まずダイレクト・マーケティングとEマーケティングの評価を行い、次に人的販売とセールス・フォースについて検討する。

ダイレクト・マーケティング

ダイレクト・マーケティングとは、仲介業者を使わずに消費者直接販売チャネルを利用して、顧客に到達し、財やサービスを届けることをいう。このようなチャネルには、ダイレクトメール、カタログ、テレマーケティング、双方向テレビ、キオスク、ウェブサイト、モバイル機器などがある。ダイレクト・マーケターは測定可能な反応を求める。その反応は一般的に顧客からの注文という形をとるため、ダイレクト・マーケティングは**ダイレクト・オーダー・マーケティング**とも呼ばれる。今日、顧客との長期的なリレーションシップを構築するためにダイレクト・マーケティングを活用しているダイレクト・マーケターは多い。ダイレクト・マーケターは特定の顧客にバースデーカード、情報誌、景品を送ることで、時間をかけ顧客とのつながりを強化している[2]。

セールス・フォースを通じてビジネス市場に到達するコストが高く、しかも上昇する一方であるためビジネス・マーケターはダイレクトメールとテレマーケティングへと方向転換しつつある。ダイレクト・マーケティングによる総売上はアメリカ経済のおよそ9％に及ぶ[3]。ダイレクト・セールスには消費財市場への販売（53％）、BtoB（27％）、慈善団体の募金（20％）がある[4]。

❖ダイレクト・マーケティングの利点

消費者にとってホーム・ショッピングは楽しくて便利であり、面倒でない。時間の節約にな

り、商品選択の幅も広がる。また、さまざまな商品を比較したうえで買い物ができる。企業顧客にとっても、わざわざ販売員に会わずに、製品やサービスについての知識を得られるので都合が良い。ダイレクト・マーケターにとっても利点がある。ダイレクト・マーケターは、ほとんどあらゆるセグメント（左利きの人々、富裕層など）の名簿を入手できる。つまり標的を絞り込み、個々の消費者のニーズに合わせたメッセージを発信できるのである。また、顧客とリレーションシップを築くことができる。適切なタイミングを見計らって、商品に最も関心を持っている見込み客に到達できる。異なる媒体やメッセージをテストしたり、キャンペーンに対する反応を測定するのも簡単である。

❖ダイレクトメール

　ダイレクトメール・マーケティングとは、特定住所の人にオファーや案内状などを送ることである。選び抜いたメーリング・リストを使って、ダイレクト・マーケターは毎年、何百万通も封書やチラシといった「羽の生えた販売員」を送っている。ダイレクトメールがよく使われているのは、標的市場を選べて、個々の顧客向けに案内ができ、融通がきき、初期のテストやレスポンスの測定が可能だからである。マスメディアに比べると消費者1000人当たりの到達コストは高いが、アプローチした人々が購買や寄付をしてくれる確率もはるかに高い。
　ダイレクト・マーケターは目的、標的とする市場と見込み客、オファーの内容、キャンペーンのテスト手段、成功の基準を決めなくてはならない。

■**目的**　キャンペーンの成功の度合いはレスポンス率によって判断される。レスポンス率が2％あれば通常は良好とされるが、この数字は製品カテゴリーや価格によって異なる。ダイレクトメールにはほかにも目的がある。成約見込み先リストを作成すること、顧客とのリレーションシップを強化すること、顧客に情報を提供し教育すること、その後のオファーを知らせて顧客の関心を持続させること、顧客の購買意思決定を肯定してフォローすることである。
■**標的市場と見込み客**　ダイレクト・マーケターは見込み客や顧客の中から、購入の能力、意欲、意志において最も期待できる人々の特徴を見極める必要がある。大半のダイレクト・マーケターは、RFM方式（「Recency＝リーセンシー、Frequency＝フリクエンシー、Monetary amount＝金額」）を適用し、前回の購入からどれだけ時間が経っているか、これまでに何回購入したか、その人が顧客となってからいくら使ったかをもとに顧客を選んでいる。年齢、性別、収入、学歴、過去のメールオーダーによる購買状況、購買機会、消費者のライフスタイルなどの変数をもとに見込み客を特定することもできる。B to Bダイレクト・マーケティングでは、見込み客が意思決定者や意思決定に影響を与える人々を含む集団であることが多い。
■**オファーの要素**　ナッシュによれば、オファー戦略は5つの構成要素——「製品、提案、媒体、流通方法、クリエイティブ戦略」からなるという[5]。すべてテストすることが可能だ。この5つに加えて、郵便物自体の5つの構成要素——封筒、セールス・レター、広告パンフレッ

ト、返信用紙、返信用封筒についても決めなくてはならない。ダイレクトメールを送ったら電子メールでフォローアップすること。電子メールならばテレマーケティングほど費用がかからず、相手の負担も小さい。

■**要素の有効性テスト**　ダイレクト・マーケティングの大きな利点の1つは、製品の特徴、キャッチコピー、広告郵便のタイプ、封筒、価格、メーリングリストといったオファー戦略における各要素の効果を実際の市場でテストできることである。キャンペーンの長期にわたる影響力から考えると、レスポンス率は控えめな数字である。そのため、ダイレクト・マーケティングのインパクトを、製品の認知度、購入意欲、クチコミで評価している企業もある。

■**キャンペーンの評価：生涯価値**　企画中のキャンペーンの総費用を計算することで、損益分岐点となるレスポンス率（返品や代金支払い不能を除いた正味のもの）がどれくらいかを事前に推定できる。あるキャンペーンで損失を出したとしても、将来的な顧客の全購買金額を考慮して利益が期待されるなら、価値があることになる。平均的な顧客について、平均取引期間、毎年の平均支出額、平均的な粗利益を計算し、そこから顧客の獲得と維持に要する平均コストを引く（機会費用分を考慮すること）[6]。

❖カタログ・マーケティング

　カタログ・マーケティングでは、企業はフルライン商品カタログ、消費者向け専門品カタログ、ビジネス・カタログを送付する。たいてい印刷物だがCD、ビデオ、オンラインの場合もある。JCペニーは総合商品カタログを送っている。イケアは家具のカタログを送っている。グレインジャーは生産財や事務用品のカタログを企業顧客に送っている。このようなダイレクト・マーケターの多くは、カタログとウェブサイトを組み合わせることで効果的な販売ができると気づいている。

　カタログは巨大ビジネスである。アメリカ人の約71％が電話、郵便、インターネットを通じて自宅でカタログショッピングをしており、カタログ1冊につき平均149ドルを費やしている[7]。カタログ・マーケティングの成功の決め手は、重複や支払いの焦げ付きを抑えるために顧客リストを管理する能力、在庫をコントロールする能力、返品率を低くするために良質の商品を提供する能力、そして明確なイメージを演出する能力である。一部の企業は自社のカタログについて、多様な形態で差別化を図っている。文体や情報面で特徴を出したり、材料見本を添えたり、特別なホットラインを設けて問い合わせに応じたり、上得意客に景品を送ったり、福祉事業に利益の一部を寄付したりしている。

　アジアやヨーロッパでもカタログがブームになりつつある。外国──主にアメリカとヨーロッパ──のカタログ販売会社が、総額200億ドルという日本のメールオーダー市場において、わずか数年で5％のシェアを獲得した。全カタログをオンラインに掲載することにより、カタログ販売会社は世界中の顧客にとって以前よりも身近な存在となり、印刷費や郵送費の節約もできる。

❖ テレマーケティング

　テレマーケティングとは、電話とコールセンターを使って、顧客を新たに開拓したり、既存顧客に販売したり、注文を受けたり、問い合わせに答えるといったサービスを提供することである。企業はコールセンターを「インバウンド・テレマーケティング」（顧客からの電話を受ける）と「アウトバウンド・テレマーケティング」（見込み客や顧客に電話をかける）に使う。企業が実践しているテレマーケティングには次のようなものがある。(1)「テレセールス」カタログや広告からの注文を受け付け、電話をかけることにより、製品のクロスセル、注文のアップグレード、新製品の紹介、新規顧客の開拓、以前購入した顧客に再購入を促す。(2)「テレカバレッジ」顧客に電話をかけて重要顧客とのリレーションシップを維持および育成したり、久しく接触していなかった顧客に目配りをする。(3)「テレプロスペクティング」新規の成約見込み先リストを作成し、適格審査して別の販売チャネルによる契約に導く。(4)「顧客サービスと技術サポート」サービスに関する問い合わせや技術的な問い合わせに答える。

　効果的なテレマーケティングの条件は、テレマーケターの人選を誤らないこと、十分に教育をすること、業績を上げるためのインセンティブを与えることである。テレマーケティングはダイレクト・マーケティングの主要ツールとなり、費用のかかる営業訪問に代わるものとなったが、時として人々の生活に侵入してしまう性質があることから、2003年10月に連邦取引委員会が「電話お断りリスト（National Do Not Call Registry）」を制定した。1億500万人のアメリカ人がすでに登録し、自宅でテレマーケターからの電話を受けたくないという意思表示をしている。ただし、政治団体、慈善活動、電話調査、消費者とすでに関係を有している企業は対象外である[8]。

❖ その他のダイレクト・レスポンス・マーケティング媒体

　ダイレクト・マーケターはあらゆる主要メディアを利用して、潜在的な買い手に訴えている。新聞や雑誌にはあふれるほどの広告が載っている。読者は、書籍、衣料、旅行などの商品やサービスを、広告に掲載されているフリーダイヤルから注文できる。ラジオからは終日コマーシャルが流れてくる。

　近年、30分ないし60分のインフォマーシャルによる「テレビのダイレクト・レスポンス広告」が台頭してきている。この広告はドキュメンタリー風に作ってあることが多く、商品の価値を証明する内容に加え、フリーダイヤルを提示して注文や、複雑なあるいは高価な商品およびサービスについての問い合わせに応じている。そのため、ファイザーやGMをはじめ多数の企業がインフォマーシャルを利用してきた[9]。一部のテレビ・チャンネルは商品とサービスの販売専門チャンネルである。1日24時間放送しているホーム・ショッピング・ネットワーク（HSN）では、番組司会者が衣料、宝石、電動器具といった商品をバーゲン価格で紹介している。視聴者が欲しい商品をフリーダイヤルで注文すると、48時間以内に自宅に届く。

キオスク・マーケティングを利用している企業もある。「キオスク」とは販売設備ないし情報設備を収容した小型の建物のことである。ニューススタンド、軽食スタンド、時計やコスチューム・ジュエリーなどの商品を販売する屋台などを指す。このような屋台は駅やショッピングモールの通路に見られる。コンピュータ接続された自動販売機や、店頭や空港などに設置された「顧客注文受け付け機」もキオスクと呼ばれる。マクドナルドのキオスクで注文する客は1回の注文に使うお金が30％も多いことがわかっている(10)。

インタラクティブ・マーケティング

最新のダイレクト・マーケティング・チャネルは電子チャネルである(11)。インターネットはマーケターと消費者に従来と比べてはるかに大きな「インタラクション」と「個別化」の機会をもたらした。かつて企業は標準的な媒体——雑誌、ニューズレター、広告——をすべての人に送っていた。今では企業は個別化したコンテンツを送ることができ、消費者自身がコンテンツをいっそう個別化することもできる。そのおかげで、はるかに大規模なグループとインタラクトし、対話することができる。ブロードバンド接続が一般化し、双方向機能にアニメーション、ビデオ、サウンドを組み合わせたリッチメディア広告が可能になっている。

例えば、ユニリーバがアックス・デオドラントボディスプレーを発売した際、同社の広告会社はホームビデオ風の一連のコマーシャルを制作し、アックスのウェブサイトで流した。さらにそれを男性誌のウェブサイトのバナー広告で支援した。4ヶ月間で170万人がサイトを訪れ、年末までにアックスはアメリカ国内で20億ドルの男性向けデオドラント市場のほぼ4％を獲得していた(12)。

情報化時代の企業と消費者の交流は、顧客が起点となり、顧客が主導する傾向が強まっている。交流プロセスが始まってからも、顧客が付き合いのルールを決め、本人の希望次第で代理人や仲介業者の助けを借りワンクッション置くこともある。顧客が自分の求める情報、興味のある提供物、支払いたい金額を決める(13)。

❖インタラクティブ・マーケティングの利点

インタラクティブ・マーケティングには特有の利点が多い(14)。数量化しやすく、効果が追跡しやすい。エディー・バウアーは実績の良い広告に注力することで売上当たりのマーケティング・コストを74％削減した(15)。マーケターは自社の提供物に関連のあるサイトから広告枠を購入したり、グーグルのようなオンライン検索サイトからコンテクスチュアル・キーワードに基づいて広告を打つことができる。この方法ならば、人々が実際に購買プロセスを開始した時点でウェブは彼らに到達できる。他の媒体、特にテレビをあまり利用しない人々にも到達できる。ウェブは日中に人々に到達するうえで特に威力を発揮する。高収入、高学歴の若い消費

表 17-1 効果的なウェブサイトの設計要素

設計要素	説明
コンテクスト（Context）	レイアウトとデザイン
コンテンツ（Content）	サイトに盛り込むテキスト、画像、音、ビデオ
コミュニティ（Community）	ユーザー間のコミュニケーションをいかに可能にしているか
カスタマイゼーション（Customization）	ユーザーごとに自動的に合わせられるサイトか、あるいはユーザーがサイトをパーソナライズできるようになっているか
コミュニケーション（Communication）	サイトからユーザーへ、ユーザーからサイトへ、あるいは双方向のコミュニケーションが可能か
コネクション（Connection）	サイトがどの程度他のサイトとリンクしているか
コマース（Commerce）	商取引が可能か

出典：Jeffrey F. Rayport and Bernard J. Jaworski, *E-Commerce* (New York : McGraw-Hill, 2001), p. 116.

者のオンライン媒体利用率はテレビの利用率を上回っている[16]。

❖魅力的なウェブサイトの設計

　主要な課題は第一印象で視聴者の心をつかみ、繰り返し訪問してもらえるだけの魅力のあるサイトを設計することである。**表17-1**に示すように、レイポートとジャウォルスキーは、効果的なウェブサイトには7つの設計要素があると提唱し、それを7つのCと呼んでいる[17]。再訪問を促すためにはさらにもう1つの「C」、コンスタント（Constant）に変化させていくという要素も満たさなければならない[18]。

　サイト訪問者は使いやすさと物理的な魅力でサイトのパフォーマンスを判断する。使いやすさは（1）ダウンロード速度の速さ、（2）トップページのわかりやすさ、（3）他のページへのナビゲーションが見つけやすく、しかもすぐ開くこと、という3つの属性に分解できる。物理的な魅力は次の要素で決まる。（1）個々のページがすっきりして見え、コンテンツを詰め込みすぎていないこと。（2）書体とフォント・サイズが読みやすいこと。（3）色（および音）の使い方が上手であること。初めての訪問者を引きつけ、戻ってきてもらいやすいコンテンツにはいくつかのタイプがある。（1）情報が深く、関連サイトへのリンクがある。（2）常に新鮮な興味深いニュースがある。（3）訪問者への無料オファーが常に新しく用意されている。（4）コンテストや懸賞。（5）ユーモアやジョーク。（6）ゲーム。

❖オンライン広告とプロモーション

　企業は広告目的を達成するうえで、どのようなインターネット広告形態が最もコスト効果が

高いかを判断しなければならない。**バナー広告**とはテキストと画像を入れた小さな長方形の欄をいう。企業は料金を支払って、ふさわしいウェブサイトにバナー広告を出す（バーター制で掲載されるものもある）。到達する視聴者の数が多いほど、広告料も高くなる。

　ニュースや金融情報などを掲載しているウェブサイトの特定コンテンツのスポンサーになることによって、インターネット上に社名を出す企業は多い。「スポンサーシップ」は自社が適切な情報やサービスを提供できる標的を絞ったサイトであれば最も効果が高い。スポンサーはコンテンツ掲載の費用を持ち、見返りとしてそのサービスのスポンサーとして認知される。**マイクロサイト**とは外部の広告主／企業が料金を支払って管理している、ウェブ上の限定されたエリアをいう。マイクロサイトは保険など世間の関心の低い製品を販売している企業に特に適している。人々が保険会社のウェブサイトを訪れることはめったにない。しかし保険会社は中古車購入者向けのアドバイスを提供する中古車サイトのマイクロサイトを制作し、そこで有利な保険を提供することができる。

　成長株として熱い注目を集めてきたのが**検索連動型広告**である[19]。検索対象の35％は製品やサービスに関するものだといわれている。検索語は消費者の消費への関心を代弁するものとして使われ、製品ないしサービス提供物への関連リンクが検索結果の隣にリストアップされる。広告主は人々がそのリンクをクリックしたときだけ料金を支払う。クリック当たりのコストはリンクのランクがどれくらい高いか、検索されたキーワードがどれくらい人気があるかによる。平均クリックスルー率は約2％で、オンライン広告としては相対的に非常に高い[20]。サムスンのある幹部はオンラインはテレビに比べ、1000人に到達するコストが50分の1ですむと算定している。同社は現在、広告予算の10％をオンラインに使っている[21]。さらに新しいトレンドである**コンテンツ・ターゲット広告**は、広告をキーワードではなくウェブページのコンテンツにリンクしたものである。

❖ Eマーケティングのガイドライン

　電子メール・マーケターの先達たちによる重要なガイドラインを紹介しよう[22]。

■**顧客に反応する理由を与える。**　企業は電子メールの売り込み文句やオンライン広告を読ませるための、強力なインセンティブを提供しなければならない。例えば電子メール雑学ゲーム、宝探し、スピード懸賞など。
■**電子メールのコンテンツをパーソナライズする。**　IBMのi-Sourceは毎週、顧客の会社の電子メールに直接送付され、「受信者が選んだニュース」（お知らせやアップデート）だけを配信する。ニューズレターの受信に同意した顧客はジャンル別のリストから興味のあるトピックを選択する。
■**ダイレクトメール経由では入手できないものを顧客に提供する。**　電子メール・キャンペーンは即座に実施できるため、時間を争う性質の情報を提供できる。例えば、トラベロシティは

時間切れの迫った格安航空券を宣伝する電子メールを頻繁に送っている。

■**顧客が「配信解除」しやすくする。** オンライン顧客には肯定的な退出体験を持ってもらうべきである。ある調査によると、オンラインをコミュニケーション手段として頻繁に利用するトップ10％のウェブユーザーは、満足した場合には通常11人の友人に電子メールで自分の考えを伝えるが、不満がある場合には17人に伝えるという[23]。

オンライン小売業者が一般大衆の電子商取引の利用を拡大しようとする場合、さまざまな課題がある。顧客が提供する個人情報を社外秘扱いにして第三者には売却しない、と顧客に安心感を持ってもらわねばならない。また、問い合わせ、意見、苦情を電子メールで送るよう呼びかけ、コミュニケーションを促さなければならない。コールミー・ボタンをつけているサイトもある。顧客がクリックすると顧客の電話が鳴り、お客様係が問い合わせに答える仕掛けになっている。賢明なオンライン・マーケターは購入履歴をもとにニューズレター、特別製品やプロモーションのオファー、サービス更新のお知らせ、特別イベントの告知を送付するなどして、対応がすばやい。

ダイレクト・マーケティングは他のコミュニケーション活動やチャネル活動と統合すべきである[24]。シティグループ、AT&T、IBM、フォード、アメリカン航空は統合型ダイレクト・マーケティングを利用し、長年かけて顧客との間に有益なリレーションシップを築いてきた。ノードストロームなどの小売業者は、店内販売を補完するために定期的にカタログを送っている。L.L.Beanやシャーパーイメージなどの企業は郵便と電話によるダイレクト・マーケティング事業で成功し、強力なブランド名を確立した後に小売店を開業した。

セールス・フォースの組織設計

ダイレクト・マーケティングの原型ともいえる最古の形態は外回りの営業訪問である。今日、大半の生産財企業は見込み客の発見と顧客への転換、事業の成長をプロのセールス・フォースに大きく依存している。もしくは、メーカーの販売員や販売代理店を雇って直接販売の業務を遂行してもらう。さらに、エイボン、タッパーウェア、保険代理店、証券会社などの消費財企業も直接販売部隊を使っている。アメリカ企業は年間1兆ドル以上をセールス・フォースとセールス・フォース関連費に費やしている。これは他のどのプロモーション手段に投じる金額よりも大きい。全労働人口の12％近くが、非営利および営利組織でフルタイムの販売職についている。例えば、病院や美術館は資金調達担当者を寄付の勧誘にあたらせている。

人的販売は重要なマーケティング・ツールに違いないが、セールス・フォースの維持にかかる高額なコスト（給与、コミッション、ボーナス、旅費・交通費、給与外手当て）は上昇の一途をたどっており、企業は神経をとがらせている。1人の販売員が営業訪問を1回行うのにかかる平均コストは200〜300ドルで、成約までには通常4回の訪問が必要となる。つまり1件

の取引を成立させるためには、800〜1200ドルの費用がかかる計算になる[25]。企業が販売員の選定、トレーニング、監督、動機付け、報酬をより効果的なものにし、セールス・フォースの生産性向上を図るのも当然のことといえよう。

仕事内容の創造性に応じて、販売職は6つに分類できる[26]。

1. **配達員**　製品（水、燃料など）の配達を主な業務とする販売員
2. **オーダー・テイカー**　内部の業務（カウンターの後ろに立って注文を聞くなど）を主に行う販売員、または外部の業務（スーパーマーケットのマネジャーを訪問するなど）を主に行う販売員
3. **ミッショナリー**　販売することよりも、顧客あるいは見込み客と良好な関係を築いたり、彼らに知識を与える販売員（製薬会社のプロパーなど）
4. **専門家**　高レベルの専門知識を有する販売員（取引先企業のコンサルティングを主な業務とするセールス・エンジニアなど）
5. **需要喚起者**　創造的な方法を駆使して有形製品（掃除機、羽目板）あるいは無形製品（保険、教育）を売り込む販売員
6. **問題解決者**　自社の製品もしくはサービス（コンピュータ・システムなど）に関して顧客が抱えている問題の解決を専門とする販売員

図17-1にセールス・フォースの組織設計の基本的なステップを示す。

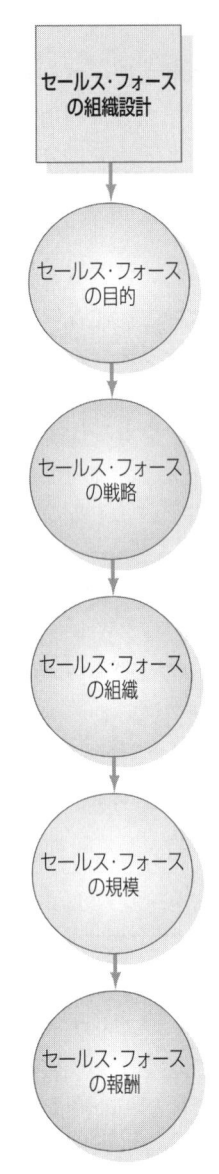

❖セールス・フォースの目的と戦略

企業はセールス・フォースに達成してほしい目的を具体的に明示する必要がある。例えば、「セールス・レップの時間の80％を既存顧客に、20％を見込み客に充てる」「85％の時間を従来の製品に、15％の時間を新製品に充てる」といった具合である。

| 図17-1 | セールス・フォースの組織設計

具体的な配分案は製品や顧客のタイプによるが、いかなる状況下であれ、販売にあたっては次の作業のいずれかを行う必要がある。販売機会の把握（見込み客を探す）。ターゲットの設定（見込み客と既存顧客との間で販売時間の配分を行う）。情報伝達（製品に関する情報を伝達する）。販売（アプローチ、プレゼンテーション、反論への対処、成約を行う）。サービス

(問題点に関するアドバイス、技術面での支援、資金調達の手配、迅速な納品)。情報収集(市場調査や情報収集を行う)。製品割当(どの顧客に優先的に品薄の製品を回すかを決定する)。

企業の販売目的を達成するための一般的な戦略は、セールス・レップに「アカウント・マネジャー」として、売り手側と買い手側双方の組織の中にいるさまざまな人々を有益な形でつなぐ役割を担わせるものである。販売活動におけるチームワークの必要性は高まっており、他部署からのサポートが欠かせなくなっている。全国規模の取引や大口の販売がかかっている場合には、経営陣の助けも必要となる。また技術系社員は、顧客に技術的な情報とサービスを提供する。カスタマーサービス担当者は製品の設置やメンテナンスなどのサービスを提供し、事務系社員は販売分析、注文処理の促進、アシスタント業務などを行う。

販売にあたっては、2つのやり方がある。直接的なセールス・フォースを用いるか、契約に基づくセールス・フォースを用いるかである。**直接的な（社内の）セールス・フォース**は、その企業専従で働くフルタイムもしくはパートタイムの従業員で構成される。この中には事務所で電話、FAX、電子メールによるセールスを行ったり見込み客の訪問に応対したりする内部販売員と、外回りをして顧客を訪ねる外部販売員が含まれる。**契約に基づくセールス・フォース**は、メーカーの販売員、販売代理店、ブローカーなど、売上に応じてコミッションが支払われる販売員で構成される。

❖セールス・フォースの組織

セールス・フォースの戦略と組織は互いに密接な関係にある。企業が1種類の製品ラインを1つの業界にのみ販売し、顧客の所在地が分散している場合は、地域別販売組織が用いられる。一方、タイプの異なる顧客に多種類の製品を販売する場合は、製品別販売組織あるいは市場別販売組織が用いられる。もっと複雑な組織を必要とする企業もある。例えば、モトローラは4タイプのセールス・フォースを管理している。(1) 戦略市場セールス・フォース。テクニカル・エンジニア、アプリケーション・エンジニア、クオリティ・エンジニア、サービス担当者で構成され、大手顧客を担当する。(2) 地理的セールス・フォース。地域ごとに顧客を訪問する。(3) 流通業者セールス・フォース。モトローラの流通業者を訪問して指導を行う。(4) 社内セールス・フォース。テレマーケティングを行ったり、注文を受ける。

企業はメジャー・アカウント（キー・アカウント、ナショナル・アカウント、グローバル・アカウント、ハウス・アカウントとも呼ばれる大口顧客）を選び出し、特別な配慮をする。特に大規模な顧客には戦略的アカウント・マネジメント・チームが対応する。これはさまざまな部門から集められた人材が1件の顧客を担当し、顧客の敷地内にオフィスを構えることさえある。例えばP&Gはウォルマートの本拠地であるアーカンソー州ベントンビルに戦略的アカウント・マネジメント・チームを常駐させた。両社はサプライ・チェーンの改善によって300億ドルもの費用を節約した[27]。この重要なスキルについては、「マーケティング・スキル▶メジャー・アカウント・マネジメント」を参照されたい。

マーケティング・スキル ▶ メジャー・アカウント・マネジメント

　メジャー・アカウントは売上と利益の可能性が大きいため、メジャー・アカウント・マネジャーという職務を設けてこの重要な顧客を担当させている企業が多い。平均的なメジャー・アカウント・マネジャーは9社を担当し、国内セールス・マネジャーの下についている（国内セールス・マネジャーはマーケティングおよび販売担当副社長に報告するという流れになっている）。大口顧客は通常、製品の購入量に応じて一般顧客よりも有利な価格を提示される。しかし、大口顧客は価格面での優遇よりも付加価値を求め、またメジャー・アカウント・マネジャーの親身な対応やアドバイスを評価する。

　メジャー・アカウント・マネジャーの仕事とはどのようなものだろうか。メジャー・アカウント・マネジャーは買い手と売り手を結ぶ唯一のコンタクトポイントとしての役割を果たし、顧客のニーズと意思決定プロセスを理解してそれに応え、顧客の抱える問題への適切なソリューションで付加価値を生む方法を探し、顧客との契約交渉をし、顧客に合わせた対応の良い顧客サービスを提供する。こうした仕事を効果的にこなすためには、コミュニケーション、マーケティング、マネジメント、財務の専門知識が必要となる。あるメジャー・アカウント・マネジャーは次のように語っている。「私は顧客にとっては販売員ではなく『マーケティング・コンサルタント』でなければならない。私は会社の能力を売っているのであって、製品を売っているのではないのだ」。

　13の販売店で半導体部品を販売しているカリフォルニア・イースタン・ラボラトリーズ（CEL）は、重要顧客のモトローラを対象にしたメジャー・アカウント・マネジメント・プログラムを開始した。4年間で同社のモトローラへの売上は566%も伸びた。そこでCELはさらに3人のメジャー・アカウント・マネジャー職を設け、他の大口顧客を担当させた。同社は単にトップセールスマンをこの職につけるのではなく、販売とマーケティング両方の経験を持つ従業員を選抜し、顧客とのより緊密で生産的なリレーションシップを築かせたのである[28]。

❖セールス・フォースの規模

　販売戦略と組織が決定したら、次は到達したい顧客数をもとにセールス・フォースの規模を考えることになる。セールス・フォースの規模を決定するのに広く使われている手法は、5つ

のステップから構成される「ワークロード・アプローチ」である。(1) 年間売上高に応じて顧客を規模クラス別に分ける。(2) 訪問頻度（顧客1件当たりの年間訪問回数）をクラスごとに決定する。(3) 各規模クラスの顧客数に、各規模クラスに必要とされる年間の訪問回数を掛ける。(4) セールス・レップ1人当たりの平均年間訪問回数を決定する。(5) 1年間に必要とされる総訪問回数（ステップ3で算出した）をセールス・レップの平均年間訪問回数（ステップ4）で割り、必要なセールス・レップ数を決定する。

例えば、ある企業がAクラスの顧客1000件とBクラスの顧客2000件を抱えていると仮定しよう。Aクラスの顧客には年間36回の訪問を行う必要があり（年間3万6000回の訪問）、Bクラスの顧客には年間12回の訪問が必要である（年間2万4000件の訪問）。この場合、セールス・フォースが1年間に行わなければならない訪問回数は6万件に及ぶ。平均的なセールス・レップが年に1000回の訪問を行うとすると、この会社ではセールス・レップが60人必要ということになる。

❖セールス・フォースの報酬

優秀なセールス・レップを引きつけるには、企業が魅力的な報酬体系を備えていなくてはならない。販売員の報酬における4要素は、固定額、変動額、経費、給与外手当てである。「固定額」とは給与のことで、セールス・レップの安定した収入への要望を満たすものとなる。「変動額」とは販売成果に基づいたコミッション、ボーナス、利益分配のことで、セールス・レップの意欲を促し、努力に報いるものである。「経費」は交通費、宿泊費、食費、接待費などの費用に充てさせる。「給与外手当て」とは、有給休暇や生命保険のように、保障と仕事への満足感を提供するものである。

実際の販売活動以外の業務が高い割合を占めるような仕事や、販売活動が専門的かつ複雑でチームワークを必要とするような仕事の場合は、固定給が重視される。逆に変動給が重視されるのは、売上にサイクルがあったり、個人の努力によって売上が左右されるような仕事である。固定給と変動給の組み合わせによって、3つの基本的なタイプの報酬体系ができる。完全給与制、完全コミッション制、給与・コミッション制である。4分の3の企業は、固定額と変動額の割合は大きく異なるものの、給与・コミッション制を採用している[29]。

完全給与制はセールス・レップに安定した収入をもたらす。セールス・レップは販売活動以外の業務にも積極的となり、無理な顧客開拓をしなくなる。企業側からすれば管理が簡略化され、退職者も減少する。完全コミッション制は優秀なセールス・レップを引きつけ、士気を高め、監督の必要性も少ないうえ、販売コストをコントロールすることができる。給与・コミッション制は両者の利点を生かしつつ、問題点を抑えている。給与・コミッション制を採用した報酬体系では、変動額の部分をさまざまな戦略的目標の達成に対する報酬として利用することができる。企業によっては総利益、顧客満足、顧客維持といった要素を売上高よりも重視するという新しい傾向が出てきている。例えば、現在IBMでは顧客調査によって顧客満足度を測

定し、その結果を販売員の給与に反映させている[30]。

セールス・フォースの管理

企業が選択したセールス・フォースの設計を実行し、販売目的を達成するためには、セールス・フォースを効果的に管理することが必要となる。セールス・フォースの管理とは、セールス・レップの募集・選定、トレーニング、監督、動機付け、評価までのステップをいう（図17-2）。

❖セールス・レップの募集と選定

セールス・フォースの運営を成功させる鍵は、優秀なセールス・レップの選定である。上位27％のセールス・レップが売上の52％をもたらしているという調査データもある。販売成果の差にとどまらず、選定に失敗すると大きな費用がかかる。全業種における年間の平均離職率は20％近くにのぼる。販売員が辞めた場合、売上損失が発生し、新しい販売員の採用とトレーニングの費用がかかるだけでなく、退職者の穴を埋めるために今いる販売員にも負担がかかることが多い。

セールス・レップの選定にあたっては、手始めにセールス・レップに求める特性を顧客に聞いてみるのもよいだろう。誠実で信頼でき、知識が豊富でなおかつ親切なセールス・レップを、多くの顧客は求めている。しかし、実際に売上につながる特性を判断するのは至難のわざである。数多くの研究がなされてきたが、売上実績と、経歴や経験の変数、現在の状況、ライフスタイル、態度、性格、スキルとの間にはほとんど関連性が見られない。判断方法としてより効果が高かったのは、複合テストと、これから働くことになる環境をシミュレーションした状況の中で候補者を評価するアセスメント・センターだった[31]。

選定基準を決めたら、いよいよ採用を行うことになる。今いるセールス・レップからの推薦、職業紹介機関の利用、印刷広告やオンライン広告による求人、大学生との接触など、多様な方法がある。選定手順には1回の非公式な面接から、時間をかけた試験や面接までさまざまな形態がある。試験結果は本人の性格、推薦状の有無、職歴、面接結果と並ぶ判断材料の一部にすぎないが、一部の企業では試験の点数が採用基準においてかなりのウエイトを占める。ジレットによれば、試験を実施する

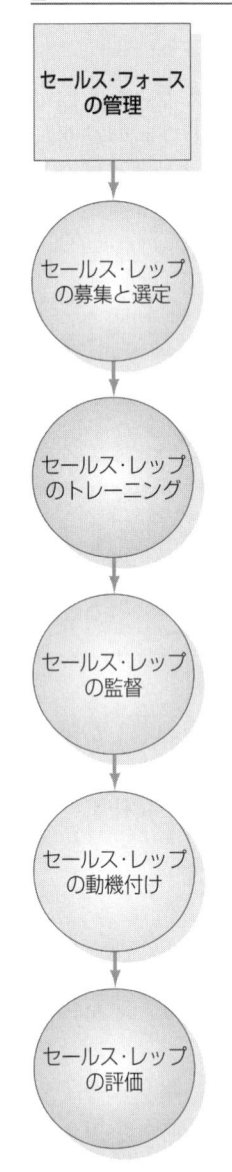

図17-2
セールス・フォースの管理

- セールス・フォースの管理
- セールス・レップの募集と選定
- セールス・レップのトレーニング
- セールス・レップの監督
- セールス・レップの動機付け
- セールス・レップの評価

ことによって離職率が42％減少し、試験の成績は配属後の販売実績とも比例しているという。

❖セールス・レップのトレーニングと監督

今日の顧客が販売員に求めているのは、豊富な製品知識を持っていること、業務改善の提案をしてくれること、効率的に物事を進めてくれること、そして信頼が置けることである。こうした要求に応えるために、企業は販売員のトレーニングに多額の投資をせざるを得なくなってきた。新人のセールス・レップは数週間から数ヶ月のトレーニングを受けることが多い。生産財企業の平均的なトレーニング期間は28週間で、サービス業では12週間、消費財企業では4週間となっている。トレーニング期間は販売業務の複雑さや新人のセールス・レップのタイプによって異なる。トレーニングにはロール・プレイング、オーディオテープやビデオテープ、CD-ROM、ウェブを使った遠隔学習などさまざまな手法がある。例えば、IBMはコンピュータによる自己学習システムを使っている。受講者は画面上で購買担当幹部を演じる俳優を相手に、営業訪問の練習ができる。

どの程度細かくセールス・レップを監督するかは企業によって大きく異なる。報酬の大部分をコミッションで受け取っているセールス・レップは、通常それほど細かく監督されることはない。だが訪問先が決められており、固定給をもらっているセールス・レップは厳しく監督されることが多い。エイボンなどが実施している複数レベルの販売では、独立した流通業者もそれぞれにセールス・フォースを抱え、企業の製品を販売している。こうしたインディペンデント・コントラクター（独立請負業者）やセールス・レップは自身の売上だけでなく、自分が採用しトレーニングした人々の売上もコミッションの対象となる[32]。

❖セールス・レップの生産性

企業は顧客に対して、1年間に何回の訪問を行うべきなのだろうか。ある調査によれば、今日のセールス・レップは、収益性の高い大口顧客よりもあまり儲からない小口顧客の対応に時間を割きすぎているという[33]。そのため、セールス・レップに対して、新規顧客の開拓に費やすべき時間を明確に示している企業が多い。スペクター・フレイトはセールス・レップに対し、総労働時間の25％を見込み客に費やすことと、3回訪問して見込みがなければ訪問をやめるよう指導している。企業が見込み客に関する基準を決めるのには多くの理由がある。まず、こうした基準がなければ、多くのセールス・レップは取引に結びつかない可能性がある見込み客よりも、取引高がわかっている既存顧客への対応に時間の大部分を費やしてしまう。企業によっては、ミッショナリー・セールス・フォースに新規顧客の開拓を任せているところもある。

調査によれば、優秀なセールス・レップは時間を効率的に管理している人だという[34]。プランニング・ツールの1つに、「時間・職務分析」がある。これによって自分がどのように時間を使っているかがわかり、生産性の向上に役立つ。一般に、セールス・レップは1日を計画、

移動、待ち時間、販売、事務処理作業（報告書や請求書の作成、販売会議への出席、生産や配送や請求や販売実績などについての社内調整）に費やしている。これだけたくさんやることがあっては、実際に顧客と顔を合わせて販売する時間が総労働時間のわずか29％にすぎないのも不思議ではない[35]。

　企業は、常にセールス・フォースの生産性を上げる方法を模索している。セールス・レップを対象とした電話セールスのトレーニング、記録や事務処理作業の単純化、コンピュータやインターネットを利用した営業訪問と経路の計画立案、顧客情報や競合他社情報の提供、注文作成プロセスの自動化などがそれにあたる。さらに、企業のウェブサイトを見ればその企業と個々の顧客との関係がよくわかり、営業訪問をかけるべき顧客を探し出すことができる。そして、セールス・レップは直接話し合う必要のある問題に集中できるのである。

　外部セールス・フォースの時間不足を解消するため、多くの企業が内部セールス・フォースの規模と職務内容を拡大してきた。内部販売員は3つに分類される。まず、専門的な情報を提供し、顧客からの問い合わせに応じる「テクニカル・サポート担当者」がいる。次に、外部販売員の事務的なバックアップをする「販売アシスタント」がいる。事前に電話をしてアポイントメントを確認し、信用調査をし、納品をフォローアップし、顧客からの問い合わせに答えるのである。最後に、電話を使って新しい見込み客を開拓し、見込み客の評価をしたり、売り込みをかけたり、以前購入した顧客に再購入を促したり、久しく接触していなかった顧客に目配りをする「テレマーケター」がいる。

❖セールス・レップの動機付け

　大多数のセールス・レップには、励ましと特別なインセンティブが必要である。特に外回りのセールス・レップにこの要素は欠かせない。外回りのセールス・レップは1人で仕事をすることが多く、労働時間も不規則で、出張で家から離れていることも多い。競合他社の攻撃的なセールス・レップに対抗しなければならず、顧客獲得に必要な権限がないことも多い。また、獲得に向けて懸命に努力してきた大口注文をみすみす失うこともある[36]。大半のマーケターは、販売員は動機が強ければ強いほど努力し、その結果業績を上げ、報酬も上がり、満足感が高まって、さらに動機が強くなると考えている。この考え方はいくつかの仮定に基づいたものだ。セールス・マネジャーは販売員に対し、一生懸命働くか、トレーニングを受けて能率的に仕事をこなせば、販売成績を上げられること、また、努力すればそれに見合うだけの報酬が得られるということを理解させなければならない。

　動機を強めるために、マーケターはさまざまな内面的報酬と外面的報酬を与える。報酬ごとの重要度を測定したある調査によると、最も重視される報酬はお金で、昇進、自分自身の成長、達成感がこれに続いた[37]。最も重視されない報酬は、他人からの好意や尊敬、安定性、社会的評価である。言い換えれば、販売員の動機付けにいちばん有効なのはお金と昇進のチャンス、そして人間的成長への欲求が満たされることであり、逆に他人からの賛辞や安定性には

あまり効果がない。だが動機付けの重要度はデモグラフィック特性によって変化することもわかっている。1社での販売経験が長く、大家族を抱える年長のセールス・レップは、金銭的な報酬を最も重視する。独身あるいは結婚していても家族の規模が小さく、高学歴の若いセールス・レップは、評価を重視する。

多くの企業は、年間販売割当を設定している。販売割当は売上高、販売量、利益、販売努力や販売活動、製品の種類に対して設定される。割当達成度に応じて報酬が与えられることも多い。販売割当は年間マーケティング計画に基づいて決められる。まず販売予測を立て、この予測に基づいて経営陣が生産、要員数、必要資金の計画を作成する。次に地域やテリトリーの販売割当が設定されるが、販売予測よりも高く設定されることが多い。これはセールス・マネジャーや販売員に最善を尽くす意欲を持たせるためである。もし販売員が割当を達成できなくても、企業としては販売予測額を達成できるわけである。

各地域のセールス・マネジャーは、その地域の販売割当をセールス・レップに割り振る。一般的には、各セールス・レップの昨年度売上に、担当地域の販売予想額と昨年度売上との差額の一部を加算した総額が、販売割当の最低ラインとされている。プレッシャーに強いセールス・レップには加算額を大きくするとよい。

❖セールス・レップの評価

ここまでは、経営陣が会社側の期待をセールス・レップにいかに伝えるか、その期待に応えてもらうためにどのような動機付けをしているかという「フィードフォワード」を述べてきた。しかし、このプロセスには適切な「フィードバック」が必要である。フィードバックとは、業績評価に必要な情報をセールス・レップから定期的に得ることである。セールス・レップについての情報源は販売報告、個人的な観察、セールス・レップ自身による報告、顧客からの手紙や苦情、顧客調査、他のセールス・レップとの会話などである。企業がセールス・レップに年間の地域マーケティング計画を立案させ、その中で新規顧客の開拓計画や既存顧客からの売上拡大計画の概要を書かせることも多い。こうした報告を行うことにより、セールス・レップはマーケット・マネジャーやプロフィット・センターとしての役割を担うことになる。セールス・マネジャーはこの地域計画に目を通し、アドバイスをし、販売割当の設定を行う。

セールス・レップは完了した仕事を「訪問報告書」に記録する。また、経費、新規ビジネス、喪失したビジネス、地域のビジネスと経済状況についても報告する。こうした報告書からセールス・マネジャーは、販売成果をモニターするための次のようなデータを得るのである。（1）販売員1人当たりの1日の平均訪問回数、（2）訪問1件当たりの平均時間、（3）訪問1件当たりの平均売上高、（4）訪問1件当たりの平均コスト、（5）訪問1件当たりの接待費、（6）訪問100件当たりの成約率、（7）期間内の新規顧客数、（8）期間内の喪失顧客数、（9）総売上高に占める販売コスト率、といったデータである。

販売報告などの情報は、評価のための生データとなる。評価を行うにはいくつかの方法があ

る。1つ目は、主要な指標について、現在の業績を過去の業績および会社全体の平均値と比較することである。こうした比較により、どこを改善すべきかが具体的に特定できる。例えば、顧客1件当たりの平均粗利益が全社平均値よりも低ければ、このセールス・レップは力を入れるべき顧客を間違えているか、顧客との接触に十分な時間をかけていないということになる。自社、製品、顧客、競合他社、地域、職務などに関する販売員の知識も、評価の対象となる。個人的特性や、動機付けやコンプライアンスの面において問題がないかどうかも評価される[38]。

人的販売の原則

人的販売は昔からある技術で、人的販売についての文献や原則は数多く生み出されてきた。効果的な販売プロセスにおける主要な段階を表17-2に示す[39]。交渉とリレーションシップ・マーケティングも人的販売には重要である。

❖ 交　渉

マーケティングは取引活動と取引が成立する諸条件に深い関わりがある。「ルーチン型取引」では価格や流通方式があらかじめ決められており、諸条件もそれにならったものとなる。「交渉型取引」では価格などの諸条件は当事者間の話し合いによって決められ、長期的な拘束力のある合意事項について交渉が行われる。価格に加え、契約の終了時期、製品やサービスの質、購買量、融資・リスク負担・プロモーション・権利に関する責任、製品の安全性などについても交渉が行われる。交渉にあたるセールス・レップには、事前準備、計画作成能力、交渉事項についての知識、プレッシャーや予測不能な状況下における迅速かつ明晰な思考能力、自分の考えをうまく言葉で表現する能力、相手の話を聞く能力、判断力と一般常識、誠実さ、相手を説得できる能力、そして忍耐力が必要である[40]。

❖ リレーションシップ・マーケティング

これまで述べてきた人的販売と交渉の原則は、具体的な商談を成立させることを目的とした取引志向である。しかし多くの場合、企業は自社に顧客のニーズを満たす優れた能力があるということを示すことによって、顧客と長期的なリレーションシップを構築することを望んでいる。最近は顧客の規模が大きく、世界的に事業が展開されていることも多い。そうした顧客は製品とサービスをセットにして世界各地に販売し、配送してくれる供給業者を好む。また国内外の各地で発生する問題を迅速に解決し、顧客のチームと密接に連携して製品やプロセスの改善を行ってくれる供給業者をひいきにする。リレーションシップ・マネジメント・プログラム

| 表 17-2 | 効果的な販売における主要な段階 |

販売の段階	生産財販売における適用
販売機会の把握と評価	企業は成約見込み先リストを作成し、見込み客に郵便や電話で接触し、相手の関心の高さや財務能力を見極めることによって販売機会を評価する。非常に有望な見込み客は外回りのセールス・フォースへ渡され、可能性ありの見込み客はテレマーケティング部門でフォローアップする。
事前アプローチ	セールス・レップは見込み客のニーズは何か、購入の意思決定に関わっているのは誰か、購買担当者の個人的特性と購入スタイルを調査する。また見込み客の見極め、情報収集、その場での成約など訪問の目的、また、直接訪問、電話、手紙といったアプローチ、最後に、全体的な戦略を定めておくべきだろう。
アプローチ	顧客との関係作りで幸先の良いスタートを切るためには、前向きな話の始め方をし、その後は購買担当者のニーズを理解するための核心をついた質問と上手な聞き方をしなければならない。
プレゼンテーションとデモンストレーション	セールス・レップは「特徴（Feature）」、「利点（Advantage）」、「ベネフィット（Benefit）」、「価値（Value）」を伝えるアプローチを使って買い手に製品の「話」をする。製品特徴ばかりを説明し（製品志向アプローチ）、製品の生み出すベネフィットや価値についての説明（顧客志向アプローチ）が不十分とならないようにしなければならない。
反対意見への対処	セールス・レップは、プレゼンテーションの間や注文を促されたときに顧客から出される反対意見に対処しなければならない。こうした反対意見に対処するとき、セールス・レップは肯定的なアプローチをとるべきである。買い手に反対意見を明確にしてくれるよう頼み、買い手が自分自身で反対意見に対する答えを見つけられるような質問をする。そして反対意見が間違っていることを示したり、反対意見を購入理由に変えてしまうのである。
成約	契約の成立に持ち込む際、セールス・レップは、注文してくださいと頼んだり、合意点を確認したり、注文書作成の手伝いを申し出たり、買い手が望む型を確認したり、色やサイズなどを選ばせたり、今注文しないと損であると伝えたりする。特別価格、増量、記念品など、成約に伴う特典を買い手に提示することもある。
フォローアップとメンテナンス	顧客満足を確実にしてリピート取引を望むなら、成約直後に納期や購入条件など詳細を確認しておくべきである。また、フォローアップのための訪問を予定し、納品時に製品の設置、納品後はトレーニングが適切に行われたかどうかを確認する。問題があればこの訪問によって明らかになるし、セールス・レップの配慮を顧客に示し、販売後に顧客の心に生じた不安が解消される。さらに、顧客のためのメンテナンスおよび今後の展開の計画立案を行う必要がある。

が適切に実施されていれば、組織は製品管理と同じだけ顧客管理を重視するようになる。しかし、リレーションシップ・マーケティングはどのような状況に対しても万能なわけではない。結局、リレーションシップ・マネジメントを行うことによって利益をもたらしてくれるセグメントや顧客を判断するのは、企業だということである。

参考文献

1. Brandon Hall, "Sales Training Makeovers," *Training*, May 2005, pp. 14+；Carol Krol, "Canon Develops Sales Through Traditional Mail," *B to B*, October 11, 2004, p. 30；"Canon Tops for Copiers," *Office Products International*, May 2003, p. 18.
2. ダイレクトオーダー・マーケティングとダイレクト・リレーションシップ・マーケティングという用語は、以下の著作でダイレクト・マーケティングの一部として提唱されている。Stan Rapp and Tom Collins, *The Great Marketing Turnaround* (Upper Saddle River, NJ：Prentice Hall, 1990). 邦訳：『個人回帰のマーケティング：究極の「顧客満足」戦略』（S・ラップ、T・コリンズ著、江口馨訳、ダイヤモンド社、1992年）
3. Michael McCarthy, "Direct Marketing Gets Cannes Do Spirit," *USA Today*, June 17, 2002, p. 4B.
4. 数値は以下の提供による。*Direct Marketing Magazine,* phone 516-716-6700.
5. Edward L. Nash, *Direct Marketing：Strategy, Planning, Execution*, 3rd ed. (New York：McGraw-Hill, 1995).
6. 顧客の平均取引期間（N）は顧客維持率（CR）に関係がある。企業が毎年顧客の80％を維持すると仮定すると、顧客の平均取引期間は $N=1/(1-CR)=1/.2=5$ で算出される。
7. Lorie Grant, "Niche Catalogs' Unique Gifts Make Money Less of an Object," *USA Today*, November 20, 2003, p. 3B；Olivia Barker, "Catalogs Are Complementary with Online Sales, Purchases," *USA Today*, December 4, 2002, p. 4E.
8. Steve Ivey, "After 2 Years, Do Not Call Registry 'An Incredible Success'," *Chicago Tribune*, September 30, 2005, (www.chicagotribune.com)；Meghann Cuniff, "Decline in Telemarketing Means Boom for Direct Mail Businesses," *The Bulletin (Bend, OR)*, July 11, 2005, (www.ftc.gov/donotcall).
9. Jim Edwards, "The Art of the Infomercial," *Brandweek*, September 3, 2001, pp. 14+.
10. Charles Fishman, "The Tool of a New Machine," *Fast Company*, May 2004, pp. 92-95.
11. Tony Case, "Growing Up," *Interactive Quarterly*, April 19, 2004, pp. 32-34.
12. Thomas Mucha, "Spray Here. Get Girl," *Business 2.0*, June 1, 2003.
13. Asim Ansari and Carl F. Mela, "E-Customization," *Journal of Marketing Research* 40, no. 2（May 2003）：131-145.
14. David L. Smith and Karen McFee, "Media Mix 101：Online Media for Traditional Marketers," September 2003, (advantage.msn.com/articles/MediaMix101_2.asp).
15. Paul C. Judge, "Will Online Ads Ever Click？" *Fast Company*, March 2001, pp. 181-192.
16. Online Publisher's Association, "OPA Media Consumption Study," January 2002.
17. Jeffrey F. Rayport and Bernard J. Jaworski, *E-commerce* (New York：McGraw-Hill, 2001), p. 116.
18. Bob Tedeschi, "E-Commerce Report," *New York Times*, June 24, 2002, p. C8.
19. "Prime Clicking Time," *The Economist*, May 31, 2003, p. 65；Ben Elgin, "Search Engines Are Picking Up Steam," *BusinessWeek*, March 24, 2003, pp. 86-87.
20. "Global Click-Through Rates Level Off in 2004 After Year of Decline," *New Media Age*, November 25, 2004, p. 10；Ned Desmond, "Google's Next Runaway Success," *Business 2.0*, November 2002, p. 73.
21. Heather Green, "Online Ads Take Off Again," *BusinessWeek*, May 5, 2003, p. 75.
22. Seth Godin, *Permission Marketing：Turning Strangers into Friends and Friends into Customers* (New York：Simon & Schuster, 1999). 邦訳：『パーミションマーケティング：ブランドからパーミションへ』（セス・ゴーディン著、阪本啓一訳、翔泳社、1999年）
23. Chana R. Schoenberger, "Web？ What Web？" *Forbes*, June 10, 2002, p. 132.
24. Stan Rapp and Thomas L. Collins, *Maximarketing* (New York：McGraw-Hill, 1987).
25. Bill Keenan, "Cost-per-call Data Deserve Scruitiny," *Industry Week*, January 10, 2000.
26. 以下より採録。Robert N. McMurry；"The Mystique of Super-Salesmanship," *Harvard Business Review*（March-April 1961）：114. 以下も参照されたい。William C. Moncrief III, "Selling Activity and Sales Position Taxonomies for Industrial Salesforces," *Journal of Marketing Research*（August 1986）：261-270.
27. 以下を参照されたい。John F. Martin and Gary S. Tubridy, "Major Account Management," in *AMA Management Handbook*, edited by John J. Hampton (New York：Amacom, 1994) pp. 3-25-3-27；Sanjit Sengupta, Robert E. Krapfel, and Michael A. Pusateri, "The Strategic Sales Force," *Marketing Management*, Sum-

mer 1997, pp. 29-34 ; Robert S. Duboff and Lori Underhill Sherer, "Customized Customer Loyalty," *Marketing Management*, Summer 1997, pp. 21-27 ; Tricia Campbell, "Getting Top Executives to Sell," *Sales & Marketing Management*, October 1998, p. 39.

28. Steven Miranda, "Beyond BI," *Financial Executive*, March-April 2004, pp. 58+ ; Noel Capon, *Key Account Management and Planning : The Comprehensive Handbook for Managing Your Company's Most Important Strategic Asset*（New York ：Free Press, 2001）; Sallie Sherman, Joseph Sperry, and Samuel Reese, *The Seven Keys to Managing Strategic Accounts*（New York：McGraw-Hill Trade, 2003）; Michele Marchetti, "A Hiring Decision You Can't Afford to Screw Up," *Sales & Marketing Management*, June 1999, pp. 13+ ; Martin and Tubridy, "Major Account Management," in *AMA Management Handbook* ; Sengupta, Krapfel, and Pusateri, "The Strategic Sales Force" ; Duboff and Sherer, "Customized Customer Loyalty."
29. Luis R. Gomez-Mejia, David B. Balkin, and Robert L. Cardy, *Managing Human Resources*（Upper Saddle River, NJ ：Prentice Hall, 1995）, pp. 416-418.
30. "What Salespeople Are Paid," *Sales & Marketing Management*, February 1995, pp. 30-31 ; Christopher Power, "Smart Selling : How Companies Are Winning Over Today's Tougher Customer," *BusinessWeek*, August 3, 1992, pp. 46-48 ; William Keenan Jr., ed., *The Sales & Marketing Management Guide to Sales Compensation Planning : Commissions, Bonuses & Beyond*（Chicago ：Probus Publishing, 1994）.
31. Sonke Albers, "Salesforce Management－Compensation, Motivation, Selection, and Training," in *Handbook of Marketing*, edited by Bart Weitz and Robin Wensley（London ：Sage Publications, 2002）, pp. 248-266.
32. Nanette Byrnes, "Avon Calling－Lots of New Reps," *BusinessWeek*, June 2, 2003, pp. 53-54.
33. Michael R. W. Bommer, Brian F. O'Neil, and Beheruz N. Sethna, "A Methodology for Optimizing Selling Time of Salespersons," *Journal of Marketing Theory and Practice*（Spring 1994）：61-75. 以下も参照されたい。Lissan Joseph, "On the Optimality of Delegating Pricing Authority to the Sales Force," *Journal of Marketing* 65（January 2001）：62-70.
34. Thomas Blackshear and Richard E. Plank, "The Impact of Adaptive Selling on Sales Effectiveness within the Pharmaceutical Industry," *Journal of Marketing Theory and Practice*（Summer 1994）：106-125.
35. Dartnell Corporation, 30th Sales Force Compensation Survey. 他の内訳を見ると、サービス訪問に12.7％、事務処理に16％、電話販売に25.1％、待ち時間と移動に17.4％が費やされている。
36. Willem Verbeke and Richard P.Bagozzi, "Sales Call Anxiety：Exploring What It Means When Fear Rules a Sales Encounter," *Journal of Marketing* 64（July 2000）：88-101.
37. Gilbert A. Churchill Jr., Neil M. Ford, and Orville C. Walker, Jr., *Sales Force Management : Planning. Implementation and Control*, 4th ed.（Homewood, IL Irwin, 1993）. 以下も参照されたい。Jhinuk Chowdhury, "The Motivational Impact of Sales Quotas on Effort," *Journal of Marketing Research*（February 1993）：28-41 ; Murali K. Mantrala, Prabhakant Sinha, and Andris A. Zoltners, "Structuring a Multiproduct Sales Quota-Bonus Plan for a Heterogeneous Sales Force：A Practical Model-Based Approach," *Marketing Science* 13, no. 2（1994）：121-144 ; Wujin Chu, Eitan Gerstner, and James D. Hess, "Costs and Benefits of Hard-Sell," *Journal of Marketing Research*（February 1995）：97-l02 ; Manfred Krafft, "An Empirical Investigation of the Antecedents of Sales Force Control Systems," *Journal of Marketing* 63（July 1999）：120-134.
38. Philip M. Posdakoff and Scott B. MacKenzie, "Organizational Citizenship Behaviors and Sales Unit Effectiveness," *Journal of Marketing Research*（August 1994）：351-363.
39. 次の議論の一部は、以下を基にしている。W. J. E. Crissy, William H. Cunningham, and Isabella C. M. Cunningham, *Selling : The Personal Force in Marketing*（New York：John Wiley, 1977）, pp. 119-129.
40. さらに詳しくは、以下を参照されたい。Howard Raiffa, *The Art and Science of Negotiation*（Cambridge, MA ：Harvard University Press, 1982）; Max H. Bazerman and Margaret A. Neale, *Negotiating Rationally*（New York ：The Free Press, 1992）. 邦訳：『マネジャーのための交渉の認知心理学：戦略的思考の処方箋』（マックス・H・ベイザーマン、マーガレット・A・ニール著、奥村哲史訳、白桃書房、1997 年）; James C. Freund, *Smart Negotiating*（New York：Simon & Schuster, 1992）; Frank L. Acuff, *How to Negotiate Anything with Anyone Anywhere Around the World*（New York：American Management Association, 1993）; Jehoshua Eliashberg, Gary L. Lilien, and Nam Kim, "Searching for Generalizations in Business Marketing Negotiations," *Marketing Science* 14, no. 3, pt. 1（1995）：G47-G60.

第7部

長期的成長の実現

第18章
グローバル経済におけるマーケティングの管理

◆ 本章では、次の問題を取り上げる ◆

1. グローバル・マーケティングの計画立案における主要な意思決定はどのようなものか。
2. 効果的なインターナル・マーケティングに欠かせないものは何か。
3. 企業がマーケティング実行のスキルを向上させるにはどうしたらよいのか。
4. 企業が自社のマーケティング活動を検討し、向上させるためにはどのような方法があるのか。

エイボンのマーケティング・マネジメント

バーミンガムからボスニア、北京まで、エイボンはパーソナルケア製品で、そして社会貢献活動への支援で世界中にその名を知られている。1886年に創立され、ニューヨークに本社を置くエイボンは、1914年にはカナダでも化粧品を販売するようになり、1960年までにヨーロッパや南米の一部にも事業を展開していた。その後さらなる事業拡大を狙ってロシア、中国、東欧の市場にも参入している。現在、120ヶ国以上に500万人のセールス・レップを抱えるエイボンの年間売上は80億ドルに届こうとしている。各国に現地マーケティングチームはあるが、エイボンの社長に直属するブランド・プレジデントがグローバルなブランディング戦略の全責任を担っている。

美容製品、宝飾品、ギフトの販売に従事する一方、同社は募金イベントのスポンサーになったり、慈善活動の資金作りのための商品を販売したりしている。1992年に設立されたエイボンのブレストキャンサー・クルセードは、アメリカの主要都市で毎年開催するウォークイベントやスターの列席する募金ディナーで、これまでに3億5000万ドル以上を集めた。さらに、クルセード・ブランドの製品を販売し、収益の全額をガンの啓発、検査、治療、研究に寄付している。こうした活動は、同社の重役、従業員、セールス・レップ、顧客、供給業者を社会貢献活動のために団結させるだけでなく、エイボンの企業行動および倫理規程に記された原則の実践ともなっている。同社のCEOが先ごろ述べたように、「エイボンのすばらしい評判は、正しい行いにより好業績を上げるという誇り高い伝統の上に打ち

立てられているのです」[1]。

海外市場に参入し、競争する機会は企業にとって重要であるが、リスクが大きいのも事実である。しかしグローバルな産業で製品を売る企業にとっては、事業を国際化する以外に選択の余地はない。例えば、エイボンはフランスの化粧品大手のロレアルや、英・オランダ系多国籍企業のユニリーバなどのグローバルな競合他社と競争している。本章では、グローバル市場に進出する際の主要な意思決定事項を検討し、マーケティング組織の方法、マーケティングの実行管理の方法を考察する。また、倫理的責任および社会的責任のあるマーケティングの実行をはじめとした自社のマーケティングの弱みと強みを評価する方法も見ていく。

グローバル・マーケティングの管理

多くの企業がすでに何十年もグローバル・マーケティングを行っている。ネスレ、シェル石油、バイエル、東芝といった企業は世界中の消費者によく知られている。しかしグローバルな競争は激しさを増している。国内の企業は、ある日突然これまで考えてもみなかった海外の競争相手の出現にあわてふためくことになる。**グローバル産業**とは、主要な地理的市場または国内市場における各社の戦略的ポジションが、全体的なグローバル・ポジションによって根本的に影響を受ける産業のことである[2]。**グローバル企業**とは複数の国々で事業を行い、研究開発、生産、物流、マーケティング、財務において、コストの点でも名声の点でも、国内だけで事業を行う競合他社には手に入らない優位を獲得している企業のことである。

グローバル企業は世界的な観点から活動を計画し、実施し、調整している。フォードの「ワールド・トラック」は、ヨーロッパで製造した運転台と北アメリカ製のシャーシがブラジルで組み立てられ、アメリカに輸入されて販売される。オーチス・エレベータはドアのシステムをフランスから、小さなギア付き部品はスペインから、電子部品はドイツから、特別なモーターは日本から取り寄せ、システム・インテグレーションはアメリカで行っている。中小企業であれば、グローバルな規模でニッチ市場を満たす事業を行うことができる。ポワラーヌ・ベーカリーは会社の所有する配達トラックにより、毎日パリで1万5000斤のオールドスタイルのパンを販売するが、これはパリで販売されるパンの2.5%に相当する。しかしポワラーヌ・ブランドのパンは、毎日フェデラル・エクスプレスによって20ヶ国の得意客にも出荷されている[3]。

グローバル化を目指す企業は、いかなる規模であれ、一連の決定を下さなくてはならない（**図18-1**参照）。

❖海外進出すべきかどうかの決断

　国際的な市場に引きつけられる企業が増加しているのは、次のような要因による。海外市場の中に国内市場よりも利益を上げる機会が多いことがわかった場合。規模の経済性を達成するために、より大きい顧客基盤を必要とする場合。海外進出する既存顧客のために国外でのサービスが必要となる場合。単一市場への依存度を減らす必要がある場合。性能の良い製品や低価格を提供するグローバル企業に、自社の国内市場が攻撃を受けている場合。この場合、企業は競争相手の市場で反撃に出たいと考えるだろう。

　海外進出を決める前に、企業が考慮すべきリスクには次のようなものがある。第1に、海外の顧客の選好を理解せず、競争力のある魅力的な製品を提供できない危険性はないか。第2に、外国のビジネス習慣を理解せず、その国の人々とうまく付き合っていく方法を知らない危険性はないか。第3に、外国の規則を軽視して、思わぬ費用がかさむ危険性はないか。第4に、国際経験豊富なマネジャーが不足している危険性はないか。第5に、外国が商法を改正したり、通貨を切り下げたり、政治的革命が起きて外国人の資産が差し押さえられたりする危険性はないか。

❖参入市場の決定

　海外進出を決める際、企業はマーケティングの目的と方針を明らかにする必要がある。総売上高に対する海外売上の比率をどの程度にしたいのか。海外に進出するときは、ほとんどの企業が小規模の販売から始めるが、グローバル市場を拡大しようとする企業もある。アヤールとジフは次のような場合、企業は進出する国の数を少なくすべきだと述べている。(1) 市場への参入と市場のコントロールにかかるコストが高すぎる場合、(2) 製品およびコミュニケーションをその国に適合させるためのコストが高すぎる場合、(3) 最初に選択した国々の人口と所得の規模が大きく、成長率が高い場合、(4) 進出対象国に強い支配力を持つ外国企業が、新規参入者に対して高い障壁を作り出す可能性がある場合である[4]。

　また、参入を考慮する国のタイプを決める必要もある。市場の魅力度は、製品、地理的位置、その国の所得と人口、政治動向などの要因によって左右される。先進国および発展途上国の富裕な地域の人口は、世界の15％以下を占めるにすぎない。マーケターが購買力においてはるかに劣る残りの85％に製品を売り込むに

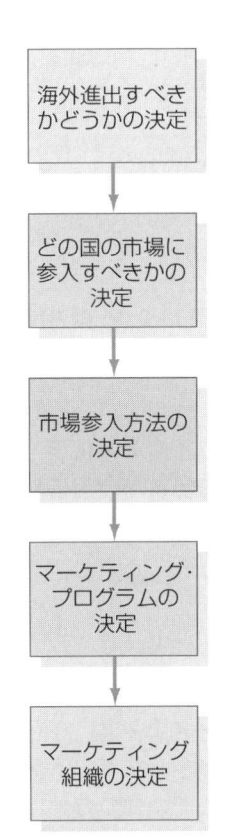

図18-1 グローバル・マーケティングにおける主要な意思決定

- 海外進出すべきかどうかの決定
- どの国の市場に参入すべきかの決定
- 市場参入方法の決定
- マーケティング・プログラムの決定
- マーケティング組織の決定

はどうすればよいだろうか。自社の製品やサービスをより効果的に販売するため、従来のマーケティング・プラクティスを変更することによって、発展途上国市場の可能性の掘り起こしに成功しているマーケターもいる[5]。所得が限られた市場では小容量販売と低価格が鍵になる場合が多い。ユニリーバが4セントで販売する小袋入り洗剤とシャンプーは、インドの全人口の70％が居住している地方で大成功を収めている[6]。

❖市場参入方法の決定

次に、企業はその国に最も適した参入方法を選ばなくてはならない。図18-2に示すように、市場参入方法は図の下から上に行くほど市場へのコミットメントが深まり、リスクは高く、コントロールしやすく、潜在利益は大きくなる。

■**間接輸出と直接輸出** 企業はまず、自社製品を売ってくれる独立した仲介業者を用いて、間接輸出を行うのが一般的である。間接輸出は仲介業者がノウハウやサービスを提供してくれるため、投資額とリスクが少なくてすむ。最終的に、企業は独自に輸出を手がけることを決めるかもしれない。投資額とリスクは大きくなるが、それに応じて潜在収益率も増加する[7]。外国のトレード・ショーに出展したり、主要な市場に対してはその国専用のウェブサイトを開設することもできる。

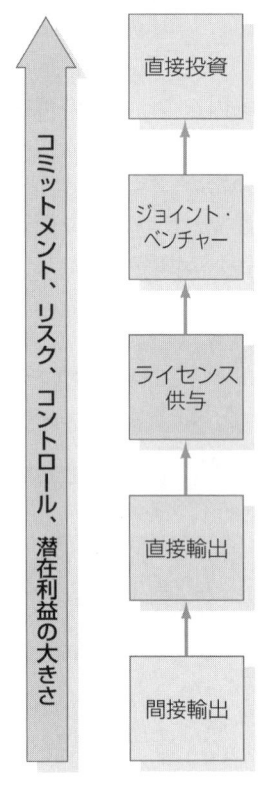

|図18-2| 国外市場参入の5つの方法

（下から上へ：間接輸出 → 直接輸出 → ライセンス供与 → ジョイント・ベンチャー → 直接投資／コミットメント、リスク、コントロール、潜在利益の大きさ）

■**ライセンス供与** 企業は外国企業に対して製造方法、商標、特許および営業機密などの価値ある品目の使用権を使用料と引き換えに与える。これにより、企業はわずかなリスクで市場に参入できるし、ライセンシーは生産技術や知名度の高い製品やブランド名を手に入れることができる。ただし、ライセンサーにとっては自社の製造拠点や販売拠点に比べると、コントロールがしにくい。そのうえ、仮にライセンシーが高い売上を得た場合は、企業は自社の収益を減らすことになる。そして契約が終了した暁には、競争相手が誕生しているという事態になりかねない。

■**ジョイント・ベンチャー** 海外の投資家が地元の投資家と資金を出し合い、所有権とコントロールを共有する**ジョイント・ベンチャー**企業を作る場合がある。欠点は、投資やマーケティングその他の方針に関して、パートナー同士の意見が食い違う場合があることだ。また、一方のパートナーは事業を成長させるために利益の再投資を望み、もう一方のパートナーはもっと配当を増やしたいと思うかもしれない。さらに、共同所有であるために、多国籍企業が全世界的に守っている製造とマーケティングに関する一定の方針を実行できなくなる可能性もある。

■**直接投資** 海外投資の究極の形は、外国にある組み立て工場あるいは製造工場の一部、あるいは全部を買収するか、自社の施設を建設する直接投資だろう。GMは世界中の自動車メーカーに何十億ドルもの投資をしてきた。その中にはフィアット・オート、いすゞ、大宇、スズキ、サーブ、AvtoVAZなどがある[8]。この戦略では、安価な労働力や原料、外国政府の投資優遇措置、運送料の削減などによってコストの節約ができる。雇用を創出することによって、その国での企業イメージを高めることもできる。また、企業は政府、顧客、現地供給業者や流通業者に深く関わることになるので、自社の製品を現地の環境に適合させることが容易になる。ただし、通貨リスクや資産没収のリスクが伴う。また、受入国が従業員に莫大な解雇手当を払うよう要求する場合があるため、事業の縮小や閉鎖は高くつくだろう。

❖マーケティング・プログラムの決定

　国際的な企業は、自社のマーケティング戦略をどの程度現地の状況に適合させるかを決定しなくてはならない[9]。一方の極には、グローバルに「標準化されたマーケティング・ミックス」を用いる企業がある。これにより、マーケティング・コストを低く抑え、ブランド・イメージの一貫性を保ち、良いアイデアを速やかに、かつ効率的に活用することができる。もう一方の極には、「適合化されたマーケティング・ミックス」がある。これは、生産者がマーケティング・プログラムをそれぞれの標的市場に合わせて調整するものである。この場合は、消費者のニーズや欲求、製品の使用パターンの違い、消費者の反応の違い、法制度の違いやマーケティング習慣の違いを取り入れることができる。2つの対極の間には、さまざまな可能性が存在する。キーガンは、国外市場に製品とコミュニケーションを適合させるための戦略を5つに分類している（図18-3参照）[10]。

製　　品

　製品の中には、外国に受け入れられやすいものと、そうでないものがある。食品や飲料のマーケターは実にさまざまな嗜好に対応しなければならない[11]。**直接導入**とは、製品にまっ

		製品を変えない	製品を適合させる	新製品を開発する
コミュニケーション	コミュニケーションを変えない	直接導入	製品適合	製品インベンション
	コミュニケーションを適合させる	コミュニケーション適合	双方適合	

図18-3　5つの国際的な製品戦略とコミュニケーション戦略

たく変更を加えずに国外市場に導入することである。カメラ、家電、工作機械では、直接導入が成功を収めてきた。国内向け製品がそのままで国外に導入できると思い込まずに、企業は製品特徴、ブランド名、ラベリングとパッケージング、色、広告のテーマ・媒体・実施、価格、販売促進といった要素のどれを加えればコストを上回る収益が生れるかを判断すべきである。

　製品適合とは、現地の状況や好みに合わせて製品に変更を加えることである。「地域別バージョン」を開発する方法、「国別バージョン」を作る方法、「都市別バージョン」を作る方法、「小売店別バージョン」を作る方法がある。**製品インベンション**とは、新しい製品を創案することである。この戦略には2つの形態がある。このうち「後方インベンション」は、初期の製品で、国外市場のニーズにうまく適合するものを再導入する方法である。「前方インベンション」は他国のニーズに合わせた新製品を作る方法である。製品創案には多額の費用がかかるが、大きな見返りが期待できる。特に製品イノベーションを他の国々にも流用できる場合はなおさらである。多くのアメリカ企業は、海外市場向けの新製品を創案するだけでなく、自社の国際的事業の中から製品や製品アイデアを見つけ出し、国内市場に導入している。ハーゲンダッツは、現地で人気のあるミルクをカラメル状に煮詰めたフレーバー、ドルセ・デ・レチェを、もともとはアルゼンチン限定販売で開発した。その後ドルセ・デ・レチェを世界市場に発売したところ、たちまちアメリカで売上順位10位までに入る人気フレーバーとなった[12]。

コミュニケーション

　企業は自国の市場で使用したマーケティング・コミュニケーション・プログラムをそのままグローバル市場で用いる場合もあるが、現地市場に合わせて内容を変更する、**コミュニケーション適合**と呼ばれる方法を取る場合もある。製品とコミュニケーションの両方を適合させる場合は**二重適合**という。

　広告メッセージについて考えてみよう。第1の方法として、世界中どこでも1つのメッセージを、言語、商品名、色を変えただけで使用する方法がある[13]。2番目に、同じ広告テーマを使用していても、現地市場に合わせてコピーを変える方法がある。例えばキャメイ石鹸のTVCMには入浴中の美女が出てくるが、ベネズエラでは女性とともに男性も浴室に登場した。しかし日本では男性は浴室の外で待っていた。製品ポジショニングは同じでも、クリエイティブは現地の感情を反映して制作される。3番目に、いくつかの広告を作ってグローバルな規模でストックしておき、各国が最もふさわしい広告を選ぶ方法がある。最後に、国別のマネジャーに、ガイドラインの範囲内でその国特有の広告を作らせる方法もある。

　利用できる広告媒体の種類が国によって異なるので、広告媒体の使用にも、国際的な適合が必要である。タバコやアルコールのような製品を取り上げた広告の媒体には法規制が課せられている。マーケターは割引、リベート、クーポンなどの販売促進ツールを禁止または制限している法律を考慮し、異なる市場に合わせて販売促進の手法も適合させる必要がある。人的販売戦術も、国別に変える必要があるかもしれない。アメリカ人好みの率直で現実的な販売方法は、ヨーロッパやアジアなど、もっと間接的で巧妙な方法が効果的な国々ではうまくいかない

だろう(14)。

価　格

　企業は国外で自社製品を販売する際、「価格エスカレーション」の問題に直面する。工場出荷価格に、輸送費、関税、輸入業者と卸売業者と小売業者へのマージンを上乗せする必要があるからだ。通貨の変動リスクに加えてこうした付加コストによって、メーカーが国内と同じ利益を海外でも上げるためには、国内価格の2～5倍で製品を売らなければならない。そのため、世界中で統一価格を設定する、各国で市場基準型価格を設定する、各国でコスト基準型価格を設定する、という方法をとる。

　多国籍企業の多くはグレー・マーケットに頭を悩ませている。**グレー・マーケット**では、製品の製造国または国外で、通常の、あるいは認可を受けた流通チャネルから流出したブランド製品が売買される。低価格で製品が売られている国の流通業者が、自分たちの扱う製品の一部を価格の高い国で販売してもうける方法を見つけるのである。グレー・マーケットを防止するため、多国籍企業は流通業者を監視したり、コストの低い流通業者には製品価格を上げたり、国によって製品特性や保証内容を変えたりしている。インターネットもまた、国家間の価格差を縮小させる要因となっている。企業がインターネット上で品物を売ろうとすれば、価格は透明にならざるを得ない。消費者はその製品が他の国ではいくらで売られているのかを容易に知ることができるからである。

流通チャネル

　相手国内の流通チャネルは国によって大きく異なっている。そのため、企業は国外での製品の動きを検討し、製品が最終ユーザーの手に渡るまでに生じる問題を、流通チャネル全体から見通さなくてはならない。日本で石鹸を販売するために、P&Gはまず総合卸売業者に売らなければならず、そこから製品卸売業者、特定品目卸売業者を経由して、さらに地方卸売業者、地域卸売業者、そしてようやく小売業者に製品が渡る。流通段階がこれだけ分かれていると、消費者価格は輸入価格の2倍から3倍にも達する。P&Gが石鹸を熱帯アフリカで販売する場合、製品は輸入卸売業者、数件の仲買業者、地元の市場で働く小商人（主に女性）の手を介して売られることになる。

　流通チャネルにおけるもう1つの相違点は、国外の小売ユニットの規模や性質である。アメリカでは大規模な小売チェーンの力が強いが、ほとんどの国では小規模で独立した小売業者が中心となっている。彼らのマークアップは高いが、実際の販売価格は値切り交渉によって下げられる。人々の収入は低いので、買い物は毎日少量ずつしなければならないし、徒歩や自転車で持ち帰ることのできる量しか購入できない。積荷をほどいて細かくするのは今も仲介業者の重要な仕事であり、長い流通チャネルを存続させる要因となっている。そしてこの流通チャネルの長さは、大規模な小売業者が発展途上国に進出するのを防ぐ主な原因となっている。ある国に多国籍企業が初めて参入するときは、適切な流通業者を選び、彼らに投資するとともに、

同意を得られるような売上目標を立てるべきである[15]。

インターナル・マーケティング

　インターナル・マーケティングとは、組織内の全員が自社のマーケティング・コンセプトとマーケティング目標を信じ、顧客価値の選択、提供、伝達へ積極的に関与させることである。長年の間にマーケティングはセールス部門の仕事から、組織全体にまたがる複雑なグループ活動へと変化し、それとともにマーケティングの果たす役割も広がってきた[16]。今日では多くの企業が、基本的な業務プロセスの円滑な実行のためには部門組織が障害になると認識して、部門よりむしろ主要なプロセスを重視している。マーケティング部門がどのように組織されているのか、他部門とどのように連携しているのかを見てみよう。

❖ マーケティング部門の組織化

　現代のマーケティング部門の形態はさまざまであり、時には機能的に重なり合う部分もあるが、大きく分けると職能、販売地域、製品またはブランド、市場、マトリックス、会社または事業部ごとに組織されている[17]。

職能別組織

　最も一般的なマーケティング組織は、職能別のスペシャリスト（販売マネジャーやマーケティング・リサーチ・マネジャーなど）がマーケティング担当副社長の下に配置され、マーケティング担当副社長が彼らの活動全体を統括するというものである。職能別マーケティング組織の利点は、管理上の単純さにある。しかしマーケティング部門内で円滑に機能する関係を築くのは大きな課題である。また、この形態は製品と市場が増加するにつれて効果が上がりにくくなる可能性がある。職能別組織は特定の製品や市場にとっては不適切な計画を立ててしまう場合が多い。万人に好まれない製品はおろそかにされてしまうのである。次に、職能グループ同士の間で予算や地位をめぐって争いが起きる。マーケティング担当副社長は常に、競い合う職能別スペシャリストの要求に優先順位をつけなければならず、利害調整という困難な問題に直面することになる。

地域別組織

　全国規模で製品を販売している企業は、セールス・フォースを（時にはマーケティングなど、他の機能も）販売地域別に組織する場合が多い。ナショナル・セールス・マネジャーの下に4人の地方別セールス・マネジャーが配置され、その下にそれぞれ6人の地域別セールス・マネジャー、さらにその下にそれぞれ8人の地区セールス・マネジャー、そしてその下にそれぞれ

10人の販売員がつくという具合である。今日では販売量の多い市場で販売を支援するため、「地域別マーケット・スペシャリスト」（地域別のマーケティング・マネジャー）を配置する場合もある。例えば、マクドナルドは広告にかける予算全体の50％を地域別に費やしている。

製品（ブランド）マネジメント組織

　多様な製品やブランドを生み出している企業は、製品（ブランド）マネジメント組織を設立することが多い。製品マネジメント組織は職能別組織に取って代わるものではなく、マネジメントの別の階層として機能する。製品マネジャーは複数の製品カテゴリー・マネジャーを監督し、製品カテゴリー・マネジャーは複数の特定製品マネジャーおよびブランド・マネジャーを監督する。企業が非常に種類の異なる製品を作っていたり、製品の数がきわめて多いために職能別組織では管理しきれない場合は、製品マネジメント組織が有効である。

　製品マネジメント組織にはいくつかの利点がある。製品マネジャーは担当する製品のために費用効果の高いマーケティング・ミックスの開発に専念できる。市場の変化に迅速に対応できる。また、人気のないブランドもおろそかにされることがない。しかしその反面、このタイプの組織では次の場合に衝突や不満が生じるおそれがある。すなわち、製品マネジャーに責任を遂行するための権限が十分に与えられていない。製品マネジャーが担当製品のエキスパートにはなっても、マネジャーとしての職務を遂行するための専門知識を身につけることはめったにない。製品マネジャーや副マネジャーを弱小製品にもつけると、人件費が高くなる。ブランド・マネジャーは通常、数年で別のブランドを担当するようになったり転職してしまうため、計画が短期的なものになり、長期的なブランド構築の妨げとなる。市場の分裂によって、ブランド・マネジャーはますます地域ごとの販売グループの便宜を図らなければならなくなる。製品マネジャーやブランド・マネジャーは、顧客とのリレーションシップ構築よりも市場シェアの確立を重視するが、価値を創造する第一の要因は、ブランドではなく顧客とのリレーションシップである。

　こうした欠点に対処するため、製品マネジャーから「製品チーム」に移行する企業が増えている。各主要ブランドは、ブランドの業績に影響を与える各職能の代表者からなる**ブランド・アセット・マネジメント・チーム（BAMT）**によって運営されるべきであると考える企業もある。BAMTはBAMT責任者委員会に報告を行い、BAMT責任者委員会はチーフ・ブランド・オフィサーの下に配置される。製品マネジメント組織に代わる第3の方法は、弱小製品担当の製品マネジャーを削減し、残りのマネジャーに複数の製品を担当させることである。この手法は、複数の製品が同じようなニーズを対象にしている場合に可能である。

　第4の方法は、「カテゴリー・マネジメント」を導入し、製品カテゴリーを中心として自社ブランドを管理することである。ブランド・マネジメント・システムの先駆者であるP&Gをはじめ、一流企業数社が近年カテゴリー・マネジメントを取り入れるようになった[18]。P&Gはあらゆるカテゴリーが適切な資源の供給を受けられるようにしたいと考えていた。さらに、小売業者は製品カテゴリーや、自社店舗の異なる部門やセクションから得られる収益可能性の

観点から考える場合が多いので、P&Gは同様の方針で流通業者と取引したいと感じていた。しかし、カテゴリー・マネジメントは万能ではない。この手法も製品主導であることに変わりはないからだ。コルゲートはブランド・マネジメント（コルゲート練り歯磨き粉）からカテゴリー・マネジメント（練り歯磨き粉カテゴリー）へと移行し、さらに顧客ニーズ・マネジメント（口内ケア）と呼ばれる新たな段階へと進んだ。この最終段階で、ようやく組織は基本的な顧客ニーズに力を集中するようになったのである[19]。

市場マネジメント組織

多くの企業が自社製品をいくつかの異なる市場に販売している。キヤノンはFAXを消費者、企業、官公庁といった異なる市場に販売している。顧客が購買に関して独自の選好と慣行を持った異なるユーザー・グループに分かれる場合は、「市場マネジメント組織」が望ましい。この組織では、複数のマネジャー（市場開発マネジャー、市場スペシャリスト、あるいは産業スペシャリストとも呼ばれる）が1人の市場マネジャーの下に配置される。市場マネジャーは必要に応じて職能別組織を利用する。市場マネジャーの下に職能別専門家が配置される場合もある。

市場マネジャーはスタッフであり（現場の従業員とは異なる）、製品マネジャーと同じような義務を負っている。このシステムの利点と欠点は、製品マネジメント・システムとかなり共通している。最大の利点は、マーケティング活動が特定の顧客グループのニーズに合うように組織されることである。「顧客マネジメント組織」では、企業はマス市場や市場セグメントではなく、個々の顧客を相手にし、理解するために組織を編成する。

マトリックス・マネジメント組織

多様な市場に多様な製品を販売している企業は、マトリックス組織を採用する場合がある。デュポンは他社に先んじてマトリックス組織の開発を行ってきた。本社から独立する以前、デュポンの繊維部門はレーヨンなどの繊維をそれぞれ担当する複数の製品マネジャーと、紳士服などの市場別の市場マネジャーで構成されていた。製品マネジャーは各自が担当する繊維の売上と利益を拡大しようとするが、市場マネジャーは特定の繊維の売上を伸ばすことよりも、市場のニーズに応えようとする。市場マネジャーと製品マネジャーの最終的な売上予測の総合計は同じ数字に達する必要があった。デュポンのような企業は、もう一歩進んで市場マネジャーを主要なマーケターとみなし、製品マネジャーを供給業者とみなすこともできる。

マトリックス組織は、多様な製品を多様な市場に販売する企業に適しているようである。問題は、このシステムはコスト高で、しばしば摩擦を引き起こすことである。また権限と責任をめぐる問題もある。それでもマトリックス・マネジメントを採用する企業が増えているのは、機能横断的でフラットな小規模チームによってビジネス・プロセスに取り組むという現在の状況が、マトリックスに適しているからである[20]。

事業部組織

多様な製品を多様な市場に販売する企業が成長すると、規模の大きい製品や市場グループは分離された事業部になる場合が多い。事業部は独自の部門とサービスを設立する。この場合、どのマーケティング・サービスとマーケティング活動を本社に残すべきかという問題が生じる。各事業部にそれぞれのマーケティング部門を持たせる企業もあれば、本部に少人数のマーケティング・スタッフを置いている企業もある。企業本部による強力なマーケティングを維持しようとする企業もある。とはいえ、組織内ではいくつかの活動が「トップダウン」方式で行われる必要がある。ウェブスターによれば、本部レベルのマーケティングには次のような役割がある。(1) 顧客志向の文化を社内に広める。(2) 顧客のニーズや、競合他社の提供物を分析し、市場の魅力度を評価する。(3) 顧客に優れた価値を提供するという観点から、自社の総合的な価値提案を策定する[21]。

グローバル組織

国際的なマーケティング活動を行う企業の組織には3つのタイプがある。グローバル・マーケティングを開始したばかりの企業は、まずセールス・マネジャー1名と数名の部下（限られたマーケティング・サービスを行う）で構成される輸出部門を組織する。グローバル・ビジネスをさらに積極的に推し進める場合には、（マーケティングを含む）職能別の専門家によって構成される国際事業部と、事業単位を設立するとよい。事業単位は製品ないし国際的子会社ごとに、地域別に編成される。本格的にグローバル化した企業では、経営陣と専任スタッフが、全世界の製造工場、マーケティング方針、財務フロー、ロジスティクス・システムについて計画を立てる。グローバルな事業単位は、国際事業部長のもとではなく、トップマネジメント直属で配置されている。

❖ 他部門との関係

典型的な組織では、企業の各機能は顧客満足に潜在的な影響力を有している。マーケティング・コンセプトのもとでは、すべての部門が「顧客本位に考え」、顧客のニーズと期待を満足させるために協力する必要がある。マーケティング部門はこの点を企業に浸透させる必要がある。マーケティング担当副社長（CMO）には、(1) インターナル・マーケティング活動を調整し、(2) 財務部門や事業部門など社内の他の機能部門がマーケティング部門と協力して顧客へのサービスに努めるように調整する、という2つの職務がある。

経営陣は内部のコンフリクトや社内コミュニケーションにおける断絶の可能性を認識し、マーケティングと他の部門とが連携して企業にとって最善の利益を図れるような、バランスの取れた方向性を築き上げる必要がある。お互いの視点を理解するための合同セミナーや、合同委員会、連絡担当者、人的交流プログラム、最も利益が見込める活動方針を決定するための分

析的手法などが、問題解決に役立つはずである[22]。マーケティング部門は定期的に他部門と職能間ミーティングを開き、そこで理解と協調を促進するべきである。複数の部門が共通の目標に向かって協力していれば、マーケティングはより効果を上げられるのである。

マーケティング・プロセスの管理

マーケティングの実行とは、マーケティング計画を具体的な任務に割り振り、計画に示された目的の達成のために任務が実行されることを確実にするプロセスである[23]。どれほど優れた戦略的マーケティング計画であっても、適切に実行されなければ無意味である。戦略はマーケティング活動の「何を」と「なぜ」に取り組むことであるのに対して、実行においては「誰が」「どこで」「いつ」「どのように」が問題となる。戦略と実行には緊密な関係がある。1つの戦略には、それより低いレベルの戦術的実行課題が伴う。例えば、ある製品から「利益を生み出せ」という戦略的決定が経営陣から下ったら、それを具体的な行動や任務に変換しなければならない。

ボノマはマーケティング・プログラムを実行するための4つのスキルを挙げている。(1) 診断スキル（どこで間違っていたのかを判断する能力）、(2) 問題の存在する企業内レベルを特定するスキル（マーケティング機能、マーケティング・プログラム、マーケティング政策のどこで問題が起きたかを判別する能力）、(3) 実行スキル（資源配分し、効果的な組織編成を行い、他者を動機付けする能力）、(4) 評価スキル（成果を評価する能力）[24]。効率的に実行し、マーケティング投資の収益率を上げるために、マーケティング・プロセス、資産、資源をより良く管理できるよう設計された専用のソフトウェアを利用することもできる。

❖評価とコントロール

マーケティング計画の実行中に起こる想定外の出来事に対処するため、マーケティング部門は継続的にマーケティング活動の監視とコントロールを行わなければならない。**表18-1**は企業に必要な4つのマーケティング・コントロールの種類、すなわち年間計画コントロール、収益性コントロール、効率性コントロール、戦略コントロールを示したものである。

第2章で、マーケティング計画と収益性の分析にマーケティングの測定尺度を用いる方法について述べた。年間計画コントロールは企業が売上や利益など、年間計画に設定した目標を確実に達成できるようにすることを目的としている。年間計画コントロールの要は、目的に基づく管理である（**図18-4**参照）。第1に、経営陣が月間または四半期の目標を設定する。第2に、経営陣が市場での業績を監視する。第3に、経営陣が深刻な業績不振の原因を究明する。第4に、経営陣が目標と業績のギャップを埋めるため、修正措置をとる。

このコントロール・モデルは組織内のどのレベルにも適用できる。経営陣は年間の売上と利

表 18-1　マーケティング・コントロールの種類

コントロールの種類	主たる責任者	コントロールの目的	アプローチ
1．年間計画コントロール	経営陣 中間管理職	計画どおりの実績が上がっているかどうかの検証	・売上分析 ・市場シェア分析 ・売上対費用比率 ・財務分析 ・市場ベース・スコアカード分析
2．収益性コントロール	マーケティング・コントローラー	収益を上げている分野と損失を出している分野の検証	・製品ごとの収益性 ・地域ごとの収益性 ・顧客ごとの収益性 ・セグメントごとの収益性 ・取引チャネルごとの収益性 ・注文量ごとの収益性
3．効率性コントロール	ラインおよびスタッフ部門の管理職 マーケティング・コントローラー	マーケティング費の効率性と効果の評価および改善	・セールス・フォースの効率性 ・広告の収益性 ・販売促進の効率性 ・流通の効率性
4．戦略コントロール	経営陣 マーケティング監査官	企業が市場、製品、チャネルに関して最善の事業機会を追求しているかどうかの検証	・マーケティング効果の見直し ・マーケティング監査 ・マーケティング・エクセレンスの検討 ・企業の倫理的責任および社会的責任の見直し

益の目標を立て、これがその下のマネジメント・レベルで具体的な目標に変えられる。各製品マネジャーは具体化された水準の売上とコストの達成を任される。各地域および地区の販売マネジャーとセールス・レップも具体的な目標を割り当てられる。経営陣は定期的に実績を見直し、分析を行う。

❖効率性コントロール

ある製品、地域、市場で十分な利益を上げていないことが収益性分析で明らかになった場合、経営陣はこれらのマーケティング対象に関連して、セールス・フォース、広告、販売促進、流通を管理するより効率的な方法があるかどうかを検討しなければならない。

マーケティングの効率性を高めるために「マーケティング・コントローラー」の役職を設ける企業もある。マーケティング・コントローラーは経理部に所属するが、事業のマーケティングの側面を専門に担当する。ゼネラルフーズやジョンソン＆ジョンソ

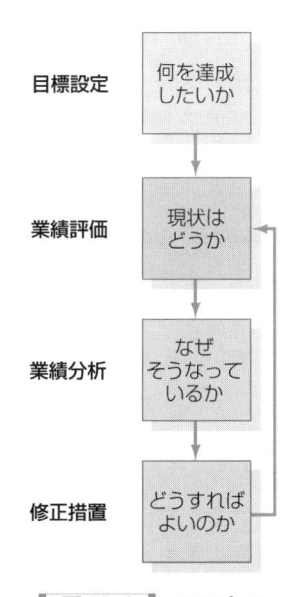

図 18-4　コントロール・プロセス

目標設定 → 何を達成したいか
業績評価 → 現状はどうか
業績分析 → なぜそうなっているか
修正措置 → どうすればよいのか

ンなどの企業では、マーケティング・コントローラーがマーケティング費や成果の緻密な財務分析を行い、利益が計画に沿っているかどうか分析し、ブランド・マネジャーが予算を立てるのを手伝い、プロモーションの効率性を測定し、媒体制作コストを分析し、顧客および地域の収益性を評価し、マーケティング上の意思決定が持つ財務上の意味をマーケティング・スタッフに教育する[25]。

❖戦略コントロール

　企業は時にはマーケティング全体の目標と効果について厳しく再検討する必要がある。その1つの手法が、マーケティング効果の見直しである。これは、1つの企業ないし事業部に、マーケティング志向の5つの主要な属性がどの程度表れているかを検証するものである。5つの属性とは、顧客志向の理念（顧客のニーズと欲求に対応しているか）、統合されたマーケティング組織（マーケティング部門と他の主要な部門が統合されているか）、適切なマーケティング情報（タイムリーで適切なマーケティング・リサーチを行っているか）、戦略志向（正式なマーケティング計画と戦略を策定しているか）、オペレーションの効率（マーケティング資源を効果的かつ柔軟に活用しているか）である。大部分の企業や事業部は「良」から「可」の評価が得られるはずである[26]。

　マーケティング上の弱点を発見した企業は、マーケティング監査を実施すべきである。**マーケティング監査**とは、問題のある分野と事業機会を特定し、企業のマーケティング・パフォーマンスを改善するための活動計画を推奨する目的で、企業または事業単位のマーケティング環境、目的、戦略および活動に対して包括的、系統的、独立的、定期的な調査を行うことである[27]。マーケティング監査では6つの主要なマーケティングの構成要素を検証する。(1) マクロ環境とタスク環境、(2) マーケティング戦略、(3) マーケティング組織、(4) マーケティング・システム、(5) マーケティング生産性、(6) マーケティング機能（4つのP）、である。

　成功している企業は、マーケティング・エクセレンスの検討も行う。これは、優れた業績を上げている企業のベスト・プラクティスと比較して、自社の業績を評価する方法である。その結果、企業の強みと弱みが明らかになり、市場で真に優れた企業になるためにはどの点を改善すればよいかが分かる。最後に、企業は自社が真に倫理的で責任のあるマーケティングを実行しているかどうかを評価する必要がある（詳しくは「マーケティング・スキル▶コーズリレーテッド・マーケティング」参照）。

　事業を成功させ顧客やステークホルダーを継続的に満足させることは、ビジネスとマーケティング行為において高い基準を採用し実践することと深く結びついている。世界で最も称賛される企業は、自社の利益だけを考えず、人々に奉仕するという基準に従っている。社会的に責任のあるマーケティングのレベルを高めていくと、法律、倫理、社会的責任に照らして適切な行動に頼らざるを得なくなる。経営陣は明文化された倫理規範を採用し、社内に周知徹底し、倫理的行動を企業の伝統として確立し、倫理および法律上のガイドラインに従業員が完全

に責任を持って従うようにしなくてはならない(29)。一人ひとりのマーケターが、顧客やステークホルダーとの特定の取引に際して「社会的良心」の役割を果たす必要がある(30)。

マーケティング・スキル ▶ コーズリレーテッド・マーケティング

　多くの企業が、「コーズリレーテッド・マーケティング」を通じて社会的責任とマーケティングを融合させている。コーズリレーテッド・マーケティングとは、特定の主義主張（コーズ）に対する企業の貢献と、顧客が直接または間接的に関わる企業との営利的な取引を結びつけるマーケティングである。コーズリレーテッド・マーケティングは多くのベネフィットを生み出すことができる。例えば、社会福祉の向上、差別化されたブランド・ポジショニングの創出、消費者との強い絆、企業イメージの向上、好感度の創出、社内の士気の高まりと社員の意識の高揚、売上増加などである。まず、支援するコーズの選択が出発点となる。1つないし少数のコーズに集中することで、手間を最小限に抑え、最大限の効果を上げられる。会社やブランドのイメージにふさわしく、自社の社員や株主にとっても関心のあるコーズを選ぶことが多い。

　次のステップは、コーズリレーテッド・マーケティング・プログラムにブランドを付与することである。第1のアプローチは、ドナルド・マクドナルド・ハウス・チャリティーズのように、そのコーズに関連した自己ブランド組織を新規に作ることである。感情的アピールとイメージのアピールを通じて、既存の消費者連想を増大させることができる。第2のアプローチは、既存のコーズのスポンサーあるいはサポーターとしてのコブランドである。重篤な病気を抱えた子供たちのためのNASCAR・ビクトリー・ジャンクション・ギャング・キャンプにシーリーがベッドを寄付しているのがその例である。コブランディングは、既存のコーズから「借りた」あるいは「移された」特定の連想でブランドのイメージを補完する。第3の選択肢は、既存のコーズと提携し、そのコーズに関係するプログラムにブランド名をつけるというアプローチである。例えば自転車の小売業者コロラド・サイクリストは、ロッキー・マウンテン・チャレンジという自転車競技会のスポンサーになっているが、これは多発性硬化症の患者を支援するタイラー・ハミルトン財団のための基金を拠出するためのものである。

　ヘアケア製品を販売するウエラUKは、慈善団体コミック・リリーフが2年に一度開催するレッド・ノーズ・デイのスポンサーとしてコブランドするという選択をした。これはイギリスとアフリカの貧困撲滅および困窮している高齢者や若者を支

援するための募金活動である。ウエラはオフィシャル・レッド・ノーズ・デイ・レッド・ヘアスプレーを売り出し、収益の25％を慈善団体に寄付した。また、このイベントにヘアサロンを巻き込むキャンペーンも開始した。ウエラのパブリック・リレーションズ・マネジャーは、コブランディングの利点を次のように語る。「当社は18〜25歳の女性の消費者市場に進出しようとしていますが、ヘアサロンもターゲットにしています。コブランディングにより当社を、好まれる供給業者としてポジショニングすることができました。レッド・スプレーが取引のきっかけとなり、露出や認知度が大幅に上がっています。また175年の歴史を持つウエラ・ブランドの現代化にも成功しました」[28]。

参考文献

1. Mike Esterl, "Avon Works Out the Wrinkles," *Wall Street Journal*, August 31, 2005, p. B3 ; "Careers : What's It Really Like Inside Avon," *Marketing*, March 23, 2005, p. 79 ; Ramin Setoodeh, "Calling Avon's Lady," *Newsweek*, December 27, 2004, pp. 98+ ; Emily Farris, Faye Brookman, and Julie Naughton, "Beauty Firms Think Pink," *WWD*, October 31, 2003, pp. 10+ ；(www.avon.com).
2. Michael E. Porter, *Competitive Strategy* (New York : The Free Press, 1980), p. 275.
3. Ron Lieber, "Give Us This Day Our Global Bread," *Fast Company*, March 2001, p. 158.
4. Igal Ayal and Jehiel Zif, "Market Expansion Strategies in Multinational Marketing," *Journal of Marketing* (Spring 1979) : 84-94.
5. Niraj Dawar and Amitava Chattopadhyay, "Rethinking Marketing Programs for Emerging Markets," *Long Range Planning* 35, no. 5 (October 2002) : 457-474.
6. Manjeet Kripalani, "Battling for Pennies in India's Villages," *BusinessWeek*, June 10, 2002, p. 22E7.
7. 学術的研究については、以下の文献を参照されたい。Leonidas C. Leonidou, Constantine S. Katsikeas, and Nigel F. Piercy, "Identifying Managerial Influences on Exporting : Past Research and Future Directions," *Journal of International Marketing* 6, no. 2 (1998) : 74-102.
8. Joann Muller, "Global Motors," *Forbes*, January 12, 2004, pp. 62-68.
9. Shaoming Zou and S. Tamer Cavusgil, "The GMS : A Broad Conceptualtization of Global Marketing Strategy and Its Effect on Firm Performance," *Journal of Marketing* 66 (October 2002) : 40-56.
10. Warren J. Keegan, *Multinational Marketing Management*, 5th ed. (Upper Saddle River, NJ : Prentice Hall, 1995), pp. 378-381.
11. Arundhati Parmar, "Dependent Variables : Sound Global Strategies Rely on Certain Factors," *Marketing News*, September 16, 2002, p. 4.
12. David Leonhardt, "It Was a Hit in Buenos Aires－So Why Not Boise ?" *BusinessWeek*, September 7, 1998, pp. 56-58 ; Marlene Parrish, "Taste Buds Tango at New Squirrel Hill Café," *Pittsburgh Post-Gazette*, February 6, 2003, (www.post-gazette.com/food/20030206tango0206fnp4.asp).
13. グローバルな消費者文化のポジショニングにおける相違点については、以下の文献を参照されたい。Dana L. Alden, Jan-Benedict E. M. Steenkamp, and Rajeev Batra, "Brand Positioning Through Advertising in Asia, North America, and Europe : The Role of Global Consumer Culture," *Journal of Marketing* 63 (January 1999) : 75-87.
14. John L. Graham, Alma T. Mintu, and Waymond Rogers, "Explorations of Negotiations Behaviors in Ten Foreign Cultures Using a Model Developed in the United States," *Management Science* 40 (January 1994) : 72-95.

15. David Arnold, "Seven Rules of International Distribution," *Harvard Business Review*, (November-December 2000)：131-137.
16. マーケティングに関する考察についての全般的な歴史は、以下の文献を参照されたい。D. G. Brian Jones and Eric H. Shaw, "A History of Marketing Thought," in *Handbook of Marketing*, edited by Barton A. Weitz and Robin Wensley (London：Sage Publications, 2002).
17. Frederick E. Webster Jr., "The Role of Marketing and the Firm," in *Handbook of Marketing*, edited by Barton A. Weitz and Robin Wensley (London：Sage Publications, 2002), pp. 39-65.
18. Zachary Schiller, "The Marketing Revolution at Procter & Gamble," *BusinessWeek*, July 25, 1988, pp. 72-76；Laurie Freeman, "P&G Widens Power Base：Adds Category Managers," *Advertising Age*, October 12, 1987, pp. 1+.
19. さらに詳しくは、以下を参照されたい。Robert Dewar and Don Schultz, "The Product Manager, an Idea Whose Time as Gone," *Marketing Communications* (May 1998)：28-35；"The Marketing Revolution at Proctor & Gamble," *BusinessWeek*, July 25, 1988, pp. 72-76；Kevin T. Higgins, "Category Management：New Tools Changing Life for Manufacturers, Retailers," *Marketing News*, September 25, 1989, pp. 2, 19；George S. Low and Ronald A. Fullerton, "Brands, Brand Management, and the Brand Manager System：A Critical Historical Evaluation," *Journal of Marketing Research* (May 1994)：173-190；Michael J. Zanor, "The Profit Benefits of Category Management," *Journal of Marketing Research* (May 1994)：202-213.
20. Richard E. Anderson, "Matrix Redux," *Business Horizons*, November-December 1994, pp. 6-10.
21. Frederick E. Webster Jr., "The Role of Marketing and the Firm," in *Handbook of Marketing*, edited by Barton A. Weitz and Robin Wensley (London：Sage Publications, 2002), pp. 39-65.
22. Benson P. Shapiro, "Can Marketing and Manufacturing Coexist？" *Harvard Business Review* (September-October 1977)：104-114. 以下の文献も参照されたい。Robert W. Ruekert and Orville C. Walker Jr., "Marketing's Interaction with Other Functional Units：A Conceptual Framework with Other Empirical Evidence," *Journal of Marketing* (January 1987)：1-19.
23. マーケティング計画の作成と実行について詳しくは、以下の文献を参照されたい。Marian Burk Wood, *The Marketing Plan：A Handbook* (Upper Saddle River, NJ：Prentice Hall, 2003)；H. W. Goetsch, *Developing, Implementing and Managing an Effective Marketing Plan* (Chicago：NTC Business Books, 1993).
24. Thomas V. Bonoma, *The Marketing Edge：Making Stategies Work* (New York：The Free Press, 1985). この項の多くはボノマの著作をもとにした。
25. Sam R. Goodman, *Increasing Corporate Profitabilily* (New York：Ronald Press, 1982), ch. 1. 以下の文献も参照されたい。Bernard J. Jaworski, Vlasis Stathakopoulos, and H. Shanker Krishnan, "Control Combinations in Marketing：Conceptual Framework and Empirical Evidence," *Journal of Marketing* (January 1993)：57-69.
26. この評価法について詳しくは、以下の文献を参照されたい。Philip Kotler, "From Sales Obsession to Marketing Effectiveness," *Harvard Business Review* (November-December 1977)：67-75.
27. Philip Kotler, William Gregor, and William Rodgers, "The Marketing Audit Comes of Age," *Sloan Management Review* (Winter 1989)：49-62.
28. Robert Gray, "Cause-Related Marketing：Red Nose Returns," *Marketing*, March 9, 2005, p. 28；Pat Auger, Paul Burke, Timothy Devinney and Jordan J. Loviere, "What Will Consumers Pay for Social Product Features？" *Journal of Business Ethics* 42 (2003)：281-304；Hamish Pringle and Marjorie Thompson, *How Cause-Related Marketing Builds Brands* (New York：John Wiley & Sons, 1999)；Christine Bittar, "Seeking Cause and Effect," *Brandweek*, November 11, 2002, pp. 19-24；"Marketing, Corporate Social Initiatives, and the Bottom Line," Marketing Science Institute Conference Summary, *MSI Report No. 01-106*, 2001；Rajan Varadarajan and Anil Menon, "Cause-Related Marketing：A Co-alignment of Marketing Strategy and Corporate Philanthropy," *Journal of Marketing* 52 (1988)：58-74.
29. Shelby D. Hunt and Scott Vitell, "The General Theory of Marketing Ethics：A Retrospective and Revision," in *Ethics in Marketing*, edited by John Quelch and Craig Smith (Chicago：Irwin, 1992).
30. Marc Gunther, "Tree Huggers, Soy Lovers, and Profits," *Fortune*, June 23, 2003, pp. 98-104.

用語解説
GLOSSARY

あ行

イノベーション／ innovation
新しいと知覚される財、アイデア、サービス。

イノベーション普及プロセス／ innovation diffusion process
新しいアイデアが、発明や創造の源から末端のユーザーまたは採用者に広まること。

イメージ／ image
特定の対象物に対して人が有する考え、意見、印象を総合したもの。

インターナル・ブランディング／ internal branding
従業員に情報を与え、啓発する活動とプロセス。

売上差異分析／ sales-variance analysis
売上目標と実績のギャップが生じるに至ったさまざまな要因を比較する分析。

売上分析／ sales analysis
売上目標に照らして売上実績を測定し、評価すること。

売上予算／ sales budget
売上高を控えめに見積もったものであり、現時点での購買、生産、キャッシュ・フローに関する決定を下すために利用される。

上澄み吸収価格設定／ market-skimming pricing
それほど価格に敏感でない顧客から最大収益を上げるために、高い価格からスタートして徐々に価格を下げていく価格設定。

エブリデイ・ロー・プライシング／ everyday low pricing（EDLP）
小売業で、価格プロモーションや特別セールをほとんど、ないしはまったく行わず、常に低価格をつけること。

屋外広告（OOH 広告）／ place advertising (out-of-home advertising)
家庭以外の、消費者が働いたり遊んだりする場所に出される広告。

オピニオン・リーダー／ opinion leader
特定の製品や製品カテゴリーに関するアドバイスや情報を私的なコミュニケーションにおいて提供する人物。

卸売業／ wholesaling
再販売あるいは業務での使用を目的として購入する相手に、財やサービスを販売するすべての活動のこと。

か行

開放的流通／ intensive distribution
製造業者ができるだけ多くの販売店に商品やサービスを置くこと。

買回品／ shopping goods
顧客が選択し購入する過程で、適合性、品質、価格、スタイルなどをもとに特性を比較する商品。

カウンタートレード／countertrade
外国の買い手が購入に必要なハード・カレンシー【訳注：外国の通貨に交換できる通貨】を十分に持っていない場合、多くの買い手が別の物品で支払うことを希望すること。

価格差別／price discrimination
企業が1つの製品やサービスを2種類以上の価格で販売するときに生じる価格差。コスト差に基づいたものではない。

学習／learning
経験によってもたらされる個人の行動変化。

学習曲線／learning curve
生産経験の累積による平均コストの低下。

カスタマー・エクイティ／customer equity
企業の全顧客における割引後の生涯価値の総額。

カスタマリゼーション（顧客志向化）／customerization
運営面で行き詰ったマス・カスタマイゼーションとカスタマイズド・マーケティングを融合し、消費者が自分で選択して製品やサービスのデザインができるようにした方法。

価値提案／value proposition
企業が提供を約束するベネフィットの集合。

価値提供システム／value-delivery system
顧客が提供物を入手し使用する過程での期待すべて。

価値提供ネットワーク／value-delivery network
サプライ・チェーンを参照。

価値連鎖／value chain
企業は、製品を設計、生産、販売、配達、支援するために行う活動の統合体である。

活動基準原価計算／activity-based cost（ABC）accounting
さまざまな活動の実際のコストを特定することによって、本当の収益性を定量化する手順。

カテゴリー拡張／category extension
現在、親ブランドが対応していない製品カテゴリーに新しい製品を参入させる際、親ブランドを利用してブランディングすること。

カテゴリー・メンバーシップ／category membership
ブランドの競争相手となり、ごく近い代替品として機能する製品や製品群。

環境上の脅威／environmental threat
不利なトレンドや変化によって引き起こされ、売上や利益の低下をもたらす難局。

願望集団／aspirational groups
個人がそこに属したいと願う集団。

企業需要／company demand
企業がある特定期間に実施したマーケティング努力に応じて見込まれる市場需要シェア。

企業の売上予測／company sales forecast
選択したマーケティング計画と想定上のマーケティング環境に基づいて期待される企業の売上水準。

企業文化／corporate culture
組織を特徴づける共通の経験、歴史、信念、行動様式。

期待製品／expected product
購買者がその製品を買い求めるときに通常期待する一連の属性と条件。

基本製品／basic product
実際の製品。

キャプティブ製品／captive products
カミソリの刃やフィルムのように、他の製品を使用するために必要な製品。

業界／industry
互いに代替性の高い製品あるいは製品グループを提供する企業の集団。

競争優位／competitive advantage
競合他社が模倣できない、あるいは模倣しようとしない方法を実践する能力。

グレー・マーケット／gray market
製品の製造国または国外で、正規の、あるいは認可を受けた流通チャネルから流出したブランド製品の市場が売買される。

グローバル企業／global firm
複数の国々で事業を行い、研究開発、生産、物流、マーケティング、財務において、コストの点でも名声の点でも、国内だけで事業を行う競合他社には手に入らない優位を獲得している企業のこと。

グローバル産業／global industry
主要な地理的市場または国内市場における各社の戦略的ポジションが、全体的なグローバル・ポジションによって根本的に影響を受ける産業のこと。

経験曲線（学習曲線）／experience curve (learning curve)
生産経験の累積による平均コストの低下を示した曲線。

形態／form
製品の大きさ、形状、あるいは物理的な構造。

契約に基づくセールス・フォース／contractual sales force
売上に応じてコミッションが支払われるメーカーのセールス・レップ、販売代理店、ブローカーなど。

現行レート価格設定／going-rate pricing
主として競合他社の価格に基づいて価格を決めること。

検索連動型広告／search-related ads
検索語が消費者の消費への関心を代弁するものとして使われ、製品ないしサービス提供物への関連リンクが検索結果の隣にリストアップされる広告。

コア・コンピタンス／core competency
(1)顧客ベネフィットの知覚に大きく貢献し競争優位の源となり、(2)応用範囲が幅広く、多様な市場に通用し、(3)競争相手が模倣しにくい属性。

コア・バリュー／core values
消費者の態度や行動の根底にある信念システムで、人々の長期にわたる選択や願望を決定する。

公益機関市場／institutional market
学校、病院、老人ホーム、刑務所などの施設。ケア対象となる人々に、製品やサービスを提供しなければならない。

交換／exchange
求める製品を他者から手に入れ、お返しに何かを提供するプロセス。

広告／advertising
スポンサー名を明らかにして行われる、アイデアや財やサービスの非人的なプレゼンテーションとプロモーションのうち、有料の形態をいう。

広告目標（または広告目的）／advertising goal (or objective)
一定期間に特定の標的視聴者を対象に行われる達成すべき特定のコミュニケーション・タスクのこと。

購買時点／point-of-purchase (POP)
購買が行われる場所。通常は小売店頭と考えられる。

購買中枢／buying center
購買決定プロセスに参加する個人とグループのすべてをいい、目的と決定に伴うリスクを共有する。

小売業／retailing
個人用途、非業務用途で最終消費者に財またはサービスを直接販売することに関わる、すべての活動を指す。

小売業者（または小売店）／retailer (retail store)
売上高が主に小売からなる事業体。

顧客価値ヒエラルキー／customer value hierarchy
市場提供物を企画するにあたって、マーケターが検討すべき必要のある5つの製品レベル。

顧客データベース／customer database
個々の顧客や見込み客に関する多彩な情報を系統的にまとめたもの。最新で、アクセス可能であり、マーケティング目的に活用される。

顧客の入れ替わり／customer churn
顧客の離反率の高さ。

顧客の収益性の分析／customer profitability analysis（CPA）
活動基準原価計算（ABC）などの会計技術を使い、顧客の収益性を評価して格付けする方法。

顧客の生涯価値／customer lifetime value（CLV）
顧客の生涯にわたる購買活動に期待できる将来の利益の流れを、現在価値で表したもの。

顧客の知覚価値／customer perceived value（CPV）
ある製品・サービスと、知覚される代替品の全ベネフィットおよび全コストを見込み客が評価した際の差。

顧客パフォーマンス・スコアカード／customer performance scorecard
毎年の業績を顧客中心の尺度で記録したもの。

顧客ベースのブランド・エクイティ／customer-based brand equity
ブランド知識が、当該ブランドのマーケティングに対する消費者の反応に及ぼす効果の違い。

顧客リレーションシップ・マネジメント／customer relationship management（CRM）
個々の顧客についての詳細情報を管理し、顧客ロイヤルティを最大化するためにすべての顧客の「タッチポイント」を入念に管理するプロセスのこと。

個人の影響力／personal influence
ある人が別の人の態度や購買確率に与える影響。

固定費（間接費ともいう）／fixed costs（overhead）
生産高や売上高によって変化しないコスト。

コブランディング／co-branding
複数の有名ブランドを組み合わせて1つの製品にしたり、何らかの方法で一緒に市場に送り出したりすること。

コミュニケーション効果の調査／communication-effect research
広告が効果的に伝達できているかどうかを調べること。

コミュニケーション適合／communication adaptation
マーケティング・コミュニケーション・プログラムの内容を現地市場に合わせて変更すること。

コンジョイント分析／conjoint analysis
製品属性の水準を変えてみることによって、消費者が感じる製品の効用価値がどう変化するかを導き出す手法。

コンテナリゼーション／containerization
2つの輸送手段間の移送を容易にする箱またはトレーラーに商品を入れること。

コンテンツ・ターゲット広告／content-target advertising
広告をキーワードではなくウェブページのコンテンツにリンクしたもの。

さ行

サイコグラフィックス／psychographics
心理学とデモグラフィックスを利用して、消費者をよりよく理解しようとする科学のこと。

採用／adoption
個人がある製品の定期的なユーザーとなる意思決定のこと。

サービス／service
一方が他方に対して提供する行為や行動で、本質的に無形で何の所有権ももたらさないもの。

用語解説

サブカルチャー／subculture
文化をさらに細分した単位で、国籍、宗教、人種、地理的地域など、構成員の特徴や社会生活のあり方をより具体的に規定する。

サプライ・チェーン／supply chain
企業が特定の供給業者や流通業者とパートナーを組んで製品を作り、それを市場に持ち込むこと。

サプライ・チェーン・マネジメント／supply chain management（SCM）
適切なインプット（原材料、部品、設備）を調達し、それを完成製品へと効率的に転換し、最終目的地に発送すること。

参照価格／reference prices
消費者の記憶にある価格情報で、新しい価格を吟味する際に用いる。

ジェネリック製品／generics
ブランドのない、簡易包装で安く提供される製品のこと。

市場機会分析／market opportunity analysis（MOA）
市場の魅力度と成功の確率を判断するために使われるシステム。

市場シェア／market share
自社製品に対する選択的需要のこと。

市場需要／market demand
特定のマーケティング・プログラムのもとで、特定のマーケティング環境において、特定の時期に、特定の地理的エリアで、特定の顧客グループが購入する製品の総数量。

市場浸透価格設定／market-penetration pricing
価格に敏感な顧客からの売上を促進するために低価格からスタートし、生産性を上昇させる価格設定。

市場潜在力／market potential
マーケティング費を増やしても、これ以上の需要を刺激することはないだろうと思われる市場需要の上限。

市場積上法／market-buildup method
各市場の潜在的な買い手をすべて特定し、彼らの潜在的購買量を評価する方法。

市場分割／market partitioning
段階的な意思決定方略を使う消費者が、ブランド選択の際に検討する属性のヒエラルキーを調べるプロセス。

市場予測／marketing forecast
業界のマーケティング費の水準に対応する市場需要。

シナリオ分析／scenario analysis
市場を動かす要因についてさまざまな仮説を立て、不確定要素も考慮しながら、会社の将来像を描き出すこと。

社会階層／social classes
社会において同質で持続性のある集団のこと。序列によって区分され、同じ階層の構成員は同じような価値観、関心、行動を有している。

収益性の高い顧客／profitable customer
ある期間を通じて収益の流れを生み出す個人、世帯、企業のことで、その収益は、企業が当該顧客を引きつけ、販売し、サービスを提供する一連の流れにおいて生じるコストを十分上回る。

修理可能性／repairability
製品が誤作動したり作動しなくなったりしたときの修理のしやすさ。

準拠集団／reference groups
ある人の態度や行動に、直接または間接に影響を与えるすべての集団。

ジョイント・ベンチャー／joint venture
複数の投資主が所有権とコントロールを共有する企業。

譲渡／transfer
贈り物、寄付金、慈善的寄贈など。AがBにXを与えるがお返しに有形の物は何も受け取らない。

消費者関与／consumer involvement
マーケティング刺激に反応する際の消費者エンゲージメントの度合いと、行われる処理の活発さの度合い。

消費者行動／consumer behavior
個人、集団、組織が自身のニーズと欲求を満足させるために、製品、サービス、アイデア、経験をどのように選択し、購買し、使用し、廃棄するのかについての研究。

消費者保護運動／consumerist movement
販売者との関係において購買者の権利と力を強化しようとする市民と政府の組織的な活動。

人的コミュニケーション・チャネル／personal communications channels
複数の人々が直接コミュニケーションを行うこと。一対一、ないし1人が大勢の聴衆に対する形で対面して行うこともあれば、電話や電子メールを通じて行うこともある。

浸透市場／penetrated market
特定企業の製品を購入している消費者の集合。

信念／belief
人があるものに対して抱いている考えを言葉で言い表したもの。

信頼性／reliability
製品が、ある一定期間内に誤作動したり作動しなくなったりしない見込みのこと。

垂直的統合／vertical integration
製造業者が供給業者や流通業者などの仲介業者をコントロールしたり所有しようとしたりすること。

垂直的マーケティング・システム／vertical marketing system（VMS）
統合されたシステムとして活動する生産者、卸売業者、小売業者。

水平的マーケティング・システム／horizontal marketing system
関連のない複数の企業が、新たな市場機会を開拓するために、資源またはプログラムを統合するもの。

スタイル／style
製品の外観と買い手に与える印象。

ステークホルダー・パフォーマンス・スコアカード／stakeholder-performance scorecard
企業の業績に重大な利害と多大な影響力を持つ、さまざまな関係者の満足度を調査する指標。

スーパーセグメント／supersegment
活用可能な類似性を共有する一連のセグメント。

生殖のための家族／family of procreation
配偶者と子供。

性能品質／performance quality
製品の主な特徴が機能する水準。

製品／product
欲求やニーズに応えるために市場に提供されるもの。

製品インベンション／product invention
開発その他の方法で新しい製品を創案すること。

製品システム／product system
種類は異なっていても関連性のあるアイテムグループのことであり、機能に互換性がある。

製品適合／product adaptation
現地の状況や好みに合わせて製品に変更を加えること。

製品ミックス（製品アソートメントともいう）／product mix（assortment）
特定の売り手が販売するすべての製品とアイテムの集合体。

成分ブランディング／ingredient branding
コブランディングの特殊なケースで、他のブランド製品に欠くことのできない材料、構成成分、部品などのブランド・エクイティを作り出すこと。

0（ゼロ）段階チャネル（ダイレクト・マーケティング・チャネル）／zero-level channel（direct-marketing channel）
製造業者が最終顧客に直接販売すること。

潜在市場／potential market
ある製品やサービスに対し、十分なレベルの関心を持っている消費者の集合。

潜在製品／potential product
製品あるいは提供物に対して将来行われる可能性のある膨張および変形のすべて。

全体市場シェア／overall market share
当該企業の売上が市場全体の売上に占める比率。

選択的流通／selective distribution
特定の製品を扱いたいと希望している仲介業者の中から数社を選んで使うこと。

専門品／specialty goods
独自の特性やブランド・アイデンティティを備えた商品のことで、十分な数の買い手が特別な努力をしてでも購入しようとするもの。

戦略／strategy
企業が目標に至るためのゲーム・プラン。

戦略グループ／strategic group
特定の標的市場において、同じ戦略をとっている一群の企業。

戦略事業単位／strategic business unit（SBU）
企業の他の部分とは独立して計画を立案できる、単一の事業または関連事業の集合で、独自の競争相手を持ち、戦略計画と利益成果に責任を持つマネジャーがいる。

総顧客価値／total customer value
特定の市場提供物に対して顧客が期待する経済的、機能的、心理的ベネフィットを総合し、金銭的価値として知覚されるもの。

総顧客コスト／total customer cost
特定の市場提供物を評価し、入手し、使用し、廃棄する過程において顧客が見積もった金銭コスト、時間コスト、エネルギーコスト、心理コストを総合したもの。

総コスト／total costs
生産水準にかかわらず固定費と変動費を合計したもの。

相対的市場シェア／relative market share
最大の競合他社との比較で算出した比率。

組織／organization
企業の構造、企業理念、企業文化から構成されるもの。

組織購買／organizational buying
正式な組織が、購入対象となる製品やサービスに対してニーズを確立し、複数のブランドや供給業者を特定し、評価し、その中から選択する意思決定プロセス。

組織的小売／corporate retailing
規模の経済性、大きな購買力、広範なブランド認知度、教育の行き届いた従業員という強みを持つ、組織が所有する小売販路。

損益分岐点分析／break-even analysis
予定した価格と原価構成で損益分岐点に達するには、その製品を何個売ればいいのかを推定すること。

た行

耐久性／durability
自然な状態あるいは過酷な使用状態で、その製品が機能すると予測される耐用期間。

対象市場／served market
当該企業の製品を購入する能力と意思のあるすべての買い手。

対象市場シェア／served market share
対象市場において当該企業の売上が占めている比率。

態度／attitude
ある個人が持続して有する、物事や考え方に対する好意的または非好意的な評価、感情、行動の傾向。

ダイレクトオーダー・マーケティング／direct-order marketing
一般的に顧客からの注文という形での、測定可能な反応を求めるマーケティング。

ダイレクト・マーケティング／direct marketing
仲介業者を使わずに消費者直接販売（CD）チャネルを利用して、顧客に到達し、財やサービスを届けること。

抱き合わせ購入契約／tying agreements
強力なブランドを有する生産者が、同じ製品ラインの他製品またはサービスも買うことを条件にディーラーに販売する契約。

ターゲット・コスティング／target costing
製品がアピールする力や競合製品の価格を考慮して、売れる価格を決定し、その価格から望ましい利益マージンを差し引くこと。

ターゲットリターン価格設定／target-return pricing
企業が目標とする投資収益率（ROI）を生むように価格を決定すること。

地位／status
自分の属する階層や文化における立場。

知覚／perception
人が与えられた情報を選別し、編成し、解釈し、そこから意味のある世界観を形成するプロセス。

チャネル協調／channel coordination
潜在的に相反する独自の目標を持った各チャネル・メンバーが、チャネル全体の目標のためにまとまること。

チャネル・コンフリクト／channel conflict
あるチャネル・メンバーの行動がチャネルの目標達成を妨害すること。

チャネル・パワー／channel power
チャネル・メンバーの行動に影響を与え、さまざまな行動を起こさせる能力。

中核ベネフィット／core benefit
顧客が実質的に手に入れる基本的なサービスやベネフィット。

直接製品収益性／direct product profitability（DPP）
製品が倉庫に到着してから顧客が店舗で購入するまでの取り扱いコストを測定する方法。

直接的な（社内の）セールス・フォース／direct (company) sales force
当該企業専属で働くフルタイムもしくはパートタイムの従業員。

直接導入／straight extension
製品にまったく変更を加えずに国外市場に導入すること。

手がかり／cues
いつ、どこで、どのように反応するかを決める小さな刺激。

適合品質／conformance quality
生産された製品すべてが等しく、約束された仕様を満たしている程度。

データ・ウェアハウス／data warehouse
企業のコンタクトセンターにより収集され、系統化され、保管された現在データの集積。

データベース・マーケティング／database marketing
顧客との接触や取引、そして顧客リレーションシップの構築を目的として、顧客データベースやその他のデータベースを構築し、メンテナンスし、活用するプロセス。

データマイニング／data mining
大量のデータから、個人、トレンド、セグメントについての有効な情報を取り出すこと。

用語解説

デマンド・チェーン・プランニング／demand-chain planning
まず標的市場を決め、そこからさかのぼってサプライ・チェーンを設計していくプロセス。

テレマーケティング／telemarketing
電話とコールセンターを使って、顧客を新たに開拓したり、既存顧客に販売したり、注文を受けたり、問い合わせに答えるといったサービスを提供したりすること。

電子購買／e-purchasing
企業が財、サービス、情報をさまざまなオンラインの供給業者から購入すること。

電子商取引／e-commerce
企業もしくはサイトがオンラインでの取引を提供したり、商品やサービスの販売をオンラインによって促進したりすること。

電子ビジネス／e-business
企業がビジネスを行うにあたって、電子的な手段および電子プラットフォームを使用すること。

電子マーケティング／e-marketing
企業がインターネットを通じて購買者に情報を提供し、コミュニケーションを行い、プロモーションし、製品やサービスを販売すること。

伝統的マーケティング・チャネル／conventional marketing channel
独立した生産者、卸売業者、小売業者。

動因／drive
行動を引き起こす内部からの強い刺激。

動機／motive
実際に行動を起こすレベルに高められたニーズのこと。

統合型マーケティング／integrated marketing
マーケティング活動を混ぜたり組み合わせたりして、その個々の効果と全体としての効果を最大にすること。

統合型マーケティング・コミュニケーション／integrated marketing communications（IMC）
マーケティング・コミュニケーション計画に対する1つのコンセプトで、包括的な計画の付加価値を認めたもの。

統合型ロジスティクス・システム／integrated logistics systems（ILS）
情報技術に支援された原材料管理、原材料フロー・システム、物流のこと。

特徴／features
製品の基本的な機能を高めるもの。

トータル・クオリティ・マネジメント／total quality management（TQM）
組織内のあらゆるプロセス、製品、サービスの品質を常に向上させ続けるための全社的な取り組み。

取引／transaction
2つ以上のグループ間でなされる価値のやり取り。例えばAがBにXを与え、代わりにBからYを受け取る。

トレンド／trend
事象の方向性もしくは連続性のことであり、ある程度の勢いと持続性を備えたもの。

な行

二重適合／dual adaptation
製品とコミュニケーションの両方を現地市場に適合させること。

2段階価格設定／two-part pricing
固定料金と変動する利用料金からなる価格設定。

は行

媒体選択／media selection
標的視聴者に理想的な頻度と形で露出するために、最も費用効果の高い媒体を見つけること。

排他的流通／exclusive distribution
再販業者によるサービスとその水準をコントロールするために、仲介業者の数を厳しく限定すること。

バイラル・マーケティング／viral marketing
マーケティング活動とマーケティング目標を支援するために、インターネットを使ってクチコミを発生させること。

ハイ・ロー・プライシング／high-low pricing
日ごろは高い価格をつけているが、頻繁にプロモーションや特別セールを行うこと。

パーソナリティ／personality
周囲の刺激に対して比較的一貫した反応を継続的に示す個人の心理的特性。

パッケージング／packaging
製品の容器をデザインし製造するためのすべての活動。

パートナー・リレーションシップ・マネジメント／partner relationship management（PRM）
企業が供給業者、流通業者、広告会社、マーケティング・リサーチ会社などの主要パートナーとの間に相互に満足のいく長期的関係を構築するために行う活動。

バナー広告／banner ads（internet）
ブランドを支援するためのテキストと画像を入れた小さな長方形のネット広告。

パブリック／public
企業の目標達成能力に対して、実際にまたは潜在的に利害関係や影響力を持つ集団。

パブリック・リレーションズ／public relations（PR）
企業イメージや個々の製品をプロモーションしたり保護したりするために企画された、さまざまなプログラム。

バリュー価格設定／value pricing
高品質の提供物にかなり低い価格をつけ、顧客のロイヤルティを勝ち取る方法。

バリュー・ネットワーク／value network
自社の提供物の供給、拡大、配送を行うために企業が形成するパートナーシップやアライアンスのシステム。

販売促進／sales promotion
消費者や流通業者に対して、特定の製品やサービスの購入頻度を高めたり購入量を増加させる、主として短期的なインセンティブ・ツールの集まり。

販売割当／sales quota
製品ライン、企業の部門、セールス・レップに与えられた販売目標。

ビジネス市場／business market
製品やサービスを他の製品やサービスの生産に使うために購入するすべての組織から成り立っている。

ビジネス・データベース／business database
企業顧客の過去の購買履歴（量、価格、利益）を網羅した情報。

非探索品／unsought goods
煙探知機のように、消費者がそれについて知らなかったり、通常なら買おうと思ったりしない商品。

ピュア・クリック／pure-click
これまで会社として存在しなかった組織がウェブサイトを立ち上げてできた企業。

標的市場／target market
有資格有効市場の中で企業が追求すると決めた部分。

品質／quality
明示的あるいは暗示的なニーズを満たす能力のある製品（またはサービス）の特徴や特性を総合したもの。

ファッド／fad
予測がつかず短命で、社会的、経済的、政治的にみて重要性がない流行のこと。

フォーカス・グループ／focus group
デモグラフィックスやサイコグラフィックスなど特定の条件に基づいて慎重に選ばれた6〜10人のグループのことであり、指定場所に集まり、さまざまな関心事について討論する。

用語解説

プッシュ戦略／push strategy
製造業者が自社のセールス・フォースと流通プロモーション費を投入することによって、仲介業者が最終消費者に向けて商品を運び、プロモーションし、販売するよう促す戦略。

プライベート・ブランド／private label brand
小売業者および卸売業者が開発し販売するブランド。

ブランディング／branding
製品やサービスに、ブランドのパワーを授けること。

ブランディング戦略／branding strategy
ある企業が販売する製品に適用される、共通の特徴あるブランド要素の数や性質。

ブランド／brand
個別の売り手もしくは売り手集団の商品やサービスを識別させ、競合他社の商品やサービスから差別化するための名称、言葉、記号、シンボル、デザイン、あるいはそれらを組み合わせたもの。

ブランド・イメージ／brand image
消費者による知覚と信念であり、消費者の記憶内の連想に反映される。

ブランド・エクイティ／brand equity
製品やサービスに与えられた付加価値。

ブランド拡張／brand extension
確立されたブランドを利用して新製品を導入すること。

ブランド監査／brand audit
消費者に焦点を当てて行われるもので、ブランドの健全性を評価し、ブランド・エクイティの源を明らかにし、そのエクイティを向上させたり活用したりする方法を示唆する一連の手順。

ブランド・コンタクト／brand contact
顧客または見込み客が、ブランド、製品カテゴリー、あるいはマーケターの製品やサービスと関係のある市場との間に持つ、何らかの情報を担った経験。

ブランド知識／brand knowledge
ブランドから連想されるすべての考え、感情、イメージ、経験、信念。

ブランド認知／brand awareness
さまざまな状況下で消費者がブランドを特定できることであり、消費者のブランド認識やブランド想起として把握される。

ブランドの希釈化／brand dilution
消費者がもはやブランドを特定の製品や非常に類似した製品に結びつけず、当該ブランドのことをあまり考えなくなり始めた状況。

ブランド・パーソナリティ／brand personality
あるブランドが備えていると考えられる人間的特徴の一定の組み合わせ。

ブランド・プロミス／brand promise
ブランドがどうあるべきか、消費者に何をすべきかについてのマーケターの見解。

ブランド・ポートフォリオ／brand portfolio
特定の企業が特定のカテゴリーで購買者に提供する、すべてのブランドとブランド・ラインの一式。

ブランド要素／brand elements
ブランド名、ロゴ、キャラクターなど、ブランドの識別や差別化に役立つトレードマークとなる手段。

ブランド連想／brand associations
ブランドに関する思考、感情、知覚、イメージ、経験、信念、態度など、ブランド・ノードとリンクするすべてのものからなる。

フリクエンシー・プログラム／frequency programs（FPs）
購入回数が多かったり購入額が大きかったりする顧客に特典を与える仕組み。

ブリック・アンド・クリック／brick-and-click
既存の企業で、情報伝達や電子商取引のためにオンラインのサイトを加えた企業。

フレキシブルな市場提供物／flexible market offering
(1)セグメントの全構成員が高く評価する製品とサービス要素であるネイキッド・ソリューション、(2)セグメント構成員の一部が高く評価するオプション。

文化／culture
人の欲求と行動の根本的な決定要素。

分離集団／dissociative groups
個人がその価値観や態度を拒絶している集団。

平均コスト／average cost
特定の生産水準における1単位当たりのコストをいい、総コストを生産高で割った額に等しい。

変動費／variable costs
生産水準に直結して変動する費用。

方向づけのための家族／family of orientation
両親と兄弟姉妹。

膨張製品／augmented product
顧客の期待を上回り、競合他社の製品と差別化できるような特徴を備えた製品。

ポジショニング／positioning
企業の提供物やイメージを、標的市場のマインド内に特有の位置を占めるように設計する行為。

ホリスティック・マーケティング／holistic marketing
マーケティングのプログラム、プロセス、活動それぞれの幅と相互依存性を認識したうえで、マーケティングのプログラム、プロセス、活動を開発し設計し実行すること。

ま行

マイクロサイト／microsite
外部の広告主／企業が料金を支払って管理している、ウェブ上の限定されたエリア。

マークアップ／markup
製品のコストに標準的な利益分を上乗せする価格設定方法。

マーケター／marketer
見込み客と呼ばれる他者からの反応（注目、購買、投票、寄付）を求めている人のこと。

マーケット・ロジスティクス／market logistics
顧客の要求を満たしかつ利益を上げるために、要件を満たすインフラストラクチャーを計画し、生産地点から使用地点までの原材料と最終製品の物的な流れを導入し、コントロールすること。

マーケティング／marketing
個人および組織の目標を達成しうる交換を成立させるために、アイデア、財、サービスの着想、価格設定、プロモーション、流通を計画し実行するプロセス。

マーケティング・インテリジェンス・システム／marketing intelligence system
マーケティング環境で起こっている状況について、日々の情報を得るためにマネジャーが利用する手順と情報源のこと。

マーケティング監査／marketing audit
企業または事業単位のマーケティング環境、目的、戦略および活動に対して包括的、系統的、独立的、定期的な調査を行うこと。

マーケティング機会／marketing opportunity
企業がそのニーズを満たして利益を上げられる可能性の高い購買者ニーズと関心が存在している分野。

マーケティング計画／marketing plan
マーケターが市場を研究した結果を要約し、企業がマーケティング目的に到達するための計画を記した文書で、マーケティング努力の方向性を示し調整するのに役立つ。

マーケティング・コミュニケーション／marketing communications
企業が自社の販売する製品やブランドについて消費者に直接ないし間接的に情報を発信し、説得し、想起させようとする手段。

マーケティング・コミュニケーション・ミックス／marketing communications mix
広告、販売促進、イベントと経験、パブリック・リレーションズおよびパブリシティ、ダイレクト・マーケティング、人的販売。

マーケティング情報システム／marketing information system（MIS）
マーケティング意思決定者のために情報を収集、選別、分析、評価、伝達するための人員、装置、手順のこと。

マーケティング・チャネル／marketing channels
製品やサービスの使用または消費を可能とするプロセスに関わる、相互依存的な組織集団。

マーケティング・チャネル・システム／marketing channel system
企業によって採用されたマーケティング・チャネルの組み合わせ。

マーケティング・ネットワーク／marketing network
企業とそれを支えるステークホルダーで、相互に利益のあるビジネス関係を築いている。

マーケティングの測定尺度／marketing metrics
企業がマーケティング成果を定量化、比較、解釈するときに使うさまざまな基準。

マーケティング・パブリック・リレーションズ／marketing public relations（MPR）
企業や製品のイメージを構築し、マーケティング目標の達成を促進するためのパブリシティをはじめとする活動。

マーケティング・マネジメント／marketing management
ターゲット市場を選択し、優れた顧客価値を創造し、提供し、伝達することによって、顧客を獲得し、維持し、育てていく技術および科学。

マーケティング・リサーチ／marketing research
企業が直面する特定の市場状況に関するデータと調査結果の体系的なデザイン、収集、分析、報告。

マス・マーケティング／mass marketing
販売者が1つの製品をすべての購買者に対して、大量生産、大量流通、大量プロモーションすること。

マルチチャネル・マーケティング／multichannel marketing
1つの企業が複数の顧客セグメントに到達するために、複数のマーケティング・チャネルを使うこと。

満足／satisfaction
買い手の期待に対して製品の知覚パフォーマンス（または結果）がどれほどであったかを比較することによって得られる、個人の喜びまたは失望の感情。

ミクロ売上分析／microsales analysis
売上目標を達成できなかった個々の製品や地域を検討すること。

見込み客／prospect
他者からの反応（注目、購買、投票、寄付）を求めている人。

ミッション・ステートメント／mission statements
組織がマネジャー、従業員、そして（多くの場合）顧客と共有するために作成した声明。

メガマーケティング／megamarketing
特定市場に参入し事業を展開するため、経済的スキル、心理的スキル、政治的スキル、パブリック・リレーションズ・スキルを戦略的に調整して、多くの当事者の協力を得るマーケティング手法。

メンバーシップ・グループ／membership groups
個人に直接影響を与える集団。

目標設定／goal formulation
計画対象期間の具体的な目標を設定するプロセス。

最寄品／convenience goods
消費者が頻繁に、即座に、最小限の努力で購入する商品。

や行

役割／role
その人が果たすべき行動のこと。

有効市場／available market
関心、収入、特定の製品またはサービスへのアクセスを備えた消費者の集合。

優先的価格設定／yield pricing
(1)早期購入は制限つきの割引価格、(2)遅めの購入は割高な価格、(3)期限切れ直前の売れ残りは最低価格を提供すること。

予測／forecasting
買い手がある一定条件のもとでどのような行動をとるかを予想する技術。

ら行

ライフサイクル・コスト／life-cycle cost
製品の購入金額とあらかじめ見越したメンテナンスと修理費の合計金額から、あらかじめ予想下取り金額を差し引いたもの。

ライフスタイル／lifestyle
活動、関心、意見などに表れる人それぞれの生活パターンのこと。

ライフステージ／life stage
人それぞれの主な関心事は異なってくる。例えば、離婚を経験する、再婚する、老親の介護をする、同棲を決める、新居購入を決断する、などがある。

ライン拡張／line extension
現在、親ブランドが対応している製品カテゴリーの中で、新しい市場セグメントを標的とする新製品にその親ブランドが使われること。

ライン・ストレッチング／line stretching
企業が現在の範囲を超えて製品ラインの長さを伸ばすこと。

リレーションシップ・マーケティング／relationship marketing
取引を開始し維持するために主要な関係者と相互に満足のいく長期的な関係を築くこと。

連想ネットワーク型記憶モデル／associative network memory model
記憶はノードとリンクの組み合わせから作られるという考え方。ノードとは保存された情報や概念で、リンクでつながっており、リンクはこの情報または概念の関連づけの強さをいう。

ロイヤルティ／loyalty
ある製品サービスを再購入や再利用しようとするコミットメント。

索引
INDEX

数字
0段階チャネル　298
1段階チャネル　299
2段階価格設定　284
2段階チャネル　299
3段階チャネル　299
4つのC　13
4つのP　13
5つの製品レベル　221

英字
B to B（企業間取引）　151
BB&T　151
BMW　341
GAP　321
GE　334
GM（ゼネラル・モーターズ）　413
HP（ヒューレット・パッカード）　11, 192
IBM　141
IBMのi-Source　392
P&G　189, 417
PRIZMクラスター　146
SAP　121
SWOT分析　37
U.S.スチール　20
VALS　147
W.W.グレンジャー　330

ア行
アイデア
　　──スクリーニング　228
　　──創出　228
アウトソーシングと自由貿易　68
アカウント・マネジャー　395
アックス　390
アップル　3, 212
アピール
　　情報型──　348
　　変容型──　348
アマゾン・ドットコム　200
アメリカ・マーケティング協会　5, 166
アヤールとジフ　411
アルファテスト　232
アンバンドリング　286
委員の追加　310
意思決定　334
　　グローバル・マーケティング　411
　　MPRにおける──　379
　　リサーチで──　50
移動障壁　201
移動防御　208
イノベーション普及プロセス　235
イベント
　　──機会　377
　　──企画　378
　　──と経験　351, 376
　　──スポンサーになった　377
　　──マーケター　351
　　──の目的　376
イメージ　346
　　──による差別化　198
　　ブランド──　172
インターナル
　　──ブランディング　172
　　──マーケティング　251, 416
インターネット・サービス・プロバイダー　312
インタラクティブ・マーケティング　251
インテル　181
ウィンド　122
ウェブサイトの設計　391
ウェブスター　122
ウェルズ・ファーゴ　51
ウォルト・ディズニー　7
ウォルマート　50
受身型マーケティング　93
売上分析　44
売上予算　60
売上予測　58
売上予測の方法　63
売上差異分析　44
売上高比率予算　353
売上高マーケティング費比率分析　44
上澄み吸収価格設定　268
エイボン　409
エクスターナル・マーケティング　251
エスニック市場　65
エブリデイ・ロー・プライシング（EDLP）　277
エンコーディングとコミュニケーション　110
屋外広告　367
オークション型価格設定　278
オピニオン・リーダー　104
卸売業　327
　　卸売業者　329
　　タイプ　328
　　のトレンド　331

カ行
買い手の交渉力　199
外部環境　37
開放的流通　302
買回品　222
「買うのを拒む」顧客　208
カウンタートレード　281
価格　267
　　──エスカレーション　415
　　価値──　276
　　──感受性　269
　　──決定　322
　　参照──　267
　　──重視の買い手　276
　　需要の弾力性　270
　　手がかり　267
　　──適合　280
　　──値上げ　285
　　──の影響　280
　　──変更　286

442 索引

割引——とアロウワンス　281
価格設定　266
　——の方針　280
　——目的　268
価格−品質の推論　267
学習　109
学習曲線　272
学習と行動　109
過剰需要　286
カスタマイズド・マーケティング　142
カスタマー・エクイティ　88
カスタマリゼーション　142
寡占　201
家族形態　66
家族と購買行動　104
カタログ・マーケティング　338
価値
　——重視の買い手　276
　——提案　82
　——と満足　19
　——連鎖　29
価値提供システム　82
価値提供ネットワーク⇒サプライ・チェーン
活動基準原価（ABC）会計　45, 272
活動基準原価計算　87
活動と経験　322
カーディナル・ヘルス　124
カテゴリー
　マネジメント　417
　メンバーシップ　190
金のなる木　185
カリフォルニア・イースタン・ラボラトリーズ（CEL）　360
カルバンクライン　320
環境上の脅威　38
観察調査　54
間接費　271
間接輸出と直接輸出　412
願望集団　104
管理
　サービス品質の　255
　チャネル・コンフリクトの　310
　複数セグメントの　157
管理型 VMS　307
記憶探索　110
記憶のエンコーディング　110
キオスク　390
機会主義　135
企業
　の売上潜在力　60
　顧客　129

の顧客基盤　91
——需要　60
——の信用　134
——の戦略計画　32
——文化　36
——ミッション　33
技術的環境　71
技術変化　71
期待−価値モデル　114
期待製品　220
機能ハブ　132
基本型製品　220
基本型マーケティング　93
キャタピラー　79
キヤノン　385
キャプティブ製品　284
キャプティブ製品の価格設定　284
キャメイ　441
キャンペーン
　広告——の展開　364
　複数段階——　357
業界の競争　200
強化型広告　363
供給業者の選択　133
競合他社志向の企業　212
競合他社　273
　の強みと弱み　204
　の特定　200
　——マップ　203
　——分析の目的　204
競争
　価格変更　286
　競争要因と競合他社　198
　近視眼的——　200
　コンフリクトと　309
　——準拠枠　190
　——戦略　203
　と氾濫　364
　——優位　87
　——領域　34
競争者対抗法予算　253
競争の参入障壁　201
競争の退出障壁　201
協調　309
キール　350
均質型選好　143
金銭的ベネフィットの付与　94
空間的利便性　300
グーグル　165
草の根マーケティング　142
クラスター型選好　144
クラリタス社　146
クリエイティブ
　の制作と実施　364

——戦略　348
クリストファー＆ボンド　321
クリティカル・パス・スケジューリング（CPS）　235
クリープブランド　352
グレー・マーケット　415
グローバリゼーション　8
グローバル
　——企業　410
　——産業　410
　——組織　419
　——マーケティング　410
詳しい分析（チャネル・メンバーの）　306
経験価値マーケティング　142
経験曲線（学習曲線）　272
経済環境　67
形態　195
契約型 VMS　307
契約キャリア　337
契約に基づくセールス・フォース　395
ゲリラ・マーケティング　211
研究開発費　72
現行レート価格設定　277
原材料の欠乏　70
検索連動広告　392
コア・コンピタンス　30
コア・バリュー　107
公益機関市場　122
公害の拡大　71
交換と取引　5
広告
　——キャンペーン　364
　強化型——　363
　——の決定　362
　——目標（目的）　362
広告予算　362
構造的結びつき　95
行動　102
　購買後の　115
　顧客のスイッチング　251
　——による細分化　148
　消費者——　102
　——データ　55
購買グリッド枠組み　130
購買決定　115
購買後のコミュニケーション　116
購買時点（POP）　374
購買準備段階　150
購買状況　125
購買中枢　126
購買の5段階モデル　112
購買フェイズ　130

索　引

後方インベンション　414
小売業
　　協同組合　308
　　小売業態　318
　　店舗の雰囲気　321
　　ハウス・ブランド　326
　　マーケティング意思決定　320
　　ライフサイクル　318
　　立地の選択肢　325
小売チェーンのREI　323
効率性コントロール　421
小売の輪　318
コカ・コーラ　140
顧客
　　の入れ替わり　91
　　価値提供プロセス　28
　　——価値の三本柱　19
　　——価値分析　205
　　の期待　255
　　の苦情　258
　　の収益　86
　　のスイッチング行動　252
　　のタッチポイント　89
　　のデータベース　96
　　を取り戻す　117
　　——パフォーマンス・スコアカード　43
　　——マネジメント組織　418
　　——満足　83
　　——ロイヤルティ　81
顧客開発プロセス　92
顧客価値ヒエラルキー　220
顧客価値評価（CVA）　133
顧客価値分析　205
顧客が望むサービス水準　300
顧客志向の戦略　213
顧客生涯価値（CLV）　94
顧客生涯価値の最大化　85
顧客の苦情処理　258
顧客の収益性の分析（CPA）　87
顧客の知覚価値　80
顧客の離反の低減　93
顧客ベースのブランド・エクイティ　167
顧客本位の価値提案　190
顧客リレーションシップ・マネジメント（CRM）　89, 97
国外市場参入　412
コスト
　　——構造　202
　　固定費　271
　　在庫保管——　335
　　総顧客——　80
　　のタイプ　271

注文処理——　334
　の評価　271
　平均——　271
　ライフサイクル——　133, 261
コーズリレーテッド・マーケティング　17, 423
コダック　202
固定給　397
固定費　271
ゴーディン、セス　352
コピー戦略ステートメント　364
コブランディング　181
コマツ　81
コミュニケーション
　決定　324
　——手段　344
　人的——　349
　——チャネル　19, 349
　——効果の調査　370
　——適合　414
　統合型マーケティング——　356
　——プロセス・モデル　344
　——マーケティング　342
　マス——　351
　——目的　347
コミュニケーション・チャネルの統合　351
コールセンター　389
コンジョイント分析　231
コンセプト
　新製品テスト　232
　生産——　10
　製品——　10
　製品開発——　232
　ソサイエタル・マーケティング——　16
　販売——　10
　ホリスティック・マーケティング——　11
　マーケティング——　10
コンテナリゼーション　337
コンテンツ・ターゲット広告　392
コントロールできないもの　63
コンバージョン・モデル　151

——— サ　行 ———

在庫　335
サイコグラフィック　147
　細分化　148
在庫ゼロの購買プラン　134
細分化
　基準　153
　消費者市場の変化　145

性別　147
　段階的——　151
細分化軸の更新　158
細分化、標的化、ポジショニング（STP）　29
細分化プロセスにおけるステップ　154
財務モデル　45
採用プロセスの諸段階　235
サウスウエスト航空　31
サービス　246
　——契約　261
　差別化　196
　の設計図　249
　チャネルの分野　299
　の特性　248
　のバックアップ　300
　の品質　250
　——ミックス　246, 322
　——リカバリー　260
サービス重視のセグメント　152
サービス提供の失敗　255
サービスの差別化　253
サービスの不可分性　248
サービスの変動性　249
サービスの無形性　254
サブカルチャー（下位文化）　69
サプライ・チェーン　20, 30
サプライ・チェーン・マネジメント（SCM）　331
サーベイ調査　54
差別型価格設定　283
差別型マーケティング　157
サンプリング計画　56
ジェネリック製品　326
ジェネレーションX　65
ジェネレーションY　65
時間・職務分析　399
時間的に制約がある消費者　107
事業部組織　419
支出予算法　353
市場機会分析（MOA）　37
市場攻撃戦略　209
市場シェアの拡大　208
市場シェアの防衛　206
市場浸透価格設定　268
市場浸透戦略　268
市場積上法　61
市場の細分化
　基準　144
　消費者市場　144
　ビジネス市場　151
　倫理的問題　159
　レベル　140

索引

市場のフルカバレッジ 157
市場⇒マーケティングも参照
　　エスニック—— 65
　　のカバレッジ 157
　　——シェア 59
　　——シェアと消費者基盤 363
　　需要 59
　　消費者市場の細分化基準 144
　　浸透する 58
　　スモール・ビジネス 158
　　政府機関 124
　　潜在 58
　　専門化 155
　　測定 58
　　対象 44
　　提供物 18
　　テスト 232
　　ビジネス 122
　　ビジネスの細分化基準 151
　　標的 153
　　分割 159
　　有効 58
　　予測 59
　　ロジスティクス 331
市場マネジメント組織 418
システム
　　水平的マーケティング 308
　　製品 222
　　チャネル 294
　　統合型ロジスティクス 322
　　マーケティング・インテリジェンス 51
　　マーケティング情報 54
　　マーケティング・チャネル 294
　　マルチチャネル 308
　　モニタリング 258
自然環境 70
視聴者分析 346
実験調査 55
実行
　　プログラムの 40
　　マーケティング計画の 21, 42
実績の良い広告 390
質的調査の技法 55
質問票 55
シナリオ分析 36
資本財 222
シーメンス・メディカル・システムズ 8
社会階層 103
社会の責任
　　コーズリレーテッド・マーケティング 423

マーケティング 15
社会的ベネフィットの付与 95
社会−文化的環境 68
社内記録 50
収益性
　　顧客の 86
　　——コントロール 420
　　分析 45
従業員とインターナル・マーケティング 251
集中型マーケティング 144
集中的（媒体タイプ） 370
集中プロモーション 301
修理可能性 196
縮小防御 208
需要
　　の価格弾力性 270
　　——企業 60
　　供給面の戦略 250
　　市場—— 59
　　将来の需要を評価 62
　　総市場の 206
　　——測定 58
シュルツ、ハワード 27
準拠価格 267
準拠集団 104
純粋独占 200
ジョイント・ベンチャー 412
譲渡 6
消費財の市場テスト 233
消費財のマーケティング・チャネル 298
消費者⇒顧客も参照
　　——関与 114
　　——行動 104
　　——の購買決定プロセス 112
　　——採用プロセス 235
　　信念と態度 114
　　心理と価格 267
　　貯蓄 68
　　の評価プロセス 113
　　プロモーション・ツール 373
　　文化的要因 103
消費者購買の5段階モデル 112
消費者反応のミクロモデル 345
消費者保護運動 73
商品化 234
情報型アピール 348
情報提供型広告 362
職業と経済状態 106
食品医薬品局（FDA） 226
所得
　　差別化 147
　　分布 67

所得分布パターン 67
ジョンソン＆ジョンソン 421
ジョンディア 6
知り、感じ、行動する 345
新規購買 125
人口における年齢構成 65
新市場セグメント戦略 206
新製品開発の意思決定プロセス 228
新製品の管理 226
人的
　　影響チャネル 349
　　コミュニケーション・チャネル 349
　　販売と評価 401
　　販売の原則 402
浸透市場 58
信念 114
新北米産業分類システム（NAICS） 61
信用度 68
信頼性 196
垂直的
　　チャネル・コンフリクト 309
　　統合 202
　　ハブ 132
　　マーケティング・システム（VMS） 307
　　マーケティング・チャネル 307
水平的
　　チャネル・コンフリクト 309
　　マーケティング・システム 308
スタイル 196
スタインウェイ 219
スタッフによる差別化 197
スターバックス 27
ステークホルダー・パフォーマンス・スコアカード 44
スーパーセグメント 155
スポンサーになったイベント 377
スモール・オフィス−ホーム・オフィス・マーケット 158
スロッティング・フィー 327
生産コンセプト 10
生産財のマーケティング・チャネル 298
政治−法的環境 72
成長
　　集中的 35
　　製品ライフサイクルの段階 363
　　世界的な人口 65

索 引

多角的　35
統合的　35
特定領域に関心を持つグループ
　　73
成長機会の評価　35
製品　220
　——インベンション　414
　——開発　227
　——価値分析（PVA）　131
　期待——　220
　基本——　220
　キャプティブ——　284
　——コンセプト　10
　——の差別化　195
　——サポート・サービス　259
　——システム　222
　——の品揃えと仕入れ　321
　潜在——　221
　——専門化　155
　の代替性　364
　の多様性　300
　——適合　414
　の特徴　220
　——分類　221
　——膨張　221
　——ミックス（アソートメント）
　　222
　——ライフサイクル　237
　——ライフサイクルのステージ
　　363
製品による差別化　195
製品の認知段階　355
製品の採用　235
製品バンドルの価格設定　285
製品マネジメント組織　417
製品ミックスの価格設定　284
製品ライフサイクルの衰退期　240
　成熟期　239
　成長期　238
製品ラインの長さ　223
製品ラインの分析　223
政府機関市場　124
政府の役割の変化　71
成分ブランディング　181
責任型マーケティング　93
セグメント
　　サービス重視の　152
　　市場セグメントの評価と選択
　　　154
セグメント別侵入計画　158
世代　147
積極型マーケティング　93
説得型広告　362
ゼネラルフーズ　421

セールス
　——フォース設計　393
　——フォースの管理　398
　——フォースの規模　396
　——フォースの報酬　397
　——フォースの目的と戦略
　　394
　——プロモーション　371
　——レップの動機付け　400
　——レップのトレーニング
　　399
　——レップの評価　401
セールス・フォース向けプロモーショ
　　ン・ツール　374
セルフサービス　318
セルフサービス・テクノロジー
　　257
ゼロックス　132
選好セグメント　143
潜在市場　58
潜在製品　221
先制のカニバリゼーション　183
先制防御　206
全体市場シェア　44
選択　365
　市場のセグメントの　154
　チャネル・メンバーの　303
　流通業者向けプロモーション・
　　ツールの　373
選択的
　記憶　109
　専門化　155
　注意　108
　流通　301
　歪曲　109
先発優位性　238
前方インベンション　414
専門度　349
専門品　222
戦略
　企業の顧客基盤　90
　クリエイティブ　348
　コミュニケーション　413
　サービス　253
　市場セグメント　206
　差別化　195
　新市場セグメント　206
　——設定　39
　チャレンジャーの　209
　地理的拡大　206
　販売後のサービス　261
　ブランディング　166
戦略事業単位（SBU）　34
戦略的

グループ　39
計画　32
コントロール　422
ブランド・マネジメント　166
相違点連想　191
総顧客価値　80
総顧客コスト　80
総顧客満足　82
総コスト　271
総市場
　需要　206
　潜在　61
　マーケティング・コミュニケー
　　ションの予算　353
相対的市場シェア　44
測定
　コミュニケーション効果　356
　スポンサーシップ活動　378
　ブランド・エクイティ　174
　満足　83
測定尺度　43
側面防御　207
ソサイエタル・マーケティング・コン
　　セプト　16
組織　36
　購買プロセス　130
　顧客マネジメント　418
　事業部　419
　職能別　416
　製品マネジメント　417
　地域別　416
　フランチャイズ　308
　文化　103
　マトリックス・マネジメント
　　418
組織購買　122
組織的小売　320
ソニー　49, 200
ソリューション販売　130
損益分岐点
　チャート　275
　分析　231

——— タ　行 ———

耐久財　222
耐久性　196
対象市場　44
対象市場シェア　44
ダイレクト
　オーダー・マーケティング
　　386
　製品収益性　321
　投資　413
　マーケティング　386

索引

マーケティング・チャネル 298
メール・マーケティング 387
抱き合わせ購入契約 311
ターゲットリターン価格設定 275
多国籍企業 349
タスク環境 20
ダノン 357
多文化マーケティング 103
単一セグメントへの集中 155
単純再購買 125
断続的（媒体タイプ） 370
地域市場潜在力 61
地域別
　　人口の移動 66
　　――組織 416
地域マーケティング 142
遅延価格設定 286
知覚価値価格設定 276
知覚と消費者行動 108
知覚リスク 115
チャネル
　　アレンジメント 306
　　機能とフロー 297
　　――協調 309
　　候補 301
　　――コミュニケーション 349
　　コミュニケーションの統合 351
　　差別化 197
　　消費財のマーケティング 298
　　人的影響 349
　　人的コミュニケーション 349
　　生産財のマーケティング 298
　　設計 301
　　の段階数 298
　　チャネル・メンバーの選択 303
　　――パワー 304
　　非人的コミュニケーション 351
　　マーケティング 294
　　メンバーの機能 297
　　メンバーの評価 304
　　目的 300
　　力学 307
　　流通 415
チャネル管理の意思決定 303
チャネル設計の決定 299
チャネルのコンフリクトと協調 309
チャネル・メンバーの教育 304
チャレンジャーの戦略 209
仲介業者 296, 301

仲介業者段階 298
中核
　　コンセプト 17
　　ビジネス・プロセス 29
　　ベネフィット 220
注文（再注文）ポイント・コスト 335
注文処理 335
調査⇒マーケティング・リサーチも参照
　　観察―― 54
　　――計画策定 54
　　効果的なマーケティング・リサーチ 53
　　サーベイ―― 54
　　実験―― 55
　　――手段 55
　　――手法 54
　　フォーカス・グループ 54
　　マーケティング 51
　　目的 53
直接的な（社内の）セールス・フォース 395
直接導入 413
地理的価格設定 281
地理的拡大戦略 206
地理的細分化 144
ツール
　　主な消費者向けプロモーション 374
　　消費者向けプロモーション 373
　　セールス・フォース向けプロモーション 373
　　プロモーション 355
　　流通業者向けプロモーション 374
提案書の要請 132
ディズニー 248
適合化されたマーケティング 413
適合品質 196
テスコ 8
テスト
　　コンセプト 230
　　市場―― 232
　　消費財の市場―― 233
データマイニング 96
データ・ウェアハウス 96
データ収集段階 56
データの情報源 55
データベース
　　マイナス面 97
　　マーケティング 96
テトラパック 225

デマンド・チェーン・プランニング 295
デモグラフィック環境 65
デュポン 276, 418
デル 6
テレマーケティング 400
電子購買 311
電子商取引 312
　　マーケティングの実施 311
電子ビジネス 311
電子マーケティング 141
伝統的マーケティング・チャネル 307
電話お断りリスト 389
動因 109
動機 107
動機づけ 107
　　セールスレップの 400
　　チャネル・メンバーの 301
　　となる手がかり 109
統合型マーケティング 13, 172
統合型マーケティング・コミュニケーション（IMC） 13, 172
　　インタラクション 390
　　実行 357
　　人的コミュニケーション 385
　　セールス・フォース 393
　　パブリック・リレーションズ 378
　　販売促進 371
　　マス・コミュニケーション 351
　　目的 347
統合型ロジスティクス・システム（ILS） 332
独占的競争 201
特徴（製品による差別化） 195
トータル・クオリティ・マネジメント（TQM） 85
ドナルド・マクドナルド・ハウス・チャリティーズ 423
ドラッカー、ピーター 5, 33
取引関係ミックス 302
トレーダー・ジョーズ 317
トンプソン 17

―――― ナ 行 ――――

ナイキ 31, 101
内部環境 38
ナショナル・セミコンダクター 335
ナラスとアンダーソン 331
二次的連想 174
二重適合 414

ニッチ・マーケティング　141
ニールセン・メディア・リサーチ
　　52
値上げの実施　285
年間計画コントロール　420
年間販売割当　401
年齢とライフサイクルのステージ
　　106, 146

──── ハ　行 ────

媒体
　　選択　365
　　タイプ　366
　　ダイレクト・レスポンス・マーケティング　389
　　の連動　356
排他的流通　301
バイラル・マーケティング　350
ハイ・ロー・プライシング　277
ハインツ　206
バウアー、エディ　390
波状的（媒体タイプ）　370
バスプロ・ショップ　322
パーソナライジング・マーケティング　172
パーソナリティ　106
パーソナリティと自己概念　106
パッケージング　224
発注手続き　134
ハーツバーグ、フレデリック　107
パートナーシップ・マーケティング　93
パートナー・リレーションシップ・マネジメント（PRM）　39
バナー広告　392
パフォーマンス
パブリック　378
パブリック・リレーションズ（PR）
パーミション・マーケティング
　　351
バリュー・エクイティ　88
バリュー・ネットワーク　295
バンク・オブ・アメリカ　293
反攻防御　208
バーンズ＆ノーブル　200
販促型価格設定　282
反応ヒエラルキー・モデル　345
販売後のサービス戦略　261
販売コンセプト　10
販売促進プログラム　375
販売アシスタント　400
販売の条件　302
販売報告　401
販売割当

ビジネス
　　購買プロセス　130
　　──市場　122
　　──市場の細分化　144
　　単位の戦略計画　36
　　──データベース　96
　　プロモーション　373
　　分析　231
　　ミッション　37
　　リレーションシップ　134
ビジネス市場の細分化　151
非人的コミュニケーション・チャネル
　　351
非耐久性　221
非探索品　222
ピュア・クリック企業　312
ヒューズ、デイビッド　385
評価
　　コストの──　271
　　需要曲線の──　269
　　将来の需要を──　62
　　広告効果の──　370
　　市場セグメントの──　156
　　主要候補の──　302
　　チャネル・メンバーの──
　　　　304
標準化されたマーケティング・ミックス　413
標準マークアップ　274
標的市場　18, 321
　　倫理に基づいた設定　159
「ビルボード広告」効果　182
品質　83
　　性能　196
　　製品とサービスの　83
　　適合　196
品質機能展開（QFD）　232
ファッド　63
フィードバック　40
フェデックス・ロジスティクス・サービス　332
フォーカス・グループ　54
フォーカス・グループ調査　54
付加価値パートナーシップ（VAP）
　　307
副産物の価格設定　285
負債　68
プッシュ戦略　295
プライベート・レーベル・ブランド
　　326
フランカー・ブランド　185
フランチャイズ組織　308
ブランディング戦略　179, 253
ブランディングの決定　179

ブランド
　　アイデンティティ　327
　　イメージ　172
　　エクイティ　89, 167, 342
　　エクイティの管理　177
　　エクイティのドライバー　169
　　拡張　182
　　価値評価　176
　　カテゴリー・メンバーシップ
　　　　190
　　監査　175
　　危機　178
　　希釈化　183
　　強化　177
　　結合　172
　　コンタクト　171
　　出資　326
　　戦略　253
　　知識　168
　　追跡　176
　　認知　172
　　パーソナリティ　106
　　危機　178
　　プロミス　169
　　ポートフォリオ　184
　　要素　170, 254
　　リーダー　287
　　連想　110
　　ロイヤルティ　167
ブランド戦略　253
ブランド・アッセット・マネジメント・チーム（BAMT）
　　417
フリクエンシー・プログラム（FPs）
　　94
ブリック・アンド・クリック企業
　　313
プリングル　17
プル戦略　295
フレキシブルな市場提供物　141
フロイト、ジークムント　107
プログレッシブ　245
プロセス
　　企業購買　126
　　購買決定　115
　　コミュニケーション　344
　　消費者購買　115
　　消費者採用　235
　　消費者の評価　113
　　新製品開発の意思決定　228
ブロード環境　21
プロモーション方法　14
文化　103
文化的要因と行動　103

分離集団　104
平均コスト　271
米国品質管理協会（ASQC）　83
ベータテスト　232
ベネフィットによるグループ分け　150
ベビーブーム世代　65
ペプシコ　200
変化する顧客リレーションシップ　250
変化する派生的価値　70
ベン＆ジェリーズ　17
変動コスト　271
変容型アピール　348
包括契約　134
防御戦略
　　移動　208
　　縮小　208
　　先制　207
　　側面　207
　　反攻　208
　　ポジション　207
膨張製品　221
法的・倫理的問題　311
ポジショニング戦略　190
ポジション防御　207
保証（ワランティとギャランティ）　226
ボストン・ビール社　4
ポーター、マイケル　29
ボノマ　420
ホーム・ショッピング　386
ホーム・ショッピング・ネットワーク　389
ホリスティック・マーケティング　11
　　コンセプト　11
　　サービスの——　251
　　——志向　31
　　ブランド確立のためのマーケティング　171
　　枠組み　31
ホールマーク　139
ポワラーヌ・ベーカリー　410
ホンダ　348

——————　マ　行　——————

マイクロサイト　392
マイクロソフト　36
マークアップ価格設定　274
マクドナルド　15
マクロ環境　63
マクロスケジュール　368
マーケター　8
マーケット・ニッチャーの戦略　212
マーケット・フォロワーの戦略　212
マーケット・リーダーの戦略　205
マーケティング
　　——意思決定　50
　　インターナル　15, 251
　　インターネット　141
　　インタラクティブ　390
　　インテリジェンス・システム　51
　　売上高費用比率分析　44
　　機会　37
　　——コンセプト　10
　　——コントロール　421
　　の測定尺度　43
　　——ダッシュボード　386
　　——チャネル・システム　294
　　提供物とブランド　19
　　——ネットワーク　12
　　の実行　420
　　——部門　146
　　コントロールの種類　420
　　マス——　140
　　マルチチャネル　308
　　ミックス　22
　　無差別型　157
　　目的　376
　　リサーチ　51
　　リサーチ・プロセス　57
　　流通　19
　　リレーションシップ　11
　　ロジスティクス　331
マーケティング環境　20
マーケティング監査　422
マーケティング情報システム（MIS）　50
マーケティング・ネットワーク　12
マーケティング・パブリック・リレーションズ（MPR）　379
マーケティング・リサーチ・コンタクト方法　56
マス・コミュニケーション　361
マズロー、アブラハム　108
待ち時間　300
マッキンゼー　40
マトリック・マネジメント組織　418
マネジメント
　　カテゴリー　417
　　サービス品質　257
　　セールス・フォース　393
　　戦略的ブランド　166

ブランド・エクイティ　177
　　マーケティング　5
マネジングの実行　41
マルチチャネル
　　コンフリクト　308
　　マーケティング　308
　　マーケティング・システム　308
満足　82
　　価値と——　19
　　満足度の測定　83
ミクロ売上分析　44
ミクロスケジュール問題　368
見込み客　8
ミッション・ステートメント　33
「無菌」包装　225
無差別型価格設定　283
無差別型マーケティング　157
無店舗小売業　320, 325
明確化と製品仕様書　131
メガマーケティング　158
メタマーケット　9
メッセージ
　　——戦略　347
　　の発信源　349
　　とビーグル　380
メディアマーク　56
メンバーシップ・グループ　104
目標基準予算　353
目標設定　38
モデル
　　期待-価値　114
　　財務　45
　　反応ヒエラルキー　345
　　マーケティング・ミックス　46
　　コンバージョン　151
　　連想ネットワーク型記憶モデル　110
モトローラ　395
モニタリング・システム　258
最寄品　222
問題認識　131

——————　ヤ　行　——————

有効市場　58
優先的価格設定　284
予算
　　売上高比率　353
　　競争者対抗　353
　　広告　363
　　支出　353
　　目標基準　353
予測（将来の需要）　62

索 引

―――― ラ 行 ――――

ライセンス　412
ライダー・インテグレーテッド・ロジスティクス　332
ライフスタイルと価値観　107
ライフステージ　146
ライン拡張　182
「ライン拡張の落とし穴」　183
ライン・ストレッチング　223
ラインの現代化・フィーチャリング・絞り込み　224
ラダリング　108
ラベリング　225
利益分配とリスク分担価格設定　280
リスクとゲインの共有　129
リスク分析　231
リーチ　365
立地の決定　324
リーバイス　320
リバースフロー・チャネル　299
リマインダー型広告　363
流通業者のテリトリー権　302
流通チャネル　415
リレーションシップ
　　――エクイティ　89
　　の強化　331
　　――マーケティング　11
倫理的行動　422
類似点連想　191
累積生産量　271
ルーチン型取引　402
レイポートとジャウォルスキー　391
レボノ　10
連想ネットワーク型記憶モデル　110
連続的（媒体タイプ）　370
ロイヤル・ダッチシェル・グループ　36
ロイヤルティ　81
ロイヤルティの構築　92
ロータス・ディベロップメント社　40
ロビンソン、パトリック　125
ロレックス　212

―――― ワ 行 ――――

ワークロード・アプローチの報酬　397
割引の縮小　286
ワン・トゥ・ワン・マーケティング　142

監修者あとがき
SUPERVISOR AFTERWORD

　本書は、Philip Kotler and Kevin Lane Keller による *A Framework for Marketing Management*, 3rd Edition, Prentice Hall, 2007 の邦訳であり、同一著者による *Marketing Management*, 12th Edition, Prentice Hall, 2006（恩藏直人監修、月谷真紀訳『コトラー＆ケラーのマーケティング・マネジメント』ピアソン・エデュケーション、2008年）の理論部分を中心に再構成した基本編である。

　Marketing Management は上級マーケティング・テキストの決定版であり、ノースウェスタンやスタンフォードなど米国のトップ・ビジネス・スクールを中心に世界各国で採用されている。しかし、原著は700ページ、邦訳版では900ページを超える大著であり、ビジネス・スクールなどでマーケティングを専門的に学ぼうとする者を除くと、簡単に手を出せる本ではない。基本編はそうした読者の思いに応えて出版された書であり、正統的かつ本格的なマーケティングに触れたい、しかしもう少し手軽に触れたいと願っている人々に向けられている。

　マーケティング書は多数あるが、本書は *Marketing Management* をベースとしているので、初学者に向けられたいわゆる「マーケティングの最初の一冊」的位置づけではない。「基本」とは必要なマーケティング知識だけに絞り込んでいるという意味であって、限られた紙幅の中にマーケティングのエッセンスや枠組みが凝縮されていると理解して欲しい。

　Marketing Management は1967年の初版から40年を越えて親しまれてきているが、学問としてのマーケティングの発展と深化を反映しながら版を重ねてきた。特に第12版からは、ケラー教授を迎えることによって内容が大幅に改訂されており、この基本編も第3版からケラー教授との共著である。内容は7部18章からなる構成であり、マーケティングの主要概念が漏れなく盛り込まれている。特に第3部「強いブランドの確立」では、ブランド論に強いケラー教授の持ち味が活かされており、ブランド・エクイティ論やポジショニング論に関する充実した議論の追加によって、本書の魅力が大きく高められている。

＊　　　＊　　　＊

　コトラー教授もケラー教授も、マーケティングを学んだことのある人であれば誰でも知っている。コトラー教授は近代マーケティングの父とも称される世界的権威であり、ケラー教授は顧客ベースのブランド・エクイティ論を世界に広めた気鋭の研究者である。

　私は幸運にも、これまでコトラー教授による多くの著作の翻訳に関わることができた。彼の

著作の一つひとつに触れることで、私自身のマーケティング・センスを磨き、マーケティングの変化を体感できたと感じている。しかし個人的には、コトラー教授よりもケラー教授のほうが縁が深い。年齢的に近いこともあるが、ノースカロライナ大学チャペルヒル校でケラー教授の大学院講義に参加したり、早稲田大学に彼を迎え講演をお願いしたりした。

　コトラー教授とケラー教授はそれぞれ多くの著作を発表しているが、コトラー＆ケラーのコラボレーションは、おそらく *Marketing Management*、そして *A Framework for Marketing Management* が最初であろう。二人の著作はマーケティングを学ぶすべての者にとって待望の一冊であり、貴重な贈り物であると感じている。本書はその邦訳であり、これからの我が国のマーケティングを担うであろう若い研究者や実務家に紹介できることはこの上ない喜びである。

＊　　　＊　　　＊

　本書の監修にあたっては、早稲田大学大学院商学研究科に在籍する外川拓、若林千紘の2氏の協力を得た。彼らは本書がまさにターゲットとする主要読者層であり、いわゆる「顧客」という視点でゲラを読み進めてもらった。彼らの忌憚のない指摘や意見は、本書の随所で活かされており、本書の完成度を高めてくれている。

　最後となったが、常に読みやすい翻訳をしてくれる月谷真紀氏、月谷氏とのコーディネータ役を果たしてくれた株式会社バベルの鈴木由紀子氏、編集作業を熱心に進めてくれたピアソン・エデュケーションの菊池きさ子氏に対して、心よりお礼申し上げる。全員の素晴らしいチームワークがあってこそ、本書が生まれていることを改めて強調しておきたい。

　本書により、正しいマーケティングの知識が広まり、マーケティングの理解者と支援者が増えることを願っている。我が国のマーケティングの発展に貢献できたならば監修者としてこれにまさる慶びはない。

2008年11月

恩藏　直人

■著者について

　フィリップ・コトラーはマーケティングの世界的権威のひとりである。ノースウェスタン大学ケロッグ経営大学院でインターナショナル・マーケティングのS・C・ジョンソン＆サン・ディスティンギッシュド・プロフェッサー。シカゴ大学で経済学修士号を、MIT（マサチューセッツ工科大学）で経済学博士号を取得した後、ハーバード大学では数学、シカゴ大学で行動科学を研究した。

　共著に『マーケティング原理：基礎理論から実践戦略まで』（フィリップ・コトラー、ゲイリー・アームストロング著、和田充夫監訳、ダイヤモンド社）、『コトラーのマーケティング入門』（フィリップ・コトラー、ゲイリー・アームストロング著、恩藏直人監修、月谷真紀訳、ピアソン・エデュケーション）がある。著書『非営利組織のマーケティング戦略』（フィリップ・コトラー、アラン・R・アンドリーセン著、井関利明監訳、新日本監査法人公会計本部訳、第一法規）は現在第6版が出ており、この分野でのベストセラーとなっている。その他『Marketing Models』『ニューコンペティション：日米マーケティング戦略比較』（フィリップ・コトラー、リアム・ファヘイ、J・ジャツスリピタク著、増岡信男訳、東急エージェンシー出版事業部）、『コトラーのプロフェショナル・サービス・マーケティング』（フィリップ・コトラー、トーマス・ヘイズ、ポール・ブルーム著、平林祥訳、ピアソン・エデュケーション）、『学校のマーケティング戦略』（フィリップ・コトラー、カレン・F・A・フォックス著、水口健次監訳、柳澤健訳、蒼林社出版）、『Marketing for Health Care Organizations』、『Marketing Congregations』、『High Visibility』、『ソーシャル・マーケティング：行動変革のための戦略』（フィリップ・コトラー、エデュアルド・L・ロベルト著、井関利明監訳、ダイヤモンド社）、『地域のマーケティング』（フィリップ・コトラー、D・H・ハイダー、I・レイン著、前田正子、千野博、井関俊幸訳、東洋経済新報社）、『The Marketing of Nations』、『コトラーのホスピタリティ＆ツーリズム・マーケティング』（フィリップ・コトラー、ジョン・ボーエン、ジェームズ・マーキンズ著、白井義男監修、平林祥訳、ピアソン・エデュケーション）、『Standing Room Only — Strategies for Marketing the Performing Arts』、『ミュージアム・マーケティング』（フィリップ・コトラー、ニール・コトラー著、井関利明、石田和晴訳、第一法規）、『コトラー 新・マーケティング原論』（フィリップ・コトラー、ディパック・ジェイン、スヴィート・マイアシンシー著、恩藏直人解説、有賀裕子訳、翔泳社）、『コトラーの戦略的マーケティング：いかに市場を創造し、攻略し、支配するか』（フィリップ・コトラー著、木村達也訳、ダイヤモンド社）、『マーケティング10の大罪』（フィリップ・コトラー著、恩藏直人監修、大川修二訳、東洋経済新報社）、『社会的責任のマーケティング』（フィリップ・コトラー、ナンシー・リー著、早稲田大学院恩藏研究室訳、東洋経済新報社）がある。

　ほかにも *Harvard Business Review, Sloan Management Review, Business Horizons, California Management Review, the Journal of Marketing, the Journal of Marketing Research, Management Science, the Journal of Business Strategy, Futurist* など主要な学術誌に100を超える

論文を寄稿している。*Journal of Marketing* 誌の年間最優秀論文の筆者として唯一、アルファ・カッパ・サイ賞を3度受賞している。

　アメリカ・マーケティング協会（AMA）のディスティンギッシュド・マーケティング・エデュケーター・オブ・ジ・イヤー（年間優秀マーケティング教育者）賞の第1回受賞者となった（1985年）ほか、ヨーロピアン・アソシエーション・オブ・マーケティング・コンサルタンツ・アンド・セールス・トレーナー（欧州マーケティング・コンサルタント・営業トレーナー協会）からはマーケティング優秀賞を受賞している。また1975年にAMAのアカデミック・メンバーよりリーダー・イン・マーケティング・ソート（マーケティング思想のリーダー）に選ばれ、1978年には同協会よりマーケティングへの独創的な貢献を評価され、ポール・D・コンバース賞を受賞。1995年、セールス・アンド・マーケティング・エグゼクティブ・インターナショナル（SMEI）からマーケター・オブ・ジ・イヤーに選ばれた。2002年にはアカデミー・オブ・マーケティング・サイエンスからディスティンギッシュド・エデュケーター賞を受賞した。ストックホルム大学、チューリヒ大学、アテネ大学経済経営学部、デポール大学、クラコフ大学経済経営学部、パリ高等商業学校グループ（Groupe HEC in Paris）、ブダペスト大学経営科学および行政学部、ウィーン大学経営経済学部より、名誉博士号を授与されている。

　IBM、GE、AT&T、ハネウェル、バンク・オブ・アメリカ、メルク、スカンジナビア航空、ミシュランなど、アメリカや海外の大企業でマーケティング戦略やプランニング、マーケティング組織、国際マーケティングのコンサルティングを行ってきた。

　インスティテュート・オブ・マネジメント・サイエンスのマーケティング部門長、アメリカ・マーケティング協会の理事、マーケティング・サイエンス・インスティテュートの役員、MACグループの理事、ヤンケロヴィッチ社のアドバイザリーボード、コペルニクス社のアドバイザリーボードを歴任。シカゴ美術館付属大学の理事とドラッカー財団のアドバイザリーボードも務めた。ヨーロッパ、アジア、中南米など世界各地で多くの企業にグローバルなマーケティングの機会について講演やアドバイスを行った。

著者について

ケビン・レーン・ケラーはダートマス大学のタック経営大学院でE・B・オズボーン・マーケティング教授を務める。コーネル大学、カーネギー・メロン大学、デューク大学で学位を取得した。ダートマス大学ではMBAの選択科目として戦略的ブランド・マネジメントを教え、同じテーマで経営幹部を対象としたプログラムでも講義を行っている。以前はスタンフォード大学経営大学院で教鞭をとっており、マーケティング・グループの責任者も務めた。また、カリフォルニア大学バークレー校マーケティング学部とノースカロライナ大学チャペルヒル校でも教え、デューク大学とオーストラリア経営大学院では客員教授として教壇に立った。バンク・オブ・アメリカでマーケティング・コンサルタントとして実務にもたずさわった。

専門は消費者向けマーケティングであり、消費者行動の理論と概念を理解することによっていかにマーケティング戦略を改善できるかを研究してきた。この研究は50を超える論文として、マーケティングの主要3誌である Journal of Marketing, the Journal of Marketing Research, the Journal of Consumer Research に掲載されている。またこれら3誌の編集委員も務めた。ケラー教授の研究と著作は広く引用され、数々の賞を受賞している。

ブランド、ブランディング、戦略的ブランド・マネジメントの研究では国際的リーダーの1人として認知されている。産業界にも積極的に関わり、多種多様なマーケティング・プロジェクトに参加した。アクセンチュア、アメリカン・エキスプレス、ディズニー、フォード、インテル、リーバイ・ストラウス、ミラーブリューイング、P&G、スターバックスなど世界で最も成功しているブランドのマーケターに対する顧問を務めた。ほかにもオールステート、バイアースドルフ（ニベア）、ブルークロス・ブルーシールド、キャンベル・スープ、ゼネラルミルズ、グッドイヤー、コダック、メイヨークリニック、ノードストローム、シェル石油、ユニリーバ、ヤング・アンド・ルビカムなど一流企業でブランドのコンサルティングを行った。マーケティング・サイエンス・インスティテュートの学務担当理事でもある。講演者としても人気が高く、さまざまなフォーラムでマーケティングセミナーや最高幹部向けのワークショップを行ってきた。

現在はブランド・エクイティの構築、評価、管理に関するマーケティング戦略および戦術の研究を行っている。これらのテーマに関して執筆した教科書『戦略的ブランド・マネジメント』、『ケラーの戦略的ブランディング』（共に東急エージェンシー出版部）は「ブランディングのバイブル」とされている。

私生活ではスポーツ、音楽、映画の熱烈なファンで、オーストラリア最高のロックバンドの1つ、ザ・チャーチのマネジメントとマーケティングを支援している。現在、妻プーナン（同じくタックのマーケティング教授）、2人の娘キャロライン、アリソンとともにニューハンプシャー州に在住している。

■監修者
恩藏　直人(おんぞう　なおと)
　1982年早稲田大学商学部卒業、その後、同大学大学院商学研究科を経て、1989年早稲田大学商学部専任講師。1996年より教授。2009年より早稲田大学商学学術院長兼商学部長。博士（商学）。
　主要業績
『モバイル・マーケティング』（共著、日本経済新聞出版社）
『コトラー＆ケラーのマーケティング・マネジメント（第12版）』（監修、ピアソン・エデュケーション）
『コモディティ化市場のマーケティング論理』（有斐閣）
『マーケティング』（日経文庫・日本経済新聞社）
『コトラーのマーケティング・コンセプト』（監訳、東洋経済新報社）
『製品開発の戦略論理』（文一総合出版）
『競争優位のブランド戦略』（日本経済新聞社）
『コトラーのマーケティング入門 第4版』（監修、ピアソン・エデュケーション）
『戦略的ブランド・マネジメント』（共訳、東急エージェンシー）
　ほかに、Journal of Marketing、Journal of International Business Studies、Australasian Marketing Journal、International Business Review、International Marketing Review、Journal of Marketing Theory and Practice、Agribusiness、Innovative Marketingなどで多くの研究成果を発表している。

■訳者
月谷　真紀(つきたに　まき)
　上智大学文学部卒業。翻訳家。
　訳書に、フィリップ・コトラー『コトラーのマーケティング入門 第4版』（ピアソン・エデュケーション）、フィリップ・コトラー／ケビン・ケラー『コトラー＆ケラーのマーケティング・マネジメント（第12版）』（ピアソン・エデュケーション）、キャサリン・リンズコーグ『ナルニア国を旅しよう』（成甲書房）、キャロライン・ライトン『自分のすべてを整理する本「人生の監査」シート』（PHP研究所）など。

Authorized translation from the English language edition, entitled FRAMEWORK FOR MARKETING MANAGEMENT 3rd Edition, ISBN: 0131452584 by KOTLER, PHILIP; KELLER, KEVIN LANE, published by Pearson Education, Inc, Copyright ©2007.

All rights reserved. No part of this book may be reproduced or transmitted in any form or by any means, electronic or mechanical, including photocopying, recording or by any information storage retrieval system, without permission from Pearson Education, Inc.

JAPANESE language edition published by MARUZEN PUBLISHING CO., LTD., Copyright ©2014.

JAPANESE translation rights arranged with PEARSON EDUCATION, INC. through JAPAN UNI AGENCY, INC., TOKYO JAPAN

コトラー&ケラーの マーケティング・マネジメント 基本編（第3版）

平成26年4月10日　発　　行
平成29年8月10日　第3刷発行

著　者	フィリップ・コトラー ケビン・レーン・ケラー
監修者	恩藏直人
訳　者	月谷真紀
翻訳協力	株式会社バベル
編　集	株式会社ピアソン桐原
発行者	池　田　和　博
発行所	丸善出版株式会社 〒101-0051　東京都千代田区神田神保町二丁目17番 編集：電話(03)3512-3263／FAX (03)3512-3272 営業：電話(03)3512-3256／FAX (03)3512-3270 http://pub.maruzen.co.jp/

© 株式会社バベル，2014

印刷・昭和情報プロセス株式会社／製本・株式会社 松岳社
ISBN 978-4-621-06613-3　C3063　　　　Printed in Japan

本書の無断複写は著作権法上での例外を除き禁じられています。

本書は，2008年12月に株式会社ピアソン桐原より出版された同名書籍を再出版したものです。

コトラー&ケラーの**マーケティング・マネジメント**
［第12版］

全ページ フルカラー！

フィリップ・コトラー、ケビン・ケラー 著、恩藏 直人 監修、月谷 真紀 訳
B5変形上製　1000ページ　ISBN978-4-621-06616-4
本体価格：8,500円+税

マーケティングの世界的権威の一人であるフィリップ・コトラーによるマーケティング・マネジメントのベストセラーテキスト。その最新第12版の翻訳改訂版が登場！　今回は共著者にブランド・マネジメントの第一人者であるケビン・ケラーをあらたに迎え、ブランド戦略に関する記述を大幅に充実させた。既刊版の力強さを保ちつつ、最新のケーススタディを取り入れ、今日の複雑なマーケティング環境への対応を強化。1967年刊行の初版以来、マーケティングに関するバイブルとして多くの読者に読まれている。

目次

PART 1　マーケティング・マネジメントの理解
　第 1 章　21世紀のマーケティングの定義
　第 2 章　マーケティング戦略とマーケティング計画の立案

PART 2　マーケティングのための情報収集
　第 3 章　情報収集と環境調査
　第 4 章　マーケティング・リサーチの実行と需要予測

PART 3　顧客との関係構築
　第 5 章　顧客価値、顧客満足、顧客ロイヤルティの創造
　第 6 章　消費者市場の分析
　第 7 章　ビジネス市場の分析
　第 8 章　市場セグメントとターゲットの明確化

PART 4　強いブランドの確立
　第 9 章　ブランド・エクイティの創出
　第10章　ブランド・ポジショニングの設定
　第11章　競争への対処

PART 5　市場提供物の形成
　第12章　製品戦略の立案
　第13章　サービスの設計とマネジメント
　第14章　価格設定戦略と価格プログラムの策定

PART 6　価値の提供
　第15章　バリュー・ネットワークおよびチャネルの設計と管理
　第16章　小売業、卸売業、ロジスティクスのマネジメント

PART 7　価値の伝達
　第17章　統合型マーケティング・コミュニケーションの設計とマネジメント
　第18章　マス・コミュニケーションのマネジメント：広告、販売促進、イベント、パブリック・リレーションズ
　第19章　人的コミュニケーションの管理：ダイレクト・マーケティングと人的販売

PART 8　長期的成長の実現
　第20章　新製品の開発
　第21章　グローバル市場への進出
　第22章　ホリスティック・マーケティング組織のマネジメント